# Analysis

## Studienbuch für Ökonomen

von

Dr. Reinhard Dobbener

Universität Bamberg

4., korrigierte Auflage

Oldenbourg Verlag München Wien

Bibliografische Information der Deutschen Nationalbibliothek

Die Deutsche Nationalbibliothek verzeichnet diese Publikation in der Deutschen Nationalbibliografie; detaillierte bibliografische Daten sind im Internet über <http://dnb.d-nb.de> abrufbar.


Rosenheimer Straße 145, D-81671 München
Telefon: (089) 45051-0
oldenbourg.de



Lektorat: Wirtschafts- und Sozialwissenschaften, wiso@oldenbourg.de
Herstellung: Anna Grosser
Coverentwurf: Kochan & Partner, München
Gedruckt auf säure- und chlorfreiem Papier
Gesamtherstellung: Druckhaus „Thomas Müntzer" GmbH, Bad Langensalza

ISBN 978-3-486-57999-4

# Inhaltsverzeichnis

# Vorwort

Die Mathematik ist als Instrument zur Darstellung und Analyse von Zusammenhängen zwischen ökonomischen Größen eines der wichtigsten Hilfsmittel zur wissenschaftlichen Behandlung wirtschaftlicher Fragestellungen. Aber auch in der betrieblichen Praxis finden mathematische Methoden bei den unterschiedlichsten Optimierungs-, Planungs- und Entscheidungsproblemen breite Anwendung. Es ist daher nicht weiter überraschend, daß eine solide mathematische Grundausbildung, die für ein erfolgreiches wirtschaftswissenschaftliches Studium unabdingbar ist, zum festen Lehrprogramm der einschlägigen Studiengänge zählt. Die Analysis, insbesondere die Differential- und Integralrechnung, einerseits und die Lineare Algebra andererseits bilden dabei üblicherweise die Schwerpunkte des Curriculums.

Das vorliegende Studienbuch vermittelt die für Studierenden wirtschaftswissenschaflicher Studiengänge relevanten Teilgebiete der Analysis (ein Studienbuch zur Linearen Algebra vom selben Autor ist bereits in diesem Verlag erschienen). Definitionen, Sätze und Rechenverfahren werden durch zahlreiche Beispiele verdeutlicht. Eine umfangreiche Sammlung von Übungsaufgaben am Ende eines jeden Kapitels (mit vollständigen Lösungen am Ende des Buches) bietet die Möglichkeit, erlangte Kenntnisse und Fertigkeiten zu überprüfen und zu festigen. Auf vollständige Beweise wurde angesichts des angesprochenen Adressatenkreises weitgehend verzichtet; Leser, die jedoch an exakten Beweisen interessiert sind, seien auf die im Literaturverzeichnis angegebenen Lehrbücher der reinen Mathematik verwiesen.

Der in diesem Studienbuch dargestellte Stoff ist in fünf Kapitel gegliedert:

Das erste Kapitel beschäftigt sich mit der Mengenlehre (insbesondere Mengenalgebra und Relationen), der Aussagenlogik und dem Aufbau des reellen Zahlensystems. Dieses Kapitel ist sowohl für die Analysis als auch für das Gebiet der Linearen Algebra grundlegend. Darüber hinaus besitzen zumindest Teile dieses Stoffs eigenständige Bedeutung für die Informatikausbildung, die heute einen festen Bestandteil des Lehrprogramms wirtschaftswissenschaftlicher Studiengänge darstellt.

Im zweiten Kapitel werden zur Vorbereitung der Differential- und Integralrechnung Folgen und Reihen und der für sie zentrale Begriff der Konvergenz eingeführt. Weiterhin werden als eine erste Anwendung verschiedene Fragestellungen der Finanzmathematik diskutiert.

Die Differentialrechnung für Funktionen einer und mehrerer Variablen bildet den Schwerpunkt des dritten, umfangreichsten Kapitels. Hier werden an einigen Stellen - wenn Funktionen mehrerer Variablen behandelt werden - gewisse Grundkenntnisse der Linearen Algebra benötigt.

Im vierten Kapitel wird die Integralrechnung, die zunächst als Umkehrung der Differentiation eingeführt wird, behandelt. Das größte Gewicht wird dabei auf die Integration von Funktionen einer Variablen gelegt. Die Integration von Funktionen mehrerer Variablen wird nur knapp behandelt, Kurvenintegrale und ähnliches bleiben ganz unerwähnt.

Den Gegenstand des fünften und letzten Kapitels bilden Differenzen- und Differentialgleichungen. Dieses Teilgebiet der Analysis liefert die Methoden zum Studium des dynamischen (d.h. zeitlichen) Verhaltens ökonomischer Modelle. Obwohl die Diskussion auf die einfachsten Fälle, lineare Differenzen- und Differentialgleichungen mit konstanten Koeffizienten, beschränkt bleibt, ist dieses Kapitel wohl das anspruchsvollste dieses Studienbuches, da Kenntnisse aus zuvor behandelten Themengebieten (z. B. komplexe Zahlen) und aus der Linearen Algebra (z. B. Eigenwerte) zum Verständnis der dargestellten Lösungsverfahren benötigt werden.

Bedanken möchte ich mich an dieser Stelle bei Frau Angelika Braun, Herrn Nils Herda, Herrn Alexander Queck, Herrn Dipl. Wirtsch. Inf. Andreas Schmidt von Rhein und Frau Dipl. Kffr. Gisela Schmidt von Rhein. Sie alle haben mich bei der Arbeit an diesem Buch engagiert und tatkräftig unterstützt.

Reinhard Dobbener

# 1 Grundlagen

## 1.1 Mengenlehre

### 1.1.1 Teilmengen und Mengenalgebra

Einer der wenigen Grundbegriffe der Mathematik, die nicht weiter auf elementarere Begriffe reduziert werden können, ist der der Menge. Georg CANTOR, der Begründer der modernen Mengenlehre, hat den Mengenbegriff so definiert:

> "Unter einer Menge verstehen wir jede Zusammenfassung M von bestimmten, wohlunterschiedenen Objekten unserer Anschauung oder unseres Denkens (welche Elemente von M genannt werden) zu einem Ganzen."

Diese Beschreibung einer Menge könnte jedoch erst dann als Definition in einem strengen mathematischen Sinn gelten, wenn die verwendeten Begriffe wie "Zusammenfassung", "wohlunterschiedene Objekte" und "Ganzes" definiert wären. Dies geschieht jedoch nicht, da eine weitere Reduktion der Begriffe stets zu neuen undefinierten Begriffen führen würde. Diese Charakterisierung des Mengenbegriffs gibt zwar in etwa unsere "naive" Mengenvorstellung wieder, für mathematische Zwecke ist sie jedoch um die folgende Forderung zu ergänzen:

> Für jedes denkbare Objekt und jede Menge muß entweder gelten, daß dieses Objekt zu der Menge gehört, oder daß dieses Element nicht zu der Menge gehört.

Daß diese Forderung an Mengen nicht automatisch von einer beliebigen Zusammenfassung von Objekten erfüllt wird, kann am Beispiel einer Antinomie (Widerspruch eines Satzes in sich) gezeigt werden, die auf den englischen Mathematiker und Philosophen B. RUSSEL zurückgeht:

Ist A die Zusammenfassung aller Zusammenfassungen, so enthält die Zusammenfassung A sich selbst als Element. Man kann also die Zusammenfassung aller Zusammenfassungen bilden, die sich selbst als Element besitzen.
Genauso kann man auch die Zusammenfassung B aller Zusammenfassungen bilden, die sich selbst nicht als Element besitzen. Von dieser Zusammenfassung B kann man zeigen, daß es Objekte (Elemente) gibt, für die grundsätzlich nicht entschieden werden kann, ob sie (als Element) zu B gehören oder nicht. Ein solches Objekt ist B selbst:
Nimmt man (hypothetisch) an, daß B sich selbst als Element enthält, so muß auch B selbst die Eigenschaft besitzen, die alle Objekte in B auszeichnet. Also enthält B sich selbst nicht als Element. Dies ist aber ein Widerspruch zu der getroffenen (hypothetischen) Annahme.
Nimmt man statt dessen (hypothetisch) an, daß B sich selbst nicht als Element enthält, so besitzt B offensichtlich die Eigenschaft, die alle Objekte in B auszeichnet. Also schließt man, daß B - im Widerspruch zur getroffenen (hypothetischen) Annahme - ein Element von B ist.
Insgesamt zeigt diese Überlegung, daß die Zusammenfassung B die Bedingung

> Für jedes denkbare Objekt und jede Menge muß entweder gelten, daß dieses Objekt zu der Menge gehört oder daß dieses Element nicht zu der Menge gehört.

nicht erfüllt und daher keine Menge sein kann.

Eine Möglichkeit, Widersprüche vom Typ der RUSSELschen Antinomie zu vermeiden, ist die Unterscheidung von Klassen und Mengen:

<u>Definition 1.1:</u> Eine Zusammenfassung wohlunterscheidbarer Objekte zu einem Ganzen heißt <u>Klasse</u>.
Klassen, die sich selbst nicht als Element enthalten, heißen <u>Mengen</u>.

So definierte Mengen vermeiden den Widerspruch der RUSSELschen Antinomie, da die Klasse, die aus allen Mengen besteht, oder die Klasse, die aus allen denjenigen Mengen besteht, die sich selbst nicht als Element enthalten, keine Mengen im Sinne von Definition 1.1 sind. Mit dieser Einschränkung hat sich der CANTORsche Mengenbegriff als hinreichend tragfähig für eine axiomatische Begründung der Mathematik erwiesen.

Eine weitere Diskussion dieser Problematik soll nicht erfolgen, statt dessen sollen die Grundbegriffe und gängigen Notationen der Mengenlehre, soweit sie für die weiteren mathematischen Begriffsbildungen in diesem Buch erforderlich sind, zusammengestellt und erläutert werden.

Mengen werden üblicherweise mit Großbuchstaben A, B, C, ... oder besonderen Symbolen $\emptyset$, $\mathbb{N}$, $\mathbb{R}$, $\mathfrak{P}(A)$, ... bezeichnet. Elemente von Mengen werden häufig durch Kleinbuchstaben a, b, c, ... oder $\alpha$, $\beta$, $\gamma$, ... bezeichnet.
Gehört ein Element a zu einer Menge A, so schreibt man $a \in A$ und liest:

"a ist ein Element von A" oder
"a liegt in A" oder
"a gehört zu A".

Soll ausgedrückt werden, daß ein Element a nicht zu der Menge A gehört, so schreibt man $a \notin A$ und liest:

"a ist kein Element von A" oder
"a liegt nicht in A" oder
"a gehört nicht zu A".

Mengen, die eine geringe Anzahl von Elementen besitzen, können durch die Angabe ihrer Elemente beschrieben werden. Dazu wird die Aufzählung der Elemente in geschweifte Klammern gesetzt. So ist beispielsweise

$$A = \{1, 2, 3, 4\}$$

die Menge mit den Elementen 1, 2, 3 und 4. Eine andere Möglichkeit, Mengen darzustellen, besteht darin, ihre Elemente durch bestimmte Eigenschaften zu charakterisieren:
Ist E eine Eigenschaft, die Objekte (also auch Mengen) besitzen können, so ist die Klasse A aller Objekte a, die die Eigenschaft E besitzen,

$$A = \{a \mid a \text{ besitzt die Eigenschaft } E\}$$

eine Menge, wenn nur ausgeschlossen ist, daß A selbst die Eigenschaft E besitzt. Man liest dann:

"A ist die Menge aller Elemente a, die die Eigenschaft E besitzen."

Bezeichnet man beispielsweise mit E die Eigenschaft eines Objekts eine natürliche Zahl zwischen 1 und 4 zu sein, so ist

$$A = \{a \mid a \text{ besitzt die Eigenschaft } E\} = \{1, 2, 3, 4\}.$$

Beispiele für Mengen sind die verschiedenen Zahlenbereiche:

* $\mathbb{N} = \{x \mid x \text{ ist eine natürliche Zahl}\}$

  $= \{0, 1, 2, 3, 4, \ldots\}$.

  Die Zahl 0 soll also den natürlichen Zahlen zugerechnet werden. Die natürlichen Zahlen ausschließlich der Zahl 0 sollen mit $\mathbb{N}^*$ bezeichnet werden: $\mathbb{N}^* = \{1, 2, 3, 4, \ldots\}$.

* $\mathbb{Z} = \{x \mid x \text{ ist eine ganze Zahl}\} = \{\ldots, -2, -1, 0, 1, 2, \ldots\}$.

* $\mathbb{Q} = \{x \mid x \text{ ist eine rationale Zahl}\} = \left\{\frac{p}{q} \mid p \in \mathbb{Z},\ q \in \mathbb{N}^*\right\}$.

* $\mathbb{R} = \{x \mid x \text{ ist eine reelle Zahl}\}$.

* $\mathbb{C} = \{x \mid x \text{ ist eine komplexe Zahl}\}$

  $= \{a + b \cdot i \mid a, b \in \mathbb{R} \text{ und } i \text{ ist die imaginäre Einheit}\}$.

Dem Aufbau und den Eigenschaften dieser Zahlenbereiche ist der Abschnitt 1.3 gewidmet.
Auch Zusammenfassungen von Objekten, die nicht der Mathematik entstammen, bilden Mengen, beispielsweise:

$$K = \{k \mid k \text{ ist ein Kunde der Firma Meier}\} \text{ und}$$

$$A = \{a \mid a \text{ ist ein Auftrag für die Firma Meier}\}.$$

Zwei Mengen A und B sind <u>gleich</u>, wenn sie dieselben Elemente besitzen, wenn also für jedes $a \in A$ auch $a \in B$ und für jedes $b \in B$ auch $b \in A$ gilt. Diese Definition der Gleichheit von Mengen bedeutet, daß Mengen auch dann gleich sein können, wenn sie auf unterschiedliche Art beschrieben werden.

So sind beispielsweise die Mengen $A = \{1, 2, 3\}$ und

$B = \{x \in \mathbb{N} \mid x^3 - 6 \cdot x^2 + 11 \cdot x - 6 = 0\}$ gleich.

Insbesondere kann die leere Menge $\emptyset$, die keine Elemente enthält, auf sehr unterschiedliche Art beschrieben werden:

$$\emptyset = \{x \in \mathbb{R} \mid x^2 < 0\}$$

$$= \{x \mid x \text{ ist Student(in) und } x \text{ ist jünger als 3 Jahre}\}.$$

Bei der Beschreibung einer Menge durch Aufzählung ihrer Elemente ist es unerheblich, in welcher Reihenfolge die Elemente angegeben werden, oder ob bestimmte Elemente mehrfach angegeben werden, so ist beispielsweise

$$\left\{1,\ 2,\ 3\right\} = \left\{3,\ 2,\ 1,\ \frac{6}{3},\ \frac{57}{19}\right\}.$$

Ein eng mit der Gleichheit von Mengen zusammenhängender Begriff ist der der Teilmenge.

<u>Definition 1.2:</u> Eine Menge A heißt <u>Teilmenge</u> der Menge B, falls für alle Elemente $a \in A$ auch $a \in B$ gilt. Man schreibt dann $A \subset B$. Ist A eine Teilmenge von B, so wird B <u>Obermenge</u> von A genannt.

Beispiele:

* $\left\{1,\ 2,\ 3\right\} \subset \left\{1,\ 2,\ 3,\ 4\right\}$.
* $\mathbb{N} \subset \mathbb{Z}$.
* $\mathbb{Z} \subset \mathbb{Q}$.
  Dazu muß die Zahl $p \in \mathbb{Z}$ mit dem Bruch $\frac{p}{1}$ identifiziert werden.
* $\mathbb{R} \subset \mathbb{C}$.
  Dazu muß $a \in \mathbb{R}$ mit der Zahl $a + 0 \cdot i \in \mathbb{C}$ identifiziert werden.
* Für jede Menge A gilt: $\emptyset \subset A$.
  Die leere Menge ist Teilmenge einer jeden Menge.
* Für jede Menge A gilt: $A \subset A$.
  Jede Menge enthält sich selbst als Teilmenge.

Die Teilmengenbeziehung von Mengen läßt die Gleichheit der Mengen A und B zu. Soll dagegen ausgedrückt werden, daß A eine <u>echte Teilmenge</u> von B ist, daß also A eine Teilmenge von B ist, die von B verschieden ist, so schreibt man $A \subsetneqq B$.

Statt $A \subset B$ wird auch $A \subseteq B$ geschrieben, wenn Gleichheit der Mengen A und B nicht ausgeschlossen ist. Statt $A \subsetneqq B$ wird gelegentlich auch $A \subset B$ geschrieben.

Zu einer gegebenen Menge A kann man alle ihre Teilmengen bilden und zu einer neuen Menge $\mathfrak{P}(A)$, die Potenzmenge von A genannt wird, zusammenfassen:

$$\mathfrak{P}(A) = \left\{B \mid B \subset A\right\}.$$

Beispiele:

* $\mathfrak{P}(\emptyset) = \left\{\emptyset\right\}$;
* $\mathfrak{P}(\left\{1,\ 2,\ 3\right\}) = \left\{\emptyset,\ \left\{1\right\},\ \left\{2\right\},\ \left\{3\right\},\ \left\{1,\ 2\right\},\ \left\{1,\ 3\right\},\ \left\{2,\ 3\right\},\ \left\{1,\ 2,\ 3\right\}\right\}$.
  Im Abschnitt 1.1.4 über die Mächtigkeit von Mengen wird festgestellt, daß die Potenzmenge einer Menge mit n Elementen aus $2^n$ Elementen besteht.

Den Zusammenhang zwischen der Teilmengenbeziehung und der Gleichheit von Mengen stellt der folgende Satz her:

<u>Satz 1.3:</u> Zwei Mengen A und B sind genau dann gleich, wenn $A \subset B$ und $B \subset A$ gilt.

Dieser Satz ermöglicht es, die Gleichheit von Mengen A und B nachzuweisen, indem man $A \subset B$ und $B \subset A$ zeigt.

Aus gegebenen Mengen können durch bestimmte Operationen neue Mengen gebildet werden:

Definition 1.4: Sind A und B Mengen, so ist die Zusammenfassung aller Objekte x, für die $x \in A$ oder $x \in B$ (oder beides) gilt, eine Menge, die Vereinigungsmenge von A und B genannt wird und mit $A \cup B$ bezeichnet wird:

$$A \cup B = \left\{x \mid x \in A \text{ oder } x \in B\right\}.$$

Beispiel:

* Sind $A = \left\{1, 2, 3\right\}$ und $B = \left\{2, 3, 4\right\}$, so ist $A \cup B = \left\{1, 2, 3, 4\right\}$.

Sind $A_1, \ldots, A_n$ Mengen, so kann natürlich auch die Vereinigungsmenge $A = A_1 \cup A_2 \cup \ldots \cup A_n$ gebildet werden, die abgekürzt dargestellt wird als $A = \bigcup_{i=1}^{n} A_i$. Ist die Anzahl der Mengen $A_1, A_2, A_3, \ldots$ nicht begrenzt, so schreibt man $A = \bigcup_{i=1}^{\infty} A_i$.

Beispiel:

* Ist $A_i$ die Menge der Familien mit i Kindern ($i = 0, 1, 2, \ldots$), so ist $A = \bigcup_{i=0}^{\infty} A_i$ die Menge aller Familien.

Neben der Vereinigung von Mengen ist auch die Durchschnittsbildung von Mengen möglich:

Definition 1.5: Sind A und B Mengen, so ist auch die Zusammenfassung aller Objekte x, für die sowohl $x \in A$ als auch $x \in B$ gilt, eine Menge, die Durchschnittsmenge von A und B genannt wird und mit $A \cap B$ bezeichnet wird:

$$A \cap B = \left\{x \mid x \in A \text{ und } x \in B\right\}.$$

Ist $A \cap B = \emptyset$, so heißen die Mengen A und B disjunkt.

Beispiele:

* Sind $A = \left\{1, 2, 3\right\}$ und $B = \left\{2, 3, 4\right\}$, so ist $A \cap B = \left\{2, 3\right\}$.
* Ist $A_i$ die Menge der Familien mit i Kindern ($i = 0, 1, 2, 3, \ldots$), so sind die Mengen $A_i$ und $A_j$ disjunkt, falls $i \neq j$ ist. Die Vereinigungsmenge

$A = \bigcup_{i=0}^{\infty} A_i$ heißt disjunkte Vereinigung der Mengen $A_i$. Soll angedeutet werden, daß eine Vereinigung A aus disjunkten Mengen gebildet wird, so setzt man über das ∪-Zeichen einen Punkt: $A = \dot{\bigcup}_{i=0}^{n} A_i$ oder $A = B \mathbin{\dot{\cup}} C$.

Sind $A_1, \ldots, A_n$ Mengen, so kann natürlich auch die Durchschnittsmenge $A = A_1 \cap A_2 \cap \ldots \cap A_n$ gebildet werden, die abgekürzt dargestellt wird als $A = \bigcap_{i=1}^{n} A_i$. Ist die Anzahl der Mengen $A_1, A_2, A_3, \ldots$ nicht begrenzt, so schreibt man $A = \bigcap_{i=1}^{\infty} A_i$.

Beispiel:

* Ist $A_i$ die Menge der Studierenden, die die i-te von insgesamt n Mathematikvorlesung in diesem Semester besuchen, so ist $A = \bigcap_{i=1}^{n} A_i$ die Menge der Studierenden, die alle n Mathematikvorlesungen besuchen.

In bestimmten Fällen kommt es vor, daß alle betrachteten Mengen Teilmengen einer bestimmten Grund- oder Universalmenge $\Omega$ sind (z. B.: $\mathbb{N}$, $\mathbb{R}$ oder die Menge aller Familien). In solchen Fällen können Komplementärmengen von Teilmengen der Grundmenge gebildet werden:

Definition 1.6: Sei $\Omega$ eine Grundmenge und $A \subset \Omega$, dann ist die Zusammenfassung aller Objekte aus $\Omega$, die nicht in A liegen, eine Menge, die Komplement oder Komplementärmenge von A bezüglich $\Omega$ genannt und mit $\overline{A}^{\Omega}$ bzw. $\overline{A}$ bezeichnet wird:

$$\overline{A} = \left\{x \in \Omega \mid x \notin A\right\}.$$

Sind A und B Teilmengen der Grundmenge $\Omega$, so heißt die Menge $A \cap \overline{B}$ Differenzmenge und wird mit $A \setminus B$ (A ohne B) bezeichnet:

$$A \setminus B = \left\{x \in \Omega \mid x \in A \text{ und } x \notin B\right\}.$$

Beispiele:

* Ist $\Omega = \mathbb{N}$ die Grundmenge und $A = \left\{0, 2, 4, \ldots\right\}$ die Menge der geraden natürlichen Zahlen, so ist $\overline{A} = \left\{1, 3, 5, \ldots\right\}$ die Menge der ungeraden natürlichen Zahlen.
* Ist $\Omega$ die Menge aller Familien und $A_0$ die Menge der Familien ohne Kinder, so ist $\overline{A}_0 = \bigcup_{i=1}^{\infty} A_i$, die Menge der Familien mit Kindern.
* Sind $A = \left\{1, 2, 3\right\}$ und $B = \left\{2, 3, 4\right\}$, so ist $A \setminus B = \left\{1\right\}$.

Mengen und ihre Beziehungen untereinander können graphisch in sogenannten Venndiagrammen dargestellt werden. Dabei werden Mengen durch Flächen bzw. Punkte in Flächen dargestellt (vgl. Abb. 1.1).

Die Verknüpfungen "$\cup$" und "$\cap$" für Mengen und die Komplementbildung können miteinander kombiniert werden. Dabei gelten stets gewisse Regeln, die im folgenden Satz zusammengestellt sind:

<u>Satz 1.7:</u> Für das Rechnen mit Mengen gelten die folgenden Regeln (A, B und C sind Teilmengen einer Grundmenge $\Omega$):

(i) $A \cup A = A$ (Idempotenzgesetz für die Vereinigung);

(ii) $A \cap A = A$ (Idempotenzgesetz für den Durchschnitt);

(iii) $A \cup B = B \cup A$ (Kommutativgesetz für die Vereinigung);

(iv) $A \cap B = B \cap A$ (Kommutativgesetz für den Durchschnitt);

(v) $(A \cup B) \cup C = A \cup (B \cup C)$ (Assoziativgesetz für die Vereinigung);

(vi) $(A \cap B) \cap C = A \cap (B \cap C)$ (Assoziativgesetz für den Durchschnitt);

(vii) $A \cup (B \cap C) = (A \cup B) \cap (A \cup C)$ (Distributivgesetz);

(viii) $A \cap (B \cup C) = (A \cap B) \cup (A \cap C)$ (Distributivgesetz);

(ix) $\overline{A \cup B} = \overline{A} \cap \overline{B}$ (DE MORGANsches Gesetz);

(x) $\overline{A \cap B} = \overline{A} \cup \overline{B}$ (DE MORGANsches Gesetz).

<u>Abb. 1.1:</u> Darstellung von Teilmengenbeziehungen (1), Vereinigungsmenge (2), Durchschnittsmenge (3), disjunkten Mengen (4), Komplementärmenge (5) und Differenzmenge (6) durch Venndiagramme

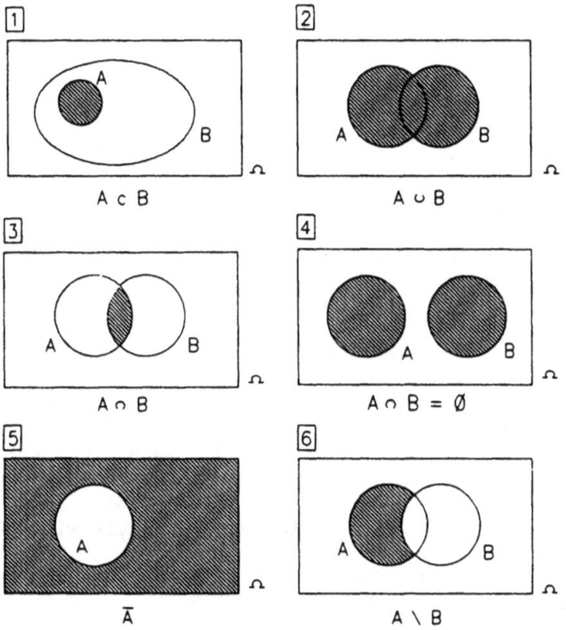

### 1.1.2 Kartesische Produkte und Relationen (einschließlich Äquivalenz- und Ordnungsrelationen)

Eine ganz andere als die bisherigen Möglichkeiten, um von gegebenen Mengen zu neuen zu gelangen, ist die Bildung von kartesischen Produkten.

Definition 1.8: Sind A und B nichtleere Mengen, dann ist die Zusammenfassung aller Paare (a, b) mit $a \in A$ und $b \in B$ eine Menge, die kartesisches Produkt von A und B genannt wird und mit $A \times B$ bezeichnet wird:

$$A \times B = \{(a,\ b) \mid a \in A \text{ und } b \in B\}.$$

Beispiel:

* Bei einer Umfrage unter den Studierenden an einer sozial- und wirtschaftswissenschaftlichen Fakultät einer deutschen Universität wird nach dem Studienfach und dem Fachsemester gefragt. Bezeichnet man mit

$$A = \{\text{BWL, POL, SOZ, WiInf, VWL}\}$$

die Menge der verschiedenen Studienfächer dieser Fakultät und mit

$$B = \{1,\ 2,\ \ldots,\ 14\}$$

die verschiedenen möglichen Fachsemester (am Ende des 14. Fachsemesters erfolge Zwangsexmatrikulation), so ist $A \times B$ die Menge der möglichen Antworten auf die Umfrage:

$$A \times B = \{(\text{BWL},\ 1),\ \ldots,\ (\text{BWL},\ 14),\ \ldots,\ (\text{VWL},\ 14)\}.$$

Kartesische Produkte können gelegentlich graphisch dargestellt werden: Kodiert man die Elemente der Menge A aus dem Beispiel durch die Zahlen 1, 2,..., 5, so läßt sich $A \times B$ so darstellen:

| A \ B | 1 | 2 | 3 | 4 | 5 | 6 | 7 | 8 | 9 | 10 | 11 | 12 | 13 | 14 |
|---|---|---|---|---|---|---|---|---|---|---|---|---|---|---|
| 1 | • | • | • | • | • | • | • | • | • | • | • | • | • | • |
| 2 | • | • | • | • | • | • | • | • | • | • | • | • | • | • |
| 3 | • | • | • | • | • | • | • | • | • | • | • | • | • | • |
| 4 | • | • | • | • | • | • | • | • | • | • | • | • | • | • |
| 5 | • | • | • | • | • | • | • | • | • | • | • | • | • | • |

Da die Mengen A und B nicht unbedingt disjunkt sein müssen, kann es vorkommen, daß beide Paare (a, b) und (b, a) zu $A \times B$ gehören. In diesem Fall ist aber $(a,\ b) \neq (b,\ a)$, wenn $a \neq b$ gilt. Also kommt es bei den Elementen (a, b) eines kartesischen Produkts auf die Reihenfolge der Komponenten a und b an. Kodiert man im Beispiel die Elemente der Menge A der verschiedenen Studiengänge durch die Zahlen 1, 2, 3, 4, 5, so ist etwa das Paar (1, 5), das einen Studierenden der Betriebswirtschaftslehre im 5. Semester darstellt, etwas anderes als das Paar (5, 1), das einen Studierenden der Volkswirtschaftslehre im 1. Semester repräsentiert.
Damit ist aber auch offensichtlich, daß die kartesischen Produkte $A \times B$ und $B \times A$ verschieden sind, wenn nur $A \neq B$ gilt.

Natürlich können auch kartesische Produkte von mehr als zwei Mengen gebildet werden: Sind $A_i$, $i = 1, \dots, n$ nichtleere Mengen, so ist

$$A_1 \times A_2 \times \dots \times A_n = \left\{(a_1, \dots, a_n) \mid a_i \in A_i,\ i = 1,\dots,n\right\}.$$

Statt $A_1 \times A_2 \times \dots \times A_n$ kann man auch $\mathop{\times}\limits_{i=1}^{n} A_i$ schreiben. Das n-fache kartesische Produkt einer Menge $\mathop{\times}\limits_{i=1}^{n} A$ wird auch mit $A^n$ bezeichnet. Ein Beispiel für ein solches n-faches kartesisches Produkt einer Menge ist (der Vektorraum) $\mathbb{R}^n$, mit dem sich die Lineare Algebra beschäftigt.

Die Elemente eines kartesischen Produkts $\mathop{\times}\limits_{i=1}^{n} A_i$ heißen <u>n-Tupel</u>, wobei die i-te Komponente eines solchen n-Tupels aus der Menge $A_i$ stammt $(i = 1,\dots,n)$. Beispielsweise sind die Elemente von $\mathbb{R}^n$ n-Tupel, deren Komponenten reelle Zahlen sind.

Von besonderem Interesse sind Teilmengen kartesischer Produkte:

<u>Definition 1.9:</u> Eine Teilmenge $R \subset A \times B$ eines kartesischen Produkts heißt <u>Relation</u>.
Ist $R \subset A \times B$ eine Relation, so heißt die Relation

$$\tilde{R} \subset B \times A \text{ mit } \tilde{R} = \left\{(b, a) \in B \times A \mid (a, b) \in R\right\}$$

<u>Umkehrrelation</u> von R.

Statt $(a, b) \in R$ $(\subset A \times B)$ schreibt man auch $aRb$, wenn das Paar $(a, b)$ zur Relation R gehört.

Beispiele:

* Sei A die Menge der Kunden der Firma Meier und B die Menge der Aufträge, die in der Firma Meier bearbeitet werden. Dann ist die Menge $R_1 \subset A \times B$ mit

  $$R_1 = \left\{(a, b) \mid \text{Kunde } a \text{ ist Auftraggeber des Auftrags } b\right\}$$

  eine Relation.

* Sei A eine nichtleere Menge mit Potenzmenge $\mathfrak{P}(A)$. Auf $\mathfrak{P}(A) \times \mathfrak{P}(A)$ wird durch

  $$R_2 = \left\{(B, B') \mid B, B' \subset A \text{ und } B \subset B'\right\}$$

  eine Relation definiert (vgl. Übungsaufgabe 1.3).

* Sei A die Menge der Studierenden einer sozial- und wirtschaftswissenschaftlichen Fakultät einer deutschen Universität. Dann ist auf $A \times A$ durch

  $$R_3 = \left\{(a, b) \in A \times A \mid a \text{ ist im selben Studiengang immatrikuliert wie } b\right\}$$

  eine Relation definiert.

* Sei A die im vorhergehenden Beispiel definierte Menge von Studierenden und B die Menge der Studiengänge dieser Fakultät. Dann ist $R_4 \subset A \times B$ mit

$$R_4 = \left\{(a, b) \in A \times B \mid \text{Student(in) a ist im Studiengang b immatrikuliert}\right\}$$

eine Relation.

Relationen werden dann interessant, wenn sie bestimmte Eigenschaften besitzen. Zwei wichtige Klassen von Relationen sind Ordnungs- und Äquivalenzrelationen:

<u>Definition 1.10:</u> Eine Relation $R \subset A \times A$ heißt <u>Ordnungsrelation</u> (oder einfach Ordnung) auf A, wenn R die folgenden Eigenschaften besitzt:

(i) für alle $a \in A$ gehört das Paar (a, a) zu R (Reflexivität);

(ii) gehören die Paare (a, b) und (b, a) zu R, so muß $a = b$ sein (Antisymmetrie);

(iii) gehören (a, b) und (b, c) zu R, so gehört auch (a, c) zu R (Transitivität).

Gilt zusätzlich:

(iv) für beliebige $a, b \in A$ gehört (a, b) oder (b, a) zu R (Vollständigkeit),

so heißt R <u>vollständige Ordnung</u> auf A.

Beispiele:

* Die Relation $R_2$ auf der Potenzmenge $\mathfrak{P}(A)$ einer nichtleeren Menge A, definiert durch $R_2 = \left\{(B, B') \mid B, B' \subset A \text{ und } B \subset B'\right\}$, ist eine Ordnungsrelation auf $\mathfrak{P}(A)$:

  - Für alle $B \subset A$ gilt $B \subset B$, so daß $(B, B) \in R_2$ für alle $B \in \mathfrak{P}(A)$ gilt. Damit ist $R_2$ reflexiv.
  - Gilt für Mengen $B, B' \in \mathfrak{P}(A)$, daß $(B, B') \in R_2$ und $(B', B) \in R_2$ ist, so ist $B \subset B'$ und $B' \subset B$. Aus Satz 1.3 folgt dann, daß $B = B'$ gelten muß. Also ist $R_2$ antisymmetrisch.
  - Gilt für Mengen $B, B', B'' \in \mathfrak{P}(A)$, daß $(B, B') \in R_2$ und $(B', B'') \in R_2$ ist, so ist $B \subset B'$ und $B' \subset B''$. Offensichtlich muß dann auch $B \subset B''$ sein, so daß auch $(B, B'') \in R_2$ gilt. Damit ist $R_2$ auch transitiv und insgesamt eine Ordnungsrelation.
  - $R_2$ ist keine vollständige Ordnung auf A, wenn A wenigstens zwei verschiedene Elemente $a_1 \neq a_2$ besitzt, da dann weder $\left\{a_1\right\} \subset \left\{a_2\right\}$ noch $\left\{a_2\right\} \subset \left\{a_1\right\}$ gilt.

Statt $BR_2B'$ kann man natürlich auch gleich $B \subset B'$ schreiben.

Auch die bekannte Ordnungsrelation "≤" auf den Zahlenmengen $\mathbb{N}$, $\mathbb{Z}$, $\mathbb{Q}$ und $\mathbb{R}$ kann auf diese Art und Weise beschrieben werden. Sei beispielsweise $R_{\leq} \subset \mathbb{N} \times \mathbb{N}$ definiert durch $R_{\leq} = \{(n, n') \in \mathbb{N} \times \mathbb{N} \mid n \leq n'\}$, so ist $R_{\leq}$ reflexiv, antisymmetrisch und transitiv, also eine Ordnungsrelation auf $\mathbb{N}$. Da zusätzlich für beliebige natürliche Zahlen $n \leq n'$ oder $n' \leq n$ (oder beides, wenn $n = n'$) gilt, ist $R_{\leq}$ eine vollständige Ordnungsrelation auf $\mathbb{N}$. Statt $nR_{\leq}n'$ schreibt man einfacher $n \leq n'$.

Zur Klassifizierung und Typisierung von Objekten einer Menge werden häufig Äquivalenzrelationen benutzt:

Definition 1.11: Eine Relation $R \subset A \times A$ ($A \neq \emptyset$) heißt Äquivalenzrelation, falls die drei folgenden Bedingungen erfüllt sind:

(i) für alle $a \in A$ gehört $(a, a)$ zu $R$ (Reflexivität);

(ii) gehört $(a, b)$ zu $R$, so ist auch $(b, a) \in R$ (Symmetrie);

(iii) gehören $(a, b)$ und $(b, c)$ zu $R$, so ist auch $(a, c) \in R$ (Transitivität).

Beispiel:

* Die Relation $R_3$ auf der Menge $A \times A$ (A ist die Menge der Studierenden an der sozial- und wirtschaftswissenschaftlichen Fakultät einer deutschen Universität) mit

  $$R_3 = \{(a, b) \in A \times A \mid b \text{ ist im selben Studiengang wie } a \text{ immatrikuliert}\}$$

  ist eine Äquivalenzrelation, wenn man davon ausgeht, daß eine Person nur in einem Studiengang immatrikuliert sein kann:

  - Offensichtlich ist $(a, a) \in R_3$, so daß $R_3$ reflexiv ist.
  - Ist b in dem selben Studiengang wie a immatrikuliert, so muß natürlich auch a in dem selben Studiengang wie b immatrikuliert sein, so daß mit $(a, b)$ auch $(b, a)$ in $R_3$ liegt. Also ist $R_3$ symmetrisch.
  - Ist b in dem selben Studiengang wie a immatrikuliert (z.B. BWL), und ist c in dem selben Studiengang immatrikuliert wie b (also auch BWL), so muß auch c in dem selben Studiengang immatrikuliert sein wie a. Also gilt mit $aR_3b$ und $bR_3c$ auch $aR_3c$, so daß $R_3$ transitiv ist.

  Insgesamt ist damit gezeigt, daß $R_3$ eine Äquivalenzrelation ist.

Äquivalenzrelationen besitzen eine erwähnenswerte Eigenschaft:

Bezeichnet man für eine Äquivalenzrelation R die Menge $[a] = \{b \in A \mid aRb\}$ als Äquivalenzklasse von $a \in A$, so gilt für $a, b \in A$ entweder $[a] \cap [b] = \emptyset$ oder $[a] = [b]$.
Ist nämlich $[a] \cap [b] \neq \emptyset$, so gibt es ein $c \in [a] \cap [b]$. Also gilt: $aRc$ und $bRc$. Für ein beliebiges $a' \in [a]$ gilt dann $a'Ra$ und $aRc$ und $cRb$, woraus durch zweimalige Anwendung der Transitivität $a'Rb$ und damit $a' \in [b]$ und $[a] \subset [b]$ folgt.

Entsprechend gilt für ein beliebiges b' ∈ [b]: b'Rb und bRc und cRa, woraus b'Ra und damit [b] ⊂ [a] folgt. Aus Satz 1.3 folgt dann die Gleichheit [a] = [b] (unter der Voraussetzung [a] ∩ [b] ≠ ∅).
Die verschiedenen Äquivalenzklassen $[a_i]$ bilden also eine Zerlegung (Partition) von A, d.h. es gilt:

- $[a_i] \neq \emptyset$;
- $[a_i] \cap [a_j] = \emptyset$ für $i \neq j$;
- $A = \bigcup_i [a_i]$.

Im Beispiel der (Äquivalenz-) Relation $R_3$ zerfällt die Menge A der Studierenden in 5 Äquivalenzklassen, die jeweils aus allen Studierenden eines Studiengangs bestehen.

### 1.1.3 Abbildungen

Die wohl wichtigste Klasse von Relationen sind die Abbildungen. Während Ordnungs- und Äquivalenzrelationen nur als Teilmengen von kartesischen Produkten A × A einer Menge mit sich selbst definiert werden können, sind Abbildungen Teilmengen von kartesischen Produkten A × B, wobei die Mengen A und B verschieden sein können.

<u>Definition 1.12:</u> Eine Relation R ⊂ A × B heißt <u>Abbildung</u> von A nach B, falls gilt:

(i) Für jedes a ∈ A gibt es ein b ∈ B mit a R b.

(ii) Gilt a R b und a R b', so muß b = b' gelten; für jedes a ∈ A gibt es also höchstens ein b ∈ B mit a R b.

Die Menge A heißt <u>Definitionsbereich</u> und die Menge B heißt <u>Wertebereich</u> oder <u>Wertevorrat</u> der Abbildung. Die Teilmenge

$\{b \in B \mid \text{es gibt ein } a \in A \text{ mit } a R b\} \subset B$ heißt <u>Wertemenge</u>.

Abbildungen werden üblicherweise nicht explizit als Relationen, sondern in einer eigenen Terminologie dargestellt und mit den Kleinbuchstaben f, g, h bezeichnet: Ist $R_f \subset A \times B$ eine Abbildung, so schreibt man statt dessen:

f: A ⟶ B (sprich: "f ist definiert auf A mit Werten in B")

und

f(a) = b (falls $aR_fb$).

Beispiele:

* Die Relation $R_4 \subset A \times B$ (A ist die Menge der Studierenden einer sozial- und wirtschaftswissenschaftlichen Fakultät, B ist die Menge der verschiedenen Studiengänge dieser Fakultät) mit

  $R_4 = \{(a, b) \mid a \text{ ist im Studiengang } b \text{ immatrikuliert}\}$ ist eine Abbildung:

  Jeder Studierende a ∈ A ist in einem Studiengang b ∈ B eingeschrieben; kein Studierender kann gleichzeitig in mehreren Studiengängen eingeschrieben sein.

* Sei $A \neq \emptyset$ eine Menge und $R_{id} \subset A \times A$ die Relation $R_{id} = \{(a, a) \mid a \in A\}$.

  $R_{id}$ ist eine Abbildung $id_A$: $A \rightarrow A$ mit $id_A(a) = a$. Die Abbildung $id_A$ heißt <u>identische Abbildung</u> der Menge A, sie bildet jedes Element $a \in A$ auf sich selbst ab.

Eine Abbildung, deren Definitionsbereich $\mathbb{R}^n$ oder eine Teilmenge davon ist und deren Wertebereich $\mathbb{R}$ ist, heißt <u>reelle Funktion von n Variablen</u> (oder einfach Funktion).
Reelle Funktionen einer Variablen, deren Definitionsbereich $\mathbb{N}$ ist, heißen <u>Folgen</u>.

Beispiele:

* Die Abbildung $f: \mathbb{R}^2 \rightarrow \mathbb{R}$ mit $f(x, y) = x^2 + x \cdot y$ ist eine reelle Funktion von zwei Variablen.

* Die Abbildung $g: [0, 1] \rightarrow \mathbb{R}$ mit $g(0) = 0$ und $g(x) = x \cdot \log_2(x)$ für $x \neq 0$ ist eine reelle Funktion einer Variablen ($\log_2(x)$ ist der Logarithmus von x zur Basis 2).

* Folgen sind die Abbildungen

$$a: \mathbb{N} \rightarrow \mathbb{R} \text{ mit } a(n) = a_n = \frac{1}{2^n}$$

  oder

$$s: \mathbb{N} \rightarrow \mathbb{R} \text{ mit } s(n) = s_n = 1 + \frac{1}{2^1} + \frac{1}{2^2} + \ldots + \frac{1}{2^n}.$$

Mit Folgen und Funktionen werden wir uns später ausführlich beschäftigen.

Da eine Abbildung $f: A \rightarrow B$ durch eine Relation

$$R_f = \{(a, f(a)) \mid a \in A\} \subset A \times B$$

definiert ist, kann man stets die Umkehrrelation $\tilde{R}_f \subset B \times A$ bilden:

$$\tilde{R}_f = \{(b, a) \mid b \in B \text{ und } b = f(a) \text{ für ein } a \in A\}.$$

Welche Bedingungen muß nun die Abbildung f erfüllen, damit auch $\tilde{R}_f$ eine Abbildung ist?

- Zum einen muß dazu $\tilde{R}_f$ jedem $b \in B$ ein $a \in A$ zuordnen, was bedeutet, daß für jedes $b \in B$ ein $a \in A$ mit $f(a) = b$ existieren muß.
- Da andererseits $\tilde{R}_f$ jedem $b \in B$ nur ein $a \in A$ zuordnen darf, muß f verschiedenen Elementen $a, a' \in A$ $(a \neq a')$ verschiedene Werte $f(a) \neq f(a')$ zuordnen.

Diese beiden Eigenschaften von Abbildungen f, die zusammen die Abbildungseigenschaft von $\tilde{R}_f$ garantieren, hält die folgende Definition fest (vgl. Abb. 1.2):

Abb. 1.2: Eigenschaften von Abbildungen: (1) Relation ohne Abbildungseigenschaft, (2) Abbildung (nicht surjektiv und nicht injektiv), (3) Surjektive Abbildung (nicht injektiv), (4) Injektive Abbildung (nicht surjektiv), (5) Bijektive Abbildung (injektiv und surjektiv)

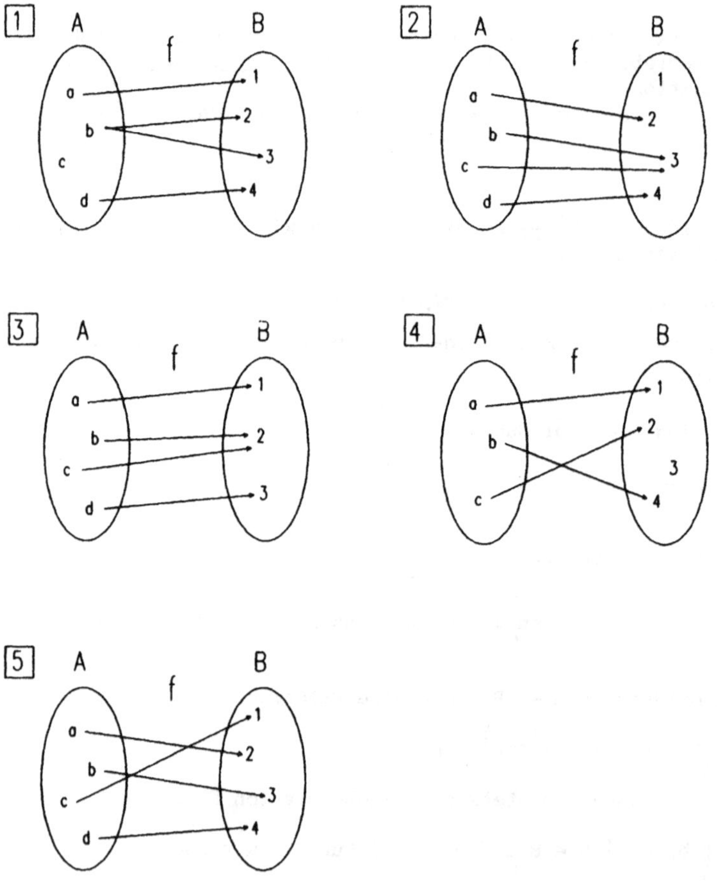

Definition 1.13: Eine Abbildung f: A ⟶ B heißt surjektiv, wenn es zu jedem $b \in B$ mindestens ein $a \in A$ mit $f(a) = b$ gibt.

Die Abbildung f heißt injektiv, wenn sie verschiedene Elemente $a, a' \in A$ $(a \neq a')$ auf verschiedene Elemente $f(a) \neq f(a')$ abbildet.

Die Abbildung f heißt bijektiv, wenn sie surjektiv und injektiv ist.

Satz 1.14: Ist f: A ⟶ B bijektiv, so ist die Umkehrrelation $\tilde{R}_f$ von f ebenfalls eine Abbildung $f^{-1}$: B ⟶ A, die ebenfalls bijektiv ist und Umkehrabbildung oder inverse Abbildung von f genannt wird.

Beispiele:

* Seien A die Menge der Studierenden an der sozial- und wirtschaftswissenschaftlichen Fakultät einer deutschen Unversität und B die Menge der Studiengänge dieser Fakultät.
Durch f: A ⟶ B mit $f(a) = b$, falls Student(in) a im Studiengang b immatrikuliert ist, wird eine Abbildung definiert. Diese Abbildung ist surjektiv, da sicherlich in jedem von der Fakultät angebotenen Studiengang wenigstens eine Person eingeschrieben ist. Die Abbildung ist jedoch nicht injektiv, da sicherlich in wenigstens einem Studiengang mehr als ein Studierender immatrikuliert ist.

* Ist A die gerade erwähnte Menge von Studierenden und ℕ die Menge der natürlichen Zahlen.
Durch g: A ⟶ ℕ mit $g(a) = n$, falls $n \in \mathbb{N}$ die Matrikelnummer des Studierenden a ist, ist eine Abbildung definiert. Diese Abbildung ist injektiv, da verschiedene Studierende verschiedene Matrikelnummern besitzen. Weil es natürliche Zahlen gibt, die nicht als Matrikelnummern vergeben sind, ist g nicht surjektiv.

* Seien M die Menge der verheirateten Männer und N die Menge der verheirateten Frauen in der BR Deutschland, dann ist durch h: M ⟶ N mit $h(m) = n$, falls der Mann m mit der Frau n verheiratet ist, eine Abbildung definiert, da wegen des Polygamieverbots in Deutschland kein Mann mit mehreren Frauen gleichzeitig verheiratet sein kann. Die so definierte Abbildung ist surjektiv, da jede Frau $n \in N$ mit einem Mann $m \in M$ verheiratet ist. Darüber hinaus ist h auch injektiv, da keine Frau mit mehreren Männern gleichzeitig verheiratet sein kann. Insgesamt ist h also bijektiv und damit invertierbar, so daß die Umkehrabbildung $h^{-1}$: B ⟶ A, die jeder Frau $n \in N$ ihren Ehemann $m = h^{-1}(n) \in M$ zuordnet, existiert.

Unter bestimmten Voraussetzungen kann man Abbildungen f und g zu einer neuen Abbildung $g \circ f$ verknüpfen. Ist nämlich g für jedes f(a) definiert, so kann eine neue Abbildung $h = g \circ f$ durch $h(a) = g(f(a))$ definiert werden. Formal gilt:

Definition 1.15: Sind f: A ⟶ B und g: B ⟶ C Abbildungen mit der Eigenschaft, daß der Wertebereich von f im Definitionsbereich von g enthalten ist, so ist durch h: A ⟶ C mit

$$h(a) = g(f(a)) \quad \text{für alle } a \in A$$

eine Abbildung h definiert, die Komposition von f und g genannt und mit $g \circ f$ bezeichnet wird.

Beispiele:

* Es seien A die Menge der Teilnehmer einer Klausur, $B = \{0, 1, 2, \ldots, n\}$ die Menge der in dieser Klausur erreichbaren Punkte und $C = \{1, 2, 3, 4, 5\}$ die Menge der zu vergebenden Noten. Dann können Abbildungen f und g definiert werden:

  $f: A \longrightarrow B$ mit $f(a) = i$, falls Teilnehmer a in der Klausur i Punkte erreicht;

  $g: B \longrightarrow C$ mit $g(i) = j$, falls für i Punkte in der Klausur die Note j vergeben wird.

  Da der Wertebereich von f mit dem Definitionsbereich von g übereinstimmt, können f und g zur Abbildung $h = g \circ f$ verknüpft (komponiert) werden: $h = g \circ f: A \longrightarrow C$ mit $h(a) = g(f(a)) = g(i) = j$, falls Klausurteilnehmer a (mit i Punkten) die Note j erreicht hat.

* Sind $f: \mathbb{R} \longrightarrow \mathbb{R}$ mit $f(x) = x^2$ und $g: \mathbb{R} \longrightarrow \mathbb{R}$ mit $g(x) = x + 1$, so kann $(g \circ f): \mathbb{R} \longrightarrow \mathbb{R}$ gebildet werden und es gilt:

  $$(g \circ f)(x) = g(f(x)) = g(x^2) = x^2 + 1.$$

  Auch $(f \circ g): \mathbb{R} \longrightarrow \mathbb{R}$ kann gebildet werden und es gilt:

  $$(f \circ g)(x) = f(g(x)) = f(x + 1) = (x + 1)^2.$$

  Man sieht an diesem Beispiel, daß auch dann, wenn sowohl $g \circ f$ als auch $f \circ g$ definiert sind, $g \circ f$ und $f \circ g$ nicht gleich sein müssen.

Ist $f: A \longrightarrow B$ bijektiv mit $f^{-1}: B \longrightarrow A$, so können f und $f^{-1}$ zu $f^{-1} \circ f: A \longrightarrow A$ komponiert werden und es gilt $(f^{-1} \circ f)(a) = a$ für alle $a \in A$. Also ist $f^{-1} \circ f$ die identische Abbildung auf der Menge A: $f^{-1} \circ f = id_A$. Entsprechend kann auch $f \circ f^{-1}: B \longrightarrow B$ definiert werden, und es ist $f \circ f^{-1} = id_B$.

Regeln für das Rechnen mit komponierten Abbildungen und ihre Eigenschaften sind in dem folgenden Satz zusammengestellt:

<u>Satz 1.16:</u> Sind $f: A \longrightarrow B$, $g: B \longrightarrow C$ und $h: C \longrightarrow D$ Abbildungen, dann gilt:

(i) $h \circ (g \circ f) = (h \circ g) \circ f$;

(ii) sind f und g surjektiv (injektiv), so ist auch $g \circ f$ surjektiv (injektiv);

(iii) sind f und g bijektiv, so ist auch $g \circ f$ bijektiv und es gilt:

$$(g \circ f)^{-1} = f^{-1} \circ g^{-1}.$$

Satz 1.16(i) besagt, daß (bei Vorliegen der entsprechenden Voraussetzungen) auch mehr als zwei Abbildungen verknüpft werden können und daß diese Verknüpfung assoziativ ist.

Satz 1.16(ii) drückt aus, daß sich die Eigenschaften Surjektivität und Injektivität (und damit auch Bijektivität) von f und g auf die verknüpfte Abbildung $g \circ f$ "vererben".
Gemäß Satz 1.16(iii) ist zu beachten, daß bei der Berechnung der inversen Abbildung $(g \circ f)^{-1}$ als Komposition der inversen Abbildungen die Reihenfolge der "Faktoren" $g^{-1}$ und $f^{-1}$ umgekehrt wird: $(g \circ f)^{-1} = f^{-1} \circ g^{-1}$.

### 1.1.4 Mächtigkeit von Mengen

Bijektive Abbildungen bilden die Grundlage der Überlegungen zur "Mächtigkeit" von Mengen. Dabei stellt der Begriff der Mächtigkeit eine mathematische Präzisierung der "naiven" Vorstellung von der Anzahl der Elemente in einer Menge dar. Eine solche Präzisierung ist insbesondere für den Umgang mit unendlichen Mengen erforderlich.

Definition 1.17: Zwei nichtleere Mengen A und B heißen gleichmächtig, wenn es eine bijektive Abbildung $f: A \longrightarrow B$ gibt.
Besitzt eine Menge A eine echte Teilmenge $B \subset A$, $B \neq A$, die zu A gleichmächtig ist, so heißt A unendlich. Andernfalls heißt A endlich.

Die endlichen Mengen lassen sich auch direkt charakterisieren:

Satz 1.18: Eine Menge $A \neq \emptyset$ ist genau dann endlich, wenn jede injektive Abbildung $f: A \longrightarrow A$ auch surjektiv ist. Ist $A \neq \emptyset$ eine endliche Menge, so gibt es eine natürliche Zahl $n \in \mathbb{N}$ derart, daß A und $\{1, 2, \ldots, n\}$ gleichmächtig sind. In diesem Fall wird $n = n(A)$ die Mächtigkeit von A genannt. Ist $A = \emptyset$, so ist A endlich und die Mächtigkeit von A wird auf 0 festgelegt: $n(\emptyset) = 0$. Die Mächtigkeit unendlicher Mengen A wird durch das Symbol $n(A) = \infty$ ausgedrückt.

Das Zählen der Elemente einer endlichen Menge A ist nichts anderes als die Konstruktion einer bijektiven Abbildung von A in die Menge $\{1, 2, \ldots, n\}$, wobei n zu Beginn der Konstruktion noch nicht bekannt sein muß. Mit endlichen Mengen und ihren Mächtigkeiten beschäftigt sich die Kombinatorik, die hier nicht weiter behandelt werden soll. Zwei typische Ergebnisse der Kombinatorik, die auch in der Statistik Anwendung finden, sollen jedoch erwähnt werden:

Satz 1.19: Sei A eine endliche Menge mit $n(A) = n$ mit der Potenzmenge (Menge aller Teilmengen von A) $\mathfrak{P}(A)$, dann ist $n(\mathfrak{P}(A)) = 2^n$.

Ist $P_k = \{B \subset A \mid n(B) = k\} \subset \mathfrak{P}(A)$, die Menge aller k-elementigen Teilmengen von A $(0 \leq k \leq n)$, dann ist

$$n(P_k) = \frac{1 \cdot 2 \cdot 3 \cdot \ldots \cdot n}{(1 \cdot 2 \cdot 3 \cdot \ldots \cdot k) \cdot (1 \cdot 2 \cdot 3 \cdot \ldots \cdot (n-k))} = \frac{n!}{k! \cdot (n-k)!} = \binom{n}{k}.$$

Der Ausdruck $1 \cdot 2 \cdot 3 \cdot \ldots \cdot n$ wird durch n! (n-Fakultät) abgekürzt $(0! = 1)$.

Der Quotient $\frac{n!}{k! \cdot (n-k)!}$ heißt Binomialkoeffizient und wird durch $\binom{n}{k}$ abgekürzt (n über k).

Beispiel:

* Ist $A = \{1, 2, 3\}$, so ist $n(A) = 3$ und A besitzt $n(\mathfrak{P}(A)) = 2^3 = 8$ Teilmengen (einschließlich der leeren Menge und A selbst). Im einzelnen besitzt A:

  - $\binom{3}{0} = \frac{3!}{0! \cdot 3!} = 1$ Teilmenge mit 0 Elementen ($\emptyset$),
  - $\binom{3}{1} = \frac{3!}{1! \cdot 2!} = 3$ Teilmengen mit einem Element ($\{1\}, \{2\}, \{3\}$),
  - $\binom{3}{2} = \frac{3!}{2! \cdot 1!} = 3$ Teilmengen mit zwei Elementen ($\{1, 2\}, \{1, 3\}, \{2, 3\}$)

  und

  - $\binom{3}{3} = \frac{3!}{3! \cdot 0!} = 1$ Teilmenge mit drei Elementen (A selbst).

  Insgesamt enthält A also $\binom{3}{0} + \binom{3}{1} + \binom{3}{2} + \binom{3}{3} = 2^3$ Teilmengen.

Dieser Zusammenhang zwischen den Binomialkoeffizienten und den Potenzen $2^n$ gilt natürlich allgemein:

<u>Satz 1.20:</u> Es gilt für alle $n \in \mathbb{N}$: $\binom{n}{0} + \binom{n}{1} + \binom{n}{2} + \ldots + \binom{n}{n} = 2^n$.

Die Mächtigkeiten von Mengen können in natürlicher Weise geordnet werden, indem man definiert:

A ist höchstens so mächtig wie B ($n(A) \leq n(B)$), wenn es eine injektive Abbildung von A nach B gibt.

In diesem Fall kann A mit einer Teilmenge von B identifiziert werden. Auf der Menge der <u>Kardinalzahlen</u> (die natürlichen Zahlen und die Mächtigkeiten der Mengen mit unendlich vielen Elementen) wird durch diese Relation eine vollständige Ordnung definiert. Insbesondere gilt der folgende Satz:

<u>Satz 1.21:</u> Sind A und B Mengen und gibt es injektive Abbildungen $f: A \to B$ und $g: B \to A$, so gibt es auch eine bijektive Abbildung $h: A \to B$.

Dieser Satz drückt also aus, daß aus $n(A) \leq n(B)$ und $n(B) \leq n(A)$ die Gleichheit $n(A) = n(B)$ folgt. Dieser für endliche Mengen offensichtliche Zusammenhang ist für unendliche Mengen nicht so einfach zu beweisen. Einige Beispiele zur Mächtigkeit unendlicher Mengen sollen dies belegen.

<u>Satz 1.22:</u> Die Mächtigkeit der natürlichen Zahlen stimmt mit der Mächtigkeit der rationalen Zahlen überein.

<u>Beweisidee:</u>

Offensichtlich ist $n(\mathbb{N}) \leq n(\mathbb{Q})$, da beispielsweise die Abbildung $f: \mathbb{N} \to \mathbb{Q}$ mit $f(n) = \frac{n}{1} \in \mathbb{Q}$ injektiv ist. Kann man nun auch eine injektive Abbildung

$h: \mathbb{Q} \longrightarrow \mathbb{N}$ angeben, so folgt aus Satz 1.21 die Gleichmächtigkeit von $\mathbb{Q}$ und $\mathbb{N}$. Ist $r = \frac{p}{q}$ (mit $p \in \mathbb{Z}$ und $q \in \mathbb{N}$ $(q > 0)$), so wird durch

$$h(r) = h(\tfrac{p}{q}) = \begin{cases} 2^p \cdot 3^q & \text{falls } p \geq 0 \\ 5^{-p} \cdot 3^q & \text{falls } p < 0 \end{cases}$$

eine injektive Abbildung von $\mathbb{Q}$ nach $\mathbb{N}$ definiert, da man von der natürlichen Zahl n, auf die durch h eine rationale Zahl r abgebildet wird, eindeutig auf die Zahlen p und q und damit auf r zurückschließen kann. Damit gilt auch $n(\mathbb{Q}) \leq n(\mathbb{N})$ und insgesamt $n(\mathbb{N}) = n(\mathbb{Q})$.

Daß es auch Mengen gibt, deren Mächtigkeiten größer als die der natürlichen Zahlen sind, ist eine Konsequenz des folgenden Satzes.

Satz 1.23: Für eine beliebige Menge ist $n(\mathfrak{P}(A)) > n(A)$.

Für endliche Mengen ist dieser Zusammenhang klar, da $2^n$ stets größer als n ist.
Um zu zeigen, daß dieser Zusammenhang auch für die unendliche Menge A gilt, muß man zeigen, daß es keine bijektive Abbildung $f: A \longrightarrow \mathfrak{P}(A)$ geben kann. Dieser Nachweis soll durch einen Widerspruchsbeweis erfolgen. Dazu nimmt man an, daß es eine Menge A gibt, für die eine bijektive Abbildung $f: A \longrightarrow \mathfrak{P}(A)$ existiert. Betrachtet man nun die Menge $B = \{a \in A \mid a \notin f(a)\} \in \mathfrak{P}(A)$, so gibt es wegen der Bijektivität von f ein $a_0 \in A$ mit $f(a_0) = B$. Gilt nun $a_0 \in B$? Wenn ja, dann ist $a_0 \notin f(a_0) = B$ ein Widerspruch! Wenn nein (also $a_0 \notin B = f(a_0)$), so muß nach Definition von B $a_0 \in B$ gelten, ein Widerspruch!
Insgesamt führt also die Annahme der Existenz einer bijektiven Abbildung zwischen A und $\mathfrak{P}(A)$ zu einem Widerspruch, so daß diese Annahme nicht richtig sein kann. Damit ist gezeigt, daß $n(A) \neq n(\mathfrak{P}(A))$ ist. Wegen der Injektivität der Abbildung $f: A \longrightarrow \mathfrak{P}(A)$ mit $f(a) = \{a\}$ gilt damit $n(A) < n(\mathfrak{P}(A))$.

Eine Konsequenz dieses Satzes ist, daß es bei unendlichen Mengen unterschiedliche Mächtigkeiten geben kann. So ist beispielsweise $n(\mathbb{N}) < n(\mathfrak{P}(\mathbb{N}))$.

Das wichtigste Beispiel für unendliche Mengen mit unterschiedlichen Mächtigkeiten sind die Mengen $\mathbb{N}$ der natürlichen Zahlen und $\mathbb{R}$ der reellen Zahlen:

Satz 1.24: Es gilt $n(\mathbb{N}) < n(\mathbb{R})$.

Beweisidee:

Da $\mathbb{N}$ eine Teilmenge von $\mathbb{R}$ ist, gilt $n(\mathbb{N}) \leq n(\mathbb{R})$, so daß nur noch der Fall $n(\mathbb{N}) = n(\mathbb{R})$ auszuschließen ist. Dazu wird die Annahme $n(\mathbb{N}) = n(\mathbb{R})$ zu einem Widerspruch geführt. Da es bijektive Abbildungen $f: ]0, 1[ \longrightarrow \mathbb{R}$ gibt, etwa $f(x) = \frac{2x-1}{(2x-1)^2-1}$, liegen im (offenen) Intervall $]0, 1[$ schon genausoviele reelle Zahlen wie in ganz $\mathbb{R}$: $n(]0, 1[) = n(\mathbb{R})$.

Es reicht daher aus, die Annahme $n(\mathbb{N}) = n(]0, 1[)$ zu einem Widerspruch zu führen. Wäre also $n(\mathbb{N}) = n(]0, 1[)$, so gäbe es eine bijektive Abbildung $a: \mathbb{N} \longrightarrow ]0, 1[$ mit $a(i) = a_i \in ]0, 1[$. Die reellen Zahlen aus $]0, 1[$ ließen sich dann also der Reihe nach abzählen: $a_1, a_2, a_3, a_4, \dots$ .
Jede dieser Zahlen läßt sich eindeutig als unendlicher Dezimalbruch darstellen, wobei die letzten Stellen lauter Nullen (aber nicht lauter Neunen) sein können. Bezeichnet man mit $a_{ij}$ die j-te Dezimalstelle der Zahl $a_i$, so ist mit $a^*$ eine reelle Zahl aus $]0, 1[$ definiert, wenn man die j-te Dezimalstelle $a^*_j$ von $a^*$ definiert durch: $a^*_j = \begin{cases} 5, \text{ falls } a_{jj} \neq 5 \\ 0, \text{ falls } a_{jj} = 5 \end{cases}$

(Die Auswahl der Ziffer 5 zur Konstruktion der Zahl $a^*$ ist willkürlich.).
Die Zahl $a^*$ unterscheidet sich an der j-ten Stelle von der j-ten Zahl $a_j$ der Auflistung, so daß $a^*$ nicht in der Aufzählung der reellen Zahlen aus $]0, 1[$ vorkommt. Dies ist aber ein Widerpruch zur Annahme der Bijektivität der Abbildung a. Also kann es keine bijektive Abbildung zwischen $\mathbb{N}$ und $\mathbb{R}$ geben, so daß $n(\mathbb{N}) < n(\mathbb{R})$ sein muß.

<u>Definition 1.25:</u> Die Mächtigkeit der natürlichen Zahlen wird <u>abzählbar unendlich</u> und die der reellen Zahlen <u>überabzählbar unendlich</u> genannt.

Die Tatsache, daß die Mächtigkeiten von $\mathbb{N}$ und $\mathbb{R}$ verschieden sind, hat eine Reihe von Konsequenzen. Eine ist der folgende Satz:

<u>Satz 1.26:</u> Es gibt Abbildungen $a: \mathbb{N} \longrightarrow \mathbb{N}$, die von keinem Computer berechnet werden können.

Beweisidee:

Damit ein Computer eine Abbildung $a: \mathbb{N} \longrightarrow \mathbb{N}$ berechnen kann, benötigt er ein Programm. Ein Programm ist ein Text, der aus Zeichen $\{z_1, \dots, z_k\}$ besteht und eine endliche Länge besitzt. Man kann zeigen (vgl. Übungsaufgabe 1.7), daß die Menge aller endlichen Ketten von Zeichen aus $\{z_1, \dots, z_k\}$ abzählbar unendlich ist. Die Menge aller Abbildungen $a: \mathbb{N} \longrightarrow \mathbb{N}$ ist aber gerade das (abzählbare) kartesische Produkt $\times_{i=0}^{\infty} \mathbb{N}$, von dem man zeigen kann (vgl. Übungsaufgabe 1.8), daß es überabzählbar unendlich viele Elemente besitzt. Also können Computer nur eine abzählbare (und daher echte) Teilmenge der überabzählbaren Menge aller Abbildungen $a: \mathbb{N} \longrightarrow \mathbb{N}$ berechnen. Es muß also auch Abbildungen $a: \mathbb{N} \longrightarrow \mathbb{N}$ geben, die nicht berechnet werden können. Die konkrete Angabe einer solchen Funktion erfordert einen beträchtlichen Aufwand und erfolgt daher an dieser Stelle nicht.

## 1.2 Aussagenlogik

### 1.2.1 Verknüpfung von Aussagen

In diesem Abschnitt werden die wichtigsten Grundlagen des logischen Schließens behandelt. Dabei wird das intuitive Verständnis dessen, was "logisch" ist, präzisiert und ein formaler Rahmen entwickelt, in dem Aussagen und ihre Beziehungen untereinander dargestellt werden können. Dazu ist zunächst zu klären, was Aussagen sind:

Definition 1.27: Eine Aussage ist ein Satz, der entweder wahr (w) oder falsch (f) ist.

Aussagen A können also nur einen der beiden Wahrheitswerte W(A) = w oder W(A) = f besitzen, eine dritte Möglichkeit gibt es nicht (Prinzip des ausgeschlossenen Dritten). Außerdem können Aussagen nicht gleichzeitig wahr und falsch sein (Prinzip des ausgeschlossenen Widerspruchs). Die Abbildung W ordnet also jeder Aussage ein Element des Wertebereichs $\{w, f\}$ zu.

Beispiele für Aussagen sind:

* Heute ist Sonntag.
* Der Konsum von Alkohol senkt das Risiko von Kreislauferkrankungen.
* Steigende Kreditnachfrage führt zu höheren Zinssätzen.
* Die FERMATsche Vermutung ist richtig.

Keine Aussagen sind beispielsweise die folgenden Sätze:

* Welche Bank besitzt die größte Macht?
* Fördern Sie den Mittelstand!
* Dieser Satz ist falsch.

Der letzte Satz scheint auf den ersten Blick eine Aussage zu sein. Bei genauerem Hinsehen erweist er sich jedoch als widersprüchlich: Nimmt man an, daß er wahr sei, so folgt, daß er falsch ist; nimmt man an, daß er falsch sei, so folgt, daß er wahr ist. Dieser Widerspruch hat seinen Grund in der Tatsache, daß dieser Satz auf sich selbst Bezug nimmt. Das ist ein Problem, das in ähnlicher Form auch schon bei Mengen aufgetreten ist (vgl. Abschnitt 1.1.1, RUSSELsche Antinomie).
Die Frage, ob eine konkrete Aussage, wie beispielsweise "Steigende Kreditnachfrage führt zu höheren Zinssätzen.", wahr oder falsch ist, wie also der Wert W(A) für eine konkrete Aussage zu bestimmen ist, wird nicht von der Aussagenlogik behandelt. Probleme dieser Art sind vielmehr Gegenstand der Einzelwissenschaften wie Medizin, Ökonomie oder auch der Mathematik. Darüber hinaus werden grundsätzliche Fragen der Erkenntnistheorie berührt.

Die Aussagenlogik dagegen beschäftigt sich damit, wie aus gegebenen elementaren Aussagen durch Verknüpfung neue Aussagen entstehen und wie sich ihre Wahrheitswerte aus denen der elementaren Aussagen ergeben.

Die neuen Aussagen sind eindeutig festgelegt, wenn man angibt, wie ihre Wahrheitswerte aus denen der elementaren Aussagen berechnet werden. Sollen beispielsweise die Aussagen A und B zu einer neuen Aussage $A \wedge B$ verknüpft werden, so muß festgelegt werden, welchen Wahrheitswert $A \wedge B$ bei jeder der vier Kombinationen (w, w), (w, f), (f, w) und (f, f) von Wahrheitswerten der Aussagen A und B annimmt. Dieser Zusammenhang wird in einer sogenannten Wahrheitswerttabelle dargestellt:

| A | B | A ∧ B |
|---|---|---|
| w | w | w |
| w | f | f |
| f | w | f |
| f | f | f |

Durch diese Wahrheitswerttabelle ist also eine neue Aussage A ∧ B definiert und eindeutig festgelegt, wie sich ihre Wahrheitswerte aus denen von A und B ergeben. Statt durch die Wahrheitswerttabelle kann A ∧ B auch mit Hilfe der Abbildung W(...) definiert werden:

$$W(A \wedge B) = \begin{cases} w, \text{ falls } W(A) = W(B) = w \\ f \text{ sonst.} \end{cases}$$

Diese Verknüpfung von Aussagen heißt UND-Verknüpfung oder Konjunktion, A ∧ B wird also "A und B" gelesen. Sie ist genau dann wahr, wenn sowohl A als auch B wahr sind.

Diese Überlegungen lassen sich in einer Definition zusammenfassen:

Definition 1.28: Sind A und B Aussagen, dann ist die Aussage A ∧ B (sprich: A und B) durch die folgende Wahrheitswerttabelle definiert:

| A | B | A ∧ B |
|---|---|---|
| w | w | w |
| w | f | f |
| f | w | f |
| f | f | f |

.

Beispiel:

* Sind $M_1$ und $M_2$ Mengen und x ein Element, dann erhält man Aussagen

  A: "$x \in M_1$" und B: "$x \in M_2$". Die Aussage A ∧ B ist dann "$x \in M_1$ und $x \in M_2$" oder "$x \in M_1 \cap M_2$". Man sieht, daß die Konjunktion von Aussagen sehr eng mit der Durchschnittsbildung von Mengen zusammenhängt.

Als nächstes wird die ODER-Verknüpfung oder Disjunktion von Aussagen definiert. Dabei ist zu beachten, daß das Wort "oder" in der Umgangssprache zwei Bedeutungen besitzt: Zum einen wird "oder" im ausschließenden Sinn als "entweder...oder..." gebraucht, zum anderen als "schwaches oder" im einschließenden Sinn ("Zum Studium der Wirtschaftsinformatik wird zugelassen, wer im Abitur einen Notendurchschnitt von wenigstens 2,0 erreicht hat oder wessen Abiturprüfung wenigstens 4 Jahre zurückliegt"). In der Mathematik wird "oder" stets im einschließenden (schwachen) Sinn gebraucht:

<u>Definition 1.29:</u> Sind A und B Aussagen, dann ist die Aussage <u>$A \vee B$</u> (sprich: A oder B) durch die folgende Wahrheitswerttabelle definiert:

| A | B | $A \vee B$ |
|---|---|---|
| w | w | w |
| w | f | w |
| f | w | w |
| f | f | f |

Es ist also $W(A \vee B) = \begin{cases} f, & \text{falls } W(A) = W(B) = f \\ w & \text{sonst.} \end{cases}$

Beispiel:

* Sind $M_1$ und $M_2$ Mengen und x ein Element. Damit erhält man die Aussagen A: "$x \in M_1$" und B: "$x \in M_2$", und es ergibt sich $A \vee B$: "$x \in M_1$ oder $x \in M_2$" oder $A \vee B$: "$x \in M_1 \cup M_2$". Die Vereinigung von Mengen kann also durch die Disjunktion von Aussagen definiert werden.

Als nächstes wird eine Operation für Aussagen definiert, die der Komplementbildung von Mengen entspricht:

<u>Definition 1.30:</u> Ist A eine Aussage, so ist die Aussage <u>$\neg A$</u> (sprich: "nicht A" oder "Negation von A") durch die folgende Wahrheitswerttabelle definiert:

| A | $\neg$ A |
|---|---|
| w | f |
| f | w |

.

Es ist also $W(\neg A) = \begin{cases} w, & \text{falls } W(A) = f \\ f, & \text{falls } W(A) = w. \end{cases}$

Beispiel:

* Ist M eine Teilmenge der Grundmenge $\Omega$ und A die Aussage A: "$x \in M$", dann ist $\neg A$ die Aussage $\neg A$: "$x \notin M$" oder $\neg A$: "$x \in \overline{M}^{\Omega}$".

<u>Satz 1.31:</u> Für eine Aussage A ist die Aussage $A \vee \neg A$ stets wahr ($W(A \vee \neg A) = w$), und die Aussage $(A \wedge \neg A)$ ist stets falsch ($W(A \wedge \neg A) = f$).

Dieser Satz besagt, daß die Aussage $A \vee \neg A$, bzw. $A \wedge \neg A$ unabhängig vom Wahrheitswert von A stets wahr bzw. falsch ist.

Eine weitere wichtige Verknüpfung von Aussagen ist die Implikation:

<u>Definition 1.32:</u> Sind A und B Aussagen, dann ist die Aussage <u>$A \Rightarrow B$</u> (aus A folgt B) definiert durch die folgende Wahrheitswerttabelle:

| A | B | $A \Rightarrow B$ |
|---|---|---|
| w | w | w |
| w | f | f |
| f | w | w |
| f | f | w |

.

Es ist also $W(A \Rightarrow B) = \begin{cases} f, & \text{falls } W(A) = w \text{ und } W(B) = f \\ w & \text{sonst.} \end{cases}$

Daß durch diese Definition tatsächlich die umgangssprachliche "wenn...dann..." Beziehung zwischen Aussagen nachgebildet wird, soll ein Beispiel zeigen:

Sei A die Aussage "Hans studiert BWL" und sei B die Aussage "Hans hat die Abiturprüfung bestanden". Die Aussage $A \Rightarrow B$ oder umgangssprachlich "Wenn Hans BWL studiert, dann hat er auch die Abiturprüfung bestanden" ist gültig, wenn Hans tatsächlich BWL studiert und auch das Abitur bestanden hat ($W(A \Rightarrow B) = w$, falls $W(A) = W(B) = w$). Studiert Hans dagegen nicht BWL, so ist die Prämisse der Aussage nicht erfüllt, so daß die Aussage $A \Rightarrow B$ nicht falsch sein kann und daher wahr sein muß ($W(A \Rightarrow B) = w$, falls $W(A) = f$). Lediglich in dem Fall, wenn Hans BWL studiert ($W(A) = w$) aber die Abiturprüfung nicht bestanden hat ($W(B) = f$), ist die Aussage $A \Rightarrow B$ ("Wenn Hans BWL studiert, so hat er auch die Abiturprüfung bestanden") falsch ($W(A \Rightarrow B) = f$, falls $W(A) = w$ und $W(B) = f$).

Als letzte Verknüpfung von Aussagen ist die Äquivalenz zu definieren:

<u>Definition 1.33:</u> Sind A und B Aussagen, so ist die Aussage <u>$A \Leftrightarrow B$</u> (sprich: "A äquivalent B") definiert durch die folgende Wahrheitswerttabelle:

| A | B | $A \Leftrightarrow B$ |
|---|---|---|
| w | w | w |
| w | f | f |
| f | w | f |
| f | f | w |

.

Es gilt also $W(A \Leftrightarrow B) = \begin{cases} w, & \text{falls } W(A) = W(B) \\ f & \text{sonst.} \end{cases}$

### 1.2.2 Objekt- und Metalogik

Die Implikation, $A \Rightarrow B$, bzw. die Äquivalenz von Aussagen, $A \Leftrightarrow B$, sind Verknüpfungen von Aussagen, die der Teilmengenbeziehung bzw. der Gleichheit von Mengen entsprechen. Dabei ist jedoch zu beachten, daß Ausdrücke der Form $M_1 \subset M_2$ oder $M_1 = M_2$ Aussagen über Mengen sind, während $A \Rightarrow B$ und $A \Leftrightarrow B$ Aussagen und nicht Aussagen über Aussagen sind. Es ist also zwischen der Logik als Untersuchungsgegenstand (Objektlogik) und der Logik als Teil der Regeln mit denen der Untersuchungsgegenstand (die Objektlogik) analysiert wird (Metalogik) zu unterscheiden.
Eine Möglichkeit zur Trennung zwischen Aussagen als Gegenstand der Untersuchung und Aussagen über Aussagen soll als nächstes anhand von Implikation und Äquivalenz dargestellt werden.

Dazu sei $\mathcal{S}$ ein System (eine Menge) von Aussagen, das mit A und B auch $A \wedge B$, $A \vee B$, $\neg A$, $A \Rightarrow B$ und $A \Leftrightarrow B$ enthält. Die Verknüpfung von Aussagen aus $\mathcal{S}$ führt also wieder zu Aussagen aus $\mathcal{S}$.

Auf $\mathcal{S}$ ist die Abbildung $W : \mathcal{S} \rightarrow \{w, f\}$ mit

$$W(A) = \begin{cases} w, & \text{falls die Aussage A wahr ist} \\ f & \text{sonst} \end{cases}$$

definiert, die jeder Aussage ihren Wahrheitswert zuordnet.

Auf $\mathcal{S}$ wird durch

$$R_{\leftrightarrow} \subset \mathcal{S} \times \mathcal{S} \text{ mit } A \leftrightarrow B \text{ (oder } (A, B) \in R_{\leftrightarrow}\text{), falls } W(A \Leftrightarrow B) = w$$

eine Äquivalenzrelation definiert, die Gleichwertigkeit genannt wird.

Es gilt nämlich für alle Aussagen A, B, $C \in \mathcal{S}$:

- Reflexivität: $A \leftrightarrow A$, da die Aussage $A \Leftrightarrow A$ stets wahr ist;
- Symmetrie: Ist $A \leftrightarrow B$, so ist $W(A \Leftrightarrow B) = w$ also auch $W(B \Leftrightarrow A) = w$ und damit $B \leftrightarrow A$;
- Transitivität: Daß schließlich mit $A \leftrightarrow B$ und $B \leftrightarrow C$ auch $A \leftrightarrow C$ gilt, zeigt man, indem man aus einer Wahrheitswerttabelle für die Aussagen A, B und C alle 6 Kombinationen von Wahrheitswerten entfernt, für die $A \Leftrightarrow B$ oder $B \Leftrightarrow C$ falsch ist.
  Ist also $A \leftrightarrow B$ und $B \leftrightarrow C$, so muß $W(A) = W(B) = W(C) = w$ oder $W(A) = W(B) = W(C) = f$ sein, so daß auch $A \Leftrightarrow C$ wahr ist und damit $A \leftrightarrow C$ gilt.

Zwischen gleichwertigen Aussagen muß - zumindest vom Standpunkt der Aussagenlogik her - nicht mehr unterschieden werden.

Beispiel:

* Für beliebige Aussagen A und B sind die Aussagen $(A \Rightarrow B)$ und $(\neg A \vee B)$ gleichwertig:

  Dazu muß man zeigen, daß für alle Kombinationen von Wahrheitswerten der Aussagen A und B die Aussage $(A \Rightarrow B) \Leftrightarrow (\neg A \vee B)$ wahr ist. Dies kann mit Hilfe einer Wahrheitswerttabelle leicht überprüft werden:

| A | B | $A \Rightarrow B$ | $\neg A \vee B$ | $(A \Rightarrow B) \Leftrightarrow (\neg A \vee B)$ |
|---|---|---|---|---|
| w | w | w | w | w |
| w | f | f | f | w |
| f | w | w | w | w |
| f | f | w | w | w |

Eine Äquivalenzaussage dieses Typs, bei dem also die Gleichwertigkeit unabhängig von den Wahrheitswerten der elementaren Aussagen gilt, heißt Tautologie. Davon zu unterscheiden sind Aussagen der Form "Die Zinsen steigen." $\Leftrightarrow$ "Die Kreditnachfrage steigt." Zum Nachweis der Gültigkeit von Äquivalenzaussagen dieser Art muß aufgrund realwissenschaftlicher, empirischer Erkenntnisse nachgewiesen werden, daß entweder beide Aussagen gleichzeitig wahr oder gleichzeitig falsch sind. Im Übrigen entspricht die Gleichwertigkeit von Aussagen der Gleichheit von Mengen.

Neben der Gleichwertigkeitsrelation kann auf $\mathcal{S}$ auch eine Ordnungsrelation "$\longrightarrow$" definiert werden:

Definiere $R_\rightarrow \subset \mathcal{S} \times \mathcal{S}$ durch $A \longrightarrow B$ (oder $(A, B) \in R_\rightarrow$), falls $W(A \Rightarrow B) = w$ gilt.

$R_\rightarrow$ ist eine Ordnungsrelation, denn es gilt:

- Reflexivität: Für jede Aussage $A \in \mathcal{S}$ ist die Aussage $A \Rightarrow A$ stets wahr, so daß $W(A \Rightarrow A) = w$ oder $A \longrightarrow A$ für alle $A \in \mathcal{S}$ gilt.
- Antisymmetrie: Gilt für Aussagen $A \longrightarrow B$ und $B \longrightarrow A$, so muß $W(A \Rightarrow B) = W(B \Rightarrow A) = w$ sein, was nur möglich ist, wenn $W(A) = W(B)$ gilt. Also sind A und B gleichwertig.
- Transitivität: Gilt für Aussagen A, B, C $A \longrightarrow B$ und $B \longrightarrow C$, so ist dies nur für die vier in der folgenden Tabelle dargestellten Kombinationen von Wahrheitswerten von A, B und C möglich. Wie die Tabelle zeigt, ist in diesen vier Fällen aber auch die Aussage $A \Rightarrow C$ wahr, so daß mit $A \longrightarrow B$ und $B \longrightarrow C$ auch $A \longrightarrow C$ gilt:

| A | B | C | $A \Rightarrow B$ | $B \Rightarrow C$ | $A \Rightarrow C$ |
|---|---|---|---|---|---|
| w | w | w | w | w | w |
| f | w | w | w | w | w |
| f | f | w | w | w | w |
| f | f | f | w | w | w |

Beispiel:

* Für beliebige Aussagen A und B gilt: $(A \wedge B) \longrightarrow (A \vee B)$ .

  Zum Nachweis dieser tautologischen Aussage muß man zeigen, daß für alle Kombinationen von Wahrheitswerten der Aussagen A und B die Aussage $(A \wedge B) \longrightarrow (A \vee B)$ stets wahr ist. Das kann aber ohne Probleme durch eine Wahrheitswerttabelle gezeigt werden:

| A | B | $A \wedge B$ | $A \vee B$ | $(A \wedge B) \Rightarrow (A \vee B)$ |
|---|---|---|---|---|
| w | w | w | w | w |
| w | f | f | w | w |
| f | w | f | w | w |
| f | f | f | f | w |

.

Die Ordnungsrelation "$\longrightarrow$" für Aussagen entspricht der Teilmengenrelation für Mengen:

Ist A(x) die Aussage "$x \in M_1$" und ist B(x) die Aussage "$x \in M_2$", so bedeutet $A(x) \longrightarrow B(x)$ (für alle x aus einer Grundmenge $\Omega$), daß $M_1 \subset M_2$ gilt.

Diese Überlegungen zur Gleichwertigkeit und Ordnung von Aussagen zeigen zweierlei Dinge, die über den eigentlichen Gegenstand dieses Abschnitts über Aussagenlogik hinausweisen.

- Wie bereits erwähnt, muß man unterscheiden zwischen der Logik als Gegenstand der Untersuchung (Objektlogik) einerseits und der Logik als ein Teil der Sprache, mit der die Aussagenlogik studiert wird (Metalogik). Zur Unterscheidung von Objekt- und Metaebene werden beispielsweise unterschiedliche Symbole ("$\Leftrightarrow$" und "$\Rightarrow$" auf der Objektebene und "$\longleftrightarrow$" und "$\longrightarrow$" auf der Metaebene) benutzt.
- Für viele Untersuchungen ist es sinnvoll, nicht Aussagen als Konstante A, sondern Aussagen mit Variablen A(x), beispielsweise "$x \in M_1$", zu benutzen.

  Solche Aussagen mit Variablen heißen Aussageformen.

Weiterführende Überlegungen zu diesem Thema, das in der Mathematik unter dem Stichwort <u>Prädikatenlogik</u> behandelt wird, sollen hier nicht angestellt werden. Statt dessen sollen mit Hilfe des Begriffs der Gleichwertigkeit von Aussagen Regeln für das Rechnen mit Aussagen angegeben werden.

<u>Satz 1.34:</u> Für Aussagen A und B gilt:

(i) $A \vee B \longleftrightarrow \neg(\neg A \wedge \neg B)$;

(ii) $A \Rightarrow B \longleftrightarrow (\neg A \vee B)$;

(iii) $A \Leftrightarrow B \longleftrightarrow ((A \Rightarrow B) \wedge (B \Rightarrow A))$.

Die Aussagen dieses Satzes, die durch die Berechnung von Wahrheitswerttabellen bewiesen werden können, zeigen, daß die Disjunktion, Implikation und Äquivalenz von Aussagen auf die beiden Verknüpfungen Konjunktion und Negation zurückgeführt werden können. In diesem Sinne können Disjunktion, Implikation und Äquivalenz als abgekürzte Schreibweise für bestimmte Kombinationen von Konjunktion und Negation aufgefaßt werden.

<u>Satz 1.35:</u> Für Aussagen A, B und C gilt:

(i) $(A \vee A) \longleftrightarrow A$;

(ii) $(A \wedge A) \longleftrightarrow A$;

(iii) $(A \vee B) \longleftrightarrow (B \vee A)$;

(iv) $(A \wedge B) \leftrightarrow (B \wedge A)$;

(v) $(A \vee B) \vee C \leftrightarrow A \vee (B \vee C)$;

(vi) $(A \wedge B) \wedge C \leftrightarrow A \wedge (B \wedge C)$;

(vii) $A \vee (B \wedge C) \leftrightarrow (A \vee B) \wedge (A \vee C)$;

(viii) $A \wedge (B \vee C) \leftrightarrow (A \wedge B) \vee (A \wedge C)$;

(ix) $\neg(A \vee B) \leftrightarrow \neg A \wedge \neg B$;

(x) $\neg(A \wedge B) \leftrightarrow \neg A \vee \neg B$.

Die Gleichwertigkeitsaussagen dieses Satzes können durch Wahrheitswerttabellen bewiesen werden. Dazu muß lediglich gezeigt werden, daß die Wahrheitswerte der Aussagen links vom $\leftrightarrow$-Zeichen (in Abhängigkeit von den Wahrheitswerten der elementaren Aussagen A, B und C) mit denen der Aussagen rechts vom $\leftrightarrow$-Zeichen übereinstimmen.
Im übrigen sieht man, daß die Regeln dieses Satzes für das Rechnen mit Aussagen genau den Regeln des Satzes 1.7 für das Rechnen mit Mengen entsprechen. Dabei gelten im einzelnen die folgenden Beziehungen:

| Mengenalgebra $M_1$, $M_2$ Mengen | Aussagenalgebra $A_1$, $A_2$ Aussagen |
|---|---|
| $M_1 \subset M_2$ | $A_1 \rightarrow A_2$ |
| $M_1 = M_2$ | $A_1 \leftrightarrow A_2$ |
| $M_1 \cup M_2$ | $A_1 \vee A_2$ |
| $M_1 \cap M_2$ | $A_1 \wedge A_2$ |
| $\bar{M}_1$ | $\neg A_1$ |

## 1.3 Zahlensysteme

In diesem Abschnitt werden die Zahlensysteme $\mathbb{Z}$, $\mathbb{Q}$, $\mathbb{R}$ und $\mathbb{C}$ und ihre wichtigsten Eigenschaften aus den natürlichen Zahlen hergeleitet. Weiterhin werden vereinfachende Notationen für Summen und Produkte von Zahlen eingeführt und verschiedene Darstellungsmöglichkeiten für Zahlen (Dualzahlen) erörtert.

### 1.3.1 Natürliche, ganze und rationale Zahlen

Die Menge der natürlichen Zahlen ist definiert durch die folgenden Eigenschaften:

Definition 1.36: Eine Menge $\mathbb{N}$ heißt Menge der natürlichen Zahlen, wenn sie die beiden folgenden Bedingungen erfüllt:

(i) Es gibt eine Abbildung $f: \mathbb{N} \longrightarrow \mathbb{N}$, $f(n) = n'$ mit den folgenden Eigenschaften:

(i1) f ist injektiv, d.h. $n \neq m \Rightarrow n' \neq m'$
(i2) es gibt ein Element $0 \in \mathbb{N}$ mit $n' \neq 0$ für alle $n \in \mathbb{N}$
(i3) für alle $m \in \mathbb{N}$, $m \neq 0$ gibt es ein $n \in \mathbb{N}$ mit $n' = m$;

(ii) ist $M \subset \mathbb{N}$ eine Teilmenge von $\mathbb{N}$ mit den Eigenschaften

(ii1) $0 \in M$ und
(ii2) $n \in M \Rightarrow n' \in M$,

so gilt $M = \mathbb{N}$.

Die Abbildung f aus der Definition 1.36(i) beschreibt die Nachfolgerfunktion: Jede natürliche Zahl n besitzt genau einen Nachfolger n' (Abbildungseigenschaft); keine natürliche Zahl kann Nachfolger von zwei verschiedenen natürlichen Zahlen sein (Injektivität). Das Element $0 \in \mathbb{N}$ ist die einzige natürliche Zahl, die nicht Nachfolger einer anderen natürlichen Zahl ist. Das bedeutet aber, daß $\mathbb{N}$ und $\mathbb{N} \setminus \{0\}$ gleichmächtig sind, so daß $\mathbb{N}$ unendlich viele Elemente besitzen muß (vgl. Definition 1.17).

Der zweite Teil der Definition 1.36 wird als Prinzip der vollständigen Induktion bezeichnet und drückt aus, daß die natürlichen Zahlen die "kleinste" Menge sind, für die eine Nachfolgerfunktion mit den angegebenen Eigenschaften existiert. Das Prinzip der vollständigen Induktion kann für Definitionen und Beweise ausgenutzt werden: Wird eine Eigenschaft E für die Zahl $0 \in \mathbb{N}$ definiert und wird weiterhin definiert, wie sich allgemein die Eigenschaft E für n' aus der Eigenschaft E für n ergibt, so ist die Eigenschaft E für alle natürlichen Zahlen definiert. Weiterhin kann man zum Beweis, daß eine Eigenschaft E für alle natürlichen Zahlen $n \in \mathbb{N}$ gilt, zunächst nachweisen, daß $0 \in \mathbb{N}$ diese Eigenschaft besitzt und dann zeigen, daß E - wenn E für n Gültigkeit besitzt - auch für n' gilt.

Die beiden folgenden Definitionen der Addition und der Multiplikation natürlicher Zahlen sind erste Anwendung der vollständigen Induktion:

<u>Definition 1.37:</u> Die Addition natürlicher Zahlen ordnet zwei natürlichen Zahlen $m$, $n \in \mathbb{N}$ eine dritte natürliche Zahl $m + n \in \mathbb{N}$ zu. Dabei gilt für eine beliebige natürliche Zahl $m \in \mathbb{N}$:

(i) $m + 0 = m$;

(ii) $m + n' = (m + n)'$.

Für jedes beliebiges $m \in \mathbb{N}$ ist damit $m + n$ induktiv für alle $n \in \mathbb{N}$ definiert.

<u>Definition 1.38:</u> Die Multiplikation natürlicher Zahlen ordnet zwei natürlichen Zahlen $m$, $n \in \mathbb{N}$ eine dritte natürliche Zahl $m \cdot n \in \mathbb{N}$ zu. Dabei gilt für eine beliebige natürliche Zahl $m \in \mathbb{N}$:

(i) $m \cdot 0 = 0$;

(ii) $m \cdot n' = m \cdot n + m$.

Für jedes beliebige $m \in \mathbb{N}$ ist damit $m \cdot n$ induktiv für alle $n \in \mathbb{N}$ definiert.

Neben diesen beiden Verknüpfungen kann auf $\mathbb{N}$ eine Ordnungsrelation definiert werden:

<u>Definition 1.39:</u> Sind $m$, $n \in \mathbb{N}$ natürliche Zahlen, dann heißt $m$ <u>kleiner oder gleich</u> $n$ ($m \leq n$), falls es eine natürliche Zahl $x \in \mathbb{N}$ mit $m + x = n$ gibt.

Aus dieser Definition leiten sich die bekannten Variationen ab:

- $m < n$ ($m$ "echt kleiner als" $n$) falls $m \leq n$ und $m \neq n$,
- $m \geq n$ ($m$ "größer oder gleich" $n$) falls $n \leq m$,
- $m > n$ ($m$ "echt größer" $n$) falls $n < m$.

Die wichtigsten (und allgemein bekannten) Eigenschaften der natürlichen Zahlen sind in dem folgenden Satz zusammengefaßt:

<u>Satz 1.40:</u> Sind $m$, $n$, $p \in \mathbb{N}$ natürlichen Zahlen, dann gilt:

(i) $m + (n + p) = (m + n) + p$;

(ii) $m + n = n + m$;

(iii) $m + 0 = 0 + m = m$;

(iv) $m \cdot (n \cdot p) = (m \cdot n) \cdot p$;

(v) $m \cdot n = n \cdot m$;

(vi) $m \cdot 1 = 1 \cdot m = m$
(dabei ist 1 der Nachfolger von 0: $1 = 0'$);

(vii) $m \cdot (n + p) = m \cdot n + m \cdot p$;

(viii) $m \leq n$ oder $n \leq m$;

(ix) $(m \leq n \wedge n \leq m) \Rightarrow m = n$;

(x) $(m \leq n \wedge n \leq p) \Rightarrow m \leq p$;

(xi) $m \leq n \Rightarrow m + p \leq n + p$;

(xii) $m \leq n \Rightarrow m \cdot p \leq n \cdot p$.

Die Menge der natürlichen Zahlen ist in einem gewissen Sinne unvollständig, so besitzt etwa die Gleichung $m + x = n$ bei gegebenen $m, n \in \mathbb{N}$ nur dann eine Lösung $x \in \mathbb{N}$, wenn $m \leq n$ ist. In diesem Fall wird die Lösung x der Gleichung $m + x = n$ mit $x = n - m$ bezeichnet. Sollen Gleichungen der Form $m + x = n$ stets (für alle $m, n \in \mathbb{N}$) lösbar sein, so ist $\mathbb{N}$ um die negativen ganzen Zahlen zum Zahlenbereich $\mathbb{Z}$ zu erweitern:

$$\mathbb{Z} = \left\{(\text{sgn}, n) \mid \text{sgn} \in \{+, -\}, n \in \mathbb{N}\right\}.$$

$\mathbb{Z}$ entsteht also aus $\mathbb{N}$, indem jedes $n \in \mathbb{N}$ mit einem Vorzeichen (Signum) "+" oder "-" versehen wird.

Nachdem $\mathbb{Z}$ als Menge definiert ist, müssen die algebraischen Operationen von $\mathbb{N}$ auf $\mathbb{Z}$ verallgemeinert werden. Seien also $z = (\text{sgn}, n)$ und $z^* = (\text{sgn}^*, n^*)$ ganze Zahlen, dann wird auf $\mathbb{Z}$ durch

$$(\text{sgn}, n) + (\text{sgn}^*, n^*) = \begin{cases} (\text{sgn}, n + n^*), & \text{falls sgn} = \text{sgn}^* \text{ ist} \\ (\text{sgn}, n - n^*), & \text{falls } n \geq n^* \text{ und sgn} \neq \text{sgn}^* \\ (\text{sgn}^*, n^* - n), & \text{falls } n^* \geq n \text{ und sgn} \neq \text{sgn}^* \end{cases}$$

eine Addition definiert ($n, n^* \in \mathbb{N}$; $\text{sgn}, \text{sgn}^* \in \{+, -\}$). Die Summen $(+, n) + (-, n)$ und $(-, n) + (+, n)$ sind doppelt definiert als $(+, n - n) = (+, 0)$ und $(-, n - n) = (-, 0)$. Da aber $(+, 0) = (-, 0)$ gilt, ergibt sich hieraus kein Widerspruch.

Die Multiplikation auf $\mathbb{Z}$ ist definiert durch

$$(\text{sgn}, n) \cdot (\text{sgn}^*, n^*) = \begin{cases} (+, n \cdot n^*), & \text{falls sgn} = \text{sgn}^* \\ (-, n \cdot n^*), & \text{falls sgn} \neq \text{sgn}^*. \end{cases}$$

Auf $\mathbb{Z}$ kann eine Ordnungsrelation definiert werden:

Für $z_1, z_2 \in \mathbb{Z}$ gilt $z_1 \leq z_2$ falls $z_2 - z_1$ von der Form $(+, n)$ für ein geeignetes $n \in \mathbb{N}$ ist.

Die natürlichen Zahlen $\mathbb{N}$ können als Teilmenge der ganzen Zahlen $\mathbb{Z}$ aufgefaßt werden. Genauer gilt:

<u>Satz 1.41:</u> Die Abbildung $f: \mathbb{N} \longrightarrow \mathbb{Z}$ mit $f(n) = (+, n)$ besitzt die folgenden Eigenschaften:

(i) f ist injektiv;

(ii) $f(m + n) = f(m) + f(n)$;

(iii) $f(m \cdot n) = f(m) \cdot f(n)$;

(iv) $m \leq n \Rightarrow f(m) \leq f(n)$.

Dieser Satz drückt aus, daß $\mathbb{N}$ mit einer Teilmenge von $\mathbb{Z}$ identifiziert werden kann, daß also $\mathbb{Z}$ eine Teilmenge besitzt, die alle Eigenschaften der natürlichen Zahlen besitzt. In diesem Sinne ist $\mathbb{N}$ eine Teilmenge von $\mathbb{Z}$.

Die Darstellung ganzer Zahlen (sgn, n) $\in \mathbb{Z}$ kann vereinfacht werden: Statt (+, n) schreibt man n, statt (-, n) schreibt man -n. Die Summe m + (-n) wird abgekürzt durch m - n dargestellt. Für eine beliebige ganze Zahl $m \in \mathbb{Z}$ wird $(-1) \cdot m$ durch -m abgekürzt. Die Regeln für das Rechnen mit ganzen Zahlen sind in dem folgenden Satz zusammengestellt:

Satz 1.42: Sind m, n, p, $\in \mathbb{Z}$ ganze Zahlen, dann gilt:

(i) $m + (n + p) = (m + n) + p$;

(ii) $m + n = n + m$;

(iii) $m + 0 = 0 + m = m$;

(iv) $m + (-m) = (-m) + m = 0$;

(v) $m \cdot (n \cdot p) = (m \cdot n) \cdot p$;

(vi) $m \cdot n = n \cdot m$;

(vii) $m \cdot 1 = 1 \cdot m = m$;

(viii) $m \cdot (n + p) = m \cdot n + m \cdot p$;

(ix) $m \le n$ oder $n \le m$;

(x) $m \le n$ und $n \le m \Rightarrow m = n$;

(xi) $m \le n$ und $n \le p \Rightarrow m \le p$;

(xii) $m \le n \Rightarrow m + p \le n + p$;

(xiii) $m \le n$ und $p \ge 0 \Rightarrow m \cdot p \le n \cdot p$.

Aus der Existenz eines inversen Elements bezüglich der Addition für alle ganzen Zahlen $m \in \mathbb{Z}$ (Eigenschaft (iv)) folgt, daß in $\mathbb{Z}$ die Gleichung $m + x = n$ für alle m, $n \in \mathbb{Z}$ eine Lösung $x \in \mathbb{Z}$ besitzt: $x = n + (-m) = n - m$.

Gleichungen der Form $m \cdot x = n$ sind in $\mathbb{Z}$ nicht immer lösbar. Ist $m = 0$, so ist für alle $x \in \mathbb{Z}$ $m \cdot x = 0$, so daß man im Fall $m = 0$ keine Lösbarkeit von $m \cdot x = n$ erwarten kann (wenn $n \neq 0$ ist). Aber auch wenn $m \neq 0$ ist, ist die Gleichung $m \cdot x = n$ nicht immer lösbar. Um die Lösbarkeit von $m \cdot x = n$ für alle m, $n \in \mathbb{Z}$ mit $m \neq 0$ zu gewährleisten, muß $\mathbb{Z}$ zur Menge $\mathbb{Q}$ der rationalen Zahlen erweitert werden. Dazu definiert man zunächst die Menge

$$\mathbb{Q}^* = \left\{\frac{m}{n} \mid m \in \mathbb{Z},\ n \in \mathbb{N},\ n \neq 0\right\}.$$

In $\mathbb{Q}^*$ wird also zwischen Ausdrücken wie $\frac{2}{3}$, $\frac{12}{18}$ und $\frac{34}{51}$ unterschieden.

Da aber Paare (Brüche) der Form $\frac{m}{n}$, die durch Erweitern oder Kürzen auseinander hervorgehen (wie $\frac{2}{3}$, $\frac{12}{18}$ und $\frac{34}{51}$), dieselbe rationale Zahl darstellen, muß auf $\mathbb{Q}^*$ eine Äquivalenzrelation ~ definiert werden, die solche verschiedenen Darstellungen derselben rationalen Zahl zusammenfaßt:

Auf $\mathbb{Q}^*$ wird durch

$$\frac{m}{n} \sim \frac{m^*}{n^*} \Leftrightarrow n \cdot m^* = n^* \cdot m$$

eine Äquivalenzrelation definiert.

Die Äquivalenzklassen $\left[\frac{m}{n}\right] = \left\{\frac{m^*}{n^*} \mid n \cdot m^* = n^* \cdot m\right\}$, also etwa

$\left[\frac{2}{3}\right] = \left\{\ldots, \frac{-4}{-6}, \frac{-2}{-3}, \frac{2}{3}, \frac{4}{6}, \frac{6}{9}, \ldots\right\}$, bilden die rationalen Zahlen:

$$\mathbb{Q} = \left\{\left[\frac{m}{n}\right] \mid \frac{m}{n} \in \mathbb{Q}^*\right\}.$$

Auf $\mathbb{Q}$ sind Addition und Multiplikation definiert durch

$$\left[\frac{m}{n}\right] + \left[\frac{m'}{n'}\right] = \left[\frac{m \cdot n' + m' \cdot n}{n \cdot n'}\right]$$

und

$$\left[\frac{m}{n}\right] \cdot \left[\frac{m'}{n'}\right] = \left[\frac{m \cdot m'}{n \cdot n'}\right].$$

Weiterhin ist die Ordnungsrelation $\leq$ auf $\mathbb{Q}$ definiert durch

$\left[\frac{m}{n}\right] \leq \left[\frac{m'}{n'}\right]$, falls $m \cdot n' \leq m' \cdot n$ gilt ($n$ und $n'$ sind definitionsgemäß positive ganze Zahlen).

An dieser Stelle müßte man nachweisen, daß diese Definitionen nicht davon abhängen, mit welchen Elementen der Äquivalenzklassen $\left[\frac{m}{n}\right]$ bzw. $\left[\frac{m^*}{n^*}\right]$ die Summe, das Produkt und die Ordnung rationaler Zahlen definiert werden.

Genauso wie die natürlichen Zahlen als Teilmenge der ganzen Zahlen aufgefaßt werden können, kann $\mathbb{Z}$ und damit auch $\mathbb{N}$ als Teilmenge von $\mathbb{Q}$ interpretiert werden:

<u>Satz 1.43:</u> Die Abbildung $f: \mathbb{Z} \rightarrow \mathbb{Q}$ mit $f(m) = \left[\frac{m}{1}\right]$ besitzt die folgenden Eigenschaften:

(i) $f$ ist injektiv;

(ii) $f(m + n) = f(m) + f(n)$;

(iii) $f(m \cdot n) = f(m) \cdot f(n)$;

(iv) $m \leq n \Rightarrow f(m) \leq f(n)$.

Rationale Zahlen werden üblicherweise als $\frac{m}{n}$ (z.B. $\frac{2}{3}$) dargestellt, obwohl es sich eigentlich um eine Äquivalenzklasse handelt. Ganze Zahlen der Form $\frac{m \cdot n}{n} = \frac{m}{1}$ werden als $\frac{m}{1} = m$ dargestellt. Insbesondere ist also $\left[\frac{0}{n}\right] = 0$ und $\left[\frac{m}{m}\right] = 1$.

Damit gelten die folgenden Rechenregeln und Eigenschaften für rationale Zahlen:

Satz 1.44: Sind $p, q, r \in \mathbb{Q}$ rationale Zahlen, dann gilt:

(i) $p + (q + r) = (p + q) + r$;

(ii) $p + q = q + p$;

(iii) $p + 0 = 0 + p = p$;

(iv) $p + (-p) = (-p) + p = 0$;

(v) $p \cdot (q \cdot r) = (p \cdot q) \cdot r$;

(vi) $p \cdot q = q \cdot p$;

(vii) $p \cdot 1 = 1 \cdot p = p$;

(viii) Ist $p = \frac{m}{n} \neq 0$, so gilt mit $p^{-1} = \frac{n}{m} \in \mathbb{Q}$:

$p \cdot p^{-1} = p^{-1} \cdot p = 1$;

(ix) $p \cdot (q + r) = p \cdot q + p \cdot r$;

(x) $p \leq q$ oder $q \leq p$;

(xi) $p \leq q$ und $q \leq p \Rightarrow p = q$;

(xii) $p \leq q$ und $q \leq r \Rightarrow p \leq r$;

(xiii) $p \leq q \Rightarrow p + r \leq q + r$;

(xiv) $p \leq q$ und $r \geq 0 \Rightarrow p \cdot r \leq q \cdot r$;

(xv) Zu jeder rationalen Zahl $q > 0$ gibt es eine natürliche Zahl $n \in \mathbb{N}$, so daß $\frac{1}{n} < q$ ist.

In der Zahlenmenge $\mathbb{Q}$ besitzen Gleichungen der Form $p + x = q$ mit $p, q \in \mathbb{Q}$ Lösungen für x, nämlich $x = q - p$. Aber auch Gleichungen der Form $p \cdot x = q$ sind für $p, q \in \mathbb{Q}$, $p \neq 0$ lösbar: $x = q \cdot p^{-1} = \frac{q}{p}$.

Die Eigenschaft (xv) aus Satz 1.44 (Satz von Archimedes) drückt aus, daß keine "beliebig kleinen" rationalen Zahlen existieren. Die wohl wichtigste Konsequenz dieser Eigenschaft ist die Tatsache, daß die rationalen Zahlen "dicht" liegen, daß es also für jede rationale Zahl p und jedes $n \in \mathbb{N}$ $(n \geq 1)$ ein $q \in \mathbb{Q}$, $q \neq p$ mit $p - \frac{1}{n} < q < p + \frac{1}{n}$ gibt. In jeder noch so kleinen

Umgebung

$$\left]p - \frac{1}{n}, p + \frac{1}{n}\right[ = \left\{q \in \mathbb{Q} \mid p - \frac{1}{n} < q < p + \frac{1}{n}\right\}$$

einer rationalen Zahl p gibt es also weitere, von p verschiedene rationale Zahlen. Diese Eigenschaft der rationalen Zahlen heißt Dichtheit.

## 1.3.2 Reelle und komplexe Zahlen

Obwohl die rationalen Zahlen im oben genannten Sinne dicht sind, gibt es "Zahlen", die nicht durch $\mathbb{Q}$ dargestellt werden können:

Beispielsweise gibt es keine rationale Zahl $p \in \mathbb{Q}$, für die $p^3 = 2$ gilt. Der Nachweis dieser Tatsache erfordert einige elementare Kenntnisse der Zahlentheorie:
Jede natürliche Zahl $n \in \mathbb{N}$ kann man eindeutig (bis auf die Reihenfolge) als Produkt von Primzahlen (das sind natürliche Zahlen größer als 1, die nur durch 1 und sich selbst ohne Rest teilbar sind) darstellen:

$$n = p_1 \cdot p_2 \cdot \ldots \cdot p_l \quad (p_1, p_2, \ldots, p_l \text{ Primzahlen}).$$

Folglich besitzt $n^k = \underbrace{n \cdot n \cdot \ldots \cdot n}_{k\text{-mal}}$ die Darstellung

$$n^k = p_1^k \cdot p_2^k \cdot p_3^k \cdot \ldots \cdot p_l^k,$$

so daß in $n^k$ jeder Primfaktor $p_i$ $(i = 1,\ldots,l)$ wenigstens k-mal als Faktor auftritt.
Weiterhin ist offensichtlich, daß jede rationale Zahl $q \in \mathbb{Q}$ eine ausgekürzte Darstellung $q = \frac{m}{n}$ besitzt, bei der also m und n keine gemeinsamen Primfaktoren besitzen.
Mit diesen Vorüberlegungen kann man zeigen, daß es keine rationale Zahl $q \in \mathbb{Q}$ geben kann, die die Gleichung $q^3 = 2$ erfüllt:
Dazu nimmt man an, daß es ein $q \in \mathbb{Q}$ mit $q^3 = 2$ gäbe. q ließe sich dann ausgekürzt als $q = \frac{m}{n}$ $(m, n \in \mathbb{N};\ m, n \neq 0)$ darstellen:

$$\frac{m^3}{n^3} = 2$$

oder

$$m^3 = 2 \cdot n^3.$$

Also ist $m^3$ und damit auch m durch 2 teilbar: $m = 2 \cdot r$ $(r \in \mathbb{N})$ und $m^3 = 2^3 \cdot r^3$
Damit läßt sich die Gleichung $m^3 = 2 \cdot n^3$ umformen zu

$$2^3 \cdot r^3 = 2 \cdot n^3 \quad \text{oder} \quad 2^2 \cdot r^3 = n^3.$$

Aus der Darstellung $2^2 \cdot r^3 = n^3$ folgt aber, daß auch n (genauso wie m) durch 2 teilbar ist. Dies ist aber ein Widerspruch zur Annahme, daß $p = \frac{m}{n}$ ausgekürzt ist. Also gibt es kein $q \in \mathbb{Q}$ mit $q^3 = 2$.

Trotzdem kann die "Lösung" der Gleichung $x^3 = 2$ eindeutig durch rationale Zahlen beschrieben werden:

Setze $S_u = \left\{q \in \mathbb{Q} \mid q^3 \leq 2\right\}$ und $S_o = \left\{q \in \mathbb{Q} \mid q^3 > 2\right\}$, dann wird $\mathbb{Q}$ durch diese beiden Mengen in zwei "Hälften" geteilt, von denen die eine aus allen rationalen Zahlen besteht, deren dritte Potenz höchstens gleich 2 ist und die andere aus allen rationalen Zahlen besteht, deren dritte Potenz größer als 2 ist. Die wesentlichen Eigenschaften von $S_u$ und $S_o$ faßt der folgende Satz zusammen:

<u>Satz 1.45:</u> Für die Mengen $S_u$ und $S_o$ gilt:

(i) $S_u \neq \emptyset$ und $S_o \neq \emptyset$;

(ii) $S_u \cup S_o = \mathbb{Q}$;

(iii) für alle $p \in S_u$ und $q \in S_o$ gilt $p < q$;

(iv) es gibt kein kleinstes Element in $S_o$, d.h. es gibt kein $q \in S_o$ mit $q \leq p$ für alle $p \in S_o$.

<u>Definition 1.46:</u> Ein Paar $(S_u, S_o)$ von Teilmengen der rationalen Zahlen, das den Bedingungen von Satz 1.45 genügt, heißt <u>DEDEKINDscher Schnitt</u> in $\mathbb{Q}$.

Jede rationale Zahl $x \in \mathbb{Q}$ definiert in naheliegender Weise einen DEDEKINDschen Schnitt $(S_u(x), S_o(x))$ in $\mathbb{Q}$ mit

$$S_u(x) = \left\{q \in \mathbb{Q} \mid q \leq x\right\}$$

und

$$S_o(x) = \left\{q \in \mathbb{Q} \mid q > x\right\}.$$

Dabei bestimmen rationale Zahl und DEDEKINDscher Schnitt einander eindeutig. Aber auch DEDEKINDsche Schnitte wie

$$S_u = \left\{q \in \mathbb{Q} \mid q^3 \leq 2\right\} \text{ und } S_o = \left\{q \in \mathbb{Q} \mid q^3 > 2\right\},$$

die nicht von der Form $(S_u(x), S_o(x))$ sind, sind eindeutig (durch die Gleichung $x^3 = 2$) bestimmt. Die Menge

$$\left\{(S_u, S_o) \mid (S_u, S_o) \text{ ist ein DEDEKINDscher Schnitt in } \mathbb{Q}\right\}$$

umfaßt also mittels der Einbettung $q \mapsto (S_u(q), S_o(q))$ die Menge der rationalen Zahlen, sie umfaßt aber auch (unter anderem) die Lösungen von Gleichungen wie $x^3 = 2$, wenn man den DEDEKINDschen Schnitten in $\mathbb{Q}$ den Status von Zahlen zubilligt:
Setzt man

$$\mathbb{R} = \left\{(S_u, S_o) \mid (S_u, S_o) \text{ ist ein DEDEKINDscher Schnitt in } \mathbb{Q}\right\},$$

so können auf dieser Menge Rechenoperationen und Ordnungsrelation definiert werden.

Auf $\mathbb{R}$ können durch

$$(S_u, S_o) \leq (S_u^*, S_o^*) \text{ falls } S_u \subset S_u^* \quad (\text{bzw. } S_o^* \subset S_o)$$

eine Ordnungsrelation und durch

$$(S_u, S_o) + (S_u^*, S_o^*) = (S_u + S_u^*, S_o + S_o^*)$$

eine Addition definiert werden (für $A, B \subset \mathbb{Q}$ ist $A + B = \left\{a+b \mid a \in A \text{ und } b \in B\right\}$).

Die Multiplikation reeller Zahlen ist ähnlich wie die Addition definiert, erfordert aber einige Fallunterscheidungen, und soll deshalb hier nicht explizit erfolgen.

Genauso wie natürliche und ganze Zahlen als Teilmengen der rationalen Zahlen aufgefaßt werden können, kann auch $\mathbb{Q}$ in die reellen Zahlen eingebettet werden. Genauer gilt der folgende Satz:

Satz 1.47: Die Abbildung $f: \mathbb{Q} \longrightarrow \mathbb{R}$ mit $f(q) = (S_u(q), S_o(q))$ besitzt die folgenden Eigenschaften $(p, q \in \mathbb{Q})$:

(i) $f$ ist injektiv;

(ii) $f(p + q) = f(p) + f(q)$;

(iii) $f(p \cdot q) = f(p) \cdot f(q)$;

(iv) $p \leq q \Rightarrow f(p) \leq f(q)$.

Reelle Zahlen $r \in \mathbb{R}$ werden üblicherweise als periodische (falls $r \in \mathbb{Q}$) oder aperiodische (falls $r \notin \mathbb{Q}$) Dezimalbrüche dargestellt.
Damit gelten die folgenden Rechenregeln und Eigenschaften für reelle Zahlen:

Satz 1.48: Sind $x, y, z, \in \mathbb{R}$ reelle Zahlen, dann gilt:

(i) $x + (y + z) = (x + y) + z$;

(ii) $x + y = y + x$;

(iii) $x + 0 = 0 + x = x$;

(iv) $x + (-x) = (-x) + x = 0$;

(v) $x \cdot (y \cdot z) = (x \cdot y) \cdot z$;

(vi) $x \cdot y = y \cdot x$;

(vii) $x \cdot 1 = 1 \cdot x = x$;

(viii) Ist $x \neq 0$, so gibt es $x^{-1} \in \mathbb{R}$ mit $x \cdot x^{-1} = x^{-1} \cdot x = 1$;

(ix) $x \cdot (y + z) = x \cdot y + x \cdot z$;

(x) $x \leq y$ oder $y \leq x$;

(xi) $x \leq y$ und $y \leq x \Rightarrow x = y$;

(xii) $x \leq y$ und $y \leq z \Rightarrow x \leq z$;

(xiii) $x \leq y \Rightarrow x + z \leq y + z$;

(xiv) $x \leq y$ und $z \geq 0 \Rightarrow x \cdot z \leq y \cdot z$;

(xv) Zu jeder reellen Zahl $x > 0$ gibt es eine natürliche Zahl $n \in \mathbb{N}$, so daß $\frac{1}{n} < x$ gilt;

(xvi) Jeder DEDEKINDsche Schnitt $(S_u, S_o)$ in $\mathbb{R}$ ist von der Form $(S_u(x), S_o(x))$ für ein geeignetes $x \in \mathbb{R}$, es gilt also:

$$S_u = S_u(x) = \left\{y \in \mathbb{R} \mid y \leq x\right\}$$

$$S_o = S_o(x) = \left\{y \in \mathbb{R} \mid y > x\right\}.$$

Die durch die Bedingung (xvi) ausgedrückte Eigenschaft der reellen Zahlen wird Vollständigkeit genannt. Sie stellt insbesondere sicher, daß Folgen reeller Zahlen, die in einem gewissen Sinne "konvergent" sind, auch einen "Grenzwert" besitzen (vgl. Kap. 2). Die Vollständigkeit von $\mathbb{R}$ kann auch anders beschrieben werden:

<u>Satz 1.49:</u> Besitzt die Teilmenge $A \subset \mathbb{R}$ eine obere Schranke x, gilt also $a \leq x$ für alle $a \in A$ (A heißt dann (nach oben) beschränkt), so besitzt A eine kleinste obere Schranke $x_0 \in \mathbb{R}$, für die gilt:

(i) $a \leq x_0$ für alle $a \in A$

und

(ii) für alle oberen Schranken x von A gilt $x_0 \leq x$.

Die kleinste obere Schranke $x_0$ von A heißt <u>Supremum</u> von A (sup A).

Mit Hilfe des Begriffs vom Supremum können die Potenzen reeller Zahlen $x \in \mathbb{R}$ definiert werden:

Für $x \in \mathbb{R}$ und $n \in \mathbb{N}$ kann $x^n$ induktiv definiert werden: $x^0 = 1$, $x^{n+1} = x^n \cdot x$.

Beispielweise ist $x^3 = x \cdot x \cdot x$.

Für $n \in \mathbb{Z}$, $n < 0$ und $x \in \mathbb{R}$, $x \neq 0$ ist $x^n$ durch $x^n = \frac{1}{x^{-n}}$ definiert.

Beispielsweise ist $x^{-3} = \frac{1}{x^3}$.

Für $n \in \mathbb{N}$, $n \geq 1$ und $x \in \mathbb{R}$ ist $x^{1/n}$ als Lösung der Gleichung $y^n = x$ definiert. Dabei ist zu beachten, daß diese Gleichung bei geradem n und $x < 0$ in $\mathbb{R}$ nicht lösbar ist (Beispiel: $y^2 = -1$). Bei geradem n und positivem x dagegen existieren zwei Lösungen (Beispiel $y^2 = 1$ mit $y_1 = 1$ und $y_2 = -1$). Nur bei ungeradem n ist die Lösung y der Gleichung $y^n = x$ eindeutig (beispielsweise $y^3 = -1$ mit $y_1 = -1$). Der Einfachheit halber soll vereinbart werden, daß $x^{1/n}$ nur für positive reelle Zahlen definiert wird und daß mit $x^{1/n}$ stets die positive Lösung y von $y^n = x$ bezeichnet wird. Statt $x^{1/n}$ schreibt man auch häufig $x^{1/n} = \sqrt[n]{x} = +\sqrt[n]{x}$. Die negative Lösung für y von $y^n = x$ wird dann gegebenenfalls mit $-\sqrt[n]{x}$ bezeichnet. Statt $\sqrt[2]{x}$ schreibt man auch $\sqrt{x}$.

Beispielsweise gilt $2^{1/3} = \sqrt[3]{2} \doteq 1{,}2599$ und $2^{1/2} = \pm\sqrt{2} \doteq \pm 1{,}4142$.

Für $q = \frac{m}{n}$ und $x \in \mathbb{R}$ und $x > 0$ definiert man

$$x^q = x^{\frac{m}{n}} = \left(x^m\right)^{1/n} = \left(x^{1/n}\right)^m.$$

Beispiele:

- $2^{2/3} = \left(2^{1/3}\right)^2 = \left(2^2\right)^{1/3} \doteq 1{,}5874;$
- $2^{3/2} = \left(2^{1/2}\right)^3 = \left(2^3\right)^{1/2} \doteq 2{,}8284.$

Für ein <u>irrationales</u> r, also $r \in \mathbb{R}\setminus\mathbb{Q}$, und $x > 0$ ist $x^r$ definiert durch

$$x^r = \sup\left\{x^q \mid q \in \mathbb{Q} \text{ und } q \leq r\right\}.$$

Wegen der Vollständigkeit der reellen Zahlen (vgl. Satz 1.48 (xvi)) ist damit $x^r$ auch für irrationale Exponenten definiert, wenn $x > 0$ ist.

Beispiel:

* $2^{(2^{1/3})} = \sup\left\{2^q \mid q \in \mathbb{Q} \text{ und } q^3 \leq 2\right\} \doteq 2,3948.$

Die wichtigsten Regeln für das Rechnen mit Potenzen sind in dem folgenden Satz zusammengefaßt.

Satz 1.50: Sind $x, y, r, s \in \mathbb{R}$ und $x, y > 0$, dann gilt:

(i) $x^r \cdot x^s = x^{r+s}$;

(ii) $\frac{x^r}{x^s} = x^{r-s}$;

(iii) $x^r \cdot y^r = (x \cdot y)^r$;

(iv) $\frac{x^r}{y^r} = \left(\frac{x}{y}\right)^r$.

Mit Hilfe der Potenzen können auch die Logarithmen definiert werden:

Ist $a \in \mathbb{R}$, $a > 0$ und $a \neq 1$, so wird die Lösung $y$ der Gleichung $a^y = x$ $(x > 0)$ Logarithmus von $x$ zur Basis $a$ genannt: $y = \log_a(x)$.

Beispiele:

* $\log_2(8) = 3$, da $2^3 = 8$ ist.
* $\log_{10}(0,1) = -1$, da $10^{-1} = \frac{1}{10^1} = 0,1$ ist.

Häufige Basen von Logarithmen sind die Zahlen $a = 10$, $a = e = 2,71828\ldots$ und $a = 2$. Diese Logarithmen werden abgekürzt durch $\log_{10} = \lg$ (dezimaler Logarithmus), $\log_e = \ln$ (natürlicher Logarithmus) und $\log_2 = \mathrm{ld}$ (dualer Logarithmus).

Aus Satz 1.50 lassen sich Rechenregeln für Logarithmen ableiten:

Satz 1.51: Sind $a, b, x, y \in \mathbb{R}$ mit $a, b, x, y > 0$ und $a, b \neq 1$, dann gilt:

(i) $\log_a(x \cdot y) = \log_a(x) + \log_a(y)$;

(ii) $\log_a\left(\frac{x}{y}\right) = \log_a(x) - \log_a(y)$;

(iii) $\log_a(x^\alpha) = \alpha \cdot \log_a(x) \quad (\alpha \in \mathbb{R})$;

(iv) $\log_b(x) = \log_b(a) \cdot \log_a(x)$.

Mit Hilfe der Ordnungsrelation "<" bzw. "≤" auf ℝ lassen sich die Eigenschaften "offen" und "abgeschlossen" für Teilmengen von ℝ definieren:

Für Zahlen a, b ∈ ℝ bezeichnet man

- die Menge $[a, b] = \{x \in \mathbb{R} \mid a \le x \le b\}$ als abgeschlossenes,

- die Menge $]a, b[ = \{x \in \mathbb{R} \mid a < x < b\}$ als offenes

und

- die Mengen $[a, b[ = \{x \in \mathbb{R} \mid a \le x < b\}$ bzw.

  $]a, b] = \{x \in \mathbb{R} \mid a < x \le b\}$ als halboffene

Intervalle mit den Grenzen a und b. Bei abgeschlossenen Intervallen gehören also die Endpunkte des Intervalles zur Menge, bei offenen Mengen dagegen nicht. Bei halboffenen Intervallen gehört nur ein Endpunkt zum Intervall. Statt nach außen geöffneter eckiger Klammern werden häufig auch runde Klammern verwendet, also (a, b) statt ]a, b[, [a, b) statt [a, b[ und (a, b] statt ]a, b].

Eine reelle Zahl $x_0 \in A$ $(A \subset \mathbb{R})$ heißt innerer Punkt von A, falls es ein $\varepsilon > 0$ gibt, derart daß das Intervall $]x_0-\varepsilon, x_0+\varepsilon[$ ganz in A liegt. Mit diesen Vorüberlegungen kann man definieren:

Definition 1.52: Eine Teilmenge A der reellen Zahlen heißt offen, falls jedes Element $x \in A$ ein innerer Punkt von A ist.

Eine Teilmenge A der reellen Zahlen heißt abgeschlossen, falls das Komplement $\bar{A}$ von A (in ℝ) offen ist.

Eine Menge $A \subset \mathbb{R}$ heißt beschränkt, falls es eine Zahl $c \in \mathbb{R}$ gibt, derart daß $-c \le x \le c$ für alle $x \in A$ gilt.

Eine Teilmenge A der reellen Zahlen heißt kompakt, falls A abgeschlossen und beschränkt ist.

Beispiele:

* Offene Intervalle sind offene Mengen. Abgeschlossene Intervalle sind abgeschlossene Mengen. Sind die Grenzen eines abgeschlossenen Intervalls von $\pm\infty$ verschieden, so ist das abgeschlossene überdies kompakt.
  Die leere Menge ∅ und die Menge ℝ selbst sind die einzigen Teilmengen von ℝ, die gleichzeitig offen und abgeschlossen sind.

* Die Zahlenmengen ℕ und ℤ sind abgeschlossen, ℚ ist weder offen noch abgeschlossen (in ℝ). Die Menge $\mathbb{R}^+ = \{x \in \mathbb{R} \mid x \ge 0\}$ ist abgeschlossen, $\mathbb{R}_+ = \{x \in \mathbb{R} \mid x > 0\}$ ist offen.

Die wichtigsten Eigenschaften offener und abgeschlossener Mengen enthält der folgende Satz:

<u>Satz 1.53:</u> Ist $\{A_i\}_{i\in I}$ ein System offener Teilmengen von $\mathbb{R}$ (I ist eine endliche, abzählbar oder überabzählbar unendliche Indexmenge), so ist die Vereinigungsmenge $\bigcup_{i\in I} A_i$ ebenfalls offen. Ist die Indexmenge $I = \{1, 2, \ldots, n\}$ endlich, so ist auch die Durchschnittsmenge $\bigcap_{i=1}^{n} A_i$ offen, wenn alle Mengen $A_i$ ($i = 1, 2, \ldots, n$) offen sind.

Ist $\{A_i\}_{i\in I}$ ein (endliches oder unendliches) System abgeschlossener Teilmengen von $\mathbb{R}$, so ist die Durchschnittsmenge $\bigcap_{i\in I} A_i$ ebenfalls abgeschlossen. Ist die Indexmenge $I = \{1, 2, \ldots, n\}$ endlich, so ist auch die Vereinigungsmenge $\bigcup_{i=1}^{n} A_i$ abgeschlossen, wenn alle Mengen $A_i$ ($i = 1, 2, \ldots, n$) abgeschlossen sind.

Auch für Teilmengen des kartesischen Produkts $\mathbb{R}^n = \times_{i=1}^{n} \mathbb{R}$ $(= \mathbb{R} \times \mathbb{R} \times \ldots \times \mathbb{R})$ können die Eigenschaften "offen" und "abgeschlossen" definiert werden, wenn man zunächst festlegt, was innere Punkte von Teilmengen des $\mathbb{R}^n$ sind:
Ein Element $\underline{x} = (x_1, x_2, \ldots, x_n) \in A \subset \mathbb{R}^n$ heißt <u>innerer Punkt</u> von A, falls es ein $\varepsilon > 0$ gibt, derart daß das kartesische Produkt $\times_{i=1}^{n} ]x_i-\varepsilon, x_i+\varepsilon[$ ganz in A liegt. $\underline{x}$ ist also genau dann innerer Punkt von A, wenn es einen (möglicherweise sehr kleinen) n-dimensionalen Würfel mit Mittelpunkt $\underline{x}$ gibt, der ganz in A liegt.
Mit dieser Festlegung kann die Definition 1.52 fast wörtlich auf Teilmengen von $\mathbb{R}^n$ übertragen werden:

<u>Definition 1.54:</u> Eine Teilmenge A von $\mathbb{R}^n$ heißt <u>offen</u>, falls jedes Element $\underline{x} \in A$ ein innerer Punkt von A ist.

Eine Teilmenge A von $\mathbb{R}^n$ heißt <u>abgeschlossen</u>, falls das Komplement $\bar{A}$ von A (in $\mathbb{R}^n$) offen ist.

Eine Menge $A \subset \mathbb{R}^n$ heißt <u>beschränkt</u>, falls es eine Zahl $c \in \mathbb{R}$ gibt, derart daß für alle $\underline{x} = (x_1, x_2, \ldots, x_n) \in A \subset \mathbb{R}^n$ $-c \le x_i \le c$ für $i = 1, 2, \ldots, n$ gilt.

Eine Teilmenge A von $\mathbb{R}^n$ heißt <u>kompakt</u>, falls A abgeschlossen und beschränkt ist.

Beispiele:

* Die Menge $K = \left\{\underline{x} \in \mathbb{R}^n \mid \sum_{i=1}^{n} x_i^2 \le 1\right\}$ ist abgeschlossen und beschränkt, also kompakt. Die Menge $K' = \left\{\underline{x} \in \mathbb{R}^n \mid \sum_{i=1}^{n} x_i^2 < 1\right\}$ ist offen.
  K heißt <u>abgeschlossene</u>, K' <u>offene Einheitskugel</u> in $\mathbb{R}^n$.

In $\mathbb{R}^n$ sind - ähnlich wie in $\mathbb{R}$ - nur die leere Menge $\emptyset$ und $\mathbb{R}^n$ selbst sowohl offen als auch abgeschlossen. Auch Satz 1.53 gilt für $\mathbb{R}^n$ entsprechend. Offene und abgeschlossene Mengen sind für fast alle Bereiche der Analysis von grundlegender Bedeutung.

Obwohl die Menge $\mathbb{R}$ der reellen Zahlen für die Behandlung der üblicherweise im Bereich der Ökonomie auftretenden Fragestellungen weitgehend ausreicht, gibt es doch gewisse Probleme, für deren Lösung die Menge der reellen Zahlen "zu klein" ist (Differential- und Differenzengleichungen, Eigenwertprobleme). Es ist daher erforderlich, die Menge $\mathbb{R}$ der reellen Zahlen zu einer größeren Zahlenmenge, $\mathbb{C}$, der Menge der komplexen Zahlen, zu erweitern.

Wie bereits erwähnt, besitzt die Gleichung $x^2 = -1$ in $\mathbb{R}$ keine Lösung, da für alle $x \in \mathbb{R}$ $x^2 \ge 0$ gilt. Auf dem kartesischen Produkt $\mathbb{C} = \mathbb{R} \times \mathbb{R}$ $= \left\{(a, b) \mid a, b \in \mathbb{R}\right\}$ können jedoch die Rechenoperationen "+" und "$\cdot$" so definiert werden, daß auch die Gleichung $x^2 = -1$ lösbar ist.

Auf $\mathbb{C}$ werden durch

$$(a, b) + (a', b') = (a+a', b+b') \text{ eine Addition}$$

und durch

$$(a, b) \cdot (a', b') = (a \cdot a' - b \cdot b', a \cdot b' + a' \cdot b) \text{ eine Multiplikation}$$

definiert.

Die Definition einer Ordnungsrelation auf ganz $\mathbb{C}$, die mit der algebraischen Struktur von $\mathbb{C}$ verträglich ist, ist nicht möglich; nur für Paare der Form (a, 0) und (a', 0) wird durch $(a, 0) \le (a', 0)$, falls $a \le a'$ gilt, eine Ordnungsrelation definiert.

Auf ganz $\mathbb{C}$ kann lediglich durch

$$|(a, b)| = \left[a^2 + b^2\right]^{1/2}$$

eine Betragsfunktion definiert werden.

Die Menge $\mathbb{R}$ kann in $\mathbb{C}$ eingebettet werden:

<u>Satz 1.55:</u> Die Abbildung $f: \mathbb{R} \longrightarrow \mathbb{C}$ mit $f(x) = (x, 0)$ besitzt die folgenden Eigenschaften:

(i) f ist injektiv;

(ii) $f(x + y) = f(x) + f(y)$;

(iii) $f(x \cdot y) = f(x) \cdot f(y)$;

(iv) $|f(x)| = |x|$;

(v) $x \le y \Rightarrow f(x) \le f(y)$.

Komplexe Zahlen $z \in \mathbb{C}$ werden üblicherweise nicht in der Form $z = (a, b)$ sondern in der Form $z = a + b \cdot i$ dargestellt, wobei $i$ dem Paar $(0, 1) \in \mathbb{R}^2 = \mathbb{C}$ entspricht und die Gleichung $i^2 = -1$ erfüllt. Das Symbol $i$ wird <u>imaginäre Einheit</u> genannt. Der Teil $a$ einer komplexen Zahl $z = a + b \cdot i$ heißt <u>Realteil</u> (Re(z)), der Teil $b$ heißt <u>Imaginärteil</u> (Im(z)). Reelle Zahlen $x \in \mathbb{R}$ können also nach dem Satz 1.55 mit komplexen Zahlen identifiziert werden, deren Imaginärteil verschwindet: $x = x + 0 \cdot i \in \mathbb{C}$, so daß in diesem Sinne $\mathbb{R}$ eine Teilmenge von $\mathbb{C}$ ist.
Die Regeln des Satzes 1.48(i) - (ix) für das Rechnen mit reellen Zahlen gelten für komplexe Zahlen entsprechend, wobei die Inverse $z^{-1}$ einer komplexen Zahl $z = a + b \cdot i$ die Zahl $z^{-1} = \frac{1}{a^2+b^2} \cdot (a - b \cdot i)$ ist ($z \cdot z^{-1} = 1 + 0 \cdot i = 1$).
Für die Betragsfunktion $|z| = |a + b \cdot i| = (a^2+b^2)^{1/2}$ komplexer Zahlen gelten die folgenden grundlegenden Beziehungen ($z_1, z_2 \in \mathbb{C}$):

- $|z_1| = 0 \Leftrightarrow z_1 = 0 + 0 \cdot i = 0$;
- $|z_1 + z_2| \le |z_1| + |z_2|$;
- $|z_1 \cdot z_2| = |z_1| \cdot |z_2|$.

Beispiel:

* Für die komplexen Zahlen $z_1 = 3 + 4i$ und $z_2 = 4 - 3i$ ist $z_1 + z_2 = 7 + i$, $z_1 \cdot z_2 = 24 + 7i$, $z_1^{-1} = 0{,}12 - 0{,}16i$, $z_2^{-1} = 0{,}16 + 0{,}12i$ und $|z_1| = |z_2| = 5$.

Die wichtigste Eigenschaft komplexer Zahlen ist die Tatsache, daß komplexe Polynome stets Nullstellen besitzen:

Eine Abbildung der Form $f: \mathbb{R} \longrightarrow \mathbb{R}$ mit $P(x) = a_n \cdot x^n + \ldots + a_1 \cdot x + a_0$ ($a_i \in \mathbb{R}$, $a_n \neq 0$) heißt <u>reelles Polynom vom Grade n</u>. Entsprechend heißt eine Abbildung $P: \mathbb{C} \longrightarrow \mathbb{C}$ mit $P(x) = a_n \cdot x^n + \ldots + a_1 \cdot x + a_0$ ($a_i \in \mathbb{C}$, $a_n \neq 0$) <u>komplexes Polynom vom Grade n</u>.

Für solche komplexen Polynome vom Grade n gilt der folgende Fundamentalsatz der Algebra:

<u>Satz 1.56:</u> Ist $P(x)$ ein komplexes Polynom vom Grade n, dann gibt es komplexe Zahlen $c, \lambda_1, \ldots, \lambda_n \in \mathbb{C}$ (nicht notwendig verschieden), derart daß

$$P(x) = c \cdot (x - \lambda_1) \cdot \ldots \cdot (x - \lambda_n)$$

gilt.

Jedes komplexe Polynom zerfällt also vollständig in Linearfaktoren. Die Werte $\lambda_i \in \mathbb{C}$ sind gerade die Nullstellen von $P(x)$, da offensichtlich $P(\lambda_i) = 0$ gilt.
Der Satz besagt also auch, daß jedes komplexe Polynom n Nullstellen besitzt, die jedoch nicht notwendig verschieden sein müssen.

Beispiel:

* $P(x) = x^2 + 1$ besitzt keine reellen Nullstellen und ist deshalb über $\mathbb{R}$ nicht in Linearfaktoren zerlegbar. Faßt man P(x) dagegen als komplexes Polynom auf $(x \in \mathbb{C})$, so gilt $P(x) = x^2 + 1 = (x - i) \cdot (x + i)$. Damit besitzt die Gleichung $P(x) = 0$, also $x^2 + 1 = 0$ die Lösungen $\lambda_1 = i$ und $\lambda_2 = -i$.

Da die Menge $\mathbb{C}$ der komplexen Zahlen (als Menge) mit dem kartesischen Produkt $\mathbb{R}^2$ übereinstimmt, können komplexe Zahlen in einem ebenen (zweidimensionalen) Koordinatensystem dargestellt werden (komplexe Zahlenebene, vgl. Abb. 1.3).

Abb. 1.3: Komplexe Zahlenebene

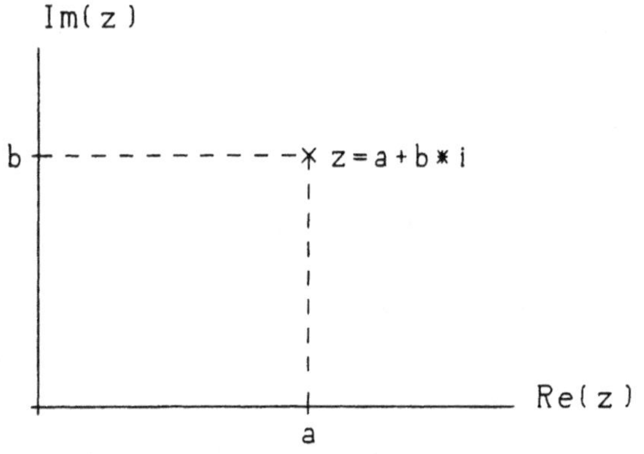


Der "Abstand" des Punktes (a, b), bzw. $a + b \cdot i$ vom Koordinatenursprung ist gerade der Betrag von $a + b \cdot i$. Ist der Betrag von $a + b \cdot i$ gerade 1, so liegt (a, b) bzw. $a + b \cdot i$ auf dem Einheitskreis

$K_1 = \left\{(a, b) \in \mathbb{R}^2 \mid a^2 + b^2 = 1\right\}$ in $\mathbb{R}^2$ und eine komplexe Zahl $z = a + b \cdot i \in \mathbb{C}$ (mit $|a + b \cdot i| = 1$) läßt sich mit Hilfe der Winkelfunktionen Sinus und Kosinus darstellen (vgl. Abb. 1.4).

Aus der Schulmathematik ist bekannt, daß für den in Abb. 1.4 eingezeichneten Winkel $\varphi$ $\cos\varphi = a$ und $\sin\varphi = b$ gilt. Also ist $z = a + b \cdot i = \cos\varphi + i \cdot \sin\varphi$ (falls $a^2 + b^2 = 1$), wobei $\varphi$ durch die beiden Gleichungen $\cos\varphi = a$ und $\sin\varphi = b$ bestimmt ist. Im allgemeinen Fall $(a^2 + b^2 > 0)$ gilt mit $r = \left[a^2 + b^2\right]^{1/2}$ (vgl. Abb. 1.5): $z = (a + b \cdot i) = r \cdot (\cos\varphi + i \cdot \sin\varphi)$, wobei $\varphi$ durch die Gleichungen $\cos\varphi = \frac{a}{r}$ und $\sin\varphi = \frac{b}{r}$ bestimmt ist (vgl. Abb. 1.5).

Abb. 1.4: Darstellung von komplexen Zahlen vom Betrage 1 mit Hilfe von Winkelfunktionen

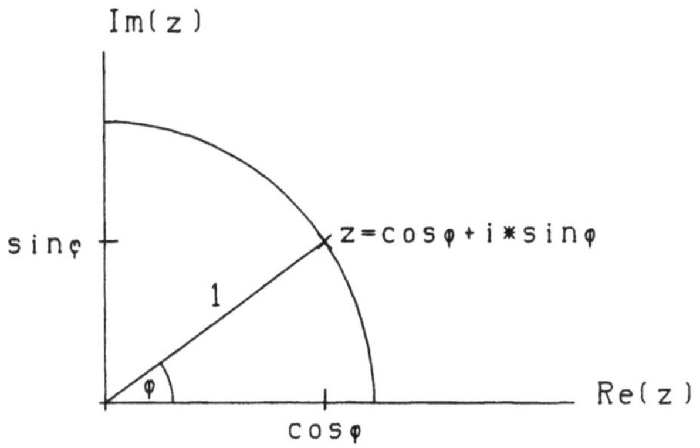


Abb. 1.5: Darstellung von komplexen Zahlen mit Hilfe von Winkelfunktionen

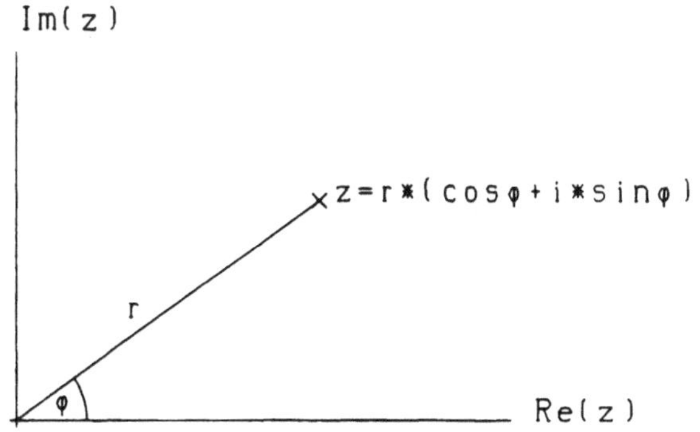


Die Darstellung komplexer Zahlen $z = a + b \cdot i$ durch die Parameter $r = |a + b \cdot i|$ und $\varphi$ ($\sin \varphi = \frac{b}{r}$, $\cos \varphi = \frac{a}{r}$), die im übrigen Polarkoordinaten genannt werden, ermöglicht eine einfache Darstellung von Produkten und Potenzen komplexer Zahlen:
Mit $z = a + b \cdot i = r \cdot (\cos \varphi + i \cdot \sin \varphi)$ und $z' = a' + b' \cdot i =$
$= r' \cdot (\cos \varphi' + i \cdot \sin \varphi')$ gilt (mit den aus der Schulmathematik bekannten Sinus- und Kosinussätzen):

$$(a + b \cdot i) \cdot (a' + b' \cdot i) = r \cdot (\cos \varphi + i \cdot \sin \varphi) \cdot r' \cdot (\cos \varphi' + i \cdot \sin \varphi')$$
$$= r \cdot r' \cdot (\cos \varphi \cdot \cos \varphi' - \sin \varphi \cdot \sin \varphi' + i \cdot (\sin \varphi \cdot \cos \varphi' + \cos \varphi \cdot \sin \varphi'))$$
$$= r \cdot r' \cdot (\cos(\varphi + \varphi') + i \cdot \sin(\varphi + \varphi')).$$

Zwei komplexe Zahlen werden also miteinander multipliziert, indem ihre Beträge multipliziert werden und die Winkel, die die beiden Zahlen (in Vektordarstellung) mit der "Realteilachse" bilden, addiert werden (vgl. Abb. 1.6).

Abb. 1.6: Multiplikation komplexer Zahlen

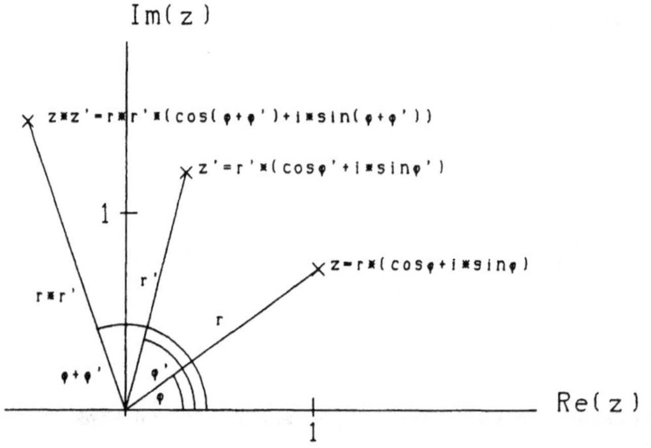


Insbesondere gilt damit für die Potenzen $(a + b \cdot i)^n$ ($n \in \mathbb{N}$):

Satz 1.57: Ist $a + b \cdot i \in \mathbb{C}$ eine komplexe Zahl mit $r = |a + b \cdot i| = \left(a^2+b^2\right)^{1/2}$

und $\varphi$ definiert durch $\cos \varphi = \frac{a}{r}$ und $\sin \varphi = \frac{b}{r}$, so gilt für alle $n \in \mathbb{N}$:

$$(a + b \cdot i)^n = r^n \cdot (\cos(n \cdot \varphi) + i \cdot \sin(n \cdot \varphi)).$$

Diese Tatsache spielt beim Studium von Differential- und Differenzengleichungen eine wichtige Rolle.

### 1.3.3 Summen- und Produktzeichen

Summen mit einer großen oder variablen Anzahl von Summanden können mit Hilfe des Summenzeichens "Σ" dargestellt werden:

Statt $x_m + x_{m+1} + \ldots + x_n$ ($x_i \in \mathbb{R}$ $m \le i \le n$) schreibt man

$$\sum_{i=m}^{n} x_i = x_m + x_{m+1} + \ldots + x_n$$

(Sprich: Summe der $x_i$ für $i = m$ bis $n$).

Die Zahlen m (häufig 0 oder 1) bzw. n heißen <u>Untergrenze</u> bzw. <u>Obergrenze</u> des Summationsbereiches: Die Variable i heißt <u>Laufindex</u>. Ist die Untergrenze größer als die Obergrenze des Summationsbereiches, so wird (per Definition) der Wert der Summe auf 0 festgelegt. Beispielsweise ist $\sum_{i=1}^{0} a_i = 0$. Auf die Angabe von Unter- und Obergrenze und/oder des Laufindexes kann verzichtet werden, wenn dadurch keine Unklarheiten entstehen:

$$\sum_{i=m}^{n} x_i = \sum_{i} x_i = \sum_{m}^{n} x_i = \sum x_i .$$

Beispiel:

* Ein Handelsunternehmen besteht aus n Filialen. Der Umsatz der i-ten Filiale wird mit $u_i$ bezeichnet ($i = 1,\ldots,n$), dann ist $u = \sum_{i=1}^{n} u_i$ der Gesamtumsatz des Handelsunternehmens.

Die wichtigsten Regeln für das Rechnen mit dem Summenzeichen sind in dem folgenden Satz zusammengefaßt:

<u>Satz 1.58:</u> Sind $c, x_i, y_i \in \mathbb{R}$ ($i = m,\ldots,n$), so gilt:

(i) $\sum_{i=m}^{n} c \cdot x_i = c \cdot \sum_{i=m}^{n} x_i$;

(ii) $\sum_{i=m}^{n} (x_i + y_i) = \sum_{i=m}^{n} x_i + \sum_{i=m}^{n} y_i$;

(iii) $\sum_{i=m}^{n} x_i = \sum_{i=m}^{k} x_i + \sum_{i=k+1}^{n} x_i$ $(m \le k \le n)$;

(iv) $\sum_{i=m}^{n} x_i = \sum_{i=m+k}^{n+k} x_{i-k}$;

(v) $\sum_{i=m}^{n} c = (n-m+1) \cdot c$.

Häufig ist es sinnvoll, ein System von Zahlen mit einer doppelten Indizierung zu versehen. Nimmt man etwa im Beispiel des bereits erwähnten Handelsunternehmens mit n Filialen an, daß die Produktpalette in m Produktgruppen eingeteilt ist, so ist es sinnvoll, den Umsatz, der in der i-ten Filiale mit Waren aus der j-ten Produktgruppe getätigt wird, mit $u_{ij}$ zu bezeichnen. Insgesamt gibt es also n · m Werte $u_{ij}$ ($i = 1,\ldots,n$; $j = 1,\ldots,m$).

Der Wert $u_{\cdot j} = \sum_{i=1}^{n} u_{ij}$ gibt den Umsatz aller Filialen mit Waren der j-ten Produktgruppe an. Der Punkt bei $u_{\cdot j}$ deutet an, daß hier die Summation über den ersten Index (i) erfolgt. Entsprechend ist $u_{i\cdot} = \sum_{j=1}^{m} u_{ij}$ der Umsatz der i-ten Filiale mit Waren aller Produktgruppen. Der Punkt bei $u_{i\cdot}$ deutet an, daß hier über den zweiten Index (j) summiert wird. Der Gesamtumsatz u kann damit berechnet werden einerseits als

$$u = \sum_{j=1}^{m} \Big( \sum_{i=1}^{n} u_{ij} \Big) = \sum_{j=1}^{m} u_{\cdot j}$$

und andererseits als

$$u = \sum_{i=1}^{n} \Big( \sum_{j=1}^{m} u_{ij} \Big) = \sum_{i=1}^{n} u_{i\cdot}.$$

Damit kann allgemein die Summe für doppelt indizierte Werte $x_{ij}$ (Doppelsumme) definiert werden (auf die Angabe von Summationsgrenzen wird verzichtet):

$$\sum_i \sum_j x_{ij} = \sum_i \Big(\sum_j x_{ij}\Big) = \sum_i x_{i\cdot}$$

oder

$$\sum_j \sum_i x_{ij} = \sum_j \Big(\sum_i x_{ij}\Big) = \sum_j x_{\cdot j}.$$

Daß der Wert einer Doppelsumme nicht von der Reihenfolge abhängt, in der die Summationen durchgeführt werden, ist die erste Aussage des folgenden Satzes:

<u>Satz 1.59:</u> Für das Rechnen mit Doppelsummen gelten die folgenden Regeln:

(i) $\sum_i \sum_j x_{ij} = \sum_j \sum_i x_{ij}$;

(ii) $\sum_i \sum_j (x_i \cdot y_j) = (\sum_i x_i) \cdot (\sum_j y_j)$.

Entsprechend der Verwendung des $\sum$-Zeichens bei Summen ist es möglich Produkte von Zahlen $x_m,\ldots,x_n$ ($m \le n$) abgekürzt mit Hilfe des Produktzeichens $\Pi$ darzustellen: $\prod_{i=m}^{n} x_i = x_m \cdot x_{m+1} \cdot \ldots \cdot x_n$.

Ist die Untergrenze des Indexbereiches m größer als die Obergrenze n, so wird (per Definition) der Wert des Produkts auf 1 festgelegt. Beispielsweise ist $\prod_{i=1}^{0} a_i = 1$. Auf die Angabe von Unter- und Obergrenze des Indexbereiches und/oder die Angabe des Laufindexes kann verzichtet werden, wenn dadurch keine Unklarheiten entstehen:

$$\prod_{i=m}^{n} x_i = \prod_i x_i = \prod_m^n x_i = \prod x_i .$$

Das Produkt $n! = \prod_{i=1}^{n} i = 1 \cdot 2 \cdot \ldots \cdot n$ (0! = 1, siehe oben) wird n-Fakultät genannt, es spielt in der Statistik eine bedeutende Rolle und gibt (beispielsweise) die Anzahl der verschiedenen Möglichkeiten an, n unterscheidbare Objekte aufzureihen. So gibt es etwa $50! \doteq 3{,}04 \cdot 10^{64}$ verschiedene Möglichkeiten, 50 (unterscheidbare) Bücher in einem Regal anzuordnen.

Mit Hilfe der Fakultäten werden die Binomialkoeffizienten $\binom{n}{k}$ für k = 0, ...,n definiert: $\binom{n}{k} = \frac{n!}{k! \cdot (n-k)!}$ (vgl. Satz 1.19). Binomialkoeffizienten gehen in die allgemeine Form der binomischen Formel ein:

$$(a + b)^n = \sum_{i=0}^{n} \binom{n}{k} \cdot a^i \cdot b^{n-i} .$$

Binomialkoeffizienten sind auch für die Statistik von Bedeutung. Sie geben (beispielsweise) an, wieviel k-elementige Teilmengen eine Menge mit n Elementen besitzt. Beispielsweise besitzt eine Menge aus 49 Elementen genau

$$\binom{49}{6} = \frac{49!}{6! \cdot 43!} = \frac{44 \cdot 45 \cdot 46 \cdot 47 \cdot 48 \cdot 49}{6!} = 13.983.816$$

Teilmengen mit 6 Elementen. Eine dieser 13.983.816 6-elementigen Teilmengen der Menge $\{1, \ldots, 49\}$ wird jeden Samstagabend im deutschen Fernsehen zufällig bestimmt.

Die wichtigsten Regeln für das Rechnen mit dem Produktzeichen faßt der folgende Satz zusammen:

Satz 1.60: Für das Rechnen mit Produkten gilt:

(i) $\prod_{i=m}^{n} c \cdot x_i = c^{n-m+1} \cdot \prod_{i=m}^{n} x_i ;$

(ii) $\prod_{i=m}^{n} x_i \cdot y_i = \prod_{i=m}^{n} x_i \cdot \prod_{i=m}^{n} y_i ;$

(iii) $\prod_{i=m}^{n} x_i = \prod_{i=m}^{k} x_i \cdot \prod_{i=k+1}^{n} x_i \quad (m \leq k \leq n);$

(iv) $\prod_{i=m}^{n} x_i = \prod_{i=m+k}^{n+k} x_{i-k} .$

Aus der Regel (i) folgt, daß $\prod_{i=m}^{n} c = c^{n-m+1}$ gilt.

Aus der Regel (ii) folgt, daß $\prod_{i=m}^{n} x_i^2 = ( \prod_{i=m}^{n} x_i )^2$ gilt. Für Summen gibt es keine entsprechende Aussage: $\sum_{i=m}^{n} x_i^2 = ( \sum_{i=m}^{n} x_i )^2$ gilt nur in Ausnahmefällen.

## 1.3.4 Dual- und Dezimaldarstellung von Zahlen

Den Schluß dieses Abschnitts über Zahlensysteme sollen einige Bemerkungen über die Darstellung von Zahlen durch Ziffern, die Ziffernsysteme, bilden.
Für die Darstellung natürlicher Zahlen werden zwei grundsätzlich verschiedene Verfahren benutzt. Zum einen verwendet man Additionssysteme, wie die römischen Zahlen, die jedoch nicht sehr praktisch sind. Zum anderen gibt es die sehr viel einfacher zu handhabenden Positions- oder Stellensysteme, wie das heute verbreitete Dezimalsystem.

Ein Stellensystem benötigt eine Basiszahl $p \in \mathbb{N}$, $p \geq 2$ und p Ziffern

$Z_0, Z_1, \ldots, Z_{p-1}$. Häufige Werte für p sind

* $p = 10$ mit den Ziffern 0, 1, 2, 3, 4, 5, 6, 7, 8, 9 (Dezimalsystem);
* $p = 2$ mit den Ziffern 0, 1 (Dualsystem);
* $p = 16$ mit den Ziffern 0, 1, 2, 3, 4, 5, 6, 7, 8, 9, A, B, C, D, E, F (Hexadezimalsystem).

Ein Zahlwort ist eine endliche Folge $(b_k, b_{k-1}, \ldots, b_0)$ mit $b_i \in \{Z_0, \ldots, Z_{p-1}\}$

$(i = 0, 1, \ldots, k)$ und $b_k \neq 0$ (falls $k \geq 1$). Ein solches Zahlwort definiert durch

$$a = a(b_k, \ldots, b_0) = \sum_{i=0}^{k} b_i \cdot p^i$$

eine natürliche Zahl. Das Zahlwort $(b_k, \ldots, b_0)$ heißt p-adische Darstellung der natürlichen Zahl a. Beispielsweise stellt im Dezimalsystem das Zahlwort 54701 die natürliche Zahl $a = a(54701) = 5 \cdot 10^4 + 4 \cdot 10^3 + 7 \cdot 10^2 + 0 \cdot 10^1 + 1 \cdot 10^0$ dar.

Daß in jedem Stellensystem mit Basiszahl $p \in \mathbb{N}$, $p \geq 2$ jede natürliche Zahl darstellbar ist, ist die Aussage des folgenden Satzes:

Satz 1.61: Sei $B^*$ die Menge aller Zahlworte in einem Stellensystem mit p Ziffern $\{Z_0, \ldots, Z_{p-1}\}$:

$$B^* = \Big\{(b_k, \ldots, b_0) \mid k \in \mathbb{N};\ b_i \in \{Z_0, \ldots, Z_{p-1}\}\ (i = 0, \ldots, k);\ b_k \neq 0, \text{ falls } k \geq 1\Big\}.$$

Dann ist die Abbildung $a: B^* \longrightarrow \mathbb{N}$ mit

$$a(b_k, \ldots, b_0) = \sum_{i=0}^{k} b_i \cdot p^i$$

bijektiv.

Das gängige Dezimalsystem scheint den menschlichen Fähigkeiten angemessen zu sein: Die Dezimaldarstellung von natürlichen Zahlen ist nicht zu lang (etwa im Vergleich zum Dualsystem), gleichzeitig ist das kleine Einmaleins noch überschaubar (etwa im Vergleich zum Hexadezimalsystem). Für elektronische

Rechenanlagen jedoch ist ein Dualsystem, das nur aus den Ziffern 0 und 1 besteht, oder ein Hexadezimalsystem, das jeweils vier Stellen des Dualsystems zu einer neuen Ziffer zusammenfaßt, besser geeignet.

Im folgenden soll anhand von Beispielen kurz beschrieben werden, wie die Dual- und Dezimaldarstellungen natürlicher und rationaler Zahlen ineinander umgerechnet werden. Dabei wird auch gezeigt, wie sich die bekannten Algorithmen zur Addition, Subtraktion, Multiplikation und Division im Dualsystem darstellen.

Ein Zahlwort $(b_k, \ldots, b_0)$ mit $b_i \in \{0, 1\}$ $(b_k \neq 0)$ des Dualsystems stellt die natürliche Zahl $a = a(b_k, \ldots, b_0) = \sum_{i=1}^{k} b_i \cdot 2^i$ dar. Sie läßt sich problemlos im Dezimalsystem darstellen, da die Potenzen $2^i$ ohne weiteres im Dezimalsystem berechnet und addiert werden können.

Beispiel:

- Für die Dualzahl $1.010.011.101_2$ (der Index 2 deutet an, daß es sich hier um eine Dualzahl handelt) erhält man:

$$\begin{aligned} 1.010.011.101_2 &= 2^0 + 2^2 + 2^3 + 2^4 + 2^7 + 2^9 \\ &= 1 + 4 + 8 + 16 + 128 + 512 \\ &= 669_{10} \end{aligned}$$

Für die umgekehrte Rechnung, der Bestimmung der Dualdarstellung einer natürlichen Zahl a, die in Dezimaldarstellung vorliegt, gibt es einen Divisionsalgorithmus:

Die Bestimmung des Zahlworts $(b_k, \ldots, b_0)$ einer natürlichen Zahl a im p-adischen Zahlensystem kann allgemein durch eine Reihe von "Divisionen mit Rest" erfolgen: Ist $a = \sum_{i=0}^{k} b_i \cdot p^i$, so erhält man die letzte Stelle $b_0$ der p-adischen Darstellung von a als Rest der Division von a : p; es gilt nämlich

$$a : p = \left(\sum_{i=0}^{k} b_i \cdot p^i\right) : p = \sum_{i=1}^{k} b_i \cdot p^{i-1} \text{ Rest } b_0.$$

Dividiert man nun erneut $a' = \sum_{i=1}^{k} b_i \cdot p^{i-1}$ durch p, so erhält man die zweite Ziffer der p-adischen Darstellung von a (usw.):

$$\left(\sum_{i=1}^{k} b_i \cdot p^{i-1}\right) : p = \sum_{i=2}^{k} b_i \cdot p^{i-2} \text{ Rest } b_1,$$

$$\vdots$$

$$\left(\sum_{i=1}^{k} b_i \cdot p^{i-1}\right) : p = \sum_{i=l+1}^{k} b_i \cdot p^{i-(l+1)} \text{ Rest } b_l,$$

$$\vdots$$

$$b_k : p = 0 \text{ Rest } b_k.$$

Für die Berechnung der Dualdarstellung einer natürlichen Zahl a, die in Dezimaldarstellung vorliegt, bedeutet dies: Die natürliche Zahl (in Dezimaldarstellung) wird wiederholt durch 2 dividiert; die sich dabei ergebenden Reste (0 oder 1) sind die Dualdarstellung von a.

Beispiel:

- Für die Dezimalzahl $669_{10}$ (der Index, hier 10, deutet an, zu welchem Zahlensystem die Darstellung gehört) gilt:

| | |
|---|---|
| 669 : 2 = 334 | Rest 1 |
| 334 : 2 = 167 | Rest 0 |
| 167 : 2 = 83 | Rest 1 |
| 83 : 2 = 41 | Rest 1 |
| 41 : 2 = 20 | Rest 1 |
| 20 : 2 = 10 | Rest 0 |
| 10 : 2 = 5 | Rest 0 |
| 5 : 2 = 2 | Rest 1 |
| 2 : 2 = 1 | Rest 0 |
| 1 : 2 = 0 | Rest 1 |

  Also ist $669_{10} = 1.010.011.101_2$.

Natürlich kann dieses Verfahren auch umgekehrt zur Berechnung der Dezimaldarstellung einer in Dualdarstellung vorliegenden Zahl a benutzt werden. Dazu sind jedoch die Divisionen a : p usw. im Dualsystem durchzuführen.

Beispiel:

- Wegen $10 = 2^3 + 2^1$ ist $10_{10} = 1010_2$. Für die Dualdarstellung $a = 1.010.011.101_2$ erhält man dann:

```
1010011101 : 1010 = 1000010 Rest 1001,
1010
  001110
    1010
     1001

1000010 : 1010 = 110 Rest 110,
 1010
  1101
  1010
   110

110:1010 = 0 Rest 110.
```

  Wegen $1001_2 = 2^3 + 2^0 = 8 + 1 = 9_{10}$

  und $110_2 = 2^2 + 2^1 = 4 + 2 = 6_{10}$ ist $1.010.011.101_2 = 669_{10}$.

  Natürlich kann man auch direkt - und einfacher, weil man das Rechnen im Dezimalsystem gewohnt ist, - die Dezimaldarstellung (wie bereits weiter oben gezeigt) bestimmen.

Die Darstellung einer rationalen Zahl als p-adischer Bruch besteht aus einem Vorzeichen, einem ganzzahligen Anteil $(b_k \dots b_0)$ und einem durch Komma abgetrennten Teil $(b_{-1}\, b_{-2} \dots)$, der die Koeffizienten der Potenz $p^i$ mit negativem Exponenten $i < 0$ zusammenfaßt: $(b_k \dots b_0,\, b_{-1}\, b_{-2} \dots) = \sum_{\substack{i \in \mathbb{Z} \\ i \le k}} b_i \cdot p^i$. Dabei ist die Ziffernfolge $(b_k \dots b_0,\, b_{-1}\, b_{-2} \dots)$ von einer bestimmten Stelle $l \in \mathbb{Z}$ an periodisch, d.h.: $b_{i-r} = b_i$ für alle $i \le l$ und ein $r \in \mathbb{N}^*$.

Beispielsweise besitzt die rationale Zahl $8/7 \in \mathbb{R}$ die Dezimalbruchdarstellung $8/7 = 1{,}142857142857\dots$ Also ist in diesem Beispiel $l = -1$ und $r = 6$, so daß sich jede Ziffer rechts vom Komma nach 6 St llen wiederholt.

Offensichtlich kann man sich bei der Umrechnung von rationalen Zahlen vom dualen ins dezimale und vom dezimalen ins duale Zahlensystem auf den Bereich zwischen 0 und 1 beschränken.

Ist a eine rationale Zahl zwischen 0 und 1, die in Dezimaldarstellung vorliegt, so kann man mit Verfahren, die aus der Schulmathematik bekannt sind, eine Darstellung $a = \frac{p}{q}$ mit $p, q \in \mathbb{N}$ gewinnen. So erhält man etwa für $a = 0{,}\overline{142857}$ (die Überstreichung deutet an, daß die Ziffernfolge 142857 periodisch ist):

$$1.000.000 \cdot a = 142.857{,}\overline{142857} = 142.857 + a$$

oder

$$999.999 \cdot a = 142.857$$

oder

$$a = \frac{142.857}{999.999} = \frac{1}{7}.$$

Aus einer solchen Darstellung $a = \frac{p}{q}$ einer rationalen Zahl läßt sich dann die Dualdarstellung von a bestimmen, indem man zunächst p und q im Dualsystem darstellt und dann den Divisionsalgorithmus - jetzt im Dualsystem - anwendet.

Beispiel:

$$a = 0{,}\overline{142857} = \frac{1_{10}}{7_{10}} = \frac{1_2}{111_2}, \text{ da } 1_{10} = 1_2 \text{ und } 7_{10} = 1 + 2 + 4 = 111_2.$$

Damit gilt im Dualsystem:

```
1 : 111 = 0,001001...
1000
 111
   1000
    111
      1
       .
        .
```

Also ist $a = 0{,}\overline{142857}_{10} = 0{,}\overline{001}_2$.

Um die Dezimaldarstellung einer Dualzahl zu bestimmen, geht man entsprechend vor. Dazu sind jedoch zunächst aus der (periodischen) Dualdarstellung einer rationalen Zahl $a = \frac{p}{q}$ die (Dual-) Zahlen p und q zu bestimmen. p und q werden dann in Dezimalzahlen umgerechnet und daraus durch Division die (periodische) Dezimaldarstellung bestimmt.

Beispiele:

* $a = 0,\overline{0111}_2$

  Es gilt im Dualsystem:

$$10000_2 \cdot a = 111_2 + a$$
$$(10000_2 - 1_2) \cdot a = 111_2$$
$$1111_2 \cdot a = 111_2$$
$$a = \frac{111_2}{1111_2}.$$

  Mit $111_2 = 7_{10}$ und $1111_2 = 15_{10}$ ist also $a = \frac{7_{10}}{15_{10}}$.

  Im Dezimalsystem ergibt die Division $7 : 15 = 0,46\ldots = 0,4\overline{6}$

  70<br>
  <u>60</u><br>
  100<br>
  <u>90</u><br>
  10<br>
  ...

  Also ist $a = 0,\overline{0111}_2 = 0,4\overline{6}_{10}$.

* $a = 0,11\overline{1101}_2$.

  Es gilt:

$$a = \frac{1}{100_2} \cdot (11,\overline{1101}_2)$$
$$= \frac{11_2}{100_2} + \frac{1}{100_2} \cdot (0,\overline{1101}_2)$$
$$= \frac{11_2}{100_2} + \frac{1}{100_2} \cdot \frac{1101_2}{1111_2}$$
$$= \frac{3_{10}}{4_{10}} + \frac{1}{4_{10}} \cdot \frac{13_{10}}{15_{10}} = \frac{58_{10}}{60_{10}} = \frac{29_{10}}{30_{10}} = 0,9\overline{6}_{10},$$

  da $29 : 30 = 0,96\ldots = 0,9\overline{6}_{10}$ gilt.

  290<br>
  <u>270</u><br>
  200<br>
  <u>180</u><br>
  20<br>
  ...

Da reelle Zahlen durch rationale Zahlen beliebig genau approximiert werden können (und durch diese Approximation definiert sind), sind keine gesonderten Überlegungen zur Dualdarstellung von reellen (und komplexen) Zahlen erforderlich.

## 1.4 Übungsaufgaben zu Kapitel 1

Übungsaufgabe 1.1

Sei $\mathbb{N} = \{0, 1, 2, 3, \ldots\}$, die Menge der natürlichen Zahlen, die Grundmenge

und

$A = \{1, 2, 3, 4\}$,

$B = \{0, 2, 4, 6, \ldots.\}$,

$C = \{x \mid x \in \mathbb{N} \text{ und } 5 \leq x \leq 10\}$,

$D = \{x \in \mathbb{N} \mid x \geq 1 \text{ und } x \leq 3\}$.

a) Geben Sie alternative Beschreibungen der Mengen A, B, C, D an.
b) Geben Sie die Mächtigeit der Mengen A, B, C, D an.
c) Bestimmen Sie die Potenzmenge von A, C, D und deren Mächtigkeiten.
d) Welche der Mengen A, B, C, D sind disjunkt, für welche gelten Teilmengenbeziehungen?
e) Bestimmen Sie
   $A \cap B$, $A \cup D$, $\overline{B}$, $C \cap \overline{D}$
   $(A \cup B) \cap (C \cup D)$, $(A \cap B) \cup (C \cap D)$, $(A \cap D) \cup (\overline{B \cap C})$, $\overline{(A \cap \overline{B}) \cup C}$.

Übungsaufgabe 1.2

Es sei $A = \{a_1, a_2, a_3, a_4, a_5\}$ die Menge der Maschinen, die in einem Industriebetrieb hergestellt werden, und $K = \{k_1, k_2, k_3, k_4\}$ die Menge der Kunden dieses Betriebs.

a) Beschreiben Sie das kartesische Produkt $A \times K$.
b) Stellen Sie die Relation "Maschine ... wird für Kunde ..." hergestellt dar, wenn
   - $a_1$ für Kunde $k_2$ hergestellt wird;
   - $a_2$ für Kunde $k_1$ und $k_2$ hergestellt wird;
   - $a_3$ für Kunde $k_4$;
   - $a_4$ und $a_5$ ohne Auftrag produziert werden.

Übungsaufgabe 1.3

Auf dem kartesischen Produkt $\mathfrak{P}(A) \times \mathfrak{P}(A)$ mit $A = \{1, 2, 3\}$ ist durch

$R \subset \mathfrak{P}(A) \times \mathfrak{P}(A)$ mit $R = \{(B, B') \mid B, B' \subset A \text{ und } B \subset B'\}$ eine Relation

definiert.

a) Listen Sie die (27) Paare von Mengen in dieser Relation auf.
b) Zeigen Sie, daß es sich bei R um eine Ordnungsrelation auf $\mathfrak{P}(A)$ handelt.
c) Ist diese Ordnungsrelation vollständig?
d) Stellen Sie diese Ordnungsrelation graphisch dar.

Übungsaufgabe 1.4

Zur Ankurbelung des wirtschaftlichen Aufschwungs bieten sich dem zuständigen Bundesminister drei verschiedene Politikvarianten A, B, C an. In Ermangelung eigenen Sachverstands beruft er drei unabhängige Experten und beauftragt jeden von ihnen, eine Präferenzordnung für die drei Alternativen abzugeben. Nach einiger Zeit liegen die Ergebnisse der Gutachten vor:

Experte 1: $C <_1 A <_1 B$

Experte 2: $A <_2 B <_2 C$

Experte 3: $B <_3 C <_3 A$

($<_i$ bedeute, daß der i-te Experte die rechts von $<_i$-Zeichen stehende Alternative der linksstehenden vorzieht.)

Da der Minister und seine engsten Berater aus diesen drei Präferenzordnungen keinen einheitlichen Willen ableiten können, werden die drei Experten zusammengerufen, um über jeweils zwei der drei Alternativen abzustimmen um so zu einer gemeinsamen Präferenzordnung zu gelangen.
Führt dieses Vorgehen zu einem sinnvollen Ergebnis?

Übungsaufgabe 1.5

Sei $A = \{1, \ldots, 365\}$ die Aufzählung der Tage des Jahres 1990 (1.1.90 $\rightarrow$ 1, ..., 31.12.90 $\rightarrow$ 365). Auf $A \times A$ wird durch $a_1 R a_2$, falls bei der Division von $a_2$ durch 7 derselbe Rest bleibt wie bei der Division von $a_1$ durch 7 ($a_1 \bmod 7 = a_2 \bmod 7$), eine Relation definiert.

a) Zeigen Sie, daß R eine Äquivalenzrelation auf A ist.

b) Geben Sie die Äquivalenzklassen dieser Relation an und interpretieren Sie diese.

Übungsaufgabe 1.6

Gegeben seien die in dem folgenden Diagramm dargestellten Abbildungen f, g, h, i.

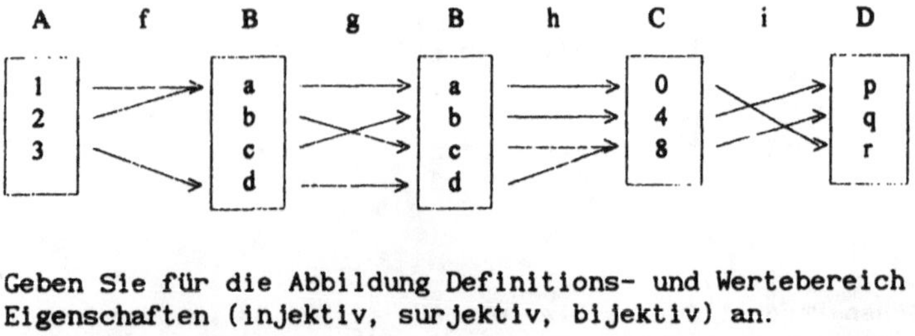


a) Geben Sie für die Abbildung Definitions- und Wertebereich sowie ihre Eigenschaften (injektiv, surjektiv, bijektiv) an.

b) Welche der Abbildungen sind invertierbar? Geben Sie gegebenenfalls die inversen Abbildungen an.

c) Bestimmen Sie:
$g \circ f$, $\quad i \circ (h \circ f)$, $\quad g \circ g$,
$(i \circ (h \circ g)) \circ (g^{-1} \circ f)$, $\quad i \circ i^{-1}$, $\quad i^{-1} \circ i$.

d) Sind die Abbildungen $i \circ i^{-1}$ und $i^{-1} \circ i$ identisch?

Übungsaufgabe 1.7

Zeigen Sie, daß die abzählbare Vereinigung abzählbarer Mengen, also die Menge $A = \bigcup_{i \in \mathbb{N}} A_i$ mit $n(A_i) \le n(\mathbb{N})$, abzählbar ist.
Hinweis: Es gibt abzählbar unendlich viele Primzahlen.

Übungsaufgabe 1.8

Zeigen Sie, daß das kartesische Produkt $A = \times_{i=0}^{\infty} A_i$ überabzählbar ist, wenn $n(A_i) \ge 2$ für alle $i \in \mathbb{N}$ ist.

Übungsaufgabe 1.9

Welche der folgenden Sätze sind Aussagen?
Gibt es darunter tautologische Wahrheiten?

a) Guten Tag.

b) Die Sonne scheint (hier und jetzt).

c) Es gibt eine bijektive Abbildung $f: \mathbb{N} \longrightarrow \mathbb{Q}$.

d) $1 + 1 = 3$.

e) Haben Sie alles verstanden?

f) Der folgende Satz ist wahr.
Der vorhergehende Satz ist falsch.

Übungsaufgabe 1.10

Zeigen Sie mit Hilfe von Wahrheitswerttabellen für Aussagen A, B und C:

a) $(A \wedge B) \wedge C \Leftrightarrow A \wedge (B \wedge C)$;
b) $(A \vee B) \vee C \Leftrightarrow A \vee (B \vee C)$;
c) $A \vee (B \wedge C) \Leftrightarrow (A \vee B) \wedge (A \vee C)$;
d) $A \wedge (B \vee C) \Leftrightarrow (A \wedge B) \vee (A \wedge C)$;
e) $\neg(A \wedge B) \Leftrightarrow \neg A \vee \neg B$;
f) $\neg(A \vee B) \Leftrightarrow \neg A \wedge \neg B$;
g) $(A \Rightarrow B) \Leftrightarrow \neg A \vee B$.

Übungsaufgabe 1.11

Beweisen Sie durch vollständige Induktion:

a) $1 + 2 + \ldots + m = \frac{m \cdot (m+1)}{2}$;

b) Ist A eine endliche Menge mit $n(A) = m$, so besitzt die Potenzmenge $\mathfrak{P}(A)$ von A $2^m$ Elemente: $n(\mathfrak{P}(A)) = 2^m$ $(m = 0, 1, 2, \ldots)$.

Übungsaufgabe 1.12

Zeigen Sie durch einen Widerspruchsbeweis, daß $+\sqrt{2}$ irrational ist.

Übungsaufgabe 1.13

Gegeben seien die komplexen Zahlen $z_1 = 3 + 2i$ und $z_2 = 1 - i$

Berechnen Sie

a) $z_1 + z_2$; b) $z_1 - z_2$;

c) $z_1 \cdot z_2$; d) $z_1^{-1}$;

e) $z_1^{10}$; f) $|z_1|$.

Übungsaufgabe 1.14

Berechnen Sie:

a) $\sum_{i=1}^{5} 3 \cdot i$; b) $\sum_{i=1}^{5} (3i + 4)$; c) $\sum_{i=1}^{4} (-1)^{i+1} \cdot (i - 2)$;

d) $\sum_{j=2}^{5} \sum_{i=1}^{3} i \cdot j$; e) $\sum_{i=0}^{100} (2i - 100)$;

f) $\prod_{i=1}^{6} i$; g) $\prod_{i=4}^{7} (i - 4)$; h) $\prod_{i=2}^{5} (i^2 - i)$.

Hinweis: Beachten Sie das Ergebnis von Übungsaufgabe 1.11a).

Übungsaufgabe 1.15

Stellen Sie mit Hilfe des Summenzeichens dar und berechnen Sie:

a) $1 + 2 + \ldots + 10$; b) $91 + 92 + \ldots + 120$;

c) $1 + 3 + 5 + \ldots + 97 + 99 + 101$; d) $1 + 4 + 9 + 16 + 25$;

e) $1 - 4 + 9 - 16 + 25$;

f) $5 + 10 + 15 + \ldots + 9.990 + 9.995 + 10.000$;

g) $5 + 9 + 13 + 17 + \ldots + 205$.

Hinweis: Beachten Sie das Ergebnis von Übungsaufgabe 1.11a).

Übungsaufgabe 1.16

Stellen Sie die folgenden Zahlen des Dualsystems im Dezimalsystem dar:

a) 1011; b) 1100011; c) 0,11; d) 0,0011; e) $0{,}0\overline{1011}$.

Übungsaufgabe 1.17

Stellen Sie die folgenden Zahlen des Dezimalsystems im Dualsystem dar:

a) 511; b) 512; c) 0,5; d) 0,2; e) $0{,}\overline{1}$.

# 2 Folgen und Reihen

## 2.1 Folgen

Wie bereits im Abschnitt 1.1 erwähnt, sind Folgen Abbildungen, deren Definitionsbereich die Menge $\mathbb{N}$ der natürlichen Zahlen ist und deren Wertebebereich aus $\mathbb{R}$, der Menge der reellen Zahlen, besteht. Folgen sind ein wichtiges Hilfsmittel für die Analysis, sie besitzen aber auch eigenständige Bedeutung, wie das nachfolgende Beispiel aus dem Bereich der Makroökonomie zeigt:

Die Makroökonomie untersucht die - zu wenigen Gruppen zusammengefaßten - Märkte einer Volkswirtschaft. Üblicherweise werden dabei Güter-, Kredit-, Arbeits- und Geldmarkt unterschieden. Die Untersuchung einzelner dieser Märkte (Partialanalyse) und ihrer Interdependenzen (Totalanalyse) wird häufig mit Hilfe von Modellen durchgeführt, die die Beziehungen zwischen den relevanten Größen quantifizieren. So könnte etwa ein erstes quantitatives Modell für den Gütermarkt die folgende Gestalt besitzen:

Das Modell soll die zeitliche Entwicklung der Modellvariablen nachzeichnen, deshalb werden diese mit einem Zeitindex t versehen, der die Periodizität der Betrachtung (Monate, Vierteljahre, Jahre, ...) abzählt: $t = 0, 1, 2, \ldots$

* Nachfragefunktion:

  Die Nachfragefunktion N soll aufgeteilt werden in die Nachfrage nach Konsum- (C) und Investitionsgütern (I):

  $$N = C + I$$

  oder mit dem Zeitindex:

  $$N(t) = C(t) + I(t) \qquad t = 0, 1, 2, \ldots$$

* Konsumfunktion:

  Der Konsum $C(t)$ in einer Periode t soll durch das für diese Periode erwartete Einkommen $Y_E(t)$ erklärt werden:

  $$C(t) = f(Y_E(t)).$$

  Zur Vereinfachung wird dieser funktionale Zusammenhang als linear angenommen:

  $$C(t) = C_a + c \cdot Y_E(t).$$

  Der Parameter $C_a$, der die Höhe der Konsumausgaben angibt, die unabhängig von der Höhe des erwarteten Einkommens getätigt werden, heißt autonomer Konsum. Der Parameter c, der angibt, welcher Anteil des Einkommens zusätzlich zum autonomen Konsum für den Konsum (und nicht für Sparen) verwendet wird, heißt marginale Konsumquote.
  Zur genauen Spezifikation des Erwartungsbildungsprozesses, also der Größe $Y_E(t)$, soll (vereinfachend) angenommen werden, daß für eine Periode t das gleiche Einkommen wie in der Vorperiode erwartet wird: $Y_E(t) = Y(t-1)$.

  Die Konsumfunktion besitzt damit schließlich die Gestalt:

  $$C(t) = C_a + c \cdot Y(t-1) \qquad t = 1, 2, 3, \ldots$$

* Investitionsfunktion:

  Da in diesem Modell die Investitionen I nicht weiter erklärt werden sollen, werden sie als exogen gegeben (autonom) betrachtet.

  $$I(t) = I_a.$$

  Dabei bezeichnet $I_a$ die autonomen Investitionen.

* Angebotsfunktion:

  Die Angebotsseite des Gütermarktes soll ebenfalls nicht detailliert modelliert werden; die Angebotsfunktion X(t) soll lediglich ausdrücken, daß Angebot (X(t)), Nachfrage (N(t)) und (realisiertes) Einkommen (Y(t)) in jeder Periode übereinstimmen:

  $$X(t) = N(t) = Y(t), \qquad t = 0, 1, 2, \ldots$$

Ziel der Analyse eines solchen Modells ist unter anderem die Bestimmung von gleichgewichtigen Lösungen für die Variablen (hier: Y(t) und C(t)) bei gegebenen Parametern (hier: $C_a$, c, $I_a$), falls es überhaupt eine solche Lösung gibt. Dabei wird das Modell gleichgewichtig genannt, wenn von einem Zeitpunkt (z. B.: t = 0) an (bei Konstanz der Parameter) alle geplanten oder erwarteten Größen mit den realisierten Größen übereinstimmen (hier: $Y_E(t) = Y(t)$). Für das angegebene Gütermarktmodell bedeutet dies Y(t-1) = Y(t), und man erhält mit dieser Gleichgewichtsbedingung:

$$\begin{aligned} Y(t) &= C(t) + I(t) && \text{(Angebot/Nachfragefunktion)} \\ &= C_a + c \cdot Y(t-1) + I_a && \text{(Konsum/Investitionsfunktion)} \\ &= C_a + c \cdot Y(t) + I_a && \text{(Gleichgewichtsbedingung).} \end{aligned}$$

Löst man die letzte Gleichung nach Y(t) auf, so erhält man die Bedingung

$$Y(t) = \frac{C_a + I_a}{1 - c}.$$

Da die marginale Konsumquote c zwischen 0 und 1 liegen muß (0<c<1), besitzt das beschriebene Modell (unter der angegebenen Voraussetzung) eine eindeutige Gleichgewichtslösung $\bar{Y}$ für Y, die mit der hergeleiteten Formel berechnet werden kann. Setzt man etwa für die Parameter des Modells $C_a = 100$, $c = 0{,}8$ und $I_a = 200$ fest, so erhält man als Gleichgewichtseinkommen

$$\bar{Y} = \frac{C_a + I_a}{1 - c} = \frac{100 + 200}{1 - 0{,}8} = 1.500.$$

Daraus ergibt sich ein gleichgewichtiger Konsum $\bar{C}$ von

$$\bar{C} = \bar{Y} - I_a = 1.500 - 200 = 1.300.$$

Neben der Frage nach Gleichgewichtslösungen ist die Frage, wie das Modell auf Änderungen der Parameter reagiert (Stabilitätsanalyse), von Interesse. Befindet sich etwa das obige Modell in der 0-ten Periode mit Y(0) = 1.500 (und C(0) = 1.300) im Gleichgewicht ($C_a = 100$, $c = 0{,}8$, $I_a = 200$), so kann man untersuchen, wie dieses Modell auf eine Erhöhung der autonomen Investitionen $I_a$ reagiert, etwa I(0) = 200, I(t) = 220 für t = 1, 2, 3, ... .
Das zu dieser neuen Parameterkonstellation gehörige Gleichgewicht $\bar{Y}^*$ berechnet sich gemäß der hergeleiteten Formel als

$$\bar{Y}^* = \frac{100 + 220}{1 - 0{,}8} = 1.600 \qquad (\bar{C}^* = 1.380).$$

Nachdem sich das Modell zum Zeitpunkt t = 0 (mit den Parametern $C_a = 100$, $c = 0{,}8$, $I_a = 200$ und Y(0) = 1.500) in einem Gleichgewicht befunden hat, sind die Werte zum Zeitpunkt t = 1 wegen der Erhöhung der autonomen Investitionen von 200 auf 220 (zumindest zunächst) ungleichgewichtig, da wegen

$$C(1) = C_a + c \cdot Y(0) = 1.300 \text{ und}$$

$$Y(1) = C(1) + I(1) = 1.520$$

$$Y_E(1) = Y(0) = 1.500 \neq Y(1) \text{ gilt.}$$

Wie das Modell, das sich für t = 0 in einem Ausgangsgleichgewicht befunden hat, auf einen solchen exogenen Schock (Erhöhung von $I_a$ von 200 auf 220) reagiert, kann in einer Sequenztabelle dargestellt werden. In einer Sequenztabelle sind für eine gewisse Anzahl von Perioden t = 0, 1, 2, ..., n die relevanten Größen des Modells und ihre Veränderungen gegenüber den Vorperiodenwerten dargestellt. Im gegebenen Modell sind das Y(t), C(t), I(t) (t = 0, 1, ..., n) sowie $\Delta Y(t) = Y(t) - Y(t-1)$, $\Delta C(t) = C(t) - C(t-1)$, $\Delta I(t) = I(t) - I(t-1)$ für t = 1, 2, ..., n (für t = 0 werden alle Veränderungsgrößen auf 0 festgesetzt). Damit gilt im Beispiel für t = 0 (Ausgangsgleichgewicht):

$$\Delta I(0) = 0, \ \Delta C(0) = 0, \ \Delta Y(0) = 0,$$

$$I(0) = 200, \ C(0) = 1.300, \ Y(0) = 1.500.$$

Nimmt man nun eine einmalige Veränderung der autonomen Investitionen an, also etwa $\Delta I(1) = 20$ und $\Delta I(t) = 0$ für $t \geq 2$, so kann man für jede der restlichen fünf Größen alle Werte der Perioden 1, 2, 3, ... sequentiell aus Vorperiodenwerten bestimmen:

$$\Delta I(t) = \begin{cases} 20 & \text{für } t = 1 \\ 0 & \text{für } t \geq 2; \end{cases}$$

$$\Delta C(t) = c \cdot \Delta Y(t-1);$$

$$\Delta Y(t) = \Delta I(t) + \Delta C(t);$$

$$I(t) = I(t-1) + \Delta I(t);$$

$$C(t) = C(t-1) + \Delta C(t);$$

$$Y(t) = Y(t-1) + \Delta Y(t).$$

Im Beispiel nimmt damit die Sequenztabelle etwa die auf der folgenden Seite dargestellte Form an.

Wie man sieht, werden die Differenzen $\Delta Y(t) = Y(t) - Y(t-1)$, also die Unterschiede zwischen erwartetem und realisiertem Einkommen, mit wachsendem t immer kleiner, so daß Y(t-1) und Y(t), also erwartetes und realisiertes Einkommen, immer genauer übereinstimmen. Gleichzeitig strebt Y(t) dem neuen Gleichgewichtseinkommen $\bar{Y}^* = 1.600$ zu, ohne es jedoch exakt zu erreichen. Die Sequenztabelle deutet also an, daß die Größen Y(t) und C(t) die neuen Gleichgewichtswerte beliebig genau "approximieren", ohne sie jedoch exakt zu erreichen.

Dieser und der folgende Abschnitt über Folgen und Reihen liefern das exakte Instrumentarium zur Präzisierung der hier nur vage benutzten Begriffe wie "immer genauer", "zustreben" und "beliebig genau".

<u>Definition 2.1:</u> Eine Abbildung a: $\mathbb{N} \to \mathbb{R}$ heißt <u>unendliche Folge in</u> $\mathbb{R}$ oder einfach <u>Folge</u>.

Eine Abbildung a: $\{0, \ldots, k\} \to \mathbb{R}$ heißt <u>endliche Folge</u>.

Die Folgenglieder a(n) werden üblicherweise mit $a_n$ und die Folge insgesamt mit $\{a_n\}_{n\in\mathbb{N}}$, $\{a_n\}$, $(a_n)_{n\in\mathbb{N}}$ oder $(a_n)$ bezeichnet.

Sequenztabelle für t = 0, 1, 2, ..., 25

| t | ΔI(t) | ΔC(t) | ΔY(t) | I(t) | C(t) | Y(t) |
|---|---|---|---|---|---|---|
| 0 | 0,000 | 0,000 | 0,000 | 200,00 | 1300,00 | 1500,00 |
| 1 | 20,000 | 0,000 | 20,000 | 220,00 | 1300,00 | 1520,00 |
| 2 | 0,000 | 16,000 | 16,000 | 220,00 | 1316,00 | 1536,00 |
| 3 | 0,000 | 12,800 | 12,800 | 220,00 | 1328,80 | 1548,80 |
| 4 | 0,000 | 10,240 | 10,240 | 220,00 | 1339,04 | 1559,04 |
| 5 | 0,000 | 8,192 | 8,192 | 220,00 | 1347,23 | 1567,23 |
| 6 | 0,000 | 6,554 | 6,554 | 220,00 | 1353,79 | 1573,79 |
| 7 | 0,000 | 5,243 | 5,243 | 220,00 | 1359,03 | 1579,03 |
| 8 | 0,000 | 4,194 | 4,194 | 220,00 | 1363,22 | 1583,22 |
| 9 | 0,000 | 3,355 | 3,355 | 220,00 | 1366,58 | 1586,58 |
| 10 | 0,000 | 2,684 | 2,684 | 220,00 | 1369,26 | 1589,26 |
| 11 | 0,000 | 2,147 | 2,147 | 220,00 | 1371,41 | 1591,41 |
| 12 | 0,000 | 1,718 | 1,718 | 220,00 | 1373,13 | 1593,13 |
| 13 | 0,000 | 1,374 | 1,374 | 220,00 | 1374,50 | 1594,50 |
| 14 | 0,000 | 1,100 | 1,100 | 220,00 | 1375,60 | 1595,60 |
| 15 | 0,000 | 0,880 | 0,880 | 220,00 | 1376,48 | 1596,48 |
| 16 | 0,000 | 0,704 | 0,704 | 220,00 | 1377,19 | 1597,19 |
| 17 | 0,000 | 0 563 | 0,563 | 220,00 | 1377,75 | 1597,75 |
| 18 | 0,000 | 0,450 | 0,450 | 220,00 | 1378,20 | 1598,20 |
| 19 | 0,000 | 0,360 | 0,360 | 220,00 | 1378,56 | 1598,56 |
| 20 | 0,000 | 0,288 | 0,288 | 220,00 | 1378,85 | 1598,85 |
| 21 | 0,000 | 0,231 | 0,231 | 220,00 | 1379,08 | 1599,08 |
| 22 | 0,000 | 0,184 | 0,184 | 220,00 | 1379,26 | 1599,26 |
| 23 | 0,000 | 0,148 | 0,148 | 220,00 | 1379,41 | 1599,41 |
| 24 | 0,000 | 0,118 | 0,118 | 220,00 | 1379,53 | 1599,53 |
| 25 | 0,000 | 0,094 | 0,094 | 220,00 | 1379,62 | 1599,62 |

Bei der Benutzung der geschweiften Klammern ist darauf zu achten, daß keine Verwechslung mit den "Mengenklammern" auftritt:

Die Folge $\{a_n\}_{n\in\mathbb{N}}$ (bzw. $(a_n)_{n\in\mathbb{N}}$) ist eine Abbildung und ist von der Menge der Folgenglieder $\{x \in \mathbb{R} | x = a_n \text{ für ein } n \in \mathbb{N}\}$, also der Wertemenge der Abbildung, verschieden.

Beispiele für Folgen sind:

* $(a_n)$ mit $a_n = 20 \cdot 0{,}8^n$.
* $(b_n)$ mit $b_0 = 1$, $b_{n+1} = b_n + 2$, $n = 0, 1, 2, \ldots$

Man sieht an diesen beiden Beispielen, daß Folgen auf zwei grundsätzlich verschiedene Arten definiert werden können. Einerseits kann man die Folgenglieder explizit als Funktion von n definieren und als solche durch Einsetzen von n berechnen (Beispiel: $a_n = 20 \cdot 0{,}8^n$). Andererseits kann eine Folge rekursiv nach dem Prinzip der vollständigen Induktion definiert werden (Beispiel: $b_0 = 1$, $b_{n+1} = b_n + 2$).

Die beiden angegebenen Folgen sind Beispiele für Klassen von Folgen, die für das Studium ökonomischer Fragestellungen besonders wichtig sind:

Definition 2.2: Eine Folge $(a_n)$ heißt geometrische Folge, wenn es ein $q \in \mathbb{R}$ gibt, derart daß für alle $n \in \mathbb{N}$ $a_{n+1} = a_n \cdot q$ gilt. In diesem Fall ist $a_n = a_0 \cdot q^n$.

Eine Folge $(b_n)$ heißt arithmetische Folge, wenn es ein $d \in \mathbb{R}$ gibt, derart daß für alle $n \in \mathbb{N}$ $b_{n+1} = b_n + d$ gilt. In diesem Fall ist $b_n = b_0 + n \cdot d$.

Geometrische Folgen $(a_n)$ sind also vollständig durch das Anfangsglied $a_0$ und den konstanten Quotienten $q$ $(= \frac{a_{n+1}}{a_n})$ bestimmt. Entsprechend sind arithmetische Folgen $(b_n)$ vollständig durch das Anfangsglied $b_0$ und die konstante Differenz $d$ $(= b_{n+1} - b_n)$ charakterisiert.
Die Einkommensveränderungen $(\Delta Y(t))_{t \in \mathbb{N}^*}$ aus dem makroökonomischen Beispiel bilden eine geometrische Folge mit $\Delta Y(t) = 20 \cdot 0{,}8^{t-1}$ $(t \geq 1)$.

Aus gegebenen Folgen können durch Addition, Multiplikation mit reellen Zahlen oder anderen Folgen oder durch Division neue Folgen gewonnen werden:

Definition 2.3: Seien $(a_n)$ und $(b_n)$ Folgen und $\lambda \in \mathbb{R}$ eine reelle Zahl, dann sind Summe, skalares Vielfaches, Produkt und Quotient von Folgen gliedweise definiert:

(i) $(a_n) + (b_n) = (c_n)$ mit $c_n = a_n + b_n$ für alle $n \in \mathbb{N}$;

(ii) $\lambda \cdot (a_n) = (d_n)$ mit $d_n = \lambda \cdot a_n$ für alle $n \in \mathbb{N}$;

(iii) $(a_n) \cdot (b_n) = (e_n)$ mit $e_n = a_n \cdot b_n$ für alle $n \in \mathbb{N}$;

(iv) $\frac{(a_n)}{(b_n)} = (f_n)$ mit $f_n = \frac{a_n}{b_n}$ für alle $n \in \mathbb{N}$, falls $b_n \neq 0$ für alle $n \in \mathbb{N}$.

Wichtige Eigenschaften von Folgen sind die Monotonie und die Beschränktheit:

Definition 2.4: Eine Folge $(a_n)$ heißt

(i) monoton steigend (fallend), falls $a_{n+1} \geq a_n$ $(a_{n+1} \leq a_n)$ für alle $n \in \mathbb{N}$ gilt;

(ii) streng monoton steigend (fallend), falls $a_{n+1} > a_n$ $(a_{n+1} < a_n)$ für alle $n \in \mathbb{N}$ gilt;

(iii) nach oben (unten) beschränkt, falls für eine geeignete Konstante $c \in \mathbb{R}$ $a_n \leq c$ $(a_n \geq c)$ für alle $n \in \mathbb{N}$ gilt;

(iv) beschränkt, falls $(a_n)$ nach oben und unten beschränkt ist.

Beispiele:

* Geometrische Folgen $(a_n)$ mit $a_n = a_0 \cdot q^n$ sind streng monoton steigend, wenn $a_0 > 0$ und $q > 1$ oder $a_0 < 0$ und $0 < q < 1$ gilt. Sie sind streng monoton fallend, wenn $a_0 > 0$ und $0 < q < 1$ oder $a_0 < 0$ und $q > 1$ gilt. Für $|q| \leq 1$ sind geometrische Folgen (unabhängig vom Anfangsglied $a_0$) beschränkt. Für $|q| > 1$ sind geometrische Folgen unbeschränkt (falls $a_0 \neq 0$ ist).
* Arithmetische Folgen $(a_n)$ mit $a_n = a_0 + n \cdot d$ sind streng monoton steigend, falls $d > 0$ ist und streng monoton fallend, falls $d < 0$ ist. Für $d \geq 0$ sind arithmetische Folgen nach unten, für $d \leq 0$ nach oben beschränkt. Nur für $d = 0$ sind arithmetische Folgen (nach oben und unten) beschränkt.

Ein wichtiges Hilfsmittel zur Untersuchung von Folgen sind Teilfolgen:

Definition 2.5: Die Folge $(b_m)$ heißt Teilfolge der Folge $(a_n)$, falls die beiden folgenden Bedingungen erfüllt sind:

(i) $b_m = a_n$ für jedes $m \in \mathbb{N}$ und für ein geeignetes $n \in \mathbb{N}$;

(ii) ist $b_m = a_n$, so gibt es ein $n^* > n$, derart daß $b_{m+1} = a_{n^*}$ ist (für alle $m \in \mathbb{N}$).

Teilfolgen $(b_m)$ einer Folge $(a_n)$ entstehen also genau dann, wenn (die Abbildung) $(a_n)$ mit einer streng monotonen Abbildung $\pi$: $\mathbb{N} \longrightarrow \mathbb{N}$ komponiert wird: $(b_m) = (a_n) \circ \pi$ oder $b_m = a_{\pi(m)}$.

Anschaulich kann die Konstruktion einer Teilfolge $(b_m)$ der Folge $(a_n)$ so beschrieben werden: Aus der Folge $(a_n)$ werden bestimmte Glieder gestrichen. Die verbleibenden Folgenglieder werden danach neu indiziert:

$a_1$, ~~$a_2$~~, $a_3$, ~~$a_4$~~, ~~$a_5$~~, $a_6$, ~~$a_7$~~, $a_8$, ~~$a_9$~~, ~~$a_{10}$~~, $a_{11}$, $a_{12}$, ~~$a_{13}$~~, $a_{14}$, ~~$a_{15}$~~, ...

$b_1 = a_1$, $b_2 = a_3$, $b_3 = a_6$, $b_4 = a_8$, $b_5 = a_{11}$, $b_6 = a_{12}$, $b_7 = a_{14}$, ...

Beispiel:

* Die Folge $(b_m)$ mit $b_m = \frac{1}{m^2}$ ist eine Teilfolge von $(a_n)$ mit $a_n = \frac{1}{n}$, da mit der streng monotonen Abbildung $\pi(m) = m^2 = n$ ($\pi$: $\mathbb{N} \longrightarrow \mathbb{N}$) $b_m = a_{\pi(m)}$ gilt.

Die wichtigste Eigenschaft von Folgen ist die der Konvergenz. Dabei geht es um die Präzisierung dessen, was bei der Diskussion des Beispiels zu Beginn dieses Abschnitts "beliebig genaue Approximation" oder ähnlich genannt wurde. So nähert sich etwa die Folge $(a_n)$ mit $a_n = \frac{n}{n+1}$ der Zahl 1 beliebig genau, wenn n nur groß genug wird. Die Abstände zwischen 1 und den Folgengliedern $a_n$ werden mit wachsendem n immer geringer, bis sie schließlich "praktisch" verschwinden. Formal kann man dieses Phänomen dadurch beschreiben, daß für jede (noch so kleine) positive reelle Zahl $\varepsilon > 0$ von einer gewissen, in Abhängigkeit von $\varepsilon$ zu bestimmenden Stelle $n_0(\varepsilon)$ an schließlich alle Folgenglieder $a_n$ um weniger als $\varepsilon$ von 1 abweichen (falls $n \geq n_0 = n_0(\varepsilon)$).

Wählt man etwa im Beispiel zu einem gegebenen $\varepsilon > 0$ $n_0$ als die größte natürliche Zahl, die kleiner oder gleich $1/\varepsilon$ ist ($n_0 = [1/\varepsilon]$), so gilt:

$$\left|\frac{n}{n+1} - 1\right| = \frac{1}{n+1} < \varepsilon, \text{ falls } n > n_0(\varepsilon).$$

Dabei bezeichnet für eine Zahl $x \in \mathbb{R}$ der Ausdruck $[x]$ die größte ganze Zahl, die kleiner oder höchstens gleich x ist (<u>GAUSS-Klammer</u>). Also ist der Abstand zwischen $a_n$ und 1 für alle Folgenglieder $a_n$ mit $n \geq n_0(\varepsilon)$ kleiner als $\varepsilon$. Diese Idee läßt sich in einer Definition zusammenfassen:

<u>Definition 2.6:</u> Eine Folge $(a_n)$ heißt <u>konvergent</u>, falls es eine Zahl $a \in \mathbb{R}$ gibt, derart daß für jedes reelle $\varepsilon > 0$ ein $n_0(\varepsilon) \in \mathbb{N}$ existiert mit der Eigenschaft:

$$|a_n - a| < \varepsilon \text{ für alle } n \geq n_0(\varepsilon).$$

Die Zahl a heißt dann <u>Grenzwert</u> oder <u>Limes</u> der Folge $(a_n)$ und man schreibt $\lim_{n\to\infty} a_n = a$.

Folgen, deren Grenzwert 0 ist, heißen <u>Nullfolgen</u>.

Folgen, die keinen Grenzwert besitzen, werden <u>divergent</u> genannt.

Offensichtlich kann eine konvergente Folge nur einen Grenzwert besitzen: Aus $\lim_{n\to\infty} a_n = a$ und $\lim_{n\to\infty} a_n = b$ folgt, daß $a = b$ sein muß.

Beispiele:

* Die Folge $(a_n)$ mit $a_n = (-1)^n \cdot \frac{1}{n+1}$ ist eine Nullfolge, denn für alle $\varepsilon > 0$ und $n_0(\varepsilon) = [1/\varepsilon]$ gilt:

$$|a_n - 0| = \left|(-1)^n \cdot \frac{1}{n+1} - 0\right| = \frac{1}{n+1} < \varepsilon, \text{ falls } n \geq n_0(\varepsilon) \text{ ist.}$$

* Die Folge $(a_n)$ mit $a_n = (1/2)^n$ (geometrische Folge mit $a_0 = 1$ und $q = 1/2$) konvergiert gegen 0, wie man schon vermuten kann, wenn man die Folgenglieder 1/2, 1/4, 1/8, 1/16, 1/32, 1/64, 1/128, ... betrachtet. Genauer gilt für alle $\varepsilon > 0$ und (ohne Beschränkung der Allgemeinheit) $\varepsilon < 1$:

$$|(1/2)^n - 0| < \varepsilon$$

$$\Leftrightarrow \quad (1/2)^n < \varepsilon$$

$$\Leftrightarrow \quad n \cdot \log_a(1/2) < \log_a(\varepsilon), \quad a > 1$$ (da $\log_a$ für $a > 1$ eine streng monoton steigende Funktion ist)

$$\Leftrightarrow \quad n > \frac{\log_a(\varepsilon)}{\log_a(1/2)}$$ (da $\log_a(1/2)$ für $a > 1$ negativ ist).

Setzt man also $n_0(\varepsilon) = \left[\frac{\log_a(\varepsilon)}{\log_a(1/2)}\right] + 1$, so ist für alle $n \geq n_0(\varepsilon)$

$|(1/2)^n - 0| < \varepsilon$, so daß $\lim\limits_{n\to\infty} (1/2)^n = 0$ ist. Diese Aussage gilt auch allgemeiner:

* Die Folge $(a_n)$ mit $a_n = q^n$ (geometrische Folge mit $a_0 = 1$) konvergiert gegen 0, falls $|q| < 1$ gilt: Ohne Beschränkung der Allgemeinheit (o.B.d.A.) kann man $0 < \varepsilon < 1$ voraussetzen, da für $\varepsilon \geq 1$ $n_0(\varepsilon) = 1$ gewählt werden kann. Für $0 < \varepsilon < 1$ setzt man $n_0(\varepsilon) = \left[\frac{\log_a \varepsilon}{\log_a |q|}\right] + 1$ $(a > 1)$. Dann gilt für alle $n \geq n_0(\varepsilon)$:

$$n \geq n_0 > \frac{\log_a \varepsilon}{\log_a |q|}$$

oder, da $\log_a |q| < 0$ gilt (wegen $-1 < q < 1$):

$$\log_a |q| \cdot n < \log_a \varepsilon.$$

Durch Exponieren erhält man hieraus die Ungleichung

$$|q|^n < \varepsilon$$

oder

$$|q^n - 0| < \varepsilon, \text{ falls } n > n_0(\varepsilon).$$

Also konvergiert die geometrische Folge $(a_n)$ mit $a_n = q^n$ im Fall $-1 < q < 1$ gegen 0.

Für konvergente Folgen und ihre Teilfolgen gilt der folgende einfache Zusammenhang:

<u>Satz 2.7:</u> Ist die Folge $(a_n)$ konvergent mit dem Grenzwert $\lim\limits_{n\to\infty} a_n = a$, so ist jede Teilfolge $(b_m)$ von $(a_n)$ ebenfalls konvergent und es gilt:

$$\lim_{m\to\infty} b_m = \lim_{n\to\infty} a_n = a.$$

Daß die Konvergenz von Folgen auch ohne Angabe eines Grenzwertes formuliert werden kann, zeigt der folgende Satz:

Satz 2.8: Eine Folge $(a_n)$ ist genau dann konvergent, wenn zu jedem $\varepsilon > 0$ ein $n_0(\varepsilon)$ derart existiert, daß für alle $m, n > n_0(\varepsilon)$ $|a_m - a_n| < \varepsilon$ gilt.

Beispiel:

* Die (geometrische) Folge $(a_n)$ mit $a_n = (-1)^n$ ist divergent, da etwa für $\varepsilon = 1$ und alle $n$ $|a_n - a_{n+1}| = 2 > \varepsilon$ gilt, so daß das Kriterium von Satz 2.8 nicht erfüllt sein kann.

Der Vorteil von Satz 2.8 ist die Möglichkeit, Konvergenz einer Folge ohne Kenntnis des Grenzwertes nachzuweisen.

Beispiel:

* Die Folge $(a_n)$ mit $a_0 = 1$ und $a_{n+1} = \frac{1}{1+a_n}$ ist konvergent. Zunächst überlegt man sich, daß alle Folgenglieder positiv sind. Also ist $1 + a_n$ stets größer als 1, so daß $a_{n+1} = \frac{1}{1+a_n}$ kleiner als 1 sein muß. Also ist $1 + a_{n+1} < 2$, so daß $a_{n+2} > 1/2$ ist. Insgesamt ist also $1/2 \le a_n \le 1$ für alle n.

  Für (o.B.d.A.) $m > n$ gilt dann:

$$|a_{m+1} - a_{n+1}| = \left|\frac{1}{1+a_m} - \frac{1}{1+a_n}\right| = \left|\frac{(1+a_n) - (1+a_m)}{(1+a_m)\cdot(1+a_n)}\right| =$$

$$= \frac{|a_n - a_m|}{(1+a_m)\cdot(1+a_n)} \le \frac{1}{3/2 \cdot 3/2} \cdot |a_n - a_m|$$

$$= \frac{4}{9} \cdot |a_m - a_n|.$$

  Durch wiederholte Anwendung dieser Ungleichung erhält man:

$$|a_{m+1} - a_{n+1}| \le \left(\frac{4}{9}\right)^{n+1} \cdot |a_{m-n} - a_0| \le \left(\frac{4}{9}\right)^{n+1} \cdot \frac{1}{2}.$$

  Wählt man nun $n_0(\varepsilon)$ so, daß $\left(\frac{4}{9}\right)^{n_0} < \varepsilon$ gilt, so ist für alle $m, n \ge n_0(\varepsilon)$ $|a_m - a_n| < \varepsilon$, so daß die Folge $(a_n)$ wegen Satz 2.8 konvergiert.

Für weitere alternative Charakterisierungen der Konvergenz von Folgen sind wichtige Begriffe in der folgenden Definition zusammengestellt:

Definition 2.9: Eine reelle Zahl $a \in \mathbb{R}$ heißt Häufungspunkt der Folge $(a_n)$, falls es zu jedem $\varepsilon > 0$ unendlich viele Indizes $n \in \mathbb{N}$ mit $|a - a_n| < \varepsilon$ gibt.

Eine reelle Zahl a heißt Limes superior ($a = \limsup a_n$) der Folge $(a_n)$, falls für jedes $\varepsilon > 0$ die Ungleichung $a_n > a + \varepsilon$ für (höchstens) endlich viele Indizes $n \in \mathbb{N}$ und die Ungleichung $a_n > a - \varepsilon$ für unendlich viele Indizes $n \in \mathbb{N}$ gilt.

Eine reelle Zahl a heißt <u>Limes inferior</u> ($a = \lim\inf a_n$) der Folge $(a_n)$, falls für jedes $\varepsilon > 0$ die Ungleichung $a_n < a - \varepsilon$ für (höchstens) endlich viele Indizes $n \in \mathbb{N}$ und die Ungleichung $a_n < a + \varepsilon$ für unendlich viele Indizes $n \in \mathbb{N}$ gilt.

Beispiele:

* Die Folge $(a_n)$ mit $a_n = \begin{cases} n, & \text{falls } n \text{ gerade} \\ 1/n, & \text{falls } n \text{ ungerade} \end{cases}$ besitzt den (einzigen) Häufungspunkt a = 0. Dieser Häufungspunkt ist gleichzeitig der Limes inferior. Ein Limes superior existiert für diese Folge nicht, da sie nach oben unbeschränkt ist.

* Die Folge $(a_n)$ mit $a_n = n$ besitzt keine Häufungspunkte.

* Die Folge $(a_n)$ mit $a_n = \begin{cases} -n, & \text{falls } n \text{ durch 3 teibar ist} \\ +n, & \text{falls } n-1 \text{ durch 3 teilbar ist} \\ 1/n, & \text{falls } n-2 \text{ durch 3 teilbar ist} \end{cases}$

  besitzt als einzigen Häufungspunkt den Wert 0. Limes superior und Limes inferior existieren für diese Folge nicht, da sie nach oben und unten unbeschränkt ist.

* Die Folge $(a_n)$ mit $a_n = (-1)^n + \frac{1}{n}$ besitzt Limes superior und Limes inferior: $\lim\sup a_n = 1$, $\lim\inf a_n = -1$.

Ist $(b_m)$ eine konvergente Teilfolge von $(a_n)$, so ist der Grenzwert dieser Teilfolge ein Häufungspunkt von $(a_n)$. Umgekehrt gibt es auch zu jedem Häufungspunkt a von $(a_n)$ eine Teilfolge $(b_m)$ von $(a_n)$, die gegen a konvergiert. Also sind die Häufungspunkte einer Folge gerade die möglichen Grenzwerte der konvergenten Teilfolgen.

Für eine nach oben (unten) beschränkte Folge ist der Limes superior (inferior) der größte (kleinste) Häufungspunkt, falls überhaupt Häufungspunkte existieren. Ist eine Folge $(a_n)$ (nach oben und unten) beschränkt, so besitzt sie wenigstens einen Häufungspunkt und damit Limes superior und Limes inferior. Für jeden Häufungspunkt a dieser Folge gilt dann die Ungleichung:

$$\lim\inf a_n \le a \le \lim\sup a_n.$$

Insbesondere besitzt also jede beschränkte Folge konvergente Teilfolgen.

Limes superior und Limes inferior einer Folge sind - falls sie existieren - eindeutig bestimmt, während die Anzahl der Häufungspunkte beliebig groß sein kann.

Der folgende Satz faßt die wichtigsten Konvergenzkriterien für Folgen zusammen:

<u>Satz 2.10:</u> Die folgenden Bedingungen sind notwendig und hinreichend für die Konvergenz einer Folge $(a_n)$:

(i) $(a_n)$ ist beschränkt und besitzt genau einen Häufungspunkt;

(ii) $(a_n)$ besitzt Limes superior und Limes inferior und es gilt: $\limsup a_n = \liminf a_n$.

Weiterhin gelten die hinreichenden Bedingungen:

(iii) Ist $(a_n)$ monoton steigend (fallend) und nach oben (unten) beschränkt, so ist $(a_n)$ konvergent;

(iv) gibt es für die Folge $(a_n)$ konvergente Folgen $(b_n)$ und $(c_n)$ mit $\lim_{n\to\infty} b_n = \lim_{n\to\infty} c_n = a$, derart daß $b_n \le a_n \le c_n$ für fast alle $n \in \mathbb{N}$ gilt, so ist auch $(a_n)$ konvergent mit $\lim_{n\to\infty} a_n = a$.

Beispiele:

* Die Folge $(a_n)$ mit $a_n = (-1)^n + \frac{1}{n+1}$ besitzt die Teilfolgen $(b_m)$ und $(c_m)$ mit $b_m = a_{2m} = 1 + \frac{1}{2m+1}$ und $c_m = a_{2m+1} = -1 + \frac{1}{2m+2}$.

  Wegen $\lim_{m\to\infty} b_m = 1 \ne \lim_{m\to\infty} c_m = -1$ besitzt diese Folge zwei verschiedene Häufungspunkte und ist daher divergent.

* Die Folge $(a_n)$ mit $a_n = p^{1/n}$ $(n \ge 1)$ ist für $p > 1$ (streng) monoton fallend: Da nämlich $a_n > 1$ für alle n ist, wäre sonst, falls also $a_{n+1} \ge a_n$ für ein n wäre:

  $$p = (a_{n+1})^{n+1} = (a_{n+1})^n \cdot a_{n+1} \ge a_n^{\,n} \cdot a_{n+1} = p \cdot a_{n+1} > p.$$

  Dies ist aber ein Widerspruch!

  Darüber hinaus ist $(a_n)$ nach unten durch 1 (und nach oben durch $a_1 = p$) beschränkt, so daß $(a_n)$ nach Satz 2.10(iii) konvergiert.

* Die Folge $(a_n)$ mit $a_n = n^{1/n}$ $(= +\sqrt[n]{n})$ ist konvergent mit $\lim_{n\to\infty} a_n = 1$:

  Offensichtlich ist $a_n = n^{1/n} > 1$ für alle $n \in \mathbb{N}$. Setzt man $h_n = a_n - 1$, so ist $h_n > 0$ und es gilt $n = (a_n)^n = (1 + h_n)^n$ (für alle $n \in \mathbb{N}$). Nach dem binomischen Lehrsatz ist $(1 + h_n)^n = 1 + n \cdot h_n + \frac{n \cdot (n-1)}{2} \cdot h_n^2 + \ldots$

  Da alle Summanden auf der rechten Seite positiv sind, gilt:

  $(1 + h_n)^n > \frac{n \cdot (n-1)}{2} \cdot h_n^2$. Für $n \ge 3$ ist sogar $(1 + h_n)^n > \frac{n^2}{4} \cdot h_n^2$.

  Wegen $(1 + h_n)^n = n$ erhält man daraus insgesamt für $n \ge 3$ die Ungleichung:

  $$0 < \frac{n^2}{4} \cdot h_n^2 < n \text{ oder } 0 < h_n < \frac{2}{\sqrt{n}} \text{ (für alle } n \ge 3).$$

  Wegen $\lim_{n\to\infty} \frac{2}{\sqrt{n}} = 0$ folgt damit aus Satz 2.10(iv) $\lim_{n\to\infty} h_n = 0$ und weiter

  – wie behauptet – $\lim_{n\to\infty} a_n = \lim_{n\to\infty} 1 + h_n = 1$.

Daß die Konvergenz von Folgen sich mit den in Definition 2.3 festgelegten Verknüpfungen von Folgen verträgt, ist die Aussage des folgenden Satzes:

Satz 2.11: Seien $(a_n)$ und $(b_n)$ konvergente Folgen mit $\lim\limits_{n\to\infty} a_n = a$ und $\lim\limits_{n\to\infty} b_n = b$, dann gilt:

(i) $(a_n) + (b_n)$ ist konvergent mit $\lim\limits_{n\to\infty} (a_n + b_n) = a + b$.

(ii) $\lambda \cdot (a_n)$ ist konvergent mit $\lim\limits_{n\to\infty} \lambda \cdot a_n = \lambda \cdot a$.

(iii) $(a_n) \cdot (b_n)$ ist konvergent mit $\lim\limits_{n\to\infty} a_n \cdot b_n = a \cdot b$.

(iv) $\frac{(a_n)}{(b_n)}$ ist konvergent mit $\lim\limits_{n\to\infty} \frac{a_n}{b_n} = \frac{a}{b}$, falls $\lim b_n \neq 0$ ist;

Weiterhin gilt:

(v) Ist $(a_n)$ Nullfolge ($\lim\limits_{n\to\infty} a_n = 0$) und ist $(b_n)$ beschränkt, so ist $(a_n) \cdot (b_n)$ eine Nullfolge: $\lim\limits_{n\to\infty} (a_n \cdot b_n) = 0$.

Beispiel:

* Weiter oben wurde gezeigt, daß die Folge $(a_n)$ mit $a_0 = 1$ und $a_{n+1} = \frac{1}{1+a_n}$ konvergent ist. Setzt man $a = \lim\limits_{n\to\infty} a_n$, so ist auch $\lim\limits_{n\to\infty} a_{n+1} = a$, und es gilt $\lim\limits_{n\to\infty} a_{n+1} = \lim\limits_{n\to\infty} \frac{1}{1+a_n}$. Aus Satz 2.11 folgt dann die Gleichung
$\lim\limits_{n\to\infty} a_{n+1} = \frac{1}{1 + \lim\limits_{n\to\infty} a_n}$ oder $a = \frac{1}{1+a}$ oder $a^2 + a - 1 = 0$.
Diese Gleichung besitzt die beiden Lösungen $a_1 = \frac{1}{2} \cdot \sqrt{5} - \frac{1}{2} \doteq 0{,}618$ und $a_2 = -\frac{1}{2} \cdot \sqrt{5} - \frac{1}{2} \doteq -1{,}618$.
Da alle Folgenglieder zwischen $\frac{1}{2}$ und 1 liegen, ist $a_1 = \frac{1}{2} \cdot \sqrt{5} - \frac{1}{2} \doteq 0{,}618$ der gesuchte Grenzwert.

Neben Folgen, deren Glieder in $\mathbb{R}$ liegen, werden gelegentlich auch Folgen in $\mathbb{R}^k$, also Folgen, deren Glieder Vektoren aus $\mathbb{R}^k$ sind, untersucht. Das Studium solcher Folgen läßt sich jedoch auf die Untersuchung "gewöhnlicher" Folgen in $\mathbb{R}$ reduzieren:

Ist $(\underline{a}_n)_{n\in\mathbb{N}}$ mit $\underline{a}_n \in \mathbb{R}^k$ eine Folge in $\mathbb{R}^k$, also eine Abbildung $\underline{a}$: $\mathbb{N} \longrightarrow \mathbb{R}^k$, so bilden die i-ten Komponenten $a_{i,n}$ von $\underline{a}_n$ eine Folge in $\mathbb{R}$: $(a_{i,n})_{n\in\mathbb{N}}$ ist für jedes i = 1, ..., k eine Folge. Damit lassen sich die wichtigsten Eigenschaften von Folgen in $\mathbb{R}^k$ durch Eigenschaften reeller Folgen definieren:

Definition 2.12: Eine Folge $(\underline{a}_n)$ in $\mathbb{R}^k$ mit den "Komponentenfolgen" $(a_{i,n})_{n\in\mathbb{N}}$ $i = 1,\dots, k$ heißt

(i) (streng) monoton steigend (fallend), falls jede Komponentenfolge $(a_{i,n})_{n\in\mathbb{N}}$ (streng) monoton steigend (fallend) ist;

(ii) nach oben (unten) beschränkt, falls jede Folge $(a_{i,n})_{n\in\mathbb{N}}$ nach oben (unten) beschränkt ist $(i = 1, \dots, k)$;

(iii) konvergent, falls jede der k Folgen $(a_{i,n})_{n\in\mathbb{N}}$ konvergent ist.

Dann ist $\lim\limits_{n\to\infty} \underline{a}_n = \underline{a} = (a_1, \dots, a_k) \in \mathbb{R}^k$, wobei die Komponente $a_i$ von $\underline{a}$ der Grenzwert der i-ten Komponentenfolge ist:

$a_i = \lim\limits_{n\to\infty} a_{i,n} \quad (i = 1, \dots, k)$.

Da alle wichtigen Eigenschaften von Folgen in $\mathbb{R}^k$ auf die entsprechenden Eigenschaften reeller Folgen zurückgeführt werden können, sind keine besonderen Methoden zum Studium solcher Folgen erforderlich.

## 2.2 Reihen

Definition 2.13: Ist $(a_i)_{i\in\mathbb{N}}$ eine reelle Folge, dann heißt die Folge $(s_n)_{n\in\mathbb{N}}$

mit $s_n = \sum_{i=0}^{n} a_i$ Reihe der Folge $(a_i)$. Die Reihe $(s_n)$ heißt konvergent, falls $(s_n)$ konvergiert; man schreibt dann

$$s = \lim_{n\to\infty} s_n = \sum_{i=0}^{\infty} a_i .$$

Beispiele:

- Ist $(a_i)$ mit $a_i = a_0 + d \cdot i$ eine arithmetische Folge, so gilt für die zugehörige Reihe $(s_n)$:
$$s_n = \sum_{i=0}^{n} a_i = \sum_{i=0}^{n} a_0 + d \cdot \sum_{i=0}^{n} i = (n+1) \cdot a_0 + d \cdot \frac{n\cdot(n+1)}{2} .$$
Die arithmetische Reihe divergiert, falls $a_0 \neq 0$ oder $d \neq 0$ gilt. Sie konvergiert also nur, wenn $a_0 = 0$ und $d = 0$ sind, wenn also $a_i = 0$ für alle $i \in \mathbb{N}$ gilt.
- Ist $(a_i)$ mit $a_i = q^i$ eine geometrische Folge (zunächst ist also $a_0 = 1$), so kann man $s_n$ in einer geschlossenen Formel angeben. Es gilt nämlich:
$$s_n - q \cdot s_n = \sum_{i=0}^{n} q^i - \sum_{i=0}^{n} q^{i+1} = (1 + \sum_{i=1}^{n} q^i) - (\sum_{i=1}^{n} q^i + q^{n+1}) =$$
$$= 1 + (\sum_{i=1}^{n} q^i - \sum_{i=1}^{n} q^i) - q^{n+1} = 1 - q^{n+1}.$$
Also ist
$$(1 - q) \cdot s_n = 1 - q^{n+1}$$
oder
$$s_n = \frac{1 - q^{n+1}}{1 - q} = \frac{q^{n+1} - 1}{q - 1}, \text{ falls } q \neq 1 \text{ ist.}$$
Für $q = 1$ ergibt sich $a_i = 1$ für alle $i$, und damit ist $s_n = n + 1$, so daß in diesem Fall die geometrische Reihe divergiert.
Für $q = -1$ ist $s_{2n} = 1$ und $s_{2n+1} = 0$, so daß die geometrische Reihe auch für $q = -1$ divergent ist. Für $|q| > 1$ ist $(s_n)$ unbeschränkt, also ebenfalls divergent.
Nur für $|q| < 1$ ist die geometrische Reihe konvergent, und es gilt (vgl. Satz 2.11):
$$s = \lim_{n\to\infty} s_n = \lim_{n\to\infty} \frac{1 - q^{n+1}}{1 - q} = \frac{1 - \lim_{n\to\infty} q^{n+1}}{1 - q} = \frac{1}{1 - q}.$$
So ist etwa (mit $q = 1/2$): $\sum_{i=0}^{\infty} \frac{1}{2^i} = \frac{1}{1 - 1/2} = 2.$

Entsprechend gilt natürlich für eine geometrische Reihe mit beliebigem Anfangsglied $a_0$ und $a_i = a_0 \cdot q^i$:

$$s_n = a_0 \cdot \frac{1 - q^{n+1}}{1 - q} \quad (q \neq 1)$$

und, falls $|q| < 1$ ist:

$$s = \sum_{i=0}^{\infty} a_0 \cdot q^i = a_0 \cdot \frac{1}{1 - q}.$$

* Die Reihe $\sum_{i=1}^{\infty} \frac{1}{i \cdot (i+1)}$ konvergiert, denn:

$$s_n = \sum_{i=1}^{n} \frac{1}{i \cdot (i+1)} = \sum_{i=1}^{n} \left(\frac{1}{i} - \frac{1}{i+1}\right) = \sum_{i=1}^{n} \frac{1}{i} - \sum_{i=2}^{n+1} \frac{1}{i} = 1 - \frac{1}{n+1}.$$

Also ist $s = \sum_{i=1}^{\infty} \frac{1}{i \cdot (i+1)} = \lim_{n\to\infty} s_n = \lim_{n\to\infty} (1 - \frac{1}{n+1}) = 1.$

* Die Reihe $\sum_{i=1}^{\infty} \frac{1}{i}$ divergiert, denn es gilt:

$$\sum_{i=2^n+1}^{2^{n+1}} \frac{1}{i} \geq \sum_{i=2^n+1}^{2^{n+1}} \frac{1}{2^{n+1}} = 2^n \cdot \frac{1}{2^{n+1}} = \frac{1}{2}.$$

Aus Satz 2.8 folgt dann die Divergenz dieser Reihe.

* Die Reihe $\sum_{i=0}^{\infty} (-1)^i \cdot \frac{1}{i+1}$ konvergiert, denn es gilt:

$$s_{2n-1} = \sum_{i=1}^{2n-1} (-1)^i \cdot \frac{1}{i+1} = (1-\frac{1}{2}) + (\frac{1}{3}-\frac{1}{4}) + (\frac{1}{5}-\frac{1}{6}) + \ldots + (\frac{1}{2n-1}-\frac{1}{2n}) =$$

$$= \sum_{i=1}^{n} (\frac{1}{2i-1}-\frac{1}{2i})$$

ist monoton steigend und durch $\sum_{i=1}^{\infty} \frac{1}{i \cdot (i+1)} = 1$ nach oben beschränkt, also

konvergent. Da $(s_{2n}-s_{2n-1}) = \frac{1}{2n+1}$ eine Nullfolge ist, muß

$\lim_{n\to\infty} s_{2n} = \lim_{n\to\infty} s_{2n-1} = \lim_{n\to\infty} s_n$ sein.

Mit Hilfe der geometrischen Reihe kann die Konvergenz einiger weiterer Reihen nachgewiesen werden:

Definition 2.14: Eine Reihe $\sum_{i=0}^{\infty} a_i$ heißt absolut konvergent, wenn die Reihe

$\sum_{i=0}^{\infty} |a_i|$ konvergiert.

Satz 2.15: Ist $\sum_{i=0}^{\infty} a_i$ absolut konvergent, so ist $\sum_{i=0}^{\infty} a_i$ konvergent.

Satz 2.16: Ist für Folgen $(a_i)$ und $(b_i)$ $|b_i| < a_i$ für alle $i \in \mathbb{N}$, und ist $\sum_{i=0}^{\infty} a_i$ (absolut) konvergent, so konvergiert auch $\sum_{i=0}^{\infty} b_i$ absolut (Majorantenkriterium).

Beispiele:

* Die Reihe $\sum_{i=0}^{\infty} (-1)^i \cdot \frac{1}{i+1}$ ist konvergent, aber nicht absolut konvergent, da $\sum_{i=0}^{\infty} \frac{1}{i+1}$ divergiert.
* Die Reihe $\sum_{i=1}^{\infty} \frac{1}{i^2}$ konvergiert, da für $i \geq 1$ $0 \leq \frac{1}{(i+1)^2} \leq \frac{1}{i\cdot(i+1)}$ gilt. Also ist $\sum_{i=1}^{\infty} \frac{1}{i^2} \leq 1 + \sum_{i=1}^{\infty} \frac{1}{i\cdot(i+1)} = 2$.
  Aus Satz 2.16 folgt die (absolute) Konvergenz von $\sum_{i=1}^{\infty} \frac{1}{i^2}$.

Ist für eine Folge $(a_i)$ $|\frac{a_{i+1}}{a_i}| \leq q < 1$ für fast alle $i \in \mathbb{N}$ (für alle bis auf endlich viele i), so kann $|a_i|$ durch $c \cdot q^i$ ($c \in \mathbb{R}$ eine geeignete Konstante) abgeschätzt werden. Aus der absoluten Konvergenz der geometrischen Reihe folgt dann die absolute Konvergenz von $\sum_{i=0}^{\infty} a_i$.
Insgesamt gilt also der folgende Satz:

Satz 2.17: (i) Ist für eine Folge $(a_i)$ $\limsup |\frac{a_{i+1}}{a_i}| = q < 1$, so ist $\sum_{i=0}^{\infty} a_i$ absolut konvergent (Quotientenkriterium);

(ii) ist für eine Folge $(a_i)$ $\limsup |a_i|^{1/i} = q < 1$, so ist $\sum_{i=0}^{\infty} a_i$ absolut konvergent (Wurzelkriterium).

Beispiele:

* Sei $a_i = \frac{1}{i!}$, dann ist $\frac{a_{i+1}}{a_i} = \frac{i!}{(i+1)!} = \frac{1}{i+1}$. Also ist $\limsup |\frac{a_{i+1}}{a_i}| = 0 < 1$, so daß $\sum_{i=0}^{\infty} \frac{1}{i!}$ absolut konvergent ist.
  Der Wert dieser Reihe wird mit e bezeichnet: $e = \sum_{i=0}^{\infty} \frac{1}{i!} \doteq 2{,}718$.
* Ist $a_i = \frac{x^i}{i!}$ $(x \neq 1)$, so ist $|\frac{a_{i+1}}{a_i}| = \frac{x^{i+1}}{(i+1)!} \cdot \frac{i!}{x^i} = \frac{x}{i+1}$.
  Also ist $\limsup |\frac{a_{i+1}}{a_i}| = 0 < 1$. Aus dem Quotientenkriterium folgt die absolute Konvergenz der Reihe $\exp(x) = \sum_{i=0}^{\infty} \frac{x^i}{i!}$ für alle $x \in \mathbb{R}$.

Die Abbildung exp, die jedem $x \in \mathbb{R}$ den Wert der Reihe exp(x) zuordnet, heißt Exponentialabbildung. Man kann zeigen, daß für diese Abbildung $\exp(x) = e^x$ gilt.

Die Exponentialfunktion ist das wichtigste Beispiel für eine Potenzreihe:

Definition 2.18: Eine Reihe der Form $\sum_{i=0}^{\infty} a_i \cdot x^i$ heißt Potenzreihe in x.
Die $a_i$ werden Koeffizienten der Potenzreihe genannt.

Eine Potenzreihe definiert (bei fester Folge $(a_i)$) eine Funktion $P(x) = \sum_{i=0}^{\infty} a_i \cdot x^i$, falls diese Reihe konvergiert. Wann das der Fall ist, sagt der folgende Satz:

Satz 2.19: Ist $\rho = \limsup |a_i|^{1/i}$, so konvergiert $P(x) = \sum_{i=0}^{\infty} a_i \cdot x^i$ für alle x mit $|x| < \frac{1}{\rho}$ (für alle $x \in \mathbb{R}$, falls $\rho = 0$ ist) absolut.
Für $|x| > \frac{1}{\rho}$ ist $\sum_{i=0}^{\infty} a_i \cdot x^i$ divergent. Die Zahl $1/\rho$ heißt Konvergenzradius der Potenzreihe P(x).

Beispiele:

* Die Potenzreihe $\sum_{i=0}^{\infty} a_i \cdot x^i$ mit $a_i = 1$ ($i = 0, 1, 2, \ldots$) konvergiert für $|x| < 1$, da $|a_i|^{1/i} = 1$ für alle $i = 0, 1, 2, \ldots$ und somit $\rho = 1$ gilt.
Also konvergiert diese Potenzreihe für $|x| < 1$, und es gilt
$$P(x) = \sum_{i=0}^{\infty} x^i = \frac{1}{1-x}.$$
Für $|x| \geq \rho = 1$ divergiert diese Potenzreihe.

* Die Potenzreihe $P(x) = \sum_{i=0}^{\infty} \frac{1}{i^2} \cdot x^i$ konvergiert absolut für $|x| < 1$:
Wegen $\lim i^{1/i} = 1$ (vgl.: Beispiele zu Satz 2.10) ist auch $\lim \left(\frac{1}{i^2}\right)^{1/i} = 1$.
Damit ist $\rho = \limsup \left|\frac{1}{i^2}\right|^{1/i} = 1$, und die gegebene Potenzreihe konvergiert für $|x| < 1/\rho = 1$ absolut. Für $x = 1$ ergibt sich $P(1) = \sum_{1}^{\infty} \frac{1}{i^2} < \infty$ und $P(-1) = \sum_{1}^{\infty} (-1)^i \cdot \frac{1}{i^2} < \infty$, so daß in diesem Beispiel auch noch für $|x| = \frac{1}{\rho}$ absolute Konvergenz besteht.

* Die Potenzreihe $\exp(x) = \sum_{i=0}^{\infty} \frac{1}{i!} \cdot x^i$ konvergiert für alle $x \in \mathbb{R}$, da $\limsup \left|\frac{1}{i!}\right|^{1/i} = 0$ ist.

## 2.3 Finanzmathematik

### 2.3.1 Einfache Zinsrechnung

Eine erste Anwendung von Folgen und Reihen, insbesondere der endlichen geometrischen Folgen und Reihen, stellt die Finanzmathematik dar.

Die Finanzmathematik beschäftigt sich (unter anderem) mit dem Wachstum von (Geld-) Kapital bei unterschiedlichen Verzinsungsvarianten, mit der Bewertung von Zahlungen, die in regelmäßigen Zeitabständen erfolgen, mit verschiedenen Rückzahlungsmodellen für (Geld-) Schulden und mit der (finanztechnischen) Bewertung von Investitionsvorhaben.

Definition 2.20: Zinsen sind das Entgelt für die leihweise Überlassung von Kapital. Sind die Zinsen zum Ende einer (Zins-) Periode (häufig Jahresende) fällig, so spricht man von nachschüssigen Zinsen, sind sie zu Beginn einer Periode zahlbar, so heißen sie vorschüssig.

Der Zeitpunkt der Fälligkeit von Zinszahlungen heißt Zinstermin.

Der Quotient $i = \frac{\text{Zinsen pro Periode}}{\text{Kapitalbetrag}}$ heißt Zinssatz.

Der Zinsfuß p ist die Angabe des Zinssatzes in %: $p = i \cdot 100\%$.

Die Zahl $q = 1+\frac{p}{100}$ heißt Zinsfaktor.

Die Formeln, die in diesem Abschnitt angegeben werden, beziehen sich - soweit dies überhaupt relevant ist - auf nachschüssige Zinsen. Entsprechende Formeln für vorschüssige Zinsen lassen sich daraus leicht ableiten.

Beispiel:

* Das Kapital $K_0$ = 1.000,00 DM wird (zu Beginn eines Jahres) für ein Jahr festgelegt. Am Jahresende sind 60,00 DM Zinsen fällig. Der (Jahres-) Zinssatz beträgt demnach $i = \frac{60(\text{DM})}{1000(\text{DM})} = 0{,}06$, der Zinsfuß ist $p = 6\%$ und der Zinsfaktor hat den Wert $q = 1+\frac{p}{100} = 1{,}06$.

Die folgenden Überlegungen zur einfachen Verzinsung und Zinseszinsrechnung gehen von der Vorstellung aus, daß das Kapital $K_0$ zu einem bestimmten Zeitpunkt auf ein Konto eingezahlt wird (Einzahlungszeitpunkt) und dann bis zum Auszahlungszeitpunkt mit einem konstanten Zinsfuß verzinst wird.

Definition 2.21: Von einfacher Verzinsung spricht man dann, wenn am Ende der einzelnen Zinsperioden die bis dahin angefallenen Zinsen dem Kapital nicht zugeschlagen werden und nicht mitverzinst werden, oder wenn zwischen Ein- und Auszahlung des Kapitals kein Zinstermin liegt.

Ein Kapitalbetrag $K_0$, der zu Beginn einer Zinsperiode bei einem Zinsfuß von p% für n Perioden angelegt wird, wächst (bei einfacher Verzinsung) in diesem Zeitraum auf

$$K_n = K_0 + n\cdot\frac{p}{100}\cdot K_0 = K_0 \cdot \left(1+n\cdot\frac{p}{100}\right).$$

Beispiel:

* Ein Anfangskapital $K_0$ = 1.000,00 DM wird zu Beginn eines Jahres bei einem Jahreszinsfuß von p = 6% für n = 10 Jahre angelegt. Als Endkapital $K_n$ ergibt sich bei einfacher Verzinsung:

$$K_n = K_0 \cdot (1+n\cdot\frac{p}{100}) = 1.000 \cdot (1+10\cdot\frac{6}{100}) = 1.600,00 \text{ (DM)}.$$

Wird das Kapital $K_0$ für einen Zeitraum von t Tagen angelegt und liegen zwischen Einzahlungs- und Auszahlungstag keine Zinstermine (Jahresenden), so ergibt sich als Endkapital $K_n$ bei einem Jahreszinsfuß von p%:

$$K_n = K_0 \cdot (1+\frac{p\cdot t}{100\cdot 360}).$$

Diese Formel zeigt, daß hier das Jahr - wie unter Kaufleuten üblich - mit 360 Zinstagen angesetzt wird.

Beispiel:

* Das Kapital $K_0$ = 1.000,00 DM wird für t = 100 Zinstage zu einem Zinsfuß von p = 6% angelegt (kein Zinstermin zwischen Ein- und Auszahlung). Als Endkapital $K_n$ ergibt sich:

$$K_n = K_0 \cdot (1+\frac{p \cdot t}{100\cdot 360}) = 1.000 \cdot (1+\frac{6 \cdot 100}{100\cdot 360}) = 1.016,67 \text{ (DM)}.$$

Zur Berechnung der Zinstage aus Einzahlungs- und Auszahlungsdatum kann eine einfache Formel benutzt werden:
Zunächst wird jeder Monat mit 30 Tagen gerechnet (auch der Februar), so daß der 31. eines Monats wie der 30. behandelt wird.
Die Zinstage t vom a-ten Tag des b-ten Monats bis zum c-ten Tag des d-ten Monats ($1 \le a,\ c \le 30$) ergibt sich als das 30-fache der Differenz der Monate vermehrt um die Differenz der Tagesangaben:

$$t = (d-b)\cdot 30 + (c-a).$$

Bei dieser Art der Berechnung von Zinstagen aus Ein- und Auszahlungsdatum sind der Tag nach der Einzahlung der erste und der Auszahlungstag der letzte Zinstag.

Beispiel:

* Das Kapital $K_0$ = 1.000,00 DM wird am 27.2. auf ein Konto eingezahlt und mit einem Jahreszinssatz von 6% verzinst. Am 31.7. desselben Jahres wird das Kapital zusammen mit den bis dahin angefallenen Zinsen ausgezahlt. Es ergibt sich:
Zinstage: $t = (7-2)\cdot 30 + (30-27) = 153$ (Zinstage);
Endkapital: $K_n = 1.000 \cdot (1+\frac{6}{100}\cdot\frac{153}{360}) = 1.025,50$ (DM).

## 2.3.2 Zinseszinsrechnung

<u>Definition 2.22:</u> Werden die für einen Kapitalbetrag $K_0$ im Verlauf einer Periode aufgelaufenen Zinsen am Ende der Periode dem Kapital zugeschlagen und von da an mitverzinst, so spricht man von <u>Zinseszinsen</u>.

Wird ein Kapitalbetrag $K_0$ zu Beginn einer Periode für n Perioden mit einem Periodenzinsfuß von p% mit Zinseszinsen angelegt, so ergibt sich als Endkapital $K_n$:

$$K_n = K_0 \cdot \underbrace{(1+\frac{p}{100}) \cdot (1+\frac{p}{100}) \cdot \ldots \cdot (1+\frac{p}{100})}_{n\text{-mal}} = K_0 \cdot (1+\frac{p}{100})^n = K_0 \cdot q^n$$

(Zinsfaktor $q = 1+\frac{p}{100}$).

Beispiel:

- Das Kapital $K_0$ = 1.000,00 DM wird zu Beginn eines Jahres für n = 10 Jahre mit Zinseszinsen zu 6% Jahreszinsfuß angelegt. Als Endkapital $K_n$ ergibt sich:

$$K_n = K_0 \cdot (1+\frac{p}{100})^n = 1.000 \cdot (1+\frac{6}{100})^{10} = 1.790{,}85 \text{ (DM)}.$$

Eine der grundlegenden Ideen der Finanzmathematik ist die Tatsache, daß sich der Wert eines Kapitalbetrages K nur in Verbindung mit der Angabe eines Bezugzeitpunkts angeben läßt ($K_0$, $K_n$). Die Berechnung des Wertes eines Kapitalbetrages zu verschiedenen Zeitpunkten erfolgt mit Hilfe der Formel für die Zinseszinsrechnung. Die Berechnung des Anfangs- oder Barwertes $K_0$ eines Kapitalbetrages (zum Zeitpunkt t = 0), aus einem späteren (End-) Wert $K_n$ (zum Zeitpunkt t = n) heißt <u>Abzinsung</u>. Die Berechnung des Endwertes $K_n$ aus einem früheren Wert $K_0$ heißt <u>Aufzinsung</u>.

Beispiele:

- Welches Endkapital $K_n$ erhält man am 7.4.1998, wenn am 15.8.1991 das Anfangskapital $K_0$ = 10.000,00 DM zu einem Jahreszinsfuß von 10% (Zinseszins, Zinstermin: Jahresende) angelegt wurde (Aufzinsung)?

  Zinszeiträume: 15.8. - 31.12.: $t_1 = (12-8)\cdot 30 + (30-15) = 135$ (Zinstage)
  
  n = 6 (volle Jahre)
  
  31.12. - 7.4.: $t_2 = (4-0)\cdot 30 + (7-30) = 97$ (Zinstage)

  Endkapital:

$$K_n = 10.000 \cdot (1+\frac{10}{100}\cdot\frac{135}{360}) \cdot (1+\frac{10}{100})^6 \cdot (1+\frac{10}{100}\cdot\frac{97}{360})$$

$$= 10.000 \cdot 1{,}0375 \cdot 1{,}77156 \cdot 1{,}02694$$

$$= 18.875{,}18 \text{ (DM)}.$$

- Welches Anfangskapital $K_0$ muß am 14.9.91 auf ein Konto eingezahlt werden, damit bei einem Jahreszinsfuß von p = 9% (Zinseszins, Zinstermin: Jahresende) am 17.3.1997 ein Endkapital von $K_n$ = 20.000,00 DM abgehoben werden kann (Abzinsung)?

  Zinszeiträume: 14.9. - 31.12.: $t_1 = (12-9)\cdot 30 + (30-14) = 106$ (Zinstage)
  
  n = 5 (volle Jahre)
  
  31.12. - 17.3.: $t_2 = (3-0)\cdot 30 + (17-30) = 77$ (Zinstage)

  Mit dem Endkapital $K_n$ = 20.000,00 DM erhält man daraus:

$$20.000 = K_0 \cdot (1+\frac{9}{100}\cdot\frac{106}{360}) \cdot (1+\frac{9}{100})^5 \cdot (1+\frac{9}{100}\cdot\frac{77}{360})$$

$$= K_0 \cdot 1,0265 \cdot 1,53862 \cdot 1,01925$$

$$= K_0 \cdot 1,60980$$

oder:

$$K_0 = \frac{20.000}{1,60980} = 12.423,90 \text{ (DM)}.$$

Hinweis:

Die beiden Zeiträume $t_1$ und $t_2$ dürfen nicht zusammengefaßt und addiert werden, da für p, $t_1$, $t_2 > 0$ stets die folgende Ungleichung gilt:

$$(1+\frac{p}{100}\cdot\frac{t_1+t_2}{360}) < (1+\frac{p}{100}\cdot\frac{t_1}{360}) \cdot (1+\frac{p}{100}\cdot\frac{t_2}{360}).$$

Es kommt gelegentlich vor, daß Zinsen nicht nur einmal jährlich am Jahresende fällig sind, sondern schon an Halbjahres-, Vierteljahres-, Monatsenden oder - allgemein - nach je einem $\frac{1}{m}$-tel Jahr fällig sind. In diesen Fällen spricht man von <u>unterjähriger Verzinsung</u>. Wird ein Kapitalbetrag $K_0$ zu Beginn eines Jahres für n Jahre zu einem Jahreszinssatz von p% Jahreszinsfuß bei unterjähriger Verzinsung (Zinstermin $\frac{1}{m}$-tel Jahresenden) angelegt, so erhält man einen Zinsfuß von $p^* = \frac{p}{m}\%$ pro Zinsperiode und $m \cdot n$ Zinstermine während der Laufzeit von n Jahren. Aus der Zinseszinsformel ergibt sich dann das Endkapital $K_n$:

$$K_n = K_0 \cdot (1+\frac{p}{100\cdot m})^{m\cdot n}.$$

Beispiel:

* Das Kapital $K_0$ = 1.000,00 DM wird für n = 10 Jahre zu einem Jahreszinsfuß von p = 6% angelegt. Man berechne das Endkapital $K_n$ bei halbjähriger, vierteljähriger, monatlicher und täglicher Verzinsung.

  Halbjährige Verzinsung (m = 2):

  $$K_n = K_0 \cdot (1+\frac{p}{100\cdot m})^{m\cdot n} = 1.000 \cdot (1+\frac{6}{100\cdot 2})^{2\cdot 10} = 1.806,11 \text{ (DM)}.$$

  Vierteljährige Verzinsung (m = 4):

  $$K_n = K_0 \cdot (1+\frac{p}{100\cdot m})^{m\cdot n} = 1.000 \cdot (1+\frac{6}{100\cdot 4})^{4\cdot 10} = 1.814,02 \text{ (DM)}.$$

  Monatliche Verzinsung (m = 12):

  $$K_n = K_0 \cdot (1+\frac{p}{100\cdot m})^{m\cdot n} = 1.000 \cdot (1+\frac{6}{100\cdot 12})^{12\cdot 10} = 1.819,40 \text{ (DM)}.$$

  Tägliche Verzinsung (m = 360):

  $$K_n = K_0 \cdot (1+\frac{p}{100\cdot m})^{m\cdot n} = 1.000 \cdot (1+\frac{6}{100\cdot 360})^{360\cdot 10} = 1.822,03 \text{ (DM)}.$$

Läßt man die Zinstermine immer dichter aufeinander folgen, strebt also m gegen ∞, so konvergiert (bei festem n) die monoton steigende Folge

$(a_m)$ mit $a_m = (1+\frac{p}{100\cdot m})^{m\cdot n}$

und man kann zeigen, daß $\lim\limits_{m\to\infty} a_m = e^{n\cdot\frac{p}{100}}$ gilt (e = 2,71..., EULERsche Zahl). In diesem Fall spricht man von stetiger Verzinsung. Das Endkapital $K_n$ ergibt sich damit als

$$K_n = K_0 \cdot \lim_{m\to\infty} (1+\frac{p}{100\cdot m})^{m\cdot n} = K_0 \cdot e^{n\cdot\frac{p}{100}}.$$

Beispiel:

* Für das obige Beispiel ($K_0$ = 1.000,00 DM, p = 6%, n = 10 Jahre) ergibt sich bei stetiger Verzinsung:

$$K_n = K_0 \cdot e^{n\cdot\frac{p}{100}} = 1.000 \cdot e^{10\cdot\frac{6}{100}} = 1.822,12 \text{ (DM)}.$$

### 2.3.3 Rentenrechnung

Definition 2.23: Eine regelmäßige (in gleichen Zeitabständen fällige) Zahlung heißt Rente. Die einzelnen Zahlungen der Rente werden (Renten-) Raten genannt. Sind die Raten zum Ende (zum Beginn) einer Periode, beispielsweise eines Jahres, fällig, so heißt die Rente nachschüssig (vorschüssig).

An dieser Stelle werden nur nachschüssige Renten betrachtet, deren Raten an den Jahresenden (Zinsterminen) zahlbar sind und deren Ratenhöhe $r_i$ während der gesamten Laufzeit von n Jahren konstant ist ($r_i = r$). Für solche Renten sind der Barwert $R_0$, also der Wert aller n Zahlungen zu Beginn der Laufzeit (des ersten Jahres), und der Endwert $R_n$, also der Wert aller n Zahlungen der Rente am Ende der Laufzeit (des letzten Jahres), zu bestimmen.

Für die Berechnung des Endwertes $R_n$ einer Rente mit einer Laufzeit von n Jahren und einer (konstanten) Ratenhöhe r ergibt sich bei einem Zinsfuß von p% ($q = 1+\frac{p}{100}$):

Zwischen der Zahlung der ersten Rate am Ende des ersten Jahres und dem Ende der Laufzeit (Ende des n-ten Jahres) liegen n-1 Jahre, so daß der Endwert der ersten Rate $r \cdot q^{n-1}$ ist. Allgemein ergibt sich als Endwert der i-ten Rate: $r \cdot q^{n-i}$ (i = 1, 2, ..., n).

Der Endwert $R_n$ der gesamten Rente ergibt sich als Summe der Endwerte der einzelnen Raten:

$$R_n = \sum_{i=1}^{n} r\cdot q^{n-i} = r \cdot \sum_{i=0}^{n-1} q^i \text{ (Umparametrisierung der Summe).}$$

Mit Hilfe der Formel für den Wert der endlichen geometrischen Reihe ergibt sich:

$$R_n = r \cdot \frac{q^n-1}{q-1}.$$

Den Barwert $R_0$ einer nachschüssigen Rente mit konstanter Ratenhöhe r und einer Laufzeit von n Jahren bei einem Zinsfuß von p% $(q = 1+\frac{p}{100})$ kann durch Abzinsen des Endwerts $R_n$ bestimmt werden:

$$R_0 = \frac{1}{q^n} \cdot R_n = r \cdot \frac{1}{q^n} \cdot \frac{q^n-1}{q-1}.$$

Aber auch eine direkte Ableitung dieser Barwertformel ist möglich:
Der Barwert der i-ten Rate ist $\frac{1}{q^i} \cdot r$.

Damit ergibt sich als Barwert der Rente:

$$R_0 = \sum_{i=1}^{n} \frac{1}{q^i} \cdot r = r \cdot \frac{1}{q^n} \cdot \sum_{i=1}^{n} q^{n-i} = r \cdot \frac{1}{q^n} \cdot \sum_{i=0}^{n-1} q^i.$$

Mit Hilfe der Formel für den Wert der endlichen geometrischen Reihe ergibt sich auch hier:

$$R_0 = r \cdot \frac{1}{q^n} \cdot \frac{q^n-1}{q-1}.$$

Beispiel:

* Eine nachschüssige Rente mit Ratenhöhe r = 1.000,00 DM und Laufzeit n = 7 Jahre besitzt bei einem Zinsfuß von p = 10% (q = 1,1) den Endwert

$$R_n = r \cdot \frac{q^n-1}{q-1} = 1000 \cdot \frac{1,1^7-1}{1,1-1} = 9.487,17 \text{ DM}$$

und einen Barwert

$$R_0 = r \cdot \frac{1}{q^n} \cdot \frac{q^n-1}{q-1} = 1000 \cdot \frac{1}{1,1^7} \cdot \frac{1,1^7-1}{1,1-1} = 4.868,42 \text{ DM}.$$

Barwert und Endwert einer Rente können folgendermaßen interpretiert werden: Legt der Zahlungspflichtige zu Beginn der Laufzeit (Jahresanfang) einen Geldbetrag in Höhe des Barwerts $R_0$ der Rente auf einem Konto zum Zinsfuß von p% an (Zinstermin: Jahresende), so können von diesem Konto die n Raten gezahlt werden. Am Ende der Laufzeit ist das Konto leer. Legt dagegen der Zahlungsempfänger die eingehenden Raten auf einem Konto zu einem Zinsfuß von p% an (Zinstermin: Jahresende), so stimmt der Kontostand am Ende des letzten Jahres (Ende der Laufzeit) mit dem Endwert der Rente überein.

Bei Renten mit ungleichen Ratenhöhen müssen die Bar- bzw. Endwerte der einzelnen Raten getrennt berechnet und dann addiert werden.

Wächst die Laufzeit n einer Rente über alle Grenzen $(n \to \infty)$, so spricht man von einer <u>ewigen Rente</u>. Der Barwert einer nachschüssigen ewigen Rente mit konstanter Ratenhöhe ist endlich und kann berechnet werden:

$$R_0 = \lim_{n\to\infty} r \cdot \frac{1}{q^n} \cdot \frac{q^n-1}{q-1} = \lim_{n\to\infty} r \cdot \frac{1}{q-1} \cdot \frac{q^n-1}{q^n}$$

$$= r \cdot \frac{1}{q-1} \cdot \lim_{n\to\infty} \left(1-\frac{1}{q^n}\right) = r \cdot \frac{1}{q-1}.$$

Der Barwert $R_0$ einer ewigen Rente mit konstanter Ratenhöhe r und Zinsfaktor q ist also $R_0 = r \cdot \frac{1}{q-1}$.

Beispiel:

* Man berechne den Barwert einer ewigen Rente mit Ratenhöhe r = 1000,00 DM bei einem Zinsfuß von p = 10% (q = 1,1).

$$R_0 = 1000 \cdot \frac{1}{1,1-1} = 10.000,00 \text{ DM}.$$

Dieses Ergebnis ist überaus plausibel: Der Barwert $R_0$ einer ewigen Rente ist gerade der Geldbetrag, der angelegt werden muß, damit die jährliche Zinszahlung mit der konstanten Ratenhöhe übereinstimmt.

## 2.3.4 Tilgungsrechnung

Definition 2.24: Wird eine (Geld-)Schuld nicht durch eine einmalige Zahlung, sondern durch die Zahlung von Teilbeträgen abgelöst, so spricht man von einer Tilgungs- oder Amortisationsschuld. Die dabei jährlich zu erbringende Leistung von Zinsen und Tilgung heißt Annuität.

Genauso wie bei den bisherigen Überlegungen sollen die Zinsen, aber auch die Tilgungsraten jeweils an den Jahresenden (nachschüssig) fällig sein.

An dieser Stelle sollen drei verschiedene Modelle für die Rückzahlung einer Amortisationsschuld vorgestellt werden. Dabei ist die Erstellung eines Tilgungsplans sinnvoll. Ein Tilgungsplan ist eine Aufstellung über die jährliche Höhe der relevanten Größen einer Schuld, also über Zinsen ($Z_t$), Tilgung ($T_t$), Restschuld zu Beginn des Jahres ($R_t$) und Annuität ($A_t$ (= $Z_t + T_t$)).

Beispiel:

* Anfangsschuld: $K_0$ = 40.000,00 DM (= $R_1$ Restschuld zu Beginn des 1. Jahres);
  Zinsfuß: p = 8% (Zinsfaktor q = 1,08);
  Laufzeit: n = 8 Jahre.

  Damit ergibt sich beispielsweise der folgende Tilgungsplan:

Tilgungsplan

| Zeit (Jahr) t | Zinsen $Z_t$ | Tilgung (Jahresende) $T_t$ | Restschuld (Jahresanfang) $R_t$ | Annuität $A_t$ |
|---|---|---|---|---|
| 1 | 3.200,00 | 5.000,00 | 40.000,00 | 8.200,00 |
| 2 | 2.800,00 | 5.000,00 | 35.000,00 | 7.800,00 |
| 3 | 2.400,00 | 5.000,00 | 30.000,00 | 7.400,00 |
| 4 | 2.000,00 | 5.000,00 | 25.000,00 | 7.000,00 |
| 5 | 1.600,00 | 5.000,00 | 20.000,00 | 6.600,00 |
| 6 | 1.200,00 | 5.000,00 | 15.000,00 | 6.200,00 |
| 7 | 800,00 | 5.000,00 | 10.000,00 | 5.800,00 |
| 8 | 400,00 | 5.000,00 | 5.000,00 | 5.400,00 |

Dieser Tilgungsplan gehört zu einer Ratenschuld:

<u>Definition 2.25:</u> Eine Tilgungsschuld heißt <u>Ratenschuld</u>, wenn die Tilgungsraten $T_t$ während der gesamten Laufzeit konstant sind.

Die konstante Tilgungsrate $T_t$ einer Ratenschuld (Anfangsschuld $K_0$, Laufzeit n Jahre, Zinssatz i) ergibt sich demnach als

$$T_t = \frac{K_0}{n} \text{ für alle } t = 1, 2, \ldots, n.$$

Daraus ergeben sich die anderen Größen des Tilgungsplans in rekursiver Darstellung:

$$R_t = \begin{cases} K_0 \text{ für } t = 1, \\ R_{t-1} - \frac{K_0}{n} \text{ für } t = 2, 3, \ldots, n; \end{cases}$$

$$Z_t = i \cdot R_t \text{ für } t = 1, 2, \ldots, n;$$

$$A_t = Z_t + \frac{K_0}{n} \text{ für } t = 1, 2, \ldots, n.$$

Als geschlossene Darstellung, also nur in Abhängigkeit von den Parametern $K_0$, n, i und der Variablen t, erhält man:

$$T_t = \frac{K_0}{n} \text{ für } t = 1, 2, \ldots, n;$$

$$R_t = K_0 - (t-1)\cdot\frac{K_0}{n} = \frac{n-t+1}{n} \cdot K_0 \text{ für } t = 1, 2, \ldots, n;$$

$$Z_t = i \cdot \frac{n-t+1}{n}\cdot K_0 \text{ für } t = 1, 2, \ldots, n;$$

$$A_t = \frac{i\cdot(n-t+1)+1}{n} \cdot K_0 \text{ für } t = 1, 2, \ldots, n;$$

Während eine Ratenschuld durch Konstanz der Tilgungsraten charakterisiert ist, erfolgt bei der gesamtfälligen Schuld die Tilgung durch eine einmalige Zahlung am Ende der Laufzeit:

<u>Definition 2.26:</u> Eine Amortisationsschuld (mit einer Laufzeit von n Jahren) heißt <u>gesamtfällige Schuld</u>, wenn an den Enden der ersten n-1 Jahre keine Tilgungen erfolgen und am Ende des n-ten Jahres die gesamte Schuld getilgt wird.

Damit gilt für die Größen des Tilgungsplans einer gesamtfälligen Schuld (Anfangsschuld $K_0$, Laufzeit n Jahre; Zinssatz i):

$$T_t = \begin{cases} 0 \text{ für } t = 1, 2, \ldots, n-1 \\ K_0 \text{ für } t = n; \end{cases}$$

$$R_t = K_0 \quad \text{für } t = 1, 2, \ldots, n;$$

$$Z_t = i \cdot K_0 \text{ für } t = 1, 2, \ldots, n;$$

$$A_t = \begin{cases} i \cdot K_0 \text{ für } t = 1, 2, \ldots, n-1 \\ (i+1) \cdot K_0 \text{ für } t = n. \end{cases}$$

Beispiel:

* Anfangsschuld: $K_0$ = 40.000,00 DM (= $R_1$ Restschuld zu Beginn des 1. Jahres);
  Zinsfuß: p = 8% (Zinsfaktor q = 1,08);
  Laufzeit: n = 8 Jahre.

  Damit ergibt sich für die gesamtfällige Schuld der folgende Tilgungsplan:

Tilgungsplan

| Zeit (Jahr) t | Zinsen $Z_t$ | Tilgung (Jahresende) $T_t$ | Restschuld (Jahresanfang) $R_t$ | Annuität $A_t$ |
|---|---|---|---|---|
| 1 | 3.200,00 | 0,00 | 40.000,00 | 3.200,00 |
| 2 | 3.200,00 | 0,00 | 40.000,00 | 3.200,00 |
| 3 | 3.200,00 | 0,00 | 40.000,00 | 3.200,00 |
| 4 | 3.200,00 | 0,00 | 40.000,00 | 3.200,00 |
| 5 | 3.200,00 | 0,00 | 40.000,00 | 3.200,00 |
| 6 | 3.200,00 | 0,00 | 40.000,00 | 3.200,00 |
| 7 | 3.200,00 | 0,00 | 40.000,00 | 3.200,00 |
| 8 | 3.200,00 | 40.000,00 | 40.000,00 | 43.200,00 |

Eine sehr häufige Variante zur Tilgung einer Amortisationsschuld ist die Annuitätenschuld. Bei diesem Rückzahlungsverfahren bleiben die Annuitäten über die gesamte Laufzeit der Schuld hinweg konstant, so daß im Laufe der Zeit die Zinsrate ab- und die Tilgungsrate zunimmt:

<u>Definition 2.27:</u> Eine Amortisationsschuld heißt <u>Annuitätenschuld</u>, wenn die jährlich zu erbringenden Annuitäten über den gesamten Rückzahlungszeitraum konstant sind.

Um den Tilgungsplan einer Annuitätenschuld (Anfangsschuld $K_0$, Laufzeit n Jahre, Zinssatz i, Zinsfaktor q = 1+i) zu erstellen, muß zunächst die Höhe A der konstanten Annuität bestimmt werden. Dabei macht man sich die Tatsache zu Nutze, daß die vom Schuldner zu zahlende Annuität für den Gläubiger eine nachschüssige Rente mit konstanter Ratenhöhe r = A darstellt. Dem ausgeliehenen Kapital $K_0$ entspricht bei dem vereinbarten Zinssatz i (q = 1+i) der Barwert $R_0$ dieser Rente. Mit der Barwertformel für nachschüssige Renten (vgl. Erläuterungen zu Def. 2.23) $R_0 = r \cdot \frac{1}{q^n} \cdot \frac{q^n-1}{q-1}$ ergibt sich in diesem Zusammenhang:

$$K_0 = A \cdot \frac{1}{q^n} \cdot \frac{q^n-1}{q-1}$$

oder - nach der gesuchten, konstanten Annuität A aufgelöst:

$$A = K_0 \cdot \frac{q^n \cdot (q-1)}{q^n-1}.$$

Mit dieser konstanten Annuität lassen sich die restlichen Größen des Tilgungsplans einer Annuitätenschuld rekursiv bestimmen:

$$R_t = \begin{cases} K_0 & \text{für } t = 1 \\ R_{t-1} - T_{t-1} & \text{für } t = 2, 3, \ldots, n; \end{cases}$$

$$Z_t = i \cdot R_t \quad \text{für } t = 1, 2, \ldots, n;$$

$$T_t = A - Z_t \quad \text{für } t = 1, 2, \ldots, n.$$

Beispiel:

* Anfangsschuld: $K_0$ = 40.000,00 DM (= $R_1$ Restschuld zu Beginn des 1. Jahres);
  Zinsfuß: p = 8% (Zinsfaktor q = 1,08);
  Laufzeit: n = 8 Jahre.

  Als konstante Annuität erhält man daraus:

$$A = K_0 \cdot \frac{q^n \cdot (q-1)}{q^n-1} = 40.000 \cdot \frac{1,08^8 \cdot 0,08}{1,08^8-1} = 6.960,59.$$

  Damit ergibt sich für die Annuitätenschuld der folgende Tilgungsplan:

Tilgungsplan

| Zeit (Jahr) $t$ | Zinsen $Z_t$ | Tilgung (Jahresende) $T_t$ | Restschuld (Jahresanfang) $R_t$ | Annuität $A_t$ |
|---|---|---|---|---|
| 1 | 3.200,00 | 3.760,59 | 40.000,00 | 6.960,59 |
| 2 | 2.899,15 | 4.061,44 | 36.239,41 | 6.960,59 |
| 3 | 2.574,24 | 4.386,35 | 32.177,97 | 6.960,59 |
| 4 | 2.223,33 | 4.737,26 | 27.791,62 | 6.960,59 |
| 5 | 1.844,35 | 5.116,24 | 23.054,36 | 6.960,59 |
| 6 | 1.435,05 | 5.525,54 | 17.938,12 | 6.960,59 |
| 7 | 993,01 | 5.967,58 | 12.412,58 | 6.960,59 |
| 8 | 515,60 | 6.444,99 | 6.444,99 | 6.960,59 |

Geschlossene Formeln für die Größen des Tilgungsplans einer Annuitätenschuld lassen sich folgendermaßen gewinnen:

Die Tilgungsrate $T_t$ einer Periode $t \geq 2$ läßt sich aus der Tilgungsrate der Vorperiode berechnen:

$$T_t = T_{t-1} + i \cdot T_{t-1}.$$

Diese Gleichung besagt, daß in der t-ten Periode die Tilgungsrate um den Betrag $i \cdot T_{t-1}$ steigt, der an Zinsen für die zu Beginn dieser Periode erfolgte Tilgung eingespart wird. Mit $q = 1 + i$ ergibt sich durch wiederholte Anwendung dieser Gleichung:

$$T_t = q^{t-1} \cdot T_1 = q^{t-1} \cdot (A-i \cdot K_0) \quad \text{für } t = 1, 2, \ldots, n.$$

Die Tilgungsraten stellen damit eine (endliche) geometrische Folge mit Anfangswert $T_1 = A - i \cdot K_0$ und Wachstumsfaktor $q = 1+i$ dar. Für die Zinsrate ergibt sich daraus:

$$Z_t = A - q^{t-1} \cdot (A-i \cdot K_0) \quad \text{für } t = 1, 2, \ldots, n.$$

Für die Restschuld $R_t$ zu Beginn des t-ten Jahres ergibt sich:

$$R_t = K_0 - \sum_{j=1}^{t-1} T_j$$

$$= K_0 - (A-i \cdot K_0) \cdot \sum_{j=1}^{t-1} q^{j-1}$$

$$= K_0 - (A-i \cdot K_0) \cdot \frac{q^{t-1}-1}{q-1}.$$

In diese geschlossenen Formeln für Tilgungsrate, Zinsrate und Restschuld einer Annuitätenschuld geht die Laufzeit nur indirekt über die konstante Annuität A ein. Man kann also auch eine Annuität A willkürlich festlegen, woraus sich dann eine (möglicherweise fiktive) Laufzeit ergibt.

Beispiel:

* Ein Hypothekendarlehen von 250.000,00 DM soll mit einem Zinsfuß von monatlich $p = 0,75\%$ (jährlicher nominaler Zinsfuß: $0,75\% \cdot 12 = 9\%$; jährlicher effektiver Zinsfuß: $((1,0075)^{12} - 1) \cdot 100\% = 9,38\%$) verzinst werden. Die monatliche Rate ("Annuität") wird auf 2.500,00 DM festgelegt. Die Länge der Laufzeit ergibt sich, wenn man in der Formel für die Restschuld zu Beginn der t-ten Periode $R_t = 0$ setzt und die sich ergebende Gleichung für t löst:

  $$0 = K_0 - (A-i \cdot K_0) \cdot \frac{q^{t-1}-1}{q-1}$$

  oder

  $$0 = 250.000 - (2.500-0,0075 \cdot 250.000) \cdot \frac{1,0075^{t-1}-1}{0,0075}.$$

  Als Lösung ergibt sich: $t = 186,53$ (Monate). Die Restschuld am Anfang des 186. Monats ergibt sich als

  $$R_{186} = 250.000 - (2.500-0,0075 \cdot 250.000) \cdot \frac{1,0075^{185}-1}{0,0075} = 1.321,25.$$

  Mit den hierfür fälligen Zinsen von 9,91 DM erhält man für die letzte (186.) Rate einen Betrag von 1.331,16 DM.

  Wird der oben angegebene Zinfuß von 0,75% monatlich nicht für die gesamte Laufzeit, sondern - wie üblich - nur für einen überschaubaren Zeitraum, etwa 5 Jahre (= 60 Monate), vereinbart, so erhält man am Ende der Zinsbindungsfrist für die relevanten Größen ($R_{61}$, $Z_{60}$, $T_{60}$) folgende Werte:

$$R_{61} = K_0 - (A-i\cdot K_0)\cdot\frac{q^{t-1}-1}{q-1}$$

$$= 250.000 - (2.500-0{,}0075\cdot 250.000)\cdot\frac{1{,}0075^{60}-1}{0{,}0075}$$

$$= 202.859{,}91 \text{ DM};$$

$$Z_{60} = A - q^{t-1}\cdot(A-i\cdot K_0)$$

$$= 2.500 - 1{,}0075^{59}\cdot(2.500-0{,}0075\cdot 250.000)$$

$$= 1.528{,}73 \text{ DM};$$

$$T_{60} = q^{t-1}\cdot(A-i\cdot K_0)$$

$$= 1{,}0075^{59}\cdot(2.500-0{,}0075\cdot 250.000)$$

$$= 971{,}27 \text{ DM}.$$

Am Ende der Zinsbindungsfrist von 60 Monaten beträgt die Restschuld noch 202.859,61 DM. Die monatlichen Zinszahlungen sind in diesem Zeitraum von 1.875,00 DM auf 1.528,73 DM gefallen, während die Tilgungsrate von 625,00 DM auf 971,27 DM gestiegen ist.

### 2.3.5 Investitionsrechnung

Zum Schluß dieses Abschnitts über Finanzmathematik sollen die Grundlagen der Investitionsrechnung dargestellt werden. Dabei geht es um die Beantwortung der Frage, ob die aus der Investition eines Geldbetrages $K_0$ in Produktionsmittel resultierenden Einnahmen und Ausgaben eine angemessene Kapitalverzinsung darstellen. Die beiden gängigsten Verfahren zur Behandlung dieses Problems, Kapitalwertmethode und interner Zinsfuß-Methode, werden in diesem Abschnitt dargestellt.

Beispiel:

* Ein Unternehmen investiert einen Betrag $K_0$ = 1.000.000 DM zu Beginn eines Jahres in eine neue Produktionsanlage. Die wirtschaftliche Lebensdauer wird mit n = 5 Jahren angesetzt. In diesem Zeitraum bewirkt die Investition zusätzliche jährliche Einnahmen ($e_t$, t = 1, 2, .., 5) für das Unternehmen, etwa aus dem Verkauf der mit der Anlage hergestellten Produkte. Gleichzeitig entstehen aber auch zusätzliche jährliche Ausgaben ($a_t$, t = 1, 2, ..., 5), etwa für Löhne, Wartung und Betriebsstoffe. Die folgende Tabelle enthält (fiktive) Plangrößen für diese Werte.

Einnahmen und Ausgaben, die durch die Investition von $K_0$ bewirkt werden (alle Geldbeträge in DM)

| Zeit t | 1 | 2 | 3 | 4 | 5 |
|---|---|---|---|---|---|
| $e_t$ | 400.000 | 600.000 | 700.000 | 600.000 | 500.000 |
| $a_t$ | 200.000 | 250.000 | 300.000 | 300.000 | 300.000 |
| $e_t - a_t$ | 200.000 | 350.000 | 400.000 | 300.000 | 200.000 |

Werden die Größen $e_t$ und $a_t$, also auch die Differenzen $e_t - a_t$, den jeweiligen Jahresenden zugeordnet, so stellen die Differenzen $e_t - a_t$ $(t = 1, 2, \dots, 5)$ eine nachschüssige Rente mit variabler Ratenhöhe dar. Für das Unternehmen stellt sich also bei der Investitionsentscheidung die Frage, ob angesichts dieser Rente die Investition von $K_0$ lohnt, ob also der Barwert der Rente mit den Raten $r_t = e_t - a_t$ wenigstens so groß ist wie das zu investierende Kapital $K_0$. Ist die Antwort positiv, so ist die Investition als lohnend anzusehen, ist die Antwort negativ, so ist das Vorhaben als unrentabel abzulehnen.
Zur Berechnung des Barwerts ist ein Kalkulationszinsfuß von p% zugrunde zu legen. Dieser Kalkulationszinsfuß spiegelt zum einen die Höhe der als angemessen angesehenen Kapitalverzinsung wider. Darüber hinaus ist aber auch eine gewisse "Risikoprämie" enthalten, da es sich ja bei den erwarteten Größen $e_t$ und $a_t$ um geschätzte und daher um unsichere Werte handelt.

Für das Beispiel möge ein Kalkulationszinsfuß von $p = 15\%$ $(q = 1,15)$ angesetzt werden.
Der Barwert $R_0$ der nachschüssigen Rente mit Ratenhöhe $r_t = e_t - a_t$ ergibt sich als Summe der Barwerte $\frac{r_t}{q^t}$ der einzelnen Raten:

$$R_0 = \sum_{t=1}^{n} \frac{r_t}{q^t}$$

$$= \frac{200.000}{1,15} + \frac{350.000}{1,15^2} + \frac{400.000}{1,15^3} + \frac{300.000}{1,15^4} + \frac{200.000}{1,15^5}$$

$$= 173.913,04 + 264.650,28 + 263.006,49 + 171.525,98 + 99.435,35$$

$$= 972.531,14 \text{ DM.}$$

Da in diesem Fall der Barwert $R_0 = 972.531$ DM geringer ist als $K_0 =$ 1.000.000 DM, ist die geplante Investition bei dem gegebenen Kalkulationszinsfuß von $p = 15\%$ als nicht lohnend abzulehnen.

Damit ergibt sich als allgemeines Entscheidungskriterium:
Ein Investitionsvorhaben von Umfang $K_0$ (zu Beginn eines Jahres), das in den folgenden n Jahren seiner wirtschaftlichen Lebensdauer jährliche Überschüsse $r_t = e_t - a_t$ der Einnahmen über die Ausgaben erwarten läßt $(t = 1, 2, \dots, n)$,

ist bei einem Kalkulationszinsfuß von p% (Zinsfaktor $q = 1+\frac{p}{100}$) als lohnend anzusehen, falls

$$R_0 = \sum_{t=1}^{n} \frac{r_t}{q^t} \geq K_0$$

gilt. Andernfalls, falls also $R_0 < K_0$ ist, ist die Investition als unrentabel abzulehnen. Dieses Entscheidungskriterium wird in der finanzwirtschaftlichen Literatur Kapitalwertmethode genannt.

Anstatt den Barwert $R_0$ bei gegebenem Zinsfaktor q zu bestimmen und mit $K_0$ zu vergleichen, kann man auch den Zinsfaktor variieren und bestimmen, für welchen Wert $q_0$ von q der Barwert $R_0 = R_0(q)$ mit $K_0$ übereinstimmt. Der sich dabei ergebende Zinsfuß wird als interne Kapitalverzinsung der Investition bezeichnet. Zur Berechnung der internen Kapitalverzinsung ist die Gleichung

$$K_0 = \sum_{t=1}^{n} \frac{r_t}{q^t}$$

oder

$$q^n \cdot K_0 - \sum_{t=1}^{n} r_t \cdot q^{n-t} = 0$$

für die Variable q zu lösen. Die Bestimmung der Lösung $q_0$ läuft also auf die Nullstellenberechnung eines Polynoms vom Grade n hinaus. Dies ist analytisch häufig nicht möglich, es gibt jedoch leistungsfähige numerische Verfahren, die Probleme dieser Art auf Computern schnell lösen.
Ist die interne Kapitalverzinsung einer Investition höher als (oder gleich dem) Kalkulationszinsfuß, so ist sie als lohnend anzusehen, andernfalls als unrentabel abzulehnen. Dieses Verfahren zur Beurteilung von Investitionsvorhaben wird Methode des internen Zinsfußes genannt.

Selbstverständlich führen die Kapitalwertmethode und die Methode des internen Zinsfußes zur gleichen Entscheidung über eine Investition.

Beispiel:

* Für das bereits oben diskutierte Beispiel ergibt sich die Gleichung

$$1.000.000 \cdot q^5 - 200.000 \cdot q^4 - 350.000 \cdot q^3 - 400.000 \cdot q^2 - \\ - 300.000 \cdot q - 200.000 = 0$$

mit der Lösung $q_0 = 1,138$, was eine interne Kapitalverzinsung von 13,8% bedeutet. Natürlich führt die Berechnung der internen Kapitalverzinsung zur selben Entscheidung wie die oben beschriebene Kapitalwertmethode:
Die interne Kapitalverzinsung ist mit 13,8% geringer als die geforderte Mindestverzinsung von 15%, so daß auch dieses Verfahren zu einer negativen Bewertung des Investitionsvorhabens führt.

## 2.4 Übungsaufgaben zu Kapitel 2

Übungsaufgabe 2.1

Überprüfen Sie die angegebenen Folgen auf Konvergenz und berechnen Sie - soweit möglich - die Grenzwerte:

a) $\left\{a_n\right\}_{n\in\mathbb{N}}$ mit $a_n = \frac{1}{2n+1}$;

b) $\left\{a_n\right\}_{n\in\mathbb{N}}$ mit $a_n = \frac{(-1)^n \cdot n}{(n+3)\cdot 2^n}$;

c) $\left\{a_n\right\}_{n\in\mathbb{N}}$ mit $a_n = (-1)^n \cdot \frac{n}{n+1}$;

d) $\left\{a_n\right\}_{n\in\mathbb{N}}$ mit $a_n = \frac{4n^3-5n^2-14n}{7n^3+2n^2+6}$;

e) $\left\{a_n\right\}_{n\in\mathbb{N}}$ mit $a_n = \frac{n^3+4n^2-5}{n^2+17}$.

Übungsaufgabe 2.2

Stellen Sie die folgenden Ausdrücke mit Hilfe des Σ-Zeichens dar, und berechnen Sie sie für den Fall der Konvergenz:

a) 1 + 1/3 + 1/9 + 1/27 + ...;

b) 1 - 1/2 + 1/4 - 1/8 + 1/16 ...;

c) 1 + 1/2 + 1/3 + 1/4 + ...;

d) 1 + 2 + 3 + 4 + ...;

e) 1/3 + 1/6 + 1/12 + 1/24 + 1/48 + ...

Übungsaufgabe 2.3

Ein Geldbetrag K = 750 DM wird auf ein Konto eingezahlt und mit p = 5% verzinst. Welche Zinsen sind jeweils am Ende der Laufzeit fällig, wenn

a) die Einzahlung am 1.1. und die Auszahlung am 1.7. desselben Jahres erfolgt;

b) die Einzahlung am 13.1. und die Auszahlung am 19.3. desselben Jahres erfolgt;

c) die Einzahlung am 28.2. und die Auszahlung am 31.7. desselben Jahres erfolgt;

d) die Einzahlung am 3.12. und die Auszahlung am 19.1. des darauffolgenden Jahres erfolgt (Zinstermin: Jahresende)?

Übungsaufgabe 2.4

Ein Geldbetrag von 1.000 DM wird am Anfang eines Jahres auf ein Konto eingezahlt, der Zinssatz beträgt 6% pro Jahr. Wie hoch sind die Kontostände an den Enden der nächsten fünf Jahre, wenn

a) die Zinstermine die Jahresenden sind;

b) die Zinstermine die Halbjahresenden sind;

c) stetige Verzinsung vereinbart wird?

Übungsaufgabe 2.5

Ein Geldbetrag $K_0$ soll vom Beginn eines Jahres an für 3 Jahre angelegt werden.
Es bestehen dabei die folgenden Alternativen:

- Alternative 1: Zinsfuß 10%, Zinstermin: Jahresende;
- Alternative 2: Zinsfuß 9%, Zinstermin: 1/4-Jahresende.

Bei beiden Alternativen wird das Kapital am Ende der Laufzeit mit Zinsen und Zinseszinsen ausgezahlt. Welche Anlage ist günstiger?

Übungsaufgabe 2.6

Der Betrag $K_0$ = 10.000 DM wurde am 19.3.1982 angelegt und am 25.10.1985 einschließlich Zinseszinsen wieder abgehoben. Es wurde ein Zinsfuß von p = 6% und als Zinstermin die Halbjahresenden vereinbart.

a) Welcher Betrag $K_1$ wurde am 25.10.1985 fällig, wenn Zinsen und Zinseszinsen dem Konto gutgeschrieben wurden?

b) Welcher Betrag $K_0$ hätte am 11.2.1980 zu den oben genannten Bedingungen angelegt werden müssen, damit der Auszahlungsbetrag am 14.8.1985 $K_1$ = 20.000 DM betragen hätte?

Übungsaufgabe 2.7

Für ein Kapital $K_0$ = 100.000 DM werden zwei alternative Anlagemöglichkeiten angeboten:

1. Anlage zu Beginn des ersten Jahres und Auszahlung von 146.410 DM am Ende des vierten Jahres;

2. Anlage zu Beginn des ersten Jahres und Auszahlung von 10.000 DM zeitlich unbegrenzt an allen folgenden Jahresenden.

Welche Alternative bietet die höhere Kapitalverzinsung?

Übungsaufgabe 2.8

Eine jährlich nachschüssig zahlbare Rente von 5000 DM (Laufzeit: 8 Jahre) soll durch eine einmalige Zahlung ersetzt werden. Wie hoch ist der einmalig zu zahlende Betrag, wenn die Zahlung

a) am Anfang des ersten Jahres;

b) am Ende des achten Jahres;

c) am Ende des fünften Jahres

fällig ist und ein Zinsfuß von p = 5% vereinbart ist?

Übungsaufgabe 2.9

Ihr Erbonkel möchte Sie während des Studiums unterstützen: er bietet Ihnen zwei verschiedene Renten mit einer Laufzeit von jeweils fünf Jahren zur Auswahl an:

| | $r_1$ | $r_2$ | $r_3$ | $r_4$ | $r_5$ |
|---|---|---|---|---|---|
| 1. Rente | 1.000 | 1.000 | 1.000 | 1.000 | 1.000 |
| 2. Rente | 800 | 900 | 1.000 | 1.200 | 1.300 |

Für welche der beiden Renten entscheiden Sie sich, wenn Sie Ihren Überlegungen einen Zinssatz von

a) 5%; b) 20%

zugrunde legen?

Übungsaufgabe 2.10

Eine Schuld von $K_0$ = 10.000 DM wird zu 7% verzinst und soll nach 8 Jahren zurückgezahlt sein. Stellen Sie die Tilgungspläne auf, wenn die Schuld

a) als gesamtfällige Schuld;

b) als Ratenschuld;

c) als Annuitätenschuld

rückzahlbar ist.

Übungsaufgabe 2.11

Ein Hypothekendarlehen über 200.000 DM wird mit einem Zinsfuß von 0,7% monatlich (jährlicher nominaler Zinsfuß: 0,7% · 12 = 8,4%; effektiver Jahreszinsfuß: $(1{,}007^{12} - 1) \cdot 100\% = 8{,}73\%$) verzinst.
Bestimmen Sie die Länge der Laufzeit, wenn eine monatliche Ratenhöhe von 2.400 DM vereinbart wird. Wie hoch ist die letzte Rate?

Übungsaufgabe 2.12

Ein Unternehmen investiert einen Betrag von 10.000 DM. Die mit dieser Investition verbundenen Überschüsse der Erträge über die Kosten betragen in den folgenden Jahren (jeweils an den Jahresenden) 1.000 DM, 1.500 DM, 3.000 DM, 4.000 DM und 2.500 DM. Lohnt sich diese Investition, wenn ein Kalkulationszinsfuß von p = 6% angesetzt wird?

Übungsaufgabe 2.13

Eine Anschaffung einer Produktionsanlage für 1.000 TDM zu Beginn eines Jahres bewirkt für ein Unternehmen in den folgenden fünf Jahren die in der Tabelle dargestellten Einnahmen ($e_t$) und Ausgaben ($a_t$).

Lohnt diese Investition wenn ein Kalkulationszinsfuß von 20% zugrunde gelegt wird?

| Jahr (t) | 1 | 2 | 3 | 4 | 5 |
|---|---|---|---|---|---|
| $e_t$ (in TDM) | 500 | 600 | 700 | 600 | 750 |
| $a_t$ (in TDM) | 300 | 200 | 300 | 200 | 400 |

# 3 Differentialrechnung

## 3.1 Funktionen einer und mehrerer Variablen

### 3.1.1 Beispiele, graphische Darstellung und Eigenschaften

Wie bereits im Abschnitt 1.1.3 über Abbildungen erwähnt, ist eine reelle Funktion von n Variablen ($n \in \mathbb{N}^*$) eine Abbildung f, deren Definitionsbereich $D_f$ eine Teilmenge von $\mathbb{R}^n$ ist und deren Wertebereich $\mathbb{R}$ ist:

<u>Definition 3.1:</u> Eine Abbildung $f\colon D_f \longrightarrow \mathbb{R}$, deren Definitionsbereich $D_f$ eine nichtleere Teilmenge von $\mathbb{R}^n$ ist und deren Wertebereich $\mathbb{R}$ ist, heißt <u>(reelle) Funktion von n Variablen</u>. Die Menge

$$W_f = \left\{ y \in \mathbb{R} \mid y = f(\underline{x}) \text{ für ein } \underline{x} \in D_f \right\}$$

heißt <u>Wertemenge</u> von f.

Die Unterstreichung des Arguments $\underline{x}$ von $f(\underline{x})$ soll andeuten, daß $\underline{x}$ die Zusammenfassung von n Variablen zu einem Spaltenvektor $\underline{x} = \begin{pmatrix} x_1 \\ \vdots \\ x_n \end{pmatrix} = (x_1, \ldots, x_n)^T$ ($\underline{x} \in D_f \subset \mathbb{R}^n$) ist. Das hochgestellte T bei $(x_1, \ldots, x_n)^T$ bezeichnet die Operation des Transponierens, also hier den Übergang von Zeilen- zu Spaltenvektoren (und umgekehrt). Vektoren aus dem Definitionsbereich $D_f$ einer Funktion von n Variablen sollen also - den Gepflogenheiten der Linearen Algebra entsprechend - in Spalten (und nicht in Zeilen) zusammengefaßt werden. Trotzdem werden zur Vereinfachung des Schreibaufwandes bei expliziter Darstellung die Argumente $\underline{x} = (x_1, \ldots, x_n)^T$ in einer Zeile notiert:

$$f(\underline{x}) = f(x_1, \ldots, x_n),$$

obwohl es genauer heißen müßte:

$$f(\underline{x}) = f((x_1, \ldots, x_n)^T).$$

Die Tatsache, daß das Argument $\underline{x} \in D_f \subset \mathbb{R}^n$ als Spalten- und nicht als Zeilenvektor notiert wird, ist bei einigen Fragestellungen der Differentialrechnung für Funktionen mehrerer Variablen von Bedeutung (totale Ableitung, Gradient, Kettenregel usw.).
Ist von vornherein klar, daß f eine Funktion einer Variablen ist, so fehlt die Unterstreichung: $f(x)$, falls $x \in D_f \subset \mathbb{R}$.

Im Sinne der Definition 3.1 sind Folgen spezielle Funktionen einer Variablen, da eine Folge eine Abbildung $a\colon \mathbb{N} \longrightarrow \mathbb{R}$ ist, also den Definitionsbereich $\mathbb{N} \subset \mathbb{R}$ und den Wertebereich $\mathbb{R}$ besitzt. Die wichtigsten in den folgenden Kapiteln zu entwickelnden Begriffe (Eigenschaften) für Funktionen, wie Stetigkeit, Differenzierbarkeit und Integrierbarkeit, sind jedoch nur dann sinnvoll oder überhaupt definiert, wenn $D_f$ innere Punkte (vgl. Vorbemerkungen zu Definition 1.52) besitzt. Reelle Funktionen einer oder mehrerer Variablen sind für das Studium ökonomischer Fragestellungen von grundlegender Bedeutung.

Beispiele:

* Für ein Unternehmen, das nur ein Gut herstellt, bezeichnet

  $x \in \mathbb{R}^+$ $(= \left\{x \in \mathbb{R} \mid x \geq 0\right\})$ die in einem bestimmten Zeitraum verkaufte Menge des Gutes und p den Preis je Einheit. Die Funktion $E: \mathbb{R}^+ \longrightarrow \mathbb{R}$ mit $E(x) = p \cdot x$ ordnet jeder (möglichen) verkauften Menge x ihren Erlös zu.

  Stellt das Unternehmen mehrere (n) Güter her, und bezeichnet man mit $\underline{x} = (x_1, \ldots, x_n)^T \in (\mathbb{R}^+)^n = \overset{n}{\underset{1}{\times}} \left\{x \in \mathbb{R} \mid x \geq 0\right\}$ die in einem bestimmten Zeitraum verkauften Mengen der n Güter, so erhält man mit den jeweiligen Verkaufspreisen $p_1, \ldots, p_n$ eine Funktion E von n Variablen als Erlösfunktion:

  $$E: (\mathbb{R}^+)^n \longrightarrow \mathbb{R}$$

  mit

  $$E(\underline{x}) = E(x_1, \ldots, x_n) = \sum_{i=1}^{n} p_i \cdot x_i .$$

* In der mikroökonomischen Produktionstheorie werden üblicherweise wenigstens zwei Produktionsfaktoren (Kapital und Arbeit) unterschieden. Eine Produktionsfunktion ordnet den Einsatzmengen ($x_1$ und $x_2$) dieser Produktionsfaktoren die produzierte Menge des Gutes ($f(x_1, x_2)$) zu. So könnte etwa für eine Produktionsfunktion gelten:

  $$f: (\mathbb{R}^+)^2 \longrightarrow \mathbb{R} \quad \text{mit} \quad (x_1, x_2) \longmapsto f(x_1, x_2) = c \cdot x_1^{\alpha} \cdot x_2^{\beta}$$

  mit den Parametern $c, \alpha, \beta \in \mathbb{R}^+$.

* Der Bestand in einem Lager zum Zeitpunkt $t \in \mathbb{R}$, $B(t)$, wird in deterministischen Modellen (Modelle, in denen keine Zufallseinflüsse berücksichtigt werden) häufig durch Funktionen der folgenden Art beschrieben:

  $$B: \mathbb{R} \longrightarrow \mathbb{R} \text{ mit}$$
  $$B(t) = B_0 + n \cdot B_1 - a \cdot t, \text{ falls } (n-1) \cdot \frac{B_1}{a} \leq t < n \cdot \frac{B_1}{a} \text{ ist } (n \in \mathbb{Z}).$$

  Dabei sind $B_0 \geq 0$, $B_1 > 0$ und $a > 0$ reelle Parameter, die den Mindestbestand ($B_0$), die Liefermenge ($B_1$) jeweils zum Zeitpunkt $n \cdot \frac{B_1}{a}$ und den Lagerabfluß je Zeiteinheit (a) angeben. Durch diese Funktion wird ein Lager modelliert, das durch einen "stetigen" Abgangsstrom der Stärke a Einheiten pro Zeiteinheit und Lagerzugänge von $B_1$ Einheiten zu den Zeitpunkten $n \cdot \frac{B_1}{a}$ bei einem Mindest- oder Sicherheitsbestand von $B_0$ Einheiten charakterisiert ist.

Da sich das kartesische Produkt $\mathbb{R}^2 = \mathbb{R} \times \mathbb{R}$ als ebenes Koordinatensystem darstellen läßt, ist es möglich, eine reelle Funktion einer Variablen, die ja als Relation, also als Teilmenge des kartesischen Produkts $D \times \mathbb{R} \subset \mathbb{R} \times \mathbb{R} = \mathbb{R}^2$, definiert ist, in einem ebenen Koordinatensystem darzustellen:

$$R_f = \left\{(x, f(x)) \mid x \in D_f\right\}.$$

So erhält man etwa für die Funktionen

$E: \mathbb{R} \longrightarrow \mathbb{R}$ mit $E(x) = p \cdot x$ (Erlösfunktion mit Mengenvariable x, p = 0,8)

und für

$B: \mathbb{R} \longrightarrow \mathbb{R}$ mit

$B(x) = B_0 + n \cdot B_1 - a \cdot x$, falls $(n-1) \cdot \frac{B_1}{a} \leq x < n \cdot \frac{B_1}{a}$ $(n \in \mathbb{Z})$ ist

(mit $a = 0{,}5$, $B_0 = 0{,}5$, $B_1 = 1$, Lagerbestandsfunktion mit Zeitvariable x statt t)

die in Abb. 3.1 angegebenen graphischen Darstellungen.

Abb. 3.1: Graphische Darstellung von Funktionen einer Variablen

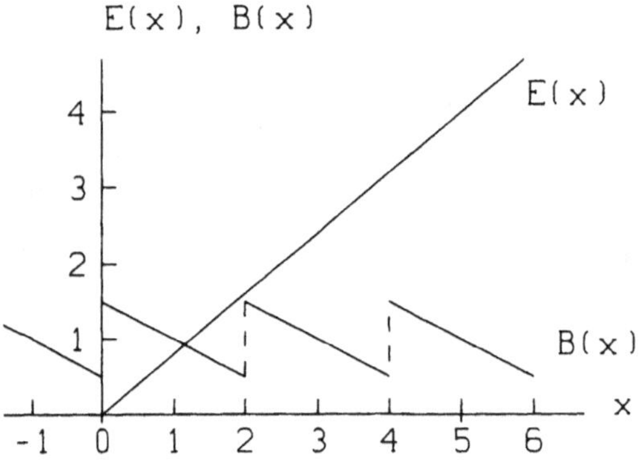


Für Funktionen von zwei (oder mehr) Variablen sind solche einfachen Darstellungen nicht mehr möglich: Der Graph einer Funktion $f(x_1, x_2)$ von zwei Variablen, also die Menge $\left\{(x_1, x_2, f(x_1, x_2)) \mid (x_1, x_2) \in D_f\right\}$, ist eine Teilmenge von $\mathbb{R}^3$ und kann daher nur mühsam als räumliches Gebilde dargestellt werden. Beispiele für solche Darstellungen finden sich häufig im Bereich der Geographie, wenn die Höhenlage über N.N. von Orten als Funktion ihrer ebenen Koordinaten in Form eines Reliefs dargestellt wird. Mit Hilfe von Computern lassen sich jedoch ebene, perspektivische Darstellungen von Funktionen von zwei Variablen erzeugen, die einen recht guten Eindruck vom Funktionsverlauf bieten (vgl. Abb. 3.2).

Eine andere, einfachere Möglichkeit, Funktionen von zwei Variablen graphisch darzustellen, basiert auf Niveaulinien. Die Idee dabei ist, Punkte (Elemente des Definitionsbereiches) mit gleichen Funktionswerten miteinander zu verbinden. So erhält man etwa für die (lineare) Funktion $f(x_1, x_2) = 2 \cdot x_1 + 3 \cdot x_2$ die Niveaulinien, indem man $f(x_1, x_2)$ auf feste Werte c festlegt und dann nach einer Variablen auflöst:

$c = 2 \cdot x_1 + 3 \cdot x_2$ oder $x_2 = -\frac{2}{3} \cdot x_1 + \frac{c}{3}$.

Abb. 3.2: Graphische Darstellung der Funktion $f(x_1, x_2) = x_1^{\alpha} \cdot x_2^{\beta}$ für $\alpha = 2/3$ und $\beta = 1/3$ ($D_f = (\mathbb{R}^+)^2$)

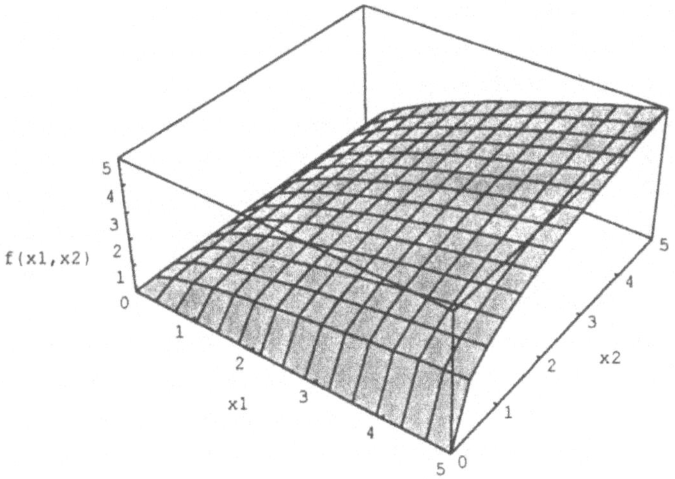


In diesem Beispiel können also die Niveaulinien als Funktion $x_2 = N_c(x_1)$ dargestellt werden. Für c = -1, 0, 1, 2, 3 ergibt sich die in Abb. 3.3 dargestellte Schar von Niveaulinien:

Abb. 3.3: Niveaulinien für die Funktion $f(x_1, x_2) = 2 \cdot x_1 + 3 \cdot x_2$

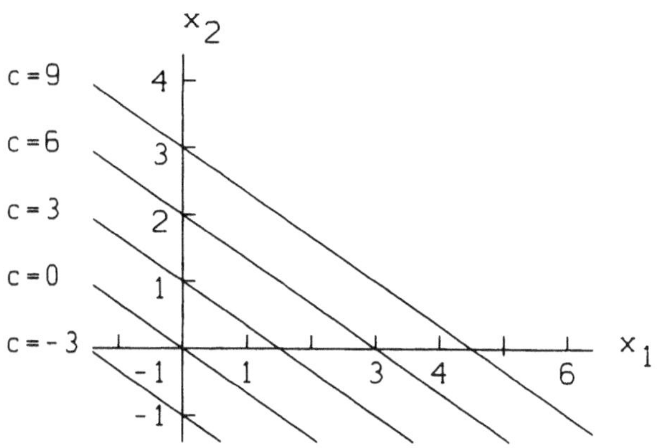


Für die etwas kompliziertere Funktion $f(x_1, x_2) = x_1^{2/3} \cdot x_2^{1/3}$ ($D_f = (\mathbb{R}^+)^2$) (vgl. Abb. 3.2) ist $c = x_1^{2/3} \cdot x_2^{1/3}$ oder $x_2 = \frac{c^3}{x_1^2}$.

Für c = 1/2, 1, 2, 4 erhält man die in Abb. 3.4 dargestellten Niveaulinien.

Abb. 3.4: Niveaulinien für $f(x_1, x_2) = x_1^{2/3} \cdot x_2^{1/3}$ $(D_f = (\mathbb{R}^+)^2)$

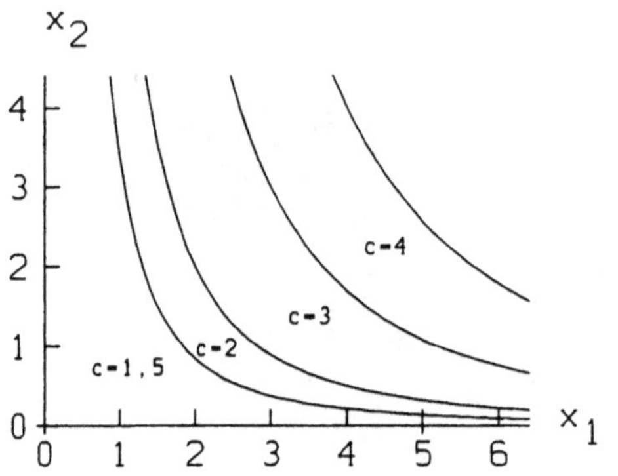


Eine Darstellungsmöglichkeit, die auch für Funktionen von mehr als zwei Variablen geeignet ist, besteht in der Einschränkung von $f(\underline{x})$ auf Geraden oder andere einparametrige Teilmengen des Definitionsbereiches.

Schränkt man etwa die Funktion $f(x_1, x_2) = x_1^{2/3} \cdot x_2^{1/3}$ auf Geraden der Form $x_2 = a \cdot x_1$ $(a > 0)$ ein, so erhält man eine Funktion $g(x_1)$ von einer Variablen: $g(x_1) = f(x_1, a \cdot x_1) = x_1^{2/3} \cdot (a \cdot x_1)^{1/3} = a^{1/3} \cdot x_1$.

Wie man sieht (vgl. Abb. 3.5), ist die Einschränkung von $f(x_1, x_2)$ auf eine Gerade durch den Koordinatenursprung eine lineare Funktion.

Abb. 3.5: Einschränkung der Funktion $f(x_1, x_2) = x_1^{2/3} \cdot x_2^{1/3}$ auf Geraden der Form $x_2 = a \cdot x_1$ $(a > 0)$

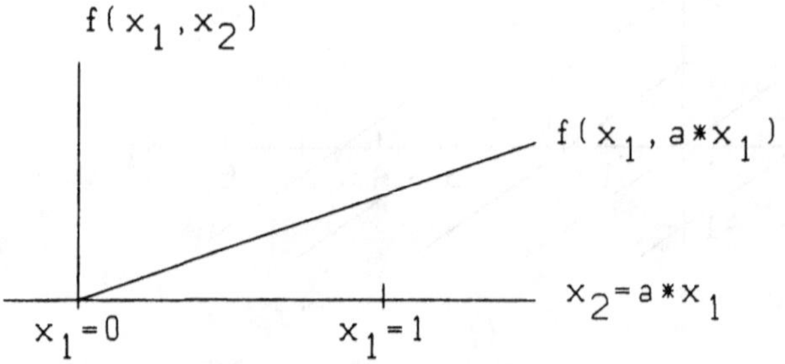

Schränkt man die Funktion $f(x_1, x_2) = x_1^{2/3} \cdot x_2^{1/3}$ dagegen auf Geraden mit einer negativen Steigung ein, etwa $x_2 = 1 - x_1$, so ergibt sich

$$g(x_1) = f(x_1, 1-x_1) = x_1^{2/3} \cdot (1-x_1)^{1/3} = (x_1^2 - x_1^3)^{1/3}.$$

Damit erhält man den in Abb. 3.6 dargestellten Funktionsverlauf.

Abb. 3.6: Einschränkung der Funktion $f(x_1, x_2) = x_1^{2/3} \cdot x_2^{1/3}$ auf die Strecke $x_2 = 1 - x_1$ $(0 \le x_1 \le 1)$

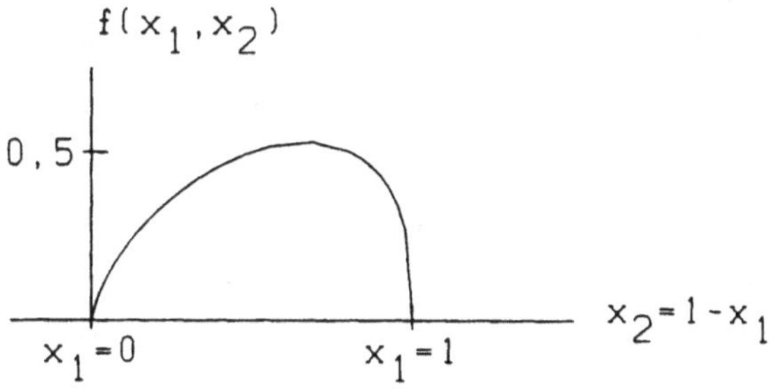


Die Eigenschaft der Funktion $f(x_1, x_2) = x_1^{2/3} \cdot x_2^{1/3}$, auf Geraden der Form $x_2 = a \cdot x_1$ $(a > 0,\ x_1 > 0)$ linear zu sein (vgl. Abb. 3.5), ist ein Spezialfall der Homogenität von Funktionen:

Definition 3.2: Eine Funktion $f\colon (\mathbb{R}^+)^n \to \mathbb{R}$ heißt homogen vom Grade r (oder besitzt den Homogenitätsgrad r), falls für alle $\underline{x} \in D_f$ und $\lambda \ge 0$ gilt:

$$f(\lambda \cdot \underline{x}) = \lambda^r \cdot f(\underline{x}) \qquad (\lambda \cdot \underline{x} = \lambda\cdot(x_1,\dots,x_n)^T = (\lambda\cdot x_1,\dots,\lambda\cdot x_n)^T).$$

Funktionen mit dem Homogenitätsgrad 1 heißen auch linear homogen.

Beispiele:

- Die Funktion $f\colon (\mathbb{R}^+)^n \to \mathbb{R}$ mit $f(\underline{x}) = c \cdot x_1^{\alpha_1} \cdot \ldots \cdot x_n^{\alpha_n} = c \cdot \prod_{i=1}^{n} x_i^{\alpha_i}$ ist homogen vom Grade $\sum_{i=1}^{n} \alpha_i$. Insbesondere ist $f(\underline{x}) = c \cdot \prod_{i=1}^{n} x_i^{\alpha_i}$ linear homogen, wenn $\sum_{i=1}^{n} \alpha_i = 1$ ist.

* Lineare Funktionen $f(\underline{x}) = \sum_{i=1}^{n} a_i \cdot x_i$ sind linear homogen. Wie aber das Beispiel $f(x_1, x_2) = x_1^{2/3} \cdot x_2^{1/3}$ zeigt, gibt es auch linear homogene Funktionen, die nicht linear sind.

Daß homogene - insbesondere linear homogene - Funktionen besonders gut zur Modellierung von Produktionsprozessen geeignet sind, soll hier beispielhaft an der Funktion $f(x_1, x_2) = c \cdot x_1^{2/3} \cdot x_2^{1/3}$ gezeigt werden.
Wie bereits erwähnt, werden in der mikroökonomischen Produktionstheorie zumindest die zwei Produktionsfaktoren Kapital (z.B.: Land) und Arbeit unterschieden. Nimmt man also etwa an, daß $f(x_1, x_2)$ den landwirtschaftlichen Ertrag angibt, der auf einer Ackerfläche von $x_1$ Hektar durch den Einsatz von $x_2$ Manntagen Arbeitszeit in einem Jahr erzielt wird, so ist es sinnvoll zu erwarten, daß der Ertrag $f(x_1, x_2)$ den Wert 0 annimmt, wenn eine der beiden Variablen $x_1$ oder $x_2$ den Wert 0 annimmt: $f(x_1, 0) = f(0, x_2) = 0$. Die Spezifikation von $f(x_1, x_2) = c \cdot x_1^{2/3} \cdot x_2^{1/3}$ erfüllt diese Forderung. Linearität ist von $f(x_1, x_2)$ sinnvollerweise nicht zu erwarten, da dann $f(x_1, x_2) = f(x_1, 0) + f(0, x_2) = 0$ wäre. Allerdings ist es sinnvoll, bei konstantem Verhältnis $c = \frac{x_2}{x_1}$ (oder $x_2 = c \cdot x_1$) Linearität anzunehmen:

$$f(x_1, c \cdot x_1) = c^{1/3} \cdot x_1 \text{ (vgl. Abb. 3.5).}$$

Dies ist aber nichts anderes als die Tatsache, daß $f(x_1, x_2)$ homogen vom Grad $2/3 + 1/3 = 1$ ist.

Genauso wie für Folgen (vgl. Def. 2.4) können auch für Funktionen einer oder mehrerer Variablen Monotonie und Beschränktheit definiert werden. Bei der Definition der Monotonie ist zu beachten, daß für $\underline{x}, \underline{y} \in \mathbb{R}^n$ die Ungleichung $\underline{x} < \underline{y}$ bzw. $\underline{x} \le \underline{y}$ genau dann gilt, wenn für alle Komponenten die Ungleichung $x_i < y_i$ bzw. $x_i \le y_i$ erfüllt ist ($i = 1, \ldots, n$).

<u>Definition 3.3:</u> Ist $f: D_f \to \mathbb{R}$ eine Funktion von n Variablen ($D_f \subset \mathbb{R}^n$), dann heißt f

- <u>monoton steigend</u>, falls für alle $\underline{x}, \underline{y} \in D_f$ gilt:
  $\underline{x} < \underline{y} \Rightarrow f(\underline{x}) \le f(\underline{y})$;
- <u>streng monoton steigend</u>, falls für alle $\underline{x}, \underline{y} \in D_f$ gilt:
  $\underline{x} < \underline{y} \Rightarrow f(\underline{x}) < f(\underline{y})$;
- <u>monoton fallend</u>, falls für alle $\underline{x}, \underline{y} \in D_f$ gilt:
  $\underline{x} < \underline{y} \Rightarrow f(\underline{x}) \ge f(\underline{y})$;
- <u>streng monoton fallend</u>, falls für alle $\underline{x}, \underline{y} \in D_f$ gilt:
  $\underline{x} < \underline{y} \Rightarrow f(\underline{x}) > f(\underline{y})$.

Die Funktion heißt <u>beschränkt (nach oben, nach unten)</u>, falls die Wertemenge von f, $W_f = \left\{y \in \mathbb{R} \mid y = f(\underline{x}) \text{ für ein } \underline{x} \in D_f\right\}$, beschränkt (nach oben, nach unten) ist (vgl. Def. 1.54).

Beispiele:

* Die Funktion $f\colon \mathbb{R} \longrightarrow \mathbb{R}$ mit $f(x) = a \cdot x$ ist streng monoton steigend für $a > 0$ und streng monoton fallend für $a < 0$. Nur für $a = 0$ ist f beschränkt.

* Die Funktion $f\colon \mathbb{R}^2 \longrightarrow \mathbb{R}$ mit $f(x_1, x_2) = 2^{x_1} \cdot 3^{x_2}$ ist streng monoton steigend und nach unten, nicht aber nach oben, beschränkt.

* Ist $D_f = \left\{\underline{x} \in \mathbb{R}^n \mid 0 \le x_i \le 1 \text{ für alle } i = 1, \ldots, n\right\}$ ($D_f$ ist der Einheitswürfel im $\mathbb{R}^n$), so ist die Funktion $f\colon D_f \longrightarrow \mathbb{R}$ mit $f(\underline{x}) = \sum_{i=1}^{n} x_i^2$ streng monoton steigend und (nach oben und unten) beschränkt (auf $D_f$).

Für die Bestimmung von Extremstellen von Funktionen einer oder mehrerer Variablen sind die Begriffe Konvexität und Konkavität von Bedeutung. Anschaulich bedeutet die Konvexität einer Funktion f(x) einer Variablen, daß die Verbindungsstrecke von zwei Punkten auf dem Graph der Funktion, $(x_1, f(x_1))$ und $(x_2, f(x_2))$, stets oberhalb des entsprechenden Abschnitts des Graphen von f(x) liegen (vgl. Abb. 3.7). Punkte auf der Verbindungsstrecke von $(x_1, f(x_1))$ und $(x_2, f(x_2))$ können als $(\lambda \cdot x_1 + (1-\lambda) \cdot x_2, \lambda \cdot f(x_1) + (1-\lambda) \cdot f(x_2))$ dargestellt werden, wobei $0 \le \lambda \le 1$ sein muß. Daß solche Punkte oberhalb des entsprechenden Abschnitts des Graphen von f(x) liegen, läßt sich dadurch ausdrücken, daß der zum Argument $\lambda \cdot x_1 + (1-\lambda) \cdot x_2$ gehörige Funktionswert $f(\lambda \cdot x_1 + (1-\lambda) \cdot x_2)$ kleiner oder höchstens gleich $\lambda \cdot f(x_1) + (1-\lambda) \cdot f(x_2)$ ist:
$f(\lambda \cdot x_1 + (1-\lambda) \cdot x_2) \le \lambda \cdot f(x_1) + (1-\lambda) \cdot f(x_2)$ (vgl. Abb. 3.7).

Abb. 3.7: Konvexität von Funktionen einer Variablen

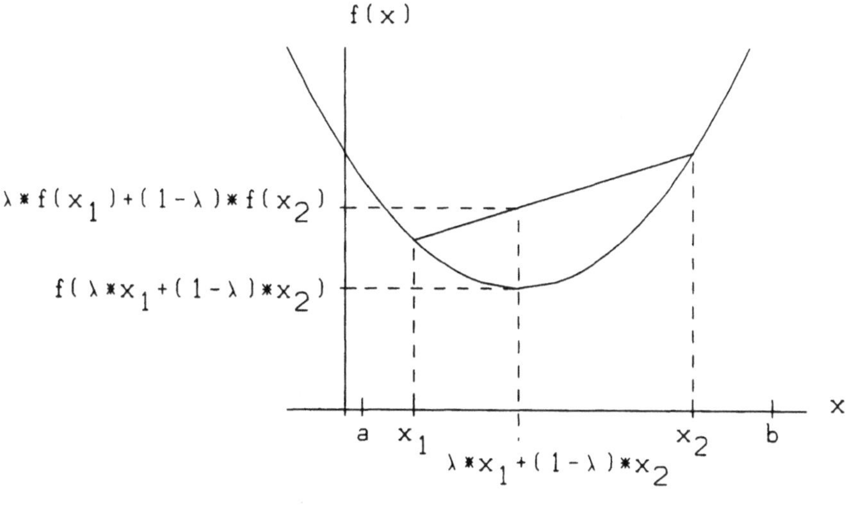


Stillschweigende Voraussetzung für diese Überlegung ist, daß f(x) nicht nur für $x_1$ und $x_2$, sondern auch für alle Zwischenpunkte $\lambda \cdot x_1 + (1-\lambda) \cdot x_2$ $(0 \le \lambda \le 1)$ definiert ist. Man kann daher nur auf Intervalle eingeschränkte Funktionen einer Variablen auf Konvexität hin untersuchen.

Konkavität einer Funktion einer Variablen f(x) auf einem Intervall bedeutet, daß der Graph der Funktion auf dem Intervall stets oberhalb der Verbindungsstrecke von Punkten auf dem Funktionsgraphen verläuft. Also ist dann die Funktion -f(x) auf dem Intervall konvex ist. Daher erfüllt eine konkave Funktion für alle $x_1$ und $x_2$ aus dem Intervall und alle $\lambda \in [0, 1]$ die Bedingung: $-f(\lambda \cdot x_1 + (1-\lambda) \cdot x_2) \le -\lambda \cdot f(x_1) - (1-\lambda) \cdot f(x_2)$ oder $f(\lambda \cdot x_1 + (1-\lambda) \cdot x_2) \ge \lambda \cdot f(x_1) + (1-\lambda) \cdot f(x_2)$ (vgl. Abb. 3.8).

Abb. 3.8: Konkavität von Funktionen einer Variablen

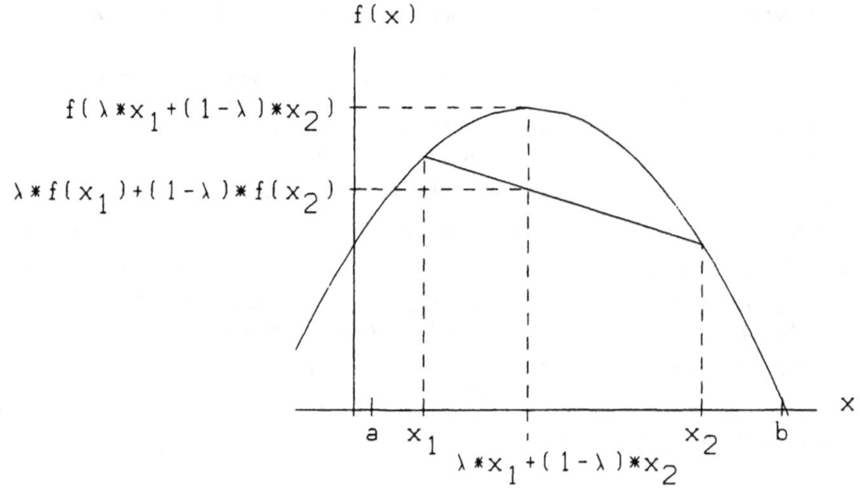


Insgesamt gilt damit die folgende Definition:

Definition 3.4: Eine Funktion f(x), die auf dem ganzen Intervall [a, b] definiert ist, heißt konvex auf [a, b], falls für alle $x_1, x_2 \in [a, b]$ und alle $\lambda \in [0, 1]$ die Ungleichung

$$f(\lambda \cdot x_1 + (1-\lambda) \cdot x_2) \le \lambda \cdot f(x_1) + (1-\lambda) \cdot f(x_2)$$

erfüllt ist.

Eine Funktion f(x), die auf dem ganzen Intervall [a, b] definiert ist, heißt konkav auf [a, b], falls für alle $x_1, x_2 \in [a, b]$ und alle $\lambda \in [0, 1]$ die Ungleichung

$$f(\lambda \cdot x_1 + (1-\lambda) \cdot x_2) \ge \lambda \cdot f(x_1) + (1-\lambda) \cdot f(x_2)$$

erfüllt ist.

Daß Konvexität/Konkavität von Funktionen auf abgeschlossenen Intervallen [a, b] definiert wurde, ist willkürlich. Konvexität/Konkavität kann genauso für offene oder halboffene Intervalle definiert werden.

Beispiele:

* Die Funktion $f(x) = x^2$ ist auf ganz ℝ konvex.
* Die Funktion $f(x) = x^3$ ist im Intervall $]-\infty, 0]$ konkav und im Intervall $[0, +\infty[$ konvex.

Verallgemeinert man den Begriff der Konvexität auf Funktionen mehrerer Variablen, so wird man $f(\underline{x})$ auf einer Menge $K \subset D \subset \mathbb{R}^n$ als konvex bezeichnen, falls für beliebige Punkte $\underline{x}^1, \underline{x}^2 \in K$ der Graph von $f(\underline{x})$ stets unterhalb der Verbindungsstrecke von $(\underline{x}^1, f(\underline{x}^1))$ und $(\underline{x}^2, f(\underline{x}^2))$ verläuft. Ein Punkt auf der Verbindungsstrecke von $(\underline{x}^1, f(\underline{x}^1))$ und $(\underline{x}^2, f(\underline{x}^2))$ kann aber als $(\lambda\cdot\underline{x}^1 + (1-\lambda)\cdot\underline{x}^2, \lambda\cdot f(\underline{x}^1) + (1-\lambda)\cdot f(\underline{x}^2))$ dargestellt werden ($\lambda \in [0, 1]$, $\lambda\cdot\underline{x} = (\lambda\cdot x_1, \ldots, \lambda\cdot x_n)^T$). Damit also $f(\underline{x})$ auf K konvex ist, muß für alle $\underline{x}^1, \underline{x}^2 \in K$ und alle $\lambda \in [0, 1]$ die Ungleichung $f(\lambda\cdot\underline{x}^1 + (1-\lambda)\cdot\underline{x}^2) \le \lambda\cdot f(\underline{x}^1) + (1-\lambda)\cdot f(\underline{x}^2)$ erfüllt sein. Dabei wird implizit unterstellt, daß mit $\underline{x}^1$ und $\underline{x}^2$ auch $\lambda\cdot\underline{x}^1 + (1-\lambda)\cdot\underline{x}^2$ für $0 \le \lambda \le 1$ in K liegt. Diese Eigenschaft von Teilmengen des $\mathbb{R}^n$ heißt Konvexität (vgl. Abb. 3.9). Entsprechende Überlegungen zur Konkavität von Funktionen mehrerer Variablen führen zu der Ungleichung $f(\lambda\cdot\underline{x}^1 + (1-\lambda)\cdot\underline{x}^2) \ge \lambda\cdot f(\underline{x}^1) + (1-\lambda)\cdot f(\underline{x}^2)$, die von allen Punkten $\underline{x}^1, \underline{x}^2$ aus der konvexen Teilmenge K des Definitionsbereiches von f und alle $\lambda \in [0, 1]$ erfüllt sein muß.

<u>Abb. 3.9:</u> Konvexe ($M_1$, $M_2$) und nichtkonvexe Teilmengen ($M_3$, $M_4$) von $\mathbb{R}^2$

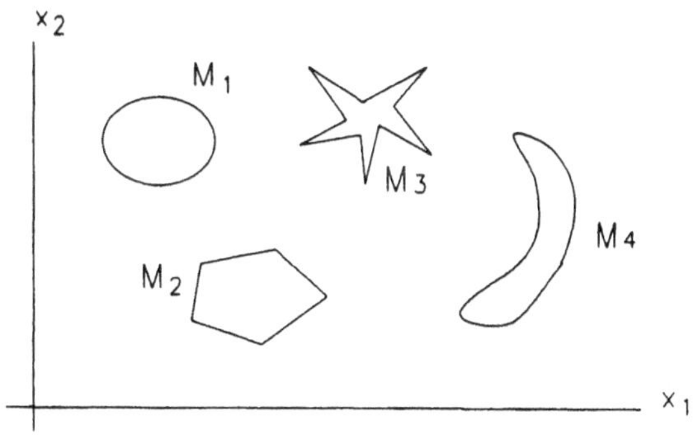


Insgesamt gilt damit die folgende Definition:

<u>Definition 3.5:</u> Eine Teilmenge $K \subset \mathbb{R}^n$ $(K \ne \emptyset)$ heißt <u>konvex</u>, falls für alle $\underline{x}^1, \underline{x}^2 \in K$ und $\lambda \in [0, 1]$ auch $\lambda\cdot\underline{x}^1 + (1-\lambda)\cdot\underline{x}^2 \in K$ gilt.

Eine Funktion $f(\underline{x})$, die auf der ganzen konvexen Menge K $(\ne \emptyset)$ definiert ist, heißt auf K <u>konvex</u>, falls für alle $\underline{x}^1, \underline{x}^2 \in K$ und alle $\lambda \in [0, 1]$ die Ungleichung

$$f(\lambda\cdot\underline{x}^1 + (1-\lambda)\cdot\underline{x}^2) \le \lambda\cdot f(\underline{x}^1) + (1-\lambda)\cdot f(\underline{x}^2)$$

erfüllt ist.

Eine Funktion $f(\underline{x})$, die auf der ganzen konvexen Menge K $(\ne \emptyset)$ definiert ist, heißt auf K <u>konkav</u>, falls für alle $\underline{x}^1, \underline{x}^2 \in K$ und alle $\lambda \in [0, 1]$ die Ungleichung

$$f(\lambda\cdot\underline{x}^1 + (1-\lambda)\cdot\underline{x}^2) \ge \lambda\cdot f(\underline{x}^1) + (1-\lambda)\cdot f(\underline{x}^2)$$

erfüllt ist.

Beispiele:

* $f(x_1, x_2) = x_1^2 + x_2^2$ ist auf ganz $\mathbb{R}^2$ konvex.
* $f(x_1, x_2) = x_1^2 - x_2^2$ ist auf keiner konvexen Teilmenge von $\mathbb{R}^2$ mit inneren Punkten konvex oder konkav.

Der Nachweis der Konvexität/Konkavität von Funktionen einer oder mehrerer Variablen mit den in Def. 3.4 und Def. 3.5 angegebenen Ungleichungen ist häufig recht mühsam. Im Kapitel über Differentialrechnung wird jedoch ein recht leicht zu überprüfendes Kriterium für die Konvexität/Konkavität von hinreichend "glatten" Funktionen angegeben.

Konvexität und Konkavität von Funktionen kann auch durch die Konvexität geeignet definierter Mengen beschrieben werden:

Satz 3.6: Eine Funktion $f(\underline{x})$ von n Variablen ist auf der konvexen Menge $K \subset D_f \subset \mathbb{R}^n$ genau dann konvex, wenn die Menge $\left\{(\underline{x}, y) \in \mathbb{R}^{n+1} \mid \underline{x} \in K \text{ und } y \geq f(\underline{x})\right\}$ konvex ist.

$f(\underline{x})$ ist auf der konvexen Menge $K \subset D_f \subset \mathbb{R}^n$ genau dann konkav, wenn die Menge $\left\{(\underline{x}, y) \in \mathbb{R}^{n+1} \mid \underline{x} \in K \text{ und } y \leq f(\underline{x})\right\}$ konvex ist.

Beispiele:

* Für $f: \mathbb{R} \to \mathbb{R}$ mit $f(x) = x^2$ ist die Menge $\left\{(x, y) \in \mathbb{R}^2 \mid y \geq x^2\right\}$, also die Menge aller Punkte oberhalb des Funktionsgraphen von f, konvex, so daß f auf ganz $\mathbb{R}$ konvex ist.
* Für $f: \mathbb{R} \to \mathbb{R}$ mit $f(x) = x^3$ ist die Menge $\left\{(x, y) \in \mathbb{R}^2 \mid x \geq 0,\ y \geq x^3\right\}$, also die Menge aller Punkte im ersten Quadranten, die oberhalb des Funktionsgraphen von f liegen, konvex, so daß f für $x \geq 0$ konvex ist.

  Für $x \leq 0$ ist f konkav, da die Menge $\left\{(x, y) \in \mathbb{R}^2 \mid x \leq 0,\ y \leq x^3\right\}$, also die Menge aller Punkte des dritten Quadranten, die unterhalb des Funktionsgraphen von f liegen, konvex ist.

Der Begriff der Konkavität ist für Mengen nicht definiert.

Zum Schluß sei noch eine Symmetrieeigenschaft für Funktionen einer Variablen erwähnt:

Definition 3.7: Eine Funktion $f: D_f \to \mathbb{R}$ einer Variablen ($D_f \subseteq \mathbb{R}$) mit symmetrischem Definitionsbereich (d.h.: mit x gehört auch -x zu $D_f$) heißt <u>gerade</u>, wenn $f(x) = f(-x)$ für alle $x \in D_f$ gilt.

Die Funktion f heißt <u>ungerade</u>, falls $f(x) = -f(-x)$ für alle $x \in D_f$ gilt.

Beispiele:

* Die Funktion $f(x) = \frac{x^2}{x^2-1}$ mit $D_f = \mathbb{R}\setminus\{\pm 1\}$ ist gerade.
* Die Funktion $f(x) = \frac{x}{x^2-1}$ mit $D_f = \mathbb{R}\setminus\{\pm 1\}$ ist ungerade.

Der Graph einer geraden Funktion ist symmetrisch zur Ordinatenachse, der einer ungeraden Funktion punktsymmetrisch zum Koordinatenursprung (vgl. Abb. 3.10).

Abb. 3.10: Graphische Darstellung der (geraden) Funktion $f_1(x) = \frac{x^2}{x^2-1}$ und der (ungeraden) Funktion $f_2(x) = \frac{x}{x^2-1}$

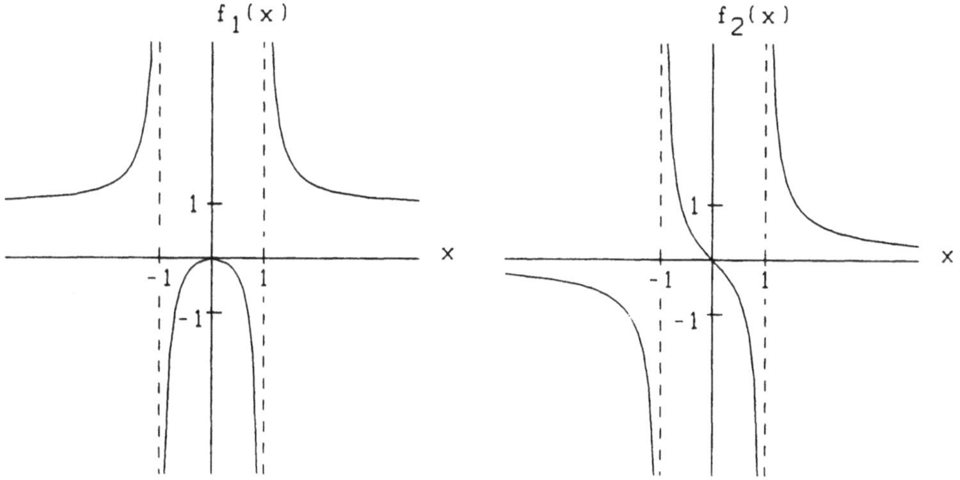

### 3.1.2 Polynome, gebrochen rationale und algebraische Funktionen

Obwohl im Bereich der Ökonomie die unterschiedlichsten Funktionen auftreten, lassen sie sich doch in den meisten Fällen auf einige Grundtypen zurückführen. Aus diesen elementaren Funktionen lassen sich die meisten ökonomischen Funktionen durch einfache algebraische Operationen konstruieren. In diesem und dem nächsten Abschnitt werden die Grundfunktionen und ihre wichtigsten Eigenschaften vorgestellt.

Erzeugt man reelle Funktionen einer Variablen, indem man auf die Variable x die Grundrechenarten + und •, kombiniert mit der Multiplikation mit festen reellen Zahlen (Parametern), anwendet, so erhält man Funktionen der Art

$$f(x) = \sum_{i=0}^{k} a_i \cdot x^i,$$

die grundsätzlich auf ganz $\mathbb{R}$ definiert sind ($D_f = \mathbb{R}$).

<u>Definition 3.8:</u> Eine reelle Funktion f(x) einer Variablen heißt <u>Polynom</u> oder <u>ganze rationale Funktion</u>, falls es reelle Parameter $a_0, \ldots, a_k \in \mathbb{R}$ gibt, derart daß $f(x) = \sum_{i=0}^{k} a_i \cdot x^i$ gilt.

Der größte Index i, für den $a_i \neq 0$ ist, (normalerweise k) heißt <u>Grad</u> des Polynoms.

Eine Stelle $x_0 \in \mathbb{R}$ mit $f(x_0) = 0$ heißt <u>Nullstelle</u> des Polynoms.

Besitzt f(x) die Darstellung $f(x) = (x-x_0)^r \cdot g(x)$, wobei g(x) ein Polynom mit $g(x_0) \neq 0$ ist, so heißt $x_0$ <u>Nullstelle mit der Vielfachheit r</u> von f(x).

Beispiele:

* Polynome vom Grad 0 sind Funktionen der Form $f(x) = a_0$, also konstante Funktionen.
* Polynome vom Grad 1 sind Funktionen der Form $f(x) = a_1 \cdot x + a_0$ ($a_1 \neq 0$), also (affin) lineare Funktionen (Geraden).
* Polynome vom Grad 2 werden quadratische, solche vom Grad 3 kubische Funktionen genannt:

  $f(x) = a_2 \cdot x^2 + a_1 \cdot x + a_0$ ($a_2 \neq 0$, quadratische Funktion, Parabel);

  $f(x) = a_3 \cdot x^3 + a_2 \cdot x^2 + a_1 \cdot x + a_0$ ($a_3 \neq 0$, kubische Funktion).

In Abb. 3.11 sind typische Verläufe von ganzen rationalen Funktionen einer Variablen dargestellt.

Abb. 3.11: Graphische Darstellung ganzer rationaler Funktionen einer Variablen

$f_1(x) = 1$
$f_2(x) = 2 \cdot x - 1$
$f_3(x) = x^2$
$f_4(x) = -x^3 + 2 \cdot x^2$

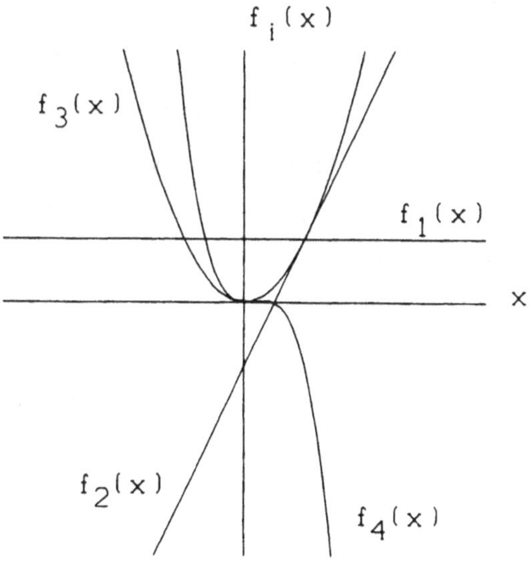


Um ganze rationale Funktionen von mehreren (n) Variablen zu definieren, ist es sinnvoll, zunächst sogenannte Multiindizes und deren Betrag einzuführen: Ein Element $\underline{i} \in \mathbb{N}^n$, also ein Ausdruck der Form $\underline{i} = (i_1, \ldots, i_n)$ mit $i_j \in \mathbb{N}$, soll Multiindex der Länge n genannt werden. Der Wert $|\underline{i}| = \sum_{j=1}^{n} i_j$ soll Betrag von $\underline{i}$ heißen.

Mit dieser Notation kann man Polynome oder ganze rationale Funktionen von n Variablen definieren:

Definition 3.9: Eine reelle Funktion von n Variablen heißt Polynom oder ganze rationale Funktion von n Variablen, wenn es Parameter $a_{\underline{i}} \in \mathbb{R}$ und $k \in \mathbb{N}$ gibt, derart daß

$$f(\underline{x}) = \sum_{|\underline{i}| \le k} a_{\underline{i}} \cdot x_1^{i_1} \cdot x_2^{i_2} \cdot \ldots \cdot x_n^{i_n}$$

gilt.

Der maximale Betrag $|\underline{i}|$ eines Multiindex $\underline{i}$, für den $a_{\underline{i}}$ ($= a_{i_1, \ldots, i_n}$) von 0 verschieden ist (normalerweise k), heißt Grad des Polynoms.

Beispiele:

* Die konstanten Funktionen von n Variablen sind die Polynome vom Grade 0:

$$f(x) = a_{0,\dots,0} \text{ mit } a_{0,\dots,0} \in \mathbb{R}.$$

* Polynome vom Grade 1 sind lineare Abbildungen $f\colon \mathbb{R}^n \longrightarrow \mathbb{R}$:

$$f(\underline{x}) = \sum_{|\underline{i}|\le 1} a_{\underline{i}} \cdot x_1^{i_1} \cdot \ldots \cdot x_n^{i_n} = a_{0,\dots,0} + \sum_{i=1}^{n} a_i \cdot x_i,$$

da $\underline{i}$ mit $|\underline{i}| = 1$ von der Gestalt $\underline{i} = (0,\dots,0,1,0,\dots,0)$ sein muß.
↑
j-te Stelle

* Polynome vom Grad 2 von 2 Variablen sind von der Form

$$f(x_1, x_2) = a_{2,0} \cdot x_1^2 + a_{0,2} \cdot x_2^2 + a_{1,1} \cdot x_1 \cdot x_2 + a_{1,0} \cdot x_1 + a_{0,1} \cdot x_2 + a_{0,0}$$

(falls $a_{0,2}$ oder $a_{2,0}$ oder $a_{1,1}$ von 0 verschieden sind).

Polynome oder ganze rationale Funktionen von n Variablen sind grundsätzlich für ganz $\mathbb{R}^n$ definiert. Lediglich aufgrund realwissenschaftlicher Überlegungen kann eine Einschränkung des Definitionsbereiches (etwa auf $(\mathbb{R}^+)^n$) sinnvoll sein.

In Abb. 3.12 ist eine kubische Funktion (Polynom vom Grad 3) von zwei Variablen dargestellt.

Abb. 3.12: Graphische Darstellung der Funktion $f(x_1, x_2) = x_1 \cdot x_2 \cdot (1-x_1-x_2)$

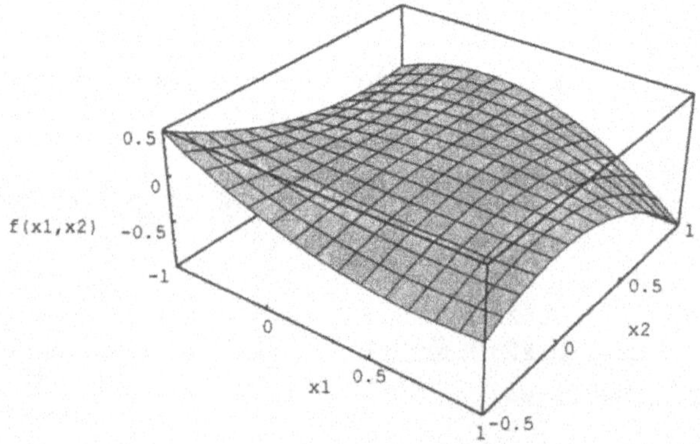

Obwohl in den meisten ökonomischen Anwendungen reelle Funktionen die Zusammenhänge zwischen den Variablen angemessen abbilden, gibt es doch Fälle, in denen auch komplexe Funktionen, insbesondere komplexe Polynome (einer Variablen), für eine Analyse erforderlich sind (Eigenwertprobleme in der linearen Algebra, Differential- und Differenzengleichungen in der Analysis). Es soll deshalb an dieser Stelle noch einmal definiert werden, was ein komplexes Polynom einer Variablen ist (vgl. die Überlegungen zu den komplexen Zahlen in Abschnitt 1.3.2):

<u>Definition 3.10:</u> Eine Abbildung $f: \mathbb{C} \longrightarrow \mathbb{C}$ heißt komplexes Polynom, falls es komplexe Zahlen $a_0, \ldots, a_n \in \mathbb{C}$ gibt, derart daß $f(x) = \sum_{i=0}^{n} a_i \cdot x^i$ für alle $x \in \mathbb{C}$ gilt.

Insbesondere kann man jedes reelle Polynom (reelle Koeffizienten $a_0, \ldots, a_n$, reelle Variable x) auch als komplexes Polynom auffassen, wenn man nur für die Variable x auch komplexe Werte zuläßt (bei weiterhin reellen Koeffizienten). Der Grund für ein solches Vorgehen ist die Tatsache, daß durch die Zulassung komplexer Werte für die Variable x die Existenz von Nullstellen gesichert ist (vgl. Satz 1.55).

Beispiele:

* Die Funktion $f: \mathbb{R} \longrightarrow \mathbb{R}$ mit $f(x) = x^2 + 1$ besitzt keine Nullstellen, die Funktion $f: \mathbb{C} \longrightarrow \mathbb{C}$ mit $f(x) = x^2 + 1$ dagegen besitzt die beiden komplexen Nullstellen $x_1 = i$ und $x_2 = -i$ (i, imaginäre Einheit: $i^2 = -1$).

Eine graphische Darstellung von komplexen Funktionen (auch nur einer Variablen) ist kaum möglich, da $f: \mathbb{C} \longrightarrow \mathbb{C}$ nur als Teilmenge des kartesischen Produkts $\mathbb{C} \times \mathbb{C} = \mathbb{C}^2 \cong \mathbb{R}^4$ dargestellt werden kann.

Die nächst größere Klasse von Funktionen, die die Polynome umfaßt, sind die gebrochen rationalen Funktionen:

<u>Definition 3.11:</u> Eine reelle Funktion f(x) einer Variablen heißt <u>gebrochen rationale Funktion</u>, wenn es ganze rationale Funktionen einer Variablen g(x) und h(x) gibt, derart daß

$$f(x) = \frac{g(x)}{h(x)} \text{ gilt.}$$

Der natürliche Definitionsbereich der gebrochen rationalen Funktion $f(x) = \frac{g(x)}{h(x)}$ ist die Menge $D_f = \left\{x \in \mathbb{R} \mid h(x) \neq 0\right\}$. Besitzen die Funktionen g(x) und h(x) gemeinsame Nullstellen, so besitzt f auf $D_f$ die Darstellung

$$f(x) = \frac{(x-x_{01})^{k_1} \cdot (x-x_{02})^{k_2} \cdot \ldots \cdot (x-x_{0l})^{k_l} \cdot \tilde{g}(x)}{(x-x_{01})^{k_1} \cdot (x-x_{02})^{k_2} \cdot \ldots \cdot (x-x_{0l})^{k_l} \cdot \tilde{h}(x)} = \frac{\tilde{g}(x)}{\tilde{h}(x)},$$

wobei die Polynome $\tilde{g}$ und $\tilde{h}$ keine gemeinsamen Nullstellen besitzen.

Die Funktion $\tilde{f}(x) = \frac{\tilde{g}(x)}{\tilde{h}(x)}$ mit Definitionsbereich $D_{\tilde{f}} = \left\{x \in \mathbb{R} \mid \tilde{h}(x) \neq 0\right\}$ stimmt auf $D_f$ mit f überein. Stellen $x_l \in D_{\tilde{f}} \setminus D_f$, für die also $h(x_l) = 0$ und $\tilde{h}(x_l) \neq 0$ ist, heißen <u>hebbare Definitionslücken von f</u>, da f stetig auf $x_l$ fortsetzbar ist (durch $\tilde{f}$). Definitionslücken $x_p$, an denen $\tilde{h}$, aber nicht $\tilde{g}$ verschwindet, in deren Umgebung daher f gegen $+\infty$ oder $-\infty$ strebt, heißen <u>Polstellen</u> von f. Ist die Polstelle $x_p$ eine Nullstelle der Vielfachheit k von $\tilde{h}$ (vgl. Definition 3.8), so heißt $x_p$ <u>Polstelle der Ordnung k</u> von f.

Beispiele:

* Die Funktion $f(x) = \frac{x-1}{x^2-1} = \frac{x-1}{(x-1)\cdot(x+1)}$ besitzt den Definitionsbereich $D_f = \mathbb{R}\setminus\{\pm 1\}$. Da der Zähler ebenfalls an der Stelle $x_{01} = 1$ verschwindet, besitzt f (auf $D_f$) die Darstellung $f(x) = \tilde{f}(x) = \frac{1}{x+1}$, so daß $x_{01} = 1$ eine hebbare Definitionslücke ist. $x_{02} = -1$ dagegen ist eine Polstelle der Ordnung 1 von f, da an der Stelle $x_{02} = -1$ nur der Nenner von $\tilde{f}$, nicht aber der Zähler eine Nullstelle (der Ordnung 1) besitzt.

* Die Funktion $f(x) = \frac{1}{x^2-1}$ besitzt den natürlichen Definitionsbereich $D_f = \mathbb{R}\setminus\{\pm 1\}$, da das Nennerpolynom $x^2-1$ für $x = \pm 1$ verschwindet (Polstellen). In Abb. 3.13 ist der Verlauf von f(x) dargestellt.

<u>Abb. 3.13:</u> Graphische Darstellung der Funktion $f(x) = \frac{1}{x^2-1}$

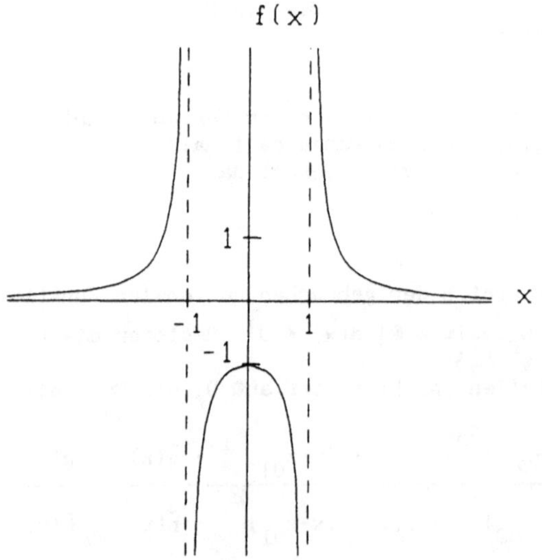

Analog zur Definition von gebrochen rationalen Funktionen einer Variablen kann man auch gebrochen rationale Funktionen von mehreren Variablen definieren, indem man Quotienten $\frac{g(\underline{x})}{h(\underline{x})}$ von Polynomen von n Variablen bildet.

Beispiel:

* $f(x_1, x_2) = \frac{x_1^2+x_2^2}{x_1^2+x_2^2-1}$

Der natürliche Definitionsbereich dieser gebrochen rationalen Funktion von zwei Variablen ist $\mathbb{R}^2$ mit Ausnahme des Einheitskreises:

$D_f = \left\{(x_1, x_2) \in \mathbb{R}^2 \mid x_1^2 + x_2^2 \neq 1\right\}$. In Abb. 3.14 ist der Verlauf dieser Funktion dargestellt.

Die größte Funktionenklasse, die mit algebraischen Mitteln beschrieben werden kann, besteht aus den algebraischen Funktionen.

Definition 3.12: Eine reelle Funktion f(x) einer Variablen heißt algebraisch, wenn es Polynome $P_i(x)$ gibt, derart daß $\sum_{i=0}^{n} P_i(x)\cdot(f(x))^i = 0$ gilt. Darüber hinaus muß f(x) in der Umgebung eines jeden inneren Punktes $x_0$ des Definitionsbereiches von f(x) durch eine konvergente Potenzreihe darstellbar sein (vgl. Def. 2.18):

$$f(x) = \sum_{i=0}^{\infty} a_i\cdot(x-x_0)^i \text{ für } x \in U(x_0).$$

Abb. 3.14: Graphische Darstellung der Funktion $f(x_1, x_2) = \frac{x_1^2+x_2^2}{x_1^2+x_2^2-1}$

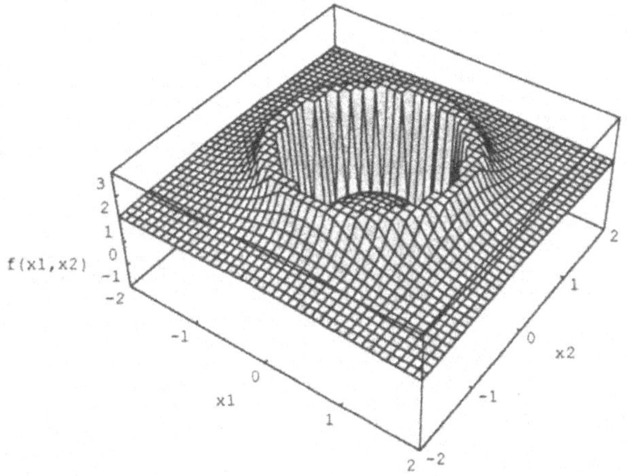

Zu den wichtigsten Vertretern der algebraischen Funktionen gehören die Wurzelfunktionen. Also Funktionen $y = f(x)$, die Gleichungen der Form $y^n = x$ erfüllen.

Die Forderung, daß sich $y = f(x)$ (lokal) als Potenzreihe darstellen läßt, ist erforderlich, um etwa die glatte Funktion $y = +\sqrt{x}$ für alle $x > 0$ als algebraisch, aber die Funktion

$$y = f(x) = \begin{cases} +\sqrt{x} & \text{falls } x \in \mathbb{Q}^+ \\ -\sqrt{x} & \text{falls } x \in \mathbb{R}^+ \setminus \mathbb{Q}^+ \end{cases}$$

als nicht algebraisch zu klassifizieren.

Darüber hinaus sind offensichtlich alle ganzen und gebrochen rationalen Funktionen algebraisch. Aber auch die Umkehrfunktionen von rationalen Funktionen sind algebraisch.

### 3.1.3 Transzendente Funktionen (Exponential-, Logarithmus- und Winkelfunktionen)

Alle reellen Funktionen (einer oder mehrerer Variablen), die nicht algebraisch sind, heißen transzendent. An dieser Stelle sollen beispielhaft die gängigsten transzendenten Funktionen vorgestellt und ihre wichtigsten Eigenschaften erwähnt werden.

Zunächst sind dabei Potenzfunktionen $f\colon \mathbb{R}^+ \longrightarrow \mathbb{R}$ mit $y = f(x) = x^r$ zu erwähnen. Für rationale Exponenten $r = \frac{p}{q}$ ist $y = f(x)$ wegen $y^q = x^p$ eine algebraische Funktion. Für ein irrationales $r \in \mathbb{R}\setminus\mathbb{Q}$ läßt sich

$$y = f(x) = x^r = \sup \left\{ x^{p/q} \mid p/q \in \mathbb{Q},\ p/q \le r \right\}$$

nicht mehr als Lösung einer algebraischen Gleichung darstellen und ist daher transzendent.

Definition 3.13: Eine reelle Funktion einer Variablen f mit Definitionsbereich $\mathbb{R}$ heißt Exponentialfunktion, wenn es ein $a > 0$ gibt, derart daß $f(x) = a^x$ für alle $x \in \mathbb{R}$ gilt.

Die Exponentialfunktion $\exp(x)$ mit $\exp(x) = e^x$ $\left(e = \sum_{i=0}^{\infty} \frac{1}{i!} \doteq 2{,}718\right)$ wird natürliche Exponentialfunktion oder einfach e-Funktion genannt.

Die Exponentialfunktionen $f(x) = a^x$ sind für $a \ne 1$ transzendent. Im Gegensatz zu den Potenzfunktionen, bei denen der Exponent r fest und die Basis variabel ist $(y = f(x) = x^r)$, ist bei den Exponentialfunktionen die Basis a eine feste Zahl und der Exponent x variabel $(y = f(x) = a^x)$. Die Exponentialfunktionen (vgl. Abb. 3.15) sind auf ganz $\mathbb{R}$ definiert $(D_f = \mathbb{R})$, ihre Wertemenge ist $W_f = \mathbb{R}_+ = \left\{ y \in \mathbb{R} \mid y > 0 \right\}$, so daß sie keine Nullstellen besitzen. Exponentialfunktionen sind auf dem gesamten Definitionsbereich streng monoton steigend, wenn $a > 1$ ist und streng monoton fallend, wenn $0 < a < 1$ gilt, nur für $a = 1$ ist $y = f(x) = 1^x = 1$ konstant, also rational. Exponentialfunktionen $f(x) = a^x$ mit $a \ne 1$ besitzen keine Extremstellen. $f(x) = a^x$ hat die Asymptote $y = 0$, wenn x gegen $-\infty$ $(a > 1)$ oder wenn x gegen $+\infty$ strebt $(0 < a < 1)$, und für alle Exponentialfunktionen ist $f(1) = a^1 = a$.

Exponentialfunktionen sind (für $a \ne 1$) bijektive Abbildungen zwischen $\mathbb{R}$ und $W_f = \mathbb{R}^+$. Die Umkehrfunktionen der Exponentialfunktionen können also gebildet werden, falls $a \ne 1$ ist, und man definiert:

Abb. 3.15: Exponentialfunktionen $y = f(x) = a^x$ für $a = 1/2,\ 2,\ e$

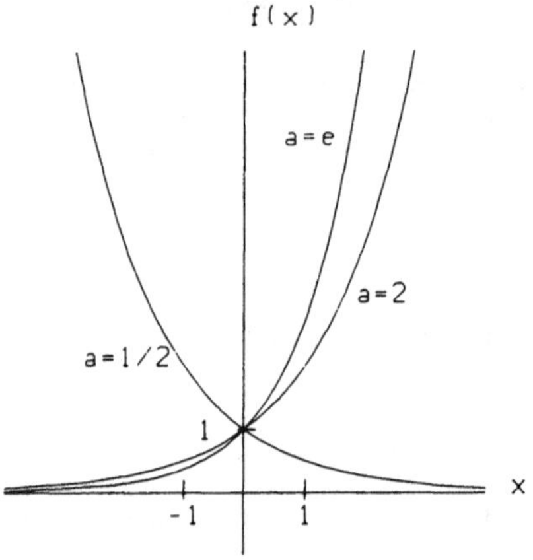


Definition 3.14: Eine reelle Funktion einer Variablen mit Definitionsbereich $\mathbb{R}_+ = \left\{y \in \mathbb{R} \mid y > 0\right\}$ heißt Logarithmusfunktion (zur Basis $a \neq 1$), wenn sie die Umkehrabbildung der Exponentialabbildung $x \longmapsto a^x$ ist. Die Logarithmusfunktion zur Basis a wird mit $\log_a$ bezeichnet und ist durch eine der beiden Gleichungen $a^{\log_a y} = y\ (y > 0)$ oder $\log_a(a^x) = x\ (x \in \mathbb{R})$ definiert.
Die Logarithmusfunktion zur Basis e wird mit ln bezeichnet und natürlicher Logarithmus genannt.

Die Eigenschaften von Logarithmusfunktionen können aus denen der Exponentialfunktionen abgeleitet werden:
- Logarithmusfunktionen sind transzendent;
- die Wertemenge von Logarithmusfunktionen ist ganz $\mathbb{R}$;
- Logarithmusfunktionen sind streng monoton steigend, wenn $a > 1$ ist und streng monoton fallend, wenn $0 < a < 1$ ist;
- die einzige Nullstelle von $x = \log_a y$ ist $y_0 = 1$;
- Logarithmusfunktionen besitzen keine Extremstellen;
- strebt $y\ (> 0)$ gegen 0, so strebt $x = \log_a y$ gegen $-\infty$ $(a > 1)$ oder gegen $+\infty$ $(0 < a < 1)$.

Die graphische Darstellung von Logarithmusfunktionen entsteht durch Spiegelung der entsprechenden Exponentialfunktion an der Geraden $y = x$; sie findet sich in Abb. 3.16.

Eine besondere Rolle unter den Exponentialfunktionen spielt die e-Funktion $\exp(x) = e^x$, wobei $e = \sum_{i=0}^{\infty} \frac{1}{i!}$ ist. Die e-Funktion kann auf unterschiedliche Arten als Grenzwert dargestellt werden: $\exp(x) = e^x = \sum_{i=0}^{\infty} \frac{x^i}{i!} = \lim_{i \to \infty} (1+\frac{x}{i})^i$.

Die e-Funktion ist - wie die anderen Exponentialfunktionen auch - geeignet, Wachstumsprozesse zu modellieren, wie etwa das im Abschnitt 2.3.2 über Zinseszinsrechnung erwähnte Beispiel der stetigen Verzinsung zeigt.

Abb. 3.16: Graphische Darstellung von $x = \log_a y$ für a = 1/2, 2, e

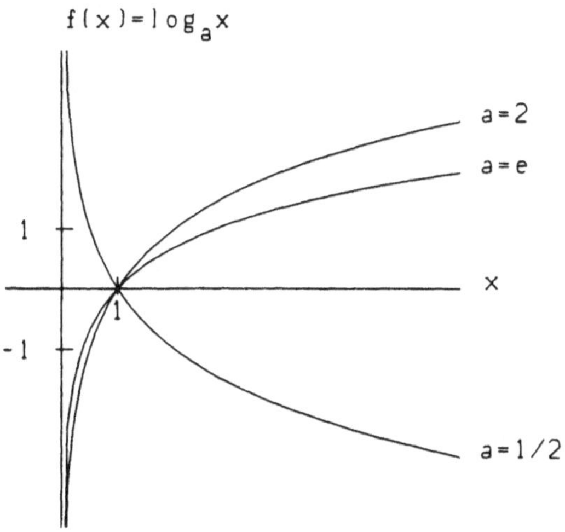


Die wichtigste Eigenschaft der Exponentialfunktion ist die Tatsache, daß $a^{(x_1+x_2)} = a^{x_1} \cdot a^{x_2}$ ist. Die Exponentialfunktionen sind die einzigen reellen Funktionen einer Variablen, die diese Eigenschaft besitzen:

> Gilt für $f: \mathbb{R} \to \mathbb{R}$, daß $f(x_1 + x_2) = f(x_1) \cdot f(x_2)$ (für alle $x_1, x_2 \in \mathbb{R}$) ist, so ist $f(x) = a^x$ für ein $a > 0$.

Diese und weitere Eigenschaften für das Rechnen mit Exponential- und Logarithmusfunktionen sind im folgenden Satz zusammengefaßt:

Satz 3.15: Für das Rechnen mit Exponentialfunktionen $y = a^x$ $(a > 0)$ gilt:

(i) $a^{(x_1+x_2)} = a^{x_1} \cdot a^{x_2}$ $(x_1, x_2 \in \mathbb{R})$;

(ii) $(a^{x_1})^{x_2} = a^{(x_1 \cdot x_2)}$ $(x_1, x_2 \in \mathbb{R})$.

Umgekehrt gilt für das Rechnen mit Logarithmusfunktionen $(a > 0, a \neq 1)$:

(iii) $\log_a(y_1 \cdot y_2) = \log_a y_1 + \log_a y_2$ $(y_1, y_2 \in \mathbb{R}^+)$;

(iv) $\log_a(y_1^{y_2}) = y_2 \cdot \log_a y_1$ $(y_1, y_2 \in \mathbb{R}^+)$.

Aus Satz 3.15 (ii) folgt sofort, daß jede Exponentialfunktion durch andere Exponentialfunktionen, beispielsweise die e-Funktion, dargestellt werden kann: Für $y = f(x) = a^x$ ist wegen $a = e^{\ln a}$:

$$y = a^x = (e^{\ln a})^x = e^{x \cdot \ln a} = \exp(x \cdot \ln a).$$

Die Graphen der verschiedenen Exponentialfunktionen $y = a^x$ entstehen also durch Streckung ($a > e$), Stauchung ($1 < a < e$) entlang der x-Achse und durch Spiegelung an der y-Achse ($0 < a < 1$) aus der e-Funktion (vgl Abb. 3.15).

Genauso wie die Exponentialfunktionen durch die e-Funktion können die verschiedenen Logarithmusfunktionen $x = \log_a(y)$ durch die natürliche Logarithmusfunktion $x = \ln y$ dargestellt werden:

$$x = \log_a y = \frac{1}{\ln a} \cdot \ln y.$$

Also gehen auch die Graphen der unterschiedlichen Logarithmusfunktionen durch Streckung, Stauchung und Spiegelung aus der natürlichen Logarithmusfunktion hervor (vgl. Abb. 3.16).

Eine weitere wichtige Klasse von transzendenten Funktionen sind die Winkelfunktionen oder trigonometrischen Funktionen. Sie sind insbesondere zur Modellierung von zeitabhängigen Prozessen mit zyklischen Schwankungen, etwa konjunktureller oder saisonaler Art, geeignet.

In der Analysis ist es üblich, Winkel nicht in Winkelgraden, -minuten und -sekunden, sondern im Bogenmaß anzugeben. Beim Bogenmaß wird ein Winkel durch die Länge des entsprechenden Kreisbogens im Einheitskreis gemessen. So entspricht etwa dem "Vollwinkel" von $\alpha = 360^\circ$ ein Bogenmaß von $x = 2\pi$ und dem rechten Winkel $\alpha = 90^\circ$ ein Bogenmaß von $x = \pi/2$. In Abb. 3.17 ist dieser Zusammenhang graphisch dargestellt.

Abb. 3.17: Messung von Winkeln durch ihr Bogenmaß (im Einheitskreis)

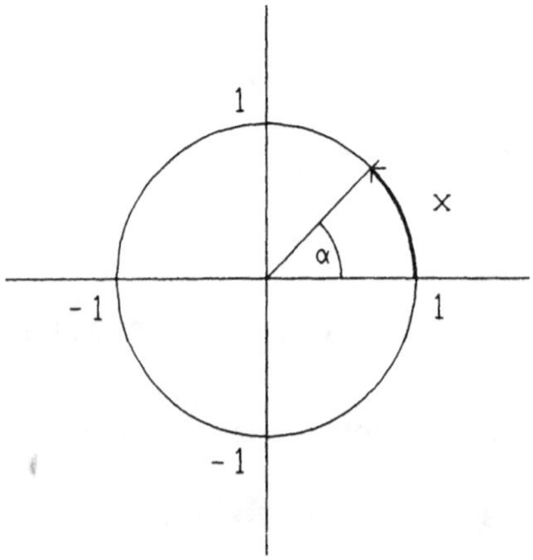


Die (rechtwinkligen) Koordinaten von Punkten $(y_1, y_2)$ auf dem Einheitskreis liefern - aufgefaßt als Funktionen des Winkels x (im Bogenmaß) - die Kosinusfunktion ($y_1 = \cos x$) und die Sinusfunktion ($y_2 = \sin x$), wie in Abb. 3.18 dargestellt. Sinus- und Kosinusfunktionen sind damit für alle $x \in \mathbb{R}$ definiert.

Abb. 3.18: Sinus- und Kosinusfunktion

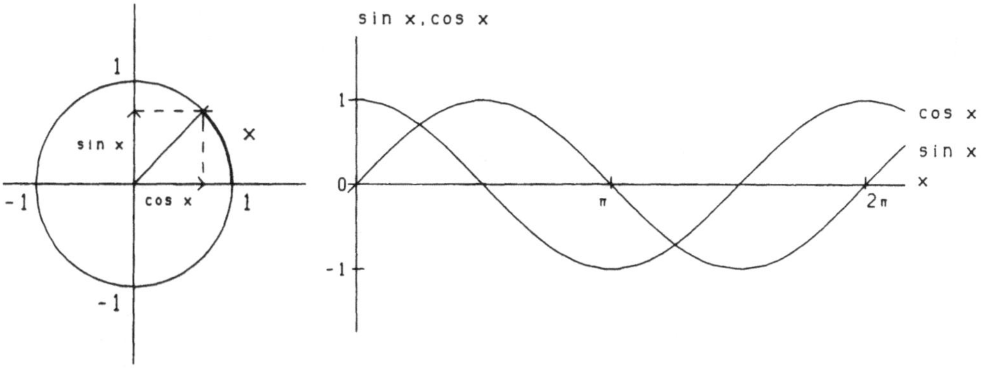


Sinus- und Kosinusfunktion können - weniger anschaulich - durch konvergente Potenzreihen dargestellt werden:

Satz 3.16: Die (Potenz-) Reihen

$$\sum_{i=0}^{\infty} (-1)^i \cdot \frac{x^{2i+1}}{(2i+1)!}$$

und

$$\sum_{i=0}^{\infty} (-1)^i \cdot \frac{x^{2i}}{(2i)!}$$

konvergieren für alle $x \in \mathbb{R}$, und es gilt

$$\sin x = \sum_{i=0}^{\infty} (-1)^i \cdot \frac{x^{2i+1}}{(2i+1)!}$$

und

$$\cos x = \sum_{i=0}^{\infty} (-1)^i \cdot \frac{x^{2i}}{(2i)!}.$$

Die Wertemenge von Sinus- und Kosinusfunktion ist das (abgeschlossene) Intervall $[-1, +1]$. Die Nullstellen der Sinusfunktion sind die ganzzahligen Vielfachen von $\pi$:

$$\sin x = 0 \Leftrightarrow x = n \cdot \pi \text{ für ein } n \in \mathbb{Z}.$$

Die Kosinusfunktion ist gegenüber der Sinusfunktion um $\pi/2$ verschoben:

$$\cos x = \sin(x+\pi/2)$$

oder

$$\cos(x-\pi/2) = \sin x.$$

Damit sind aber auch die Nullstellen entsprechend verschoben:

$$\cos x = 0 \Leftrightarrow x = n \cdot \pi - \pi/2 \text{ für ein } n \in \mathbb{Z}.$$

Sinus- und Kosinusfunktion sind periodisch mit der Periode $2\pi$:

$$\sin(x+2\pi) = \sin x$$
$$\cos(x+2\pi) = \cos x.$$

Durch (lineare) Transformationen lassen sich Periodizität und Amplitude (Stärke der Schwingung) von Sinus- und Kosinusfunktion variieren:

Setzt man $f(x) = a \cdot \sin(b \cdot x)$ $(a, b > 0)$, $(D_f = \mathbb{R})$, so erhält man die Wertemenge $W_f = [-a, +a]$ und die Periodizität von f ist $\frac{2\pi}{b}$, so daß der Parameter a die Stärke und der Parameter b die Periodizität kontrollieren (vgl. Abb. 3.19). Entsprechendes gilt natürlich auch für die Kosinusfunktion.

Die Kosinusfunktion ist gerade, es gilt also $\cos x = \cos(-x)$; die Sinusfunktion ist ungerade; es gilt also $\sin x = -\sin(-x)$ (vgl. Def. 3.7).

Es gibt eine ganze Reihe von Additionstheoremen für Sinus- und Kosinusfunktionen, von denen hier nur die drei wichtigsten erwähnt werden sollen:

<u>Satz 3.17:</u> Für alle $x, y \in \mathbb{R}$ gilt:

(i) $\sin(x+y) = \sin x \cdot \cos y + \cos x \cdot \sin y$;

(ii) $\cos(x+y) = \cos x \cdot \cos y - \sin x \cdot \sin y$;

(iii) $\sin^2 x + \cos^2 x = 1$.

<u>Abb. 3.19:</u> Darstellung der Funktion $f_1(x) = \sin x$ und $f_2(x) = a \cdot \sin(b \cdot x)$ mit $a = 2$ und $b = 3$

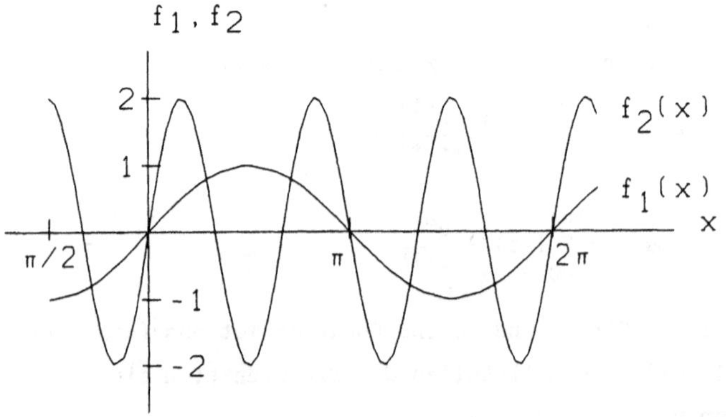


Die Sinusfunktion ist im Intervall $[-\pi/2, +\pi/2]$ streng monoton steigend, also bijektiv, so daß bei Beschränkung auf dieses Intervall die Umkehrfunktion der Sinusfunktion gebildet werden kann. Diese Umkehrfunktion wird <u>Arcussinus</u> genannt und ist definiert durch

$$\arcsin: [-1, +1] \longrightarrow [-\pi/2, +\pi/2]$$

$\arcsin y = x$, falls für $x \in [-\pi/2, +\pi/2]$, $\sin x = y$ gilt.

Entsprechend kann die Umkehrfunktion der Kosinusfunktion, der <u>Arcuskosinus</u>, definiert werden. Die Kosinusfunktion ist im Intervall $[0, \pi]$ streng monoton fallend, also bijektiv. Damit kann der Arcuskosinus definiert werden:

$\arccos: [-1, +1] \longrightarrow [0, \pi]$

$\arccos y = x$, falls für , $x \in [0, \pi]$ $\cos x = y$ gilt.

<u>Abb. 3.20:</u> Arcussinus- und Arcuskosinusfunktion

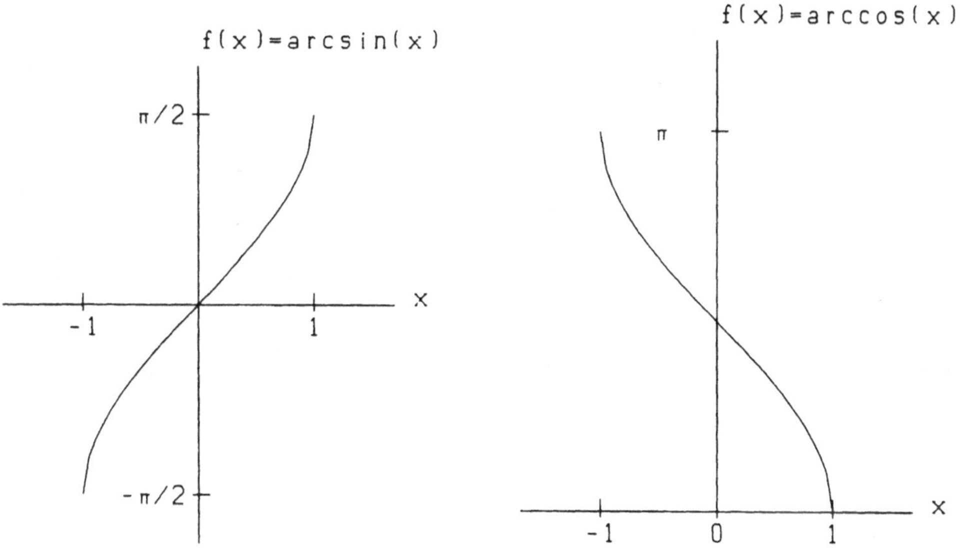


Mit Hilfe von Sinus- und Kosinusfunktion können auch <u>Tangens</u>- und <u>Kotangensfunktion</u> definiert werden:

$$\tan x = \frac{\sin x}{\cos x}, \quad \cot x = \frac{\cos x}{\sin x}.$$

Tangens- und Kotangensfunktion können genauso wie Sinus- und Kosinusfunktion am Einheitskreis graphisch dargestellt werden (siehe Abb. 3.21).

<u>Abb. 3.21:</u> Graphische Herleitung von Tangens- und Kotangensfunktion

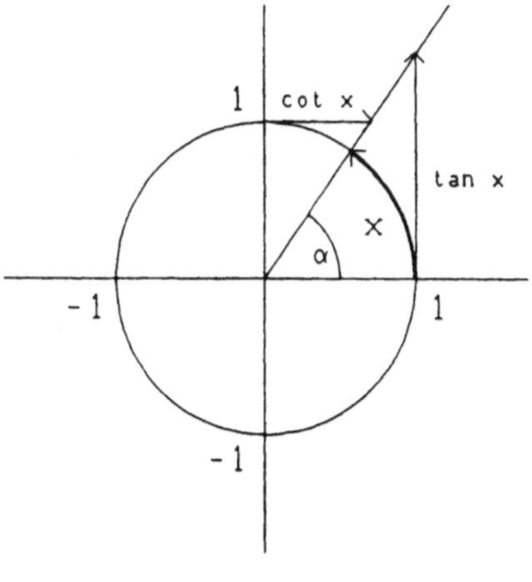

Abb. 3.22: Graphische Darstellung von Tangens- und Kotangensfunktion

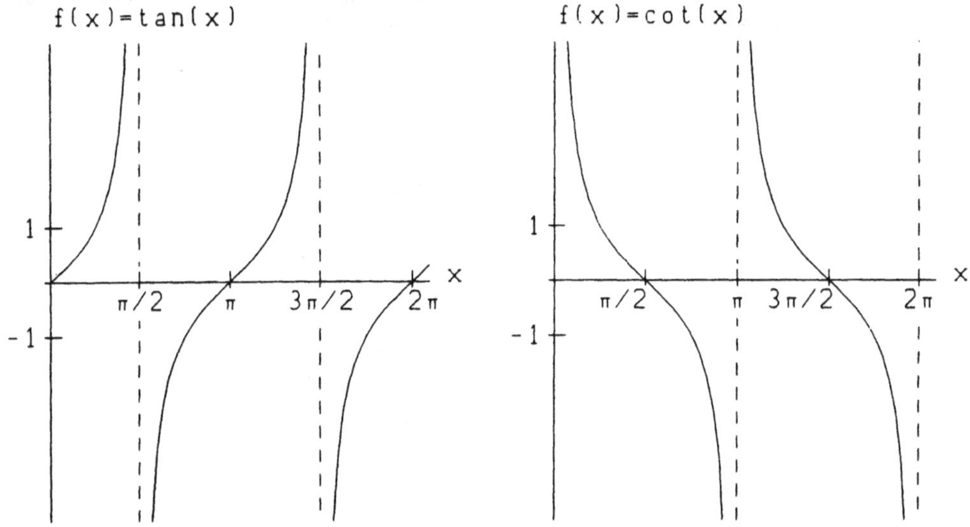


Tangens- und Kotangensfunktion sind nicht definiert, wenn die Ausdrücke im Nenner, also cos x bzw. sin x, verschwinden. Damit ergeben sich die Definitionsbereiche:

$$D_{\tan} = \mathbb{R} \setminus \left\{ n \cdot \pi - \pi/2 \mid n \in \mathbb{Z} \right\}$$

und

$$D_{\cot} = \mathbb{R} \setminus \left\{ n \cdot \pi \mid n \in \mathbb{Z} \right\}.$$

Die Wertemenge ist für beide Funktionen ganz $\mathbb{R}$. Die Kotangensfunktion kann durch die Tangensfunktion dargestellt werden: $\cot(x) = -\tan(x + \pi/2)$. Tangens- und Kotangensfunktion sind periodisch mit Periode $\pi$:

$$\tan(x + \pi) = \tan x;$$

$$\cot(x + \pi) = \cot x.$$

Tangens und Kotangens sind ungerade Funktionen. Es gilt also:

$$\tan -x = -\tan x;$$

$$\cot -x = -\cot x.$$

Die Tangensfunktion ist im (offenen) Intervall $]-\pi/2, +\pi/2[$ streng monoton steigend und nimmt in diesem Bereich alle reellen Zahlen als Werte an. Also ist die Funktion $f\colon\ ]-\pi/2, +\pi/2[\ \longrightarrow \mathbb{R}$ mit $f(x) = \tan(x)$ bijektiv und damit invertierbar. Die Umkehrfunktion von f wird Arcustangens genannt und mit arctan bezeichnet:

$$\arctan\colon \mathbb{R} \longrightarrow\ ]-\pi/2, +\pi/2[$$

$$\arctan y = x, \text{ falls } x \in\ ]-\pi/2, +\pi/2[ \text{ ist und } \tan x = y \text{ gilt.}$$

Entsprechendes gilt für die Kotangensfunktion: Die Funktion

$f: ]0, \pi[ \longrightarrow \mathbb{R}$ mit $f(x) = \cot x$

ist bijektiv und daher invertierbar. Die Umkehrfunktion von f wird Arcuskotangens genannt und mit arccot bezeichnet:

$\text{arccot}: \mathbb{R} \longrightarrow ]0, \pi[$

$\text{arccot } y = x$ falls $x \in ]0, \pi[$ ist und $\cot x = y$ gilt.

Abb. 3.23: Graphische Darstellung von Arcustangens- und Arcuskotangensfunktion

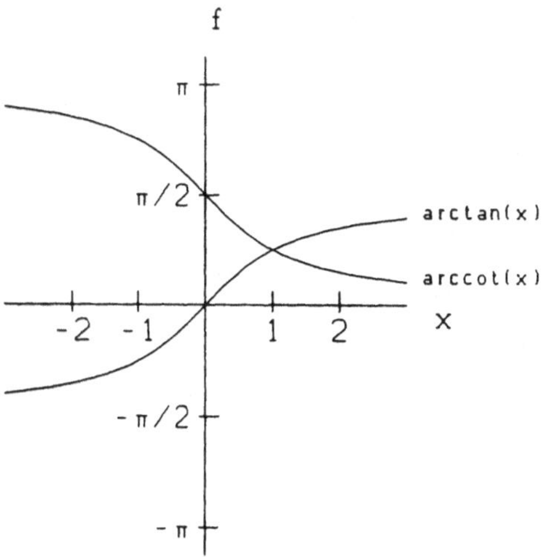

### 3.1.4 Grenzwerte und Stetigkeit von Funktionen

Im Abschnitt 2.1 wurde der Begriff des Grenzwertes für Folgen eingeführt: Ist $a\colon \mathbb{N} \longrightarrow \mathbb{R}$ eine Folge $(a_n)_{n\in\mathbb{N}}$, so heißt $(a_n)_{n\in\mathbb{N}}$ konvergent gegen a, falls es zu jedem $\varepsilon > 0$ ein $n_0(\varepsilon)$ gibt, so daß für alle $n > n_0(\varepsilon)$ der Abstand zwischen $a_n$ und a, $|a_n - a|$, kleiner als $\varepsilon$ ist. In diesem Fall schreibt man $\lim_{n\to\infty} a_n = a$ (vgl. Def. 2.6).

Auch für Funktionen einer oder mehrerer Variablen kann es sinnvoll sein, Grenzwerte zu bestimmen:

- Es gibt Zahlen, die nur als Grenzwerte definiert werden können, so ist etwa

  $e = \lim_{n\to\infty} a_n$ mit $a_n = \sum_{i=0}^{n} \frac{1}{i!}$.

  Auch die Dezimaldarstellung von e = 2,71828... ist als Grenzwert zu verstehen.

  Soll nun irgendeine Funktion f einer Variablen, zu deren Definitionsbereich e gehört, etwa $f(x) = x^2$, an der Stelle $x_0 = e$ berechnet werden, so wird man eine als hinreichend genau angesehene Dezimaldarstellung von e wählen und auf diese die Funktion f anwenden. Dabei läßt man sich von der Vorstellung leiten, daß bei einer hinreichend genauen Approximation von $x_0$ durch $a_n$ auch $f(x_0)$ hinreichend genau durch $f(a_n)$ approximiert wird. Beispielsweise ist $e \doteq 2{,}72$, also ist $f(e) = e^2 \doteq 2{,}72^2 = 7{,}3984$.

  Diese Vorstellung ist in vielen Fällen richtig; es gibt jedoch auch Funktionen, bei denen man so nicht vorgehen kann:

  Ist beispielsweise $f\colon \mathbb{R} \longrightarrow \mathbb{R}$

  mit $f(x) = \begin{cases} 0, & \text{falls } x \in \mathbb{Q} \\ 1, & \text{falls } x \in \mathbb{R}\setminus\mathbb{Q}, \end{cases}$

  so kann man $x_0 = e$ beliebig genau durch rationale Zahlen approximieren, $e = \lim_{n\to\infty} a_n$ mit $a_n \in \mathbb{Q}$ (z.B.: $a_0 = 2$, $a_1 = 2{,}7$, $a_2 = 2{,}71$, $a_3 = 2{,}718$, ...). Damit ist aber $f(a_n) = 0$ für alle $n \in \mathbb{N}$, so daß auch $\lim_{n\to\infty} f(a_n) = 0$ gilt, während $f(e) = 1$ ist, da e eine irrationale Zahl ist.

  Insgesamt ist also für dieses Beispiel:

  $0 = \lim_{n\to\infty} f(a_n) \neq f(\lim_{n\to\infty} a_n) = f(e) = 1.$

- Auch dann wenn $x_0$ nicht zu $D_f$ gehört, aber Grenzwert einer Folge $(a_n)$ ist, die in D liegt, kann es sinnvoll sein, Grenzwerte zu bilden:

  Ist etwa $f(x) = \frac{x^2-1}{x-1}$, so ist $D_f = \mathbb{R}\setminus\{1\}$, da das Nennerpolynom (x-1) der gebrochen rationalen Funktion für x = 1 eine Nullstelle aufweist. Die Stelle $x_0 = 1 \notin D_f$ ist dann ein <u>Berührpunkt</u> von $D_f$, da es eine Folge $(a_n)$ mit $a_n \neq 1$ für alle $n \in \mathbb{N}$ und $\lim_{n\to\infty} a_n = x_0 = 1$ gibt (vgl. Def. 3.18).

  Wegen $f(a_n) = \frac{a_n^2-1}{a_n-1} = a_n+1$ ist für jede solche Folge $(a_n)$ die Folge $(f(a_n))_{n\in\mathbb{N}}$ konvergent, und es gilt $\lim_{n\to\infty} f(a_n) = \lim_{n\to\infty} (a_n+1) = 1 + 1 = 2$.

Diese Aussage gilt unabhängig von der konkreten Folge $(a_n)_{n\in\mathbb{N}}$, wenn nur alle Folgenglieder $a_n$ in $D_f$ liegen und $\lim\limits_{n\to\infty} a_n = x_0 = 1$ gilt. Es ist in diesem Fall also naheliegend, $f(x)$ auch für $x_0 = 1$ zu definieren und $f(1) = 2$ zu setzen.

Diese Beispiele legen die folgende Definition nahe:

Definition 3.18: Ein Punkt $\underline{x} \in \mathbb{R}^n$ heißt Berührpunkt von $D \subset \mathbb{R}^n$, falls es eine Folge $(\underline{a}_m)_{m\in\mathbb{N}}$ mit $\underline{a}_m \in D$ für alle $m \in \mathbb{N}$ und $\lim\limits_{m\to\infty} \underline{a}_m = \underline{x}$ gibt.

Eine Funktion von n Variablen $f\colon D \longrightarrow \mathbb{R}$ $(D \subset \mathbb{R}^n)$ heißt konvergent an der Stelle $\underline{x}_0$ ($\underline{x}_0$ Berührpunkt von D), falls für jede Folge $(\underline{a}_m)_{m\in\mathbb{N}}$, deren Glieder in D liegen und die gegen $\underline{x}$ konvergiert, auch die Folge $(f(\underline{a}_m))_{m\in\mathbb{N}}$ konvergiert. Ist f an der Stelle $\underline{x}_0$ konvergent mit Grenzwert c, so schreibt man:

$$\lim_{\substack{\underline{x}\to\underline{x}_0\\ \underline{x}\in D_f}} f(\underline{x}) = c.$$

Die Menge aller Berührpunkte einer Menge D ist die kleinste abgeschlossene Menge, die D enthält.
Ist f an der Stelle $\underline{x}_0$ konvergent, so ist der Grenzwert $c = \lim\limits_{m\to\infty} f(\underline{a}_m)$ für alle Folgen $(\underline{a}_m)$, deren Glieder in $D_f$ liegen und die gegen $\underline{x}_0$ konvergieren, gleich.

Beispiele:

- Ist $D = \left\{(x_1, x_2) \in \mathbb{R}^2 \mid x_1^2 + x_2^2 < 1\right\}$, so ist $\left\{(x_1, x_2) \in \mathbb{R}^2 \mid x_1^2 + x_2^2 \le 1\right\}$ die Menge der Berührpunkte von D.

- Die Funktion $f(x) = x^2 \cdot \sin(\frac{1}{x})$ ist nur für $x = 0$ nicht definiert, so daß $D_f = \mathbb{R}\setminus\left\{0\right\}$ ist. Die Stelle $x_0 = 0$ ist jedoch ein Berührpunkt von $D_f$, und f ist an der Stelle $x_0 = 0$ konvergent mit $\lim\limits_{\substack{x\to 0\\ x\neq 0}} f(x) = 0$, denn es gilt:

  $|f(x) - 0| = |f(x)| = |x^2 \cdot \sin(\frac{1}{x})| \le |x^2|$.
  Also folgt aus $\lim\limits_{m\to\infty} a_m = 0$ auch $\lim\limits_{m\to\infty} f(a_m) = 0$.

- Ist $f(x) = \frac{\sin x}{x}$, so ist $D_f = \mathbb{R}\setminus\left\{0\right\}$. Die Stelle $x = x_0 = 0$ ist der einzige Berührpunkt von $D_f$, der nicht zu $D_f$ gehört. f ist konvergent für $x_0 = 0$, denn es gilt (vgl. Abb. 3.24) für $0 < x < \pi/2$:

  $\frac{1}{2}\cdot\sin x\cdot\cos x < \frac{1}{2}\cdot x < \frac{1}{2}\cdot\tan x$ oder $\cos x < \frac{x}{\sin x} < \frac{\tan x}{\sin x} = \frac{1}{\cos x}$ oder

  $\cos x < \frac{\sin x}{x} < \frac{1}{\cos x}$. Wegen $\lim\limits_{x\to 0} \cos x = 1$ muß $1 \le \lim\limits_{x\to 0} \frac{\sin x}{x} \le 1$ sein, so

  daß $f(x) = \frac{\sin x}{x}$ bei $x_0 = 0$ gegen $\lim\limits_{x\to 0} \frac{\sin x}{x} = 1$ konvergiert.

Abb. 3.24: Konvergenz von $\frac{\sin x}{x}$ an der Stelle $x_0 = 0$.

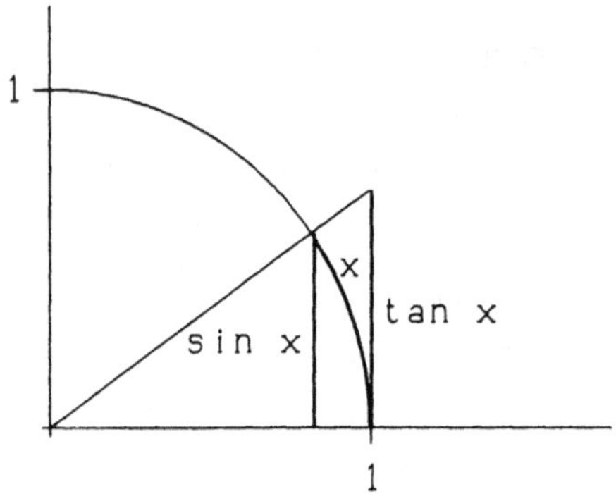


* Die Funktion $f(x) = \frac{1-\cos x}{x}$ konvergiert an der Stelle $x_0 = 0$ gegen den Grenzwert 0. Es gilt nämlich für $x \neq 0$:

$$\frac{1-\cos x}{x} = \frac{1-\cos^2 x}{x\cdot(1+\cos x)} = \frac{\sin^2 x}{x\cdot(1+\cos x)} = \frac{\sin x}{x} \cdot \frac{1}{1+\cos x} \cdot \sin x.$$

Damit ist $\lim\limits_{x\to 0} (\frac{1-\cos x}{x}) = \lim\limits_{x\to 0} (\frac{\sin x}{x}) \cdot \lim\limits_{x\to 0} (\frac{1}{1+\cos x}) \cdot \lim\limits_{x\to 0} (\sin x) =$

$= 1 \cdot 1/2 \cdot 0 = 0.$

Neben Grenzwerten der Form $\lim\limits_{x\to x_0} f(x) = c$ mit $x_0 \in \mathbb{R}$ und $c \in \mathbb{R}$ sind auch Grenzwerte, in denen die Symbole $+\infty$ und $-\infty$ auftreten, also etwa Ausdrücke der Form Form $\lim\limits_{x\to-\infty} f(x) = c$ oder $\lim\limits_{x\to x_0} f(x) = +\infty$, von Bedeutung.

Um die Symbole $\lim\limits_{x\to+\infty}$ und $\lim\limits_{x\to-\infty}$ zu definieren, muß man zunächst vereinbaren, daß für eine Folge $(a_n)_{n\in\mathbb{N}}$ $\lim\limits_{n\to\infty} a_n = +\infty$ (bzw. $\lim\limits_{n\to\infty} a_n = -\infty$) gelten soll, wenn es zu jeder noch so großen (noch so kleinen) Konstanten K ein $n_0(K)$ gibt, mit $a_n > K$ ($a_n < K$), falls $n \geq n_0(K)$ ist. $\lim\limits_{x\to+\infty} f(x) = c$ heißt dann, daß für jede Folge $(a_n)_{n\in\mathbb{N}}$ mit $\lim\limits_{n\to+\infty} a_n = +\infty$, die ganz im $D_f$ liegt, $\lim\limits_{n\to+\infty} f(a_n) = c$ ist. Entsprechend bedeutet $\lim\limits_{x\to-\infty} f(x) = c$, daß für jede Folge $(a_n)_{n\in\mathbb{N}}$ mit $\lim\limits_{n\to\infty} a_n = -\infty$ die Bedingung $\lim\limits_{n\to\infty} f(a_n) = c$ gilt.

$\lim\limits_{x\to x_0} f(x) = +\infty$ ($\lim\limits_{x\to x_0} f(x) = -\infty$) mit $x_0 \in \mathbb{R}$ oder $x_0 = +\infty$ oder $x_0 = -\infty$ bedeutet dann, daß es für jede Folge $(a_n)_{n\in\mathbb{N}}$ mit $\lim\limits_{n\to\infty} a_n = x_0$ und jedes noch so große (noch so kleine) $K \in \mathbb{R}$ ein $n_0 = n_0(K)$ gibt mit der Eigenschaft:

$$f(a_n) > K \ (f(a_n) < K) \text{ für alle } n > n_0.$$

Beispiele:

* $\lim_{x\to -\infty} 1/x = 0$.

* $\lim_{\substack{x\to 0\\ x>0}} 1/x = +\infty$, $\lim_{\substack{x\to 0\\ x<0}} 1/x = -\infty$.

* $\lim_{x\to +\infty} x^3 = +\infty$, $\lim_{x\to -\infty} x^3 = -\infty$.

Ist eine Funktion f(x) an einer Stelle $x_0$ des Definitionsbereichs von f konvergent, so wird f an dieser Stelle stetig genannt:

Definition 3.19: Eine Funktion von n Variablen $f\colon D_f \longrightarrow \mathbb{R}$ $(D_f \subset \mathbb{R}^n)$ heißt an der Stelle $\underline{x}_0 \in D_f$ stetig, falls für jede Folge $(\underline{a}_n)_{n\in\mathbb{N}}$ mit $\lim_{n\to\infty} \underline{a}_n = \underline{x}_0$, deren Glieder in $D_f$ liegen, die Folge $(f(\underline{a}_n))_{n\in\mathbb{N}}$ ebenfalls konvergiert.

Ist A eine Teilmenge des Definitionsbereiches $D_f$ von f und ist f für jedes $\underline{x}_0 \in A$ stetig, so heißt f stetig auf A.

Ist f stetig an jeder Stelle $\underline{x}_0 \in D_f$, so heißt f stetig.

Ist f an einer Stelle $\underline{x}_0 \in D_f$ stetig, so muß für jede Folge $(\underline{a}_n)_{n\in\mathbb{N}}$, deren Glieder in $D_f$ liegen und deren Grenzwert $\underline{x}_0$ ist, der Grenzwert der Folge $(f(\underline{a}_n))_{n\in\mathbb{N}}$ $f(\underline{x}_0)$ sein. Diese Aussage läßt sich abgekürzt darstellen als:

$$\lim_{n\to\infty} \underline{a}_n = \underline{x}_0 \Rightarrow \lim_{n\to\infty} f(\underline{a}_n) = f(\underline{x}_0) \text{ oder } \lim_{\underline{x}\to\underline{x}_0} f(\underline{x}) = f(\underline{x}_0).$$

Beispiele:

* Die Funktion $f\colon \mathbb{R} \longrightarrow \mathbb{R}$ mit $f(x) = \begin{cases} 0, & \text{falls } x \in \mathbb{Q} \\ 1, & \text{falls } x \in \mathbb{R}\setminus\mathbb{Q} \end{cases}$ ist an keiner Stelle $x_0 \in \mathbb{R}$ stetig, da es sowohl Folgen $(a_n)$ mit $a_n \in \mathbb{Q}$ und $\lim a_n = x_0$ als auch Folgen $(b_n)$ mit $b_n \in \mathbb{R}\setminus\mathbb{Q}$ und $\lim b_n = x_0$ gibt. Die Folge $(c_n)$ mit $c_{2n} = a_n$ und $c_{2n+1} = b_n$ konvergiert dann zwar gegen $x_0$, die Folge $(f(c_n))$ nimmt aber abwechselnd die Werte 0 und 1 an, so daß $(f(c_n))$ divergent ist. Also ist f(x) an jeder Stelle $x_0 \in \mathbb{R}$ unstetig.

* Die Funktion $f\colon \mathbb{R}^n \longrightarrow \mathbb{R}$ mit $f(\underline{x}) = \sum_{i=1}^{n} x_i^2$ ist stetig. Ist nämlich $\lim_{m\to\infty} \underline{a}_m = \underline{x}$, so ist gemäß Definition 2.12 für jede Komponente $\lim_{m\to\infty} a_{i,m} = x_i$ $(i = 1, \ldots, n)$.

Damit folgt aus Satz 2.11(i) und Satz 2.11(iii):

$$\lim_{m\to\infty} f(\underline{a}_m) = \lim_{m\to\infty} \left( \sum_{i=1}^{n} a_{i,m}^2 \right)$$
$$= \lim_{m\to\infty} (a_{1,m}\cdot a_{1,m} + \ldots + a_{n,m}\cdot a_{n,m})$$
$$= \lim_{m\to\infty} a_{1,m}\cdot\lim_{m\to\infty} a_{1,m} + \ldots + \lim_{m\to\infty} a_{n,m}\cdot\lim_{m\to\infty} a_{n,m}$$
$$= x_1\cdot x_1 + \ldots + x_n\cdot x_n$$
$$= \sum_{i=1}^{n} x_i^2 = f(\underline{x}).$$

* Als Spezialfall des letzten Beispiels erhält man die Stetigkeit der Funktion einer Variablen $f(x) = x^2$. Aus $\lim_{m\to\infty} a_m = x_0$ (etwa $x_0 = e$, vgl. Beispiel am Anfang dieses Abschnitts) folgt also $\lim_{m\to\infty} f(a_m) = f(x_0) = x_0^2$. Diese Aussage läßt sich auch so interpretieren:
$f(x_0)$ läßt sich durch $f(a)$ mit einer vorgegebenen Genauigkeit $\varepsilon > 0$ approximieren ($|f(x_0)-f(a)| < \varepsilon$), wenn nur $x_0$ durch a hinreichend genau approximiert ist ($|x_0-a| < \delta$). $\delta > 0$ ist dabei eine von $\varepsilon$ und $x_0$ abhängige Konstante:
Ist $|x_0-a| < \delta$, so ist $|x_0^2-a^2| = |x_0+a|\cdot|x_0-a| < |x_0+a|\cdot\delta \le (|x_0|+|a|)\cdot\delta \le$ $\le(|x_0|+|x_0|+\delta)\cdot\delta = 2\cdot\delta\cdot|x_0| + \delta^2$.
Wählt man zu $\varepsilon > 0$ $\delta = \delta(\varepsilon) = \min\left\{\frac{\varepsilon}{4\cdot|x_0|}, \frac{\sqrt{2\varepsilon}}{4}\right\}$ so gilt $2\cdot\delta\cdot|x_0| \le \varepsilon/2$ und $\delta^2\le \varepsilon/2$. Also gilt für das so gewählte $\delta$:
$|a^2- x_0^2| < 2\cdot\delta\cdot|x_0| + \delta^2 \le \varepsilon/2 + \varepsilon/2 = \varepsilon$, falls $|a-x_0| < \delta$ ist.

Daß die im letzten Beispiel dargestellte Formulierung der Stetigkeit tatsächlich zur Definition 3.19(i) gleichwertig ist, drückt der folgende Satz aus:

<u>Satz 3.20:</u> Eine Funktion von n Variablen $f(\underline{x})$ ist an der Stelle $\underline{x}_0 \in D_f$ genau dann stetig, wenn es zu jedem $\varepsilon > 0$ ein $\delta > 0$ gibt, das in Abhängigkeit von $\varepsilon$ und $\underline{x}_0$ zu bestimmmen ist, so daß $|f(\underline{x}_0)-f(\underline{x})| < \varepsilon$ ist, falls für alle Komponenten $|x_{0,i}-x_i| < \delta$ gilt ($i = 1, \ldots, n$).

Satz 3.20 drückt aus, daß kleine Veränderungen der unabhängigen Variablen $\underline{x}$ auch nur kleine Veränderungen bei der abhängigen Variablen $y = f(\underline{x})$ zur Folge haben. Stetigkeit einer Funktion $f(\underline{x})$ an der Stelle $\underline{x}_0$ ermöglicht es also - so wie im Eingangsbeispiel beschrieben - $f(\underline{x}_0)$ durch $f(\underline{a})$ mit beliebiger Genauigkeit zu approximieren, wenn nur $\underline{a}$ nahe genug bei $\underline{x}_0$ liegt.

Eine wichtig Konsequenz der in Satz 3.20 gewählten Formulierung der Stetigkeit ist die folgende:

Ist $f(\underline{x})$ an der Stelle $\underline{x}_0$ im Innern von $D_f$ stetig, und ist $f(\underline{x}_0) > 0$, so gibt es zu $\varepsilon = |f(\underline{x}_0)|$ ein $\delta$, derart daß für alle $\underline{x}$ mit $|x_i - x_{0,i}| < \delta$ $(i = 1, \ldots, n)$ $|f(\underline{x}) - f(\underline{x}_0)| < \varepsilon$ ist. Also ist (wegen $\varepsilon = |f(\underline{x})|$) $f(\underline{x}) > 0$, falls $|x_i - x_{0,i}| < \delta$ für alle $i = 1, \ldots, n$ gilt. Anders ausgedrückt heißt dies:

Ist $f(\underline{x})$ an der Stelle $\underline{x}_0$ im Innern von $D_f$ stetig, und ist $f(\underline{x}_0) > 0$, so gibt es eine Umgebung $U(\underline{x}_0)$, so daß $f(\underline{x})$ auch für alle $\underline{x} \in U(\underline{x}_0)$ positiv ist: $f(\underline{x}) > 0$ für $\underline{x} \in U(\underline{x}_0)$. Entsprechendes gilt auch, wenn $f(\underline{x}_0) < 0$ ist.

Wie schon das zweite Beispiel zu Definition 3.19 nahelegt, folgt aus der Vertauschbarkeit von Grenzwertbildungen und Summen, skalaren Vielfachen, Produkten und Quotienten von Folgen (vgl. Satz 2.11), daß auch Summen, skalare Vielfache, Produkte und Quotienten stetiger Funktionen (soweit definiert) stetig sind. Genauer gilt der folgende Satz:

<u>Satz 3.21:</u> Sind f und g an der Stelle $\underline{x}_0$ stetige Funktionen von n Variablen, dann sind die Funktionen

(i) $f + g$ mit $(f + g)(\underline{x}) = f(\underline{x}) + g(\underline{x})$,

(ii) $\lambda \cdot f$ mit $(\lambda \cdot f)(\underline{x}) = \lambda \cdot f(\underline{x})$,

(iii) $f \cdot g$ mit $(f \cdot g)(\underline{x}) = f(\underline{x}) \cdot g(\underline{x})$,

(iv) $f/g$ mit $(f/g)(\underline{x}) = \frac{f(\underline{x})}{g(\underline{x})}$ (falls $g(\underline{x}_0) \neq 0$)

ebenfalls an der Stelle $\underline{x}_0$ stetig, falls sie dort definiert sind.

Für die Komposition von stetigen Abbildungen gilt:

<u>Satz 3.22:</u> Ist $g\colon D_g \longrightarrow \mathbb{R}$ eine an der Stelle $\underline{x}_0$ stetige Funktion von n Variablen, und ist $f\colon D_f \longrightarrow \mathbb{R}$ eine Funktion einer Variablen, deren Definitionsbereich die Wertemenge von g enthält und die an der Stelle $g(\underline{x}_0)$ stetig ist, so ist $f \circ g\colon D_g \longrightarrow \mathbb{R}$ mit $(f \circ g)(\underline{x}) = f(g(\underline{x}))$ definiert und an der Stelle $\underline{x}_0$ stetig.

Mit der offensichtlichen Stetigkeit der Projektion $f(\underline{x}) = x_i$ $(i = 1, \ldots, n)$ auf ganz $\mathbb{R}^n$ folgt aus Satz 3.21 die Stetigkeit aller Polynomfunktionen einer (und mehrerer) Variablen auf ganz $\mathbb{R}^n$ sowie die Stetigkeit der gebrochen rationalen Funktionen auf $\mathbb{R}^n$ mit Ausnahme der Nullstellen des jeweiligen Nennerpolynoms. Für die algebraischen Funktionen garantiert die Forderung nach der lokalen Darstellbarkeit als Potenzreihe die Stetigkeit auf den jeweiligen Definitionsbereichen. Da auch die im Abschnitt 3.1.3 diskutierten transzendenten Funktionen stetig sind, gilt insgesamt:

<u>Satz 3.23:</u> Die folgenden Klassen von Funktionen sind auf ihren jeweiligen Definitionsbereichen stetig:

(i) die algebraischen Funktionen (einschließlich der ganzen und gebrochen rationalen Funktionen);

(ii) die Exponentialfunktionen;

(iii) die Logarithmusfunktionen;

(iv) die Winkelfunktionen (Sinus-, Kosinus-, Arcussinus-, Arcuscosinus-, Tangens-, Kotangens-, Arcustangens- und Arcuskotangensfunktion).

Die Sprung- oder Polstellen von gebrochen rationalen Funktionen oder von Tangens- und Kotangensfunktionen dürfen nicht mit Unstetigkeitsstellen verwechselt werden. Da diese Funktionen, etwa $f(x) = 1/x$, an den Polstellen, etwa $x_0 = 0$, nicht definiert sind, kann die Frage der Stetigkeit/Unstetigkeit für solche Stellen überhaupt nicht gestellt werden.

Da die meisten in der Ökonomie auftretenden Funktionen zumindest stückweise durch algebraische Operationen oder Einsetzen (vgl. Satz 3.21 und Satz 3.22) aus den im Satz 3.23 erwähnten Grundfunktionen entstehen, sind diese in der Regel stetig oder zumindest stückweise stetig.
Unstetigkeitsstellen treten häufig dann auf, wenn Funktionen für verschiedene Intervalle durch verschiedene Formeln definiert werden. So ist etwa die in Abschnitt 3.1.1 erwähnte Lagerbestandsfunktion $B(x) = B_0 + n \cdot B_e - a \cdot x$ (falls $(n-1) \cdot \frac{B_e}{a} \leq x < n \cdot \frac{B_e}{a}$, $(n \in \mathbb{Z})$ ist) an den Stellen $n \cdot \frac{B_e}{a}$ unstetig; auf den offenen Intervallen $]( n-1) \cdot \frac{B_e}{a}, n \cdot \frac{B_e}{a}[$ ist $B(x)$ dagegen stetig (vgl. Abb. 3.1).

Für Funktionen einer Variablen, die auf einem abgeschlossenen Intervall $[a, b]$ stetig sind, gilt der folgende wichtige Zwischenwertsatz:

<u>Satz 3.24:</u> Ist die Funktion $f$ einer Variablen auf dem abgeschlossenen Intervall $[a, b]$ $(a < b)$ stetig, so gibt es zu jedem $y$, das zwischen $f(a)$ und $f(b)$ liegt $(f(a) \leq y \leq f(b)$ oder $f(b) \leq y \leq f(a))$, ein $x \in [a, b]$ mit $f(x) = y$.

Erste Konsequenzen dieses Satzes sind:

* Ist der Definitionsbereich einer stetigen Funktion ein Intervall, so ist die Wertemenge ebenfalls ein Intervall.
* Ist der Definitionsbereich einer stetigen Funktion ein endliches, abgeschlossenes Intervall $[a, b]$ mit $-\infty < a < b < +\infty$, so ist die Wertemenge von $f$ ebenfalls ein endliches abgeschlossenes Intervall. Insbesondere gibt es Stellen $x_{min}, x_{max} \in [a, b]$ mit $f(x_{min}) \leq f(x) \leq f(x_{max})$ für alle $x \in [a, b]$.

Eine Anwendung dieser Überlegungen ist die Tatsache, daß ein reelles Polynom mit ungeradem Polynomgrad wenigstens eine reelle Nullstelle besitzt: Ein Polynom $P(x) = \sum_{i=0}^{n} a_i \cdot x^i$ mit ungeradem n und $a_n > 0$ strebt gegen $+\infty$ $(-\infty)$, falls x gegen $+\infty$ $(-\infty)$ strebt. Aus der Tatsache, daß P(x) auf ganz $\mathbb{R}$ stetig ist, und den obigen Überlegungen folgt, daß die Wertemenge von P(x) ganz $\mathbb{R}$ ist. Also gibt es zu jeder reellen Zahl y (insbesondere zu y = 0) ein $x \in \mathbb{R}$ mit P(x) = y. Entsprechendes gilt, wenn $a_n < 0$ ist.

## 3.2 Differentialrechnung für Funktionen einer Variablen

### 3.2.1 Differentialquotient und Ableitungsregeln

Im Abschnitt 2.1.1 über Folgen wurde ein kleines makroökonomisches Modell des Gütermarktes einer Volkswirtschaft dargestellt, das an dieser Stelle wieder aufgegriffen werden soll:

$N(t) = C(t) + I(t);$

$C(t) = C_a + c \cdot Y(t-1);$

$I(t) = I_a;$

$X(t) = N(t) = Y(t)$

(zu den Bezeichnungen vgl. Abschnitt 2.1).

Beim Studium solcher Modelle interessieren sich Ökonomen vor allem für drei Fragen:

* Statische Analyse
  Mit der Einführung von Gleichgewichtsbedingungen (in diesem Modell $Y(t-1) = Y(t)$) stellt sich die Frage, ob es Werte für die Variablen $Y(t)$ (und $C(t)$) gibt, die gleichgewichtige Lösungen des Modells darstellen. Die Beantwortung dieser Frage läuft auf die Lösung von (häufig linearen) Gleichungssystemen hinaus. Für dieses einfache Modell wurde im Abschnitt 2.1.1 durch elementare Umformungen die Gleichgewichtslösung $Y(t) = \frac{C_a+I_a}{1-c}$ hergeleitet, die nur von den Parametern $C_a$, $I_a$ und c des Modells, nicht aber vom Zeitindex t, abhängt. Es ist also möglich - und das soll von jetzt an vereinbart sein -, den Zeitindex t wegzulassen und das Gleichgewichtseinkommen mit $\bar{Y}$ zu bezeichnen:

  $$\bar{Y} = \frac{C_a+I_a}{1-c} \; .$$

  Im übrigen sei darauf verwiesen, daß die Lineare Algebra mit der systematischen Behandlung linearer Gleichungssysteme das Instrumentarium zur Bestimmung von Gleichgewichtslösungen in linearen Modellen bereithält.

* Dynamische Analyse
  Wie entwickelt sich ein Modell, das sich zu einem bestimmten Zeitpunkt (meistens t = 0) in einem ungleichgewichtigen Zustand befindert. Insbesondere interessiert die Frage, ob sich die Variablen des Modells im Laufe der Zeit den Gleichgewichtswerten, die nur von den Parametern des Modells abhängen, nähern, bis sie von ihnen praktisch nicht mehr zu unterscheiden sind. Ist das der Fall, so spricht man von <u>Stabilität</u> des Modells. Erste Überlegungen zu diesem Problemkreis bildeten den Gegenstand der Ausführungen im Abschnitt 2.1.1.

* Komparativ statische Analyse
  Wie verändern sich Gleichgewichtslösungen eines Modells, wenn sich die Modellparameter ändern? Bei dieser Frage geht es also nicht um die Analyse von Anpassungsprozessen, sondern um den Vergleich von Gleichgewichtslösungen, die aus Veränderungen der Parameterwerte des Modells resultieren. Wie Fragen dieser Art behandelt werden können und welche mathematischen Methoden dazu erforderlich sind, soll im folgenden am Beispiel des erwähnten kleinen Gütermarktmodells beschrieben werden.

Das Gleichgewichtseinkommen $\bar{Y}$ hängt von den drei Parametern $C_a$, $I_a$ und c ab und kann als Funktion von drei Variablen dargestellt werden. Die ursprünglichen Parameter des Modells werden also in den folgenden Überlegungen zu Variablen: $\bar{Y} = \bar{Y}(C_a, I_a, c)$.

Da in diesem Abschnitt nur untersucht werden soll, wie $\bar{Y}$ auf die Veränderung einer Variablen reagiert - das Studium von simultanen Variationen aller drei Variablen ist Gegenstand der Differentialrechnung für Funktionen mehrerer Variablen weiter unten -, kann man aus $\bar{Y}(C_a, I_a, c)$ drei Funktionen von jeweils einer Variablen gewinnen:

$$f(u) = f_{I_a, c}(u) = \frac{u+I_a}{1-c}$$

(dabei ist u eine Variable für den autonomen Konsum $C_a$);

$$g(v) = g_{C_a, c}(v) = \frac{C_a+v}{1-c}$$

(dabei ist v eine Variable für die autonomen Investitionen $I_a$);

$$h(w) = h_{C_a, I_a}(w) = \frac{C_a+I_a}{1-w}$$

(dabei ist w eine Variable für die marginale Konsumquote c).

Bei den Funktionen f, g und h von einer Variablen werden jeweils zwei der drei Variablen von $\bar{Y}(C_a, I_a, c)$ wie Konstante (Parameter) behandelt, während nur die dritte veränderlich bleibt. Eine Variation von f(u), die aus einer Variation von u um $\Delta u$ resultiert, also eine Veränderung des Gleichgewichtseinkommens bei Variation des autonomen Konsums, kann durch $\Delta f(u_0) = f(u_0+\Delta u) - f(u_0)$ gemessen werden ($u_0$ ist dabei das Ausgangsniveau der Variablen u). Die Größe $\Delta f(u_0)$ strebt für stetige Funktionen stets gegen 0, wenn $\Delta u$ gegen 0 strebt. Also empfiehlt es sich, $\Delta f(u_0)$ mit $\Delta u$ zu normieren:

$$\frac{\Delta f(u_0)}{\Delta u} = \frac{f(u_0+\Delta u) - f(u_0)}{\Delta u} \quad (\Delta u \neq 0).$$

Dieser sogenannte <u>Differenzenquotient</u> gibt an, wie sich f(u) im Mittel pro Einheit von u verändert, wenn u sich von $u_0$ auf $u_0+\Delta u$ verändert ($\Delta u \neq 0$).

Für $f(u) = \frac{u+I_a}{1-c}$ ergibt sich also als Differenzenquotient:

$$\frac{\Delta f(u_0)}{\Delta u} = \frac{\frac{(u_0+\Delta u)+I_a}{1-c} - \frac{u_0+I_a}{1-c}}{\Delta u} = \frac{\Delta u}{(1-c)\cdot\Delta u} = \frac{1}{1-c}\,.$$

Entsprechend erhält man den Differenzenquotient für $g(v) = \frac{C_a+v}{1-c}$ ($\Delta v \neq 0$):

$$\frac{\Delta g(v_0)}{\Delta v} = \frac{\frac{(v_0+\Delta v)+C_a}{1-c} - \frac{v_0+C_a}{1-c}}{\Delta v} = \frac{\Delta v}{(1-c)\cdot\Delta v} = \frac{1}{1-c}.$$

Für die Funktionen f und g hängt der Differenzenquotient nicht von $u_0$ und $\Delta u$ bzw. $v_0$ und $\Delta v$ ab. Das Ergebnis der obigen Rechnung besagt, daß das Gleichgewichtseinkommen $\bar{Y}$ (durchschnittlich) um den Wert $\frac{1}{1-c}$ steigt (fällt), wenn $C_a$ oder $I_a$ um eine Einheit steigt (fällt).

Für die Funktion $h(w) = \frac{C_a+I_a}{1-w}$ erhält man den Differenzenquotienten:

$$\frac{\Delta h(w_0)}{\Delta w} = \frac{1}{\Delta w} \cdot \left(\frac{C_a+I_a}{1-(w_0+\Delta w)} - \frac{C+I_a}{1-w_0}\right) =$$

$$= \frac{C_a+I_a}{\Delta w} \cdot \frac{(1-w_0)-(1-(w_0+\Delta w))}{(1-(w_0+\Delta w))\cdot(1-w_0)} = \frac{C_a+I_a}{(1-(w_0+\Delta w))\cdot(1-w_0)}.$$

Für h(w) hängt also der Differenzenquotient sowohl von $w_0$ als auch von $\Delta w$ ab. Die Abhängigkeit von $\Delta w$ kann jedoch überwunden werden, wenn man einen Grenzübergang $\Delta w \longrightarrow 0$ vornimmt:

$$\lim_{\Delta w \to 0} \frac{\Delta h(w_0)}{\Delta w} = \lim_{\Delta w \to 0} \frac{C_a+ I_a}{(1-(w_0+\Delta w))\cdot(1-w_0)} = \frac{C_a+I_a}{(1-w_0)^2}.$$

Dieser Grenzwert für $\Delta w \longrightarrow 0$ des Differenzenquotienten heißt - falls er existiert - <u>Differentialquotient</u> der Funktion h(w) an der Stelle $w_0$. Der Differentialquotient $\lim\limits_{\Delta w \to 0} \frac{\Delta h(w_0)}{\Delta w}$ drückt aus, wie h(w), also das Volkseinkommen, auf eine Veränderung von w, der marginalen Konsumquote, reagiert, wenn die anderen Parameter $C_a$ und $I_a$ des Modells konstant bleiben. Für realistische Werte ($C_a+I_a > 0$, $0 < c = w_0 < 1$) erhält man ein steigendes Volkseinkommen bei steigender marginaler Konsumquote.

In Abbildung 3.25 sind der Differenzenquotient und der Differentialquotient für eine allgemeine Funktion f(x) graphisch als Steigungen von Geraden dargestellt:
Der Differenzenquotient ist die Steigung (Tangens des Steigungswinkels) der Sekante s mit dem Steigungswinkel $\alpha$, die durch die Punkte $(x_0, f(x_0))$ und $(x_0+\Delta x, f(x_0+\Delta x))$ definiert ist. Strebt nun $\Delta x$ gegen 0, so strebt die Sekante s gegen die Tangente s* und damit der Steigungswinkel $\alpha$ von s gegen den Steigungswinkel $\alpha^*$ der Tangente s* an den Funktionsgraphen an der Stelle $(x_0, f(x_0))$. Damit kann der Differentialquotient $\lim\limits_{\Delta x \to 0} \frac{\Delta f(x_0)}{\Delta x}$ geometrisch als Steigung der Funktion f(x) an der Stelle $x_0$ interpretiert werden.

Mit diesen Überlegungen gilt die folgende Definition:

<u>Definition 3.25:</u> Eine Funktion einer Variablen $f: D_f \longrightarrow \mathbb{R}$ $(D_f \subset \mathbb{R})$ heißt <u>an der Stelle $x_0$</u> aus dem Inneren von $D_f$ <u>differenzierbar</u>, wenn der Grenzwert $\lim\limits_{\substack{\Delta x \to 0 \\ \Delta x \neq 0}} \frac{f(x_0+\Delta x) - f(x_0)}{\Delta x}$ existiert.

Ist die Funktion f an der Stelle $x_0$ differenzierbar, so wird der Grenzwert $\lim\limits_{\substack{\Delta x \to 0 \\ \Delta x \neq 0}} \frac{f(x_0+\Delta x) - f(x_0)}{\Delta x}$ <u>Differentialquotient</u> oder <u>Ableitung</u> von f(x) an der Stelle $x_0$ genannt und mit $\frac{df(x_0)}{dx}$, $\frac{df}{dx}(x_0)$, $\frac{dy}{dx}$ (wobei y = f(x) ist) oder $f'(x_0)$ bezeichnet.

Ist f(x) an jeder Stelle $x_0 \in D \subset D_f$ differenzierbar, so heißt f <u>auf D differenzierbar</u>. Ist f an jeder Stelle $x_0$ des Definitionsbereichs $D_f$ differenzierbar, so heißt f <u>differenzierbar</u>.

<u>Abb. 3.25:</u> Graphische Darstellung von Differenzen- und Differentialquotient als Sekanten- und Tangentensteigungen.

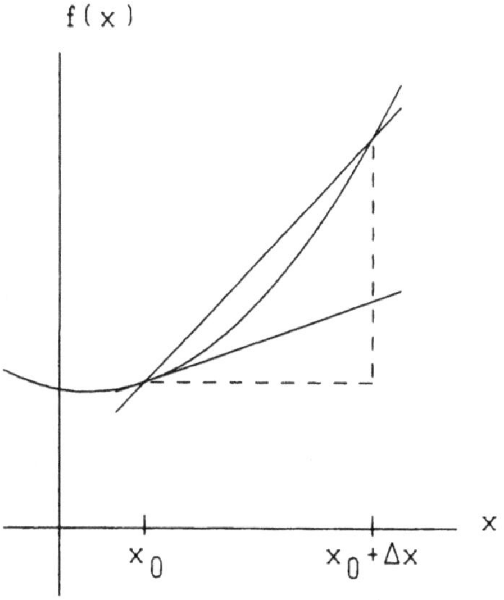


Beispiele:

- Die Funktion f(x) = x ist (an jeder Stelle $x_0 \in D_f = \mathbb{R}$) differenzierbar, denn es gilt:

$$\lim_{\Delta x \to 0} \frac{\Delta f}{\Delta x}(x_0) = \lim_{\Delta x \to 0} \frac{(x_0+\Delta x) - x_0}{\Delta x} = \lim_{\Delta x \to 0} \frac{\Delta x}{\Delta x} = 1.$$

  Also ist $f'(x) = 1$ für alle $x \in \mathbb{R}$.

- Die konstante Funktion f(x) = c ist auf ganz $\mathbb{R}$ differenzierbar, und es ist $\frac{\Delta f}{\Delta x}(x_0) = 0$, so daß auch $f'(x_0) = 0$ für alle $x_0 \in \mathbb{R}$ ist. Es gilt sogar die Umkehrung dieser Aussage: Ist $f'(x) = 0$ auf einem Intervall I, so ist f(x) = c auf diesem Intervall konstant.

* Die Funktion $f: \mathbb{R} \longrightarrow \mathbb{R}$ mit $f(x) = |x| = \begin{cases} x, & \text{falls } x \geq 0 \\ -x, & \text{falls } x < 0 \end{cases}$

ist für $x_0 \neq 0$ differenzierbar:

Für $x_0 > 0$ ist $x_0+\Delta x$ ebenfalls größer als 0, wenn $\Delta x$ hinreichend klein ist. Ist das der Fall, so ist $\dfrac{f(x_0+\Delta x) - f(x_0)}{\Delta x} = \dfrac{\Delta x}{\Delta x} = 1$, so daß auch $\frac{d}{dx}f(x_0) = 1$ ist. Für $x_0 < 0$ und hinreichend kleines $\Delta x$ erhält man entsprechend $\dfrac{f(x_0+\Delta x) - f(x_0)}{\Delta x} = \dfrac{-\Delta x}{\Delta x} = -1$, so daß $\frac{d}{dx}f(x_0) = -1$ ist, falls $x_0 < 0$ ist.

Für $x_0 = 0$ dagegen ist $f(x) = |x|$ nicht differenzierbar. Setzt man etwa für $\Delta x$ die Folge $(a_n)_{n\in\mathbb{N}}$ mit $a_n = (-1)^n \cdot \frac{1}{n}$ ein ($\lim\limits_{n\to\infty} a_n = 0$), so erhält man $\left(\dfrac{f(a_n)}{a_n}\right)_{n\in\mathbb{N}}$ mit $\dfrac{f(a_n)}{a_n} = (-1)^n$ als Folge der zugehörigen Differenzenquotienten. Diese konvergiert offensichtlich nicht, so daß $f(x) = |x|$ an der Stelle $x_0 = 0$ nicht differenzierbar ist.

* Die Funktion $f: \mathbb{R} \longrightarrow \mathbb{R}$ mit $f(x) = \begin{cases} x^2 \cdot \sin(\frac{1}{x}), & \text{falls } x \neq 0 \\ 0, & \text{falls } x = 0 \end{cases}$

(vgl. Beispiele zu Def. 3.18) ist an der Stelle $x_0 = 0$ differenzierbar mit $f'(0) = 0$, denn es gilt:

$$\left|\lim_{\Delta x\to 0} \frac{f(0+\Delta x) - f(0)}{\Delta x}\right| = \left|\lim_{\Delta x\to 0} \frac{\Delta x^2 \cdot \sin(\frac{1}{\Delta x})}{\Delta x}\right| = \lim_{\Delta x\to 0} |\Delta x| \cdot \left|\sin(\tfrac{1}{\Delta x})\right| \leq$$

$$\leq \lim_{\Delta x\to 0} |\Delta x| = 0.$$

Die Differenzierbarkeit dieser Funktion für $x_0 \neq 0$ kann ohne Schwierigkeiten nachgewiesen werden, wenn die Ableitungsregeln und die Ableitungen der Grundfunktionen bekannt sind.

* Die Funktionen

$$f: \mathbb{R} \longrightarrow \mathbb{R} \text{ mit } f(u) = \frac{u+I_a}{1-c},$$

$$g: \mathbb{R} \longrightarrow \mathbb{R} \text{ mit } g(v) = \frac{C_a+v}{1-c}$$

und

$$h: \mathbb{R}\setminus\{+1\} \longrightarrow \mathbb{R} \text{ mit } h(w) = \frac{C_a+I_a}{1-w}$$

aus dem Eingangsbeispiel sind auf ihren jeweiligen Definitionsbereichen differenzierbar, und es gilt - wie oben bereits nachgerechnet -:

$$f'(u_0) = \frac{1}{1-c} \text{ für alle } u_0 \in D_f = \mathbb{R},$$

$$g'(v_0) = \frac{1}{1-c} \text{ für alle } v_0 \in D_g = \mathbb{R},$$

$$h'(w_0) = \frac{C_a+I_a}{(1-w_0)^2} \text{ für alle } w_0 \in D_h = \mathbb{R}\setminus\{+1\}.$$

Aus den Beispielen wird deutlich, daß der Differenzenquotient bei Differenzierbarkeit gegen einen Grenzwert konvergieren muß, der unabhängig davon ist, wie $\Delta x$ gegen 0 strebt. Der Grenzübergang vom Differenzen- zum Differentialquotienten kann nicht dadurch vorgenommen werden, daß ohne weitere Vorbereitungen die Grenzwerte von Zähler und Nenner des Differenzenquotienten gebildet werden, da dies zu einer Division durch 0 führen würde. Damit allerdings der Differenzenquotient gegen einen endlichen Wert konvergiert, muß auch der Zähler $f(x_0+\Delta x) - f(x_0)$ für $\Delta x \longrightarrow 0$ gegen 0 konvergieren. Das bedeutet aber gerade, daß $f(x)$ an der Stelle $x_0$ stetig sein muß, wenn $f(x)$ an der Stelle $x_0$ differenzierbar ist. Umgekehrt garantiert - wie die Funktion $f(x) = |x|$ an der Stelle $x_0 = 0$ zeigt - Stetigkeit an der Stelle $x_0$ nicht die Differenzierbarkeit an dieser Stelle.

Da schon aus der Notation $\frac{\Delta f(x)}{\Delta x}$ des Differenzenquotienten hervorgeht, daß $\Delta x$ von 0 verschieden sein muß, wird im folgenden - wie schon bei den obigen Beispielen - beim Differenzenquotienten auf die explizite Angabe der Bedingung $\Delta x \neq 0$ verzichtet.

Der Differentialquotient ökonomischer Funktionen kann in vielen Fällen auch ökonomisch sinnvoll interpretiert werden. So kann etwa die Ableitung $g'(v)$ der Funktion $g(v)$, die dem Wert der autonomen Investitionen ($v = I_a$) den Betrag des daraus resultierenden gleichgewichtigen Volkseinkommens ($g(v) = \bar{Y}$) zuordnet, als Investitionsmultiplikator in bezug auf das Volkseinkommen interpretiert werden: Die Zunahme der autonomen Investitionen um eine Einheit von $v_0$ auf $v_0+1$ bewirkt eine Veränderung des Gleichgewichtseinkommens $\bar{Y} = g(v_0)$ um den Betrag $g'(v_0) = \frac{1}{1-c}$ (bei Konstanz der restlichen Parameter des Modells). Eine derartige Interpretation von Differentialquotienten ist in der ökonomischen Literatur häufig anzutreffen und auch vertretbar, wenn man sich bewußt ist, daß hier eine kleine Ungenauigkeit besteht, weil man den Differentialquotienten wie einen Differenzenquotienten ($\Delta v = 1$) behandelt. Dieser Tatsache wird häufig dadurch Rechnung getragen, daß man sagt, die entsprechenden Aussagen gelten lediglich "marginal".

Die Beispiele zeigen darüber hinaus, daß bei Differenzierbarkeit einer Funktion f auf einer Menge D eine neue Funktion definiert werden kann, indem jeder Stelle $x_0 \in D$ der Wert $\frac{d}{dx} f(x_0) = f'(x_0)$ zugeordnet wird:

<u>Definition 3.26:</u> Ist die Funktion $f: D \longrightarrow \mathbb{R}$ ($D \subset \mathbb{R}$) für alle $x \in D$ differenzierbar, so ist durch $f^{(1)}: D \longrightarrow \mathbb{R}$ mit $f^{(1)}(x) = \frac{d}{dx}f(x)$ eine Abbildung definiert, die <u>1. Ableitungsfunktion</u> oder <u>1. Ableitung</u> von f genannt wird. Ist die Funktion $f^{(1)}$ stetig auf D, so heißt f auf D <u>stetig differenzierbar</u>. Allgemein heißt f (auf D) <u>n-mal (stetig) differenzierbar</u> mit n-ter Ableitung $f^{(n)}$, wenn die (n-1)-ste Ableitung $f^{(n-1)}$ existiert und (stetig) differenzierbar ist mit $f^{(n)}(x) = \frac{d}{dx}f^{(n-1)}(x)$ ($n \geq 1$). Existieren alle n-ten Ableitungen $f^{(n)}$ ($n \in \mathbb{N}$) einer Funktion, so heißt f <u>$\infty$-oft stetig differenzierbar</u>.

Die ersten drei Ableitungen $f^{(1)}$, $f^{(2)}$ und $f^{(3)}$ einer Funktion f werden regelmäßig mit f', f'' und f''' bezeichnet.

Beispiele:

* $f(u) = \frac{u+I_a}{1-c}$ ist auf ganz $\mathbb{R}$ stetig differenzierbar mit erster Ableitungsfunktion $f'\colon \mathbb{R} \longrightarrow \mathbb{R}$, $f'(u) = \frac{1}{1-c}$.
  Die (konstante) Funktion f'(u) ist ebenfalls differenzierbar mit $f''\colon \mathbb{R} \longrightarrow \mathbb{R}$, $f''(u) = 0$. Insgesamt ist damit $f(u) = \frac{u+I_a}{1-c}$ $\infty$-oft differenzierbar mit $f^{(n)}(u) = 0$ für $n \geq 2$.

* $h(w) = \frac{C_a+I_a}{1-w}$ ist auf ganz $D_h = \mathbb{R}\setminus\{+1\}$ stetig differenzierbar mit $h'\colon D_h \longrightarrow \mathbb{R}$, $h'(w) = \frac{C_a+I_a}{(1-w)^2}$. Der Nachweis, daß auch h(w) $\infty$-oft differenzierbar ist und Methoden zur einfachen Berechnung der höheren Ableitungen von h(w) werden als nächstes hergeleitet.

Offensichtlich kann die Bestimmung des Differentialquotienten - insbesondere bei zusammengesetzten Funktionen - als Grenzwert des Differenzenquotienten recht aufwendig sein. Es ist daher nützlich, Regeln herzuleiten, die die Differenzierbarkeit von zusammengesetzten Funktionen garantieren und angeben, wie die Ableitungen zusammengesetzter Funktionen zu bestimmen sind. Dabei sollen die in den Sätzen 3.21 und 3.22 erwähnten Verknüpfungen (Addition, Multiplikation mit Skalaren, Multiplikation, Division und Komposition von Funktionen) auf ihre Verträglichkeit mit der Differentiation hin untersucht werden.

* Sind f und g beide in einer Umgebung von $x_0 \in \mathbb{R}$ definiert, dann ist dort auch f + g durch $(f + g)(x) = f(x) + g(x)$ definiert. Für den Differenzenquotienten von f + g an der Stelle $x_0$ gilt dann:

$$\frac{(f + g)(x_0+\Delta x) - (f + g)(x_0)}{\Delta x} = \frac{f(x_0+\Delta x) - f(x_0) + g(x_0+\Delta x) - g(x_0)}{\Delta x} =$$

$$= \frac{f(x_0+\Delta x) - f(x_0)}{\Delta x} + \frac{g(x_0+\Delta x) - g(x_0)}{\Delta x}.$$

  Der Differenzenquotient von f + g ist also die Summe der Differenzenquotienten von f und g. Sind f und g an der Stelle $x_0$ differenzierbar, so gilt dies auch nach dem Grenzübergang $\Delta x \longrightarrow 0$:

$$\lim_{\Delta x\to 0} \frac{\Delta(f + g)(x_0)}{\Delta x} = \lim_{\Delta x\to 0} \frac{\Delta f(x_0)}{\Delta x} + \lim_{\Delta x\to 0} \frac{\Delta g(x_0)}{\Delta x} = f'(x_0) + g'(x_0).$$

  Also ist die Funktion f + g an der Stelle $x_0$ differenzierbar, wenn f und g dort differenzierbar sind, und es gilt $(f + g)'(x_0) = f'(x_0) + g'(x_0)$.

* Ist $f$ in einer Umgebung von $x_0$ definiert, so ist auch $\lambda \cdot f$ mit $(\lambda \cdot f)(x) = \lambda \cdot f(x)$ dort definiert. Für den Differenzenquotienten von $\lambda \cdot f$ an der Stelle $x_0$ gilt dann:

$$\frac{(\lambda \cdot f)(x_0+\Delta x) - (\lambda \cdot f)(x_0)}{\Delta x} = \lambda \cdot \frac{f(x_0+\Delta x) - f(x_0)}{\Delta x}.$$

Der Differenzenquotient von $\lambda \cdot f$ ist also das $\lambda$-fache des Differenzenquotienten von $f$. Ist also $f$ an der Stelle $x_0$ differenzierbar, so gilt für den Differentialquotienten von $\lambda \cdot f$ an der Stelle $x_0$:

$$\lim_{\Delta x \to 0} \frac{\Delta(\lambda \cdot f)(x_0)}{\Delta x} = \lim_{\Delta x \to 0} \lambda \cdot \frac{\Delta f(x_0)}{\Delta x} = \lambda \cdot \lim_{\Delta x \to 0} \frac{\Delta f(x_0)}{\Delta x} = \lambda \cdot f'(x_0).$$

Also ist die Funktion $\lambda \cdot f$ an der Stelle $x_0$ differenzierbar, wenn $f$ dort differenzierbar ist, und es gilt $(\lambda \cdot f)'(x_0) = \lambda \cdot f'(x_0)$.

* Sind $f$ und $g$ in einer Umgebung von $x_0 \in \mathbb{R}$ definiert, so ist auch $f \cdot g$ mit $(f \cdot g)(x) = f(x) \cdot g(x)$ dort definiert. Für den Differenzenquotienten von $f \cdot g$ an der Stelle $x_0$ gilt dann (mit geschickter Addition von 0):

$$\frac{(f \cdot g)(x_0+\Delta x) - (f \cdot g)(x_0)}{\Delta x} = \frac{f(x_0+\Delta x) \cdot g(x_0+\Delta x) - f(x_0) \cdot g(x_0)}{\Delta x} =$$

$$= \frac{f(x_0+\Delta x) \cdot g(x_0+\Delta x) - f(x_0) \cdot g(x_0+\Delta x) + f(x_0) \cdot g(x_0+\Delta x) - f(x_0) \cdot g(x_0)}{\Delta x} =$$

$$= g(x_0+\Delta x) \cdot \frac{f(x_0+\Delta x) - f(x_0)}{\Delta x} + f(x_0) \cdot \frac{g(x_0+\Delta x) - g(x_0)}{\Delta x}.$$

Sind $f$ und $g$ an der Stelle $x_0$ differenzierbar, so erhält man als Grenzwert dieses Differenzenquotienten:

$$\lim_{\Delta x \to 0} \frac{\Delta(f \cdot g)(x_0)}{\Delta x} =$$

$$= \lim_{\Delta x \to 0} g(x_0+\Delta x) \cdot \lim_{\Delta x \to 0} \frac{f(x_0+\Delta x) - f(x_0)}{\Delta x} + f(x_0) \cdot \lim_{\Delta x \to 0} \frac{g(x_0+\Delta x) - g(x_0)}{\Delta x}$$

$$= g(x_0) \cdot f'(x_0) + f(x_0) \cdot g'(x_0).$$

Also ist die Funktion $f \cdot g$ an der Stelle $x_0$ differenzierbar, wenn $f$ und $g$ dort differenzierbar sind, und es gilt:

$$(f \cdot g)'(x_0) = f'(x_0) \cdot g(x_0) + f(x_0) \cdot g'(x_0).$$

* Sind $f$ und $g$ in einer Umgebung von $x_0 \in \mathbb{R}$ definiert, und ist $g(x)$ dort von 0 verschieden, so ist auch $f/g$ mit $(f/g)(x) = f(x)/g(x)$ dort definiert. Für den Differenzenquotienten von $f/g$ an der Stelle $x_0$ gilt dann:

$$\frac{(f/g)(x_0+\Delta x) - (f/g)(x_0)}{\Delta x} = \frac{1}{\Delta x} \cdot \left(\frac{f(x_0+\Delta x)}{g(x_0+\Delta x)} - \frac{f(x_0)}{g(x_0)}\right) =$$

$$= \frac{1}{\Delta x} \cdot \frac{f(x_0+\Delta x) \cdot g(x_0) - f(x_0) \cdot g(x_0+\Delta x)}{g(x_0+\Delta x) \cdot g(x_0)} =$$

$$= \frac{1}{g(x_0+\Delta x)\cdot g(x_0)} \cdot \frac{f(x_0+\Delta x)\cdot g(x_0)-f(x_0)\cdot g(x_0)+f(x_0)\cdot g(x_0)-f(x_0)\cdot g(x_0+\Delta x)}{\Delta x} =$$

$$= \frac{1}{g(x_0+\Delta x)\cdot g(x_0)} \cdot \left[g(x_0)\cdot\frac{f(x_0+\Delta x) - f(x_0)}{\Delta x} - f(x_0)\cdot\frac{g(x_0+\Delta x) - g(x_0)}{\Delta x}\right].$$

Sind f und g an der Stelle $x_0$ differenzierbar, und ist $g(x_0) \neq 0$, so erhält man als Grenzwert dieses Differenzenquotienten:

$$\lim_{\Delta x \to 0} \frac{\Delta(f/g)(x_0)}{\Delta x} =$$

$$= \lim_{\Delta x \to 0} \frac{1}{g(x_0+\Delta x)\cdot g(x_0)} \cdot \left[g(x_0)\cdot \lim_{\Delta x \to 0} \frac{f(x_0+\Delta x)-f(x_0)}{\Delta x} - f(x_0)\cdot \lim_{\Delta x \to 0} \frac{g(x_0+\Delta x)-g(x_0)}{\Delta x}\right]$$

$$= \frac{f'(x_0) \cdot g(x_0) - f(x_0) \cdot g'(x_0)}{g(x_0)^2}.$$

Also ist die Funktion f/g an der Stelle $x_0$ differenzierbar, wenn f und g dort differenzierbar sind und wenn $g(x_0) \neq 0$ ist. Ist das der Fall, so gilt:

$$(f/g)'(x_0) = \frac{f'(x_0) \cdot g(x_0) - f(x_0) \cdot g'(x_0)}{g(x_0)^2}.$$

* Sind g in einer Umgebung von $x_0$ und f in einer Umgebung von $g(x_0)$ definiert, so ist (bei Stetigkeit von g) $f \circ g$ mit $(f \circ g)(x) = f(g(x))$ in einer Umgebung von $x_0$ definiert. Für den Differenzenquotienten von $f \circ g$ an der Stelle $x_0$ erhält man dann (falls $g(x_0+\Delta x) - g(x_0) \neq 0$ ist):

$$\frac{(f \circ g)(x_0+\Delta x) - (f \circ g)(x_0)}{\Delta x} = \frac{f(g(x_0+\Delta x)) - f(g(x_0))}{\Delta x} =$$

$$= \frac{f(g(x_0+\Delta x)) - f(g(x_0))}{g(x_0+\Delta x) - g(x_0)} \cdot \frac{g(x_0+\Delta x) - g(x_0)}{\Delta x}.$$

Sind f und g an den Stellen $g(x_0)$ und $x_0$ differenzierbar, und setzt man $z_0 = g(x_0)$ und $\Delta z = g(x_0+\Delta x) - g(x_0)$, so kann der Differentialquotient von $f \circ g$ an der Stelle $x_0$ durch eine Fallunterscheidung bestimmt werden:

1. Fall: Ist g(x) in einer Umgebung von $x_0$ nicht konstant, so ist $\Delta z = g(x_0+\Delta x) - g(x_0)$ von 0 verschieden, und man erhält den Differentialquotienten:

$$\lim_{\Delta x \to 0} \frac{(f \circ g)(x_0+\Delta x) - (f \circ g)(x_0)}{\Delta x} =$$

$$= \lim_{\Delta x \to 0} \frac{f(z_0+\Delta z) - f(z_0)}{\Delta z} \cdot \frac{g(x_0+\Delta x) - g(x_0)}{\Delta x} =$$

$$= \lim_{\Delta z \to 0} \frac{f(z_0+\Delta z) - f(z_0)}{\Delta z} \cdot \lim_{\Delta x \to 0} \frac{g(x_0+\Delta x) - g(x_0)}{\Delta x} =$$

$$= f'(z_0) \cdot g'(x_0) = f'(g(x_0)) \cdot g'(x_0).$$

Bei dieser Herleitung wurde von der Tatsache Gebrauch gemacht, daß aus der Differenzierbarkeit von g an der Stelle $x_0$ Stetigkeit folgt und daher $\lim_{\Delta x \to 0} g(x_0+\Delta x) - g(x_0) = \lim_{\Delta x \to 0} \Delta z = 0$ ist.

2. Fall: Ist g(x) in einer Umgebung von $x_0$ konstant, so ist auch $f \circ g$ in einer Umgebung von $x_0$ konstant. Wie man leicht sieht, sind dann sowohl $g'(x_0) = 0$ als auch $(f \circ g)'(x_0) = 0$, so daß auch in diesem Fall die Formel $(f \circ g)'(x_0) = f'(g(x_0)) \cdot g'(x_0)$ gilt.

* Ist f auf dem Intervall I differenzierbar und invertierbar, so ist f dort streng monoton (steigend oder fallend). Die Umkehrfunktion $f^{-1}$ ist dann ebenfalls auf einem Intervall $I^* = \left\{y \in \mathbb{R} \mid y = f(x) \text{ für ein } x \in I\right\}$ definiert und dort stetig und monoton (steigend oder fallend). Ist für $x_0 \in I$ $f'(x_0) \neq 0$, so ist $f^{-1}$ an der Stelle $y_0 = f(x_0)$ differenzierbar und $(f^{-1})'(y_0)$ kann so berechnet werden:
Einerseits ist $(f \circ f^{-1})(y) = y$, so daß $f \circ f^{-1}$ auf $I^*$ differenzierbar ist und dort die konstante Ableitung 1 besitzt. Andererseits erhält man mit Hilfe der Kettenregel:

$$(f \circ f^{-1})'(y_0) = f'(f^{-1}(y_0)) \cdot (f^{-1})'(y_0).$$

Also ist

$$1 = f'(f^{-1}(y_0)) \cdot (f^{-1})'(y_0)$$

oder

$$(f^{-1})'(y_0) = \frac{1}{f'(f^{-1}(y_0))} = \frac{1}{f'(x_0)} \quad (\text{mit } y_0 = f(x_0)).$$

Dabei muß natürlich vorausgesetzt werden, daß $f'(x_0) \neq 0$ ist.

Insgesamt gelten damit die in einem Satz zusammengefaßten Regeln für die Differentiation zusammengesetzter Abbildungen.

Satz 3.27: Sind f und g Funktionen einer Variablen, die an der Stelle $x_0$ (oder auf einer Menge D) differenzierbar sind, so sind auch die Funktionen $f + g$, $\lambda \cdot f$ ($\lambda \in \mathbb{R}$), $f \cdot g$ und $f/g$ (falls definiert) an der Stelle $x_0$ (oder an jeder Stelle $x_0 \in D$) differenzierbar, und es gilt:

(i) $(f + g)'(x_0) = f'(x_0) + g'(x_0)$
(Summenregel);

(ii) $(\lambda \cdot f)'(x_0) = \lambda \cdot f'(x_0)$
(Multiplikatorregel);

(iii) $(f \cdot g)'(x_0) = f'(x_0) \cdot g(x_0) + f(x_0) \cdot g'(x_0)$
(Produktregel);

(iv) $(f/g)'(x_0) = \dfrac{f'(x_0) \cdot g(x_0) - f(x_0) \cdot g'(x_0)}{g(x_0)^2}$
(Quotientenregel).

Ist g an der Stelle $x_0 \in \mathbb{R}$ (auf $D \subset \mathbb{R}$) differenzierbar, und ist f an der Stelle $g(x_0)$ (auf der Menge $g(D) = \left\{g(x_0) \mid x \in D\right\}$ differenzierbar, so ist $f \circ g$ an der Stelle $x_0$ (für jedes $x_0 \in D$) differenzierbar, und es gilt:

(v) $(f \circ g)'(x_0) = f'(g(x_0)) \cdot g'(x_0)$
(Kettenregel).

Ist f auf einem Intervall ]a, b[ streng monoton und differenzierbar (also auch stetig) mit $f'(x) \neq 0$ für alle $x \in ]a, b[$, so ist f invertierbar und die Umkehrabbildung $f^{-1}(y)$, die auf $f(]a, b[)$ definiert ist, ist ebenfalls differenzierbar, und es gilt:

(vi) $f^{-1'}(y_0) = \dfrac{1}{f'(x_0)}$ (wobei $y_0 = f(x_0)$ oder $x_0 = f^{-1}(y_0)$ ist)
(Inversenregel).

Beispiele:

* Ist $f: \mathbb{R}^+ \longrightarrow \mathbb{R}$ eine Preis-Mengen-Funktion, die dem Preis x eines Gutes die zu diesem Preis produzierte Menge des Gutes f(x) zuordnet. Die Ableitung f'(x) (falls sie existiert) mißt die Preisreagibilität der Angebotsmenge. Die Funktion $g(x) = x \cdot f(x)$ ordnet jedem Preis des Gutes den Wert der zu diesem Preis angebotenen Menge (Umsatz) zu. Die Ableitungsfunktion $g'(x) = f(x) + x \cdot f'(x)$ (Produktregel!) mißt die Reagibilität des Wertes der Angebotsmenge bei Preisänderungen.

* Ist $K: \mathbb{R}^+ \longrightarrow \mathbb{R}$ eine Funktion, die der produzierten Menge y eines Gutes die zur Produktion erforderlichen Kosten zuordnet. Zusammen mit der im vorhergehenden Beispiel erwähnten Preis-Mengen-Funktion f(x) lassen sich die Produktionskosten als Funktion des Preises x darstellen, da $y = f(x)$ gesetzt werden kann:
$(K \circ f)(x) = K(f(x))$ ordnet jedem Preis x die Produktionskosten der zu diesem Preis hergestellten Gütermenge zu.

Die Ableitung von $K \circ f$ existiert, wenn K und f differenzierbar sind, und es gilt: $(K \circ f)'(x) = K'(f(x)) \cdot f'(x)$ (Kettenregel!).
Diese Ableitung gibt an, wie die Produktionskosten auf (marginale) Preisveränderungen reagieren.

Weitere Anwendungen der Differentiationsregeln aus Satz 3.27 finden sich im folgenden Abschnitt, der sich mit den Ableitungen der Grundfunktionen beschäftigt.

## 3.2.2 Differentiation der Grundfunktionen

- Wie bereits im letzten Abschnitt gezeigt, ist die Funktion $f(x) = x$ auf ganz $\mathbb{R}$ differenzierbar, und es gilt $f'(x) = 1$ für alle $x \in \mathbb{R}$ (siehe erstes Beispiel zu Def. 3.25). Setzt man $g(x) = x^2 = f(x) \cdot f(x)$, so besagt Satz 3.27, daß auch $g(x)$ auf ganz $\mathbb{R}$ differenzierbar ist. Mit der Produktregel berechnet man dann die Ableitung von $g(x) = f(x) \cdot f(x)$:

$$g'(x) = f'(x)\cdot f(x) + f(x)\cdot f'(x) = 1\cdot x + x\cdot 1 = 2\cdot x.$$

Für $h(x) = x^3 = g(x) \cdot f(x)$ bestimmt man entsprechend:

$$h'(x) = g'(x)\cdot f(x) + g(x)\cdot f'(x) = 2\cdot x\cdot x + x^2\cdot 1 = 3\cdot x^2.$$

Allgemein erhält man durch vollständige Induktion für alle $n \in \mathbb{N}$:

$$f(x) = x^n \Rightarrow f'(x) = n \cdot x^{n-1}.$$

Zusammen mit der Summen- und Multiplikationsregel erhält man damit:

Ist $P(x) = \sum_{i=0}^{n} a_i \cdot x^i$ eine Polynomfunktion, so ist $P(x)$ auf ganz $\mathbb{R}$ differenzierbar, und es gilt:

$$P'(x) = \sum_{i=1}^{n} i\cdot a_i \cdot x^{i-1}.$$

Da $P'(x)$ wieder ein Polynom ist, ist $P'(x)$ ebenfalls auf ganz $\mathbb{R}$ differenzierbar, so daß Polynome stets auf ganz $\mathbb{R}$ $\infty$-oft (stetig) differenzierbar sind.

- Gebrochen rationale Funktionen $f(x) = \frac{P(x)}{Q(x)}$ ($P(x)$, $Q(x)$ Polynome) sind als Quotienten von differenzierbaren Funktionen auf ihrem gesamten Definitions- ($D_f = \mathbb{R}\setminus\{x \in \mathbb{R} \mid Q(x) = 0\}$) differenzierbar, und mit der Quotientenregel gilt:

$$f'(x) = \frac{P'(x) \cdot Q(x) - P(x) \cdot Q'(x)}{Q(x)^2}.$$

Also ist $f'$ ebenfalls eine gebrochen rationale Funktion, so daß auch Funktionen dieser Klasse $\infty$-oft differenzierbar sind.

- Daß auch Wurzelfunktionen $f(x) = x^{1/n}$ ($n \in \mathbb{N}^*$) auf $\mathbb{R}_+$ ($= \{x \in \mathbb{R} \mid x > 0\}$) differenzierbar sind, folgt aus der Inversenregel (Satz 3.27(vi)):

Setzt man $g\colon \mathbb{R}^+ \to \mathbb{R}$ mit $g(x) = x^n$, so ist $g^{-1} = f$. Da $g'(x) = n \cdot x^{n-1} \neq 0$ für alle $x \in \mathbb{R}^+$ gilt, ist $f$ auf der ganzen Wertemenge von $g$ differenzierbar, und es gilt:

$$(g^{-1})'(y) = \frac{1}{g'(g^{-1}(y))} = \frac{1}{n \cdot (y^{1/n})^{n-1}} = \frac{1}{n} \cdot y^{\frac{1}{n} - 1}.$$

Also ist für $f(x) = x^{1/n}$ $f'(x) = \frac{1}{n} \cdot x^{1/n - 1}$.

* Eine Potenzfunktion $f(x) = x^{m/n} = (x^{1/n})^m$ mit positivem rationalem Exponenten ($m, n \in \mathbb{N}^*$) ist als Komposition differenzierbarer Abbildungen stetig, und es gilt (Satz 3.27 (v), Kettenregel):

$$f'(x) = m\cdot(x^{1/n})^{m-1} \cdot \frac{1}{n}\cdot x^{(1/n)-1} = \frac{m}{n} \cdot (x^{1/n})^{m-1} \cdot x^{1/n}\cdot x^{-1} =$$
$$= \frac{m}{n} \cdot (x^{1/n})^{m} \cdot x^{-1} = \frac{m}{n} \cdot x^{(m/n)-1}.$$

* Für Potenzfunktionen $f(x) = x^{-(m/n)} = \frac{1}{x^{m/n}}$ mit negativem Exponenten ($m, n \in \mathbb{N}^*$) kann die Ableitung mit der Quotientenregel bestimmt werden:

$$f'(x) = \frac{0\cdot x^{m/n} - 1\cdot\frac{m}{n}\cdot x^{(m/n)-1}}{x^{2m/n}} = -\frac{m}{n} \cdot \frac{x^{-1}}{x^{m/n}} = -\frac{m}{n} \cdot x^{-(m/n)-1}.$$

Insgesamt gilt also für Potenzfunktionen $f(x) = x^r$ mit beliebigen rationalen Exponenten $r \in \mathbb{Q}$:

$$f'(x) = r \cdot x^{r-1} \text{ für alle } x \in D_f.$$

Man kann sogar zeigen, daß diese Aussage auch für beliebige reelle Exponenten gilt:

$$f(x) = x^r \Rightarrow f'(x) = r \cdot x^{r-1} \text{ für alle Exponenten } r \in \mathbb{R}.$$

Die vorhergehenden Überlegungen haben gezeigt, wie die Ableitungsfunktionen der wichtigsten algebraischen Funktionen mit Hilfe der Ableitungsregeln aus Satz 3.27 und der Formel für die Differentiation von Potenzfunktionen berechnet werden können. Als nächstes sollen die Ableitungen der fehlenden transzendenten Grundfunktionen bestimmt werden (vgl. Abschnitt 3.1.3).

* Für die e-Funktion exp: $\mathbb{R} \longrightarrow \mathbb{R}$ mit $\exp(x) = \sum_{i=0}^{\infty} \frac{x^i}{i!} = e^x$ erhält man an einer Stelle $x_0 \in \mathbb{R}$ den Differenzenquotienten:

$$\frac{\Delta\exp(x_0)}{\Delta x} = \frac{e^{x_0+\Delta x} - e^{x_0}}{\Delta x} = \frac{e^{x_0}\cdot e^{\Delta x} - e^{x_0}}{\Delta x} = e^{x_0} \cdot \frac{e^{\Delta x} - 1}{\Delta x}.$$

Zur Bestimmung der Ableitung ist also noch der Grenzwert $\lim_{\Delta x\to 0} \frac{e^{\Delta x} - 1}{\Delta x}$ zu bestimmen. Dazu formt man um:

$$\frac{e^{\Delta x} - 1}{\Delta x} = \frac{1}{\Delta x} \cdot \left[\sum_{i=0}^{\infty} \frac{\Delta x^i}{i!} - 1\right] = \sum_{i=1}^{\infty} \frac{\Delta x^{i-1}}{i!} = 1 + \sum_{i=2}^{\infty} \frac{\Delta x^{i-1}}{i!}.$$

Für $\sum_{i=2}^{\infty} \frac{\Delta x^{i-1}}{i!}$ gilt die Abschätzung

$$\left| \sum_{i=2}^{\infty} \frac{\Delta x^{i-1}}{i!} \right| \le |\Delta x| \cdot \sum_{i=2}^{\infty} \frac{|\Delta x|^{i-2}}{(i-2)!} = |\Delta x| \cdot e^{|\Delta x|}.$$

Der letzte Ausdruck strebt aber mit $\Delta x$ gegen 0, so daß auch

$$\lim_{\Delta x \to 0} \sum_{i=2}^{\infty} \frac{\Delta x^{i-1}}{i!} = 0 \text{ ist und daher } \lim_{\Delta x \to 0} \frac{e^{\Delta x} - 1}{\Delta x} = 1 \text{ ist.}$$

Insgesamt ist also die Ableitung der e-Funktion wieder die e-Funktion selbst:

$$f(x) = e^x \Rightarrow f'(x) = e^x.$$

Die Ableitungen der anderen Exponentialfunktionen $f(x) = a^x$ $(a > 0)$ lassen sich mit Hilfe der Formel $a^x = e^{x \cdot \ln a}$ und der Kettenregel leicht bestimmen:

Mit $h(x) = x \cdot \ln a$ und $g(z) = e^z$ ist $f = g \circ h$, also ist

$$f'(x) = g'(h(x)) \cdot h'(x) = e^{x \cdot \ln a} \cdot \ln a = a^x \cdot \ln a.$$

* Die Ableitung der Logarithmusfunktionen $y \longmapsto \log_a y$ $(a > 0)$, also der Umkehrfunktionen der Exponentialfunktionen, ergibt sich mittels Satz 3.27(vi) aus den Ableitungen der Exponentialfunktionen:

$$(f^{-1})'(y) = \frac{1}{f'(f^{-1}(y))} = \frac{1}{(\ln a) \cdot (a^{\log_a y})} = \frac{1}{y \cdot \ln a}.$$

Ist also $f(x) = \log_a x$, so ist $f'(x) = \frac{1}{x \cdot \ln a}$. Insbesondere ist die Ableitung der natürlichen Logarithmusfunktion, $f(x) = \ln x$, die Funktion $f'(x) = \frac{1}{x}$.

* Für die Sinusfunktion ergibt sich mit dem Additionstheorem aus Satz 3.17(i) für eine beliebige Stelle $x_0 \in \mathbb{R}$:

$$\frac{\Delta \sin(x_0)}{\Delta x} = \frac{\sin(x_0+\Delta x) - \sin x_0}{\Delta x}$$

$$= \frac{\sin x_0 \cdot \cos \Delta x + \cos x_0 \cdot \sin \Delta x - \sin x_0}{\Delta x} =$$

$$= \sin x_0 \cdot \frac{\cos \Delta x - 1}{\Delta x} + \cos x_0 \cdot \frac{\sin \Delta x}{\Delta x}.$$

In den Beispielen zu Satz 3.18 wurde gezeigt, daß $\lim_{x \to 0} \frac{1 - \cos x}{x} = 0$ und $\lim_{x \to 0} \frac{\sin x}{x} = 1$ sind. Damit erhält man den Differentialquotienten der Sinusfunktion an einer Stelle $x_0 \in \mathbb{R}$:

$$\lim_{\Delta x \to 0} \frac{\Delta \sin(x_0)}{\Delta x} = \sin x_0 \cdot \lim_{\Delta x \to 0} \frac{\cos \Delta x - 1}{\Delta x} + \cos x_0 \cdot \lim_{\Delta x \to 0} \frac{\sin \Delta x}{\Delta x} =$$

$$= \cos x_0.$$

Also ist die Funktion $f(x) = \sin x$ auf ganz $\mathbb{R}$ differenzierbar, und es gilt $f'(x) = \cos x$. Wegen $\cos x = \sin(x+\pi/2)$ (vgl. Bemerkungen nach Satz 3.16) ist die Ableitung von $f(x) = \cos x = \sin(x+\pi/2)$ (Kettenregel):

$$f'(x) = \cos(x+\pi/2) \cdot 1 = \sin(x+\pi) = -\sin x.$$

* Die Ableitungen von Tangens- und Kotangensfunktion ergeben sich mit der Quotientenregel aus den Ableitungen von Sinus- und Kosinusfunktion:

$$f(x) = \tan x = \frac{\sin x}{\cos x},$$

$$f'(x) = \frac{\cos x \cdot \cos x - \sin x \cdot (-\sin x)}{\cos^2 x} = \frac{\cos^2 x + \sin^2 x}{\cos^2 x} = \frac{1}{\cos^2 x}$$

(siehe Satz 3.17(iii)).

$$f(x) = \cot x = \frac{\cos x}{\sin x},$$

$$f'(x) = \frac{-\sin x \cdot \sin x - \cos x \cdot \cos x}{\sin^2 x} = \frac{-(\sin^2 x + \cos^2 x)}{\sin^2 x} = -\frac{1}{\sin^2 x}.$$

* Die Ableitungen der Umkehrfunktionen von Sinus-, Kosinus-, Tangens- und Kotangensfunktion erhält man durch Anwendung der Inversenregel (Satz 3.27 (vi)):

Mit der Schreibweise $y = f(x) = \sin x$ und $x = f^{-1}(y) = \arcsin y$ erhält man:

$$\frac{d}{dy} \arcsin y = (f^{-1})'(y) = \frac{1}{f'(x)} = \frac{1}{\cos x} = \frac{1}{\sqrt{1 - \sin^2 x}} = \frac{1}{\sqrt{1 - y^2}}.$$

Mit der Schreibweise $y = f(x) = \cos x$ und $x = f^{-1}(y) = \arccos y$ erhält man:

$$\frac{d}{dy} \arccos y = (f^{-1})'(y) = \frac{1}{f'(x)} = \frac{1}{-\sin x} = -\frac{1}{\sqrt{1 - \cos^2 x}} = -\frac{1}{\sqrt{1 - y^2}}.$$

Zur Berechnung der Ableitungen von Arcustangens- und Arcuskotangensfunktion überlegt man sich zunächst, daß aus der Gleichung $\sin^2 x + \cos^2 x = 1$ mittels Division durch $\cos^2 x$ folgt $(-\pi/2 < x < \pi/2)$:

$$\frac{\sin^2 x}{\cos^2 x} + 1 = \frac{1}{\cos^2 x} \text{ oder } \cos^2 x = \frac{1}{1 + \tan^2 x}.$$

Entsprechend erhält man bei Division durch $\sin^2 x$ $(0 < x < \pi)$:

$$1 + \frac{\cos^2 x}{\sin^2 x} = \frac{1}{\sin^2 x} \text{ oder } \sin^2 x = \frac{1}{1 + \cot^2 x}.$$

Mit dieser Vorüberlegung lassen sich die Ableitungen von Arcustangens und Arcuskotangensfunktion bestimmen:

Setzt man $y = f(x) = \tan x$ und $x = f^{-1}(y) = \arctan y$, so gilt:

$$\frac{d}{dy} \arctan y = \frac{1}{f'(x)} = \cos^2 x = \frac{1}{1 + \tan^2 x} = \frac{1}{1 + y^2}.$$

Setzt man $y = f(x) = \cot x$ und $x = f^{-1}(y) = \operatorname{arccot} y$, so gilt:

$$\frac{d}{dy} \operatorname{arccot} y = \frac{1}{f'(x)} = -\sin^2 x = -\frac{1}{1 + \cot^2 x} = -\frac{1}{1 + y^2}.$$

Insgesamt gilt damit der folgende Satz über die Ableitungen der Grundfunktionen:

Satz 3.28: Die im folgenden angegebenen Grundfunktionen sind im Innern ihrer Definitionsbereiche unendlich oft differenzierbar und besitzen die angegebenen Ableitungsfunktionen:

(i) $f(x) = x^r$, $f'(x) = r \cdot x^{r-1}$ $(r \in \mathbb{R})$;

(ii) $f(x) = e^x$, $f'(x) = e^x$;

(iii) $f(x) = a^x$, $f'(x) = \ln a \cdot a^x$ $(a > 0)$;

(iv) $f(x) = \ln|x|$, $f'(x) = \frac{1}{x}$;

(v) $f(x) = \log_a|x|$, $f'(x) = \frac{1}{(\ln a) \cdot x}$ $(a > 0)$;

(vi) $f(x) = \sin x$, $f'(x) = \cos x$;

(vii) $f(x) = \cos x$, $f'(x) = -\sin x$;

(viii) $f(x) = \tan x$, $f'(x) = \frac{1}{\cos^2 x}$;

(ix) $f(x) = \cot x$, $f'(x) = -\frac{1}{\sin^2 x}$;

(x) $f(x) = \arcsin x$, $f'x) = \frac{1}{\sqrt{1 - x^2}}$;

(xi) $f(x) = \arccos x$, $f'(x) = -\frac{1}{\sqrt{1 - x^2}}$;

(xii) $f(x) = \arctan x$, $f'(x) = \frac{1}{1 + x^2}$;

(xiii) $f(x) = \operatorname{arccot} x$, $f'(x) = -\frac{1}{1 + x^2}$.

Zusammen stellen die Sätze 3.27 und 3.28 sicher, daß alle Funktionen, die durch algebraische Operationen (Addition, Multiplikation mit reellen Zahlen oder anderen Funktionen, Division) aus den in Satz 3.28 genannten Grundfunktionen hervorgehen, im Innern ihrer jeweiligen Definitionsbereiche unendlich oft (stetig) differenzierbar sind. Damit sind (praktisch) alle Funktionen, die beim Studium ökonomischer Fragestellungen auftreten, unendlich oft differenzierbar, wenn sie nur in einer geschlossenen Formel darstellbar sind.

Beispiele:

- $f: \mathbb{R} \longrightarrow \mathbb{R}$ mit $f(x) = x^2 \cdot \sin x$. f ist auf ganz $\mathbb{R}$ $\infty$-oft (stetig) differenzierbar, und $f'(x)$ kann mit Hilfe der Produktregel aus den Ableitungen von $g(x) = x^2$ und $h(x) = \sin x$ berechnet werden:

  $f'(x) = 2x \cdot \sin x + x^2 \cdot \cos x$.

- $f(x) = \frac{x^4+1}{x^2-1}$ besitzt den (maximalen) Definitionsbereich $D_f = \mathbb{R} \setminus \{\pm 1\}$, da das Nennerpolynom für $x = \pm 1$ den Wert 0 annimmt. $f(x)$ ist als gebrochen rationale Funktion auf ganz $D_f$ $\infty$-oft (stetig) differenzierbar. Bei

  Benutzung der Quotientenregel ergibt sich die Ableitung $f'(x)$ aus den Ableitungen von Zähler- und Nennerpolynom:

  $$f'(x) = \frac{4x^3 \cdot (x^2-1) - (x^4+1) \cdot 2x}{(x^2-1)^2} = \frac{2x \cdot (x^4-2x^2-1)}{(x^2-1)^2}.$$

- Die Funktion $f(x) = \sqrt{x^2 - 4}$ ist für $x \le -2$ und $x \ge +2$ (als reelle Funktion) definiert. Für $x < -2$ und $x > +2$ ist f differenzierbar, und die Ableitung von f kann mit der Kettenregel aus den Ableitungen von $z = h(x) = x^2 - 4$ und $g(z) = \sqrt{z} = z^{1/2}$ (also $f(x) = (g \circ h)(x)$) bestimmt werden:

$$f'(x) = \frac{1}{2} \cdot (x^2-4)^{-1/2} \cdot 2x$$

$$= \frac{1}{2} \cdot \frac{1}{\sqrt{x^2 - 4}} \cdot 2x$$

$$= \frac{x}{\sqrt{x^2 - 4}}.$$

- Die Funktion $f\colon \mathbb{R} \longrightarrow \mathbb{R}$ mit $f(x) = \begin{cases} x^2 \cdot \sin(\frac{1}{x}) & \text{für } x \ne 0 \\ 0 & \text{für } x = 0 \end{cases}$ ist offensichtlich für $x \ne 0$ differenzierbar, und die Ableitungsfunktion kann in diesem Bereich mit Produkt- und Kettenregel bestimmt werden:

$$f'(x) = 2\cdot x\cdot\sin(1/x) + x^2\cdot\cos(1/x)\cdot(-1)\cdot\frac{1}{x^2} = 2\cdot x\cdot\sin(1/x) - \cos(1/x).$$

An der Stelle $x_0 = 0$ muß die Differenzierbarkeit von f(x) mit Hilfe des Übergangs von Differenzen- zum Differentialquotienten bestimmt werden:

$$\lim_{\Delta x\to 0} \frac{f(0+\Delta x) - f(0)}{\Delta x} = \lim_{\Delta x\to 0} \frac{\Delta x^2\cdot\sin(1/\Delta x) - 0}{\Delta x} = \lim_{\Delta x\to 0} \Delta x\cdot\sin(1/\Delta x) = 0.$$

Also ist f(x) auch an der Stelle $x_0 = 0$ differenzierbar, und es ist $f'(0) = 0$. Die Besonderheit dieser Funktion ist die Tatsache, daß der Grenzwert $\lim_{x\to 0} f'(x)$ nicht existiert. Also handelt es sich hier um eine Funktion, die zwar (auf ganz $\mathbb{R}$) differenzierbar, aber nicht stetig differenzierbar ist.

### 3.2.3 Monotonie, Konvexität/Konkavität und Extremstellen von differenzierbaren Funktionen einer Variablen

Die Monotonie einer differenzierbaren Funktion einer Variablen f(x) kann durch Eigenschaften der Ableitungsfunktion f'(x) beschrieben werden. Um dies zu zeigen, sind jedoch einige Vorüberlegungen erforderlich.
Ist $f: I \longrightarrow \mathbb{R}$ eine auf dem abgeschlossenen, endlichen Intervall $I = [a, b]$ stetige und im Innern von I differenzierbare Funktion mit $f(a) = f(b)$, dann gibt es ein $x_0$ mit $a < x_0 < b$ mit $f(x) \leq f(x_0)$ für alle $x \in I$ oder $f(x) \geq f(x_0)$ für alle $x \in I$. Im ersten Fall sind die Differenzenquotienten an der Stelle $x_0$ $\frac{f(x_0+\Delta x) - f(x_0)}{\Delta x} \begin{cases} \geq 0, & \text{falls } \Delta x < 0 \\ \leq 0, & \text{falls } \Delta x > 0 \end{cases}$, da $f(x_0+\Delta x) - f(x_0)$ in diesem Fall stets nichtpositiv ist. Für den Differentialquotienten müssen dann beide Ungleichungen erfüllt sein:

$$\lim_{\Delta x \to 0} \frac{f(x_0+\Delta x) - f(x_0)}{\Delta x} \geq 0 \text{ und } \lim_{\Delta x \to 0} \frac{f(x_0+\Delta x) - f(x_0)}{\Delta x} \leq 0.$$

Dies ist aber nur möglich, wenn der Differentialquotient $f'(x_0) = 0$ ist. Für den zweiten Fall, wenn also für $x_0$ mit $a < x_0 < b$ $f(x) \geq f(x_0)$ für alle $x \in [a, b]$ gilt, führen entsprechende Überlegungen ebenfalls zu dem Ergebnis, daß $f'(x_0) = 0$ ist. Damit gilt der folgende Satz (von Rolle):

Satz 3.29: Ist $f: I \longrightarrow \mathbb{R}$ eine auf dem abgeschlossenen, endlichen Intervall $I = [a, b] \subset \mathbb{R}$ $(a < b)$ stetige und im Innern von I differenzierbare Funktion, für die $f(a) = f(b)$ gilt, so gibt es ein $x_0 \in ]a, b[$ mit $f'(x_0) = 0$.

Die Stelle $x_0$ an der die Ableitung $f'(x_0)$ verschwindet, ist nicht notwendig eindeutig bestimmt, wie Abb. 3.26, die die Aussage des Satzes 3.29 graphisch darstellt, zeigt:

Abb. 3.26: Graphische Darstellung der Aussage des Satzes von Rolle:

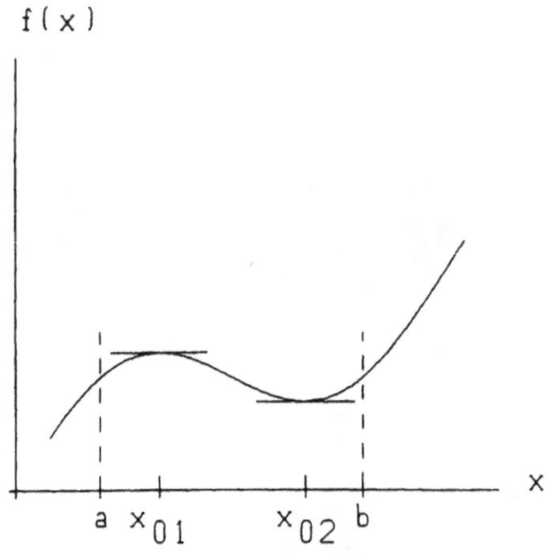

Ist $f(a) \neq f(b)$, bei sonst gleichen Vorraussetzungen wie im Satz 3.29, so erfüllt die Funktion $g(x) = f(x) - \frac{f(b)-f(a)}{b-a} \cdot x$ die Bedingungen von Satz 3.29:

g erfüllt als Summe stetiger bzw. differenzierbarer Funktionen die Stetigkeits- bzw. Differenzierbarkeitsbedingung des Satzes. Außerdem ist $g(a) = g(b) = \frac{b \cdot f(a) - a \cdot f(b)}{b - a}$. Also gibt es nach Satz 3.29 ein $x_0 \in \,]a, b[$ mit $g'(x_0) = 0$. Nach Definition von g(x) gilt aber auch $0 = g'(x_0) = f'(x_0) - \frac{f(b)-f(a)}{b-a}$ oder $f'(x_0) = \frac{f(b)-f(a)}{b-a}$. Dieses Ergebnis ist gerade die Aussage des Mittelwertsatzes der Differentialrechnung:

Satz 3.30: Ist $f: I \to \mathbb{R}$ eine auf dem abgeschlossenen Intervall $I = [a, b] \subset \mathbb{R}$ stetige und im Innern von I differenzierbare Funktion, dann gibt es ein $x_0 \in \,]a, b[$ mit $f'(x_0) = \frac{f(b)-f(a)}{b-a}$.

Anschaulich besagt dieser Satz, daß es zwischen a und b eine Stelle $x_0$ gibt, an der die Steigung von f(x) mit der Steigung der Verbindungsstrecke von (a, f(a)) und (b, f(b)) übereinstimmt (vgl. Abb. 3.27):

Abb. 3.27: Der Mittelwertsatz der Differentialrechnung

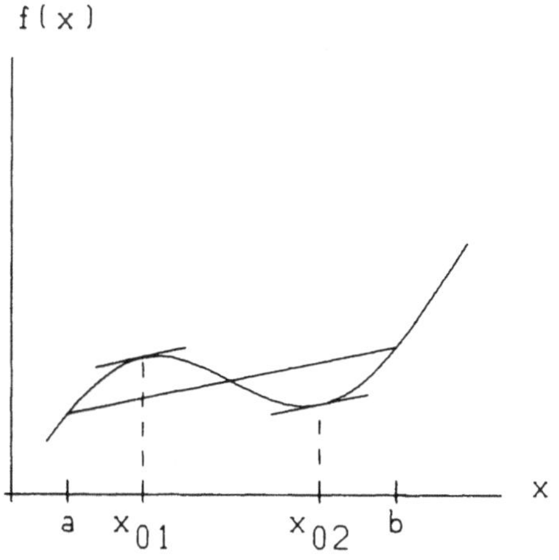

Offensichtlich ist die Aussage von Satz 3.29 als Spezialfall ($f(a) = f(b)$) in Satz 3.30 enthalten.
Beide Sätze besitzen kaum direkte Anwendung, sie finden jedoch als "Hilfsmittel" bei der Herleitung anderer Sätze häufige Verwendung. Eine erste solche Anwendung ist die Untersuchung des Zusammenhangs zwischen Monotonie von $f(x)$ und Eigenschaften der Ableitungsfunktion $f'(x)$:
Ist $f(x)$ auf dem offenen Intervall $]a, b[$ differenzierbar ($a < b$) und monoton steigend, so ist an jeder Stelle $x_0 \in\, ]a, b[$ der Differenzenquotient

$\frac{f(x_0+\Delta x) - f(x_0)}{\Delta x}$ nichtnegativ, so daß $f'(x) = \lim\limits_{\Delta x \to 0} \frac{f(x_0+\Delta x) - f(x_0)}{\Delta x}$

nichtnegativ ist. Entsprechend kann man aus fallender Monotonie von $f$ auf $]a, b[$ darauf schließen, daß $f'(x)$ für alle $x \in\, ]a, b[$ nichtpositiv ist.
Ist umgekehrt für die auf $]a, b[$ differenzierbare Funktion $f(x)$ die Ableitung $f'(x)$ auf ganz $I = ]a, b[$ nichtnegativ, so ist $f(x)$ monoton steigend. Wäre nämlich bei nichtnegativer Ableitung $f'(x)$ auf $]a, b[$ für ein Paar $x_1 < x_2$ ($x_1, x_2 \in\, ]a, b[$) $f(x_1) > f(x_2)$, so gäbe es nach Satz 3.30 eine Stelle

$x_0 \in\, ]x_1, x_2[$ mit $f'(x_0) = \frac{f(x_2) - f(x_1)}{x_2 - x_1} < 0$ im Widerspruch zur Voraussetzung,

daß $f'(x)$ für alle $x \in\, ]a, b[$ nichtnegativ ist. Entsprechend weist man nach, daß aus nichtpositiver erster Ableitung $f'(x)$ auf $]a, b[$ die fallende Monotonie von $f(x)$ folgt.
Insgesamt gilt damit:

Satz 3.31: Ist $f$ eine auf dem offenen Intervall $]a, b[ \subset \mathbb{R}$ ($a < b$) differenzierbare Funktion, so ist $f$ auf $]a, b[$ genau dann monoton steigend (fallend), wenn $f'(x)$ auf $]a, b[$ nichtnegativ (nichtpositiv) ist.

Beispiele:

- $f(x) = x^3$ ist auf ganz $\mathbb{R}$ differenzierbar mit $f'(x) = 3 \cdot x^2 \geq 0$. Also ist $f(x)$ auf ganz $\mathbb{R}$ monoton steigend. Man kann sogar schließen, daß $f(x)$ streng monoton steigend (fallend) auf $]a, b[$ genau dann ist, wenn $f'(x) \geq 0$ ($f'(x) \leq 0$) ist und es kein Teilintervall $]a', b'[ \subset\, ]a, b[$ gibt, auf dem $f'(x) = 0$ (für alle $x \in\, ]a', b'[$) gilt. Für das Beispiel $f(x) = x^3$ nimmt $f'(x) = 3 \cdot x^2$ nur für $x = 0$ den Wert 0 an, so daß $f(x)$ sogar streng monoton steigend ist.

- $f(x) = \tan x$ ist auf den Intervallen $\left]\frac{n-1}{2} \cdot \pi, \frac{n+1}{2} \cdot \pi\right[$ differenzierbar mit $f'(x) = \frac{1}{\cos^2 x}$. Also ist $f'(x)$ stets positiv, so daß $f(x)$ auf den Intervallen $\left]\frac{n-1}{2} \cdot \pi, \frac{n+1}{2} \cdot \pi\right[$ ($n \in \mathbb{Z}$) streng monoton steigend ist.

Als nächstes soll untersucht werden, wie die Konvexität/Konkavität einer differenzierbaren Funktion durch ihre Ableitungsfunktion $f'$ und $f''$ beschrieben werden kann. Die Ergebnisse sind wesentlich für die Charakterisierung von Extremstellen von Funktionen einer Variablen.
Ist die (differenzierbare) Funktion $f(x)$ auf dem Intervall $]a, b[ \subset \mathbb{R}$ ($a < b$) konvex, so ist nach Definition 3.4 für alle $x_1, x_2 \in\, ]a, b[$ ($x_1 < x_2$) und alle $\lambda \in [0, 1]$:

$f(\lambda\cdot x_1 + (1-\lambda)\cdot x_2) \le \lambda\cdot f(x_1) + (1-\lambda)\cdot f(x_2)$.

Bezeichnet man die Gerade, die durch die Punkte $(x_1, f(x_1))$ und $(x_2, f(x_2))$ führt, mit g und einen beliebigen Punkt zwischen $x_1$ und $x_2$ mit $\tilde{x}$ $(x_1 < \tilde{x} < x_2)$, so lautet die Bedingung für Konvexität: $f(\tilde{x}) < g(\tilde{x})$.

Für die Ableitungen von f(x) an den Stellen $x_1$ und $x_2$ erhält man dann (vgl. Abb. 3.28):

$$f'(x_1) = \lim_{\substack{\tilde{x}\to x_1\\ \tilde{x}>x_1}} \frac{f(\tilde{x}) - f(x_1)}{\tilde{x} - x_1} \le \frac{g(\tilde{x}) - g(x_1)}{\tilde{x} - x_1} = \frac{g(x_2) - g(x_1)}{x_2 - x_1}$$

$$= \frac{g(x_2) - g(\tilde{x})}{x_2 - \tilde{x}} \le \frac{f(x_2) - f(\tilde{x})}{x_2 - \tilde{x}} \le \lim_{\substack{\tilde{x}\to x_2\\ \tilde{x}<x_2}} \frac{f(x_2) - f(\tilde{x})}{x_2 - \tilde{x}} = f'(x_2).$$

Abb. 3.28: Konvexität differenzierbarer Funktionen

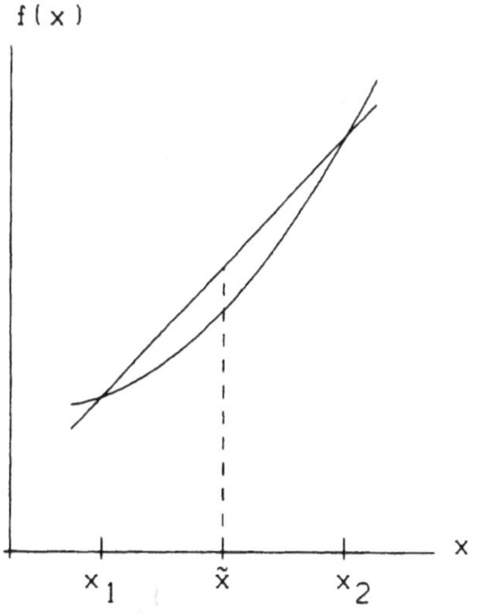


Damit ist gezeigt, daß f'(x) auf ]a, b[ monoton wächst, wenn f konvex ist.
Ist umgekehrt f'(x) auf ]a, b[ monoton wachsend, so gilt (mit den Bezeichnungen von oben) für $x_1, x_2 \in\, ]a, b[$ $(x_1 < x_2)$ folgendes:

Aus dem Mittelwertsatz (Satz 3.30) folgt, daß es ein $\tilde{x}$ zwischen $x_1$ und $x_2$ gibt mit $f'(\tilde{x}) = \dfrac{f(x_2) - f(x_1)}{x_2 - x_1}$.

Also ist die Ableitung der Funktion f(x) - g(x) an der Stelle $\tilde{x}$ gleich 0. Da die Ableitung g'(x) einer Geraden konstant ist und f'(x) monoton wachsend ist, ist die Ableitung von f(x) - g(x) zwischen $x_1$ und $\tilde{x}$ negativ, so daß f(x) - g(x) in diesem Intervall monoton fallend ist. Wegen $f(x_1) = g(x_1)$ folgt daraus, daß f(x) zwischen $x_1$ und $\tilde{x}$ unterhalb der Geraden g(x) liegt.

Entsprechende Überlegungen für den Bereich zwischen $\tilde{x}$ und $x_2$ zeigen, daß auch hier f(x) unterhalb der Geraden g(x) liegt. Insgesamt liegt also bei monoton wachsendem f' auf ]a, b[ der Funktionsgraph f(x) stets unterhalb der Verbindungsstrecken von Punkten $(x_1, f(x_1))$ und $(x_2, f(x_2))$ $(x_1, x_2) \in$ ]a, b[, was gerade Konvexität von f auf ]a, b[ bedeutet. Ist f zweimal differenzierbar, so kann die Monotonie von f'(x) durch das Vorzeichen der zweiten Ableitung f''(x) charakterisiert werden (vgl. Satz 3.31):

<u>Satz 3.32:</u> Ist die Funktion f(x) auf dem Intervall ]a, b[ $\subset \mathbb{R}$ differenzierbar, so ist f(x) auf ]a, b[ genau dann konvex (konkav), wenn f'(x) auf ]a, b[ monoton steigend (fallend) ist. Ist f auf ]a, b[ zweimal differenzierbar, so ist f genau dann konvex (konkav), wenn f''(x) auf ]a, b[ nichtnegativ (nichtpositiv) ist.

Die Tatsache, daß monoton fallendes f' bzw. negatives f'' Konkavität von f bedeutet, gilt, weil f genau dann konkav ist, wenn -f konvex ist.

Beispiele:

* Die Funktion $f(x) = x^2$ ist auf ganz $\mathbb{R}$ konvex, weil $f''(x) = 2$ auf ganz $\mathbb{R}$ positiv ist.
* Die Funktion $f(x) = \frac{1}{x^2-1}$ $(D_f = \mathbb{R}\backslash\{\pm1\})$ besitzt die zweite Ableitung $f''(x) = \frac{6 \cdot x^2+2}{(x^2-1)^3}$, deren Vorzeichen nur vom Nenner abhängt, weil $6 \cdot x^2+2$ stets positiv ist. f''(x) ist positiv, wenn $x^2-1 > 0$ ist. Also ist f(x) in den Intervallen $]-\infty, -1[$ und $]+1, +\infty[$ konvex. Im Intervall ]-1, +1[ ist f''(x) negativ, also ist f(x) dort konkav.
* Die Funktion f(x) = sin x besitzt die zweite Ableitung f''(x) = -sin x. Also ist die Sinusfunktion dort konvex, wo sie negativ ist und konkav, wo sie positiv ist.

Mit Hilfe der Sätze 3.31 und 3.32 lassen sich die Extrem- und Wendestellen von hinreichend oft differenzierbaren Funktionen einer Variablen beschreiben. Dazu soll von jetzt an angenommen werden, daß alle angegebenen Ableitungen von allgemeinen Funktionen f(x) existieren und stetig sind.

<u>Definition 3.33:</u> Eine Stelle $x_0$ im Innern des Definitionsbereiches $D_f$ der Funktion f(x) heißt <u>lokales Maximum (Minimum) von f(x)</u>, falls es eine Umgebung $U(x_0)$ von $x_0$ gibt, derart daß für alle $x \in U(x_0)$ $f(x) \le f(x_0)$ $(f(x) \ge f(x_0))$ gilt.
Gilt für eine Stelle $x_0$ sogar $f(x) \le f(x_0)$ $(f(x) \ge f(x_0))$ für alle $x \in D_f$, so heißt $x_0$ <u>globales</u> Maximum (<u>globales</u> Minimum).
Eine Stelle $x_0$ im Innern von $D_f$ heißt <u>Wendestelle</u> von f(x), falls es ein Intervall $]x_0-\varepsilon, x_0+\varepsilon[$ gibt, derart daß f auf $]x_0-\varepsilon, x_0[$ konvex (oder konkav) und auf dem Intervall $]x_0, x_0+\varepsilon[$ konkav (oder konvex) ist.

Beispiele:

* Die Funktion $f(x) = x^2$ besitzt an der Stelle $x_0 = 0$ mit $f(0) = 0$ ihr globales Minimum, da für alle $x \neq 0$ $x^2 > 0$ ist.
* Die Funktion $f(x) = \frac{1}{x^2-1}$ besitzt an der Stelle $x_0 = 0$ ein lokales Maximum, da $f(0) = -1$ ist und für alle $x \in ]-1, +1[$ $f(x) \leq -1$ ist.
* Die Funktion $f(x) = x^3$ besitzt an der Stelle $x_0 = 0$ eine Wendestelle, da $f''(x) = 6 \cdot x$ im Intervall $]-\infty, 0[$ negativ und im Intervall $]0, +\infty[$ positiv ist. Also ist $f(x) = x^3$ im Intervall $]-\infty, 0[$ konkav und im Intervall $]0, +\infty[$ konvex. Also ist $x_0 = 0$ (als innerer Punkt des Definitionsbereiches von f) eine Wendestelle von f(x).

Besitzt eine differenzierbare Funktion f(x) an der Stelle $x_0$ im Innern des Definitionsbereiches ein Maximum, so ist der Differenzenquotient $\frac{f(x) - f(x_0)}{x - x_0}$ für $x \in U(x_0)$, $x < x_0$ nichtnegativ und für $x \in U(x)$, $x > x_0$ nichtpositiv. Also

ist $f'(x_0) = \lim\limits_{\substack{x \to x_0 \\ x < x_0}} \frac{f(x) - f(x_0)}{x - x_0} \geq 0$ und $f'(x) = \lim\limits_{\substack{x \to x_0 \\ x > x_0}} \frac{f(x) - f(x_0)}{x - x_0} \leq 0$.

Beide Ungleichungen zusammen zeigen, daß dann $f'(x_0) = 0$ sein muß. Genauso erhält man auch bei lokalen Minima eine verschwindende erste Ableitung. Also ist die Bedingung $f'(x_0) = 0$ notwendig für die Existenz einer lokalen Extremstelle (Minimum oder Maximum) an der Stelle $x_0$ aus dem Innern von $D_f$. Ist zusätzlich f(x) in einer Umgebung $]x_0-\varepsilon, x_0+\varepsilon[$ konvex, d.h. f'(x) ist monoton steigend in dieser Umgebung, so ist wegen $f'(x_0) = 0$ $f'(x) \leq 0$ für $x \in ]x_0-\varepsilon, x_0[$, so daß f(x) monoton fallend auf $]x_0-\varepsilon, x_0[$ ist. Entsprechend zeigt man, daß f(x) auf $]x_0, x_0+\varepsilon[$ monoton steigend ist. Folglich ist $x_0$ ein lokales Minimum. Ganz analog zeigt man, daß eine Stelle $x_0$ mit $f'(x_0) = 0$, in deren Umgebung f(x) konkav ist, ein lokales Maximum darstellt. Insgesamt gilt:

<u>Satz 3.34:</u> Besitzt die differenzierbare Funktion f(x) an der Stelle $x_0$ im Innern des Definitionsbereiches ein lokales Minimum oder Maximum, so ist $f'(x_0) = 0$ (notwendige Bedingung für die Existenz einer Extremstelle in $x_0$).
Ist für eine Stelle $x_0$ im Innern des Definitionsbereiches von f $f'(x_0) = 0$ und ist f(x) in einer Umgebung von $x_0$ konvex (konkav), so besitzt f(x) an der Stelle $x_0$ ein lokales Minimum (Maximum) (hinreichende Bedingung für die Existenz einer Extremstelle in $x_0$).

Daß die im zweiten Teil des Satzes angegebene hinreichende Bedingung nicht auch notwendig ist, kann man sich an Beispielen überlegen. So besitzt etwa die Funktion $f(x) = x^2 \cdot (2 + \sin 1/x)$ für $x \neq 0$ und $f(0) = 0$ an der Stelle $x_0 = 0$ ein lokales Minimum, obwohl es in jeder noch so kleinen Umgebung von 0 noch Intervalle gibt, in denen f(x) konkav ist (vgl. Beispiele zu Def. 3.18, Def. 3.25 und Satz 3.28).

Ist die Funktion f(x) zweimal differenzierbar, so kann die Konvexitätsbedingung (Konkavitätsbedingung) aus Satz 3.34 dadurch ersetzt werden, daß $f''(x)$ in einer Umgebung von $x_0$ nichtnegativ (nichtpositiv) ist.

Ist f(x) zweimal stetig differenzierbar, so kann die hinreichende Bedingung aus Satz 3.34 durch eine schärfere, aber dafür rechnerisch leichter überprüfbarere, ersetzt werden. Ist nämlich - neben der Bedingung $f'(x_0) = 0$ - $f''(x_0) > 0$ ($f''(x_0) < 0$), so ist wegen der Stetigkeit $f''(x) > 0$ ($f''(x) < 0$) für alle x aus einer geeigneten Umgebung von $x_0$. Also ist in diesem Fall f(x) konvex (konkav) in einer Umgebung von $x_0$. Damit gilt der folgende Satz:

<u>Satz 3.35:</u> Ist für die zweimal differenzierbare Funktion f(x) die Ableitung an der Stelle $x_0$ gleich 0 ($f'(x_0) = 0$) und ist $f''(x)$ in einer Umgebung von $x_0$ nichtnegativ (nichtpositiv), so besitzt f an der Stelle $x_0$ ein lokales Minimum (Maximum).

Ist f(x) zweimal stetig differenzierbar, so besitzt f(x) an der Stelle $x_0$ ein lokales Minimum (Maximum), falls $f'(x_0) = 0$ und $f''(x_0) > 0$ ($f''(x_0) < 0$) ist.

Beispiele:

- $f(x) = x^2$ besitzt die beiden ersten Ableitungsfunktionen $f'(x) = 2 \cdot x$ und $f''(x) = 2$. Also ist $f'(x_0) = 0$ für $x_0 = 0$; wegen $f''(x_0) = 2 > 0$ besitzt f(x) nach dem zweiten Kriterium von Satz 3.35 an der Stelle $x_0 = 0$ ein lokales Minimum.

- $f(x) = x^4$ besitzt die beiden ersten Ableitungen $f'(x) = 4 \cdot x^3$ und $f''(x) = 12 \cdot x^2$. Da $f'(x)$ nur für $x_0 = 0$ verschwindet, ist $x_0 = 0$ der einzige "Kandidat" für eine Extremstelle. Wegen $f''(0) = 0$ kann jedoch das zweite Kriterium aus Satz 3.35 keine Entscheidung liefern.

  Da aber $f''(x) = 12 \cdot x^2 \geq 0$ für alle $x \in \mathbb{R}$ ist, ist f in jeder Umgebung von $x_0 = 0$ konvex, woraus folgt, daß $x_0$ ein lokales Minimum von f(x) ist.

- $f(x) = x^3$ besitzt die zwei ersten Ableitungen $f'(x) = 3 \cdot x^2$, $f''(x) = 6 \cdot x$. Die notwendige Bedingung $f'(x_0) = 0$ ist nur für $x_0 = 0$ erfüllt. Da aber $f''(x)$ für $x < 0$ negativ und für $x > 0$ positiv ist, ist f(x) auf $]-\infty, 0[$ konkav und auf $]0, +\infty[$ konvex. Also ist $x_0 = 0$ eine Wendestelle mit waagrechter Tangente. Die nachfolgenden Überlegungen zeigen, daß dann $x_0$ keine Extremstelle sein kann (wenn f nicht konstant in einer Umgebung von $x_0$ ist).

Besitzt die differenzierbare Funktion f(x) an der Stelle $x_0$ einen Wendepunkt (vgl. Def. 3.33), so ist f(x) in einem Intervall links von $x_0$ konvex und in einem Intervall rechts von $x_0$ konkav (oder umgekehrt). Das bedeutet, daß f'(x) in einem Intervall links von $x_0$ monoton steigend und in einem Intervall rechts von $x_0$ monoton fallend ist (oder umgekehrt). Also besitzt f'(x) an der Stelle $x_0$ ein Maximum (oder ein Minimum). Also muß - falls f(x) zweimal differenzierbar ist - $f''(x_0) = 0$ sein, wenn $x_0$ eine Wendestelle von f ist. Ist andererseits für eine Stelle $x_0$ $f''(x_0) = 0$ und f' in einer Umgebung von $x_0$ konvex (konkav), dann ist f'' in der Umgebung von $x_0$ monoton steigend (fallend). Mit $f''(x_0) = 0$ erhält man also $f''(x) \le 0$ für $x < x_0$ und $f''(x) \ge 0$ für $x > x_0$ ($f''(x) \ge 0$ für $x \le x_0$ und $f''(x) \le 0$ für $x \ge x_0$), so daß $x_0$ eine Wendestelle ist, an der f von einem konkaven in einen konvexen (von einem konvexen in einen konkaven) Verlauf übergeht. Insgesamt gilt:

Satz 3.36: Besitzt die zweimal differenzierbare Funktion f(x) an der Stelle $x_0$ aus dem Innern des Definitionsbereiches einen Wendepunkt, so ist $f''(x_0) = 0$ (notwendige Bedingung für eine Wendestelle). Verschwindet an der Stelle $x_0$ aus dem Innern des Definitionsbereiches der zweimal differenzierbaren Funktion die zweite Ableitung ($f''(x_0) = 0$) und ist f'(x) in einer Umgebung von $x_0$ konvex (konkav), so ist $x_0$ eine Wendestelle von f, an der f von einem konkaven in einen konvexen (von einem konvexen in einen konkaven) Verlauf übergeht (hinreichende Bedingung für eine Wendestelle).

Die erste (notwendige) Bedingung für Wendestellen dieses Satzes entspricht der ersten Bedingung für Extremstellen aus Satz 3.34 und die zweite (hinreichende) Bedingung dieses Satzes entspricht der zweiten Bedingung aus Satz 3.34. Also gibt es auch für Wendestellen hinreichende Bedingungen, die denen aus Satz 3.35 für Extremstellen entsprechen, wenn f dreimal differenzierbar ist:

Satz 3.37: Ist für die dreimal differenzierbare Funktion f die zweite Ableitung an der Stelle $x_0$ aus dem Innern des Definitionsbereiches gleich 0 ($f''(x_0) = 0$) und ist f''' in einer Umgebung von $x_0$ nichtnegativ (nichtpositiv), so ist $x_0$ eine Wendestelle von f, und f geht an der Stelle $x_0$ von einem konkaven in einen konvexen (von einem konvexen in einen konkaven) Funktionsverlauf über. Ist die dritte Ableitung von f stetig und ist für den inneren Punkt $x_0$ des Definitionsbereiches $f''(x_0) = 0$ und $f'''(x_0) \neq 0$, so ist $x_0$ eine Wendestelle von f.

Von "pathologischen" Ausnahmefällen abgesehen, können die ersten Bedingungen der Sätze 3.35 für Extremstellen und 3.37 für Wendestellen als notwendig und hinreichend angesehen werden, während die zweiten Bedingungen dieser Sätze häufig nicht zu einer Entscheidung führen, also in vielen praktischen Fällen nicht hinreichend sind.

Beispiele:

* $f(x) = x^3$ besitzt die Ableitungen $f'(x) = 3 \cdot x^2$, $f''(x) = 6 \cdot x$ und $f'''(x) = 6$. Wegen $f''(x_0)$ nur für $x_0 = 0$ kann $f(x)$ höchstens an der Stelle $x_0 = 0$ eine Wendestelle besitzen. Da $f'''(0) = 6 > 0$ ist (und da $f'''$ stetig ist), besitzt f an der Stelle $x_0 = 0$ eine Wendestelle (konkav-konvex, zweite Bedingung von Satz 3.37). Damit ist im übrigen gleichzeitig gezeigt, daß $x_0 = 0$ keine Extremstelle von f sein kann, obwohl $f'(0) = 0$ ist, da eine Stelle $x_0$ nicht gleichzeitig Extrem- und Wendestelle sein kann (es sei denn f ist in einer Umgebung von $x_0$ konstant). Wendestellen $x_0$ für die gleichzeitig $f'(x_0) = 0$ gilt, werden häufig Sattelpunkte genannt.
* Die Funktion $f(x) = x^5$ besitzt die drei ersten Ableitungen $f'(x) = 5 \cdot x^4$, $f''(x) = 20 \cdot x^3$ und $f'''(x) = 60 \cdot x^2$. Da $f''(x_0) = 0$ nur für $x_0 = 0$ möglich ist, besitzt f höchstens an der Stelle $x_0 = 0$ eine Wendestelle. Da $f'''(0) = 0$, führt die zweite Bedingung aus Satz 3.37 jedoch zu keiner Entscheidung. Da aber $f'''(x) = 60 \cdot x^2$ stets nichtnegativ ist, folgt aus der ersten Bedingung von Satz 3.37, daß $x_0 = 0$ eine Wendestelle von f ist (konkav-konvex). Wegen $f'(0) = 0$ ist $x_0 = 0$ sogar ein Sattelpunkt.
* Auch die Funktion $f(x) = x^4$ besitzt eine zweite Ableitung $f''(x) = 12 \cdot x^2$, die an der Stelle $x_0 = 0$ verschwindet. Da aber $f'''(x)$ an der Stelle $x_0 = 0$ einen Vorzeichenwechsel hat, kann $x_0 = 0$ keine Wendestelle sein. Da $f''(x) = 12 \cdot x^2$ auf ganz $\mathbb{R}$ nichtnegativ ist, muß f dagegen auf ganz $\mathbb{R}$ konvex sein, so daß $x_0 = 0$ (wegen $f'(0) = 0$) das globale Minimum von f ist.

Die Bestimmung von Extremstellen von Funktionen ist bei ökonomischen Entscheidungsproblemen häufig dann anzutreffen, wenn bestimmte Zielvariablen (z.B. Gewinn, Umsatz, Kosten, Beschäftigung, Preisanstieg,...) optimiert werden sollen.

Beispiel:

* Vergleich von Gewinnmaximierung bei vollständiger Konkurrenz und Angebotsmonopol:
  Ein Markt für ein Gut, auf dem vollständige Konkurrenz herrscht, ist (unter anderem) dadurch gekennzeichnet, daß jeder einzelne Anbieter nur einen sehr geringen (marginalen) Marktanteil besitzt und daher durch Variation seiner Angebotsmenge den Marktpreis nicht beeinflussen kann.
  Ist das Ziel der Anbieter die Gewinnmaximierung, so wird ein jeder Anbieter sein Angebot so lange erhöhen (oder senken), bis seine Grenzkosten (das sind die durchschnittlichen zusätzlichen Kosten für die letzte produzierte Einheit des Gutes (vgl. letztes Beispiel zu Def. 3.25)) mit dem Preis des Gutes übereinstimmen. Gesamtwirtschaftlich äußert sich dieses Verhalten dain, daß mit der (stetig differenzierbaren) gesamtwirtschaftlichen Kostenfunktion K(x) und der gesamtwirtschaftlichen Preisfunktion P(x) im Markt-

Marktgleichgewicht $K'(x_0) = P(x_0)$ (Grenzkosten = Preis) mit der Gleichgegewichtsmenge $x_0$ und dem Gleichgewichtspreis $P(x_0)$ gelten muß. Nimmt man vereinfachend an, daß die Grenzkostenfunktion und die Preisfunktion linear sind, etwa:

$K(x) = a + b \cdot x^2 \quad (K'(x) = 2 \cdot b \cdot x)$

$P(x) = c + d \cdot x$

(mit den Vorzeichenbeschränkungen $a > 0$, $b > 0$, $c > 0$, $d < 0$), so erhält man Gleichgewichtsmenge $x_0$ und Gleichgewichtspreis durch elementare Umformungen der Gleichgewichtsbedingung:

$K'(x_{0v}) = P(x_{0v})$

oder $2 \cdot b \cdot x_{0v} = c + d \cdot x_{0v}$

oder $x_{0v} = \frac{c}{2 \cdot b - d}$.

Die Lösung $x_{0v}$ ist stets positiv, wenn die angegebenen Vorzeichenbeschränkungen erfüllt sind. Für den Gleichgewichtspreis $P(x_{0v})$ ergibt sich:

$$P(x_{0v}) = c + d \cdot x_{0v} = c + d \cdot \frac{c}{2 \cdot b - d} = \frac{2 \cdot b \cdot c}{2 \cdot b - d}.$$

Der Gesamtgewinn aller Anbieter $G(x_0)$ berechnet sich als Erlös - Kosten:

$$G(x_0) = x_{0v} \cdot P(x_{0v}) - K(x_{0v})$$

$$= \frac{c}{2 \cdot b - d} \cdot \frac{2 \cdot b \cdot c}{2 \cdot b - d} - \left[a + b \cdot \left(\frac{c}{2 \cdot b - d}\right)^2\right]$$

$$= -a + b \cdot \left(\frac{c}{2 \cdot b - d}\right)^2.$$

Für einen Markt mit Angebotsmonopol sind dagegen folgende Überlegungen anzustellen:

Eine monopolistische Situation auf dem Markt für ein Gut ist (unter anderem) dadurch gekennzeichnet, daß nur ein einziger Anbieter die gesamte angebotene Menge x des Gutes bereitstellt. Folglich hängt der Marktpreis (im Gegensatz zur vollständigen Konkurrenz) von dem Angebotsverhalten des einen Anbieters ab. Ist Gewinnmaximierung das Ziel des Anbieters, so muß er die Gewinnfunktion ("Erlöse - Kosten") $G(x) = E(x) - K(x)$ maximieren ($E(x)$ ist die Erlösfunktion $E(x) = x \cdot P(x)$). Die notwendige Bedingung für ein Maximum von $G(x)$ lautet (bei Differenzierbarkeit von $E(x)$ und $K(x)$):

$G'(x_0) = 0$ oder $E'(x_0) = K'(x_0)$.

Im Gewinnmaximum müssen also Grenzerlös und Grenzkosten übereinstimmen. Diese Aussage gilt im Prinzip auch für einen Anbieter im Fall der vollständigen Konkurrenz; man muß jedoch dabei beachten, daß dort der Grenzerlös für den einzelnen Anbieter der für ihn gegebene Marktpreis ist. Spezifiziert man Kosten- und Preisfunktion so, wie im Fall der vollständigen Konkurrenz, so ergibt sich mit $K(x) = a + b \cdot x^2$ ($a > 0$, $b > 0$) und $P(x) = c + d \cdot x$ ($c > 0$, $d < 0$) die Gewinnfunktion $G(x) = x \cdot P(x) - K(x) =$
$= x \cdot (c + d \cdot x) - (a + b \cdot x^2) = (d-b) \cdot x^2 + c \cdot x - a$.

Die Extremstelle von G(x) wird nach dem im Satz 3.35 formulierten hinreichenden Kriterium bestimmt:

$$G'(x_{0m}) \overset{!}{=} 0 \Rightarrow x_{0m} = \frac{-c}{2\cdot(d-b)} = \frac{c}{2\cdot b-2\cdot d}.$$

Wegen $G''(x) = 2\cdot(d-c) < 0$ ( $d < 0$, $c > 0$!) ist G auf ganz ℝ konkav, so daß

$x_{0m} = \frac{c}{2\cdot b-2\cdot d}$ das globale Maximum von G darstellt. Damit ergeben sich für

für Preis und Gewinn folgende Werte:

$$P(x_{0m}) = c + d\cdot x_{0m} = c + d\cdot\frac{c}{2\cdot b-2\cdot d} = \frac{2\cdot b\cdot c-d\cdot c}{2\cdot b-2\cdot d};$$

$$G(x_{0m}) = x_{0m}\cdot P(x_{0m}) - K(x_{0m})$$

$$= \frac{c}{2\cdot b-2\cdot d}\cdot\frac{2\cdot b\cdot c-d\cdot c}{2\cdot b-2\cdot d} - \left[a+b\cdot\left(\frac{c}{2\cdot b-2\cdot d}\right)^2\right]$$

$$= -a + (b-d)\cdot\left(\frac{c}{2\cdot b-2\cdot d}\right)^2.$$

Vergleicht man die Ergebnisse von vollständiger und monopolistischer Konkurrenz, so findet man heraus:

- $x_{0v} = \frac{c}{2\cdot b-d} > x_{0m} = \frac{c}{2\cdot b-2\cdot d}$ (da $d < 0$); die Angebotsmenge bei vollständiger Konkurrenz ist größer als bei monopolistischer.
- $P(x_{0v}) = \frac{2\cdot b\cdot c}{2\cdot b-d} < P(x_{0m}) = \frac{2\cdot b\cdot c-d\cdot c}{2\cdot b-2\cdot d}$ (da P(x) eine streng monoton fallende Funktion ist); der Marktpreis bei vollständiger Konkurrenz ist niedriger als bei monopolistischer.
- $G(x_{0v}) = -a + b\cdot\left(\frac{c}{2\cdot b-d}\right)^2 < G(x_{0m}) = -a + (b-d)\cdot\left(\frac{c}{2\cdot b-2\cdot d}\right)^2$; der (Gesamt-) Gewinn bei vollständiger Konkurrenz ist geringer als bei monopolistischer.

Dieses Ergebnis, das natürlich nur unter der Annahme gilt, daß Kosten- und Preisfunktion bei vollständiger und monopolistischer Konkurrenz gleich sind (ceteris-paribus-Klausel), begründet, warum aus wirtschaftspolitischer Sicht vollständige Konkurrenz monopolistischen Marktstrukturen vorzuziehen ist.

Ein weiteres Anwendungsgebiet der bisherigen Überlegungen stellt die Kurvendiskussion dar. Dabei geht es darum, für eine (differenzierbare) Funktion einer Variablen $f: D \longrightarrow \mathbb{R}$ ($D \subset \mathbb{R}$) den Verlauf des Funktionsgraphen zu skizzieren. Dabei empfiehlt sich das folgende systematische Vorgehen:

(1) Bestimmung des (maximalen) Definitionsbereiches D von f, falls D nicht schon vorgegeben ist;
(2) Untersuchung der Stetigkeits- und Differenzierbarkeitseigenschaften von f;
(3) Berechnung der drei ersten Ableitungen von f;
(4) Untersuchung des Verhaltens von f an den Rändern des Definitionsbereiches, eventuell Bestimmung von Asymptoten;
(5) Berechnung der Nullstellen von f;
(6) Bestimmung der Extremstellen und der zugehörigen Funktionswerte;

(7) Bestimmung der Intervalle, in denen die Funktion konvex bzw. konkav ist, insbesondere die Berechnung der Wendestellen mit Funktionswerten und Steigung der Tangenten in den Wendepunkten (Wendetangenten);
(8) Graphische Darstellung des sich aus den Ergebnissen zu (1) - (7) ergebenden Funktionsverlaufes, Untersuchung von Symmetrieeigenschaften.

Beispiel:

Kurvendiskussion für die Funktion $f(x) = \frac{x^3}{x^2-1}$:

(1) Definitionsbereich:
f ist als gebrochen rationale Funktion auf ganz $\mathbb{R}$ mit Ausnahme der Nullstellen des Nennerpolynoms $x^2-1$ definiert. Also ist der Definitionsbereich

$D_f = \mathbb{R}\setminus\{\pm 1\}$.

(2) Differenzierbarkeit:
Aus den Sätzen 3.27 (Ableitungsregeln) und 3.28 (Ableitungen der Grundfunktionen) folgt, daß f als gebrochen rationale Funktion auf ganz

$D_f = \mathbb{R}\setminus\{\pm 1\}$ $\infty$-oft stetig differenzierbar ist.

(3) Ableitungen:
Die drei ersten Ableitungen von f ergeben sich mit der Quotientenregel:

$$f'(x) = \frac{3\cdot x^2\cdot(x^2-1) - x^3\cdot 2\cdot x}{(x^2-1)^2} = \frac{x^4-3\cdot x^2}{(x^2-1)^2};$$

$$f''(x) = \frac{(4\cdot x^3-6\cdot x)\cdot(x^2-1)^2 - (x^4-3\cdot x^2)\cdot 2\cdot(x^2-1)\cdot 2\cdot x}{(x^2-1)^4} =$$

$$= \frac{2\cdot x^3+6\cdot x}{(x^2-1)^3};$$

$$f'''(x) = \frac{(6\cdot x^2+6)\cdot(x^2-1)^3 - (2\cdot x^3+6\cdot x)\cdot 3\cdot(x^2-1)^2\cdot 2\cdot x}{(x^2-1)^6} =$$

$$= \frac{-6\cdot x^4-36\cdot x^2-6}{(x^2-1)^4}.$$

(4) Verhalten an den Rändern des Definitionsbereiches:

Mittels Polynomdivision läßt sich der Ausdruck $\frac{x^3}{x^2-1}$ auch darstellen als

$x + \frac{x}{x^2-1}$, so daß $a(x) = x$ eine Asymptote für $x \to \pm\infty$ ist, weil

$\lim\limits_{x\to\pm\infty} \frac{x}{x^2-1} = 0$ ist.

In Umgebungen der Polstellen ±1 (vgl. Definition 3.11) gilt:

- $\lim\limits_{\substack{x\to -1\\ x<-1}} \frac{x^3}{x^2-1} = \frac{-1}{+0} = -\infty.$

Die symbolische Schreibweise $\frac{-1}{+0}$ soll andeuten, daß der Nenner des Bruches positiv ist und gegen Null konvergiert, wenn x auf die angegebene Weise $(x < -1)$ gegen -1 strebt. Diese Vereinbarung gilt entsprechend auch für die nachfolgenen Überlegungen.

- $\lim\limits_{\substack{x \to -1 \\ x > -1}} \frac{x^3}{x^2-1} = \frac{-1}{-0} = +\infty;$

- $\lim\limits_{\substack{x \to +1 \\ x < +1}} \frac{x^3}{x^2-1} = \frac{+1}{-0} = -\infty;$

- $\lim\limits_{\substack{x \to +1 \\ x > +1}} \frac{x^3}{x^2-1} = \frac{+1}{+0} = +\infty.$

(5) Nullstellen:
Setzt man $f(x) \overset{!}{=} 0$, so muß der Zähler der gebrochen rationalen Funktion verschwinden:
$x_0^3 = 0$ oder $x_0 = 0$ ist die einzige Nullstelle von f(x) (mit der Vielfachheit 3, vgl. Definition 3.8).

(6) Extremstellen:
Nach Satz 3.34 muß an einer Extremstelle $x_e$ von f $f'(x) = 0$ sein:

$$f'(x) = \frac{x^4-3x^2}{(x^2-1)^2} \overset{!}{=} 0,$$

also $x_e^4 - 3x_e^2 = 0$

oder $x_e^2 \cdot (x_e^2-3) = 0$

oder $x_{e1} = 0$ (mit der Vielfachheit 2) und $x_{e2} = +\sqrt{3}$ und $x_{e3} = -\sqrt{3}$.

Es ist $f''(x_{e1}) = \frac{2x_{e1}^3+6x_{e1}}{(x_{e1}^2-1)^2} = 0$, so daß das zweite Kriterium aus Satz 3.35 keine Entscheidung liefert.

Da aber $f'''(x_{e1}) = \frac{-6x_{e1}^4-36x_{e1}^2-6}{(x_{e1}^2-1)^4} = -6 < 0$ ist, folgt aus Satz 3.37, daß $x_{e1}$ eine Wendestelle mit waagrechter Tangente ist, die gleichzeitig eine Nullstelle von f ist.

Wegen $f''(x_{e2}) = f''(\sqrt{3}) = \frac{3}{2} \cdot \sqrt{3} > 0$ ist $x_{e2} = +\sqrt{3}$ ein lokales Minimum von f mit $f(x_{e2}) = \frac{3}{2} \cdot \sqrt{3}$.

Wegen $f''(x_{e3}) = f''(-\sqrt{3}) = -\frac{3}{2} \cdot \sqrt{3} < 0$ ist $x_{e3} = -\sqrt{3}$ ein lokales Maximum von f mit $f(x_{e3}) = -\frac{3}{2} \cdot \sqrt{3}$.

(7) Wendestellen, Konvexität/Konkavität:
Nach Satz 3.36/ Satz 3.37 muß die zweite Ableitung f'' an einer Wendestelle $x_w$ verschwinden:

$f''(x_w) \overset{!}{=} 0$ oder $2 \cdot x_w^3 + 6 \cdot x_w = 0$ oder $2 \cdot x_w \cdot (x_w^2+3) = 0$

oder $x_{w1} = 0$ und $x_{w2/3}^2 = -3$.

Die Wendestelle $x_{w1} = 0$ wurde schon bei der Untersuchung der Extremstellen erkannt. Die Gleichung $x_{w2}^2 = -3$ besitzt keine reellen Lösungen, so daß $x_{w1}$ die einzige Wendestelle von f ist.

Der Zähler von $f''(x) = \frac{2x^3+6x}{(x^2-1)^3}$ ist positiv für $x > 0$ und negativ für $x < 0$; der Nenner ist für $-1 < x < 1$ negativ und für $x < -1$ und $x > +1$ positiv.

Also ist nach Satz 3.32:

- f im Intervall $]-\infty, -1[$ konkav, weil f'' dort negativ ist;
- f im Intervall $]-1, 0[$ konvex, weil f'' dort positiv ist;
- f im Intervall $]0, 1[$ konkav, weil f'' dort negativ ist;
- f im Intervall $]1, +\infty[$ konvex, weil f'' dort positiv ist.

Man beachte, daß dieses Ergebnis durch die vorhergehende Berechnung der Wendestelle und die Berechnung der Extremstellen bestätigt wird.

(8) Graphische Darstellung:
Für die graphische Darstellung der Funktion f(x) ist es nützlich, zu wissen, daß es sich hier um eine ungerade Funktion handelt, für die also $f(x) = -f(-x)$ gilt (vgl. Def. 3.7) und deren Graph daher punktsymmetrisch zum Koordinatenursprung ist.
Der sich aus vorhergehenden Überlegungen ergebende Funktionsverlauf ist in Abb.3.27 dargestellt.

Abb.3.29: Graphische Darstellung der Funktion $f(x) = \frac{x^3}{x^2-1}$

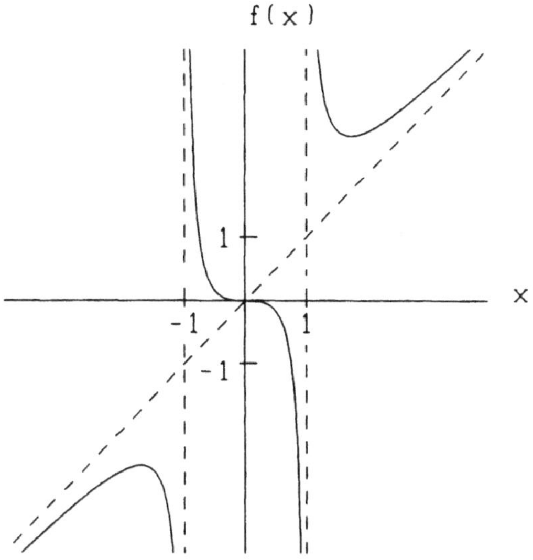

### 3.2.4 Rechnen mit dem Symbol $\infty$, die Regeln von de l'Hospital

Im Abschnitt 3.1.4 über Grenzwerte und Stetigkeit von Funktionen wurden Ausdrücke der Form $\lim_{x\to x_0} f(x) = \pm\infty$ $(x_0 \in \mathbb{R} \cup \{\pm\infty\})$ definiert. In diesem Abschnitt soll untersucht werden, wie man mit solchen Grenzwerten rechnet. Ist etwa $\lim_{x\to x_0} f(x) = +\infty$ und $\lim_{x\to x_0} g(x) = a$ mit $a \in \mathbb{R}$ oder $a = +\infty$, so strebt $f + g$ für $x \longrightarrow x_0$ gegen $+\infty$: $\lim_{x\to x_0} f(x) + g(x) = +\infty$.

Abgekürzt kann diese Tatsache durch die symbolischen Ausdrücke $+\infty + a = +\infty$ für alle $a \in \mathbb{R}$ und $+\infty + \infty = +\infty$ dargestellt werden. Entsprechend steht der Ausdruck $-\infty + a$ für einen Grenzwert $\lim_{x\to x_0} f(x) + g(x)$, wobei $\lim_{x\to x_0} f(x) = -\infty$ und $\lim_{x\to x_0} g(x) = a$ ist. Ist nun $a \in \mathbb{R}$ oder $a = -\infty$, so strebt auch $f(x) + g(x)$ gegen $-\infty$, wenn $x$ gegen $x_0$ strebt. Man erhält also die symbolischen Ausdrücke $-\infty + a = -\infty$ $(a \in \mathbb{R})$ und $-\infty - \infty = -\infty$.

Der Ausdruck $-\infty + \infty$ dagegen ist unbestimmt in dem Sinne, daß das Konvergenzverhalten von $f(x) + g(x)$ für $x \longrightarrow x_0$ von den konkreten Funktionen $f$ und $g$ abhängt, wenn $\lim_{x\to x_0} f(x) = +\infty$ und $\lim_{x\to x_0} g(x) = -\infty$ ist. Ebenfalls als abgekürzte Aussagen über das Konvergenzverhalten von Funktionen sind die folgenden symbolischen Ausdrücke zu verstehen:

$$a \cdot \infty = \infty \quad (0 < a \le \infty);$$
$$a/\infty = 0 \quad (a \in \mathbb{R});$$
$$\infty^a = \begin{cases} \infty, & \text{falls } 0 < a \le \infty \\ 0, & \text{falls } -\infty \le a < 0; \end{cases}$$
$$a^\infty = \begin{cases} \infty, & \text{falls } a > 1 \\ 0, & \text{falls } 0 < a < 1. \end{cases}$$

Ähnliche symbolische Ausdrücke erhält man bei der Untersuchung von Grenzwerten $\lim_{x\to x_0} \frac{f(x)}{g(x)}$, wenn $\lim_{x\to x_0} g(x) = 0$ ist. Bei den resultierenden Ausdrücken der Form $\frac{a}{0}$ ist jedoch zu unterscheiden zwischen dem Fall, daß $g$ positive Werte annimmt $(\frac{a}{+0})$ und dem Fall, daß $g$ negative Wert annimmt $(\frac{a}{-0})$. Für $a \neq 0$ können diese Ausdrücke wie folgt definiert werden:

$$\frac{a}{+0} = \begin{cases} +\infty, & \text{falls } a > 0 \\ -\infty, & \text{falls } a < 0; \end{cases}$$

$$\frac{a}{-0} = \begin{cases} -\infty, & \text{falls } a > 0 \\ +\infty, & \text{falls } a < 0. \end{cases}$$

Beim Studium des Verhaltens der Funktion $f(x) = \frac{x^3}{x^2-1}$ an den Polstellen (±1) im letzten Abschnitt traten etwa symbolische Ausdrücke der letztgenannten Form auf.

Für symbolische Ausdrücke der Form $\infty - \infty$, $0 \cdot \infty$, $\frac{\infty}{\infty}$, $\infty^0$, $1^\infty$ oder $\frac{0}{0}$ kann kein allgemeiner Wert angegeben werden, da die zugehörigen Grenzwerte - falls sie überhaupt existieren - von den konkreten Funktionen f und g abhängen. So ist etwa der Differentialquotient $\lim\limits_{x \to x_0} \frac{f(x)-f(x_0)}{x-x_0}$ einer stetigen Funktion ein symbolischer Ausdruck der Form $\frac{0}{0}$, dessen Konvergenzverhalten von der konkreten Funktion f abhängt. Wegen ihrer Abhängigkeit von den konkreten Funktionen werden solche symbolischen Ausdrücke <u>unbestimmt</u> genannt.

Unter gewissen Voraussetzungen können unbestimmte Ausdrücke mit Hilfe der Differentialrechnung untersucht werden, so daß man entscheiden kann, ob ein unbestimmter Ausdruck einen endlichen oder unendlichen Grenzwert besitzt.

Beispiel:

* Der Grenzwert $\lim\limits_{x \to 1} \frac{x^2-1}{\ln x}$ ist unbestimmt von der Form $\frac{0}{0}$, da $\lim\limits_{x \to 1} x^2-1 = \lim\limits_{x \to 1} \ln x = 0$ ist. Setzt man $f(x) = x^2-1$ und $g(x) = \ln x$, so läßt sich der gegebene Grenzwert umschreiben zu $\lim\limits_{x \to 1} \frac{x^2-1}{\ln x} = \lim\limits_{\Delta x \to 0} \frac{f(1+\Delta x)}{g(1+\Delta x)}$. Wegen $f(1) = g(1) = 0$ läßt sich durch Erweitern mit $1/\Delta x$ hieraus die Darstellung

  $$\lim_{x \to 1} \frac{x^2-1}{\ln x} = \lim_{\Delta x \to 0} \frac{\frac{f(1+\Delta x) - f(1)}{\Delta x}}{\frac{g(1+\Delta x) - g(1)}{\Delta x}}$$

  gewinnen. Der Zähler des letzten Ausdrucks ist der Differenzenquotient von f(x) an der Stelle $x_0 = 1$, der nach den bekannten Differentiationsregeln gegen $f'(1) = 2$ konvergiert, wenn $\Delta x$ gegen 0 strebt. Der Nenner ist der Differenzenquotient der Funktion $g(x) = \ln x$ an der Stelle $x_0 = 1$, der gegen $g'(1) = 1$ konvergiert, wenn $\Delta x$ gegen 0 strebt.

  Also gilt: $\lim\limits_{x \to 1} \frac{x^2-1}{\ln x} = \frac{f'(1)}{g'(1)} = \frac{2}{1} = 2.$

  Also konvergiert der unbestimmte Ausdruck $\frac{x^2-1}{\ln x}$ für $x \longrightarrow 1$ gegen den endlichen Wert $f'(1)/g'(1) = 2$.

Dieses Beispiel zeigt, wie unbestimmte Ausdrücke der Form $\frac{0}{0}$ mit Hilfe der Differentialrechnung bestimmt werden können. Allgemein gilt der folgende Satz:

<u>Satz 3.38:</u> Sei der Grenzwert $\lim\limits_{x \to x_0} \frac{f(x)}{g(x)}$ mit $x_0 \in \mathbb{R} \cup \{\pm\infty\}$ ein unbestimmter Ausdruck der Form $\frac{0}{0}$. Sind dann f und g in einer zweiseitigen Umgebung $U = ]x_0-\varepsilon, x_0+\varepsilon[\setminus\{x_0\}$ oder in einer einseitigen Umgebung $U = ]x_0-\varepsilon, x_0[$ oder $U = ]x_0, x_0+\varepsilon[$ $(\varepsilon > 0)$ differenzierbar, so exi-

stiert $\lim\limits_{\substack{x \to x_0 \\ x \in U}} \frac{f(x)}{g(x)} = a$ als endlicher ($a \in \mathbb{R}$) oder unendlicher Grenzwert ($a = +\infty$ oder $a = -\infty$), wenn $\lim\limits_{\substack{x \to x_0 \\ x \in U}} \frac{f'(x)}{g'(x)}$ als endlicher oder unendlicher Grenzwert existiert. Es gilt dann $\lim\limits_{\substack{x \to x_0 \\ x \in U}} \frac{f(x)}{g(x)} = \lim\limits_{\substack{x \to x_0 \\ x \in U}} \frac{f'(x)}{g'(x)}$.

Ist $\lim\limits_{x \to x_0} \frac{f'(x)}{g'(x)}$ ebenfalls ein unbestimmter Ausdruck, so kann möglicherweise durch wiederholte Anwendung dieses Satzes eine Entscheidung gefunden werden. Man beachte, daß die Anwendung dieses Satzes nicht die Existenz der Ableitungen an der Stelle $x_0$, die ja auch $+\infty$ oder $-\infty$ sein kann, voraussetzt.

Beispiel:

* Der Ausdruck $\lim\limits_{x \to 0} \frac{f(x)}{g(x)}$ mit $f(x) = 1 - \cos x$ und $g(x) = x$ erfüllt die Voraussetzungen von Satz 3.38. Mit $f'(x) = \sin x$ und $g'(x) = 1$ ist dann:
$\lim\limits_{x \to 0} \frac{1 - \cos x}{x} = \lim\limits_{x \to 0} \frac{\sin x}{1} = 0.$

Genauso wie unbestimmte Ausdrücke der Form $\frac{0}{0}$ können auch solche der Form $\frac{\infty}{\infty}$ berechnet werden:

<u>Satz 3.39:</u> Sei der Grenzwert $\lim\limits_{x \to x_0} \frac{f(x)}{g(x)}$ mit $x_0 \in \mathbb{R} \cup \{\pm\infty\}$ ein unbestimmter Ausdruck der Form $\frac{\infty}{\infty}$. Sind dann f und g in einer zweiseitigen Umgebung $U = ]x_0-\varepsilon,\ x_0+\varepsilon[ \setminus \{x_0\}$ oder in einer einseitigen Umgebung $U = ]x_0-\varepsilon,\ x_0[$ oder $U = ]x_0,\ x_0+\varepsilon[$ ($\varepsilon > 0$) differenzierbar, so existiert $\lim\limits_{\substack{x \to x_0 \\ x \in U}} \frac{f(x)}{g(x)} = a$ als endlicher ($a \in \mathbb{R}$) oder unendlicher (uneigentlicher) Grenzwert ($a = +\infty$ oder $a = -\infty$), wenn $\lim\limits_{\substack{x \to x_0 \\ x \in U}} \frac{f'(x)}{g'(x)}$ als endlicher oder unendlicher Grenzwert existiert, und es gilt:
$\lim\limits_{\substack{x \to x_0 \\ x \in U}} \frac{f(x)}{g(x)} = \lim\limits_{\substack{x \to x_0 \\ x \in U}} \frac{f'(x)}{g'(x)}$.

Die Sätze 3.38 und 3.39 sind als Regeln von de l'Hospital bekannt.

Beispiel:

* Der Ausdruck $\lim\limits_{x \to +\infty} \frac{f(x)}{g(x)}$ mit $f(x) = e^{-x}$ und $g(x) = \ln(1+\frac{1}{x})$ erfüllt die Voraussetzungen von Satz 3.38. Mit den Ableitungen $f'(x) = -e^{-x}$ und
$g'(x) = \frac{1}{1+\frac{1}{x}} \cdot (-1) \cdot \frac{1}{x^2} = -\frac{1}{(x+1) \cdot x}$ ist

$$\lim_{x\to\infty} \frac{e^{-x}}{\ln\left(1+\frac{1}{x}\right)} = \lim_{x\to\infty} \frac{-e^{-x}}{-\frac{1}{(x+1)\cdot x}} = \lim_{x\to\infty} \frac{x^2+x}{e^x}.$$

Der Ausdruck $\lim\limits_{x\to\infty} \frac{x^2+x}{e^x}$ ist unbestimmt von der Form $\frac{\infty}{\infty}$ und erfüllt die

Voraussetzungen von Satz 3.39. Also gilt: $\lim\limits_{x\to\infty} \frac{x^2+x}{e^x} = \lim\limits_{x\to\infty} \frac{2\cdot x+1}{e^x}$.

Der letzte Ausdruck erfüllt ebenfalls die Voraussetzungen von Satz 3.39, und man erhält:

$\lim\limits_{x\to\infty} \frac{2\cdot x+1}{e^x} = \lim\limits_{x\to\infty} \frac{2}{e^x} = 0$. Also ist auch $\lim\limits_{x\to\infty} \frac{e^{-x}}{\ln\left(1+\frac{1}{x}\right)} = 0$.

Auch unbestimmte Ausdrücke anderer Art können oft so umgeformt werden, daß die Sätze 3.38 und 3.39 anwendbar sind.

Beispiele:

* Der Ausdruck $\lim\limits_{\substack{x\to 0\\ x>0}} x\cdot\ln x$ ist unbestimmt von der Form $0 \cdot (-\infty)$. Setzt man $f(x) = \ln x$ und $g(x) = \frac{1}{x}$, so erhält man mit $\lim\limits_{\substack{x\to 0\\ x>0}} x\cdot\ln x = \lim\limits_{\substack{x\to 0\\ x>0}} \frac{f(x)}{g(x)}$ einen unbestimmten Ausdruck der Form $\frac{\infty}{\infty}$, auf den Satz 3.39 anwendbar ist.

  Mit $f'(x) = \frac{1}{x}$ und $g'(x) = -\frac{1}{x^2}$ ist $\lim\limits_{\substack{x\to 0\\ x>0}} x\cdot\ln x = \lim\limits_{\substack{x\to 0\\ x>0}} \frac{1/x}{-1/x^2} = \lim\limits_{\substack{x\to 0\\ x>0}} -x = 0$.

* Der Ausdruck $\lim\limits_{x\to 0} \left(\frac{1}{\sin x} - \frac{1}{x}\right)$ ist unbestimmt von der Form $\infty - \infty$. Wegen

  $\frac{1}{\sin x} - \frac{1}{x} = \frac{x - \sin x}{x \cdot \sin x}$ läßt sich der Ausdruck zu $\lim\limits_{x\to 0} \left(\frac{1}{\sin x} - \frac{1}{x}\right) =$
  $= \lim\limits_{x\to 0} \frac{x - \sin x}{x \cdot \sin x}$ umformen, was einen unbestimmten Ausdruck der Form $\frac{0}{0}$ darstellt, auf den Satz 3.38 (zweimal) anwendbar ist:

  $$\lim_{x\to 0} \frac{x - \sin x}{x \cdot \sin x} = \lim_{x\to 0} \frac{1 - \cos x}{\sin x + x\cdot\cos x} = \lim_{x\to 0} \frac{\sin x}{2\cdot\cos x - x \cdot \sin x} = 0.$$

  Also ist auch $\lim\limits_{x\to 0} \left(\frac{1}{\sin x} - \frac{1}{x}\right) = 0$.

### 3.2.5 Approximation differenzierbarer Funktionen durch Polynome, Differentiale und der Satz von Taylor

Die Definitionsgleichung der ersten Ableitung $\lim\limits_{\Delta x \to 0} \frac{f(x_0+\Delta x) - f(x_0)}{\Delta x} = f'(x_0)$ läßt sich umformen zu $f(x_0+\Delta x) - f(x_0) = f'(x_0)\cdot\Delta x + \Phi(\Delta x)\cdot\Delta x$, wobei $\Phi(\Delta x)$ eine Funktion ist, die die Differenz zwischen Differenzen- und Differentialquotient angibt und gegen 0 strebt, wenn $\Delta x$ gegen 0 strebt. Setzt man $y = f(x)$ und $\Delta y = f(x_0+\Delta x) - f(x_0)$, so läßt sich die Veränderung $\Delta y$ der abhängigen Variablen $y = f(x)$ zerlegen in einen linearen Anteil $f'(x_0)\cdot\Delta x$ und den Fehler $\Phi(\Delta x)\cdot\Delta x$, der im Verhältnis zu $\Delta x$ immer kleiner wird, je kleiner $\Delta x$ wird. Also ist $f'(x)\cdot\Delta x$ eine angemessene lineare Approximation von $\Delta y$. Faßt man die Veränderung von x als neue Variable auf und nennt sie <u>Differential von x</u> oder <u>dx</u>, so wird der daraus resultierende lineare Anteil von $\Delta y$ als <u>Differential von y</u> oder <u>dy</u> bezeichnet: $dy = f'(x_0) \cdot dx$.

<u>Definition 3.39a:</u> Ist die Funktion $y = f(x)$ an der Stelle $x_0 \in D_f$ differenzierbar, so heißt die lineare Funktion $df_x: \mathbb{R} \to \mathbb{R}$ mit $df_x(dx) = f'(x_0) \cdot dx$ <u>Differential von f(x) an der Stelle $x_0$</u>. Statt $df_x(dx) = f'(x_0) \cdot dx$ schreibt man auch $dy = f'(x) \cdot dx$.

Mit dieser Überlegung ist dann auch der Differentialquotient $\frac{dy}{dx} = f'(x)$, nicht mehr nur symbolisch als Quotient infinitesimaler Größen, sondern als echter Quotient der Differentiale dy und dx zu verstehen.
Da der Differentialquotient $f'(x) = \frac{dy}{dx}$ an der Stelle $x_0$ anschaulich als Steigung der Tangente an den Graphen von f(x) an der Stelle $(x_0, f(x_0))$ interpretiert werden kann, ist auch eine geometrische Interpretation der Differentiale dx und dy an der Stelle $x_0$ möglich (vgl. Abb. 3.30).

<u>Abb. 3.30:</u> Graphische Darstellung der Differentiale dx und $dy = df_x$

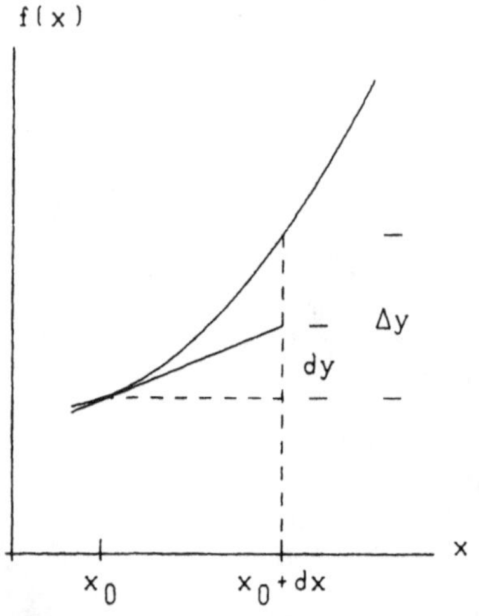

Der (relative) Fehler, der bei der Approximation von $\Delta y$ durch dy entsteht, kann durch den Ausdruck $\left|\frac{\Delta y - dy}{dy}\right|$ gemessen werden. Für ausreichend kleine Werte von dx kann dieser Fehler verkleinert werden, so daß die Approximation von $\Delta y$ durch dy immer besser wird, wenn dx gegen Null strebt.
Die Qualität der Approximation hängt natürlich auch von der Funktion f(x) ab, so stimmen etwa für lineare Funktionen $f(x) = a \cdot x + b$ $\Delta y$ und dy überein, so daß kein Approximationsfehler entsteht.

Beispiele:

* Für $y = f(x) = 3 \cdot x + 4$ ist $f'(x) = 3$. Damit ist (an jeder Stelle $x_0 \in \mathbb{R}$) $dy = f'(x) \cdot dx = 3 \cdot dx$.
  Für $\Delta y$ erhält man: $\Delta y = f(x_0+dx) - f(x_0) = 3 \cdot dx$.
  Also stimmen $\Delta y$ und dy überein, so daß der relative Fehler in diesem Fall gleich Null ist.

* Für die Funktion $f(x) = \ln x$ bestimme man das Differential an der Stelle $x_0 = 1$ für $dx = 0{,}1$, $dx = 1$, $dx = 10$ und vergleiche die relativen Fehler.
  Es gilt $f'(x) = \frac{1}{x}$, also $f'(1) = 1$. Damit ist $dy = 1 \cdot dx = dx$.
  Für $\Delta y = f(x_0+dx) - f(x_0) = f(1+dx) - 0$ erhält man:
  $$\Delta y = \ln 1{,}1 \doteq 0{,}09531 \quad (dy = dx = 0{,}1);$$
  $$\Delta y = \ln 2 \doteq 0{,}69315 \quad (dy = dx = 1);$$
  $$\Delta y = \ln 11 \doteq 2{,}39790 \quad (dy = dx = 10).$$

  Als relative Fehler ergeben sich
  $$\left|\frac{\Delta y - dy}{dy}\right| \doteq \left|\frac{0{,}09531 - 0{,}1}{0{,}1}\right| \doteq 0{,}047 \quad (dx = 0{,}1)$$
  $$\left|\frac{\Delta y - dy}{dy}\right| \doteq \left|\frac{0{,}69315 - 1}{1}\right| \doteq 0{,}307 \quad (dx = 1)$$
  $$\left|\frac{\Delta y - dy}{dy}\right| \doteq \left|\frac{2{,}39790 - 10}{10}\right| \doteq 0{,}760 \quad (dx = 10).$$
  Man sieht: Die relativen Fehler werden größer, wenn dx (dem Betrage nach) wächst.

Mit Hilfe der Ableitungsregeln aus Satz 3.27 lassen sich ohne weiteres die Differentiale zusammengesetzter Funktionen aus denen der einzelnen Komponenten berechnen. Genauer gilt:

<u>Satz 3.39b:</u> Sind f und g an der Stelle $x_0$ differenzierbar, so gilt für die Differentiale:

(i) $d(f+g)_x = df_x + dg_x$;

(ii) $d(\lambda \cdot f)_x = \lambda \cdot df_x \quad (\lambda \in \mathbb{R})$;

(iii) $d(f \cdot g)_x = g(x_0) \cdot df_x + f(x_0) \cdot dg_x$;

(iv) $d\left(\frac{f}{g}\right)_x = \frac{1}{g(x_0)^2} \cdot (g(x_0) \cdot df_x - f(x_0) \cdot dg_x) \quad (g(x_0) \neq 0)$.

Ist g an der Stelle $x_0$ differenzierbar, und ist f an der Stelle $g(x_0)$ differenzierbar, so ist $f \circ g$ an der Stelle $x_0$ differenzierbar, und für das Differential gilt:

(v) $d(f \circ g)_x = f'(g(x_0)) \cdot dg_x$.

Eine Sichtweise der gerade beschriebenen Differentiale für Funktionen einer Variablen ist die Vorstellung, aus der Kenntnis von $f(x_0)$ und $f'(x_0)$ eine Approximation von f(x) in eine Umgebung von $x_0$ abzuleiten. Dies geschieht, indem man $f(x_0+dx)$ durch $f(x_0) + f'(x_0) \cdot dx$ (linear) approximiert. Die nachfolgenden Überlegungen sollen zeigen, wie man durch Kenntnis weiterer Ableitungen von f an der Stelle $x_0$ die Qualität einer Approximation verbessern kann.
Dazu soll zunächst - zur Reduzierung des Schreibaufwands - $x_0 = 0$ gesetzt werden und hinreichend häufige Differenzierbarkeit von f in einer Umgebung von $x_0 = 0$ angenommen werden. Ist dann $f(x) = \sum_{i=0}^{n} a_i \cdot x^i$ ein Polynom, so kann f(x) vollständig aus den Ableitungen $f^{(i)}(0)$ $(i = 0, \ldots, n)$ rekonstruiert werden, denn es gilt:

$$f^{(0)}(0) = f(0) = a_0,$$
$$f^{(1)}(0) = f'(0) = a_1,$$
$$f^{(2)}(0) = f''(0) = 2 \cdot a_2,$$
$$\vdots$$
$$f^{(i)}(0) = 1 \cdot 2 \cdot \ldots \cdot i \cdot a_i = i! \cdot a_i,$$
$$\vdots$$
$$f^{(n)}(0) = 1 \cdot 2 \cdot \ldots \cdot n \cdot a_n = n! \cdot a_n.$$

Also ist $f^{(i)}(0) = i! \cdot a_i$ oder $a_i = \frac{1}{i!} \cdot f^{(i)}(0)$ $(i = 0, 1, \ldots, n)$. Damit läßt sich aber f(x) durch die Ableitungen an der Stelle 0 darstellen:

$$f(x) = \sum_{i=0}^{n} \frac{f^{(i)}(0)}{i!} \cdot x^i.$$

Ist f eine beliebige, in einer Umgebung von 0 hinreichend oft differenzierbare Funktion, so kann der Ausdruck $\sum_{i=0}^{n} \frac{f^{(i)}(0)}{i!} \cdot x^i$ als Approximation von f(x) in einer Umgebung von 0 benutzt werden:

$$f(x) = \sum_{i=0}^{n} \frac{f^{(i)}(0)}{i!} \cdot x^i + R_{n+1}(x).$$

Dabei wird das Polynom $\sum_{i=0}^{n} \frac{f^{(i)}(0)}{i!} \cdot x^i$ <u>Taylorpolynom</u> von f(x) an der Stelle $x_0 = 0$ genannt. Die Funktion $R_{n+1}(x)$ ist als Differenz

$R_{n+1}(x) = f(x) - \sum_{i=0}^{n} \frac{f^{(i)}(0)}{i!} \cdot x^i$ definiert und heißt <u>Restglied</u>. $R_{n+1}(x)$ gibt damit an, wie gut f(x) durch das Taylorpolynom $\sum_{i=0}^{n} \frac{f^{(i)}(0)}{i!} \cdot x^i$ approximiert wird.

Besteht eine Möglichkeit, das Restglied $R_{n+1}(x)$ ohne Kenntnis von f(x) selbst zu berechnen oder abzuschätzen, so ist es möglich, die Qualität der Approximation zu beurteilen, ohne daß f(x) berechnet werden muß. Wie eine solche Formel für die Berechnung oder Abschätzung des Restglieds aussieht, besagt der folgende Satz von Taylor:

<u>Satz 3.40:</u> Ist die Funktion f(x) in einer Umgebung U von 0 (n+1)-mal stetig differenzierbar, so besitzt f(x) eine Darstellung

$$f(x) = \sum_{i=0}^{n} \frac{f^{(i)}(0)}{i!} \cdot x^i + R_{n+1}(x).$$

Dabei besteht für das Restglied $R_{n+1}(x)$ die folgende Darstellung:

$$R_{n+1}(x) = \frac{f^{(n+1)}(\bar{x})}{(n+1)!} \cdot x^{n+1},$$

wobei $\bar{x}$ ein geeigneter Wert zwischen 0 und x ist.

Die wesentliche Aussage dieses Satzes, der hier nicht bewiesen werden soll, ist die Formel für die Berechnung des Restglieds, die häufig eine Abschätzung des Approximationsfehlers erlaubt.

Beispiel:

- Berechne für die Funktion $f(x) = e^x$ den Wert $f(1) = e$ mit einer Genauigkeit von wenigstens 0,000 001.
  Es ist bekannt, daß f(x) monoton steigend und unendlich oft differenzierbar ist mit $f^{(i)}(x) = f(x) = e^x$, also ist $f^{(i)}(0) = 1$ für i = 0, 1, 2, ...
  Weiterhin sei als bekannt vorausgesetzt, daß $e \leq 3$ gilt. Für das Restglied $R_{n+1}(1)$ erhält man damit die folgende Abschätzung:

  $$R_{n+1}(1) = \frac{f^{(n+1)}(\bar{x})}{(n+1)!} \cdot 1^{n+1} = \frac{e^{\bar{x}}}{(n+1)!} \leq \frac{3}{(n+1)!}.$$

  Für n = 9 erhält man: $R_{10} \leq 0,000\,000\,827$, so daß durch das Taylorpolynom vom Grade 9 eine Approximation von f(1) = e mit der gewünschten Genauigkeit möglich ist:

  $$e \doteq \sum_{i=0}^{9} \frac{f^{(i)}(0)}{i!} \cdot 1^i = \sum_{i=0}^{9} \frac{1}{i!} =$$

  $$= 1 + 1 + \frac{1}{2} + \frac{1}{6} + \frac{1}{24} + \frac{1}{120} + \frac{1}{720} + \frac{1}{5040} + \frac{1}{40320} + \frac{1}{362880} \doteq 2,7182815$$

  Bei der angegebenen Abschätzung für das Restglied gilt also:

  $2,7182815 \leq e \leq 2,7182825.$

Von besonderem Interesse sind natürlich solche Funktionen, die sich als Grenzwert ihrer Taylorpolynome darstellen lassen:

$$f(x) = \lim_{n\to\infty} \sum_{i=0}^{n} \frac{f^{(i)}(0)}{i!} \cdot x^i = \sum_{i=0}^{\infty} \frac{f^{(i)}(0)}{i!} \cdot x^i$$

Voraussetzung dafür ist die Konvergenz des Restglieds: $\lim_{n\to\infty} R_{n+1}(x) = 0$.

Beispiel:

* Ist $f(x) = \sin x$, so ist
  - $f^{(i)}(x) = \sin x$ für $i = 0, 4, 8, \ldots$
  - $f^{(i)}(x) = \cos x$ für $i = 1, 5, 9, \ldots$
  - $f^{(i)}(x) = -\sin x$ für $i = 2, 6, 10 \ldots$ und
  - $f^{(i)}(x) = -\cos x$ für $i = 3, 7, 11, \ldots$

  Damit und wegen $|f^{(i)}(x)| \le 1$ gilt für das Restglied die folgende Abschätzung:

  $$|R_{n+1}(x)| = \left|\frac{f^{(n+1)}(\bar{x})}{(n+1)!} \cdot x^{n+1}\right| \le \frac{|x|^{n+1}}{(n+1)!} .$$

  Da $(n+1)!$ wesentlich schneller wächst als $|x|^{n+1}$, ist $\lim_{n\to\infty} \frac{|x|^{n+1}}{(n+1)!} = 0$.

  Das bedeutet aber, daß die Taylorreihe gegen $f(x)$ konvergiert:

  $$\sin x = \sum_{i=0}^{\infty} \frac{f^{(i)}(0)}{i!} \cdot x^i .$$

  Da für gerade Indizes i $f^{(i)}(0) = \pm\sin 0 = 0$ und für ungerade Indizes $f^{(i)}(0) = \pm\cos 0 = \pm 1$ ist, läßt sich die Taylorreihe umformen zu

  $$\sin x = \sum_{i=0}^{\infty} (-1)^i \cdot \frac{1}{(2i+1)!} \cdot x^{2i+1} .$$

Bei der Darstellung von Funktionen durch ihre Taylorreihe ist zu beachten, daß aus der Konvergenz der Taylorreihe noch nicht ihre Konvergenz gegen $f(x)$ folgt. Als Beispiel dazu mag die Funktion $f\colon \mathbb{R} \longrightarrow \mathbb{R}$ mit $f(0) = 0$ und $f(x) = e^{-1/x^2}$ für $x \neq 0$ dienen. Man kann nachweisen, daß diese Funktion auf $\mathbb{R}$ $\infty$-oft differenzierbar ist und daß alle Ableitungen von f an der Stelle $x_0 = 0$ verschwinden: $f^{(i)}(0) = 0$ $(i = 0, 1, 2, \ldots)$. Also ist die Taylorreihe von f, $\sum_{i=0}^{\infty} \frac{f^{(i)}(0)}{i!} \cdot x^i$, die Nullfunktion, obwohl f selbst offensichtlich von der Nullfunktion verschieden ist.

Bei den bisherigen Überlegungen wurde willkürlich die Stelle $x_0 = 0$ als Ausgangspunkt der Reihenentwicklung von $f(x)$ gewählt. Durch eine einfache Umparametrisierung kann man diese Beschränkung aufheben:

Ist f(x) in einer Umgebung eines Punktes $x_0 \in \mathbb{R}$ (n+1)-mal stetig differenzierbar, so ist die Funktion $g(x) = f(x-x_0)$ in einer Umgebung von 0 (n+1)-mal stetig differenzierbar mit $g^{(i)}(x) = f^{(i)}(x-x_0)$. Also ist der Satz von Taylor (Satz 3.40) auf g anwendbar, und es gilt:

$$g(x) = \sum_{i=0}^{n} \frac{g^{(i)}(0)}{i!} \cdot x^i + \frac{g^{(n+1)}(\bar{x})}{(n+1)!} \cdot x^{n+1}.$$

Diese Gleichung läßt sich auch durch f(x) darstellen:

$$f(x_0+x) = \sum_{i=0}^{n} \frac{f^{(i)}(x_0)}{i!} \cdot x^i + \frac{f^{(n+1)}(\bar{x})}{(n+1)!} \cdot x^{n+1}$$

oder

$$f(x) = \sum_{i=0}^{n} \frac{f^{(i)}(x_0)}{i!} \cdot (x-x_0)^i + \frac{f^{(n+1)}(\bar{x})}{(n+1)!} \cdot (x-x_0)^{n+1},$$

wobei $\bar{x}$ eine Stelle zwischen 0 und x bzw. zwischen $x_0$ und x ist. Konvergiert das Restglied, so wird die Darstellung

$$f(x) = \sum_{i=0}^{\infty} \frac{f^{(i)}(x_0)}{i!} \cdot (x-x_0)^i$$

<u>Taylorentwicklung von f an der Stelle $x_0$</u> genannt. Mit diesen Überlegungen erhält Satz 3.40 die etwas allgemeinere Fassung:

<u>Satz 3.41:</u> Ist die Funktion f(x) in einer Umgebung $U(x_0)$ (n+1)-mal stetig differenzierbar, so besitzt f eine Darstellung

$$f(x) = \sum_{i=0}^{n} \frac{f^{(i)}(x_0)}{i!} \cdot (x-x_0)^i + R_{n+1}(x).$$

Dabei besteht für das Restglied $R_{n+1}(x)$ die folgende Darstellung:

$$R_{n+1}(x) = \frac{f^{(n+1)}(\bar{x})}{(n+1)!} \cdot (x-x_0)^{n+1},$$

wobei $\bar{x}$ eine Stelle zwischen $x_0$ und x ist. Konvergiert $R_{n+1}(x)$ gegen 0, wenn n+1 gegen $\infty$ strebt, so konvergiert das Taylorpolynom gegen f(x), und f ist durch die Taylorreihe um $x_0$ darstellbar:

$$f(x) = \sum_{i=0}^{\infty} \frac{f^{(i)}(x_0)}{i!} \cdot (x-x_0)^i.$$

Zum Schluß sei noch angemerkt, daß die Taylorentwicklung um einen Punkt $x_0$ eine Möglichkeit darstellt, zu einer gegebenen Funktion eine Potenzreihenentwicklung (vgl. Def. 2.18) anzugeben. Darüber hinaus sieht man, daß Satz 3.41 im Spezialfall n = 0 mit dem Mittelwertsatz der Differentialrechnung (vgl. Satz 3.30) übereinstimmt.

## 3.2.6 Elastizitäten

Der Differenzenquotient $\frac{\Delta f}{\Delta x} = \frac{f(x_0+\Delta x) - f(x_0)}{\Delta x}$ einer Funktion f(x) an einer Stelle $x_0$ (aus dem Innern des Definitionsbereiches $D_f$ von f) gibt an, mit welcher absoluten Veränderung f(x) (im Mittel) auf eine absolute Veränderung von x (bezogen auf eine Einheit von x) reagiert. Beim Grenzübergang $\Delta x \longrightarrow 0$, also beim Übergang vom Differenzen- zum Differentialquotient bleibt der Inhalt dieser Aussage im wesentlichen erhalten, wenn man anstatt von absoluten Veränderungen bei der Variablen x von marginalen absoluten Veränderungen der Variablen x spricht. Obwohl Differenzen- und Differentialquotient in vielen Fällen ökonomisch sinnvoll interpretierbar sind, gibt es doch Fragestellungen, bei denen die Betrachtung absoluter Veränderungen nicht sehr nützlich ist. Ein Beispiel soll dieses verdeutlichen:

Die nachgefragte Menge N eines Gutes hängt ab vom Preis x dieses Gutes N = N(x). Damit ist auch der Umsatz U = U(x) eine Funktion des Preises U(x) = x · N(x). Ob eine Preiserhöhung um Δx (oder eine marginale Preiserhöhung) zu einer Umsatzsteigerung führt, hängt offensichtlich davon ab, wie die Nachfrage auf die Preiserhöhung reagiert. Allerdings kann man keine Bedingungen für $\Delta N = N(x_0+\Delta x) - N(x_0)$ und Δx bzw. für $\frac{dN(x_0)}{dx}$ angeben, aus denen man auf eine Umsatzsteigerung bzw. auf einen Umsatzrückgang schließen kann. Der Grund hierfür liegt in der Tatsache, daß zur Beantwortung solcher Fragen die Verhältnisse der relativen Größen zueinander von Bedeutung sind:

Ist etwa die relative Veränderung von N(x), $\frac{N(x_0+\Delta x) - N(x_0)}{N(x_0)}$, im Verhältnis zur relativen Veränderung der unabhängigen Variablen x, $\frac{\Delta x}{x_0}$, also der Quotient

$$\frac{\frac{N(x_0-\Delta x) - N(x_0)}{N(x_0)}}{\frac{\Delta x}{x_0}} = \frac{N(x_0+\Delta x) - N(x_0)}{\Delta x} \cdot \frac{x_0}{N(x_0)},$$

kleiner als -1, so heißt dies, daß relative Preissteigerungen (etwa um 1%) zu relativen Nachfragerückgängen von wenigstens der gleichen Größe (also wenigstens 1%) führen, woraus insgesamt ein Umsatzrückgang resultiert. Das Verhältnis

$$\frac{N(x_0+\Delta x) - N(x_0)}{\Delta x} \cdot \frac{x_0}{N(x_0)}$$

wird <u>Bogenelastizität</u> der Nachfragefunktion genannt und entspricht dem Differenzenquotienten. Ist die Nachfragefunktion an der Stelle $x_0$ differenzierbar, so existiert der Grenzwert

$$\lim_{\Delta x \to 0} \frac{N(x_0+\Delta x) - N(x_0)}{\Delta x} \cdot \frac{x_0}{N(x_0)} = N'(x_0) \cdot \frac{x_0}{N(x_0)},$$

der <u>Punktelastizität</u> oder einfach Elastizität von N(x) an der Stelle $x_0$ genannt wird (Voraussetzung: $N(x_0) \neq 0$). Ist also die Punktelastizität der Nachfrage bezüglich des Preises (also die Preiselastizität der Nachfrage) größer als -1, so bewirkt eine marginale Preiserhöhung eine (marginale) Umsatzsteigerung. Ist die Elastizität dagegen kleiner als -1, so bewirkt eine marginale

Preiserhöhung einen (marginalen) Umsatzrückgang, da der umsatzsteigernde Effekt der Preiserhöhung durch den umsatzsenkenden Effekt des Nachfragerückgangs überkompensiert wird. Ein Zahlenbeispiel soll diese Überlegungen verdeutlichen:

Beispiel:

* Die Nachfragefunktion besitze die Form $N(x) = 50 - 2 \cdot x$. Die Nachfrage ist natürlich nur für $0 \leq x \leq 25$ durch diese (lineare) Funktion beschrieben, da da sinnvollerweise weder der Preis x noch die nachgefragte Menge N(x) negative Werte annehmen können. Mit der Ableitungsfunktion $N'(x) = -2$ erhält man als Elastizitätsfunktion:

$$\varepsilon_{y,\,x} = -2 \cdot \frac{x}{50-2 \cdot x} = \frac{x}{x-25} \quad (y = N(x)).$$

Man sieht, daß die Elastizitätsfunktion $\varepsilon_{y,\,x}$ nur für $0 \leq x < 25$ definiert ist, da $N(25) = 0$ ist. Obwohl N(x) linear ist, ist $\varepsilon_{y,\,x}$ nichtlinear. $\varepsilon_{y,\,x}$ ist auf dem Intervall $0 \leq x < 25$ streng monoton fallend; für $x = 0$ ist $\varepsilon_{y,\,x} = 0$; für $x = 12{,}5$, also genau in der Mitte des Definitionsbereiches, ist $\varepsilon_{y,\,x} = -1$; für $x \to 25$ strebt $\varepsilon_{y,\,x}$ gegen $-\infty$ (vgl. Abb. 3.31).

Abb 3.31: Elastizitätsfunktion $\varepsilon_{y,\,x}$ von $N(x) = y = 50 - 2 \cdot x$

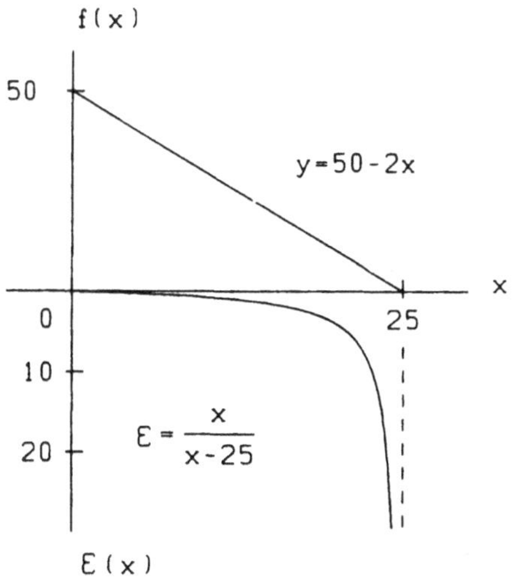


In diesem Beispiel befindet sich also das Umsatzmaximum bei $x_0 = 12{,}5$, da für Werte von x, die kleiner als 12,5 sind, die Preiselastizität der Nachfrage zwischen 0 und -1 liegt, so daß in diesem Bereich (marginale) relative Preiserhöhungen geringere relative Nachfragerückgänge zur Folge haben und daher insgesamt eine Umsatzsteigerung eintritt. Für Werte von x, die zwischen 12,5 und 25 liegen, bewirkt dagegen eine (marginale) relative Preiserhöhung einen größeren relativen Nachfragerückgang, so daß ein Umsatzrückgang die Folge ist.

Die vorhergehenden Überlegungen lassen sich in einer Definition zusammenfassen:

Definition 3.42: Sei $y = f(x)$ eine differenzierbare Funktion, deren Definitionsbereich aus nichtnegativen und deren Wertebereich aus positven reellen Zahlen bestehen. Dann heißt die Funktion

$$\varepsilon_{y,\,x} = f'(x) \cdot \frac{x}{f(x)} = y' \cdot \frac{x}{y}$$

Elastizitätsfunktion oder Elastizität von y bezüglich x.

Der Definitionsbereich von $\varepsilon_{y,\,x}$ besteht aus denjenigen Elementen x aus dem Definitionsbereich von f, für die $y = f(x)$ von Null verschieden ist.

Aus den Ableitungsregeln für Funktionen einer Variablen (Satz 3.27) lassen sich die Regeln für die Berechnung von Elastizitäten zusammengesetzter Funktionen bestimmen (dabei sollen stets die Differenzierbarkeitsvoraussetzungen erfüllt sein):

- Ist $y = f(x) + g(x)$, so ist $y' = f'(x) + g'(x)$, und es gilt:

$$\varepsilon_{y,\,x} = y' \cdot \frac{x}{y} = \frac{x \cdot f'(x) + x \cdot g'(x)}{f(x) + g(x)}.$$

Die Elastizität einer Summe von Funktionen ist also im allgemeinen nicht die Summe der Elastizitäten.

- Ist $y = \lambda \cdot f(x)$ ($\lambda > 0$ fest), so ist $y' = \lambda \cdot f'(x)$, und es gilt:

$$\varepsilon_{y,\,x} = \lambda \cdot f'(x) \cdot \frac{x}{\lambda \cdot f(x)} = \varepsilon_{f(x),\,x}.$$

Die Elastizitätsfunktion von f(x) ändert sich also nicht, wenn f mit einem positven Skalar multipiziert wird.

- Ist $y = f(x) \cdot g(x)$, so ist $y' = f'(x) \cdot g(x) + f(x) \cdot g'(x)$, und es gilt:

$$\varepsilon_{y,\,x} = (f'(x) \cdot g(x) + f(x) \cdot g'(x)) \cdot \frac{x}{f(x) \cdot g(x)} =$$

$$= f'(x) \cdot \frac{x}{f(x)} + g'(x) \cdot \frac{x}{g(x)} = \varepsilon_{f(x),\,x} + \varepsilon_{g(x),\,x}.$$

Die Elastizität eines Produkts von Funktionen ist also die Summe der Elastizitäten.

- Ist $y = \frac{f(x)}{g(x)}$, so ist $y' = \frac{f'(x) \cdot g(x) - f(x) \cdot g'(x)}{g(x)^2}$, und es gilt:

$$\varepsilon_{y,\,x} = \frac{f'(x) \cdot g(x) - f(x) \cdot g'(x)}{g(x)^2} \cdot \frac{x \cdot g(x)}{f(x)} =$$

$$= f'(x) \cdot \frac{x}{f(x)} - g'(x) \cdot \frac{x}{g(x)} = \varepsilon_{f(x),\,x} - \varepsilon_{g(x),\,x}.$$

Die Elastizität des Quotienten von Funktionen ist also die Differenz der Elastizitäten.

- Ist $y = (f \circ g)(x)$, so ist $y' = f'(g(x)) \cdot g'(x)$, und es gilt:

$$\varepsilon_{y,\,x} = f'(g(x)) \cdot g'(x) \cdot \frac{x}{(f \circ g)(x)} =$$

$$= f'(g(x)) \cdot \frac{g(x)}{f(g(x))} \cdot g'(x) \cdot \frac{x}{g(x)} = \varepsilon_{f(z),\,z} \cdot \varepsilon_{g(x),\,x} \quad (z = g(x)).$$

Die Elastizität komponierter Abbildungen ist das Produkt der Elastizitäten.

- Ist $y = f(x)$ invertierbar, mit $x = f^{-1}(y)$ , so ist $x' = f^{-1'}(y) = \frac{1}{f'(x)}$, und es gilt:

$$\varepsilon_{x,\,y} = \varepsilon_{f^{-1}(y),\,y} = \frac{1}{f'(x)} \cdot \frac{y}{x} = \frac{1}{\varepsilon_{y,\,x}}.$$

Die gerade beschriebenen Regeln für das Rechnen mit Elastizitäten zusammengesetzter Funktionen deuten auf eine gewisse Ähnlichkeit mit logarithmischen Transformationen hin, da etwa auch bei diesen Transformationen Produkte in Summen und Quotienten in Differenzen transformiert werden. Tatsächlich lassen sich Elastizitäten als Ableitung logarithmisch transformierter Variablen darstellen, denn der Differentialquotient $\frac{d \ln y}{d \ln x}$ läßt sich darstellen als:

$$\frac{d \ln y}{d \ln x} = (f_2 \circ f \circ f_1)'(z)$$

wobei gilt:

- $z = \ln x$ oder $x = f_1(z) = e^z$ und $f_1'(z) = e^z = x$;
- $y = f(x)$;
- $f_2(y) = \ln y$ also $f_2'(y) = \frac{1}{y}$.

Die Ableitung von $(f_2 \circ f \circ f_1)(z)$, also der Differentialquotient $\frac{d \ln y}{d \ln x}$ kann durch zweimalige Anwendung der Kettenregel bestimmt werden:

$$\begin{aligned}(f_2 \circ f \circ f_1)'(z) &= ((f_2 \circ f) \circ f_1)'(z) = (f_2 \circ f)'(f_1(z)) \cdot f_1'(z) = \\ &= (f_2 \circ f)'(x) \cdot x \qquad = f_2'(f(x)) \cdot f'(x) \cdot x = \\ &= f_2'(y) \cdot f'(x) \cdot x \qquad = \frac{1}{y} \cdot f'(x) \cdot x = \\ &= \varepsilon_{y,\,x}.\end{aligned}$$

Also ist $\varepsilon_{y,\,x} = \frac{d \ln y}{d \ln x}$. Diese Gleichung ist besonders dann zur Berechnung von Elastizitäten geeignet, wenn $\ln y$ (in einfacher Form) als Funktion von $\ln x$ dargestellt werden kann.

Insgesamt gelten damit die folgenden Regeln für das Rechnen mit Elastizitäten:

Satz 3.43: Seien f und g differenzierbare Funktionen mit einem gemeinsamen Definitionsbereich D aus nichtnegativen reellen Zahlen und Wertebereichen aus positiven Zahlen, dann gilt:

(i) $y = f(x) + g(x)$ besitzt die Elastizitätsfunktion

$$\varepsilon_{y,\,x} = \frac{x \cdot f'(x) + x \cdot g'(x)}{f(x) + g(x)}.$$

$\varepsilon_{y,\,x}$ ist für alle $x \in D$ definiert, für die $f(x) + g(x) \neq 0$ gilt.

(ii) $y = \lambda \cdot f(x)$ $(\lambda > 0)$ besitzt die Elastizitätsfunktion

$$\varepsilon_{y,\,x} = \varepsilon_{f(x),\,x}.$$

$\varepsilon_{y,\,x}$ ist für alle $x \in D$ definiert.

(iii) $y = f(x) \cdot g(x)$ besitzt die Elastizitätsfunktion

$$\varepsilon_{y,\,x} = \varepsilon_{f(x),\,x} + \varepsilon_{g(x),\,x}.$$

$\varepsilon_{y,\,x}$ ist für alle $x \in D$ definiert.

(iv) $y = \frac{f(x)}{g(x)}$ besitzt die Elastizitätsfunktion

$$\varepsilon_{y,\,x} = \varepsilon_{f(x),\,x} - \varepsilon_{g(x),\,x}.$$

$\varepsilon_{y,\,x}$ ist für alle $x \in D$ definiert.

Bestehen die Definitions- und Wertebereiche der differenzierbaren Funktionen f und g aus positiven reellen Zahlen, und enthält der Definitionsbereich von f den Wertebereich von g, so ist $f \circ g$ definiert, und es gilt:

(v) $y = (f \circ g)(x)$ besitzt die Elastizitätsfunktion

$$\varepsilon_{y,\,x} = \varepsilon_{f(z),\,z} \cdot \varepsilon_{z,\,x} \quad (z = g(x)),$$

die für alle $x \in D_g$ definiert ist.

Ist die differenzierbare Funktion $y = f(x)$ mit positivem Definitions- und Wertebereich invertierbar, so gilt:

(vi) $x = f^{-1}(y)$ besitzt die Elastizitätsfunktion

$$\varepsilon_{x,\,y} = \varepsilon_{f^{-1}(y),\,y} = \frac{1}{\varepsilon_{f(x),\,x}} = \frac{1}{\varepsilon_{y,\,x}},$$

die für alle $y = f(x)$ definiert ist.

Für jede differenzierbare Funktion $y = f(x)$ mit positivem Definitions- und Wertebereich gilt:

(vii) $\varepsilon_{y,\,x} = \frac{d \ln y}{d \ln x}$.

Beispiele:

- Ist $y = f(x) = a \cdot x + b$ linear, so ist $y' = f'(x) = a$ und es gilt $\varepsilon_{y,\,x} = \frac{a \cdot x}{a \cdot x + b}$, so daß die Elastizitätsfunktion einer linearen Funktion im allgemeinen nicht linear ist.
- Ist $y = f(x) = x^n$, so besitzt $y = f(x)$ wegen $x = e^{\ln x}$ die Darstellung $y = e^{n \cdot \ln x}$, also ist $\varepsilon_{y,\,x} = \frac{d(n \cdot \ln x)}{d \ln x} = n$ (vgl. Satz 3.43.vii).
- Ist $y = f(x) = a^x$, so ist $f'(x) = \ln a \cdot a^x$, also ist $\varepsilon_{y,\,x} = x \cdot \ln a$.
- Ist $y = f(x) = x^n \cdot a^x$, so ist $\varepsilon_{y,\,x} = \varepsilon_{x^n,\,x} + \varepsilon_{a^x,\,x} = n + \ln a \cdot x$ (vgl. Satz 3.43(iii)). Funktionen deren Elastizitäten linear sind, sind also von der Form $y = f(x) = x^n \cdot a^x$.

* Ist $y = N(x)$ eine Preis-Nachfragefunktion mit Elastizitätsfunktion $\varepsilon_{y,x}$, so ist die Preiselastizität der Funktion $U(x) = x \cdot N(x)$:
  $\varepsilon_{x \cdot y,x} = \varepsilon_{x,x} + \varepsilon_{y,x} = 1 + \varepsilon_{y,x}$,
  so daß die Preiselastizität des Umsatzes stets um 1 größer ist als die Preiselastizität der Nachfrage.

Zum Schluß seien noch zwei Extremfälle der Elastizitäten erwähnt, die am Beispiel von Nachfragefunktionen verdeutlicht werden sollen.

Ist $y = N(x) = c$ konstant, so ist $y' = 0$ und $\varepsilon_{y,x}$ ist ebenfalls die Nullfunktion. In diesem Fall reagiert die Nachfrage nicht auf Preisveränderungen, und die Funktion N(x) heißt vollkommen unelastisch. Die Nachfrage ist in diesem Fall vollkommen preisunelastisch.

Strebt dagegen die Nachfragefunktion gegen die "Funktion" $x = c$, was bedeuten soll, daß für einen Preis $x \leq c$ beliebige Mengen nachgefragt werden, aber zu Preisen $x > c$ keine Nachfrage besteht, so strebt $\varepsilon_{y,x}$ gegen $-\infty$ und man spricht von vollkommener Elastizität. In diesem Fall bezeichnet man also die Nachfrage als vollkommen preiselastisch.

## 3.3 Differentialrechnung für Funktionen mehrerer Variablen

### 3.3.1 Partielle und totale Ableitungen

Zu Beginn dieses Abschnitts soll noch einmal darauf hingewiesen werden, daß die Argumente $\underline{x} \in D_f \subset \mathbb{R}^n$ von Funktionen f von n Variablen als Spalten- und nicht als Zeilenvektoren zu verstehen sind. Weiterhin werden im folgenden Kenntnisse der Grundbegriffe der Linearen Algebra vorausgesetzt.

Die Ableitung einer Funktion f(x) einer Variablen an der Stelle $x_0$ aus dem Innern des Definitionsbereiches von f kann geometrisch als Steigung der Funktion f(x) an der Stelle $x_0$ interpretiert werden. Bei Funktionen mehrerer Variablen kann aber nicht mehr von der Steigung an einer Stelle gesprochen werden, da der Anstieg einer Funktion mehrerer Variablen an einer Stelle $\underline{x}_0$ von der Richtung abhängt, in der man sich auf dem Funktionsgraphen bewegt. Ein Beispiel soll diesen Zusammenhang verdeutlichen:

Gegeben sei die Funktion $f: \mathbb{R}^2 \rightarrow \mathbb{R}$ mit $f(x_1, x_2) = x_1^2 - x_2^2$. Die Steigung dieser Funktion an der Stelle $\underline{x}^0 = (1, 1)^T$ in $x_1$-Richtung ist nichts anderes als die "gewöhnliche" Ableitung der Funktion $g: \mathbb{R} \rightarrow \mathbb{R}$ mit $g(x_1) = f(x_1, 1)$ an der Stelle $x_1 = 1$. Also ist $g(x_1) = x_1^2 - 1$ und $g'(x_1) = 2 \cdot x_1$, so daß $g'(1) = 2$ gilt. Damit ist die Ableitung der Funktion einer Variablen, die man erhält, wenn f auf die Gerade $x_2 = 1$ eingeschränkt wird, die Steigung von $f(x_1, x_2)$ in $x_1$-Richtung. Für $f(x_1, x_2)$ ergibt sich also an der Stelle $(1, 1)^T$ in $x_1$-Richtung eine Ableitung von 2. An derselben Stelle (1, 1) ergibt sich die Steigung von $f(x_1, x_2)$ in $x_2$-Richtung als Ableitung der Funktion $h: \mathbb{R} \rightarrow \mathbb{R}$ mit $h(x_2) = f(1, x_2)$ an der Stelle $x_2 = 1$: Es ist $h(x_2) = f(1, x_2) = 1 - x_2^2$ und $h'(x_2) = -2 \cdot x_2$, so daß $h'(1) = -2$ ist. Damit besitzt f an der Stelle $(1, 1)^T$ in $x_2$-Richtung die Steigung -2.

Dieses Beispiel zeigt schon eine Möglichkeit auf, wie der Ableitungsbegriff für Funktionen mehrerer Variablen verallgemeinert werden kann: Aus einer Funktion von n Variablen erhält man n Funktionen einer Variablen, wenn n-1 Variablen festgehalten werden und nur noch eine veränderlich ist. Die Ableitungen dieser n Funktionen geben die Steigung von $f(\underline{x})$ in die entsprechenden Koordinatenrichtungen an.

Definition 3.44: Eine Funktion f von n Variablen ($D_f \subset \mathbb{R}^n$) heißt an der Stelle $\underline{x}^0$ aus dem Innern von $D_f$ nach der Variablen $x_i$ partiell differenzierbar, wenn die Funktion g einer Variablen mit $g(x_i) = f(x_1^0, \ldots, x_{i-1}^0, x_i, x_{i+1}^0, \ldots, x_n^0)$, die in einer Umgebung von $x_i^0$ definiert ist, an der Stelle $x_i = x_i^0$ differenzierbar ist.

Der Grenzwert

$$g'(x_i^0) = \lim_{\Delta x_i \to 0} \frac{g(x_i^0+\Delta x_i) - g(x_i^0)}{\Delta x_i}$$

$$= \lim_{\Delta x_i \to 0} \frac{f(\underline{x}^0+\Delta x_i \cdot \underline{e}^i) - f(\underline{x}^0)}{\Delta x_i}$$

($\underline{e}^i$ ist der i-teEnheitsvektor in $\mathbb{R}^n$)

heißt dann partieller Differentialquotient und wird mit $\frac{\partial f(\underline{x}^0)}{\partial x_i}$ oder $f'_{x_i}(\underline{x}^0)$ oder $\frac{\partial y_0}{\partial x_i}$ (wobei $y_0 = f(\underline{x}_0)$ ist) bezeichnet.

Die Benutzung des stilisierten Zeichens "$\partial$" soll andeuten, daß es sich etwa beim Ausdruck $\frac{\partial y}{\partial x_i}$ um die partielle Ableitung einer Funktion mehrerer Variablen handelt, im Gegensatz zur Notation $\frac{dy}{dx}$, die die Ableitung einer Funktion einer Variablen bezeichnet.

Obwohl die Definition 3.44 nur die Differenzierbarkeit von $f(\underline{x})$ an einer Stelle $\underline{x}^0$ zum Inhalt hat, ist jedoch klar, daß partielle Differenzierbarkeit auf $D \subset D_f$ (nach der Variablen $x_i$) partielle Differenzierbarkeit (nach der Variablen $x_i$) an jeder Stelle $\underline{x}^0 \in D$ bedeutet. Entsprechend wird $f(\underline{x})$ partiell differenzierbar (nach der Variablen $x_i$) genannt, wenn f an jeder Stelle $\underline{x}^0 \in D_f$ partiell (nach der Variablen $x_i$) differenzierbar ist. Die Berechnung partieller Ableitungen (genauer: partieller Ableitungsfunktionen) stellt keine besondere Schwierigkeit dar, da sie ja wie Ableitungen von Funktionen einer Variablen berechnet werden können. So werden etwa bei der Berechnung von $\frac{\partial f(\underline{x})}{\partial x_{i_0}}$ die Variablen $x_i$ für $i \neq i_0$ wie Konstanten behandelt, so daß f wie eine Funktion der einzigen Variablen $x_{i_0}$ behandelt wird. Damit stehen die Ableitungsregeln für Funktionen einer Variablen (Satz 3.27) auch zur Berechnung von partiellen Ableitungen zur Verfügung.

Beispiele:

- Für $f: \mathbb{R}^2 \to \mathbb{R}$ mit $f(x_1, x_2) = x_1^2 + x_2^2$ ist $f'_{x_1}(x_1, x_2) = 2 \cdot x_1$ ($x_2^2$ fällt als additive Konstante fort), $f'_{x_2}(x_1, x_2) = 2 \cdot x_2$ ($x_1^2$ fällt als additive Konstante fort).

- Für $f: \mathbb{R}^2 \to \mathbb{R}$ mit $f(x_1, x_2) = x_1^2 \cdot x_2^2$ ist $f'_{x_1}(x_1, x_2) = 2 \cdot x_1 \cdot x_2^2$ ($x_2^2$ bleibt als konstanter Faktor erhalten), $f'_{x_2}(x_1, x_2) = 2 \cdot x_1^2 \cdot x_2$ ($x_1^2$ bleibt als kontanter Faktor erhalten).

* Für $f: D_f \longrightarrow \mathbb{R}$ mit $f(x_1, x_2) = \dfrac{x_1^2+x_2^2}{x_1^2-x_2^2}$ und

$D_f = \left\{(x_1, x_2)^T \in \mathbb{R}^2 \mid x_1 \neq \pm x_2\right\}$ ist

$$f'_{x_1}(x_1, x_2) = \frac{2x_1\cdot(x_1^2-x_2^2) - (x_1^2+x_2^2)\cdot 2x_1}{(x_1^2-x_2^2)^2} = \frac{-4\cdot x_1\cdot x_2^2}{(x_1^2-x_2^2)^2}$$

(Quotientenregel),

$$f'_{x_2}(x_1, x_2) = \frac{2x_2\cdot(x_1^2-x_2^2) - (x_1^2+x_2^2)\cdot(-2x_2)}{(x_1^2-x_2^2)^2} = \frac{4\cdot x_1^2\cdot x_2}{(x_1^2-x_2^2)^2}$$

(Quotientenregel).

* Für $f: \mathbb{R}^2 \longrightarrow \mathbb{R}$ mit $f(x_1, x_2) = e^{x_1^2+x_2^2}$ ist

$f'_{x_1}(x_1, x_2) = 2\cdot x_1 \cdot e^{x_1^2+x_2^2}$ (Kettenregel),

$f'_{x_2}(x_1, x_2) = 2\cdot x_2 \cdot e^{x_1^2+x_2^2}$ (Kettenregel).

Neben der gerade beschriebenen Möglichkeit, die Differentiation von Funktionen mehrerer Variablen durch die Berechnung von partiellen Ableitungen auf die Differentialrechnung von Funktionen einer Variablen zu reduzieren, gibt es noch eine Verallgemeinerung des Ableitungsbegriffs auf Funktionen mehrerer Variablen:

Die Differenzierbarkeit einer Funktion einer Variablen an einer Stelle $x^0$ aus dem Innern von $D_f$ heißt, daß f an dieser Stelle durch eine lineare Funktion $l_{x^0}$ approximiert werden kann in dem Sinne, daß der Grenzwert

$$\lim_{x^1\to x^0} \frac{(f(x^1)-f(x^0)) - l_{x^0}(x^1-x^0)}{|x^1 - x^0|} = 0$$ ist. Dabei muß offensichtlich die lineare Abbildung $l_{x^0}(x^1-x^0) = f'(x^0) \cdot (x^1-x^0)$ sein. Der Vorteil dieser etwas ungewöhnlichen Beschreibung der Differenzierbarkeit von Funktionen einer Variablen hat den Vorteil, daß sie sich ohne Probleme auf Funktionen mehrerer Variablen verallgemeinern läßt: Es ist lediglich zu erwähnen, daß eine lineare Abbildung $l: \mathbb{R}^n \longrightarrow \mathbb{R}$ von der Form $l(\underline{x}) = \sum_{i=1}^{n} c_i\cdot x_i$ ist, also durch einen Zeilenvektor $\underline{c}^T = (c_1, \ldots, c_n)$ als $\underline{c}^T \cdot \underline{x}$ dargestellt werden kann. Der Betrag $|\underline{x}|$ von Vektoren $\underline{x} \in \mathbb{R}^n$ ist durch die euklidische Norm $|\underline{x}| = (\sum_{i=1}^{n} x_i^2)^{1/2}$ definiert. Mit diesen Vorbemerkungen gilt:

<u>Definition 3.45</u>: Eine Funktion $f\colon D_f \longrightarrow \mathbb{R}$ von n Variablen ($D_f \subset \mathbb{R}^n$) heißt an der Stelle $\underline{x}^0$ aus dem Innern von $D_f$ <u>(total) differenzierbar</u>, wenn es eine lineare Abbildung $l_{\underline{x}^0}\colon \mathbb{R}^n \longrightarrow \mathbb{R}$ gibt, so daß der Grenzwert

$$\lim_{\underline{x}^1 \to \underline{x}^0} \frac{(f(\underline{x}^1)-f(\underline{x}^0)) - l_{\underline{x}^0}(\underline{x}^1-\underline{x}^0)}{|\underline{x}^1 - \underline{x}^0|} = 0$$

ist. Ist f an der Stelle $\underline{x}^0$ total differenzierbar, so ist die lineare Abbildung $l_{\underline{x}^0}$ eindeutig bestimmt und wird <u>totale Ableitung</u> von f an der Stelle $\underline{x}^0$ genannt.

Bei der Bestimmung der totalen Ableitung wird schnell der Zusammenhang mit den partiellen Ableitungen deutlich. Setzt man $\underline{x}^1 = \underline{x}^0 + \lambda\cdot\underline{e}^i$ ($\underline{e}^i$ ist der i-te Einheitsvektor in $\mathbb{R}^n$), so kann der Grenzwert $\lim\limits_{\underline{x}^1 \to \underline{x}^0} \ldots$ durch den Grenzwert $\lim\limits_{\lambda \to 0} \ldots$ ersetzt werden, und es gilt:

$$0 = \lim_{\underline{x}^1 \to \underline{x}^0} \frac{(f(\underline{x}^1)-f(\underline{x}^0)) - l_{\underline{x}^0}(\underline{x}^1-\underline{x}^0)}{|\underline{x}^1 - \underline{x}^0|} =$$

$$= \lim_{\lambda \to 0} \frac{(f(\underline{x}^0+\lambda\cdot\underline{e}^i)-f(\underline{x}^0)) - l_{\underline{x}^0}(\lambda\cdot\underline{e}^i)}{|\lambda\cdot\underline{e}^i|} =$$

$$= \lim_{\lambda \to 0} \frac{f(\underline{x}^0+\lambda\cdot\underline{e}^i) - f(\underline{x}^0)}{\lambda} - l_{\underline{x}^0}(\underline{e}^i).$$

Also muß $\lim\limits_{\lambda \to 0} \dfrac{f(\underline{x}^0+\lambda\cdot\underline{e}^i) - f(\underline{x}^0)}{\lambda} = l_{\underline{x}^0}(\underline{e}^i)$ sein. Der linke Ausdruck in dieser Gleichung ist gerade die partielle Ableitung $f'_{x_i}(\underline{x}^0)$ von f nach der Variablen $x_i$ an der Stelle $\underline{x}^0$ (vgl. Def. 3.44). Die rechte Seite ist die i-te Komponente der Darstellung von $l_{\underline{x}^0}$ als Zeilenvektor, so daß insgesamt $l_{\underline{x}^0}$ die Darstellung $l_{\underline{x}^0}(\underline{x}) = \sum\limits_{i=1}^{n} \frac{\partial f}{\partial x_i}(\underline{x}^0)\cdot x_i$ besitzt. Damit ist der wesentliche Teil des folgenden Satzes hergeleitet:

<u>Satz 3.46:</u> Die Funktion f: $D_f \longrightarrow \mathbb{R}$ von n Variablen ($D_f \subset \mathbb{R}^n$) ist an der Stelle $\underline{x}^0$ aus dem Innern von $D_f$ genau dann total differenzierbar, wenn f an der Stelle $\underline{x}^0$ partiell nach allen n Variablen differenzierbar ist und alle partiellen Ableitungen an der Stelle $\underline{x}^0$ stetig sind. Die totale Ableitung von f an der Stelle $\underline{x}^0$ kann dann durch den Zeilenvektor der partiellen Ableitungen dargestellt werden: $\nabla f(\underline{x}^0) = (f'_{x_1}(\underline{x}^0),\ f'_{x_2}(\underline{x}^0),\ \ldots,\ f'_{x_n}(\underline{x}^0))$. Diese Darstellung der totalen Ableitung von f als Zeilenvektor wird <u>Gradient</u> genannt.

Beispiel:

* Für f: $\mathbb{R}^2 \longrightarrow \mathbb{R}$ mit $f(x_1,\ x_2) = e^{x_1 \cdot x_2^2}$ ist $f'_{x_1}(x_1,\ x_2) = x_2^2 \cdot e^{x_1 \cdot x_2^2}$ und $f'_{x_2}(x_1,\ x_2) = 2 \cdot x_1 \cdot x_2 \cdot e^{x_1 \cdot x_2^2}$.

  Wegen der Stetigkeit von $f'_{x_1}$ und $f'_{x_2}$ ist f auf ganz $\mathbb{R}^2$ differenzierbar, und es gilt: $\nabla f(x_1,\ x_2) = (x_2^2 \cdot e^{x_1 \cdot x_2^2},\ 2 \cdot x_1 \cdot x_2 \cdot e^{x_1 \cdot x_2^2}) = x_2 \cdot\ e^{x_1 \cdot x_2^2} \cdot (x_2,\ 2 \cdot x_1)$.

Mit Hilfe des Gradierten $\nabla f(\underline{x})$ können auch die Richtungsableitungen (partiellen Ableitungen) in andere als Koordinatenachsenrichtungen bestimmt werden: Ist $\underline{x}^0 \in D_f \subset \mathbb{R}^n$ ein innerer Punkt des Definitionsbereichs von f und $\underline{z} \neq \underline{0}$ ein (Spalten-) Vektor aus $\mathbb{R}^n$. Ist dann die Funktion einer Variablen $g(\lambda)$ mit $g(\lambda) = f(\underline{x}^0 + \lambda \cdot \underline{z})$, die in einer Umgebung von 0 definiert ist, an der Stelle $\lambda = 0$ differenzierbar, so heißt f an der Stelle $\underline{x}_0$ <u>in z-Richtung differenzierbar</u>. Die Ableitung $g'(0) = \lim\limits_{\lambda \to 0} \dfrac{f(\underline{x}^0 + \lambda \cdot \underline{z}) - f(\underline{x}^0)}{\lambda}$ heißt <u>Richtungsableitung</u> von f oder <u>partielle Ableitung von f in Richtung z</u> und wird mit $f'_{\underline{z}}(\underline{x}^0)$ oder $\dfrac{\partial f(\underline{x}^0)}{\partial \underline{z}}$ bezeichnet.

Wählt man als Richtungsvektor $\underline{z}$ einen der n Einheitsvektoren aus $\mathbb{R}^n$, so erhält man $f'_{\underline{e}^i}(\underline{x}^0) = f'_{x_i}(\underline{x}^0)$. Die Richtungsableitungen in Richtung der Einheitsvektoren sind also nichts anderes als die partiellen Ableitungen von f.

<u>Satz 3.47</u>: Ist f an der Stelle $\underline{x}^0$ aus dem Innern von $D_f \subset \mathbb{R}^n$ (total) differenzierbar, so existieren an der Stelle $\underline{x}^0$ alle Richtungsableitungen $f'_{\underline{z}}(\underline{x}^0)$ ($\underline{z} \neq \underline{0}$) von f an der Stelle $\underline{x}^0$. Die Richtungsableitung $f'_{\underline{z}}(\underline{x}^0)$ kann als Produkt des Gradienten $\nabla f(\underline{x}^0)$ (Zeilenvektor) und $\underline{z}$ berechnet werden: $f'_{\underline{z}}(\underline{x}^0) = \nabla f(\underline{x}^0) \cdot \underline{z} = \sum\limits_{i=1}^{n} z_i \cdot f'_{x_i}(\underline{x}_0)$.

Beispiel:

* Für $f\colon \mathbb{R}^2 \to \mathbb{R}$ mit $f(x_1, x_2) = \sin(x_1 \cdot x_2)$ ist

  $\nabla f(x_1, x_2) = (x_2 \cdot \cos(x_1 \cdot x_2),\ x_1 \cdot \cos(x_1 \cdot x_2)) = \cos(x_1 \cdot x_2) \cdot (x_2, x_1)$.
  Als Ableitung von f in Richtung des Vektors $\underline{z} = (2, 1)$ ergibt sich dann
  $f'_{\underline{z}}(x_1, x_2) = (2 \cdot x_2 + x_1) \cdot \cos(x_1 \cdot x_2)$.

Der Gradient von f und Richtungsableitungen sind wesentlich bei der Suche nach der Richtung des stärksten Anstiegs von f an einer Stelle $\underline{x}^0$ aus dem Innern von $D_f$.

Für eine an der Stelle $\underline{x}_0$ differenzierbare Funktion von n Variablen ist die Richtung $\underline{z}^0$ des stärksten Anstiegs durch die Ungleichung

$\dfrac{f'_{\underline{z}}(\underline{x}^0)}{|\underline{z}|} \le \dfrac{f'_{\underline{z}^0}(\underline{x}^0)}{|\underline{z}^0|}$ (für alle $\underline{z} \in \mathbb{R}$ ) definiert. Die Normierung von $f'_{\underline{z}}(\underline{x}^0)$ mit $|\underline{z}|$ ist erforderlich, weil $f'_{\underline{z}}(\underline{x}^0)$ proportional zur Länge von $\underline{z}$ ist:

$f'_{\lambda \cdot \underline{z}}(\underline{x}^0) = \lambda \cdot f'_{\underline{z}}(\underline{x}^0)$. Damit ist aber auch die Richtung (genauer: der Richtungsvektor) des größten Anstiegs von f an der Stelle $\underline{x}^0$ höchstens eindeutig bis auf einen positiven Faktor $\lambda > 0$.

Maximiert man also den Ausdruck $\dfrac{f_{\underline{z}}(\underline{x}^0)}{|\underline{z}|} = \dfrac{\sum\limits_{i=1}^{n} f'_{x_i}(\underline{x}^0) \cdot z_i}{\left(\sum\limits_{i=1}^{n} z_i^2\right)^{1/2}}$, so erhält man als eine

Lösung $\underline{z}^0 = (f'_{x_1}(\underline{x}^0), \ldots, f'_{x_n}(\underline{x}^0))^T = \nabla f(\underline{x}^0)^T$. Also gibt der transponierte Gradient (Spaltenvektor!) gerade die Richtung des stärksten Anstiegs von f an. Dieser maximale Anstieg beträgt (marginal) gerade

$|\nabla f(\underline{x}^0)^T| = \left[\sum\limits_{i=1}^{n} f'_{x_i}(\underline{x}^0)^2\right]^{1/2}$ pro Einheit von $\underline{x}$. Nur wenn $\nabla f(\underline{x}^0)^T = \underline{0}$ ist, wenn also alle Richtungsableitungen an der Stelle $\underline{x}^0$ verschwinden, gibt es keine eindeutige Richtung des stärksten Anstiegs von f an der Stelle $\underline{x}^0$.

Damit gilt:

<u>Satz 3.48</u>: Ist die Funktion f von n Variablen an der Stelle $\underline{x}^0$ (total) differenzierbar, mit einem von $\underline{0}^T$ verschiedenen Gradienten $\nabla f(\underline{x}^0)$, so ist $\nabla f(\underline{x}^0)^T \in \mathbb{R}^n$ der Richtungsvektor des stärksten Anstiegs von f an der Stelle $\underline{x}^0$.

Ist $\nabla f(\underline{x}^0) = \underline{0}^T$, so ist die Steigung von f an der Stelle $\underline{x}^0$ in alle Richtungen gleich 0.

Die zu $\nabla f(\underline{x}^0)^T$ entgegengesetzte Richtung $-\nabla f(\underline{x}^0)^T$ ist die Richtung des stärksten Abstiegs von f. In Richtungen $\underline{z}$, die senkrecht zu $\nabla f(\underline{x}^0)^T$ sind ( $\sum_{i=1}^{n} f'_{x_i}(\underline{x}^0)\cdot z_i = 0$ ), ist $\frac{\partial f(\underline{x}^0)}{\partial \underline{z}} = 0$, so daß f in diese Richtungen konstant ist.

Beispiel:

* Die Funktion $f(x_1, x_2) = x_1^2 + x_2^2 - 2\cdot x_1\cdot x_2$ besitzt den Gradienten $\nabla f(x_1, x_2) = (2\cdot x_1-2\cdot x_2, 2\cdot x_2-2\cdot x_1) = (2\cdot x_1-2\cdot x_2)\cdot(1, -1)$, so daß $f(x_1, x_2)$ an Stellen $(x_1, x_2)^T \in \mathbb{R}^2$ mit $x_1 > x_2$ bzw. an Stellen $(x_1, x_2)^T$ mit $x_1 < x_2$ in Richtung des Vektors $(1, -1)^T$ bzw. in Richtung des Vektors $(-1, 1)^T$ den größten Anstieg besitzt. In Richtung von Vektoren, die senkrecht hierzu sind, also etwa $(1, 1)^T$ oder $(-1, -1)^T$ besitzt f an jeder Stelle von $\mathbb{R}^2$ eine verschwindende Ableitung und ist daher konstant:
$g(\lambda) = f(x_1+\lambda, x_2+\lambda) = (x_1+\lambda)^2 + (x_2+\lambda)^2 - 2\cdot(x_1+\lambda)\cdot(x_2+\lambda) =$
$= x_1^2 + 2x_1\cdot\lambda + \lambda^2 + x_2^2 + 2\cdot x_2\cdot\lambda + \lambda^2 - 2\cdot x_1\cdot x_2 - 2\cdot x_1\cdot\lambda - 2\cdot x_2\cdot\lambda - 2\cdot\lambda^2 =$
$= x_1^2 - 2\cdot x_1\cdot x_2 + x_2^2 = (x_1 - x_2)^2$ (unabhängig von $\lambda$!).

Die Eigenschaft des Gradienten, die Richtung des stärksten Anstiegs einer Funktion anzugeben, ist ein nützliches Hilfsmittel zur approximativen Bestimmung von lokalen Extremstellen differenzierbarer Funktionen mehrerer Variablen, wenn exakte Verfahren nicht anwendbar sind:

Zur Bestimmung eines Maximums von $f(\underline{x})$ bewegt man sich von einem Startwert $\underline{x}^0$ ausgehend bei jedem Schritt in Richtung des an der jeweiligen Stelle größten Anstieges:

$\underline{x}^0 \in D_f$ beliebig,

$\underline{x}^1 = \underline{x}^0 + \lambda_1\cdot\nabla f(\underline{x}^0)$,

$\underline{x}^2 = \underline{x}^1 + \lambda_2\cdot\nabla f(\underline{x}^1)$

usw.

Dabei geben die Skalare $\lambda_i$ die Schrittweite an, die von Iteration zu Iteration variieren kann.

Ist schließlich für ein $k \in \mathbb{N}$ $\nabla f(\underline{x}^k)$ gleich oder fast gleich 0, so ist mit $\underline{x}^k$ eine Stelle mit (fast) waagerechter Tangentialebene gefunden, von der man in vielen Fällen zeigen kann, daß es sich um ein lokales Maximum handelt.

## 3.3.2 Die Kettenregel für Funktionen mehrerer Variablen

Wie bereits erwähnt, können die Ableitungsregeln für Funktionen einer Variablen (Satz 3.27) ohne weiteres zur Berechnung von partiellen Ableitungen herangezogen werden, da bei der Berechnung der i-ten partiellen Ableitung einer Funktion von n Variablen die restlichen Variablen $x_j$ ($j \neq i$) wie Konstanten behandelt werden. Lediglich bei der Verwendung der Kettenregel sind einige zusätzliche Bemerkungen erforderlich.

Die Differentiation einer Komposition der Form $f \circ g$ mit $g: D_g \longrightarrow \mathbb{R}$ ($D_g \subset \mathbb{R}^n$) und $f: D_f \longrightarrow \mathbb{R}$ ($W_g \subset D_f \subset \mathbb{R}$) ist unproblematisch: Da bei der Berechnung partieller Ableitungen g wie eine Funktion einer Variablen behandelt werden kann und f eine Funktion einer Variablen ist, kann man die Kettenregel für Funktionen einer Variablen (Satz 3.27(v)) anwenden (bei Vorliegen der entsprechenden Voraussetzungen).

Beispiel:

* $h: \mathbb{R}^2 \longrightarrow \mathbb{R}$ mit $h(x_1, x_2) = e^{x_1^2+x_2^2}$ läßt sich darstellen als $h = g \circ f$ mit $g: \mathbb{R}^2 \longrightarrow \mathbb{R}$, $g(x_1, x_2) = x_1^2 + x_2^2$ und $f: \mathbb{R} \longrightarrow \mathbb{R}$ mit $f(x) = e^x$. Die partiellen Ableitungen von h werden mit der Kettenregel bestimmt:

  $h'_{x_i}(x_1, x_2) = f'(g(x_1, x_2)) \cdot g'_{x_i}(x_1, x_2)$ ($i = 1, 2$), also

  $h'_{x_1}(x_1, x_2) = e^{x_1^2+x_2^2} \cdot 2 \cdot x_1$ und $h'_{x_2}(x_1, x_2) = e^{x_1^2+x_2^2} \cdot 2 \cdot x_2$.

Ist dagegen $h = f \circ g$ mit $g: \mathbb{R}^n \longrightarrow \mathbb{R}^m$ und $f: \mathbb{R}^m \longrightarrow \mathbb{R}$, so ist zunächst der Differenzierbarkeitsbegriff für Funktionen, deren Wertemenge in $\mathbb{R}^m$ ($m \geq 2$) liegt, zu klären, bevor man überhaupt Überlegungen zur Differentiation von Kompositionen dieser Art anstellen kann. Der Behandlung dieser Frage ist ein eigener kleiner Abschnitt am Ende dieses Kapitels über Differentialrechnung für Funktionen mehrerer Variablen gewidmet.
An dieser Stelle soll lediglich ein Spezialfall behandelt werden, nämlich der einer Funktion $h = f \circ \underline{g}$ mit $\underline{g}: D_g \longrightarrow \mathbb{R}^n$ ($D_g \subset \mathbb{R}$) und $f: D_f \longrightarrow \mathbb{R}$ ($W_g \subset D_f \subset \mathbb{R}^n$). Also ist $h: D_f \longrightarrow \mathbb{R}$ eine "gewöhnliche" Funktion einer Variablen. Die Funktion $\underline{g}$ kann als Vektor von n Komponentenfunktionen dargestellt werden: $\underline{g}(t) = (g_1(t), \ldots, g_n(t))^T$ (dies ist auch der Grund für die Unterstreichung $\underline{g}$: $\underline{g}$ ist ein "Vektor" mit n Komponenten).

Sind sowohl die Komponenten $g_i$ ($i = 1 \ldots, n$) als auch f (total) differenzierbar, so ist auch $h = f \circ \underline{g}$ differenzierbar, und es gilt:

$$h'(t) = \sum_{i=1}^{n} \frac{\partial f(x_1, \ldots, x_n)}{\partial x_i} \cdot \frac{dx_i}{dt}, \text{ wobei } x_i = g_i(t) \text{ ist } (i = 1, \ldots, n).$$

Für den Fall n = 2 soll die Herleitung dieser Formel kurz skizziert werden:

Der Differenzenquotient $\frac{\Delta h(t_0)}{\Delta t} = \frac{h(t_0+\Delta x) - h(t_0)}{\Delta t}$ kann umgeformt werden zu:

$$\frac{\Delta h(t_0)}{\Delta t} = \frac{f(g_1(t_0+\Delta t),\ g_2(t_0+\Delta t)) - f(g_1(t_0),\ g_2(t_0))}{\Delta t} =$$

$$= \frac{f(g_1(t_0+\Delta t),\ g_2(t_0+\Delta t)) - f(g_1(t_0),\ g_2(t_0+\Delta t))}{\Delta t} +$$

$$+ \frac{f(g_1(t_0),\ g_2(t_0+\Delta t)) - f(g_1(t_0),\ g_2(t_0))}{\Delta t}.$$

Der zweite Summand des letzten Ausdrucks ist der Differenzenquotient der Funktion $h^*$: $\mathbb{R} \longrightarrow \mathbb{R}$ mit $h^*(t) = f(g_1(t_0),\ g_2(t))$ an der Stelle $t = t_0$. Der Grenzwert kann mit der Kettenregel für Funktionen einer Variablen berechnet werden:

$$h^{*\prime}(t_0) = f'_{x_2}(g_1(t_0),\ g_2(t_0)) \cdot g'_2(t_0)$$

oder

$$h^{*\prime}(t_0) = \frac{\partial f(x_1^0,\ x_2^0)}{\partial x_2} \cdot \frac{dg_2(t_0)}{dt} \quad (x_1^0 = g_1(t_0),\ x_2 = g_2(t)).$$

Daß in dem Summanden

$$\frac{f(g_1(t_0+\Delta t),\ g_2(t_0+\Delta t)) - f(g_1(t_0),\ g_2(t_0+\Delta t))}{\Delta t}$$

die Stelle $(g_1(t_0),\ g_2(t_0+\Delta t))$, an der der Differenzenquotient berechnet wird, von $\Delta t$ abhängt, ist wegen der Stetigkeit der partiellen Ableitung $f'_{x_1}$ unerheblich. Damit erhält man auch in diesem Fall mit Hilfe der Kettenregel für Funktionen einer Variablen:

$$\lim_{\Delta t \to 0} \frac{f(g_1(t_0+\Delta t),\ g_2(t_0+\Delta t)) - f(g_1(t_0),\ g_2(t_0+\Delta t))}{\Delta t} =$$

$$= f'_{x_1}(g_1(t_0),\ g_2(t_0)) \cdot g'_1(t_0)$$

$$= \frac{\partial f(x_1^0,\ x_2^0)}{\partial x_1} \cdot \frac{dg_1(t_0)}{dt} \quad (x_1 = g_1(t),\ x_2^0 = g_2(t_0)).$$

Insgesamt ist also

$$\lim_{\Delta t \to 0} \frac{\Delta h(t_0)}{\Delta t} = \frac{\partial f(x_1^0,\ x_2^0)}{\partial x_1} \cdot \frac{dx_1^0}{dt} + \frac{\partial f(x_1^0,\ x_2^0)}{\partial x_2} \cdot \frac{dx_2^0}{dt},$$

wobei $x_1 = g_1(t)$ und $x_2 = g_2(t)$ Funktionen von t sind.

Satz 3.48a: Ist $\underline{g} = (g_1, \ldots, g_n)^T: D_{\underline{g}} \to \mathbb{R}^n$ $(D_{\underline{g}} \subset \mathbb{R})$ eine Abbildung, deren Komponentenabbildungen $g_i$ stetig differenzierbar sind, und ist $f: D_f \to \mathbb{R}$ eine Funktion von n Variablen mit $W_{\underline{g}} \subset D_f \subset \mathbb{R}^n$, die nach allen n Variablen stetig partiell differenzierbar ist, dann gilt: $h = f \circ \underline{g}: D_{\underline{g}} \to \mathbb{R}$ mit $h(t) = (f \circ \underline{g})(t) = f(g_1(t), \ldots, g_n(t))$ ist differenzierbar und besitzt die Ableitung

$$\frac{dh(t)}{dt} = \sum_{i=1}^{n} \frac{\partial f(x_1, \ldots, x_n)}{\partial x_i} \cdot \frac{dx_i}{dt},$$

wobei $x_i = g_i(t)$ $(i = 1, \ldots, n)$ ist.

Beispiel:

* Es soll die Funktion $f(x_1, x_2) = e^{x_1+x_2}$ auf dem Einheitskreis $K_1 = \left\{(x_1, x_2)^T \in \mathbb{R}^2 \mid x_1^2 + x_2^2 = 1\right\} \subset \mathbb{R}^2$ untersucht und differenziert werden.

  Die Punkte aus $K_1$ lassen sich durch die Funktion einer Variablen $\underline{g}: [0, 2\pi[ \to \mathbb{R}^2$ mit $\underline{g}(t) = (g_1(t), g_2(t))^T = (\cos t, \sin t)^T$ eindeutig darstellen: $K_1 = \left\{\underline{g}(t) \mid t \in [0, 2\pi[\right\}$

  Damit erhält man die komponierte Abbildung $h = f \circ \underline{g}: [0, 2\pi[ \to \mathbb{R}$ mit $h(t) = (f \circ \underline{g})(t) = e^{\cos t + \sin t}$.

  Die Ableitung von h kann (in diesem einfachen Fall) direkt oder mit der Formel aus Satz 3.48a berechnet werden

  $h'(t) = e^{\cos t + \sin t} \cdot (-\sin t + \cos t)$

  (Kettenregel für Funktionen einer Variablen) oder

  $$h'(t) = e^{x_1+x_2} \cdot (-\sin t) + e^{x_1+x_2} \cdot \cos t =$$
  $$= e^{\cos t + \sin t} \cdot (-\sin t + \cos t)$$

  $(x_1 = \sin t,\ x_2 = \cos t$; Berechnung mit der Formel aus Satz 3.48a).

### 3.3.3 Partielle Ableitungen höherer Ordnung

Natürlich können auch für Funktionen mehrerer Variablen unter gewissen Voraussetzungen Ableitungen höherer Ordnung definiert werden. Dabei sollen an dieser Stelle jedoch nur die partiellen Ableitungen zweiter Ordnung erörtert werden, da partielle Ableitungen höherer als zweiter Ordung bei der Behandlung ökonomischer Fragestellungen meistens nur eine untergeordnete Rolle spielen.

Nimmt man der Einfachheit halber an, daß f auf ganz $D_f$ nach allen Variablen stetig partiell differenzierbar ist (dann ist f (total) differenzierbar), so ordnet $f'_{x_i}$ jedem Vektor $\underline{x} \in D_f$ die Steigung von f an der Stelle $\underline{x}$ in Richtung des Einheitsvektors $\underline{e}^i$ zu. $f'_{x_i}$ ist daher eine (stetige) Funktion mit Definitionsbereich $D_{f'_{x_i}} = D_f \subset \mathbb{R}^n$ und Werten in $\mathbb{R}$, also eine reelle Funktion von n Variablen. Diese Funktion $f'_{x_i}$ kann dann wie jede andere Funktion von n Variablen auch auf Differenzierbarkeit hin untersucht werden. Ist $f'_{x_i}$ differenzierbar, so besitzt $f'_{x_i}$ n partielle Ableitungen:

$$\frac{\partial f'_{x_i}}{\partial x_j} = \frac{\partial^2 f}{\partial x_i \partial x_j} \quad (j = 1, \ldots, n).$$

Insgesamt besitzt f, wenn f differenzierbar ist und wenn alle partiellen Ableitungen von f differenzierbar sind, $n^2$ partielle Ableitungen 2. Ordnung, nämlich:

$$f''_{x_i x_j} = \frac{\partial f'_{x_i}}{\partial x_j} = \frac{\partial^2 f}{\partial x_i \partial x_j} \quad (i, j = 1, \ldots, n).$$

Beispiel:

- Die Funktion $f\colon \mathbb{R}^2 \to \mathbb{R}^2$ mit $f(x_1, x_2) = e^{x_1^2 + x_1 \cdot x_2}$ besitzt die partiellen Ableitungen

  $$f'_{x_1}(x_1, x_2) = (2 \cdot x_1 + x_2) \cdot e^{x_1^2 + x_1 \cdot x_2}$$

  und

  $$f'_{x_2}(x_1, x_2) = x_1 \cdot e^{x_1^2 + x_1 x_2}.$$

  Beide partiellen Ableitungen sind auf ganz $\mathbb{R}^2$ stetig differenzierbar, und es gilt:

  $$f''_{x_1 x_1}(x_1, x_2) = 2 \cdot e^{x_1^2 + x_1 \cdot x_2} + (2 \cdot x_1 + x_2)^2 \cdot e^{x_1^2 + x_1 \cdot x_2} =$$

  $$= ((2 \cdot x_1 + x_2)^2 + 2) \cdot e^{x_1^2 + x_1 \cdot x_2} \quad \text{(Produktregel)},$$

$$f''_{x_1x_2}(x_1, x_2) = e^{x_1^2+x_1\cdot x_2} + (2\cdot x_1+x_2)\cdot x_1\cdot e^{x_1^2+x_1\cdot x_2} =$$

$$= (2\cdot x_1^2+ x_1\cdot x_2+1)\cdot e^{x_1^2+x_1\cdot x_2} \quad \text{(Produktregel)},$$

$$f''_{x_2x_1}(x_1, x_2) = e^{x_1^2+x_1\cdot x_2} + x_1\cdot(2\cdot x_1+x_2)\cdot e^{x_1^2+x_1\cdot x_2} =$$

$$= (2\cdot x_1^2+x_1\cdot x_2+1)\ e^{x_1^2+x_1\cdot x_2} \quad \text{(Produktregel)},$$

$$f'_{x_2x_2}(x_1, x_2) = x_1\cdot x_1\cdot e^{x_1^2+x_1\cdot x_2} = x_1^2\cdot e^{x_1^2+x_1\cdot x_2}.$$

Es fällt auf, daß die beiden gemischten partiellen Ableitungen, also die Ableitungen $f''_{x_ix_j}$ und $f''_{x_jx_i}$ mit $i \neq j$, gleich sind:

$$f''_{x_1x_2}(x_1, x_2) = f''_{x_2x_1}(x_1, x_2).$$

Die bisherigen Überlegungen zu den zweiten partiellen Ableitungen lassen sich in einer Definition zusammenfassen:

Definition 3.49: Eine Funktion $f\colon D_f \longrightarrow \mathbb{R}$ von n Variablen ($D_f \subset \mathbb{R}^n$) heißt zweimal partiell differenzierbar, wenn alle n partiellen Ableitungsfunktionen $f'_{x_i}$ ($i = 1, \ldots, n$) nach allen Variablen $x_j$ ($j = 1, \ldots, n$) partiell differenzierbar sind. Die partielle Ableitungsfunktion nach der Variablen $x_j$ der partiellen Ableitungsfunktion $f'_{x_i}$ wird mit $f''_{x_ix_j}$ oder $\frac{\partial^2 f}{\partial x_i \partial x_j}$ bezeichnet. Zweite partielle Ableitungen $f''_{x_ix_j}$ mit $i \neq j$ werden auch gemischte partielle Ableitungen genannt.

Ist f zweimal partiell differenzierbar, so können die $n^2$ partiellen Ableitungen zweiter Ordnung zu einer nxn-Matrix

$$D_f^2(\underline{x}) = \begin{pmatrix} f''_{x_1x_1}(\underline{x}) & \ldots & f''_{x_1x_n}(\underline{x}) \\ \vdots & & \vdots \\ f''_{x_nx_1}(\underline{x}) & \ldots & f''_{x_nx_n}(\underline{x}) \end{pmatrix}$$

zusammengefaßt werden, die Hessematrix von f genannt wird.

Der folgende Satz besagt, daß die im Beispiel festgestellte Gleichheit der gemischten partiellen Ableitungen kein Zufall ist, sondern unter relativ allgemeinen Voraussetzungen stets gegeben ist.

<u>Satz 3.50:</u> Besitzt die Funktion f von n Variablen stetige partielle Ableitungen zweiter Ordnung, so sind die gemischten partiellen Ableitungen zweiter Ordnung gleich:

$$f''_{x_i x_j} = f''_{x_j x_i} \quad \text{(für alle } i,j = 1, \ldots, n).$$

Die Hessematrix ist also unter dieser Voraussetzung symmetrisch:

$$D_f^2(\underline{x}) = D_f^2(\underline{x})^T.$$

Bei Stetigkeit der zweiten partiellen Ableitung spielt also die Reihenfolge, in der die gemischten partiellen Ableitungen gebildet werden, keine Rolle.

### 3.3.4 Partielle und totale Differentiale, partielle Elastizitäten

Genauso wie bei Funktionen einer Variablen kann man versuchen, die Veränderung einer Funktion f von n Variablen bei Variation einer Variablen $x_i$, also den Ausdruck $\Delta y_i = f(\underline{x}^0 + dx_i \cdot \underline{e}^i) - f(\underline{x}^0)$, durch eine lineare Funktion zu approximieren: $\Delta y_i \doteq dy_i = \frac{\partial f(x_0)}{\partial x_i} \cdot dx_i = f'_{x_i}(\underline{x}^0) \cdot dx_i$.

Mit der unabhängigen Variablen $dx_i$ erhält man als eine neue (lineare) Funktion $dy_i$ der Variablen $dx_i$, mit $dy_i = f'_{x_i}(\underline{x}^0) \cdot dx_i$, die den linearen Anteil in der Funktion $\Delta y_i = f(\underline{x}^0+dx_i \cdot \underline{e}^i) - f(\underline{x}^0)$ mißt. Die Funktion $dy_i = f'_{x_i}(\underline{x}^0) \cdot dx_i$ heißt <u>partielles Differential von f</u> an der Stelle $\underline{x}^0$ bezüglich der Variablen $x_i$.

Erlaubt man nun nicht nur Variation einer Variablen, sondern gleichzeitig Veränderung aller Variablen um $d\underline{x} = (dx_1, \ldots, dx_n)^T$, so kann die daraus resultierende Veränderung $\Delta y = f(\underline{x}^0+d\underline{x}) - f(\underline{x}^0)$ durch das <u>totale Differential</u> $dy^0$ oder $df(\underline{x}^0)$ an der Stelle $\underline{x}^0$ approximiert werden:

$$dy^0 = df(\underline{x}^0) = \sum_{i=1}^{n} f'_{x_i}(\underline{x}^0) \cdot dx_i = \nabla f(\underline{x}^0) \cdot d\underline{x}.$$

Dabei ist zu beachten, daß das totale Differential $df(\underline{x}^0)$ an der Stelle $\underline{x}^0$ eine lineare Funktion (von n Variablen) des Arguments $d\underline{x}$ ist. Das totale Differential einer Funktion f von n Variablen ist also als die Summe der partiellen Differentiale von f definiert.

Daß das totale Differential df eine angemessene Approximation von $\Delta y = f(\underline{x}^0+d\underline{x}) - f(\underline{x}^0)$ durch eine lineare Funktion darstellt, kann - ähnlich wie bei Funktionen einer Variablen - aus einer Verallgemeinerung des Satzes von Taylor geschlossen werden. Auf diese allgemeine Formulierung des Satzes von Taylor soll hier jedoch nicht eingegangen werden.

Beispiel:

* Die Funktion $f(x_1, x_2, x_3) = x_1^2 + x_1 \cdot x_2 - x_2 \cdot x_3^3$ besitzt die partiellen Ableitungen $\frac{\partial f(\underline{x})}{\partial x_1} = 2 \cdot x_1 + x_2$, $\frac{\partial f(\underline{x})}{\partial x_2} = x_1 - x_3^3$ und $\frac{\partial f(\underline{x})}{\partial x_3} = -3 \cdot x_2 \cdot x_3^2$.

  Damit ergeben sich die partiellen und das totale Differential:

  $$dy_1 = f'_{x_1}(\underline{x}) \cdot dx_1 = (2 \cdot x_1 + x_2) \cdot dx_1;$$

  $$dy_2 = f'_{x_2}(\underline{x}) \cdot dx_2 = (x_1 - x_3^3) \cdot dx_2;$$

  $$dy_3 = f'_{x_3}(\underline{x}) \cdot dx_3 = -3 \cdot x_2 \cdot x_3^2 \cdot dx_3.$$

Als totales Differential ergibt sich:

$dy = dy_1 + dy_2 + dy_3 = (2\cdot x_1 + x_2)\cdot dx_1 + (x_1 - x_3^3)\cdot dx_2 - 3\cdot x_2\cdot x_3^2\cdot dx_3.$

An der Stelle $(x_1, x_2, x_3)^T = (4, 3, 5)^T$ mit dem Differential

$d\underline{x} = (0,1; -0,2; 0,2)^T$ ergibt sich:

$dy = 11\cdot 0,1 - 121\cdot(-0,2) - 225\cdot 0,2 = -19,7.$

Die tatsächliche Veränderung $\Delta y$ hat den Wert

$\Delta y = f(4,1; 2,8; 5,2) - f(4, 3, 5) \doteq -365,4 - (-347) = -18,4.$

Damit beträgt der relative Fehler bei dieser Approximation

$$\left|\frac{dy - \Delta y}{dy}\right| = \left|\frac{-19,7 - (-18,4)}{-19,7}\right| \doteq 0,066.$$

Genauso wie der Begriff des Differentials von Funktionen einer Variablen auf solche mehrerer Variablen verallgemeinert werden kann, ist es möglich, die Elastizität einer Funktion mehrerer Variablen zu definieren.

Gibt die Elastizität $\varepsilon_{y,\,x} = \frac{dy}{dx}\cdot\frac{x}{y}$ einer Funktion $y = f(x)$ $(x \geq 0,\ y > 0)$ an, mit welchen relativen Veränderungen die abhängige Variable y (marginal) auf relative (marginale) Veränderungen der unabhängigen Variablen x reagiert, so gibt die partielle Elastizität bezüglich der Variablen $x_i$ einer Funktion $y = f(\underline{x})$ von n Variablen an, mit welchen relativen Veränderungen die abhängige Variable y (marginal) auf relative (marginale) Veränderungen der i-ten Komponente $x_i$ des Arguments $\underline{x}$ reagiert.

Also kann man definieren:

Definition 3.51: Ist für die partiell nach $x_i$ differenzierbare Funktion von n Variablen $y = f(\underline{x})$ $x_i \geq 0$ und $y > 0$ $(\underline{x} \in D_f \subset \mathbb{R}^n)$, so heißt der Ausdruck

$$\varepsilon_{y,\,x_i} = \frac{\partial f(\underline{x})}{\partial x_i}\cdot\frac{x_i}{f(\underline{x})}$$

partielle Elastizität von y bezüglich der Variablen $x_i$ an der Stelle $\underline{x}$. Die Funktion, die jeder Stelle $\underline{x} \in D_f$ die partielle Elastizität (bezüglich $x_i$) an dieser Stelle zuordnet (falls definiert), wird partielle Elastizitätsfunktion (oder einfacher ebenfalls partielle Elastizität) von $y = f(\underline{x})$ bezüglich der Variablen $x_i$ genannt.

Beispiel:

* Die nachgefragte Menge N eines Gutes hängt ab vom Preis $x_1$ dieses Gutes selbst und zusätzlich vom Preis $x_2$ eines zweiten Gutes. Ist etwa das erste Gut Butter und das zweite Gut Margarine, so hängt die Nachfrage nach Butter sicherlich auch von dem Preis für Margarine ab: Steigende (fallende) Preise bei Margarine werden zu steigender (fallender) Nachfrage bei Butter führen, da das eine Gut beim Verbraucher durch das andere ersetzt (substituiert) werden kann. Bei den partiellen Elastizitäten äußert sich dieser Zusammenhang so, daß $\varepsilon_{N,\, x_2} = \frac{\partial N(x_1,\, x_2)}{\partial x_2} \cdot \frac{x_2}{N(x_1,\, x_2)}$ positiv ist, da (bei konstantem $x_1$) $N(x_1,\, x_2)$ eine monoton steigende Funktion von $x_2$ ist und so eine positive partielle Ableitung bezüglich der Variablen $x_2$ besitzt. Für die Variable $x_1$ ergibt sich üblicherweise eine negative partielle Ableitung $\frac{\partial N(x_1,\, x_2)}{\partial x_1}$, da (üblicherweise) $N(x_1,\, x_2)$ eine monoton fallende Funktion von $x_1$ ist (bei festem $x_2$). Also ist die partielle Elastiztät

$$\varepsilon_{N,\, x_1} = \frac{\partial N(x_1,\, x_2)}{\partial x_1} \cdot \frac{x_1}{N(x_1,\, x_2)} \text{ (üblicherweise) negativ.}$$

Natürlich kann man für die Nachfrage N* nach Margarine ebenfalls eine Abhängigkeit von den Preisen $x_1$ für Butter und $x_2$ für Margarine unterstellen. Genauso wie gerade überlegt man sich, daß die partiellen Elastizitäten

$$\varepsilon_{N^*,\, x_1} = \frac{\partial N^*(x_1,\, x_2)}{\partial x_1} \cdot \frac{x_1}{N^*(x_1,\, x_2)} \text{ positiv und}$$

$$\varepsilon_{N^*,\, x_2} = \frac{\partial N^*(x_1,\, x_2)}{\partial x_2} \cdot \frac{x_2}{N^*(x_1,\, x_2)} \text{ negativ sind (üblicherweise).}$$

Die Elastizitäten $\varepsilon_{N,\, x_1}$ und $\varepsilon_{N^*,\, x_2}$ geben an, wie die Nachfrage nach den beiden Gütern (relativ) auf relative Preisänderungen bei den jeweils entsprechenden Güter reagiert; sie werden - genauso wie im Fall einer Variablen - als <u>Preiselastizitäten der Nachfrage</u> bezeichnet. Die Elastizitäten $\varepsilon_{N,\, x_2}$ und $\varepsilon_{N^*,\, x_1}$ geben an, wie die Nachfrage nach den beiden Gütern (relativ) auf Preisänderungen des jeweils anderen Gutes reagiert. Sie werden <u>Kreuzpreiselastizitäten</u> genannt. Im Fall substitutiver Güter (wie Butter und Margarine) sind die Kreuzpreiselastizitäten positiv.

Sind die beiden Güter dagegen <u>komplementär</u>, wie etwa Kraftfahrzeuge und Benzin/Diesel, erfordert also der Konsum des einen Gutes den Konsum des anderen Gutes, so hat eine Preiserhöhung des einen Gutes (etwa Benzin) einen (tendenziellen) Nachfragerückgang beim anderen Gut (Kraftfahrzeuge) zur Folge. Demzufolge sind bei komplementären Gütern negative Kreuzpreiselastizitäten zu erwarten.

Die partiellen Elastizitäten homogener Funktionen besitzen eine besonders erwähnenswerte Eigenschaft.
Es sei daran erinnert, daß eine Funktion $f(\underline{x})$ homogen vom Grade r genannt wird, wenn für jedes $\underline{x} \in D_f$ auch $\lambda \cdot \underline{x} \in D_f$ $(\lambda \geq 0)$ gilt und die Bedingung

$f(\lambda \cdot \underline{x}) = \lambda^r \cdot f(\underline{x})$ erfüllt ist (vgl. Def. 3.2). Also ist die Funktion $g_{\underline{x}^0}(\lambda) = f(\lambda \cdot \underline{x}^0) = \lambda^r \cdot f(\underline{x}^0)$ $(\underline{x}^0 \in D_f)$ eine Potenzfunktion, die differenzierbar ist mit $g'_{\underline{x}^0}(\lambda) = r \cdot \lambda^{r-1} \cdot f(\underline{x}^0)$. Insbesondere ist für $\lambda = 1$ $g'_{\underline{x}^0}(1) = r \cdot f(\underline{x}^0)$.

$g'_{\underline{x}^0}(1)$ ist aber nichts anderes als die Richtungsableitung von $f(\underline{x})$ an der Stelle $\underline{x}^0$ in Richtung des Vektors $\underline{x}^0$, so daß $\frac{\partial f}{\partial \underline{x}^0}(\underline{x}^0) = r \cdot f(\underline{x}^0)$ gilt.

Ist f an der Stelle $\underline{x}^0$ differenzierbar, so läßt sich $\frac{\partial f}{\partial \underline{x}^0}(\underline{x}^0)$ mit Hilfe der partiellen Ableitungen von f an der Stelle $\underline{x}^0$ ausdrücken, und man erhält:

$$\sum_{i=1}^{n} \frac{\partial f}{\partial x_i}(\underline{x}^0) \cdot x_i = r \cdot f(\underline{x}^0).$$

Nimmt man weiter an, daß $f(\underline{x}^0)$ von 0 verschieden ist, so kann man die letzte Gleichung durch $f(\underline{x}^0)$ teilen, und es gilt: $\sum_{i=1}^{n} \frac{\partial f}{\partial x_i}(\underline{x}^0) \cdot \frac{x_i}{f(\underline{x}^0)} = r.$

Die Summanden der linken Seite sind die partiellen Elastizitäten von f, so daß die Summe der Elastizitäten von f mit dem Homogenitätsgrad übereinstimmt:

<u>Satz 3.52:</u> Ist $f: (\mathbb{R}^+)^n \longrightarrow \mathbb{R}$ eine differenzierbare homogene Funktion mit Homogenitätsgrad r, so gilt für jedes $\underline{x} \in (\mathbb{R}^+)^n$

$$\sum_{i=1}^{n} \frac{\partial f}{\partial x_i}(\underline{x}) \cdot x_i = r \cdot f(\underline{x}).$$

Ist $f(\underline{x})$ von 0 verschieden, so gilt für die partiellen Elastizitätsfunktionen von f: $\sum_{i=1}^{n} \varepsilon_{y,\, x_i}(\underline{x}) = r$, wobei $y = f(\underline{x})$ ist.

Beispiel:

* Die Funktion $f: (\mathbb{R}^+)^2 \rightarrow \mathbb{R}$ mit $f(x_1, x_2) = x_1^\alpha \cdot x_2^\beta$ ist bekanntlich homogen vom Grade $\alpha+\beta$. Als partielle Ableitungen ergeben sich:

  $\frac{\partial f}{\partial x_1}(x_1, x_2) = \alpha \cdot x_1^{\alpha-1} \cdot x_2^\beta$ und $\frac{\partial f}{\partial x_2}(x_1, x_2) = \beta \cdot x_1^\alpha \cdot x_2^{\beta-1}$.

  Damit ist $\frac{\partial f}{\partial x_1}(x_1, x_2) \cdot x_1 + \frac{\partial f}{\partial x_2}(x_1, x_2) \cdot x_2 = (\alpha+\beta) \cdot (x_1^\alpha \cdot x_2^\beta)$

  $$= (\alpha+\beta) \cdot f(x_1, x_2).$$

  Dies ist genau die Aussage der ersten Formel aus Satz 3.52.

Als Elastizitätsfunktionen von $y = f(x_1, x_2) = x_1^\alpha \cdot x_2^\beta$ ergeben sich:

$$\varepsilon_{y,\, x_1} = \alpha \cdot x_1^{\alpha-1} \cdot x_2^\beta \cdot \frac{x_1}{x_1^\alpha \cdot x_2^\beta} = \alpha$$

und

$$\varepsilon_{y,\, x_2} = \beta \cdot x_1^\alpha \cdot x_2^{\beta-1} \cdot \frac{x_2}{x_1^\alpha \cdot x_2^\beta} = \beta.$$

Also stimmt die Summe der Elastizitäten $(\varepsilon_{y,\, x_1} + \varepsilon_{y,\, x_2})$ mit dem Homogenitätsgrad $(\alpha + \beta)$ von f überein (Voraussetzung $x_1 \neq 0$ und $x_2 \neq 0$).

Die Aussage von Satz 3.52 ist unter dem Namen "Euler-Theorem" bekannt.

### 3.3.5 Implizite Funktionen

Durch eine Funktion $f(\underline{x})$ von n Variablen läßt sich häufig eine Funktion von n-1 Variablen definieren, indem man den Wert von f(x) auf eine Konstante c festlegt und dadurch etwa $x_n$ in Abhängigkeit von $x_1, \ldots, x_{n-1}$ festgelegt ist: $y = x_n = g(x_1, \ldots, x_{n-1})$ ist definiert durch $f(x_1, \ldots, x_n, y) = c$.
Allgemein gilt:

<u>Definition 3.53</u>: Die Funktion $g: D_g \longrightarrow \mathbb{R}$ mit $D_g \subset \mathbb{R}^{n-1}$ heißt <u>implizit definiert</u> durch die Funktion $f: D_f \longrightarrow \mathbb{R}$ mit $D_f \subset \mathbb{R}^n$, falls für alle $(x_1, \ldots, x_{n-1})^T \in D_g$ $f(x_1, \ldots, x_{n-1}, g(x_1, \ldots, x_{n-1})) = 0$ gilt.

Beispiel:

* Die Nutzenfunktion $U(x_1, x_2)$ ordnet jeder Kombination $(x_1, x_2)$ der Mengen von zwei Gütern (etwa Brot und Wein) den beim Konsum dieser Mengenkombination entstehenden Nutzen zu ($D_U = (\mathbb{R}^+)^2$, $U(x_1, x_2) \geq 0$). Setzt man nun $U(x_1, x_2) = c$, so erhält man eine Funktion $x_2 = g(x_1)$, die durch $U(x_1, g(x_1)) = c$ implizit definiert ist und angibt, mit welcher Menge des zweiten Gutes (Wein) eine vorgegebene Menge des ersten Gutes kombiniert werden muß, damit der gemeinsame Nutzen c erzielt wird. Der Graph der Funktion $x_2 = g(x_1)$ ist damit gerade eine Niveaulinie von $U(x_1, x_2)$, wie sie im Abschnitt 3.1.1 zur graphischen Darstellung von Funktionen von zwei Variablen benutzt wurde. In diesem Beispiel können die Niveaulinien als <u>Isonutzenlinien</u> interpretiert werden, also als Linien, die Punkte gleichen Nutzens miteinander verbinden. Die Steigung dieser implizit definierten Funktion einer Variablen $x_2 = g(x_1)$ kann als <u>Grenzrate der Substitution</u> interpretiert werden: $g'(x_1)$ gibt an, um wieviele Einheiten sich der Verbrauch des zweiten Gutes verändert, wenn der Verbrauch des ersten Gutes um eine Einheit zunimmt (bei konstantem Nutzenniveau, marginale Betrachtungsweise).

  Spezifiziert man etwa $U(x_1, x_2) = x_1^2 \cdot x_2$, so kann $x_2$ bei festgelegtem Nutzenniveau $c > 0$ auch explizit als $x_2 = g(x_1) = \frac{c}{x_1^2}$ dargestellt werden. Mit der Ableitungsfunktion $x_2' = g'(x_1) = -2 \cdot \frac{c}{x_1^3}$ erhält man die negative, dem Betrage nach (als Funktion von $x_1$) monoton fallende Grenzrate der Substitution.

Daß in dem obigen Beispiel die zunächst implizit definierte Funktion ohne große Schwierigkeit auch explizit dargestellt werden konnte, ist nicht verallgemeinerbar. Es gibt implizit definierte Funktionen, die nicht oder nur sehr mühsam explizit dargestellt werden können. Andererseits können aber explizit definierte Funktionen von n-1 Variablen, z. B. $g(x_1, \ldots, x_{n-1})$ als implizite Funktion dargestellt werden:

Wenn man $f(x_1, \ldots, x_n) = x_n - g(x_1, \ldots, x_{n-1})$ setzt, ist $g(x_1, \ldots, x_n)$ implizit durch $f(x_1, \ldots, x_n) = 0$ definiert.

Auch dann, wenn $g(x_1, \ldots, x_{n-1})$ nur implizit durch $f(x_1, \ldots, x_{n-1}, g(x_1, \ldots, x_{n-1})) = 0$ definiert ist und eine explizite Darstellung von g nicht bekannt ist, ist es möglich (bei bestimmten Differenzierbarkeitsvoraussetzungen an f), die partiellen Ableitungen von g zu bestimmen. Dazu soll zunächst vereinfachend angenommen werden, daß f eine differenzierbare Funktion von zwei Variablen ist. $x_2 = g(x_1)$ ist dann eine Funktion einer Variablen. Man kann jetzt zeigen, daß aus der (totalen) Differenzierbarkeit von f die Differenzierbarkeit von $g(x_1)$ folgt. Der Differentialquotient $\frac{dx_2}{dx_1}$ von $x_2 = g(x_1)$ an einer Stelle $(x_1^0, x_2^0)^T$ gibt die Steigung von $g(x_1)$ an dieser Stelle an. Der Vektor $\underline{z} = (dx_1, dx_2)^T$, der keine "marginale" Größen, sondern endliche, von 0 verschiedene Größen enthält, gibt die Richtung der Tangente an den Funktionsgraph von $x_2 = g(x_1)$ an der Stelle $(x_1^0, x_2^0)^T$ an. Die Funktion $f(x_1, x_2)$ besitzt an der Stelle $(x_1^0, x_2^0)^T$ in Richtung des Tangentialvektors $\underline{z}^0 = (dx_1^0, dx_2^0)^T$ eine verschwindende Richtungsableitung, da $f(x_1, x_2)$ auf dem Graphen $(x_1, g(x_1))^T$ konstant ist (vgl. Abb. 3.32).

Abb. 3.32: Ableitung impliziter Funktionen

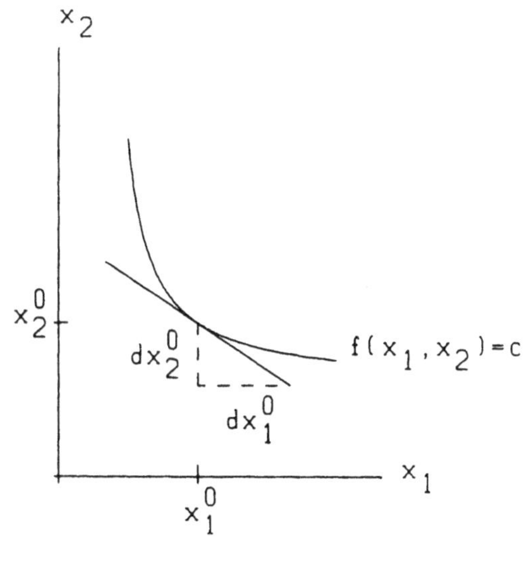

Aus der Formel für die Berechnung von Richtungsableitungen (Satz 3.47) folgt dann ($\underline{z}^0 = (dx_1^0, dx_2^0)^T$):

$$\frac{\partial f(x_1^0, x_2^0)}{\partial \underline{z}^0} = dx_1^0 \cdot f'_{x_1}(x_1^0, x_2^0) + dx_2^0 \cdot f'_{x_2}(x_1^0, x_2^0) = 0$$

oder

$$\frac{dx_2^0}{dx_1^0} = -\frac{f'_{x_1}(x_1^0, x_2^0)}{f'_{x_2}(x_1^0, x_2^0)}, \text{ wobei } x_2^0 = g(x_1^0) \text{ ist und } f'_{x_2}(x_1^0, x_2^0) \neq 0 \text{ sein muß.}$$

Entsprechend erhält man im allgemeinen Fall, wenn also $x_n = g(x_1, \ldots, x_{n-1})$ impliziert durch $f(x_1, \ldots, x_{n-1}, x_n) = 0$ definiert ist, den folgenden Satz:

Satz 3.54: Ist die Funktion $x_n = g(x_1, \ldots, x_{n-1})$ von n-1 Variablen implizit gegeben durch $f(x_1, \ldots, x_{n-1}, g(x_1, \ldots, x_{n-1})) = 0$, und ist f an der Stelle $\underline{x}^0$ (total) differenzierbar mit $\frac{\partial f}{\partial x_n}(\underline{x}^0) \neq 0$, so ist g an der Stelle $(x_1^0, \ldots, x_{n-1}^0)$ ebenfalls (total) differenzierbar, und für die partiellen Ableitungen von g gilt:

$$\frac{\partial g}{\partial x_i}(x_1^0, \ldots, x_{n-1}^0) = -\frac{\frac{\partial f}{\partial x_i}(\underline{x}^0)}{\frac{\partial f}{\partial x_n}(\underline{x}^0)} \quad (i = 1, \ldots, n-1).$$

Insbesondere gilt im Fall n = 2:

Ist $f(x_1, x_2)$ total differenzierbar, so ist $x_2 = g(x_1)$ differenzierbar, und es gilt $g'(x_1^0) = -\frac{\frac{\partial f(x_1^0, x_2^0)}{\partial x_1}}{\frac{\partial f(x_1^0, x_2^0)}{\partial x_2}}$.

Beispiel:

* Für den Fall der durch eine Nutzenfunktion $U(x_1, x_2)$ implizit definierten Funktion $x_2 = g(x_1)$ $(U(x_1, g(x_1)) = c)$ ermöglicht Satz 3.54 eine interessante Darstellung der Ableitung $g'(x_1)$ als $g'(x_1^0) = -\frac{\frac{\partial U}{\partial x_1}(x_1^0, x_2^0)}{\frac{\partial U}{\partial x_2}(x_1^0, x_2^0)}$.

  Alle drei in diesem Ausdruck vorkommenden Ableitungen können ökonomisch interpretiert werden:

  $g'(x_1^0)$ ist - wie bereits oben erwähnt - die Grenzrate der Substitution (von $x_1$ durch $x_2$).

$\frac{\partial U}{\partial x_1}$ und $\frac{\partial U}{\partial x_2}$ messen den Grenznutzen der beiden Güter. Also besagt die obige Formel, daß die Grenzrate der Substitution mit dem (negativen) Verhältnis der entsprechenden Grenznutzen übereinstimmt.

Neben solchen allgemeinen Aussagen ermöglicht Satz 3.54 natürlich auch die Berechnung konkreter Ableitungen implizierter Funktionen an bestimmten Stellen $(x_1^0, x_2^0)^T$ mit $x_2^0 = g(x_1^0)$.

Beispiel:

- Die durch $U(x_1, x_2) = x_1^2 \cdot x_2$ implizit definierte Funktion $x_2 = g(x_1)$ $(U(x_1, g(x_1)) = c$ besitzt etwa an der Stelle $(x_1^0, x_2^0)^T = (2, 1)$ (also muß $c = 4$ sein) die Ableitung $g'(2) = -\frac{\frac{\partial U}{\partial x_1}(2, 1)}{\frac{\partial U}{\partial x_2}(2, 1)} = -\frac{4}{4} = -1.$

  Natürlich kann $g'(2)$ in diesem Fall auch aus der expliziten Darstellung von $g$ bestimmt werden:

  $g(x_1) = \frac{4}{x_1^2}$, also $g'(x_1) = -\frac{8}{x_1^3}$.

  Damit ist auch bei dieser Rechnung $g'(2) = -\frac{8}{2^3} = -1.$

## 3.3.6 Extremstellen differenzierbarer Funktionen mehrerer Variablen (ohne Nebenbedingungen)

Eine Funktion $f(\underline{x})$ von n Variablen besitzt an der Stelle $\underline{x}^0$ aus dem Innern von $D_f$ ein lokales Maximum bzw. Minimum, wenn $f(\underline{x}^0) \geq f(\underline{x})$ bzw. $f(\underline{x}^0) \leq f(\underline{x})$ für alle $\underline{x}$ aus einer gewissen Umgebung von $\underline{x}^0$ gilt. Ein solches Extremum läßt sich auch durch Funktionen einer Variablen beschreiben: $\underline{x}^0$ ist genau dann striktes lokales Maximum (Minimum), wenn jede Einschränkung von f auf eine Gerade durch $\underline{x}^0$ an der Stelle $\underline{x}^0$ ein striktes lokales Maximum (Minimum) besitzt. Anders ausgedrückt:

$\underline{x}^0$ ist genau dann striktes lokales Maximum (Minimum), wenn alle Funktionen $g_{\underline{z}}(\lambda) = f(\underline{x}^0+\lambda\cdot\underline{z})$ ($\underline{z} \in \mathbb{R}^n$), die in einer Umgebung von 0 definiert sind, an der Stelle $\lambda = 0$ ein Maximum (Minimum) besitzen. Damit aber $g(\lambda)$ an der Stelle $\lambda = 0$ ein Maximum oder Minimum besitzt, muß notwendigerweise $g'_{\underline{z}}(0) = 0$ sein (Satz 3.34). $g'_{\underline{z}}(0)$ ist aber nichts anderes als die Ableitung von f in $\underline{z}$-Richtung an der Stelle $\underline{x}^0$, die als $g'_{\underline{z}}(0) = \frac{\partial f(\underline{x}^0)}{\partial \underline{z}} = \sum_{i=1}^{n} z_i\cdot\frac{\partial f(\underline{x}^0)}{\partial x_i}$ berechnet werden kann (vgl. Satz 3.47).

$g'_{\underline{z}}(0) = \sum_{i=1}^{n} z_i\cdot\frac{\partial f(\underline{x}^0)}{\partial x_i} = 0$ gilt genau dann für alle Richtungsvektoren $\underline{z} \in \mathbb{R}^n$, wenn alle n partiellen Ableitungen $\frac{\partial f(\underline{x}^0)}{\partial x_i} = f'_{x_i}(\underline{x}^0)$ von f an der Stelle $\underline{x}^0$ verschwinden. Damit gilt das notwendige Kriterium für Extremstellen von Funktionen mehrerer Variablen:

<u>Satz 3.55:</u> Besitzt die (total) differenzierbare Funktion $f\colon D_f \longrightarrow \mathbb{R}$ ($D_f \subset \mathbb{R}^n$) an der Stelle $\underline{x}^0$ aus dem Innern von $D_f$ ein lokales Maximum oder Minimum, so verschwinden alle partiellen Ableitungen von f an der Stelle $\underline{x}^0$:

$$\frac{\partial f(\underline{x}^0)}{\partial x_i} = f'_{x_i}(\underline{x}^0) = 0 \quad \text{für alle } i = 1, \ldots, n.$$

Beispiel:

* Die Funktion $f\colon \mathbb{R}^2 \longrightarrow \mathbb{R}$ mit

$$f(x_1, x_2) = 3\cdot x_1^2 + 2\cdot x_2^2 - 3\cdot x_1\cdot x_2 - 6\cdot x_1 - 17\cdot x_2 + 14$$

besitzt die partielle Ableitungen

$$f'_{x_1}(x_1, x_2) = 6\cdot x_1 - 3\cdot x_2 - 6$$

und

$$f'_{x_2}(x_1, x_2) = 4\cdot x_2 - 3\cdot x_1 - 17.$$

Eine Extremstelle $\underline{x}^0 = (x_1^0, x_2^0)^T$ von f muß also das (lineare) Gleichungssystem

$$6\cdot x_1^0 - 3\cdot x_2^0 - 6 = 0$$

$$-3\cdot x_1^0 + 4\cdot x_2^0 - 17 = 0$$

lösen.

Auflösen der ersten Gleichung nach $x_2^0$ und Einsetzen in die zweite Gleichung ergibt:

$$-3\cdot x_1^0 + 4\cdot(2x_1^0-2) - 17 = 0$$

oder

$$5\cdot x_1^0 - 25 = 0$$

oder

$$x_1^0 = 5$$

und

$$x_2^0 = 2\cdot x_1^0 - 2 = 8.$$

Ob diese Stelle $\underline{x}^0 = (5, 8)^T$ tatsächlich eine Extremstelle von f ist, kann an dieser Stelle noch nicht entschieden werden.

Um zu entscheiden, ob eine Stelle $\underline{x}^0$, die das notwendige Kriterium aus Satz 3.55 erfüllt, ein Maximum oder ein Minimum darstellt, ist die Angabe eines ergänzenden hinreichenden Kriteriums erforderlich.

Für Funktionen f(x) einer Variablen besteht dieses hinreichende Kriterium neben der notwendigen Bedingung $f'(x^0) = 0$ in der Forderung, daß f(x) in einer Umgebung von $x^0$ konvex (Minimum) oder konkav (Maximum) ist (vgl. Satz 3.47). Diese hinreichende Bedingung kann für Funktionen mehrerer Variablen übernommen werden:

Ist $f'_{x_i}(\underline{x}^0) = 0$ und ist $f(\underline{x})$ in einer (konvexen) Umgebung von $\underline{x}^0$ konvex bzw. konkav (vgl. Def. 3.5), so ist die Einschränkung von f auf jede Gerade durch $\underline{x}^0$ in einer Umgebung von $\underline{x}^0$ konvex bzw. konkav. Damit erfüllt jede dieser Einschränkungen die hinreichende Bedingung für ein Minimum bzw. Maximum an der Stelle $\underline{x}^0$ (vgl. Satz 3.47), so daß auch $f(\underline{x})$ an der Stelle $\underline{x}^0$ ein Maximum bzw. Minimum besitzt.

Damit erhält man als hinreichendes Kriterium:

<u>Satz 3.56:</u> Eine differenzierbare Funktion $f(\underline{x})$ von n Variablen besitzt an der Stelle $\underline{x}^0$ aus dem Innern von $D_f$ ein lokales Minimum (Maximum), wenn gilt:

(i) $f'_{x_i}(\underline{x}^0) = 0$ für $i = 1, \ldots, n$

und

(ii) f ist in einer konvexen Umgebung von $\underline{x}^0$ konvex (konkav).

Ist $D_f$ konvex, und ist f auf $D_f$ konvex (konkav), so ist eine Stelle $\underline{x}^0$, für die $f'_{x_i}(\underline{x}^0) = 0$ für alle $i = 1, \ldots, n$ gilt, das globale Minimum (Maximum) von f auf $D_f$.

Die Charakterisierung der Konvexität/Konkavität von zweimal stetig differenzierbaren Funktionen durch die zweiten (partiellen) Ableitungen gestaltet sich bei Funktionen mehrerer Variablen schwieriger als bei solchen einer Variablen. Man kann nämlich nicht - wie die Funktion $f(x_1, x_2) = x_1^2 + x_2^2 - 3 \cdot x_1 \cdot x_2$ zeigt - aus Konvexität in $x_1$-Richtung ($f''_{x_1x_1}(x_1, x_2) \geq 0$) und Konvexität in $x_2$-Richtung ($f''_{x_2x_2}(x_1, x_2) \geq 0$) auf Konvexität in jede andere Richtung und damit auf Konvexität von $f(x_1, x_2)$ schließen:

Für $f\colon \mathbb{R}^2 \longrightarrow \mathbb{R}$ mit $f(x_1, x_2) = x_1^2 + x_2^2 - 3 \cdot x_1 \cdot x_2$ gilt $f''_{x_1x_1}(x_1, x_2) = 2 > 0$ und $f''_{x_2x_2}(x_1, x_2) = 2 > 0$, so daß f an jeder Stelle $(x_1, x_2)^T \in \mathbb{R}^2$ sowohl in $x_1$-Richtung als auch in $x_2$-Richtung konvex ist. Trotzdem gibt es Richtungsvektoren $\underline{z} \in \mathbb{R}^2$, für die $f''_{\underline{zz}}$ an jeder Stelle $(x_1, x_2)^T$ negativ ist. Setzt man etwa $\underline{z} = (1, 1)^T$, so ist

$$\begin{aligned} f'_{\underline{z}}(x_1, x_2) &= z_1 \cdot f'_{x_1}(x_1, x_2) + z_2 \cdot f'_{x_2}(x_1, x_1) \\ &= f'_{x_1}(x_1, x_2) + f'_{x_2}(x_1, x_2) \\ &= 2 \cdot x_1 - 3 \cdot x_2 + 2 \cdot x_2 - 3 \cdot x_1 \\ &= -x_1 - x_2, \end{aligned}$$

$$f''_{\underline{zz}}(x_1, x_2) = z_1 \cdot \frac{\partial f'_{\underline{z}}(x_1, x_2)}{\partial x_1} + z_2 \cdot \frac{\partial f'_{\underline{z}}(x_1, x_2)}{\partial x_2} = -1 - 1 = -2.$$

Also ist f an jeder Stelle $\underline{x} \in \mathbb{R}^2$ in Richtung des Vektors $\underline{z} = (1, 1)^T$ konkav. Also ist die Einschränkung von f auf Geraden der Form $x_2 = x_1 + b$ konkav, während die Einschränkungen auf Geraden der Form $x_2 = c$ und $x_1 = c$ konvex sind.

Dieses Ergebnis zeigt, daß es Funktionen von zwei Variablen gibt, die auf keiner konvexen Teilmenge ihres Definitionsbereichs (mit inneren Punkten) konvex oder konkav sind.

Die Funktion $f\colon \mathbb{R}^2 \longrightarrow \mathbb{R}$ mit $f(x_1, x_2) = x_1^2 + x_2^2 + x_1 \cdot x_2$ ist dagegen auf ganz $\mathbb{R}^2$ konvex, denn für jeden Richtungsvektor $\underline{z} = (z_1, z_2) \neq \underline{0}$ gilt:

$$f'_{\underline{z}}(x_1, x_2) = z_1 \cdot f'_{x_1}(x_1, x_2) + z_2 \cdot f'_{x_2}(x_1, x_2)$$

$$\begin{aligned} f''_{\underline{zz}}(x_1, x_2) &= z_1 \cdot (z_1 \cdot f''_{x_1x_1}(x_1, x_2) + z_2 \cdot f''_{x_1x_2}(x_1, x_2)) \\ &\quad + z_2 \cdot (z_1 \cdot f''_{x_1x_2}(x_1, x_2) + z_2 \cdot f''_{x_2x_2}(x_1, x_2)) \\ &= z_1^2 \cdot f''_{x_1x_1}(x_1, x_2) + z_2^2 \cdot f''_{x_2x_2}(x_1, x_2) + 2 \cdot z_1 \cdot z_2 \cdot f''_{x_1x_2}(x_1, x_2). \end{aligned}$$

Mit $f''_{x_1x_1}(x_1, x_2) = 2$, $f''_{x_2x_2}(x_1, x_2) = 2$ und $f''_{x_1x_2}(x_1, x_2) = 1$ erhält man:

$$f''_{\underline{zz}}(x_1, x_2) = 2 \cdot z_1^2 + 2 \cdot z_2^2 + 2 \cdot z_1 \cdot z_2 = z_1^2 + z_2^2 + (z_1 + z_2)^2 \geq 0.$$

Also ist an jeder Stelle $(x_1, x_2)^T \in \mathbb{R}$ f in jeder Richtung $\underline{z} \neq 0$ konvex, so daß f insgesamt konvex auf ganz $\mathbb{R}^2$ ist.

Die Beispiele zeigen, daß zur Charakterisierung der Konvexität/Konkavität von Funktionen mehrerer Variablen nicht nur die zweiten partiellen Ableitungen $f''_{x_ix_i}$ $(i = 1, \ldots, n)$ benötigt werden, sondern daß darüber hinaus auch die gemischten partiellen Ableitungen zweiter Ordnung $f''_{x_ix_j}$ $(i \neq j)$ erforderlich sind.

Genauer gilt:

Satz 3.57: Die zweimal (stetig) differenzierbare Funktion $f\colon D \longrightarrow \mathbb{R}$ $(D \subset \mathbb{R}^n)$ ist auf einer konvexen Teilmenge mit inneren Punkten $K \subset D$ konvex bzw. konkav, wenn die $n \times n$-Hessematrix, also die symmetrische Matrix der zweiten partiellen Ableitungen

$$D_f^2(\underline{x}) = \begin{pmatrix} f''_{x_1x_1}(\underline{x}) & \ldots & f''_{x_1x_n}(\underline{x}) \\ \vdots & & \vdots \\ f''_{x_1x_n}(\underline{x}) & \ldots & f''_{x_nx_n}(\underline{x}) \end{pmatrix}$$

für alle $\underline{x} \in K$ positiv semidefinit bzw. negativ semidefinit ist (zur Definitheit von symmetrischen Matrizen siehe beispielsweise: Dobbener, R.: Lineare Algebra, Oldenbourg, München 2001, S. 216ff).

Dabei wird eine symmetrische n×n-Matrix A

- <u>positiv definit</u> genannt, wenn $\underline{x}^T \cdot A \cdot \underline{x} > 0$,
- <u>negativ definit</u> genannt, wenn $\underline{x}^T \cdot A \cdot \underline{x} < 0$,
- <u>positiv semidefinit</u> genannt, wenn $\underline{x}^T \cdot A \cdot \underline{x} \geq 0$,
- <u>negativ semidefinit</u> genannt, wenn $\underline{x}^T \cdot A \cdot \underline{x} \leq 0$

  für alle $\underline{x} \in \mathbb{R}^n \setminus \{\underline{0}\}$ gilt.

- Gibt es Vektoren $\underline{x}, \underline{y} \in \mathbb{R}^n$ mit $\underline{x}^T \cdot A \cdot \underline{x} > 0$ und $\underline{y}^T \cdot A \cdot \underline{y} < 0$, so wird A <u>indefinit</u> genannt.

Die rechnerische Überprüfung der positiven oder negativen Definitheit von (Hesse-) Matrizen erfolgt am einfachsten durch die Berechnung von Unterdeterminanten. Bezeichnet man für eine n×n-Matrix $A = \begin{pmatrix} a_{11} & \dots & a_{1n} \\ \vdots & & \vdots \\ a_{n1} & \dots & a_{nn} \end{pmatrix}$ mit $A^j$ die j×j-Matrix (j = 1, ..., n) $A^j = \begin{pmatrix} a_{11} & \dots & a_{1j} \\ \vdots & & \vdots \\ a_{j1} & \dots & a_{jj} \end{pmatrix}$, so ist A genau dann

- positiv definit, wenn $\det(A^j) > 0$ für alle j = 1, ..., n ist,
- negativ definit, wenn $(-1)^j \cdot \det(A^j) > 0$ für alle j = 1, ..., n ist,
  (Zur Berechnung der Determinante quadratischer Matrizen siehe etwa Dobbener, R.: Lineare Algebra, Oldenbourg, München 1998, S. 89ff).

Für (symmetrische) 2×2-Matrizen bedeutet dies etwa, daß $A = \begin{pmatrix} a_{11} & a_{12} \\ a_{21} & a_{22} \end{pmatrix}$ positiv oder negativ definit ist, wenn $\det(A) = a_{11} \cdot a_{22} - a_{12} \cdot a_{21} > 0$ ist. Ist zusätzlich $a_{11} > 0$ ($a_{11} < 0$), so ist A positiv definit (negativ definit).

Zusammen ergeben die Sätze 3.56 und 3.57 ein operationales hinreichendes Kriterium für Extremstellen von Funktionen mehrerer Variablen:

<u>Satz 3.58:</u> Es sei $f: D \longrightarrow \mathbb{R}$ ($D \subset \mathbb{R}^n$) eine zweimal (stetig) differenzierbare Funktion von n Variablen. Gilt dann für ein $\underline{x}^0$ aus dem Inneren des Definitionsbereiches D:

(i) $\frac{\partial f(\underline{x}^0)}{\partial x_i} = 0$ für alle i = 1, ..., n;

(ii) die Hessematrix $D_f^2(\underline{x})$ ist in einer (konvexen) Umgebung von $\underline{x}^0$ positiv semidefinit bzw. negativ semidefinit,

so besitzt f an der Stelle $\underline{x}^0$ ein lokales Minimum bzw. Maximum.

Ist die Hessematrix $D_f^2(\underline{x}^0)$ an der Stelle $\underline{x}^0$ positiv definit bzw. negativ definit, so folgt aus der Stetigkeit der Determinante, daß $D_f^2$ auch in einer Umgebung von $\underline{x}^0$ positiv definit bzw. negativ definit ist. Also folgt aus positiver Definitheit bzw. negativer Definitheit von $D_f^2(\underline{x}^0)$ die Konvexität bzw. Konkavität von f in einer Umgebung von $\underline{x}^0$. Ist andererseits $D_f^2(\underline{x}^0)$ indefinit, so gilt dies auch für eine geeignete Umgebung von $\underline{x}^0$. Das bedeutet aber, daß f in keiner (konvexen) Umgebung von $\underline{x}^0$ konvex oder konkav sein kann. Damit läßt sich das hinreichende Kriterium aus Satz 3.58 vereinfachen:

Satz 3.59: Es sei $f\colon D \rightarrow \mathbb{R}$ $(D \subset \mathbb{R}^n)$ eine zweimal (stetig) differenzierbare Funktion von n Variablen. Gilt dann für ein $\underline{x}^0$ aus dem Innern des Definitionsbereiches D:

(i) $\dfrac{\partial f(\underline{x}^0)}{\partial x_i} = 0$ für $i = 1, \ldots, n$;

(ii) die Hessematrix $D_f^2(\underline{x}^0)$ ist positiv bzw. negativ definit,

so besitzt f an der Stelle $\underline{x}^0$ ein lokales Minimum bzw. Maximum.

Ist die Hessematrix $D_f^2(\underline{x}^0)$ indefinit, so kann $\underline{x}^0$ keine lokale Extremstelle sein.

Insbesondere gilt für Funktionen von zwei Variablen:
Ist
(i) $f'_{x_1}(x_1^0, x_2^0) = f'_{x_2}(x_1^0, x_2^0) = 0$

und

(ii) $f''_{x_1x_1}(x_1^0, x_2^0)\cdot f''_{x_2x_2}(x_1^0, x_2^0) - \left[f''_{x_1x_2}(x_1^0, x_2^0)\right]^2 > 0$,

so ist $(x_1^0, x_2^0)^T$ eine Extremstelle von f. Ist zusätzlich $f''_{x_1x_1}(x_1^0, x_2^0) > 0$ bzw. $f''_{x_1x_1}(x_1^0, x_2^0) < 0$, so ist diese Extremstelle ein lokales Minimum bzw. Maximum.

Ist $f''_{x_1x_1}(x_1^0, x_2^0)\cdot f''_{x_2x_2}(x_1^0, x_2^0) - \left[f''_{x_1x_2}(x_1^0, x_2^0)\right]^2 < 0$, so kann $(x_1^0, x_2^0)^T$ keine lokale Extremstelle von f sein.

Beispiele:

- Die Funktion $f\colon \mathbb{R}^2 \rightarrow \mathbb{R}$ mit $f(x_1, x_2) = x_1^2 + x_2^2 - 3\cdot x_1\cdot x_2$ (siehe oben) besitzt die Ableitungen

  $f'_{x_1}(x_1, x_2) = 2\cdot x_1 - 3\cdot x_2$, $f'_{x_2}(x_1, x_2) = -3\cdot x_1 + 2\cdot x_2$,

  $f''_{x_1x_1}(x_1, x_2) = 2$, $f''_{x_2x_2}(x_1, x_2) = 2$, $f''_{x_1x_2}(x_1, x_2) = -3$.

Zur Bestimmung von kritischen Stellen ist das (lineare) Gleichungssystem

$$2\cdot x_1^0 - 3\cdot x_2^0 = 0$$

$$-3\cdot x_1^0 + 2\cdot x_2^0 = 0$$

zu lösen. Mit $x_1^0 = \frac{3}{2}\cdot x_2^0$ (1. Gleichung) folgt aus der 2. Gleichung:
$-\frac{9}{2}\cdot x_2^0 + 2\cdot x_2^0 = 0$ oder $x_2^0 = 0$ und damit auch $x_1^0 = 0$, so daß $(x_1^0, x_2^0)^T = (0, 0)^T$ die einzige kritische Stelle dieser Funktion ist. Die Hessematrix $D_f^2(x_1, x_2) = \begin{pmatrix} 2 & -3 \\ -3 & 2 \end{pmatrix}$ hängt nicht von $(x_1, x_2)^T$ ab (weil f eine quadratische Funktion ist). Da für alle $(x_1, x_2)^T \in \mathbb{R}^2$

$$\det(D_f^2(x_1, x_2)) = f''_{x_1x_1}(x_1, x_2)\cdot f''_{x_2x_2}(x_1, x_2) - \left[f''_{x_1x_2}(x_1^0, x_2^0)\right]^2 =$$
$$= 2\cdot 2 - 3^2 = -5 < 0$$

gilt, ist $D_f^2(x_1, x_2)$ auf ganz $\mathbb{R}^2$ indefinit, so daß $(x_1^0, x_2^0)^T = (0, 0)^T$ keine Extremstelle von f sein kann.

* Die Funktion $f: \mathbb{R}^2 \longrightarrow \mathbb{R}$ mit $f(x_1, x_2) = x_1 \cdot x_2 \cdot (1-x_1-x_2) = x_1\cdot x_2 - x_1^2\cdot x_2 - x_1\cdot x_2^2$ besitzt die Ableitungen

$$f'_{x_1}(x_1, x_2) = x_2 - 2\cdot x_1\cdot x_2 - x_2^2, \qquad f'_{x_2}(x_1, x_2) = x_1 - x_1^2 - 2\cdot x_1\cdot x_2,$$
$$f''_{x_1x_1}(x_1, x_2) = -2\cdot x_2, \qquad f''_{x_2x_2}(x_1, x_2) = -2\cdot x_1,$$
$$f''_{x_1x_2}(x_1, x_2) = 1 - 2\cdot x_1 - 2\cdot x_2.$$

Zur Bestimmung der kritischen Stellen von f ist das Gleichungssystem

(I) $x_2^0 - 2\cdot x_1^0\cdot x_2^0 - x_2^{0^2} = 0$

(II) $x_1^0 - x_1^{0^2} - 2\cdot x_1^0\cdot x_2^0 = 0$

zu lösen. Dazu gilt:
(I) ist gleichwertig zu $x_2^0 \cdot (1-2\cdot x_1^0-x_2^0) = 0$

1. Fall: $x_2^0 = 0$

$x_2^0 = 0$ in (II) eingesetzt ergibt:

$x_1^0 - x_1^{0^2} - 0 = 0$ oder $x_1^0 \cdot (1-x_1^0) = 0$

1. Lösung: $x_1^{01} = 0$ und $x_2^{01} = 0$, also $(x_1^{01}, x_2^{01})^T = (0, 0)^T$.

2. Lösung: $(1-x_1^0) = 0$ oder $x_1^{02} = 1$ und $x_2^{02} = 0$,
also $(x_1^{02}, x_2^{02})^T = (1, 0)^T$.

2. Fall: $1 - 2\cdot x_1^0 - x_2^0 = 0$ oder $x_2^0 = 1 - 2\cdot x_1^0$

$x_2^0 = 1 - 2\cdot x_1^0$ in (II) eingesetzt ergibt:

$x_1^0 \cdot (1-x_1^0 - 2\cdot(1-2\cdot x_1^0)) = 0$

1. Lösung: $x_1^{03} = 0$ und $x_2^{03} = 1 - 2\cdot x_1^{03} = 1$

also $(x_1^{03}, x_2^{03})^T = (0, 1)^T$

2. Lösung: $1 - x_1^0 - 2 + 4\cdot x_1^0 = 0$

oder $3x_1^0 = 1$ oder $x_1^{04} = 1/3$

und $x_2^{04} = 1 - 2\cdot x_1^{04} = 1/3$

also $(x_1^{04}, x_2^{04})^T = (1/3, 1/3)^T$.

Insgesamt gibt es also 4 kritische Stellen. Die Auswertung der Hessematrix

$$D_f^2(x_1, x_2) = \begin{pmatrix} -2\cdot x_2 & 1-2\cdot x_1-2\cdot x_2 \\ 1-2\cdot x_1-2\cdot x_2 & -2\cdot x_1 \end{pmatrix}$$

an den kritischen Stellen ergibt:

- für $(x_1, x_2)^T = (x_1^{01}, x_2^{01})^T = (0, 0)^T$:

  $D_f^2(0, 0) = \begin{pmatrix} 0 & 1 \\ 1 & 0 \end{pmatrix}$ mit $\det(D_f^2(0, 0)) = -1 < 0$,

  so daß $D_f^2(0, 0)$ indefinit ist und $(x_1^{01}, x_2^{01})^T$ keine Extremalstelle von f sein kann;

- für $(x_1, x_2)^T = (x_1^{02}, x_2^{02})^T = (1, 0)^T$:

  $D_f^2(1, 0) = \begin{pmatrix} 0 & -1 \\ -1 & -2 \end{pmatrix}$ mit $\det(D_f^2(1, 0)) = -1$,

  so daß $D_f^2(1, 0)$ indefinit ist und $(x_1^{02}, x_2^{02})^T = (1, 0)^T$ keine Extremstelle sein kann;

- für $(x_1, x_2)^T = (x_1^{03}, x_2^{03})^T = (0, 1)^T$:

  $D_f^2(0, 1) = \begin{pmatrix} -2 & -1 \\ -1 & 0 \end{pmatrix}$ mit $\det(D_f^2(0, 1)) = -1$,

  so daß $D_f^2(0, 1)$ indefinit ist und $(x_1^{03}, x_2^{03})^T = (0, 1)^T$ keine Extremstelle von f sein kann;

- für $(x_1, x_2)^T = (x_1^{04}, x_2^{04})^T = (1/3, 1/3)^T$:

  $D_f^2(1/3, 1/3) = \begin{pmatrix} -2/3 & -1/3 \\ -1/3 & -2/3 \end{pmatrix}$ mit $\det(D_f^2(1/3, 1/3)) = 1/3 > 0$.

  Wegen $f''_{x_1x_1}(1/3, 1/3) = -2/3 < 0$ ist in diesem Fall $D_f^2(x_1^{04}, x_2^{04})$ negativ definit, so daß $(x_1^{04}, x_2^{04})^T$ ein lokales Maximum von f darstellt.

Insgesamt besitzt also f vier kritische Stellen, von denen jedoch nur eine, $(x_1^{04}, x_2^{04})^T = (1/3, 1/3)^T$, ein lokales Extremum, ein Maximum, ist.

* Die Funktion $f\colon \mathbb{R}^2 \longrightarrow \mathbb{R}$ mit $f(x_1, x_2) = \exp(x_1^2+x_2^2)$ ($\exp(z) = e^z$) besitzt die Ableitungsfunktionen

$$f'_{x_1}(x_1, x_2) = 2\cdot x_1 \cdot \exp(x_1^2+x_2^2),$$

$$f'_{x_2}(x_1, x_2) = 2\cdot x_2 \cdot \exp(x_1^2+x_2^2),$$

$$f''_{x_1x_1}(x_1, x_2) = (2+4\cdot x_1^2) \cdot \exp(x_1^2+x_2^2),$$

$$f''_{x_2x_2}(x_1, x_2) = (2+4\cdot x_2^2) \cdot \exp(x_1^2+x_2^2),$$

$$f''_{x_1x_2}(x_1, x_2) = 4\cdot x_1\cdot x_2 \cdot \exp(x_1^2+x_2^2).$$

Da $e^z$ für alle $z \in \mathbb{R}$ positiv ist, reduziert sich das Gleichungssystem zur Bestimmung kritischer Stellen, $f'_{x_1}(x_1^0, x_2^0) = f'_{x_2}(x_1^0, x_2^0) = 0$, auf die Gleichungen $2\cdot x_1^0 = 0$ und $2\cdot x_2^0 = 0$.

Damit ist $(x_1^0, x_2^0)^T = (0, 0)^T$ die einzige kritische Stelle dieser Funktion.

Die Hessematrix lautet

$$D_f^2(x_1, x_2) = \exp(x_1^2+x_2^2) \cdot \begin{pmatrix} 2+4\cdot x_1^2 & 4\cdot x_1\cdot x_2 \\ 4\cdot x_1\cdot x_2 & 2+4\cdot x_2^2 \end{pmatrix}.$$

Sie ist für alle $(x_1, x_2)^T \in \mathbb{R}^2$ positiv definit, denn es gilt:

- $\exp(x_1^2+x_2^2)$ ist stets positiv;
- $2 + 4\cdot x_1^2$ ist stets positiv;
- die Determinante

$$\begin{vmatrix} 2+4\cdot x_1^2 & 4\cdot x_1\cdot x_2 \\ 4\cdot x_1\cdot x_2 & 2+4\cdot x_2^2 \end{vmatrix} = (2+4\cdot x_1^2)\cdot(2+4\cdot x_2^2) - 16\cdot x_1^2\cdot x_2^2 = 4 + 8\cdot x_1{}^2 + 8\cdot x_2^2$$

  ist ebenfalls positiv.

Also ist $D_f^2$ auf ganz $\mathbb{R}^2$ positiv definit. Damit ist gezeigt, daß $f(x_1, x_2)$ auf ganz $\mathbb{R}^2$ konvex ist und die weiter oben bestimmte kritische Stelle $(x_1^0, x_2^0)^T = (0, 0)^T$ das globale Minimum von f ist (vgl. Satz 3.56).

* Die Funktion $f: \mathbb{R}^3 \longrightarrow \mathbb{R}$ mit $f(x_1, x_2, x_3) =$
$= -4\cdot x_1^2 - 2\cdot x_2^2 - x_3^2 - x_1\cdot x_2 + x_1\cdot x_3 - x_2\cdot x_3 - 4\cdot x_1 - x_2 - 2\cdot x_3$
besitzt die Ableitungsfunktionen

$f'_{x_1}(x_1, x_2, x_3) = -8\cdot x_1 - x_2 + x_3 - 4,$

$f'_{x_2}(x_1, x_2, x_3) = -x_1 - 4\cdot x_2 - x_3 -1,$

$f'_{x_3}(x_1, x_2, x_3) = x_1 - x_2 - 2\cdot x_3 - 2,$

$f''_{x_1x_1}(x_1, x_2, x_3) = -8,$

$f''_{x_1x_2}(x_1, x_2, x_3) = -1,$

$f''_{x_1x_3}(x_1, x_2, x_3) = 1,$

$f''_{x_2x_2}(x_1, x_2, x_3) = -4,$

$f''_{x_2x_3}(x_1, x_2, x_3) = -1,$

$f''_{x_3x_3}(x_1, x_2, x_3) = -2.$

Also ist die Hessematrix $D_f^2(x_1, x_2, x_3) = \begin{pmatrix} -8 & -1 & 1 \\ -1 & -4 & -1 \\ 1 & -1 & -2 \end{pmatrix}$ eine Konstante (weil f eine quadratische Funktion ist). Wegen

$\det(-8) = -8 < 0,$

$\det\begin{pmatrix} -8 & -1 \\ -1 & -4 \end{pmatrix} = (-8)\cdot(-4) - (-1)\cdot(-1) = 31 > 0$

und

$\det\begin{pmatrix} -8 & -1 & 1 \\ -1 & -4 & -1 \\ 1 & -1 & -2 \end{pmatrix} = (-64+1+1) - (-4-8-2) = -48 < 0$

ist $D_f^2(x_1, x_2, x_3)$ auf ganz $\mathbb{R}^3$ negativ definit, so daß f auf ganz $R^3$ konkav ist.
Die (mögliche) Maximalstelle von f muß als Lösung des (linearen) Gleichungssystems

$$\begin{aligned} -8\cdot x_1 - x_2 + x_3 &= 4 \\ -x_1 - 4\cdot x_2 - x_3 &= 1 \\ x_1 - x_2 - 2\cdot x_3 &= 2 \end{aligned}$$

bestimmt werden. Die eindeutige Lösung dieses Gleichungssystems lautet $(x_1^0, x_2^0, x_3^0)^T = \frac{1}{48}\cdot(-35, +15, -73)^T$ und stellt wegen der Konkavität von f auf ganz $\mathbb{R}^3$ das globale Maximum von f dar.

### 3.3.7 Extremstellen differenzierbarer Funktionen mehrerer Variablen (mit Nebenbedingungen)

Ökonomische Optimierungsprobleme beinhalten regelmäßig Restriktionen, die bei der Maximierung/Minimierung bestimmter Zielvariablen zu beachten sind:

* Die Kosten $K(x_1, x_2)$ eines Unternehmens, die von Einsatzmengen $x_1$, $x_2$ der Produktionsfaktoren abhängen, sollen minimiert werden unter der Nebenbedingung, daß der Wert der mit diesen Einsatzmengen produzierten Güter $P(x_1, x_2)$ einen bestimmten Betrag c ($W(x_1, x_2) = c$) erreicht.
* Der Nutzen $U(x_1, x_2)$, den ein Konsument durch den Verbrauch von Mengen $x_1$ und $x_2$ zweier Güter erzielt, ist zu maximieren unter der Nebenbedingung, daß das zur Verfügung stehende Budget c nicht überschritten wird: $p_1 \cdot x_1 + p_2 \cdot x_2 = c$ ($p_1$, $p_2$: Preise von Gut 1 bzw. Gut 2).

Diese beiden Beispiele sind typisch für die in diesem Abschnitt zu behandelnden Optimierungsprobleme. Die hier zu behandelnde Aufgabe lautet in allgemeiner Formulierung:

Maximiere (Minimiere) die Funktion $f(\underline{x})$ unter der Nebenbedingung $g(\underline{x}) = 0$. Dabei soll vorausgesetzt sein, daß f und g hinreichend oft stetig differenzierbar sind.

Die Nebenbedingung $g(\underline{x}) = 0$ umfaßt auch Nebenbedingungen der Form $g^*(\underline{x}) = c$, da sie in die Form $g(\underline{x}) = g^*(\underline{x}) - c = 0$ umgeformt werden können.

Eine erste Lösungsmöglichkeit dieses Optimierungsproblems besteht dann, wenn die implizite Nebenbedingung $g(\underline{x}) = 0$ in eine explizite umgeformt werden kann: Gibt es eine Funktion h von n-1 Variablen, derart daß $g(\underline{x}) = 0$ genau dann gilt, wenn (ohne Beschränkung der Allgemeinheit, o.B.d.A.) $x_n = h(x_1, \ldots, x_{n-1})$ ist, so liefert die Maximierung/Minimierung der Funktion $f^*(x_1, \ldots, x_{n-1}) = f(x_1, \ldots, x_{n-1}, h(x_1, \ldots, x_{n-1}))$ ohne Nebenbedingung das Maximum/Minimum von $f(\underline{x})$ unter der Nebenbedingung $g(\underline{x}) = 0$. Sind f und g zweimal (stetig) differenzierbar, so ist auch $f^*$ zweimal (stetig) differenzierbar. Also können die Extremstellen von $f^*$ und damit die Extremstellen von $f(\underline{x})$ unter der Nebenbedingung $g(\underline{x}) = 0$ mit den im letzten Abschnitt 3.3.6 hergeleiteten Methoden bestimmt werden. Dieses Verfahren zur Bestimmung von Extremstellen unter Nebenbedingungen wird <u>Substitutionsmethode</u> genannt. Sie ist immer dann anwendbar, wenn die implizite Nebenbedingung $g(\underline{x}) = 0$ in eine explizite (o.B.d.A.) $x_n = h(x_1, \ldots, x_{n-1})$ transformiert werden kann. Natürlich ermöglicht es die Substitutionsmethode auch, mehrere Nebenbedingungen $g_1(\underline{x}) = 0, \ldots, g_k(\underline{x}) = 0$ zu berücksichtigen, wenn jeweils geeignete Darstellungen in expliziter Form möglich sind.

Beispiel:

* Die Nutzenfunktion $U(x_1, x_2) = x_1 \cdot x_2$ soll unter der Nebenbedingung $3 \cdot x_1 + 4 \cdot x_2 - 24 = 0$ maximiert werden.

  Die Nebenbedingung $3 \cdot x_1 + 4 \cdot x_2 - 24 = 0$ läßt sich umformen zu $x_2 = -\frac{3}{4} \cdot x_1 + 6$.

Einsetzen dieses Ausdrucks in $U(x_1, x_2)$ ergibt

$f(x_1) = U(x_1, -\frac{3}{4}\cdot x_1+6) = x_1 \cdot (-\frac{3}{4}\cdot x_1+6) = -\frac{3}{4}\cdot x_1^2 + 6\cdot x_1$.

Die Funktion $f(x_1)$ kann jetzt ohne Berücksichtigung von Nebenbedingungen maximiert werden:

$f'(x_1) = -\frac{3}{2}\cdot x_1 + 6 \Rightarrow f'(4) = 0 \Rightarrow x_1^0 = 4$

$f''(x_1) = -\frac{3}{2} < 0$

Damit besitzt $f(x_1)$ an der Stelle $x_1^0$ ein Maximum, da $f(x_1)$ wegen $f''(x_1) = -\frac{3}{2} < 0$ auf ganz $\mathbb{R}$ konkav ist.

Mit $x_2 = -\frac{3}{4}\cdot x_1 + 6$ ist $x_2^0 = 3$ der zugehörige $x_2$-Wert. Insgesamt nimmt also $U(x_1, x_2)$ an der Stelle $(x_1^0, x_2^0)^T = (4, 3)^T$ das Maximum unter der Nebenbedingung $3\cdot x_1 + 4\cdot x_2 - 24 = 0$ mit $U(4, 3) = 12$ an.

Eine vollkommen andere Möglichkeit als die Substitutionsmethode zur Lösung von Optimierungsproblemen unter Nebenbedingungen stellt der sogenannte Lagrange-Ansatz dar. Im Gegensatz zur Substitutionsmethode werden Nebenbedingungen in impliziter Form verarbeitet, so daß alle Variablen gleich behandelt werden und keine Umrechnung in eine explizite Darstellung erforderlich ist. Die Grundidee des Lagrange-Ansatzes soll für Funktionen von zwei Variablen im folgenden anschaulich dargestellt werden.

Besitzt die differenzierbare Funktion $f(x_1, x_2)$ an der Stelle $(x_1^0, x_2^0)^T$ aus dem Innern ihres Definitionsbereiches eine Extremstelle mit $f(x_1^0, x_2^0) = c$ unter der Nebenbedingung $g(x_1, x_2) = 0$, wobei $g(x_1, x_2) = 0$ eine glatte Kurve in $\mathbb{R}^2$ beschreibt, so berühren sich an der Stelle $(x_1^0, x_2^0)^T$ die beiden Isohöhenlinien von g, $g(x_1, x_2) = 0$, und f, $f(x_1, x_2) = c$, so daß die beiden implizit durch $g(x_1, x_2) = 0$ und $f(x_1, x_2) = c$ definierten Funktionen an der Stelle $(x_1^0, x_2^0)^T$ die gleiche Steigung besitzen müssen. Nach dem Satz 3.54 über die Berechnung von Ableitungen implizit definierter Funktionen folgt dann:

$$-\frac{\frac{\partial f(x_1^0, x_2^0)}{\partial x_1}}{\frac{\partial f(x_1^0, x_2^0)}{\partial x_2}} = -\frac{\frac{\partial g(x_1^0, x_2^0)}{\partial x_1}}{\frac{\partial g(x_1^0, x_2^0)}{\partial x_2}}.$$

Aus der Gleichheit dieser beiden Quotienten folgt, daß die Zähler und die Nenner durch den gleichen, zunächst noch unbekannten Propotionalitätsfaktor $\lambda$, der Lagrangemultiplikator genannt wird, miteinander verbunden sind:

$$\frac{\partial f(x_1^0, x_2^0)}{\partial x_1} = \lambda \cdot \frac{\partial g(x_1^0, x_2^0)}{\partial x_1} \quad \text{und} \quad \frac{\partial f(x_1^0, x_2^0)}{\partial x_2} = \lambda \cdot \frac{\partial g(x_1^0, x_2^0)}{\partial x_2}$$

oder

$$\frac{\partial f(x_1^0, x_2^0)}{\partial x_1} - \lambda\cdot\frac{\partial g(x_1^0, x_2^0)}{\partial x_1} = 0 \quad \text{und} \quad \frac{\partial f(x_1^0, x_2^0)}{\partial x_2} - \lambda\cdot\frac{\partial g(x_1^0, x_2^0)}{\partial x_2} = 0.$$

Die bisherigen Überlegungen führen erst zu zwei Bestimmungsgleichungen für die drei Unbekannten $x_1^0$, $x_2^0$ und $\lambda$. Die dritte Gleichung wird durch die Nebenbedingung geliefert: $g(x_1, x_2) = 0$.

Diese drei Gleichungen

$$\frac{\partial f(x_1^0, x_2^0)}{\partial x_1} - \lambda\cdot\frac{\partial g(x_1^0, x_2^0)}{\partial x_1} = 0,$$

$$\frac{\partial f(x_1^0, x_2^0)}{\partial x_2} - \lambda\,\frac{\partial g(x_1^0, x_2^0)}{\partial x_2} = 0 \text{ und}$$

$$g(x_1^0, x_2^0) = 0$$

bilden ein System von notwendigen Bedingungen für die Existenz einer Extremstelle von $f(x_1, x_2)$ unter der Nebenbedingung $g(x_1, x_2) = 0$ an der Stelle $(x_1^0, x_2^0)^T$. Dieses Gleichungssystem erhält man, wenn man die kritischen Stellen der sogenannten Lagrangefunktion bestimmt. Die Lagrangefunktion

$$L(x_1, x_2, \lambda) = f(x_1, x_2) - \lambda\cdot g(x_1, x_2)$$

besitzt die partielle Ableitungen

$$\frac{\partial L(x_1, x_2, \lambda)}{\partial x_1} = \frac{\partial f(x_1, x_2)}{\partial x_1} - \lambda\cdot\frac{\partial g(x_1, x_2)}{\partial x_1},$$

$$\frac{\partial L(x_1, x_2, \lambda)}{\partial x_2} = \frac{\partial f(x_1, x_2)}{\partial x_2} - \lambda\cdot\frac{\partial g(x_1, x_2)}{\partial x_2},$$

$$\frac{\partial L(x_1, x_2, \lambda)}{\partial \lambda} = -g(x_1, x_2),$$

so daß - zumindest unter der Voraussetzung, daß $g(x_1, x_2) = 0$ eine glatte Kurve in $\mathbb{R}^2$ beschreibt, - eine Extremstelle von $f(x_1, x_2)$ unter der Nebenbedingung $g(x_1, x_2) = 0$ auch eine kritische Stelle der Lagrangefunktion $L(x_1, x_2, \lambda)$ sein muß.

Beispiel:

* Es soll die Nutzenfunktion $U(x_1, x_2) = x_1 \cdot x_2$ unter der Nebenbedingung $3\cdot x_1 + 4\cdot x_2 - 24 = 0$ maximiert werden.

  Die Lagrangefunktion lautet:

  $L(x_1, x_2, \lambda) = x_1\cdot x_2 + \lambda\cdot(3\cdot x_1+4\cdot x_2-24)$.

  Ob man $L(x_1, x_2, \lambda) = f(x_1, x_2) - \lambda\cdot g(x_1, x_2)$ oder $L(x_1, x_2, \lambda) = f(x_1, x_2) + \lambda\cdot g(x_1, x_2)$ setzt, hat keinen wesentlichen Einfluß auf die Lösung, da dadurch nur das Vorzeichen des Lagrangemultiplikators $\lambda$ beeinflußt wird.

Als partielle Ableitungen ergeben sich:

$$\frac{\partial L(x_1, x_2, \lambda)}{\partial x_1} = x_2 + 3\cdot\lambda,$$

$$\frac{\partial L(x_1, x_2, \lambda)}{\partial x_2} = x_1 + 4\cdot\lambda,$$

$$\frac{\partial L(x_1, x_2, \lambda)}{\partial \lambda} = 3\cdot x_1 + 4\cdot x_2 - 24.$$

Nullsetzen der drei partiellen Ableitungen ergibt das (lineare) Gleichungssystem:

$$\begin{aligned} x_2^0 + 3\cdot\lambda^0 &= 0 \\ x_1^0 \qquad + 4\cdot\lambda^0 &= 0 \\ 3\cdot x_1^0 + 4\cdot x_2^0 \qquad &= 24. \end{aligned}$$

Auflösen der ersten bzw. zweiten Gleichung nach $x_2^0$ bzw. $x_1^0$ und Einsetzen in die dritte Gleichung ergibt:

$$x_2^0 = -3\cdot\lambda^0, \quad x_1^0 = -4\lambda^0,$$

also

$$3\cdot(-4\cdot\lambda^0) + 4\cdot(-3\cdot\lambda^0) = 24$$

oder

$$\lambda^0 = -1.$$

Damit ergibt sich: $x_1^0 = -4\cdot\lambda^0 = 4$, $x_2^0 = -3\cdot\lambda^0 = 3$ (vgl. Beispiel zur Substitutionsmethode).

Ob diese Stelle $(x_1^0, x_2^0)^T = (4, 3)^T$ tatsächlich eine Extremstelle oder gar ein Maximum von f unter der angegebenen Nebenbedinung ist, läßt sich aus dem Lagrangeansatz nicht entscheiden, insbesondere ist die Stelle $(x_1^0, x_2^0, \lambda^0)^T$ in der Regel auch dann kein Minimum oder Maximum der Lagrangefunktion, wenn $(x_1^0, x_2^0)^T$ ein Minimum von $f(x_1, x_2)$ unter den angegebenen Nebenbedingungen ist. In diesem Beispiel ist $(x_1^0, x_2^0)^T = (4, 3)^T$ tatsächlich das Maximum von $U(x_1, x_2)$ unter der angegebenen Nebenbedingung, wie man aufgrund ökonomischer Überlegungen leicht schließen kann.

Die Hessematrix der Lagrangefunktion (an der Stelle $((x_1^0, x_2^0, \lambda^0)^T = (4, 3, -1)^T)$ lautet

$$D_L^2(x_1^0, x_2^0, \lambda^0) = D_L^2(x_1, x_2, \lambda) = \begin{pmatrix} 0 & 1 & 3 \\ 1 & 0 & 4 \\ 3 & 4 & 0 \end{pmatrix}$$

und ist wegen

$\det(0) = 0$, $\det\begin{pmatrix} 0 & 1 \\ 1 & 0 \end{pmatrix} = -1$ und $\det\begin{pmatrix} 0 & 1 & 3 \\ 1 & 0 & 4 \\ 3 & 4 & 0 \end{pmatrix} = 24$ indefinit, so daß L selbst keine Extremstelle besitzt.

Die Überlegungen des vorhergehenden Beispiels lassen sich zu dem folgenden Satz verallgemeinern.

<u>Satz 3.60:</u> Die Funktionen f, g: $\mathbb{R}^n \longrightarrow \mathbb{R}$ seien stetig differenzierbar. Besitzt f unter der Nebenbedingung $g(\underline{x}) = 0$ an der Stelle $\underline{x}^0 \in \mathbb{R}^n$ eine lokale Extremstelle, und untescheidet sich wenigstens eine der partiellen Ableitungen von g an der Stelle $\underline{x}^0$ von 0 ($\nabla g(\underline{x}^0) \neq \underline{0}$), so ist $\underline{x}^0$ eine kritische Stelle der Lagrangefunktion $L(\underline{x}, \lambda) = f(\underline{x}) + \lambda \cdot g(\underline{x})$. Es gibt dann also ein $\lambda^0 \in \mathbb{R}$ mit:

$$\frac{\partial L(\underline{x}^0, \lambda^0)}{\partial x_i} = 0 \quad \text{für alle} \quad i = 1, \ldots, n$$

und

$$\frac{\partial L(\underline{x}^0, \lambda^0)}{\partial \lambda} = 0.$$

Die Aussage von Satz 3.60 kann auf mehrere Nebenbedingungen verallgemeinert werden:

<u>Satz 3.61:</u> Die Funktionen f, $g_j$: $\mathbb{R}^n \longrightarrow \mathbb{R}$ ($j = 1, \ldots, k < n$) seien stetig differenzierbar. Ist $\underline{x}^0 \in \mathbb{R}^n$ eine lokale Extremstelle von $f(\underline{x})$ unter den Nebenbedingungen $g_j(\underline{x}) = 0$ ($j = 1, \ldots, k$), und ist der Rang

der k×n-Matrix $\left(\frac{\partial g_j(\underline{x}^0, \underline{\lambda}^0)}{\partial x_i}\right)_{j=1}^{k}{}_{i=1}^{n}$

maximal (also k), so ist $\underline{x}^0$ Teil einer kritischen Stelle der Lagrangefunktion $L(\underline{x}, \lambda_1, \ldots, \lambda_k) = f(\underline{x}) + \sum_{j=1}^{k} \lambda_j \cdot g_j(\underline{x})$. Es gibt also Werte $\lambda_j^0 \in \mathbb{R}$ ($j = 1, \ldots, k$) mit:

$$\frac{\partial L(\underline{x}^0, \lambda_1^0, \ldots, \lambda_k^0)}{\partial x_i} = 0 \text{ für } i = 1, \ldots, n$$

und

$$\frac{\partial L(\underline{x}^0, \lambda_1^0, \ldots, \lambda_k^0)}{\partial \lambda_j} = 0 \text{ für } j = 1, \ldots, k.$$

Hinweis:
Der Rang einer Matrix ist die maximale Anzahl ihrer linear unabhängigen Zeilen oder Spalten (vgl. etwa Dobbener, R.: Lineare Algebra, Oldenbourg, München, 2001, S. 78 ff.).

Daß die Angabe der Rangbedingung erforderlich ist, zeigt etwa der Versuch, die Funktion $f(x_1, x_2) = x_2$ unter der Nebenbedingung $g(x_1, x_2) = 2 \cdot x_1^4 - 3 \cdot x_1^2 \cdot x_2 + x_2^2$ zu minimieren:

Die Lagrangefunktion lautet $L(x_1, x_2, \lambda) = x_2 + \lambda\cdot(2\cdot x_1^4 - 3\cdot x_1^2\cdot x_2 + x_2^2)$.

Differenzieren und Nullsetzen der drei partiellen Ableitungen führt zu dem Gleichungssystem

$$\text{(I)}\quad \frac{\partial L(x_1^0, x_2^0, \lambda^0)}{\partial x_1} = \lambda^0\cdot(8\cdot x_1^{0^3} - 6\cdot x_1^0\cdot x_2^0) = 0,$$

$$\text{(II)}\quad \frac{\partial L(x_1^0, x_2^0, \lambda^0)}{\partial x_2} = 1 + \lambda^0\cdot(-3\cdot x_1^{0^2} + 2\cdot x_2^0) = 0,$$

$$\text{(III)}\quad \frac{\partial L(x_1^0, x_2^0, \lambda^0)}{\partial \lambda} = 2\cdot x_1^{0^4} - 3\cdot x_1^{0^2}\cdot x_2^0 + x_2^{0^2} = 0.$$

Aus II folgt, daß $\lambda^0 \neq 0$ sein muß, so daß $-3\cdot x_1^{0^2} + 2\cdot x_2^0 = -\frac{1}{\lambda^0}$ oder

$$x_2^0 = -\frac{1}{2\cdot\lambda^0} + \frac{3\cdot x_1^{0^2}}{2} \text{ gilt.}$$

Einsetzen in die erste Gleichung ergibt (wegen $\lambda^0 \neq 0$):

$$8\cdot x_1^{0^3} - 6\cdot x_1^0\cdot\left(-\frac{1}{2\cdot\lambda^0} + \frac{3\cdot x_1^{0^2}}{2}\right) = 0 \text{ oder } x_1^0\cdot\left(\frac{3}{\lambda^0} - x_1^{0^2}\right) = 0.$$

Die erste Lösung der letzten Gleichung, $x_1^0 = 0$, führt mit (III) zu $x_2^0 = 0$. Einsetzen dieser Werte in Gleichung (II) führt zu dem Widerspruch $1 = 0$, so daß es sich hier nicht um eine Lösung des Gleichungssystems handeln kann.

Nullsetzen des zweiten Faktors der letzten Gleichung ergibt $x_1^{0^2} = \frac{3}{\lambda^0}$.

Einsetzen dieses Ausdrucks in III führt zu der quadratischen Gleichung für $x_2^0$:

$$\frac{18}{\lambda^{0^2}} - \frac{9}{\lambda^0}\cdot x_2^0 + x_2^{0^2} = 0$$

mit den Lösungen

$$x_2^0 = \frac{9}{2\cdot\lambda^0} \pm \frac{3}{2\cdot\lambda^0}.$$

Einsetzen dieser Lösungen in II führt zu den Widersprüchen

$$1 + \lambda^0\cdot(-3\cdot\frac{3}{\lambda^0} + 2\cdot\frac{6}{\lambda^0}) = 4 = 0$$

und

$$1 + \lambda^0\cdot(-3\cdot\frac{3}{\lambda^0} + 2\cdot\frac{3}{\lambda^0}) = -2 = 0.$$

Also besitzt die Lagrangefunktion keine kritischen Stellen, obwohl man nach Umformung der Nebenbedingungen $g(x_1, x_2) = 2\cdot x_1^4 - 3\cdot x_1^2\cdot x_2 + x_2^2 = (x_2 - x_1^2)\cdot(x_2 - 2x_1^2)$ leicht erkennt, daß $(x_1^0, x_2^0)^T = (0, 0)^T$ das Minimum der Funktion unter der angegebenen Nebenbedingung ist.

Allerdings ist an dieser Stelle die Regularitätsbedingung verletzt:

$$\frac{\partial g(0, 0)}{\partial x_1} = \frac{\partial g(0, 0)}{\partial x_2} = 0.$$

Der Lagrangeansatz ist insbesondere bei der Herleitung mikroökonomischer Gesetzmäßigkeiten beliebt, weil zum einen die aus dem Lagrange-Ansatz resultierenden Gleichungen direkte ökonomische Interpretationen zulassen. Zum anderen kann in vielen Fällen auch der Lagrangemultiplikator inhaltlich interpretiert werden. Eine etwas allgemeinere Notation des bereits oben diskutierten Problems der Nutzenmaximierung bei Budgetrestriktion soll hier als Beispiel dienen:

Die Maximierung der Nutzenfunktion $U(x_1, x_2)$ eines Haushalts unter der Nebenbedingung $g(x_1, x_2) = c - p_1 \cdot x_1 - p_2 \cdot x_2$ (c: verfügbares Einkommen; $p_1$, $p_2$: Preise von Gut 1 bzw. Gut 2) führt zu der Lagrangefunktion

$L(x_1, x_2, \lambda) = U(x_1, x_2) + \lambda \cdot (c - p_1 \cdot x_1 - p_2 \cdot x_2)$.

Nullsetzen der partiellen Ableitungen von L führt zu dem Gleichungssystem

$$\text{(I)} \quad \frac{\partial L(x_1^0, x_2^0, \lambda^0)}{\partial x_1} = \frac{\partial U(x_1^0, x_2^0)}{\partial x_1} - \lambda^0 \cdot p_1 = 0,$$

$$\text{(II)} \quad \frac{\partial L(x_1^0, x_2^0, \lambda^0)}{\partial x_2} = \frac{\partial U(x_1^0, x_2^0)}{\partial x_2} - \lambda^0 \cdot p_2 = 0,$$

$$\text{(III)} \quad \frac{\partial L(x_1^0, x_2^0, \lambda^0)}{\partial \lambda} = c - p_1 \cdot x_1^0 - p_2 \cdot x_2^0 = 0.$$

Sind die Preise $p_1$ und $p_2$ von 0 verschieden, so können (I) und (II) nach $\lambda$ aufgelöst werden und es gilt für den optimalen Verbrauchsplan $(x_1^0, x_2^0)^T$:

$$\frac{\dfrac{\partial U(x_1^0, x_2^0)}{\partial x_1}}{p_1} = \frac{\dfrac{\partial U(x_1^0, x_2^0)}{\partial x_2}}{p_2} = \lambda^0$$

Für den optimalen Verbrauchsplan $(x_1^0, x_2^0)$ ist also der Quotient aus Grenznutzen, $\frac{\partial U(x_1, x_2)}{\partial x_i}$, und Preis, $p_i$, für alle (beide) Güter gleich und stimmt mit dem Lagrangemultiplikator, der als Grenznutzen des Geldes interpretiert werden kann, überein.

Anders ausgedrückt: Beim optimalen Verbrauchsplan ist der Nutzen eines "marginalen" Einkommenszuwachses bei allen Verwendungen (für Gut 1 oder Gut 2) gleich. Dieser Zusammenhang wird in der mikroökonomischen Literatur als 2. Gossensches Gesetz bezeichnet.

### 3.3.8 Differentiation vektorwertiger Funktionen

Im Rahmen ökonomischer Untersuchungen treten gelegentlich Funktionen mehrerer Variablen auf, deren Werte Vektoren, also Elemente eines kartesischen Produkts $\mathbb{R}^m$ sind. Solche Funktionen, also Funktionen $\underline{f}$: $D_f \longrightarrow \mathbb{R}^m$ (mit $D_f \subset \mathbb{R}^n$) werden <u>vektorwertige Funktionen</u> genannt.

Eine vektorwertige Funktion $\underline{f}$: $D_f \longrightarrow \mathbb{R}^m$ kann in m "gewöhnliche" Funktionen von n Variablen zerlegt werden, wenn man die einzelnen Komponenten von $\underline{f}(\underline{x}) \in \mathbb{R}^m$ betrachtet. Daher besitzt jede vektorwertige Funktion $\underline{f}(\underline{x})$ die Darstellung

$$\underline{f}(\underline{x}) = \begin{bmatrix} f_1(\underline{x}) \\ \vdots \\ f_m(\underline{x}) \end{bmatrix}.$$

In diesem Abschnitt sollen lediglich die grundlegenden Begriffe wie Stetigkeit und Differenzierbarkeit für solche Funktionen erläutert werden und die wichtigsten Rechenregeln zusammengestellt werden.

Die Definition der Stetigkeit einer vektorwertigen Funktion stellt kein Problem dar:

$\underline{f}$: $D_f \longrightarrow \mathbb{R}^m$ heißt stetig (an der Stelle $\underline{x}^0 \in D_{\underline{f}}$), falls aus $\lim\limits_{n\to\infty} \underline{x}^i = \underline{x}^0$ (in $\mathbb{R}^n$) folgt, daß $\lim\limits_{i\to\infty} \underline{f}(\underline{x}^i) = \underline{f}(\underline{x}^0)$ (in $\mathbb{R}^m$) gilt. Man kann zeigen, daß $\underline{f}$ genau dann stetig ist, (an der Stelle $\underline{x}^0$), wenn alle k Komponentenfunktionen $f_j$ ($j = 1, \ldots, m$) stetig (an der Stelle $\underline{x}^0$) sind. Damit können auch die Aussagen von Satz 3.21 und Satz 3.22 über die Stetigkeit von zusammengesetzten Funktionen, soweit sie übertragbar sind (Produkte und Quotienten vektorwertiger Funktionen sind nicht definiert), auf vektorwertige Funktionen verallgemeinert werden.

Wie bereits im Abschnitt 3.3.1 erwähnt, kann die Differentiation einer Funktion f: $\mathbb{R}^n \longrightarrow \mathbb{R}$ an einer Stelle $\underline{x}^0 \in \mathbb{R}$ als Bestimmung einer linearen Abbildung, die $f(\underline{x})$ an der Stelle $\underline{x}^0$ approximiert, interpretiert werden. Die (totale) Differentiation einer vektorwertigen Funktion $\underline{f}$: $\mathbb{R}^n \longrightarrow \mathbb{R}^m$ an einer Stelle $\underline{x}^0 \in \mathbb{R}^n$ besteht entsprechend in der Bestimmung einer linearen Abbildung $A$: $\mathbb{R}^n \longrightarrow \mathbb{R}^m$, die $\underline{f}$ an der Stelle $\underline{x}^0$ approximiert. Aus der linearen Algebra ist bekannt, daß einer solchen linearen Abbildung $A$: $\mathbb{R}^n \longrightarrow \mathbb{R}^m$ eine $m \times n$-Matrix (mit m Zeilen und n Spalten) entspricht. Also kann man allgemein definieren:

<u>Definition 3.62:</u> Eine Funktion $\underline{f}$: $D_{\underline{f}} \longrightarrow \mathbb{R}^m$ ($D_{\underline{f}} \subset \mathbb{R}^n$) heißt an der Stelle $\underline{x}^0$ aus dem Innern von $D_f$ <u>total differenzierbar</u>, wenn es eine m×n-Matrix A gibt, derart daß $\lim\limits_{\underline{x}\to\underline{x}^0} \dfrac{\underline{f}(\underline{x})-\underline{f}(\underline{x}^0) - A\cdot(\underline{x}-\underline{x}^0)}{\|\underline{x} - \underline{x}^0\|_2} = 0$ ist.

Dabei ist $\|\underline{x} - \underline{x}^0\|_2 = \left(\sum\limits_{j=1}^{n} (x_j-x_j^0)^2\right)^{1/2}$ die <u>euklidische Norm</u> von $\underline{x} - \underline{x}^0$.

Die Matrix A wird <u>totale Ableitung</u> von $\underline{f}$ an der Stelle $\underline{x}^0$ genannt.

Die totale Differenzierbarkeit vektorwertiger Funktionen kann genauso wie die totale Differenzierbarkeit reeller Funktionen von n Variablen (vgl. Satz 3.46) durch die partielle Differenzierbarkeit der Komponentenfunktion $f_i$ (i = 1, ..., n) charakterisiert werden:

<u>Satz 3.63:</u> Eine Funktion $\underline{f}$: $D_{\underline{f}} \longrightarrow \mathbb{R}^m$ ($D_{\underline{f}} \subset \mathbb{R}^n$) mit $\underline{f}(\underline{x}) = (f_1(\underline{x}), \ldots, f_m(\underline{x}))^T$ ist genau dann an der Stelle $\underline{x}^0 \in D_{\underline{f}}$ total differenzierbar, wenn jede der n·m partiellen Ableitungen $\dfrac{\partial f_i}{\partial x_j}$ (i = 1, ..., m; j = 1, ..., n) an der Stelle $\underline{x}^0$ existiert und stetig ist.
Die totale Ableitung A von $\underline{f}$ an der Stelle $\underline{x}^0$ besitzt dann die Gestalt

$$A = \left(\frac{\partial f_i(\underline{x}^0)}{\partial x_j}\right)_{i=1\ j=1}^{m\quad n} = \begin{pmatrix} \frac{\partial f_1(\underline{x}^0)}{\partial x_1} & \cdots & \frac{\partial f_1(\underline{x}^0)}{\partial x_n} \\ \vdots & & \vdots \\ \frac{\partial f_m(\underline{x}^0)}{\partial x_1} & \cdots & \frac{\partial f_m(\underline{x}^0)}{\partial x_n} \end{pmatrix}.$$

Die Matrix $A = \left(\frac{\partial f_i(\underline{x}^0)}{\partial x_j}\right)_{i=1\ j=1}^{m\quad n}$ heißt <u>Funktionalmatrix</u>. Ist m = n, also f: $D_f \longrightarrow \mathbb{R}^n$ mit $D_f \subset \mathbb{R}^n$, so ist $A = \left(\frac{\partial f_i(\underline{x}^0)}{\partial x_j}\right)$ quadratisch und besitzt eine Determinante $\left|\frac{\partial f_i(\underline{x}^0)}{\partial x_j}\right|$, die <u>Funktionaldeterminante</u> oder <u>Jacobische Determinante</u> von $\underline{f}$ an der Stelle $\underline{x}^0$ genannt wird.

<u>Beispiel:</u>

* Die vektorwertige Funktion $\underline{f}$: $D_f \longrightarrow \mathbb{R}^2$ ($D_f = [0, \infty[ \times [0, 2\pi[ \subset \mathbb{R}^2$) mit $f(r, \varphi) = (r \cdot \cos\varphi, r \cdot \sin\varphi)^T$ beschreibt die Umrechnung von Polar- in kartesische Koordinaten von $\mathbb{R}^2$. Diese Umrechnung ist umkehrbar eindeutig (bijektiv), wenn r ≠ 0 ist.

Die Funktionalmatrix ist $\frac{\partial \underline{f}(\underline{z})}{\partial \underline{z}} = \begin{pmatrix} \cos\varphi & -r\cdot\sin\varphi \\ \sin\varphi & r\cdot\cos\varphi \end{pmatrix}$ $(\underline{z} = (r, \varphi))$.

Die Funktionaldeterminante ist wegen n = m = 2 definiert und lautet
$\left|\frac{\partial \underline{f}(\underline{z})}{\partial \underline{z}}\right| = r\cdot\cos^2\varphi + r\cdot\sin^2\varphi = r$ und ist von 0 verschieden wenn $r \neq 0$ ist.

Funktionaldeterminanten sind für die Integralrechnung in $\mathbb{R}^n$ von großer Bedeutung.

Da die Berechnung totaler Ableitungen auf die Berechnung von partiellen Ableitungen zurückgeführt werden kann, können die bekannten Differentiationsregeln auch zur Bestimmung der Ableitungen vektorwertiger Funktionen benutzt wurden. Lediglich die Kettenregel bedarf einer gesonderten Betrachtung.
Ist $\underline{g}$: $D_{\underline{g}} \longrightarrow \mathbb{R}^m$ $(D_{\underline{g}} \subset \mathbb{R}^n)$ und $\underline{f}$: $D_{\underline{f}} \longrightarrow \mathbb{R}^k$ mit $\underline{g}(\underline{x}) \in D_{\underline{f}} \subset \mathbb{R}^m$ für alle $\underline{x} \in D_{\underline{g}}$, so können $\underline{g}$ und $\underline{f}$ zu einer neuen Abbildung $\underline{h}$: $D_{\underline{g}} \longrightarrow \mathbb{R}^k$ mit $\underline{h}(\underline{x}) = \underline{f}(\underline{g}(\underline{x}))$ komponiert werden ($\underline{h} = \underline{f} \circ \underline{g}$). Sind $\underline{g}$ an der Stelle $\underline{x}^0$ und $\underline{f}$ an der Stelle $\underline{g}(\underline{x}^0)$ differenzierbar, so ist auch $\underline{h}$ an der Stelle $\underline{x}^0$ differenzierbar. Im einzelnen gilt dann der folgende Satz:

Satz 3.64: Es seien $\underline{g}$: $D_{\underline{g}} \longrightarrow \mathbb{R}^m$ $(D_{\underline{g}} \subset \mathbb{R}^n)$ und $\underline{f}$: $D_{\underline{f}} \longrightarrow \mathbb{R}^k$ mit $\underline{g}(\underline{x}) \in D_{\underline{f}} \subset \mathbb{R}^m$ für alle $\underline{x} \in D_{\underline{g}}$. Ist dann $\underline{g}$ an der Stelle $\underline{x}^0$ total differenzierbar mit $\left(\frac{\partial g_i(\underline{x}^0)}{\partial x_j}\right)_{i=1\ j=1}^{m\ \ n} = A_{m,\,n}$ und ist $\underline{f}$ an der Stelle $\underline{z}^0 = \underline{g}(\underline{x}^0)$ total differenzierbar mit $\left(\frac{\partial f_l(\underline{z}^0)}{\partial z_i}\right)_{l=1\ i=1}^{k\ \ m} = B_{k,\,m}$, so ist auch $\underline{h} = \underline{f} \circ \underline{g}$ an der Stelle $\underline{x}^0$ (total) differenzierbar, und die totale Ableitung von $\underline{h}$ an der Stelle $\underline{x}^0$, eine k×n-Matrix $C_{k,n}$, kann als Matrixprodukt der totalen Ableitungen von $\underline{g}$ und $\underline{f}$ berechnet werden:

$$C_{k,n} = \left(\frac{\partial h_l(\underline{x}^0)}{\partial x_j}\right)_{l=1\ j=1}^{k\ \ n} = B_{k,\,m} \cdot A_{m,\,n}$$

(Zu Produkten von Matrizen vgl. etwa Dobbener, R.: Lineare Algebra, Oldenbourg, München 1991, S.44 ff.).

Satz 3.64 enthält für den Spezialfall n = k = 1 die Ergebnisse des Abschnitts 3.3.2 mit dem Satz 3.48a: Die (totale) Ableitung von $\underline{g}$: $D_{\underline{g}} \longrightarrow \mathbb{R}^m$ $(D_{\underline{g}} \subset \mathbb{R})$ an der Stelle $x^0$ ist der Spaltenvektor $\left(\frac{dg_i(x^0)}{dx}\right)_{i=1}^{m}$. Die (totale) Ableitung von f: $D_f \longrightarrow \mathbb{R}$ $(D_f \subset \mathbb{R}^m$, $\underline{g}(x) \in D_f$ für alle $x \in D_{\underline{g}})$ an der Stelle $\underline{z}^0 = \underline{g}(x^0)$ ist der Zeilenvektor $\left(\frac{\partial f(\underline{z}^0)}{\partial z_i}\right)_{i=1}^{n}$.

Nach Satz 3.64 ist die Ableitung der Komposition $h = f \circ \underline{g}$ ($h: D_{\underline{g}} \to \mathbb{R}$) das

Produkt des Zeilenvektors $\left(\frac{\partial f(\underline{z}^0)}{\partial z_i}\right)_{i=1}^{m}$ und des Spaltenvektors $\left(\frac{dg_i(x^0)}{dx}\right)_{i=1}^{n}$,

also ist $\frac{dh(x^0)}{dx} = h'(x^0) = \sum_{i=1}^{m} \frac{\partial f(\underline{z}^0)}{\partial z_i} \cdot g_i'(x^0)$.

Beispiel:

* Ist $\underline{g}: \mathbb{R}^n \to \mathbb{R}^n$ mit $\underline{g}(\underline{x}) = A \cdot \underline{x}$ (für eine n×n-Matrix A), so ist für jedes $\underline{x} \in \mathbb{R}^n$ $\left(\frac{\partial g_i(\underline{x})}{\partial x_j}\right)_{i,j=1}^{n} = A$.

  Die Funktion $f: \mathbb{R}^n \to \mathbb{R}$ mit $f(\underline{z}) = \underline{z}^T \cdot \underline{z} = \sum_1^n z_i^2$ besitzt die totale Ableitung $\left(\frac{\partial f(\underline{z})}{\partial z_i}\right)_{i=1}^{n} = (2 \cdot z_1, 2 \cdot z_2, \ldots, 2 \cdot z_n) = 2 \cdot \underline{z}^T$.

  Das hochgestellte "T" bei $\underline{z}^T$ stellt die Operation des Transponierens, also des Vertauschens von Zeilen und Spalten, dar.

  Die Funktionen f und $\underline{g}$ können zu $h: \mathbb{R}^n \to \mathbb{R}$ mit $h(\underline{x}) = (A \cdot \underline{x})^T \cdot (A \cdot \underline{x}) = \underline{x}^T \cdot A^T \cdot A \cdot \underline{x}$ komponiert werden.

  Die totale Differenzierbarkeit von h auf ganz $\mathbb{R}^n$ folgt aus der totalen Differenzierbarkeit von g und f auf ganz $\mathbb{R}^n$, und die totale Ableitung von h ergibt sich nach Satz 3.64:

  $$\left(\frac{\partial h(\underline{x})}{\partial x_i}\right)_{i=1}^{n} = 2 \cdot \underline{z}^T \cdot A = 2 \cdot \underline{x}^T \cdot A^T \cdot A \quad (\underline{z} = A \cdot \underline{x}).$$

  Ist also B eine n×n-Matrix, für die eine Darstellung $B = A^T \cdot A$ existiert (das ist genau dann der Fall, wenn B symmetrisch und positiv semidefinit ist), so besitzt die Funktion $h: \mathbb{R}^n \to \mathbb{R}$ mit $h(\underline{x}) = \underline{x}^T \cdot B \cdot \underline{x}$ die totale Ableitung $\left(\frac{\partial h(\underline{x})}{\partial x_i}\right)_{i=1}^{n} = 2 \cdot \underline{x}^T \cdot B$.

  Diese Ableitungsregel kann noch verallgemeinert werden:

  Ist B symmetrisch (nicht notwendig positiv semidefinit), und ist $h: \mathbb{R}^n \to \mathbb{R}$ mit $h(\underline{x}) = \underline{x}^T \cdot B \cdot \underline{x}$, so ist $\left(\frac{\partial h(\underline{x})}{\partial x_i}\right)_{i=1}^{n} = 2 \cdot \underline{x}^T \cdot B$ (ein Zeilenvektor).

## 3.4 Übungsaufgaben zu Kapitel 3

Übungsaufgabe 3.1

Bestimmen Sie die Ableitungen der Funktion f(x) an der Stelle $x_0 = 2$ mit Hilfe des Differentialquotienten für

a) $f(x) = 5 \cdot x$; b) $f(x) = x^3$; c) $f(x) = \sqrt{x}$; d) $f(x) = x^3 + 5 \cdot x + \sqrt{x}$.

Übungsaufgabe 3.2

Bestimmen Sie für die folgenden Funktionen Definitions- und Differenzierbarkeitsbereiche; berechnen Sie f'(x).

a) $f(x) = 5 \cdot x^4 - 6 \cdot x^3 + 2 \cdot x^2 - 15$; b) $f(x) = \frac{1}{x^3}$; c) $f(x) = \sqrt{x}$;

d) $f(x) = (x + 5)^6$; e) $f(x) = e^{2 \cdot x^2}$; f) $f(x) = \sin x \cdot \ln x$;

g) $f(x) = \frac{(x^2+3)^3}{(x+1) \cdot (x-1)}$; h) $f(x) = \frac{\sin x}{\cos x}$; i) $f(x) = |x|$.

Übungsaufgabe 3.3

Gegeben seien die Funktionen

a) $f(x) = \frac{x^3}{x^2-1}$ b) $f(x) = \frac{x^2}{x^2-1}$.

Bestimmen Sie für diese Funktionen

1) den natürlichen Definitionsbereich,
2) den Stetigkeits- und Differenzierbarkeitsbereich,
3) die ersten drei Ableitungen
4) das Verhalten an den Rändern des Definitionsbereiches,
5) die Nullstellen,
6) die Extremwerte,
7) die Wendepunkte
und
8) skizzieren Sie den Verlauf der Funktionsgraphen.

Übungsaufgabe 3.4

Gegeben sei die Funktion $f(x) = x^7 - x^5$.

a) Für welche Bereiche ist f(x) konvex und für welche konkav?

b) Bestimmen Sie Null- und Extremstellen von f(x).

c) Skizzieren Sie den Verlauf der Funktion.

**Übungsaufgabe 3.5**

Bestimmen Sie mit Hilfe der Regeln von de l'Hospital die folgenden Grenzwerte, falls sie existieren.

a) $\lim\limits_{x\to 0} \frac{e^x - e^{-x}}{x}$;

b) $\lim\limits_{x\to\infty} \frac{\ln x}{x}$;

c) $\lim\limits_{x\to\infty} \frac{x^n}{e^x}$ $(n \in \mathbb{N})$;

d) $\lim\limits_{x\to 0} (1 + x)^{1/x}$.

**Übungsaufgabe 3.6**

Bestimmen Sie für die folgenden Funktionen das Differential an der Stelle $x_0 = 2$. Wählen Sie dabei $dx = 0{,}05$.

a) $f(x) = 3\cdot x + 6$;

b) $f(x) = -x^3 + 5\cdot x^2 - 4\cdot x + 1$;

c) $f(x) = e^{-2\cdot x^3}$;

d) $f(x) = \frac{x^2}{1 + x^2}$;

e) $f(x) = \sin(\pi\cdot x) + \cos(\frac{\pi}{2}\cdot x)$;

f) $f(x) = \frac{2\cdot x}{1 + x^2}$.

**Übungsaufgabe 3.7**

a) Stellen sie die Funktion $f(x) = \cos x$ durch ihre Taylorreihe um $x_0 = 0$ dar.

b) Stellen Sie die Funktion $f(x) = \ln x$ durch ihre Taylorreihe um $x_0 = 1$ dar.
Hinweis: $f^{(n)}(x) = (-1)^{(n-1)}\cdot(n-1)!\cdot x^{-n}$ $(n\geq 1)$.

c) Schließen Sie aus Teilaufgabe b) daß $\sum\limits_{i=1}^{\infty} (-1)^{(i+1)}\cdot\frac{1}{i} = \ln 2$ ist.

**Übungsaufgabe 3.8**

Bestimmen Sie die Elastizitäten von $y = f(x)$ bezüglich $x$ für die folgenden Funktionen.

a) $f(x) = a\cdot x + b$;

b) $f(x) = x^n$ $(n\in\mathbb{N})$;

c) $f(x) = x^4 + 2\cdot x^3$;

d) $f(x) = e^x$;

e) $f(x) = \ln x$;

f) $f(x) = x^2\cdot e^x$;

g) $f(x) = x^x$.

**Übungsaufgabe 3.9**

Gegeben sei die Funktion $y = f(x) = (x^2-2\cdot x+1)\cdot e^x$.

a) Für welche Werte von $x$ ist $\varepsilon_{y,\,x}$ definiert?

b) Bestimmen Sie $\varepsilon_{y,\,x}$.

**Übungsaufgabe 3.10**

Berechnen Sie für die Funktion $f(x) = k\cdot x^\lambda$ $(x > 0,\ k \neq 0,\ \lambda \neq 0)$ die Elastizitätsfunktion $\varepsilon_{f(x),\,x}$ und zeigen Sie dabei, daß $\varepsilon_{f(x),\,x}$ einen (von $\lambda$ abhängigen) konstanten Wert annimmt.

Übungsaufgabe 3.11

Gegeben sei die Funktion $f(x) = 150 - 3x$, die die Nachfrage nach einem Produkt, abhängig vom Preis x, darstellt. Der (relevante) Definitionbereich von f ist $D_f = [0, 50]$.

a) Berechnen Sie die Preiselastizität der Nachfrag $\varepsilon_{f(x),\,x}$.

b) Skizzieren Sie den Verlauf von $\varepsilon_{f(x),\,x}$ für $0 \le x < 50$.

Übungsaufgabe 3.12

Bestimmen Sie für die folgenden Funktionen den natürlichen Definitionsbereich und die beiden ersten partiellen Ableitungen. Zeigen Sie dabei, daß in diesem Fall (Stetigkeit der partiellen Ableitungen zweiter Ordnung) $\frac{\partial^2 f(x,\, y)}{\partial x\, \partial y} = \frac{\partial^2 f(x,\, y)}{\partial y\, \partial x}$ gilt.

a) $f(x, y) = x^2 + y^2$;  b) $f(x, y) = 5 \cdot x^3 - 6 \cdot x^2 \cdot y + 3 \cdot x \cdot y^2 + y^3$;

c) $f(x, y) = \sqrt{x} + \frac{x}{y^2}$;  d) $f(x, y) = \frac{x^2 + y^2}{x^2 - y^2}$;

e) $f(x, y) = x \cdot e^{\sqrt{y-1}}$.

Übungsaufgabe 3.13

Bestimmen Sie die partiellen und das totale Differential der Funktionen

a) $f(x, y) = x^2 \cdot e^{x \cdot y}$
an der Stelle $(x_0, y_0) = (1, 2)$ $(dx = dy = 0{,}1)$.

b) $f(x_1, x_2) = \ln(x_1 \cdot x_2 + x_1{}^2 - x_2{}^2)$
an der Stelle $(x_1, x_2) = (1, 1)$ $(dx_1 = 0{,}1;\ dx_2 = 0{,}2)$.

Übungsaufgabe 3.14

a) Bestimmen Sie für die Funktion $f(x, y) = \frac{2 \cdot x^2 + y^2}{x^2 - 4 \cdot y^2}$ die partiellen und das totale Differential an der Stelle $(x_0, y_0) = (3, 3)$ $(dx = -1,\ dy = 1)$.

b) Warum besitzt $f(x, y)$ an der Stelle $(x_0, y_0) = (4, 2)$ kein Differential?

Übungsaufgabe 3.15

a) Bestimmen Sie für die Funktion $f(x, y) = x \cdot y \cdot e^{y^2}$ die partiellen und das totale Differential an der Stelle $(x_0, y_0) = (1, 1)$ $(dx = dy = 0{,}1)$.

b) Warum stimmen für diese Funktion das partielle Differential $df_x$ und die Differenz $\Delta f(x) = f(x+\Delta x, y) - f(x, y)$ stets überein?

Übungsaufgabe 3.16

Bestimmen Sie für die Funktion $f\colon \mathbb{R}^{+2} \to \mathbb{R}$ mit $f(x_1, x_2) = 3 \cdot x_1^{1/3} \cdot x_2^{2/3}$ die partiellen Elastizitäten.

Übungsaufgabe 3.17

Die Funktion $y = f(x)$ sei implizit durch die Gleichung $g(x, y) = x \cdot e^{x+y} = e$ gegeben.

a) Bestimmen Sie die Ableitung von $y = f(x)$ an der Stelle $x = e$, $y = -e$, ohne die explizite Darstellung von $f(x)$ zu benutzen.

b) Überprüfen Sie das Ergebnis von Teilaufgabe a), indem Sie f explizit darstellen und dann differenzieren.

Übungsaufgabe 3.18

Untersuchen Sie die gegebenem Funktionen auf Konvexität/Konkavität und bestimmen Sie die lokalen Extremstellen.

a) $f(x, y) = x^4 + y^4 + x^2 + y^2$;  b) $f(x, y) = -x^2 - y^2 + x \cdot y + x - 8 \cdot y$.

Übungsaufgabe 3.19

a) Zeigen Sie, daß die Funktion $f(x, y) = e^{(x-1)^2+(y-2)^2}$ auf ganz $\mathbb{R}^2$ konvex ist.

b) Bestimmen Sie das globale Minimum von $f(x, y)$.

Übungsaufgabe 3.20

Bestimmen Sie die Extremwerte der Funktion $f(x,y) = x^2 \cdot y^2$ unter der Nebenbedingung $x^2 + y^2 = 1$

a) durch Substitution;

b) durch den Lagrange-Ansatz.

Übungsaufgabe 3.21

Bestimmen Sie mit Hilfe des Lagrange-Ansatzes das Minimum der Funktion $f(x_1, x_2) = x_1 - 2 \cdot x_2$ unter der Nebenbedingung $x_1 = x_2^2$.

Übungsaufgabe 3.22

Bestimmen Sie mit Hilfe des Lagrange-Ansatzes das Minimum der Funktion $f(x, y) = x^2 + y^2$ unter der Nebenbedingung $x + y - 1 = 0$.

# 4 Integralrechnung

## 4.1 Das unbestimmte Integral

Im letzten Kapitel wurde unter anderem die Frage behandelt, wie man zu einer gegebenen Funktion $f\colon D_f \longrightarrow \mathbb{R}$ einer Variablen ($D_f \subset \mathbb{R}$) die Ableitungsfunktion f' bestimmt. In diesem Abschnitt soll die umgekehrte Fragestellung behandelt werden: Zu einer gegebenen Funktion $f\colon D_f \longrightarrow \mathbb{R}$ ($D_f \subset \mathbb{R}$) wird eine Funktion $F\colon D_f \longrightarrow \mathbb{R}$ mit $F'(x) = f(x)$ gesucht.

Ist etwa $f\colon \mathbb{R} \longrightarrow \mathbb{R}$ mit $f(x) = 0$ für alle $x \in \mathbb{R}$, so muß $F\colon \mathbb{R} \longrightarrow \mathbb{R}$ mit $F'(x) = 0$ für alle $x \in \mathbb{R}$ notwendiger Weise konstant sein. Also folgt aus $F'(x) = 0$ für alle $x \in \mathbb{R}$, daß $F(x) = C$ für alle $x \in \mathbb{R}$ sein muß. Also ist F(x) durch die Bedingung $F'(x) = 0$ nicht eindeutig festgelegt. Genauer gilt:

Erfüllt $F\colon D_f \longrightarrow \mathbb{R}$ die Bedingung $F'(x) = f(x)$ für alle $x \in D_f$, so erfüllt auch jede Funktion $F^*(x) = F(x) + C$ diese Bedingung, da

$\frac{dF^*(x)}{dx} = \frac{dF(x)}{dx} + \frac{dC}{dx} = f(x) + 0$ gilt.

Die Lösung F(x) der Gleichung $F'(x) = f(x)$ (für alle $x \in D_f$) ist also - wenn sie überhaupt existiert - nur eindeutig bis auf eine Konstante. Allgemein kann man demnach definieren:

Definition 4.1: Eine Funktion F(x) heißt Stammfunktion oder unbestimmtes Integral der Funktion f(x) auf dem Intervall $]a, b[$, falls für alle

$x \in\ ]a, b[\quad \frac{dF(x)}{dx} = f(x)$ gilt.

Eine gängige Schreibweise für Stammfunktionen ist auch

$F(x) = \int f(x)\,dx$ (sprich: Integral von f(x) dx).

Die Funktion f(x), deren unbestimmtes Integral zu bestimmen ist, wird Integrand genannt, die Variable (meistens x), bezüglich der integriert wird, heißt Integrationsvariable. Die Notation F(x) wird eher mit dem Begriff der Stammfunktion verbunden, während $\int f(x)\,dx$ üblicherweise unbestimmtes Integral genannt wird.

Daß die Stammfunktion (oder das unbestimmte Integral) von f(x) - wie bereits eingangs erläutert - durch f nur eindeutig bis auf eine Konstante C, die Integrationskonstante genannt wird, festgelegt ist, drückt der folgende Satz aus:

Satz 4.2: Ist F(x) eine Stammfunktion von f(x) auf $]a, b[$, so ist auch jede Funktion $F^*(x) = F(x) + C$ eine Stammfunktion von f(x) auf $]a, b[$. Ist andererseits $\tilde{F}(x)$ ebenfalls eine Stammfunktion von f(x) auf $]a, b[$, so gibt es eine Konstante $C \in \mathbb{R}$ mit $\tilde{F}(x) = F(x) + C$ für alle $x \in\ ]a, b[$.

Im Sinne der in Satz 4.2 ausgedrückten fehlenden Eindeutigkeit des unbestimmten Integrals, müßte die Definition 4.1 nachgebessert werden:

Das unbestimmte Integral ist

$$\int f(x)\,dx = \left\{F(x) \mid F'(x) = f(x) \text{ für alle } x \in\, ]a,\ b[\right\}.$$

Man sollte sich also bewußt sein, daß etwa aus $\int f(x)\,dx = F_1(x)$ und $\int f(x)\,dx = F_2(x)$ nicht notwendig $F_1(x) = F_2(x)$, sondern nur $F_2(x) = F_1(x) + C$ (für ein geeignetes $C \in \mathbb{R}$) folgt. Exakt müßte man statt $F(x) = \int f(x)\,dx$ sagen $F(x) \in \int f(x)\,dx$. In der praktischen Anwendung der Integralrechnung wird jedoch auf eine solche Genauigkeit nur geringer Wert gelegt.

Beispiel:

* Die Grenzkostenfunktion $K'(x)$ eines Unternehmens lautet $K'(x) = 2 \cdot x + 5$. Dann besitzt die Kostenfunktion dieses Unternehmens $K(x)$ die Form $K(x) = x^2 + 5 \cdot x + C$, da die Ableitung dieser Funktion gerade die gegebene Grenzkostenfunktion ergibt. Der Anteil $x^2 + 5 \cdot x$ stellt die variablen Kosten dar, während die Integrationskonstante C gerade so zu wählen ist, daß sie mit den fixen Kosten $K_0$ übereinstimmt.

Das obige Beispiel stellt einen Anwendungsbereich der Integralrechnung dar: Der Rückschluß von Grenzkosten-, Grenznutzen-, Grenzertrags- und ähnlichen Funktionen auf die zugehörigen Kosten-, Nutzen-, Ertrags- und ähnliche Funktionen. Die Integrationskonstante C ermöglicht dabei die Anpassung an vorgegebene Rand- oder Startwerte.

Als nächstes sollen - ähnlich wie beim Differenzieren - die unbestimmten Integrale der Grundfunktionen und Rechenregeln zur Integration zusammengesetzter Funktionen bestimmt werden.

Zur Berechnung der unbestimmten Integrale der Grundfunktion kann auf Satz 3.28, in dem die Ableitungen der Grundfunktionen zusammengefaßt sind, zurückgegriffen werde.

Ist etwa $f(x) = x^r$ eine Potenzfunktion, so ist auch $f'(x) = r \cdot x^{r-1}$ eine Potenzfunktion. Also ist auch $\int x^r\,dx$ eine Potenzfunktion (mit einer additiven Integrationskonstanten). Durch Differenzieren zeigt man, daß

$\int x^r dx = \frac{1}{r+1} \cdot x^{r+1} + C$ gilt, sofern $r \neq -1$ ist.

Für $r = -1$ also $f(x) = \frac{1}{x}$ erhält man aus Satz 3.28(iv) ($\frac{d}{dx} \ln x = \frac{1}{x}$), daß $\int \frac{1}{x}\,dx = \ln|x| + C$ ist. Entsprechend sind die anderen Aussagen von Satz 3.28 auf unbestimmte Integrale zu übertragen.

<u>Satz 4.3:</u> Die folgenden Grundfunktionen besitzen auf ihren jeweiligen Definitionsbereichen Stammmfunktionen und es gilt:

(i) $\int x^r dx = \frac{1}{r+1} \cdot x^{r+1} + C \quad (r \in \mathbb{R} \setminus \{-1\})$;

(ii) $\int \frac{1}{x}\,dx = \ln|x| + C$;

(iii) $\int e^x \, dx = e^x + C;$

(iv) $\int a^x \, dx = \frac{1}{\ln a} \cdot a^x + C \ (a > 0,\ a \neq 1);$

(v) $\int \ln x \, dx = x \cdot \ln x - x + C;$

(vi) $\int \log_a x \, dx = x \cdot \log_a x - \frac{1}{\ln a} \cdot x + C \ (a > 0,\ a \neq 1);$

(vii) $\int \sin x \, dx = -\cos x + C;$

(viii) $\int \cos x \, dx = \sin x + C;$

(ix) $\int \frac{1}{\cos^2 x} \, dx = \tan x + C;$

(x) $\int \frac{1}{\sqrt{1 - x^2}} \, dx = \arcsin x + C = -\arccos x + C;$

(xi) $\int \frac{1}{1 + x^2} \, dx = \arctan x + C = -\operatorname{arccot} x + C.$

Bis auf die Integrale (v) und (vi), von deren Richtigkeit man sich durch Differentiation der angegebenen Stammfunktionen überzeugen kann, sind alle Integrale direkt aus Satz 3.28 abgeleitet.

Um unbestimmte Integrale von Funktionen, die aus Grundfunktionen zusammengesetzt sind, zu bestimmen, ist es erforderlich, zumindest einen Teil der Rechenregel zur Bestimmung von Ableitungen zusammengesetzter Funktionen (Satz 3.27) umzukehren. Das soll im folgenden geschehen.

- Sind $f(x)$ und $g(x)$ integrierbar mit $\int f(x) \, dx = F(x) + C$ und $\int g(x) \, dx = G(x) + C$, so ist auch $(f+g)(x) = f(x) + g(x)$ integrierbar, und es ist $\int (f(x)+g(x)) \, dx = F(x) + G(x) + C = \int f(x) \, dx + \int g(x) \, dx$. Von der Richtigkeit dieser Aussage überzeugt man sich leicht durch Differenzieren der Funktion $F(x) + G(x) + C$:

  $\frac{d}{dx}(F(x) + G(x) + C) = \frac{d}{dx}F(x) + \frac{d}{dx}G(x) + \frac{d}{dx}C = f(x) + g(x).$

  Also ist $f(x) + g(x)$ integrierbar, und die Stammfunktion von $f(x) + g(x)$ ist die Summe der Stammfunktionen von $f(x)$ und $g(x)$.

- Entsprechend leitet man her, daß die Funktion $(\lambda \cdot f)(x)$ $(\lambda \in \mathbb{R})$ integrierbar ist, wenn $f(x)$ integrierbar ist. Die Stammfunktion von $(\lambda \cdot f)(x)$ ist - wie man leicht durch Differenzieren nachprüft - das $\lambda$-fache der Stammfunktion von $f(x)$:

  $\int \lambda \cdot f(x) \, dx = \lambda \cdot \int f(x) \, dx.$

  Bei der Anwendung dieser Integrationsregel ist darauf zu achten, daß der Faktor $\lambda$, der mit der Integration vertauscht wird, nicht von der Integrationsvariablen x abhängen darf.

- Die Produktregel der Differentialrechnung drückt aus, wie das Produkt $f(x)\cdot g(x)$ zweier differenzierbarer Funktionen zu differenzieren ist:

  $$\frac{d}{dx}(f(x)\cdot g(x)) = \frac{d}{dx}f(x)\cdot g(x) + f(x)\cdot\frac{d}{dx}g(x)$$
  $$= f'(x)\cdot g(x) + f(x)\cdot g'(x).$$

  Durch Integration beider Seiten dieser Gleichung erhält man:

  $$\int \frac{d}{dx}(f(x)\cdot g(x))\,dx = \int f'(x)\cdot g(x)\,dx + \int f(x)\cdot g'(x)\,dx.$$

  Da Integration und Differentiation zueinander inverse Operatoren sind, ist

  $$\int \frac{d}{dx}(f(x)\cdot g(x))\,dx = f(x)\cdot g(x) + C.$$

  Also ist $f(x)\cdot g(x) + C = \int f'(x)\cdot g(x)\,dx + \int f(x)\cdot g'(x)\,dx$
  oder

  $$\int f'(x)\cdot g(x)\,dx = f(x)\cdot g(x) - \int f(x)\cdot g'(x)\,dx.$$

  Diese Regel zur Lösung bzw. Umformung unbestimmter Integrale wird <u>partielle Integration</u> genannt (Beispiele folgen weiter unten).

- Die Kettenregel der Differentialrechnung besagt, daß die Verknüpfung $f \circ g$ zweier differenzierbarer Funktionen f und g wieder differenzierbar ist mit $\frac{d}{dx}(f\circ g)(x) = f'(g(x))\cdot g'(x)$.

  Ist $f(x)$ integrierbar mit Stammfunktion $F(x)$, so ist $F'(x) = f(x)$ oder $F'(g(x)) = f(g(x))$. Aus der Kettenregel folgt dann die Gleichung $(F\circ g)'(x) = F'(g(x))\cdot g'(x) = f(g(x))\cdot g'(x)$.

  Integration dieses Ausdrucks führt zu

  $$\int f(g(x))\cdot g'(x)\,dx = F(g(x)) + C = \int f(z)\,dz \text{ mit } z = g(x).$$

  Diese Regel zur Lösung bzw. Umformung unbestimmter Intergrale wird <u>Substitutionsregel</u> genannt.

Beispiele, die zeigen, wie diese und die anderen hier hergeleiteten Regeln benutzt werden können, um unbestimmte Integrale zu berechnen, folgen im Anschluß an den Satz, der diese Rechenregeln zusammmenfaßt.

<u>Satz 4.4:</u> Für das Rechnen mit unbestimmten Integralen gilt:

(i) Sind $f(x)$ und $g(x)$ (auf $]a, b[ \subset \mathbb{R}$) integrierbar, so ist auch $f(x)+g(x)$ dort integrierbar, und es gilt:
$$\int (f(x)+g(x))\,dx = \int f(x)\,dx + \int g(x)\,dx.$$

(ii) Ist f (auf $]a, b[ \subset \mathbb{R}$) integrierbar, so ist auch $\lambda\cdot f$ ($\lambda \in \mathbb{R}$) dort integrierbar, und es gilt:
$$\int \lambda\cdot f(x)\,dx = \lambda\cdot\int f(x)\,dx.$$

(iii) Sind f und g auf ]a, b[ stetig differenzierbar, so sind $f'(x)\cdot g(x)$ und $f(x)\cdot g'(x)$ auf ]a, b[ integrierbar, und es gilt:

$$\int f'(x)\cdot g(x) = f(x)\cdot g(x) - \int f(x)\cdot g'(x)\,dx.$$

(partielle Integration)

(iv) Ist f(z) auf der Wertemenge der differenzierbaren Funktion g(x) integrierbar, so ist auch die Funktion $f(g(x))\cdot g'(x)$ auf dem Definitionsbereich von g integrierbar, und es gilt:

$$\int f(g(x))\cdot g'(x)\,dx = \int f(z)\,dz \text{ mit } z = g(x).$$

(Substitutionsregel)

Beispiele:

- Ist $f: \mathbb{R} \longrightarrow \mathbb{R}$ mit $f(x) = 3\cdot x^7 + 5\cdot x^4 - 7\cdot x + 1$ so ist wegen Satz 4.4(i) und (ii) und Satz 4.3(i):

$$\int f(x)\,dx = \int (3\cdot x^7+5\cdot x^4-7\cdot x+1)\,dx =$$

$$= 3\cdot\int x^7\,dx + 5\cdot\int x^4\,dx - 7\cdot\int x\,dx + \int 1\,dx =$$

$$= \frac{3}{8}\cdot x^8 + x^5 - \frac{7}{2}\cdot x^2 + x + C.$$

Ist allgemein $P: \mathbb{R} \longrightarrow \mathbb{R}$ eine Polynomfunktion mit $P(x) = \sum_{i=0}^{n} a_i\cdot x^i$, so ist P integrierbar, und es ist $\int P(x)\,dx = \sum_{i=0}^{n} \frac{a_i}{i+1}\cdot x^{i+1} + C$.

- Ist $f: \mathbb{R} \longrightarrow \mathbb{R}$ mit $f(x) = x\cdot\sin x$, so kann $\int x\cdot\sin x\,dx$ durch partielle Integration bestimmt werden.

Setzt man in der Formel

$$\int f'(x)\cdot g(x)\,dx = f(x)\cdot g(x) - \int f(x)\cdot g'(x)\,dx$$

$f'(x) = \sin x$, also $f(x) = -\cos x$ und $g(x) = x$, also $g'(x) = 1$, so erhält man:

$$\int x\cdot\sin x\,dx = -x\cdot\cos x - \int (-\cos x)\cdot 1\,dx = -x\cdot\cos x + \sin x + C.$$

Von der Richtigkeit dieser Rechnung kann man sich durch Differenzieren der Funktion $F(x) = -x\cdot\cos x + \sin x + C$ überzeugen:

$$F'(x) = -1\cdot\cos x - x\cdot(-\sin x) + \cos x + 0 \text{ (Produktregel!)}$$
$$= x\cdot\sin x = f(x).$$

- Mit Hilfe der partiellen Integration kann auch das Integral $\int \ln x\,dx$ (vgl. Satz 4.3(v)) hergeleitet werden:

Schreibt man $\int \ln x\,dx = \int 1\cdot\ln x\,dx$ und setzt dann in der Formel für die partielle Integration $f'(x) = 1$, also $f(x) = x$, und $g(x) = \ln x$, also $g'(x) = 1/x$, so erhält man:

$$\int 1\cdot\ln x\, dx = x\cdot\ln x - \int x\cdot\frac{1}{x}\, dx =$$

$$= x\cdot\ln x - \int 1\, dx =$$

$$= x\cdot\ln x - x + C.$$

* Das unbestimmte Integral $\int \frac{2\cdot x}{x^2+4}\, dx$ kann durch die Substitutionsregel gelöst werden: Setzt man nämlich $z = g(x) = x^2+4$, also $g'(x) = 2\cdot x$, und $f(z) = \frac{1}{z}$, so ist $\int \frac{2\cdot x}{x^2+4}\, dx = \int f(g(x))\cdot g'(x)\, dx$, und die Substitutionsregel (Satz 4.4(iv)) ist anwendbar:

$$\int \frac{2\cdot x}{x^2+4}\, dx = \int f(g(x))\cdot g'(x)\, dx = \int f(z)\, dz = \int \frac{1}{z}\, dz =$$

$$= \ln z + C \text{ (Satz 4.3 (ii)).}$$

Ersetzt (Resubstituiert) man jetzt wieder $z$ durch $z = g(x) = x^2+4$, so erhält man:

$$\int \frac{2\cdot x}{x^2+4}\, dx = \ln z + C = \ln(x^2+4) + C.$$

Von der Richtigkeit dieser Rechnung kann man sich wieder durch Differentiation der Funktion $F(x) = \ln(x^2+4) + C$ überzeugen:

$$F'(x) = \frac{1}{x^2+4}\cdot 2\cdot x + 0 = \frac{2\cdot x}{x^2+4} \quad \text{(Kettenregel).}$$

Das letzte Beispiel kann (bei Vorliegen der entsprechenden Differenzierbarkeits- und Positivitätsbedingungen) zu der folgenden Integrationsregel verallgemeinert werden:

$$\int \frac{g'(x)}{g(x)}\, dx = \ln|g(x)| + C.$$

An dieser Stelle muß deutich auf einen Unterschied zwischen der Bestimmung von Ableitungsfunktionen und der dazu inversen Operation der Berechnung unbestimmter Integrale hingewiesen werden.
Mit den in Satz 3.7 angegebenen Regeln für die Ableitung zusammengesetzter Funktionen lassen sich die Ableitungen aller durch algebraische Operationen (+, -, •, /) oder Komposition aus Grundfunktionen abgeleiteten Funktionen differenzieren und ihre Ableitungen auf algebraische Verknüpfungen und Kompositionen der Grundfunktionen und ihrer in Satz 3.28 zusammengefaßten Ableitungen zurückführen. Differentiation von Funktionen, die durch algebraische Operationen oder Komposition aus der Grundfunktion entstehen, führt also wieder zu Funktionen derselben Klasse. Darüber hinaus liefern die Sätze 3.27 und 3.28 effiziente Hilfsmittel zur Berechnung solcher Ableitungsfunktionen.

Bei der Berechnung unbestimmter Integrale ist die Situation dagegen weniger zufriedenstellend:

Es gibt Funktionen, wie etwa $f(x) = e^{-x^2}$ oder $f(x) = \frac{1}{x}\cdot\sin x$, deren unbestimmte Integrale zwar existieren, aber nicht durch algebraische Operation oder Komposition aus den Grundfunktionen (und ihren Stammfunktionen) zusammengesetzt werden können. Demzufolge können die unbestimmten Integrale solcher Funktionen auch nicht mit den Rechenregeln des Satz 4.4 (oder ähnlichen) gelöst werden. Die Bestimmung der Stammfunktion muß dann durch numerische Verfahren, auf die an dieser Stelle nicht weiter einzugehen ist, erfolgen.

## 4.2 Das bestimmte Integral

In diesem Abschnitt wird eine Fragestellung behandelt, die auf den ersten Blick keine Beziehung zu den vorher behandelten unbestimmten Integralen besitzt: Es soll untersucht werden, wie der Flächeninhalt berechnet werden kann, der von dem Graphen einer (positiven) im Intervall [a, b] stetigen Funktion und den Geraden x = a, x = b und der x-Achse begrenzt wird.
Nachdem dies gezeigt worden ist, wird der Zusammenhang zwischen dieser Fragestellung und den unbestimmten Integralen und damit zu der Differentialrechnung hergestellt.

Sei also f(x) eine im Intervall [a, b] stetige und positive Funktion. Dann existiert eine anschauliche Vorstellung von der Fläche, die vom Graphen der Funktion f und den drei Geraden x = a, x = b und der x-Achse begrenzt wird, und ihrem Inhalt, der mit $F_a^b$ bezeichnet werden soll (vgl. Abb. 4.1).

Abb. 4.1: Graphische Darstellung des Flächeninhalts $F_a^b$

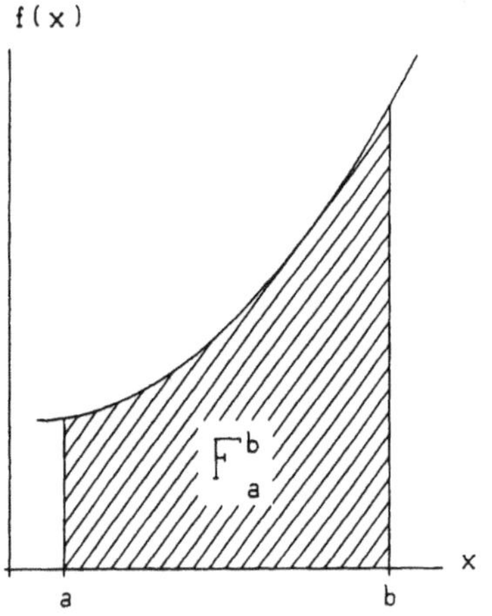


Ist die Funktion f(x) auf dem Intervall [a, b] konstant mit f(x) = c für alle $x \in [a, b]$, so nimmt der gesuchte Flächeninhalt $F_a^b$ offensichtlich den Wert $F_a^b = c \cdot (b-a)$ an. Ist dagegen der durch f(x) definierte Rand der Fläche krummlinig, so kann der Flächeninhalt $F_a^b$ durch einen Grenzübergang bestimmt werden.

Dazu teilt man das Intervall [a, b] in n gleichgroße Teilintervalle. In jedem dieser Teilintervalle bestimmt man den größten und den kleinsten Wert von f. Bezeichnet man mit $f_o^i$ den größten und mit $f_u^i$ den kleinsten Wert von f im i-ten Teilintervall, so ist die von f(x) im i-ten Teilintervall begrenzte Fläche kleiner als $f_o^i \cdot \frac{b-a}{n}$ und größer als $f_u^i \cdot \frac{b-a}{n}$, so daß insgesamt die Abschätzung

$$\sum_{i=1}^{n} f_u^i \cdot \frac{b-a}{n} \le F_a^b \le \sum_{i=1}^{n} f_o^i \cdot \frac{b-a}{n}$$ gilt (vgl. Abb. 4.2).

Die Ausdrücke $\sum_{i=1}^{n} f_u^i \cdot \frac{b-a}{n}$ bzw. $\sum_{i=1}^{n} f_o^i \cdot \frac{b-a}{n}$ werden Unter- bzw. Obersumme genannt und mit $\underline{F}_n$ bzw. $\overline{F}_n$ bezeichnet.

Abb. 4.2: Approximation von $F_b^a$ durch Ober- und Untersumme

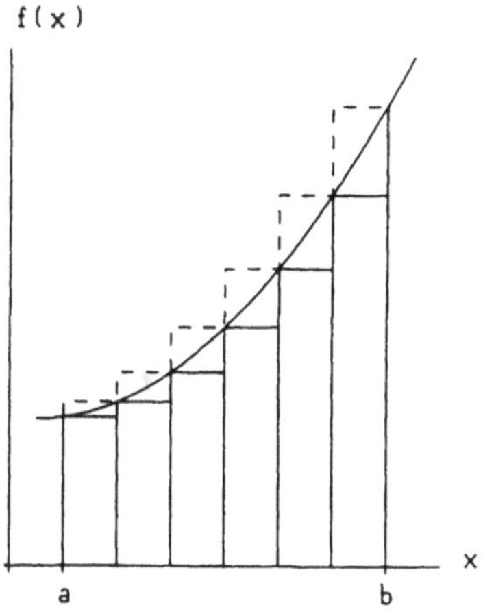


Man kann zeigen, daß - wegen der Stetigkeit von f auf [a, b] - $\underline{F}_n$ und $\overline{F}_n$ mit wachsendem n (also immer feinerer Einteilung von [a, b] in Teilintervalle) gegen einen gemeinsamen Grenzwert konvergieren. Wegen $\underline{F}_n \le F_a^b \le \overline{F}_n$ muß dieser gemeinsame Grenzwert gerade mit dem gesuchten Flächeninhalt übereinstimmen. Ein konkretes Beispiel soll diese Überlegungen verdeutlichen:

Es seien $f(x) = x^2$ und $a = 0$ und $b > 0$. Bei einer Zerlegung des Intervalls [0, b] in n gleiche Teilintervalle besitzt jedes Teilintervall die Länge $\frac{b}{n}$.

Der kleinste Wert von f im i-ten Teilintervall $[\frac{(i-1)\cdot b}{n}, \frac{i\cdot b}{n}]$ ist $(\frac{(i-1)\cdot b}{n})^2$,

der größte ist $(\frac{i\cdot b}{n})^2$, so daß

$$\underline{F}_n = \sum_{i=1}^{n} (\frac{(i-1)\cdot b}{n})^2 \cdot \frac{b}{n} = \frac{b^3}{n^3} \cdot \sum_{i=1}^{n-1} i^2$$

und

$$\overline{F}_n = \sum_{i=1}^{n} (\frac{i\cdot b}{n})^2 \cdot \frac{b}{n} = \frac{b^3}{n^3} \cdot \sum_{i=1}^{n} i^2$$

gilt. Mit der Formel $\sum_{i=1}^{n} i^2 = \frac{1}{6} \cdot n \cdot (n+1) \cdot (2n+1)$ folgt:

$$\underline{F}_n = \frac{b^3}{n^3} \cdot \frac{1}{6} \cdot (n-1) \cdot n \cdot (2n-1) =$$

$$= \frac{b^3}{6} \cdot (1-\frac{1}{n}) \cdot 1 \cdot (2-\frac{1}{n})$$

und

$$\overline{F}_n = \frac{b^3}{n^3} \cdot \frac{1}{6} \cdot n \cdot (n+1) \cdot (2n+1) =$$

$$= \frac{b^3}{6} \cdot 1 \cdot (1+\frac{1}{n}) \cdot (2+\frac{1}{n}).$$

Der Grenzübergang $n \longrightarrow \infty$ führt dann zu

$$\lim_{n\to\infty} \underline{F}_n = \frac{b^3}{6} \cdot 1 \cdot 1 \cdot 2 = \frac{b^3}{3}$$

und

$$\lim_{n\to\infty} \overline{F}_n = \frac{b^3}{6} \cdot 1 \cdot 1 \cdot 2 = \frac{b^3}{3}.$$

Die Grenzwerte von Unter- und Obersumme sind also gleich und stimmen mit $F_0^b$ überein: Die Fläche die vom Graphen der Funktion $f(x) = x^2$, den Geraden $x = 0$, $x = b$ und der x-Achse begrenzt wird, besitzt also den Flächeninhalt $F_0^b = \frac{b^3}{3}$.

Die in den vorhergehenden Beispielen gewählte Vorgehensweise läßt sich in zweierlei Hinsicht verallgemeinern. Zum einen ist es nicht erforderlich, alle Teilintervalle einer Partition von [a, b] gleich lang zu wählen. Erforderlich ist lediglich, daß die Länge des längsten Teilintervalls bei wachsendem n gegen 0 strebt. Weiterhin ist es nicht erforderlich, die kleinsten oder größten Funkionswerte aus den einzelnen Intervallen zu wählen, sondern man kann beliebige Funktionswerte aus den jeweiligen Intervallen wählen. Diese Überlegungen führen zu der folgenden, auf den Mathematiker B. Riemann zurückgehenden Definition:

<u>Definition 4.5:</u> Die Funktion f(x) sei auf dem Intervall [a, b] beschränkt (a < b). Ferner seien durch Punkte $a = x_0^n \leq x_1^n \leq \ldots \leq x_n^n = b$ Zerlegungen von [a, b] in n Teilintervalle $[x_{i-1}^n, x_i^n]$ der Länge $\Delta x_i^n = x_i^n - x_{i-1}^n$ $(i = 1, \ldots, n)$ definiert, deren maximale Länge für $n \longrightarrow \infty$ gegen 0 strebt:

$$\lim_{n\to\infty} \max_{i=1,\ldots,n} \Delta x_i^n = 0.$$

Existiert dann für beliebige Werte $\xi_i^n \in [x_{i-1}^n, x_i^n]$ der Grenzwert

$$\lim_{n\to\infty} \sum_{i=1}^{n} f(\xi_i^n) \cdot \Delta x_i^n$$

und ist dieser Grenzwert unabhängig von der gewählten Folge von Zerlegungen des Intervalls [a, b], so heißt f im Intervall [a, b] <u>Riemann-integrierbar</u>. Der nur von f und den Grenzen a und b abhängige Grenzwert heißt dann <u>bestimmtes Integral</u> oder <u>Riemann-Integral</u> von f in den Grenzen a und b und wird mit

$$\int_a^b f(x)\,dx = \lim_{n\to\infty} \sum_{i=1}^{n} f(\xi_i^n) \cdot \Delta x_i$$

bezeichnet.

Die Anlehnung an Notation und Benennung des unbestimmten Integrals wird durch den weiter unten folgenden Hauptsatz der Differential- und Integralrechnung gerechtfertigt.

Die Definition 4.5 wirft natürlich sofort die Frage auf, welche Eigenschaften einer Funktion f, die auf dem Intervall [a, b] definiert ist, die Existenz des bestimmten Integrals $\int_a^b f(x)\,dx$ garantieren.

Eine erste Antwort gibt der fogende Satz:

Satz 4.6: Ist die Funktion f: [a, b] $\rightarrow \mathbb{R}$ stetig, so existiert $\int_a^b f(x)\,dx$.

Der Beweis dieses Satzes besteht aus 2 Teilen. Zum einen zeigt man, daß die Differenz von Ober- und Untersumme gegen 0 konvergiert, $\lim_{n\to\infty} (\overline{F}_n - \underline{F}_n) = 0$, und zum anderen daß $\lim_{n\to\infty} \overline{F}_n$ existiert. Daraus folgt dann auch die Konvergenz der Untersumme und die Gleichheit $\lim_{n\to\infty} \overline{F}_n = \lim_{n\to\infty} \underline{F}_n$. Wegen $\underline{F}_n \le \sum_{i=1}^{n} f(\xi_i^n) \cdot \Delta x_i^n \le \overline{F}_n$ folgt daraus die Konvergenz von $\sum_{i=1}^{n} f(\xi_i^n) \cdot \Delta x_i^n$, also die Existenz des bestimmmten Integrals von f im Intervall [a, b]. Die Klasse der stetigen Funktionen ist für die hier interessierenden Fragestellungen die wichtigste. Neben den im Intervall [a, b] stetigen Funktionen sind aber auch etwa die im Intervall [a, b] monotonen Funktionen und die im Intervall [a, b] beschränkten und nur an endlich vielen Stellen $x_1, \ldots, x_k \in [a, b]$ nicht stetigen Funktionen auf [a, b] Riemann-integrierbar.

Daß es auch Funktionen gibt, die nicht Riemann-integrierbar sind, zeigt das Beispiel der Funktion f: [0, 1] $\rightarrow \mathbb{R}$ mit $f(x) = \begin{cases} 0, & \text{falls } x \in \mathbb{Q} \\ 1, & \text{falls } x \in \mathbb{R}\setminus\mathbb{Q}. \end{cases}$

Bildet man für diese Funktion den Ausdruck $\sum_{i=1}^{n} f(\xi_i^n)\cdot\Delta x_i^n$, so kann man für jedes n und jedes i $\xi_i^n$ rational wählen, so daß $f(\xi_i^n) = 0$ und damit auch $\lim_{n\to\infty} \sum_{i=1}^{n} f(\xi_i^n)\cdot\Delta x_i^n = 0$ ist. Man kann aber auch für jedes n und jedes i $\xi_i^n$ irrational wählen, so daß $f(\xi_i^n) = 1$ und auch $\sum_{i=1}^{n} f(\xi_i^n)\cdot\Delta x_i^n = 1$ und damit $\lim_{n\to\infty} \sum_{i=1}^{n} f(\xi_i^n)\cdot\Delta x_i^n = 1$ ist.

Insgesamt besitzt der Ausdruck $\sum_{i=1}^{n} f(\xi_i^n)\cdot\Delta x_i^n$ keinen von der Wahl der $\xi_i^n$ unabhängigen Grenzwert, was bedeutet, daß diese Funktion nicht Riemann-integrierbar ist.

Im einführenden Beispiel wurde vorausgesetzt, daß die (stetige) Funktion f im Intervall [a, b] positiv ist. Ist das der Fall, so muß auch das bestimmte Integral von f positiv sein. Ist dagegen die (stetige) Funktion f auf [a, b] negativ, so ist das bestimmte Integrale von f ebenfalls negativ. Dies bedeutet anschaulich, daß Flächenstücke unterhalb der x-Achse ein negatives Vorzeichen und solche oberhalb der x-Achse ein positve Vorzeichen erhalten.

Folglich ist etwa $\int_0^{2\pi} \sin x \, dx = 0$, da das "positive" Flächenstück zwischen 0 und $\pi$ die gleiche Größe wie das "negative" Flächenstück zwischen $\pi$ und $2\pi$ besitzt.

Genauso wie die gerade erwähnte Positivität des Riemann-Integrals lassen sich seine Linearität und Zerlegbarkeit direkt auf die Definition 4.5 zurückführen:

- Die Summe von Funktionen f und g, die auf [a, b] Riemann-integrierbar sind, ist dort ebenfalls Riemann-integrierbar, und es gilt

  $$\int_a^b (f(x)+g(x)) \, dx = \int_a^b f(x) \, dx + \int_a^b g(x) \, dx.$$

- Ist f auf [a, b] Riemann-integrierbar, so ist es auch $\lambda \cdot f$ auf [a, b], und es gilt $\int_a^b \lambda \cdot f(x) \, dx = \lambda \cdot \int_a^b f(x) \, dx$.
- Ist f auf dem Intervall [a, b] Riemann-integrierbar, so ist f auch für jedes $c \in [a, b]$ auf den Intervallen [a, c] und [c, b] Riemann-integrierbar, und es gilt $\int_a^b f(x) \, dx = \int_a^c f(x) \, dx + \int_c^b f(x) \, dx$.

  Insbesondere ist $\int_a^a f(x) \, dx = 0$.

Aus diesen Überlegungen folgt weiter, daß für eine auf [a, b] Riemann-integrierbare Funktion auch jede Funktion g, die sich nur an endlich vielen Stellen aus [a, b] von f unterscheidet, ebenfalls Riemann-integrierbar ist und daß $\int_a^b f(x) \, dx = \int_a^b g(x) \, dx$ gilt.

Weiterhin ist an dieser Stelle darauf hinzuweisen, daß bisher $\int_a^b f(x) \, dx$ nach Definition 4.5 nur dann definiert ist, wenn die Untergrenze des Integrationsbereiches kleiner ist als die Obergrenze. Für den Fall, daß $a > b$ ist, kann jedoch durch Konvention ein bestimmtes Integral definiert werden.

<u>Definition 4.7:</u> Ist $a > b$ und ist f auf dem Intervall [b, a] Riemann-integrierbar, so wird $\int_a^b f(x) \, dx = -\int_b^a f(x) \, dx$ gesetzt.

Zusammen mit dieser Konvention lassen sich die Eigenschaften des bestimmten Integrals zusammenfassen:

Satz 4.8: Es seien f und g zwischen a und b Riemann-integrierbare Funktionen, dann gilt:

(i) Ist $a < b$ und ist $f(x) \geq 0$ für alle $x \in [a, b]$, so ist

$$\int_a^b f(x)\, dx \geq 0.$$

(ii) Ist $a < b$ und ist $f(x) \geq g(x)$ für alle $x \in [a, b]$, so ist

$$\int_a^b f(x)\, dx \geq \int_a^b g(x)\, dx.$$

(iii) Aus der Integrierbarkeit von $f(x)$ und $g(x)$ auf $[a, b]$ (bzw. $[b, a]$, wenn $b < a$ ist) folgt die Integrierbarkeit von $f(x)+g(x)$, und es gilt:

$$\int_a^b (f(x)+g(x))\, dx = \int_a^b f(x)\, dx + \int_a^b g(x)\, dx.$$

(iv) Aus der Integrierbarkeit von $f(x)$ auf $[a, b]$ (bzw. $[b, a]$, wenn $b < a$ ist) folgt die Integrierbarkeit von $\lambda \cdot f$ ($\lambda \in \mathbb{R}$), und es gilt:

$$\int_a^b \lambda \cdot f(x)\, dx = \lambda \cdot \int_a^b f(x)\, dx.$$

(v) Sind $x_0, \ldots, x_n \in [a, b]$ mit $x_0 = a$ und $x_n = b$, so gilt:

$$\int_a^b f(x)\, dx = \sum_{i=1}^{n} \int_{x_{i-1}}^{x_i} f(x)\, dx.$$

(vi) $$\int_a^a f(x)\, dx = 0.$$

(vii) Ist f zwischen a und b integrierbar, und unterscheidet sich h nur an endlich vielen Stellen zwischen a und b von f, so ist h ebenfalls integrierbar, und es gilt:

$$\int_a^b f(x)\, dx = \int_a^b h(x)\, dx.$$

Die bisherigen Überlegungen zu bestimmten Integralen haben sich mit der Frage der Existenz und einigen wichtigen Eigenschaften beschäftigt. Für die konkrete Berechnung von bestimmten Integralen steht bis jetzt nur der recht mühsame Grenzübergang aus Definition 4.4, der am Beispiel des Integrals $\int_0^b x^2\, dx = \frac{b^3}{3}$ durchgeführt wurde, zur Verfügung.

Im folgenden wird ein sehr viel einfacherer Weg zur konkreten Berechnung bestimmter Integrale stetiger Funktionen dargestellt.
Dazu betrachtet man zunächst für eine auf [a, b] stetige Funktion f die Funktion $F_a(x) = \int_a^x f(\xi)\, d\xi$.

$F_a(x)$ ist also das bestimmte Integral von f(x) in einem Intervall mit fester Untergrenze a und variabler Obergrenze x. Daß die Integrationsvariable jetzt $\xi$ und nicht mehr x heißt, ist natürlich unerheblich.
Die Funktion $F_a(x)$ kann wie jede andere Funktion auf Differenzierbarkeit hin untersucht werden. Dazu ist der Differenzenquotient von $F_a(x)$ an einer Stelle $x_0$ zu untersuchen. Für den Zähler $F_a(x_0+\Delta x) - F_a(x_0)$ des Differenzenquotienten gilt:

$$F_a(x_0+\Delta x) - F_a(x_0) = \int_a^{x_0+\Delta x} f(\xi)\, d\xi - \int_a^{x_0} f(\xi)\, d\xi = \int_{x_0}^{x_0+\Delta x} f(\xi)\, d\xi.$$

Der letzte Ausdruck läßt sich nach oben abschätzen durch

$\int_{x_0}^{x_0+\Delta x} f(\xi)\, d\xi \le \Delta x \cdot f(x_{max})$, wobei $x_{max}$ aus $[x_0, x_0+\Delta x]$ so zu wählen ist, daß $f(x_{max}) \ge f(x)$ für alle $x \in [x_0, x_0+\Delta x]$ gilt.

Eine Abschätzung nach unten erhält man durch

$\int_{x_0}^{x_0+\Delta x} f(\xi)\, d\xi \ge \Delta x \cdot f(x_{min})$, wobei $x_{min}$ aus $[x_0, x_0+\Delta x]$ so zu wählen ist, daß $f(x_{min}) \le f(x)$ für alle $x \in [x_0, x_0+\Delta x]$ gilt (vgl. Abb. 4.3).

Abb. 4.3: Graphische Darstellung und Abschätzung der Differenz
$\Delta F_a(x_0) = F_a(x_0+\Delta x) - F_a(x_0)$

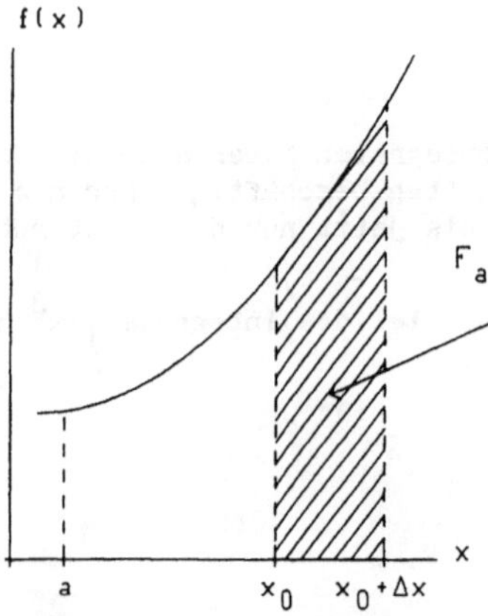

Faßt man diese beiden Ungleichungen zusammen und dividiert durch $\Delta x$, so erhält man $f(x_{min}) \le \frac{F_a(x_0+\Delta x) - F_a(x_0)}{\Delta x} \le f(x_{max})$.

Beim Grenzübergang $\Delta x \to 0$ streben $x_{min}$ und $x_{max}$ gegen $x_0$, so daß wegen der Stetigkeit von f auch $\lim\limits_{\Delta x \to 0} f(x_{min}) = \lim\limits_{\Delta x \to 0} f(x_{max}) = f(x_0)$ gilt. Die letzte Ungleichung wird damit zu $f(x_0) \le \lim\limits_{\Delta x \to 0} \frac{F_a(x_0+\Delta x) - F_a(x_0)}{\Delta x} \le f(x_0)$.

Hieraus folgt die Existenz des Differentialquotienten von $F_a(x)$ an der Stelle $x_0$ und die Gleichung $\frac{dF_a(x_0)}{dx} = f(x_0)$.

Damit ist der folgende Hauptsatz der Differential- und Integralrechnung bewiesen:

Satz 4.9: Es sei f eine auf dem Intervall [a, b] stetige Funktion. Dann ist die Flächenfunktion $F_a(x) = \int_a^x f(\xi)\, d\xi$ an jeder Stelle $x \in ]a, b[$ differenzierbar, und es gilt:

$$\frac{dF_a(x)}{dx} = f(x).$$

Dieser Satz hat wichtige Konsequenzen für die gesamte Differential- und Integralrechnung. Da die Ableitung der Flächenfunktion $F_a(x)$ gerade $f(x)$ ist, ist $F_a(x)$ eine Lösung des unbestimmten Integrals $\int f(\xi)\, d\xi$ auf $]a, b[$. Das bedeutet aber umgekehrt, daß $F_a(x)$ aus einer beliebigen Stammfunktion $F(x)$ von $f(x)$ (mit $F'(x) = f(x)$) gewonnen werden kann: $F_a(x) = F(x) - F(a)$.

Umgekehrt bedeutet dies aber auch, daß jede stetige Funktion eine Stammfunktion besitzt, die sich allgemein als $F(x) = F_a(x) + C = \int_a^x f(\xi)\, d\xi + C$ darstellen läßt. Dies bedeutet aber, daß sich bestimmte Integrale stetiger Funktionen mit Hilfe einer beliebigen Stammmfunktion berechnen lassen:

Nimmt man der Einfachheit halber an, daß f auf ganz $\mathbb{R}$ stetig und damit die Flächenfunktion $F_a(x) = \int_a^x f(\xi)\, d\xi$ auf ganz $\mathbb{R}$ definiert ist, so läßt sich das zu berechnende Integral $\int_\alpha^\beta f(\xi)\, d\xi$ zerlegen in

$$\int_\alpha^\beta f(\xi)\, dx = \int_a^\beta f(\xi)\, d\xi - \int_a^\alpha f(\xi)\, d\xi = F_a(\beta) - F_a(\alpha).$$

Da sich die Flächenfunktion $F_a$ nur durch eine Konstante C von einer allgemeinen Stammfunktion f unterscheidet, $F_a(x) = F(x) - C$, gilt weiter

$$\int_{\alpha}^{\beta} f(\xi)\, d\xi = F_a(\beta) - F_a(\alpha) = (F(\beta) - C) - (F(\alpha) - C) = F(\beta) - F(\alpha).$$

Dieses Ergebnis bedeutet für die Berechnung bestimmter Integrale folgendes:

Ist f stetig, so kann $\int_a^b f(x)\, dx$ in zwei Schritten bestimmt werden:

- Zunächst bestimmt man eine Stammfunktion von f(x) auf [a, b]. Verfahren hierzu sind im Abschnitt 4.1 dargestellt.
- Ist eine Stammfunktion F(x) von f(x) bekannt, so kann das bestimmte Integral durch Einsetzen in diese Stammfunktion berechnet werden:

  $$\int_a^b f(x)\, dx = F(b) - F(a).$$

Für die Differenz F(b) - F(a) wird auch häufig eine abgekürzte Schreibweise verwendet: $\int_a^b f(x)\, dx = F(b) - F(a) = F(x)\Big|_a^b$.

Beispiele:

* Man berechne $\int_0^b x^2\, dx$.

  Das unbestimmte Integral lautet (vgl. Satz 4.3(i)): $\int x^2\, dx = \frac{1}{3}\cdot x^3 + C$.

  Demnach ist $\int_0^b x^2\, dx = \frac{1}{3}\cdot x^3\Big|_0^b = \frac{b^3}{3} - 0 = \frac{b^3}{3}$.

  Dieses Ergebnis stimmt natürlich mit dem überein, das weiter oben durch Anwendung der Vorschriften aus Definition 4.5 hergeleitet wurde.

* Man berechne das Integral $\int_{-1}^{+1} x\cdot e^{x^2}\, dx$.

  Zunächst ist das unbestimmte Integral mit der Substitutionsmethode zu berechnen:
  Mit $z = g(x) = x^2$, also $g'(x) = 2\cdot x$ und $f(z) = e^z$ ist

  $$\int x\cdot e^{x^2}\, dx = \frac{1}{2}\cdot\int 2\cdot x\cdot e^{x^2}\, dx = \frac{1}{2}\cdot\int g'(x)\cdot f(g(x))\, dx =$$
  $$= \frac{1}{2}\cdot\int f(z)\, dz = \frac{1}{2}\cdot e^z + C = \frac{1}{2}\cdot e^{x^2} + C.$$

  Durch Einsetzen ergibt sich das bestimmte Integral:

  $$\int_{-1}^{+1} x\cdot e^{x^2}\, dx = \frac{1}{2}\cdot e^{x^2}\Big|_{-1}^{+1} = \frac{1}{2}\cdot e^1 - \frac{1}{2}\cdot e^1 = 0.$$

  Dieses Beispiel zeigt, daß auch von der Nullfunktion verschiedene stetige Funktionen bestimmte Integrale besitzen können, die 0 sind, da sich wie hier "positive" und "negative" Flächen gerade aufheben könen.

* Man berechne $\int_{-1}^{+3} |x^2-2\cdot x|\, dx$.

Dieses Integral kann man berechnen, indem man den Integrationsbereich an den Nullstellen der Funktion $f(x) = x^2-2\cdot x$ ($x_{01} = 0$, $x_{02} = 2$) teilt und dann über die Teilbereiche integriert:

Wegen $|x^2-2\cdot x| = \begin{cases} x^2-2\cdot x & \text{für } x \le 0 \text{ oder } x \ge 2 \\ 2\cdot x-x^2 & \text{für } 0 \le x \le 2 \end{cases}$

ist $\int_{-1}^{+3} |x^2-2\cdot x|\, dx = \int_{-1}^{0} (x^2-2\cdot x)\, dx + \int_{0}^{2} (2\cdot x-x^2)\, dx + \int_{2}^{3} (x^2-2\cdot x)\, dx$.

Mit den unbestimmten Integralen

$\int (x^2-2\cdot x)\, dx = \frac{1}{3}\cdot x^3 - x^2 + C$ und $\int (2\cdot x-x^2)\, dx = x^2 - \frac{1}{3}\cdot x^3 + C$

ist dann:

$$\int_{-1}^{0} (x^2-2\cdot x)\, dx = \frac{1}{3}\cdot x^3-x^2\Big|_{-1}^{0} = 0 - (-\frac{1}{3}-1) = \frac{4}{3},$$

$$\int_{0}^{2} (2\cdot x-x^2)\, dx = x^2-\frac{1}{3}\cdot x^3\Big|_{0}^{2} = (4-\frac{8}{3}) - 0 = \frac{4}{3} \text{ und}$$

$$\int_{2}^{3} (x^2-2\cdot x)\, dx = \frac{1}{3}\cdot x^3-x^2\Big|_{2}^{3} = (9-9) - (\frac{8}{3}-4) = \frac{4}{3}.$$

Insgesamt ist dann

$$\int_{-1}^{+3} |x^2-2\cdot x|\, dx = \frac{4}{3} + \frac{4}{3} + \frac{4}{3} = 4.$$

Der Hauptsatz der Differential- und Integralrechnung (Satz 4.9) erlaubt es auch, die Rechenregeln für unbestimmte Integrale (Satz 4.4) direkt für bestimmte Integrale zu formulieren.
Die Aussagen von Satz 4.4(i), Additivität des unbestimmten Integrals, und Satz 4.4(ii), Vertauschbarkeit des unbestimmten Integrals mit der Multiplikation mit Skalaren, sind schon im Satz 4.8(iii) und (iv) für bestimmte Integrale formuliert worden. Es bleibt also noch, die Regel der partiellen Integration (Satz 4.4(iii)) und die Substitutionsregel (Satz 4.4(iv)) auf bestimmte Integrale zu übertragen.

Die partielle Integration besagt, daß - bei Vorliegen der entsprechenden Differenzierbarkeitsbedingungen - das unbestimmte Integral oder die Stammfunktion $F(x)$ eines Produkts der Form $f'(x) \cdot g(x)$ umgeformt werden kann zu:

$$F(x) = \int f'(x)\cdot g(x)\, dx = f(x)\cdot g(x) - \int f(x)\cdot g'(x)\, dx.$$

Für ein bestimmtes Integral mit einem Integranden der Form $f'(x) \cdot g(x)$ ergibt sich daraus:

$$\int_a^b f'(x)\cdot g(x)\,dx = F(x)\Big|_a^b = f(x)\cdot g(x) - \int f(x)\cdot g'(x)\,dx\Big|_a^b =$$

$$= f(b)\cdot g(b) - f(a)\cdot g(a) - \int_a^b f(x)\cdot g'(x)\,dx.$$

Die Substitutionsregel besagt, daß - bei Vorliegen der entsprechenden Differenzierbarkeitsvoraussetzungen - das unbestimmte Integral oder die Stammfunktion $F(x)$ eines Produkts $f(g(x)) \cdot g'(x)$ durch das unbestimmte Integral oder die Stammfunktion $F^*(z)$ von $f(z)$ darstellbar ist:

$\int f(x)\cdot g'(x)\,dx = \int f(z)\,dz$, wobei $z = g(x)$ ist.

Drückt man diesen Zusammenhang mit Hilfe der Stammfunktion $F(x)$ (von $f(g(x))\cdot g'(x)$) und $F^*(z)$ (von $f(z)$) aus, so gilt $F(x) = F^*(z) = F^*(g(x))$.
Für ein bestimmtes Integral von $f(g(x)) \cdot g'(x)$ bedeutet dies:

$$\int_a^b f(g(x))\cdot g'(x)\,dx = F(b) - F(a) = F^*(g(b)) - F^*(g(a)) = \int_{g(a)}^{g(b)} f(z)\,dz.$$

Diese beiden Ergebnisse sind im folgenden Satz zusammengefaßt:

<u>Satz 4.10:</u> Für bestimmte Integrale gilt:

(i) Sind f und g auf [a, b] stetig differenzierbar, so ist $f'(x)\cdot g(x)$ dort Riemann-integrierbar, und es gilt:

$$\int_a^b f'(x)\cdot g(x)\,dx = f(b)\cdot g(b) - f(a)\cdot g(a) - \int_a^b f(x)\cdot g'(x)\,dx.$$

(ii) Ist $g(x)$ auf [a, b] stetig differenzierbar und ist $f(z)$ auf $g([a, b])$ stetig, so ist $f(g(x)) \cdot g'(x)$ auf [a, b] Riemann-integrierbar, und es gilt:

$$\int_a^b f(g(x))\cdot g'(x)\,dx = \int_{g(a)}^{g(b)} f(z)\,dz.$$

Beispiele:

* Man berechne das bestimmte Integral $\int_0^{\pi/2} x\cdot\sin x\,dx$.

  Setzt man $f'(x) = \sin x$, also $f(x) = -\cos x$, und $g(x) = x$, also $g'(x) = 1$, so ergibt sich mit Satz 4.10(i):

$$\int_0^{\pi/2} x\cdot\sin x\,dx = -\cos(\pi/2)\cdot\pi/2 - \cos(0)\cdot 0 - \int_0^{\pi/2} -\cos x\,dx =$$

$$= -0\cdot\pi/2 - 1\cdot 0 - (-\sin x)\Big|_0^{\pi/2} = -(-1-0) = 1.$$

* Man berechne das bestimmte Integral $\int_0^2 \frac{2\cdot x}{x^2+1}\,dx$.

  Setzt man $g(x) = x^2+1$, also $g'(x) = 2\cdot x$ und $f(z) = \frac{1}{z}$, so ergibt sich mit Satz 4.10(ii):

  $$\int_0^2 \frac{2x}{x^2+1}\,dx = \int_{g(0)}^{g(2)} \frac{1}{z}\,dz = \int_1^5 \frac{1}{z}\,dz = \ln z\Big|_1^5 = \ln 5 - \ln 1 = \ln 5 \doteq 1{,}61.$$

Bei der Berechnung bestimmter Integrale $\int_a^b f(x)\,dx$ ist stets darauf zu achten, daß f auf dem Intervall [a, b] integrierbar ist. Von Ausnahmefällen abgesehen bedeutet dies, daß [a, b] in Teilintervalle zerlegbar ist, auf denen f stetig und beschränkt ist. Darüberhinaus müssen die Grenzen a und b des Integrationsbereiches endlich sein.

Beispiele:

* Das Integral $\int_0^5 f(x)\,dx$ mit $f(x) = n - x$ für $n-1 \le x < n$ ist definiert, da f im Integrationsbereich beschränkt ist und dort nur an den Stellen x = 1, 2, 3, 4, 5 unstetig ist. Das Integral kann man als

  $$\int_0^5 f(x)\,dx = \sum_{i=1}^{5} \int_{i-1}^{i} i-x\,dx = \sum_{i=1}^{5} \frac{1}{2} = 2{,}5$$ berechnen.

* Der Ausdruck $\int_{-1}^{+1} \frac{1}{x}\,dx$ ist als Riemann-Integral nicht definiert, weil $f(x) = \frac{1}{x}$ an der Stelle x = 0 eine Polstelle besitzt.

* Das Integral $\int_0^{+\infty} x\cdot e^{-x^2}\,dx$ ist ebenfalls nicht definiert, da die Obergrenze des Integrationsbereiches $+\infty$ ist.

Wie unter Umständen solchen, als Riemann-Integral nicht definierten Ausdrücken ein sinnvoller Wert zugeordnet werden kann, ist Gegenstand des folgenden Abschnitts.

## 4.3 Uneigentliche Integrale

Riemann-Integrierbarkeit einer Funktion f(x) auf einem Intervall [a, b] setzt - wie bereits oben erwähnt - unter anderem voraus, daß f dort beschränkt ist. Folglich ist eine Funktion wie etwa $f(x) = \frac{1}{\sqrt{x}}$ auf dem Intervall [0, 1] nicht integrierbar (auch dann nicht, wenn f(0) beliebig festgelegt wird), weil $\lim_{x \to 0} f(x) = +\infty$ ist, also f auf [0, 1] nicht beschränkt ist. Eine Möglichkeit, solchen Ausdrücken trotzdem einen sinnvollen Wert zuzuordnen, bieten die uneigentlichen Integrale:

Definition 4.11: Es sei f: [a, b] $\longrightarrow \mathbb{R}$ eine Funktion, die auf [a, b] nicht Riemann-integrierbar ist. Existiert dann für jedes $\varepsilon \in \,]0, b-a[$ das Riemann-Integral $\int_{a+\varepsilon}^{b} f(x)\,dx$ (bzw. $\int_{a}^{b-\varepsilon} f(x)\,dx$) und existiert

$\lim_{\varepsilon \to 0} \int_{a+\varepsilon}^{b} f(x)\,dx$ (bzw. $\lim_{\varepsilon \to 0} \int_{a}^{b-\varepsilon} f(x)\,dx$), so heißt f(x) auf dem Intervall [a, b] uneigentlich integrierbar. Der Grenzwert

$$\lim_{\varepsilon \to 0} \int_{a+\varepsilon}^{b} f(x)\,dx = \int_{a}^{b} f(x)\,dx \quad \left(\text{bzw. } \lim_{\varepsilon \to 0} \int_{a}^{b-\varepsilon} f(x)\,dx = \int_{a}^{b} f(x)\,dx\right)$$

wird dann uneigentiches Integral von f im Intervall [a, b] genannt.

Offensichtlich ist es für uneigentliche Integrale unerheblich, ob oder wie f an den Grenzen a und b des Integrationsbereiches definiert ist.

Uneigentliche Integrale können benutzt werden, um stetige Funktionen in der Nähe von Polstellen, an denen sie gegen $+\infty$ oder $-\infty$ streben, zu integrieren.

Beispiele:

* Der Ausdruck $\int_{0}^{+1} \frac{1}{\sqrt{x}}\,dx$ ist als Riemann-Integral nicht definiert, da der Integrand $f(x) = \frac{1}{\sqrt{x}}$ an der Stelle $x_0 = 0$ eine Polstelle besitzt.

  Als uneigentliches Integral ist dieser Ausdruck, wie die folgende Rechnung zeigt, jedoch definiert.

  Die Berechnung von $\int_{0}^{+1} \frac{1}{\sqrt{x}}\,dx$ erfolgt in 3 Schritten:

  1) Berechnung des unbestimmten Integrals:

  $$\int \frac{1}{\sqrt{x}}\,dx = \int x^{-1/2}\,dx = 2 \cdot x^{1/2} + C = 2 \cdot \sqrt{x} + C.$$

2) Bestimmung des Riemann-Integrals:

$$\int_{\varepsilon}^{1} \frac{1}{\sqrt{x}}\,dx = 2\cdot\sqrt{x}\Big|_{\varepsilon}^{1} = 2 - 2\sqrt{\varepsilon}.$$

3) Grenzübergang $\varepsilon \longrightarrow 0$:

$$\int_{0}^{1} \frac{1}{\sqrt{x}}\,dx = \lim_{\varepsilon\to 0} \int_{\varepsilon}^{1} \frac{1}{\sqrt{x}}\,dx = \lim_{\varepsilon\to 0} (2-2\sqrt{\varepsilon}) = 2.$$

Die Rechnung zeigt, daß für alle $\varepsilon \in \,]0,\,1[$ die bestimmten Integrale

$\int_{\varepsilon}^{1} \frac{1}{\sqrt{x}}\,dx$ existieren und für $\varepsilon \longrightarrow 0$ gegen einen endlichen Wert konvergieren.

Gemäß Definition 4.11 ist damit die Funktion $f(x) = \frac{1}{\sqrt{x}}$ zwischen 0 und 1 uneigentlich integrierbar mit dem (Grenz-) Wert $\int_{0}^{1} \frac{1}{\sqrt{x}}\,dx = 2.$

* Das entsprechende Vorgehen für den Ausdruck $\int_{0}^{1} \frac{1}{x}\,dx$ zeigt:

1) $\int \frac{1}{x}\,dx = \ln x + C$

2) $\int_{\varepsilon}^{1} \frac{1}{x}\,dx = \ln x\Big|_{\varepsilon}^{1} = 0 - \ln \varepsilon = -\ln \varepsilon$

3) $\lim\limits_{\varepsilon\to 0} \int_{\varepsilon}^{1} \frac{1}{x}\,dx = \lim\limits_{\varepsilon\to 0} -\ln \varepsilon = +\infty.$

Also konvergiert das uneigentliche Integral $\int_{0}^{1} \frac{1}{x}\,dx$ (als Grenzwert $\lim\limits_{\varepsilon\to 0} \int_{\varepsilon}^{1} \frac{1}{x}\,dx$) nicht, so daß das uneigentliche Integral $\int_{0}^{1} \frac{1}{x}\,dx$ nicht existiert.

Uneigentliche Integrale, bei denen die Polstelle innerhalb des Integrationsintervalls liegt, müssen entsprechend zerlegt werden, da sonst unsinnige Ergebnisse entstehen können.

Beispiel:

* Der Ausdruck $\int\limits_{-1}^{+1} \frac{1}{x^2}\,dx$ ist als Riemann-Integral nicht definiert, da $f(x) = \frac{1}{x^2}$ bei $x_0 = 0$ eine Polstelle besitzt. Beachtet man diese Tatsache nicht, so erhält man beim Einsetzen in die Stammfunktion $\int \frac{1}{x^2}\,dx = -\frac{1}{x} + C$:

$$\int\limits_{-1}^{+1} \frac{1}{x^2}\,dx = -\frac{1}{x}\Big|_{-1}^{+1} = -1 - (+1) = -2.$$

Dies ist ein offensichtlich unsinniges Ergebnis, da $f(x) = \frac{1}{x^2}$ zwischen -1 und +1 stets positiv ist (mit Ausnahme der Polstelle), so daß auch das Integral - wenn es überhaupt definiert ist - positiv sein müßte. Richtigerweise ist dieses Integral zu zerlegen in:

$$\int\limits_{-1}^{+1} \frac{1}{x^2}\,dx = \int\limits_{-1}^{0} \frac{1}{x^2}\,dx + \int\limits_{0}^{+1} \frac{1}{x^2}\,dx.$$

Die beiden Integrale auf der rechten Seite sind als uneigentliche Integrale (im Sinne von Definition 4.11) zu lösen. Allerdings sieht man sofort, daß die Grenzwerte

$$\lim_{\varepsilon\to 0} \int\limits_{\varepsilon}^{1} \frac{1}{x^2}\,dx = \lim_{\varepsilon\to 0} \int\limits_{-1}^{-\varepsilon} \frac{1}{x^2}\,dx = \lim_{\varepsilon\to 0} -\frac{1}{x}\Big|_{\varepsilon}^{1} = \lim_{\varepsilon\to 0} -1 + \frac{1}{\varepsilon} = +\infty$$

nicht existieren. Also sind die beiden uneigentlichen Integrale nicht definiert, woraus folgt, daß $\int\limits_{-1}^{+1} \frac{1}{x^2}\,dx$ nicht existiert.

Sind beide Grenzen des Integrationsbereiches Polstellen, so ist das Integral an einer Zwischenstelle aufzuspalten. Die zwei dabei entstehenden uneigentlichen Integrale werden dann getrennt berechnet.

Beispiel:

* Der Ausdruck $\int\limits_{-1}^{+1} \frac{2\cdot x}{x^2-1}\,dx$ ist höchstens als uneigentliches Integral definiert, da -1 und +1 Polstellen des Integranden $\frac{2\cdot x}{x^2-1}$ sind:

  Es sind $\lim\limits_{\substack{x\to -1\\ x>-1}} \frac{2\cdot x}{x^2-1} = +\infty$ und $\lim\limits_{\substack{x\to +1\\ x<+1}} \frac{2\cdot x}{x^2-1} = -\infty$.

  Der gesuchte Ausdruck ist zerlegbar in

$$\int\limits_{-1}^{+1} \frac{2\cdot x}{x^2-1}\,dx = \int\limits_{-1}^{0} \frac{2\cdot x}{x^2-1}\,dx + \int\limits_{0}^{+1} \frac{2\cdot x}{x^2-1}\,dx.$$

Mit dem unbestimmten Integral $\int \frac{2\cdot x}{x^2-1}\,dx = \ln|x^2-1| + C$ (Substitution: $z = g(x) = x^2-1$, $f(z) = \frac{1}{z}$) ist

$$\int_{-1}^{0} \frac{2\cdot x}{x^2-1}\,dx = \lim_{\substack{\varepsilon\to 0\\ \varepsilon>0}} \int_{-1+\varepsilon}^{0} \frac{2\cdot x}{x^2-1}\,dx = \lim_{\substack{\varepsilon\to 0\\ \varepsilon>0}} \ln|x^2-1|\Big|_{-1+\varepsilon}^{0} =$$

$$= \lim_{\substack{\varepsilon\to 0\\ \varepsilon>0}} (0-\ln|(\varepsilon-1)^2-1|) = +\infty.$$

Entsprechend ist $\int_{0}^{+1} \frac{2\cdot x}{x^2-1}\,dx = -\infty.$

Also sind beide Ausdrücke als uneigentliche Integrale nicht definiert, so daß auch der Ausdruck $\int_{-1}^{+1} \frac{2x}{x^2-1}\,dx$ nicht definiert ist.

Diese Tatsache wird verschleiert, wenn man versucht diesen Ausdruck als

$$\int_{-1}^{+1} \frac{2\cdot x}{x^2-1}\,dx = \lim_{\substack{\varepsilon\to 0\\ \varepsilon>0}} \int_{-1+\varepsilon}^{1-\varepsilon} \frac{2\cdot x}{x^2-1}\,dx = \lim_{\substack{\varepsilon\to 0\\ \varepsilon>0}} (\ln|(\varepsilon-1)^2-1| - \ln|(\varepsilon-1)^2-1|) =$$

$$= \lim_{\substack{\varepsilon\to 0\\ \varepsilon>0}} 0 = 0$$

zu berechnen. Der Fehler einer solchen Vorgehensweise liegt darin, daß hier die beiden Grenzwerte gegen -1 und +1 nicht unabhängig voneinander gebildet werden. Setzt man dagegen

$$\int_{-1}^{+1} \frac{2\cdot x}{x^2-1}\,dx = \lim_{\substack{\varepsilon\to 0\\ \varepsilon>0}} \lim_{\substack{\delta\to 0\\ \delta>0}} \int_{-1+\delta}^{1-\varepsilon} \frac{2\cdot x}{x^2-1}\,dx,$$

so erhält man:

$$\int_{-1}^{+1} \frac{2\cdot x}{x^2-1}\,dx = \lim_{\substack{\varepsilon\to 0\\ \varepsilon>0}} \ln|(\varepsilon-1)^2-1| - \lim_{\substack{\delta\to 0\\ \delta>0}} |(-1+\delta)^2-1| = \infty - \infty.$$

Dieser nicht definierte Ausdruck "$\infty - \infty$" zeigt, daß $\int_{-1}^{+1} \frac{2\cdot x}{x^2-1}\,dx$ auch als uneigentliches Integral nicht existiert.

Neben der Integration von Funktionen an Polstellen ermöglichen uneigentliche Integrale in einer leichten Variation von Definition 4.11 auch die Integration von Funktionen über Intervalle, bei denen eine Grenze $-\infty$ oder $+\infty$ ist:

Definition 4.12: Es sei $f: ]-\infty, b] \longrightarrow \mathbb{R}$ (bzw. $f: [a, +\infty[ \longrightarrow \mathbb{R}$) eine Funktion die auf allen Intervallen $[A, b]$ mit $A < b$ (bzw. $[a, B]$ mit $a < B$) Riemann-integrierbar ist.

Existiert dann der (endliche) Grenzwert $\lim\limits_{A \to -\infty} \int_A^b f(x)\,dx$

(bzw. $\lim\limits_{B \to +\infty} \int_a^B f(x)\,dx$), so heißt $f(x)$ auf $]-\infty, b]$ (bzw. $[a, +\infty[$)

uneigentlich integrierbar und man setzt

$$\int_{-\infty}^{b} f(x)\,dx = \lim_{A \to -\infty} \int_A^b f(x)\,dx \quad \left(\text{bzw. } \int_a^{+\infty} f(x)\,dx = \lim_{B \to +\infty} \int_a^B f(x)\,dx\right).$$

Beispiele:

* Der Ausdruck $\int_1^{+\infty} x^\alpha\,dx$ kann für $\alpha \neq -1$ so berechnet werden:

1) Unbestimmtes Integral:

$$\int x^\alpha\,dx = \frac{1}{\alpha+1} \cdot x^{\alpha+1} + C \quad (\alpha \neq -1).$$

2) Bestimmtes Integral:

$$\int_1^B x^\alpha\,dx = \frac{1}{\alpha+1} \cdot x^{\alpha+1} \Big|_1^B = \frac{1}{\alpha+1} \cdot (B^{\alpha+1} - 1).$$

3) Uneigentliches Integral:

$$\int_1^{+\infty} x^\alpha\,dx = \frac{1}{\alpha+1} \cdot (\lim_{B \to +\infty} B^{\alpha+1} - 1).$$

Dieses uneigentliche Integral ist also genau dann definiert, wenn

$\lim\limits_{B \to +\infty} B^{\alpha+1}$ endlich ist. Das ist aber genau dann der Fall, wenn $\alpha < -1$ ist.

Für $\alpha < -1$ ist damit $\int_1^{+\infty} x^\alpha\,dx = \frac{-1}{\alpha+1}$.

Für $\alpha > -1$ dagegen existiert $\lim\limits_{B \to +\infty} B^{\alpha+1}$ nicht, so daß in diesem Fall auch das

Integral $\int_1^{+\infty} x^\alpha\,dx$ nicht existiert.

Für $\alpha = -1$, also $\int_1^{+\infty} \frac{1}{x}\,dx$ ergibt sich mit $\int \frac{1}{x}\,dx = \ln|x|$:

$$\int_1^{+\infty} \frac{1}{x}\,dx = \lim_{B\to+\infty} \ln|x|\Big|_1^B = \lim_{B\to+\infty} \ln|B| = +\infty,$$

so daß für $\alpha = -1$ das uneigentliche Integral ebenfalls nicht existiert.

Insgesamt existiert das uneigentlich Integral $\int_1^{+\infty} x^\alpha\,dx = \frac{-1}{\alpha+1}$ für $\alpha < -1$;

für $\alpha \geq -1$ dagegen ist dieser Ausdruck nicht definiert.

Natürlich können auch Ausdrücke wie $\int_{-\infty}^{+\infty} \frac{2\cdot x}{(1+x^2)^2}\,dx$ oder $\int_0^{+\infty} \frac{1}{\sqrt{x}}\,dx$ auf die Definitionen 4.11 und/oder 4.12 zurückgeführt werden.

Beispiele:

* Der Ausdruck $\int_{-\infty}^{+\infty} \frac{2\cdot x}{(1+x^2)^2}\,dx$ kann zerlegt werden in

$$\int_{-\infty}^{+\infty} \frac{2\cdot x}{(1+x^2)^2}\,dx = \int_{-\infty}^{0} \frac{2\cdot x}{(1+x^2)^2}\,dx + \int_{0}^{+\infty} \frac{2\cdot x}{(1+x^2)^2}\,dx.$$

Da $\int_{-\infty}^{0} \frac{2\cdot x}{(1+x^2)^2}\,dx = -\int_{0}^{+\infty} \frac{2\cdot x}{(1+x^2)^2}\,dx$ ist, muß - falls der Ausdruck überhaupt definiert ist, falls also $\int_{0}^{+\infty} \frac{2\cdot x}{(1+x^2)^2}\,dx < \infty$ ist - $\int_{-\infty}^{+\infty} \frac{2\cdot x}{(1+x^2)^2}\,dx = 0$ sein.

Nun gilt:

1) Unbestimmtes Integral:

$$\int \frac{2\cdot x}{(1+x^2)^2}dx = \int \frac{1}{z^2}\,dz = -z^{-1} + C = -\frac{1}{1+x^2} + C$$

(Substitution: $z = g(x) = 1 + x^2$; $g'(x) = 2x$; $f(z) = \frac{1}{z^2}$).

2) Bestimmtes Integral:

$$\int_0^B \frac{2\cdot x}{(1+x^2)^2}\,dx = -\frac{1}{1+x^2}\Big|_0^B = 1 - \frac{1}{1+B^2}.$$

3) Uneigentliches Integral:

$$\int_0^{+\infty} \frac{2\cdot x}{(1+x^2)^2}\,dx = \lim_{B\to\infty} 1-\frac{1}{1+B^2} = 1 - 0 = 1.$$

Damit existiert das uneigentliche Integral

$\int_0^{+\infty} \frac{2\cdot x}{(1+x^2)^2}\,dx = +1$, so daß auch $\int_{-\infty}^{+\infty} \frac{2\cdot x}{(1+x^2)^2}\,dx = 0$ als uneigentliches Integral definiert ist.

* Der Ausdruck $\int_0^{+\infty} \frac{1}{\sqrt{x}}\,dx$ ist in zwei uneigentliche Integrale zu zerlegen

$$\int_0^{+\infty} \frac{1}{\sqrt{x}}\,dx = \int_0^{1} \frac{1}{\sqrt{x}}\,dx + \int_1^{+\infty} \frac{1}{\sqrt{x}}\,dx.$$

Der erste Summand auf der rechten Seite existiert gemäß Definition 4.11 als uneigentliches Integral, und es gilt:

$\int_0^{1} \frac{1}{\sqrt{x}}\,dx = 2$ (siehe Beispiele zu Definition 4.11).

Der zweite Ausdruck $\int_1^{+\infty} \frac{1}{\sqrt{x}}\,dx = \int_1^{+\infty} x^{-1/2}\,dx$ ist von der Form $\int_1^{+\infty} x^{\alpha}\,dx$ ($\alpha = -1/2$). Oben wurde gezeigt, daß solche Integrale für $\alpha \geq -1$ divergieren. Also existiert $\int_1^{+\infty} \frac{1}{\sqrt{x}}\,dx$ nicht. Ingesamt ist daher auch das uneigentliche Integral $\int_0^{+\infty} \frac{1}{\sqrt{x}}\,dx$ nicht definiert.

## 4.4 Integralrechnung für Funktionen mehrerer Variablen

Eine ausführliche Darstellung der Integralrechnung für Funktionen mehrerer Variablen würde den Rahmen dieses Buches sprengen. Trotzdem sollen einige grundlegende Ideen und wichtige Ergebnisse wegen ihrer Bedeutung für ein wirtschaftswissenschafliches Studium dargestellt werden.
Zunächst soll der Begriff des Riemann-Integrals, der im Abschnitt 4.2 für Funktionen einer Variablen definiert wurde, verallgemeinert werden.

Ein Quader Q in $\mathbb{R}^n$ ist das n-fache kartesische Produkt von Intervallen aus $\mathbb{R}$:

$$Q = \mathop{\times}_{i=1}^{n} [a_i, b_i] = \left\{\underline{x} \in \mathbb{R}^n \mid a_i \le x_i \le b_i \text{ für alle } i = 1, \ldots, n\right\}.$$

Das Volumen eines solchen Quaders kann man sinnvollerweise als

$$V(Q) = \prod_{i=1}^{n} (b_i - a_i) \text{ festlegen.}$$

Damit ist aber auch das (n+1)-dimensionale Volumen, das von einer auf Q konstanten Funktion f: $Q \longrightarrow \mathbb{R}$ mit $f(x) = c$ begrenzt wird, als

$$c \cdot V(Q) = c \cdot \prod_{i=1}^{n} (b_i - a_i) \text{ festzulegen.}$$

Für eine auf dem Quader Q nicht konstante Funktion f kann die Größe des von f auf Q begrenzten Volumens - genauso wie im eindimensionalen Fall - durch einen Grenzübergang bestimmt werden:

Dazu ist zunächst Q in m Teilquader zu zerlegen $Q = \bigcup_{i=1}^{m} Q_i^m$, deren Gesamtvolumen mit dem von V übereinstimmt $(V(Q) = \sum_{i=1}^{m} V(Q_i^m))$. Für eine solche Zerlegung lassen sich Ober- und Untersummen definieren:

Obersumme: $\overline{F}_m = \sum_{i=1}^{m} f_o^i \cdot V(Q_i^m)$,

Untersumme: $\underline{F}_m = \sum_{i=1}^{m} f_u^i \cdot V(Q_i^m)$.

Dabei sind $f_o^i$ bzw. $f_u^i$ der größte bzw. der kleinste Wert von f auf dem Quader $Q_i^m$. Konvergieren Ober- und Untersumme gegen denselben Grenzwert, so heißt f auf Q Riemann-integrierbar:

Definition 4.13: Eine beschränkte Funktion f: $Q \longrightarrow \mathbb{R}$, wobei Q ein Quader in $\mathbb{R}^n$ ist, heißt auf Q Riemann-integrierbar, wenn für jede immer feiner werdende Folge von Partitionen von Q in Teilquader

$\left\{\left\{Q_1^m, \ldots, Q_m^m\right\}\right\}_{m \in \mathbb{N}}$ Ober- und Untersumme gegen denselben, von der konkreten Folge unabhängigen Grenzwert konvergieren.

Der gemeinsame Grenzwert

$$\lim_{m\to\infty} \sum_{i=1}^{m} f_o^i \cdot V(Q_i^m) = \lim_{m\to\infty} \sum_{i=1}^{m} f_u^i \cdot V(Q_i^m) = \int_Q f(\underline{x})\, d\underline{x}$$

wird als Riemann-Integral von f auf Q bezeichnet.

Die wichtigste Klasse von Riemann-integriebaren Funktionen sind die stetigen:

Satz 4.14: Ist $f\colon Q \longrightarrow \mathbb{R}$ ($Q$ ein Quader in $R^n$) stetig, so existiert das Riemann-Integral $\int_Q f(\underline{x})\, d\underline{x}$.

Es ist natürlich auch möglich, Funktionen $f$ mehrerer Variablen auf anderen Mengen $A \subset \mathbb{R}^n$ als Quadern zu integrieren. Dazu wählt man einen Quader $Q \subset \mathbb{R}^n$, der $A$ enthält und definiert $f^*(x) = \begin{cases} f(x) & \text{für } x \in A, \\ 0 & \text{für } x \in Q \setminus A. \end{cases}$

Ist dann $f^*$ auf $Q$ integrierbar, so heißt $f$ auf $A$ integrierbar, und man setzt

$$\int_A f(x)\, dx = \int_Q f^*(\underline{x})\, d\underline{x}.$$

Auf die in diesem Zusammenhang auftretenden speziellen Probleme (z. B. Meßbarkeit der Menge A) soll hier nicht eingegangen werden.

Statt dessen soll als nächstes dargestellt werden, wie die konkrete Berechnung eines Integrals für eine Funktion mehrerer Variablen auf die Berechnung bestimmter Integrale von Funktionen einer Variblen reduziert werden kann.
Dazu sei - um den Schreibaufwand zu reduzieren - $n = 2$ und $f\colon [0,1] \times [0,1] \longrightarrow \mathbb{R}$ auf dem Einheitsquadrat zu integrieren:

$$\int_Q f(x_1, x_2)\, d(x_1, x_2).$$

Nimmt man weiterhin an, daß $f$ auf dem Einheitswürfel stetig ist, so existiert dieses Integral als Grenzwert von Ober- und Untersumme.
Teilt man also das Einheitsintervall in $n$ bzw. $m$ gleiche Teilintervalle, so bilden die Intervalle $[\frac{i-1}{n}, \frac{i}{n}] \times [\frac{j-1}{m}, \frac{j}{m}]$ $(i=1, \ldots, n;\ j=1, \ldots, m)$ eine Zerlegung von $Q$, die mit wachsendem $n$ und $m$ immer feiner wird. Also gilt

$$\int_Q f(x_1, x_2)\, d(x_1, x_2) = \lim_{\substack{n\to\infty \\ m\to\infty}} \sum_{i=1}^{n} \sum_{j=1}^{m} f_{ij} \cdot \frac{1}{n \cdot m}.$$

Dabei ist $f_{ij} = f(x_{ij})$ mit $x_{ij} \in [\frac{i-1}{n}, \frac{i}{n}] \times [\frac{j-1}{m}, \frac{j}{m}]$. Betrachtet man jetzt bei "großem" $n$, also bei geringer Variation der ersten Variablen, den Ausdruck $\sum_{j=1}^{m} f_{ij} \cdot \frac{1}{n \cdot m} = \frac{1}{n} \cdot \sum_{j=1}^{m} f_{ij} \cdot \frac{1}{m}$, so kann man sich überlegen, daß der Grenzwert dieses Ausdrucks für $m \longrightarrow \infty$ gegen das Integral $\int_0^1 f(x_{1i}, x_2)\, dx_2$ strebt, wobei $x_{1i}$ aus dem "kleinen" Intervall $[\frac{i-1}{n}, \frac{i}{n}]$ zu wählen ist. Das Integral $\int_0^1 f(x_{1i}, x_2)\, dx_2$ ist eine von dem Parameter $x_{1i}$ abhängige Funktion $F(x_1)$, von

der man zeigen kann, daß sie stetig ist, wenn $f(x_1, x_2)$ stetig ist.
Damit gilt:

$$\int_Q f(x_1, x_2)\, d(x_1, x_2) = \lim_{n\to\infty} \sum_{i=1}^{n} \frac{1}{n}\cdot\int_0^1 f(x_{1i}, x_2)\, dx_2 = \lim_{n\to\infty} \sum_{i=1}^{n} \frac{1}{n}\cdot F(x_{1i}),$$

wobei $x_{1i} \in [\frac{i-1}{n}, \frac{i}{n}]$ gilt, also ist der letzte Ausdruck nichts anderes als die Grenzwertdarstellung von $\int_0^1 F(x_1)\, dx_1$ gemäß Definition 4.5 (der Grenzwert existiert wegen der Stetigkeit von $F(x_1)$).

Insgesamt ist damit $\int_Q f(x_1, x_2)\, d(x_1, x_2) = \int_0^1 (\int_0^1 f(x_1, x_2)\, dx_2)\, dx_1$.

Natürlich kann man bei der Herleitung dieser Formel auch zunächst die Summe über die erste Variable i (bzw. $x_1$) und dann erst über j (bzw. $x_2$) bilden, was zu der Darstellung $\int_Q f(x_1, x_2)\, d(x_1, x_2) = \int_0^1 (\int_0^1 f(x_1, x_2)\, dx_1)\, dx_2$ führt. Damit ist "gezeigt" (obwohl es sich bei den vorhergehenden Überlegungen natürlich nicht um einen exakten Beweis handelt), wie die Berechnung eines zweidimensionalen Integrals auf die Berechnung von Integralen mit Parametern von Funktionen einer Variablen reduziert werden kann. Die naheliegende Verallgemeinerung dieses Ergebnisses enthält der folgende Satz:

<u>Satz 4.15:</u> Sei $f: Q \to \mathbb{R}$ eine stetige Funktion von n Variablen mit Definitionsbereich $Q = \times_{i=1}^{n} [a_i, b_i]$. Dann gilt:

$$\int_Q f(\underline{x})\, d\underline{x} = \int_{a_n}^{b_n} \ldots \int_{a_1}^{b_1} f(x_1, \ldots, x_n)\, dx_1 \ldots dx_n.$$

Das Ergebnis dieser Integration hängt nicht von der Reihenfolge ab, in der die eindimensionalen Integrale berechnet werden. Ist also $\pi(1), \ldots, \pi(n)$ eine Permutation der Zahlen $1, \ldots, n$, so gilt auch

$$\int_Q f(\underline{x})\, d\underline{x} = \int_{a_{\pi(n)}}^{b_{\pi(n)}} \ldots \int_{a_{\pi(1)}}^{b_{\pi(1)}} f(x_1, \ldots, x_n)\, dx_{\pi(1)} \ldots dx_{\pi(n)}.$$

Beispiele:

* Über dem Quader $Q = [0,1] \times [0,2]$ soll die Funktion $f(x_1, x_2) = x_1 \cdot x_2^2$ integriert werden:

$$\int_Q x_1 \cdot x_2^2 \, d(x_1, x_2) = \int_0^1 \int_0^2 x_1 \cdot x_2^2 \, dx_2 \, dx_1.$$

Zunächst ist das von $x_1$ abhängige Integral $\int_0^2 x_1 \cdot x_2^2 \, dx_2$ zu berechnen:

$$\int x_1 \cdot x_2^2 \, dx_2 = x_1 \cdot \frac{1}{3} \cdot x_2^3 + C$$

$$\int_0^2 x_1 \cdot x_2^2 \, dx_2 = x_1 \cdot \frac{1}{3} \cdot x_2^3 \Big|_0^2 = \frac{8}{3} \cdot x_1 - 0 = \frac{8}{3} \cdot x_1.$$

Diese Funktion $F(x_1) = \frac{8}{3} \cdot x_1$ (mit unbestimmtem Integral $\int \frac{8}{3} \cdot x_1 \, dx = \frac{4}{3} \cdot x_1^2 + C$) muß jetzt noch über dem Intervall $[0,1]$ integriert werden:

$$\int_Q x_1 \cdot x_2^2 \, d(x_1, x_2) = \int_0^1 \int_0^2 x_1 \cdot x_2^2 \, dx_2 \, dx_1 = \int_0^1 \frac{8}{3} \cdot x_1 \, dx_1 = \frac{4}{3} \cdot x_1^2 \Big|_0^1 = \frac{4}{3} - 0 = \frac{4}{3}.$$

Also ist $\int_Q x_1 \cdot x_2^2 \, d(x_1, x_2) = \frac{4}{3}.$

Zum gleichen Ergebnis gelangt man auch, wenn die Reihenfolge der Integration vertauscht wird:

$$\int_Q x_1 \cdot x_2^2 \, d(x_1, x_2) = \int_0^2 \int_0^1 x_1 \cdot x_2^2 \, dx_1 \, dx_2 = \int_0^2 \frac{1}{2} \cdot x_1^2 \cdot x_2^2 \Big|_{x_1=0}^{x_1=1} dx_2 =$$

$$= \int_0^2 \frac{1}{2} \cdot x_2^2 \, dx_2 = \frac{1}{6} \cdot x_2^3 \Big|_0^2 = \frac{8}{6} - 0 = \frac{4}{3}.$$

Natürlich kann man in diesem speziellen Fall das Integral noch einfacher berechnen, da der Integrand von der Form $f(x_1, x_2) = g(x_1) \cdot h(x_2)$ ist:

$$\int_Q x_1 \cdot x_2^2 \, d(x_1, x_2) = \int_0^1 \int_0^2 x_1 \cdot x_2^2 \, dx_2 \, dx_1 = \int_0^1 x_1 \cdot \left( \int_0^2 x_2^2 \, dx_2 \right) dx_1 =$$

$$= \int_0^1 x_1 \, dx_1 \cdot \int_0^2 x_2^2 \, dx_2 = \frac{1}{2} \cdot \frac{8}{3} = \frac{4}{3}.$$

Das letzte wichtige Ergebnis der Integralrechnung, das hier erwähnt werden soll, ist die Verallgemeinerung der Substitutionsregel für Funktionen mehrerer Variablen. Es geht also darum die Formel

$\int_a^b f(g(x))\cdot g'(x)\,dx = \int_{g(a)}^{g(b)} f(z)\,dz$ aus Satz 4.10(ii) zu verallgemeinern.

Sei also $g: A \longrightarrow \mathbb{R}^n$ eine bijektive, differenzierbare Transformation des (meßbaren) Integrationsbereiches A der stetigen Funktion f. Weiterhin sei die

n×n-Matrix $\left(\frac{\partial g_i(\underline{x})}{\partial x_j}\right)_{i,j=1}^{n}$ der n·n partiellen Ableitungen von

$\underline{g} = (g_1, \ldots, g_n)^T$ für jedes $\underline{x} \in A$ regulär, also $\det\left(\frac{\partial g_i(\underline{x})}{\partial x_j}\right) \neq 0$.

Bezeichnet man nun noch mit g(A) die Menge $g(A) = \left\{\underline{y} \in \mathbb{R}^n \mid \underline{y} = g(\underline{x}) \text{ für ein } x \in A\right\}$, so gilt mit diesen Vereinbarungen der folgende Satz:

Satz 4.16: Mit den gerade vereinbarten Bezeichnungen gilt unter den angegebenen Regularitätsbedingungen

$$\int_{g(A)} f(\underline{y})\,d\underline{y} = \int_A f(g(\underline{x}))\cdot\left|\det\left(\frac{\partial g_i(\underline{x})}{\partial x_j}\right)\right|\,d\underline{x}.$$

Ein (anspruchsvolles) Beispiel soll die Aussage dieses Satzes verdeutlichen.

Beispiel:

* Man berechne das uneigentliche Integral $\int_{-\infty}^{+\infty} e^{-\frac{x^2}{2}}\,dx$.

  Da - wie bereits oben erwähnt - das unbestimmte Integral $\int e^{-x^2}\,dx$ nicht in einer geschlossenen Formel angebbar ist, versagen die üblichen Verfahren zur Berechnung dieses Audruckes, dessen Existenz jedoch gesichert ist, weil $e^{-\frac{x^2}{2}}$ für $x \longrightarrow \pm\infty$ schneller gegen 0 strebt als jede Funktion $\frac{1}{x^k}$.

  Um trotzdem $\int_{-\infty}^{+\infty} e^{-\frac{x^2}{2}}\,dx$ exakt zu bestimmen, wählt man das folgende, trickreiche Vorgehen:

Zunächst quadriert man das gesuchte Integral und formt um:

$$\left(\int_{-\infty}^{+\infty} e^{-\frac{x^2}{2}}\,dx\right)^2 = \int_{-\infty}^{+\infty} e^{-\frac{x^2}{2}}\,dx \cdot \int_{-\infty}^{+\infty} e^{-\frac{y^2}{2}}\,dy = \int_{-\infty}^{+\infty}\int_{-\infty}^{+\infty} e^{-\frac{1}{2}(x^2+y^2)}\,dx\,dy.$$

Als nächstes wendet man die Transformation $g\colon\ ]0,\infty[\ \times\ ]0,2\pi] \to \mathbb{R}^2\setminus\{\underline{0}\}$

mit $g\begin{pmatrix} r \\ \varphi \end{pmatrix} = \begin{pmatrix} g_1\begin{pmatrix} r \\ \varphi \end{pmatrix} \\ g_2\begin{pmatrix} r \\ \varphi \end{pmatrix} \end{pmatrix} = \begin{pmatrix} r\cdot\cos\varphi \\ r\cdot\sin\varphi \end{pmatrix}$ an.

Die Transformation g beschreibt den Übergang von Polar- zu kartesischen Koordinaten und ist bijektiv und differenzierbar mit

$$\begin{pmatrix} \frac{\partial g_1}{\partial r}\begin{pmatrix} r \\ \varphi \end{pmatrix} & \frac{\partial g_1}{\partial \varphi}\begin{pmatrix} r \\ \varphi \end{pmatrix} \\ \frac{\partial g_2}{\partial r}\begin{pmatrix} r \\ \varphi \end{pmatrix} & \frac{\partial g_2}{\partial \varphi}\begin{pmatrix} r \\ \varphi \end{pmatrix} \end{pmatrix} = \begin{pmatrix} \cos\varphi & -r\cdot\sin\varphi \\ \sin\varphi & r\cdot\cos\varphi \end{pmatrix}.$$

Zur Anwendung der Formel aus Satz 4.16 wird die Determinante dieser Matrix benötigt:

$$\begin{vmatrix} \cos\varphi & -r\cdot\sin\varphi \\ \sin\varphi & r\cdot\cos\varphi \end{vmatrix} = r\cdot\cos^2\varphi + r\cdot\sin^2\varphi = r\cdot(\cos^2\varphi + \sin^2\varphi) = r\ (>0).$$

Damit ist die Formel aus Satz 4.16 anwendbar, und es gilt:

$$\int_{-\infty}^{+\infty}\int_{-\infty}^{+\infty} e^{-\frac{1}{2}(x^2+y^2)}\,dx\,dy = \int_{0}^{+\infty}\int_{0}^{2\pi} e^{-\frac{1}{2}(r^2\cdot\cos^2\varphi + r^2\cdot\sin^2\varphi)}\cdot r\,d\varphi\,dr.$$

Da der Integrand $e^{-\frac{1}{2}(r^2\cdot\cos^2\varphi + r^2\cdot\sin^2\varphi)}\cdot r = e^{-\frac{1}{2}r^2}\cdot r$ nicht von $\varphi$ abhängt,

ist $\int_{0}^{2\pi} e^{-\frac{1}{2}(r^2\cdot\cos^2\varphi + r^2\cdot\sin^2\varphi)}\cdot r\,d\varphi = e^{-\frac{1}{2}\cdot r^2}\cdot r\cdot \int_{0}^{2\pi} 1\,d\varphi = 2\cdot\pi\cdot e^{-\frac{1}{2}r^2}\cdot r.$

Damit ist $\int_{-\infty}^{+\infty}\int_{-\infty}^{+\infty} e^{-\frac{1}{2}(x^2+y^2)}\,dx\,dy = 2\cdot\pi\int_{0}^{+\infty} r\cdot e^{-\frac{1}{2}r^2}\,dr$ und so als uneigentliches Integral lösbar:

Mit $\int r\cdot e^{-\frac{1}{2}\cdot r^2}\,dr = -e^{-\frac{1}{2}\cdot r^2} + C$

ist $\int_{0}^{b} r\cdot e^{-\frac{1}{2}\cdot r^2}\,dr = -e^{-\frac{1}{2}\cdot r^2}\Big|_{0}^{b} = -e^{-\frac{1}{2}\cdot b^2} + e^0 = 1 - e^{-\frac{1}{2}\cdot b^2}.$

Damit ist $2\cdot\pi \int_0^\infty r\cdot e^{-\frac{1}{2}\cdot r^2}\, dr = \lim_{b\to\infty} 2\cdot\pi\cdot(1-e^{-\frac{1}{2}\cdot b^2}) = 2\cdot\pi$.

Insgesamt ist also $\left[\int_{-\infty}^{+\infty} e^{-\frac{1}{2}x^2}\, dx\right]^2 = 2\cdot\pi$

oder $\int_{-\infty}^{+\infty} e^{-\frac{1}{2}\cdot x^2}\, dx = \sqrt{2\cdot\pi}$, so daß $\int_{-\infty}^{+\infty} \frac{1}{\sqrt{2\cdot\pi}}\, e^{-\frac{1}{2}\cdot x^2}\, dx = 1$ ist.

Dies bedeutet aber, daß die Funktion $f(x) = \frac{1}{\sqrt{2\cdot\pi}}\, e^{-\frac{1}{2}\cdot x^2}$, die stets positiv ist, die Wahrscheinlichkeitsdichtefunktion einer Zufallsvariablen sein kann. In der Wahrscheinlichkeitstheorie und Statistik wird diese Funktion als Dichtefunktion der Standardnormalverteilung bezeichnet und spielt dort eine zentrale Rolle.

## 4.5 Übungsaufgaben zu Kapitel 4

Übungsaufgabe 4.1

Bestimmen Sie die Stammfunktion (unbestimmte Integrale) der folgenden Funktionen:

a) $f(x) = 3\cdot x + 2;$ b) $f(x) = x^7 + 3\cdot x^5;$ c) $f(x) = \frac{1}{x^3};$

d) $f(x) = x \cdot \cos x;$ e) $f(x) = x \cdot e^x;$ f) $f(x) = x^2 \cdot e^x;$

g) $f(x) = (x-1)\cdot e^{x^2-2\cdot x};$ h) $f(x) = x \cdot \sin(x^2);$ i) $f(x) = \frac{2\cdot x}{x^2+2}.$

Übungsaufgabe 4.2

Berechnen Sie die folgenden bestimmten Integrale:

a) $\int_0^5 2\cdot x^2 \, dx;$ b) $\int_2^4 (3\cdot x+1) \, dx;$ c) $\int_0^2 \sqrt{2\cdot x+10} \, dx;$

d) $\int_2^3 \frac{x}{(2\cdot x^2-3)^{1/2}} \, dx;$ e) $\int_{-1}^{+1} \frac{4\cdot x}{e^{x^2}} \, dx;$ f) $\int_0^{\pi} \sin^2 x \, dx;$

g) $\int_0^{2\pi} (1+\sin x) \, dx;$ h) $\int_{-2}^{+4} |x^2-2\cdot x-3| \, dx.$

Übungsaufgabe 4.3

Berechnen Sie, falls möglich, die folgenden uneigentlichen Integrale.

a) $\int_0^1 \frac{1}{\sqrt{1-x^2}} \, dx$ b) $\int_0^{+\infty} e^{-x} \, dx;$

c) $\int_{-\infty}^{+\infty} \frac{1}{\sqrt{2\pi}}\cdot x\cdot e^{-\frac{x^2}{2}} \, dx;$ d) $\int_{-\infty}^{+\infty} \frac{1}{\sqrt{2\pi}}\cdot x^2\cdot e^{-\frac{x^2}{2}} \, dx.$

Übungsaufgabe 4.4

Für welche Werte $k \in \mathbb{R}$ ist das uneigentliche Integral $\int_0^{\infty} x^k \, dx$ definiert?

**Übungsaufgabe 4.5**

Bestimmen Sie die folgenden Doppelintegrale:

a) $\int_0^2 \int_1^2 x \cdot y \, dx \, dy$; b) $\int_{-1}^1 \int_0^2 x^2 + y^2 \, dx \, dy$.

# 5 Lineare Differenzen- und Differentialgleichungen

## 5.1 Problemstellung und Definitionen

Das kleine makroökonomische Gütermarktmodell, das schon in den Abschnitten 2.1 und 3.2.1 zur Motivation grundlegender Begriffe diente, kann auch an dieser Stelle zur Verdeutlichung der neuartigen Problemstellung herangezogen werden.
Die beiden wesentlichen Gleichungen des Modells

$$Y(t) = I_a + C(t)$$

und

$$C(t) = C_a + c \cdot Y(t-1)$$

führen zusammen mit der Gleichgewichtsbedingung $Y(t) = Y(t-1) = \bar{Y}$ zur Gleichung $\bar{Y} = \frac{C_a + I_a}{1-c}$, die die Berechnung des Gleichgewichtseinkommens aus den Modellparametern ermöglicht (zu den Bezeichnungen vgl. Abschnitt 2.1). Dieser Teil einer ökonomischen Modellanalyse wird - wie bereits erwähnt - statisch genannt.

In einer darauf aufbauenden komperativ-statischen Analyse wird die Gleichgewichtslösung als Funktion der Modellparameter aufgefaßt - in diesem Beispiel $\bar{Y} = f(C_a, I_a, c)$ - und untersucht, wie sich $\bar{Y}$ (tendenziell) ändert, wenn die Modellparameter verändert werden (etwa durch einen exogenen Schock). Im dritten Kapitel über Differentialrechnung sind die mathematischen Methoden zur Behandlung solcher Fragestellungen erörtert worden.

Die Frage, ob ein Modell, das etwa durch einen exogenen Schock in einen ungleichgewichtigen Zustand versetzt worden ist, im Laufe der Zeit dem zu der neuen Parameterkonstellation gehörigen Gleichgewichtszustand zustrebt, bleibt dabei unberücksichtigt. Zeitliche Entwicklungen gehen also weder in die statische noch in die komparativ-statische Analyse ein.
Zeitliche Aspekte, also die Frage, wie die Variablen eines Modells auf ungleichgewichtige Zustände des Modells reagieren, sind Gegenstand der sogenannten dynamischen Analyse. Im bereits erwähnten Abschnitt 2.1 über Folgen wurde in Form einer Sequenztabelle eine solche Entwicklung von Modellvariablen nachgezeichnet und der Schluß nahegelegt, daß Y(t) und C(t) mit wachsendem t gegen die neuen Gleichgewichtswerte $\bar{Y}$ und $\bar{C}$ konvergieren.
Die Sequenztabelle kann jedoch nur Hinweise auf Konvergenz bzw. Divergenz der Folge Y(t) (und damit auch C(t)) liefern. Zum Nachweis der Konvergenz und zur Berechnung des Grenzwertes sind exakte analytische Methoden erforderlich. So gilt etwa für das betrachtete Gütermarktmodell:

$$Y(t) = I_a + C(t) \text{ mit } C(t) = C_a + c \cdot Y(t-1) \quad (t = 1, 2, \ldots)$$

oder

$$Y(t) = I_a + C_a + c \cdot Y(t-1) \quad (t = 1, 2, \ldots).$$

Die letzte Gleichung ist die Grundlage der rekursiven Bestimmung von Y(t) in der Sequenztabelle.
Für die Untersuchung der Konvergenz der so rekursiv (oder induktiv) mit dem Startwert $Y(0) = Y_0$ definierten Folge ist es erforderlich, Y(t) in einer geschlossenen Form als Funktion von t darzustellen. Das ist in diesem einfachen Beispiel ohne große Mühe möglich:

Es ist

$$Y(1) = I_a + C_a + c \cdot Y(0);$$

$$Y(2) = I_a + C_a + c \cdot Y(1) = (I_a + C_a) + c \cdot (I_a + C_a) + c^2 \cdot Y(0) = = (I_a + C_a) \cdot (1+c) + c^2 \cdot Y(0);$$

$$\vdots$$

Allgemein erhält man (etwa durch vollständige Induktion):

$$Y(t) = (I_a + C_a) \cdot \sum_{i=0}^{t-1} c^i + c^t \cdot Y(0) = (I_a + C_a) \cdot \frac{1-c^t}{1-c} + c^t \cdot Y(0).$$

Damit ist eine Darstellung von Y(t) als Funktion des Zeitindex t gefunden, und man kann den Grenzwert $\lim_{t\to\infty} Y(t)$ untersuchen:

Da gemäß der getroffenen Modellannahmen die marginale Kosumquote größer als 0 und echt kleiner als 1 ist, konvergiert die Folge $c^t$ gegen 0, wenn t gegen $\infty$ strebt: $\lim_{t\to\infty} c^t = 0$. Also konvergiert auch Y(t), und es gilt:

$$\lim_{t\to\infty} Y(t) = (I_a + C_a) \cdot \frac{1 - \lim_{t\to\infty} c^t}{1-c} + \lim_{t\to\infty} c^t \cdot Y(0) = (I_a + C_a) \cdot \frac{1}{1-c}.$$

Als Ergebnis bleibt festzuhalten: Unter der Annahme $0 < c < 1$ konvergiert Y(t) gegen einen Grenzwert, der nicht vom möglicherweise ungleichgewichtigen Anfangs- oder Startwert $Y_0$ abhängt. Der Grenzwert $\lim_{t\to\infty} Y(t) = \frac{I_a + C_a}{1-c}$ ist gerade das Gleichgewichtseinkommen zu den gegebenen Modellparametern $I_a$, $C_a$ und c.

Das Gütermarktmodell ist also <u>dynamisch stabil</u> in dem Sinne, daß die Modellvariablen (bei festen Modellparametern) unabhängig vom Startwert $Y_0$ stets gegen die Gleichgewichtswerte konvergieren, wenn nur die Bedingung $0 < c < 1$ erfüllt ist.

Auch die dynamische Analyse komplexerer Modelle führt zu ähnlichen Gleichungen, die aber möglicherweise komplizierter sind als die gerade untersuchte. Allgemein erhält man dabei Gleichungen, die Beziehungen zwischen den Modellvariablen zu unterschiedlichen Zeitpunkten herstellen:

<u>Definition 5.1:</u> Eine Gleichung von der Form $f(y_{t+k}, \ldots, y_t) = q_t$ für alle $t \in \mathbb{N}$ für eine Folge $(y_t)_{t\in\mathbb{N}}$ heißt <u>Differenzengleichung</u>. $(q_t)_{t\in\mathbb{N}}$ ist dabei eine gegebene, feste Folge, die <u>Störglied</u> genannt wird. Eine konkrete Folge $(z_t)_{t\in\mathbb{N}}$, die die Gleichung $f(z_{t+k}, \ldots, z_t) = q_t$ für alle $t \in \mathbb{N}$ erfüllt, heißt <u>Lösung</u> der Differenzengleichung.

Eine Differenzengleichung der Form

$$y_{t+k} + a_{k-1} \cdot y_{t+k-1} + \ldots + a_0 \cdot y_t = \sum_{i=0}^{k} a_i \cdot y_{t+i} = q_t \quad (a_k = 1)$$

heißt <u>lineare Differenzengleichung</u>. Sind die Koeffizienten $a_k (= 1)$ und $a_0$ von 0 verschieden, so heißt k die <u>Ordnung der linearen Differenzengleichung</u>. Eine lineare Differenzengleichung heißt <u>homogen</u>, falls $q_t = 0$ für alle $t \in \mathbb{N}$ gilt, sonst <u>inhomogen</u>.

Beispiele:

* Die Gleichung $Y(t) = I_a + C_a + c \cdot Y(t-1)$ $(t = 1, 2, \ldots)$ oder $Y_{t+1} - c \cdot Y_t = I_a + C_a$ $(t = 0, 1, 2, \ldots)$ ist eine lineare Differenzengleichung erster Ordnung, die inhomogen ist, wenn die konstante rechte Seite $q_t = q = I_a + C_a$ von 0 verschieden ist.
  Weiter oben wurde nachgerechnet, daß Lösungen dieser Differenzengleichung von der Form $Y(t) = Y_t = (I_a + C_a) \cdot \frac{1-c^t}{1-c} + c^t \cdot Y_0$ sind. Die Lösung ist also nicht eindeutig, da unterschiedliche Startwerte $Y_0$ zu unterschiedlichen Lösungen $(Y_t)_{t \in \mathbb{N}}$ führen. Anders ausgedrückt: Erst durch die Vorgabe eines Startwertes $Y_0$ wird die Lösung $(Y_t)_{t \in \mathbb{N}}$ dieser Differenzengleichung eindeutig.

Im Abschnitt 5.2 werden lineare Differenzengleichungen und Systeme linearer Differenzengleichungen behandelt. Dabei geht es - ähnlich wie beim Studium linearer Gleichungssysteme - zum einen um die Lösbarkeit und die Struktur des Lösungsraumes und zum anderen um Verfahren zur Berechnung konkreter Lösungen.

Neben Modellen mit diskreter Zeit $t = 0, 1, 2, \ldots$, wie das oben erörterte Gütermarktmodell, bei dem $Y_t$ und $C_t$ etwa jährliche oder monatliche Einkommen und Konsumausgaben messen, gibt es Modelle, in denen die Zeit als stetige Variable $t \in \mathbb{R}$ aufgefaßt wird. Bei der dynamischen Analyse solcher Modelle treten statt Differenzengleichungen sogenannte <u>Differentialgleichungen</u> auf, die Beziehungen zwischen Funktionen $y(t)$ und ihren Ableitungsfunktionen herstellen. Am Beispiel des Gütermarktmodells kann der Übergang von einem Modell mit diskreter Zeit zu einem Modell mit stetiger Zeit und dabei der Übergang von einer Differenzengleichung zur zugehörigen Differentialgleichung exemplarisch dargestellt werden:

Nimmt man an, daß die Größen der ursprünglichen Differenzengleichung $Y_{t+1} = I_a + C_a + c \cdot Y_t$ $(t = 0, 1, 2, \ldots)$ Jahreswerte sind, also etwa $Y_t$ das Volkseinkommen des Jahres t (Zeitraums), so muß man in einem Modell mit stetiger Zeit $Y_t$ $(t \in \mathbb{R})$ als die Stärke des als kontinuierlich fließend angenommenen Einkommensstroms zum Zeitpunkt t, etwa gemessen in DM pro Jahr, definieren. Betrachtet man die anderen Variablen des Modells ebenfalls als Stromgrößen, so läßt sich hierfür ebenfalls die Differenzengleichung $Y(t) = (C_a + I_a) + c \cdot Y(t-1)$ definieren, die zunächst nur für die Werte $t = 0, 1, 2, \ldots$ gelten soll. Bei immer feinerer Einteilung der Zeit in äquidistante Punkte vom Abstand $\Delta t$ $(\lim \Delta t = 0)$ erhält man nach einigen Umformungen eine Gleichung, die einen Zusammenhang zwischen der (als differenzierbar angenommenen) Funktion $Y(t)$ und ihrer Ableitung $Y'(t)$ herstellt:
Aus $Y(t+1) = (I_a + C_a) + c \cdot Y(t)$ folgt: $Y(t+1) - Y(t) = (I_a + C_a) + (c-1) \cdot Y(t)$.
Der Ausdruck $(I_a + C_a) + (c-1) \cdot Y(t)$ gibt also die Veränderung des Einkommensstroms zwischen den Zeitpunkten t und t+1 an. Bei einer anderen (feineren) Zeiteinteilung $\Delta t$ gilt demnach entsprechend:

$$Y(t+\Delta t) - Y(t) = \Delta t \cdot ((I_a + C_a) + (c-1) \cdot Y(t))$$

oder

$$\frac{Y(t+\Delta t) - Y(t)}{\Delta t} = I_a + C_a + (c-1) \cdot Y(t).$$

Wegen der angenommenen Differenzierbarkeit der Funktion Y(t) kann jetzt der Grenzübergang $\Delta t \to 0$ durchgeführt werden, und es gilt:

$$\lim_{\Delta t \to 0} \frac{Y(t+\Delta t) - Y(t)}{\Delta t} = Y'(t) = I_a + C_a + (c-1)\cdot Y(t).$$

Die Gleichung $Y'(t) = (I_a+C_a) + (c-1)\cdot Y(t)$ für Stromgrößen ($t\in\mathbb{R}$) entspricht also der Differenzengleichung $Y_{t+1} = I_a + C_a + c\cdot Y_t$ des Modells mit diskreter Zeit ($t\in\mathbb{N}$) und wird Differentialgleichung genannt, weil sie einen Zusammenhang zwischen der Funktion Y(t) und ihrer Ableitung (Differentialquotient Y'(t)) herstellt.

Die statische Analyse dieses Modells führt mit der Gleichgewichtsbedingung $Y'(t) = 0$ zu der Gleichung $0 = I_a + C_a + (c-1)\cdot Y(t)$ oder $\bar{Y} = Y(t) = \frac{I_a+C_a}{1-c}$, also zu derselben Gleichgewichtslösung wie beim entsprechenden Modell mit diskretem Zeitindex. Daher unterscheiden sich die Ergebnisse von statischer und komparativ-statischer Analyse - zumindest in diesem Fall - bei diskreter und stetiger Zeit nicht.

Die Lösung dieser Differentialgleichung kann aus der Lösung der zugehörigen Differenzengleichung durch einen Grenzübergang abgeleitet werden:

Setzt man $y'(t) = a\cdot y(t) + b$ (also im Beispiel $a = c-1$ und $b = I_a+C_a$), so stellt $\frac{y(t+\Delta t) - y(t)}{\Delta t}$ eine Approximation von $y'(t)$ dar, und man erhält die Differenzengleichung $\frac{y(t+\Delta t) - y(t)}{\Delta t} = a\cdot y(t) + b$ oder

$$y(t+\Delta t) = (1+\Delta t\cdot a)\cdot y(t) + \Delta t\cdot b \quad \text{mit } t = t_0,\ t_0+\Delta t,\ t_0+2\cdot\Delta t,\ \ldots$$

Zur Berechnung von $y(t_1)$ bei einem Startwert $y(t_0)$ wird das Intervall $[t_0, t_1]$ in Teilintervalle der Länge $\Delta t$ eingeteilt:

$$y_0 = y(t_0),\ y_1 = y(t_0+\Delta t),\ \ldots,\ y_k = y(t_0+k\cdot\Delta t) = y(t_1).$$

Strebt also $\Delta t$ gegen 0, so muß die Anzahl k der Zwischenpunkte gegen $+\infty$ streben: $k\cdot\Delta t = t_1 - t_0$ oder $k = \frac{t_1-t_0}{\Delta t}$.

Damit besitzt die Differenzengleichung die Form $y_{t+1} = (1+\Delta t\cdot a)\cdot y_t + \Delta t\cdot b$.

Die Lösung erhält man genauso wie oben beschrieben als

$$y_t = (1+\Delta t\cdot a)^t\cdot y_0 + \Delta t\cdot b\cdot\frac{1-(1+\Delta t\cdot a)^t}{1-(1+\Delta t\cdot a)}$$

oder

$$y_t = (1+\Delta t\cdot a)^t\cdot y_0 + \Delta t\cdot b\cdot\frac{1-(1+\Delta t\cdot a)^t}{-\Delta t\cdot a}$$

$$= (1+\Delta t\cdot a)^t\cdot(y_0 + \frac{b}{a}) - \frac{b}{a}.$$

Für $y(t_1) = y_k$ mit $k = \frac{t_1-t_0}{\Delta t}$ erhält man:

$$y(t_1) = y_k = (1+\Delta t\cdot a)^{\frac{t_1-t_0}{\Delta t}}\cdot(y_0+\frac{b}{a}) - \frac{b}{a}.$$

Aus den Bemerkungen zur Def. 3.14 aus dem Abschnitt 3.1.3 über transzendente Funktionen folgt, daß $e^x = \lim_{n\to\infty} (1+\frac{x}{n})^n$ oder $e^x = \lim_{\substack{\varepsilon\to 0\\ \varepsilon>0}} (1+\varepsilon\cdot a)^{1/\varepsilon}$ ist. Für den hier untersuchten Fall bedeutet dies, daß

$$\lim_{\Delta t\to 0} (1+\Delta t\cdot a)^{\frac{t_1-t_0}{\Delta t}} = (\lim_{\Delta t\to 0} (1+\Delta t\cdot a)^{1/\Delta t})^{t_1-t_0} = (e^a)^{t_1-t_0} = e^{a\cdot(t_1-t_0)} \text{ ist.}$$

Also erhält man die Lösung der Differentialgleichung $y'(t) = a\cdot y(t) + b$ als Grenzwert ($\Delta t \longrightarrow 0$) der Lösungen $y_t = (1+\Delta t\cdot a)^t\cdot(y_0+\frac{b}{a}) - \frac{b}{a}$ der zugehörigen Differenzengleichungen.

Mit dem Startwert $y_0 = y(t_0)$ ergibt sich also als Lösung der Differentialgleichung $y'(t) = a\cdot y(t) + b$ die Funktion $y(t) = e^{a\cdot(t-t_0)}\cdot(y(t_0)+\frac{b}{a}) - \frac{b}{a}$.

Für die Differentialgleichung des Gütermarktmodells $Y'(t) = (C_a+I_a) + (c-1)\cdot Y(t)$ (also $a = c-1$, $b = C_a+I_a$) ergibt sich damit die

Lösung $Y(t) = (Y(t_0)-\frac{C_a+I_a}{1-c})\cdot e^{-(1-c)\cdot(t-t_0)} + \frac{I_a+C_a}{1-c}$.

Für den Fall, daß $Y(t_0)$ schon mit der Gleichgewichtslösung übereinstimmt, $Y(t_0) = \overline{Y} = \frac{C_a+I_a}{1-c}$, verschwindet der Koeffizient der e-Funktion, und $Y(t)$ ist konstant und stimmt mit der Gleichgewichtslösung überein. Bei einem ungleichgewichtigen Startwert, $Y(t_0) \neq \overline{Y}$, strebt der Ausdruck $e^{-(1-c)\cdot(t-t_0)}$ für $t \longrightarrow \infty$ gegen 0, da in diesem Fall $-(1-c)\cdot(t-t_0)$ gegen $-\infty$ stebt (Voraussetzung: $0 < c < 1$).

Also strebt $Y(t)$ gegen $\overline{Y} = \frac{C_a+I_a}{1-c}$, wenn t gegen $\infty$ stebt:

$$\lim_{t\to\infty} Y(t) = (Y(t_0)-\frac{C_a+I_a}{1-c})\cdot\lim_{t\to\infty} e^{-(1-c)\cdot(t-t_0)} + \frac{C_a+I_a}{1-c} = 0 + \frac{C_a+I_a}{1-c}.$$

Das Gütermarktmodell ist also auch in der stetigen Version dynamisch stabil.

Die Formulierung ökonomischer Modelle mit stetiger (statt diskreter) Zeit ($t \in \mathbb{R}$ statt $t \in \mathbb{N}$) hat den Vorteil, daß die mathematische Handhabung der zugehörigen Differentialgleichung häufig einfacher ist als die von Differenzengleichungen.

Die folgende Definition wiederholt noch einmal die bereits angegebene Charakterisierung von Differentialgleichungen und gibt einige Klassifizierungsmerkmale an:

Definition 5.2: Eine Gleichung, die einen Zusammenhang zwischen einer Funktion und wenigstens einer ihrer Ableitungsfunktionen herstellt, heißt Differentialgleichung. Eine Funktion, die (zusammen mit ihren Ableitungsfunktionen) die Differentialgleichung (für alle Werte des Definitionsbereiches) erfüllt, heißt Lösung der Differentialgleichung.

Eine Differentialgleichung für eine Funktion mehrerer Variablen und ihren partiellen Ableitungen heißt partielle Differentialgleichung.

Eine Differentialgleichung für eine Funktion einer Variablen heißt gewöhnliche Differentialgleichung. Die Ordnung der höchsten in einer Differentialgleichung auftretenden Ableitungen wird Ordnung der Differentialgleichung genannt.
Eine gewöhnliche Differentialgleichung der Ordnung k heißt explizit, wenn sie nach der k-ten Ableitung aufgelöst ist, also in der Form $y^{(k)} = f(y, y', \ldots, y^{(k-1)})$ vorliegt, sonst implizit.

Eine gewöhnliche Differentialgleichung der Ordnung k heißt linear (mit konstantem Koeffizienten), wenn sie von der Form
$$y^{(k)}(t) + a_{k-1} \cdot y^{(k-1)}(t) + \ldots + a_0 \cdot y(t) = q(t) \quad (a_0, \ldots, a_{k-1} \in \mathbb{R})$$
ist. Verschwindet der Störterm $q(t)$ für alle $t \in D_y$, so heißt die lineare Differentialgleichung homogen, sonst inhomogen.

Beispiele:

* Die Gleichung $\left(\frac{\partial f(x_1, x_2)}{\partial x_1}\right)^2 + \left(\frac{\partial f(x_1, x_2)}{\partial x_2}\right)^2 = 1$ ist eine partielle Differentialgleichung erster Ordnung. Funktionen der Form

  $f(x_1, x_2) = a \cdot x_1 + (1-a^2)^{1/2} \cdot x_2 + b$ (mit $-1 \le a \le 1$ und $b \in \mathbb{R}$ beliebig) sind Lösungen dieser Differentialgleichung.

* Die Gleichung $y' = \frac{1}{y}$ ist eine explizite Differentialgleichung erster Ordnung. Sie besitzt die Lösung $y = \sqrt{2 \cdot x + c}$ ($c \in \mathbb{R}$ beliebig).

* Die Differentialgleichung $Y'(t) = (I_a + C_a) + (c-1) \cdot Y(t)$, die zu dem oben diskutierten Gütermarktmodell gehört, ist eine (gewöhnliche) lineare Differentialgleichung erster Ordnung in expliziter Darstellung.
  Wie oben nachgewiesen, sind die Lösungen dieser Differentialgleichung von der Form $Y(t) = (Y(t_0) - \frac{C_a + I_a}{1-c}) \cdot e^{-(1-c) \cdot (t-t_0)} + \frac{C_a + I_a}{1-c}$ (wobei $Y(t_0)$ beliebig vorgegeben werden kann).

Das Studium linearer gewöhnlicher Differentialgleichungen erfolgt im Abschnitt 5.3. Eine ausführliche Beschäftigung mit nichtlinearen oder mit partiellen Differentialgleichungen würde den Rahmen dieses Buches übersteigen und kann daher hier nicht erfolgen.

Zum Abschluß dieses einführenden Abschnitts noch eine Bemerkungen zu den im folgenden verwendeten Notationen:
Als Index (Differenzengleichung) oder Variable (Differentialgleichung) wird stets des Buchstabe t benutzt. Dies soll daran erinnern, daß es sich bei den meisten Anwendungen um zeitbezogene Differenzen- oder Differentialgleichungen handelt. Zur Darstellung einer Differenzengleichung wird der Buchstabe y mit

(Zeit-) Index t benutzt: $y_t$, $y_{t+1}$, ... Im Unterschied dazu wird bei einer Differentialgleichung das Argument t in Klammern gesetzt, also etwa y(t), y'(t), ... Zur Bezeichnung der Lösungen von Differenzen- oder Differentialgleichungen wird der Buchstabe z verwendet. Dabei wird durch Hinzufügen bestimmter Symbole zwischen den verschiedenartigen Lösungen unterschieden. Ein angefügtes "*" kennzeichnet partikuläre (spezielle) Lösungen; ein "~" über dem z charakterisiert Lösungen inhomogener Gleichungen:

- $z_t$: allgemeine Lösung einer homogenen linearen Differenzengleichung,
- $z_t^*$: partikuläre Lösung einer homogenen linearen Differenzengleichung,
- $\tilde{z}_t$: allgemeine Lösung einer inhomogenen linearen Differenzengleichung,
- $\tilde{z}_t^*$: partikuläre Lösung einer inhomogenen linearen Differenzengleichung,
- z(t): allgemeine Lösung einer homogenen linearen Differentialgleichung,
- $z^*(t)$: partikuläre Lösung einer homogenen linearen Differentialgleichung,
- $\tilde{z}(t)$: allgemeine Lösung einer inhomogenen linearen Differentialgleichung,
- $\tilde{z}^*(t)$: partikuläre Lösung einer inhomogenen linearen Differentialgleichung.

In den Abschnitten 5.2.3 und 5.3.3 über Systeme von linearen Differenzen- und und Differentialgleichungen kommt noch eine Unterstreichung von y und z hinzu, die andeutet, daß es um Vektoren von Folgen oder Funktionen handelt, so bezeichnet etwa $\underline{\tilde{z}}^*(t)$ eine partikuläre Lösung eines inhomogenen Systems linearer Differentialgleichungen.

Die ausführliche Schreibweise, etwa für die allgemeine Lösung einer homogenen linearen Differenzengleichung, also "$(z_t)_{t\in\mathbb{N}}$ mit $z_t = \ldots$" wird nur am Anfang des nächsten Abschnitts benutzt; später wird zur Reduktion des Schreibaufwands nur noch "$z_t = \ldots$" geschrieben. Entsprechend wird bei linearen Differentialgleichungen statt "$z\colon \mathbb{R} \longrightarrow \mathbb{R}$ mit $z(t) = \ldots$" nur kurz "$z(t) = \ldots$" notiert.

## 5.2 Lineare Differenzengleichungen

### 5.2.1 Allgemeine Aussagen über lineare Differenzengleichungen mit konstanten Koeffizienten

In diesem Abschnitt sollen allgemeine Aussagen über die Struktur der Lösungsmenge linearer Differenzengleichungen zusammengestellt werden und die sich daraus ergebenden Konsequenzen für die Beschreibung von Lösungen linearer Differenzengleichungen erörtert werden. Dabei fallen gewisse Parallelen zur Theorie linearer Gleichungssysteme auf.

Die Menge aller Zahlenfolgen, zusammen mit der Addition und der Multiplikation mit Skalaren, ist bekanntlich ein Vektorraum, der im Folgenden V genannt werden soll. Die Lösungsmenge einer homogenen linearen Differenzengleichung der Ordnung k, $\sum_{i=0}^{k} a_i \cdot y_{t+i} = 0$ $(a_k = 1,\ a_0 \neq 0)$, ist eine Teilmenge dieses Vektorraumes V, von der man zeigen kann, daß es sich um einen Untervektorraum von V handelt:

Sind $(z_t^1)_{t\in\mathbb{N}}$ und $(z_t^2)_{t\in\mathbb{N}}$ konkrete Folgen, die die homogene lineare Differenzengleichung lösen, für die also $\sum_{i=0}^{k} a_i \cdot z_{t+i}^1 = 0$ und $\sum_{i=0}^{k} a_i \cdot z_{t+i}^2 = 0$ für alle $t \in \mathbb{N}$ gilt, so löst auch die Summenfolge $(z_t)_{t\in\mathbb{N}}$ mit $z_t = z_t^1 + z_t^2$ (für alle $t \in \mathbb{N}$) die homogene Differenzengleichung:

$$\sum_{i=0}^{k} a_i \cdot z_{t+i} = \sum_{i=0}^{k} a_i \cdot (z_{t+i}^1 + z_{t+i}^2) = \sum_{i=0}^{k} a_i \cdot z_{t+i}^1 + \sum_{i=0}^{k} a_i \cdot z_{t+i}^2 = 0 + 0 = 0.$$

Also ist die Summenfolge $(z_t)_{t\in\mathbb{N}} = (z_t^1)_{t\in\mathbb{N}} + (z_t^2)_{t\in\mathbb{N}}$ eine Lösung der homogenen linearen Differenzengleichung, wenn $(z_t^1)_{t\in\mathbb{N}}$ und $(z_t^2)_{t\in\mathbb{N}}$ Lösungen sind.

Entsprechend kann man zeigen, daß auch $(z_t)_{t\in\mathbb{N}} = \lambda \cdot (z_t^1)_{t\in\mathbb{N}}$ eine Lösung der homogenen linearen Differenzengleichung $\sum_{i=0}^{k} a_i \cdot y_{t+i} = 0$ darstellt, wenn die konkrete Folge $(z_t^1)_{t\in\mathbb{N}}$ eine Lösung dieser Differenzengleichung ist:

Ist $(z_t^1)_{t\in\mathbb{N}}$ eine Lösung der homogenen linearen Differenzengleichung, so gilt für $(z_t)_{t\in\mathbb{N}}$ mit $z_t = \lambda \cdot z_t^1$ $(t\in\mathbb{N})$:

$$\sum_{i=0}^{k} a_i \cdot z_{t+i} = \sum_{i=0}^{k} a_i \cdot \lambda \cdot z_{t+i}^1 = \lambda \cdot \sum_{i=0}^{k-1} a_i \cdot z_{t+i}^1 = \lambda \cdot 0 = 0.$$

Also ist mit der Folge $(z_t^1)_{t\in\mathbb{N}}$ auch die Folge $\lambda \cdot (z_t^1)_{t\in\mathbb{N}}$ eine Lösung der homogenen linearen Differenzengleichung.
Aus allgemeinen Sätzen der linearen Algebra folgt, daß dann (wenn die Summe von Lösungen und das skalare Vielfache von Lösungen wieder Lösungen der homogenen linearen Differenzengleichung sind) die Lösungsmenge der homogenen linearen Differenzengleichung ein Untervektorraum von V, der Menge aller Folgen, ist (vgl. etwa DOBBENER, R.: Lineare Algebra, Oldenbourg, München 1990, S.9):

Satz 5.3: Die Lösungsmenge $\mathfrak{X} = \left\{(z_t)_{t\in\mathbb{N}} \mid \sum_{i=0}^{k} a_i \cdot z_{t+i} = 0 \text{ für alle } t \in \mathbb{N}\right\}$

der homogenen linearen Differenzengleichung $\sum_{i=0}^{k} a_i \cdot y_{t+i} = 0$

ist ein Untervektorraum von V, der Menge aller reellen Zahlenfolgen. Insbesondere ist für Lösungen $(z_t^1)_{t\in\mathbb{N}}, \ldots, (z_t^n)_{t\in\mathbb{N}} \in \mathfrak{X}$

auch jede beliebige Linearkombination $(z_t)_{t\in\mathbb{N}} = \sum_{j=0}^{n} \lambda_j \cdot (z_t^j)_{t\in\mathbb{N}}$

ein Element von $\mathfrak{X}$, also eine Lösung der homogenen linearen Differenzengleichung.

Als nächstes stellt sich die Frage der Dimension dieses Lösungsraums $\mathfrak{X}$. Die Lösung $(z_t)_{t\in\mathbb{N}}$ einer homogenen linearen Differenzengleichung erster Ordnung, $y_{t+1} = a_0 \cdot y_t$ ist erst dann eindeutig festgelegt, wenn ein Startwert $z_0$ (beliebig) vorgegeben ist. Mit dem Startwert $z_0$ ergibt sich eine eindeutige Lösung $z_t = z_0 \cdot a_0^t$. Also erhält man als allgemeine Lösung $z_t = z_0 \cdot a_0^t$, wobei $z_0 \in \mathbb{R}$ beliebig ist. In diesem Fall (homogene lineare Differenzengleichung erster Ordnung) besitzt daher der Lösungsraum die Dimension 1.

Entsprechendes gilt für homogene lineare Differenzengleichungen zweiter Ordnung:
Die Lösung $(z_t)_{t\in\mathbb{N}}$ einer homogenen linearen Differenzengleichung zweiter Ordnung, $y_{t+2} + a_1 \cdot y_{t+1} + a_0 \cdot y_t = 0$ $(a_0 \neq 0)$, ist erst dann eindeutig festgelegt, wenn zwei Startwerte, etwa $z_0$ und $z_1$, vorgegeben werden. Also besitzt in diesem Fall der Lösungsraum die Dimension 2.

Allgemein gilt der folgende Satz:

Satz 5.4: Die Dimension des Lösungsraums $\mathfrak{X} = \left\{(z_t)_{t\in\mathbb{N}} \mid \sum_{i=0}^{k} a_i \cdot z_{t+1} = 0\right.$

$\left.\text{für alle } t \in \mathbb{N}\ (a_1 = 1,\ a_0 \neq 0)\right\}$

einer homogenen linearen Differenzengleichung der Ordnung k beträgt ebenfalls k.

Bei der Lösung homogener linearer Differenzengleichungen der Ordnung k wird es also darum gehen, k linear unabhängige Lösungen zu bestimmen.
Wie man die lineare Unabhängigkeit von Lösungen homogener linearer Differenzengleichungen, die ja reelle Zahlenfolgen, also Vektoren mit unendlich vielen Komponenten, sind, überprüfen kann, ist die Aussage des nächsten Satzes:

<u>Satz 5.5:</u> Die Lösungen $(z_t^1)_{t\in\mathbb{N}}, \ldots, (z_t^n)_{t\in\mathbb{N}}$ einer homogenen linearen Differenzengleichung sind genau dann linear unabhängig, wenn die n Vektoren $\underline{z}^1, \ldots, \underline{z}^n$ mit $\underline{z}^i = (z_0^i, \ldots, z_{n-1}^i)^T$, die jeweils aus den n ersten Werten der Lösungen $(z_t^i)_{t\in\mathbb{N}}$ $(i = 1, \ldots, n)$ gebildet werden, linear unabhängig sind. Dies ist genau dann der Fall, wenn die Determinante der Matrix

$$\begin{bmatrix} z_0^1 & z_0^2 & \cdots & z_0^n \\ z_1^1 & z_1^2 & \cdots & z_1^n \\ \vdots & \vdots & & \vdots \\ z_{n-1}^1 & z_{n-1}^2 & \cdots & z_{n-1}^n \end{bmatrix}$$

von 0 verschieden ist.

Beispiel:

- Die Gleichung $y_{t+2} - 2\cdot y_{t+1} + y_t = 0$ ist eine homogene lineare Differenzengleichung zweiter Ordnung. Man kann sich leicht davon überzeugen, daß die Folgen $(z_t^1)_{t\in\mathbb{N}}$ mit $z_t^1 = 1$ für alle $t \in \mathbb{N}$ und $(z_t^2)_{t\in\mathbb{N}}$ mit $z_t^2 = t$ für alle $t \in \mathbb{N}$ Lösungen dieser Differenzengleichung sind (ein Verfahren zur Berechnung dieser Lösungen wird weiter unten beschrieben). Diese beiden Lösungen sind linear unabhängig, denn es gilt:

$$\det\begin{bmatrix} z_0^1 & z_0^2 \\ z_1^1 & z_1^2 \end{bmatrix} = \det\begin{bmatrix} 1 & 0 \\ 1 & 1 \end{bmatrix} = 1 \neq 0.$$

Nach Satz 5.5 folgt daraus die lineare Unabhängigkeit der beiden Lösungen $(z_t^1)_{t\in\mathbb{N}} = (1)_{t\in\mathbb{N}}$ und $(z_t^2)_{t\in\mathbb{N}} = (t)_{t\in\mathbb{N}}$. Da die Dimension des Lösungsraums dieser homogenen Differenzengleichung zweiter Ordnung ebenfalls zwei beträgt, bilden die beiden linear unabhängigen Lösungen sogar eine Basis des Lösungsraums:
Jede Lösung $(z_t)_{t\in\mathbb{N}}$ der homogenen linearen Differenzengleichung $y_{t+2} - 2\cdot y_{t+1} + y_t = 0$ ist von der Form $(z_t)_{t\in\mathbb{N}} = \lambda_1\cdot(z_t^1)_{t\in\mathbb{N}} + \lambda_2\cdot(z_t^2)_{t\in\mathbb{N}}$ mit $\lambda_1, \lambda_2 \in \mathbb{R}$. Also sind die Komponenten $z_t$ der allgemeinen Lösung $(z_t)_{t\in\mathbb{N}}$ von der Form $z_t = \lambda_1 + \lambda_2\cdot t$.

Hinweis:

Für beliebige reelle Zahlenfolgen $(z_t^1)_{t\in\mathbb{N}}, \ldots, (z_t^n)_{t\in\mathbb{N}}$ folgt zwar auch aus der linearen Unabhängigkeit der Vektoren $\underline{z}^1, \ldots, \underline{z}^n$ mit $\underline{z}^i = (z_0^i, \ldots, z_{n-1}^i)^T$ $(i = 1, \ldots, n)$ die lineare Unabhängigkeit der Folgen $(z_t^1)_{t\in\mathbb{N}}, \ldots, (z_t^n)_{t\in\mathbb{N}}$. Die Umkehrung dieser Aussage, daß nämlich bei linearer Unabhängigkeit der Folgen $(z_t^1)_{t\in\mathbb{N}}, \ldots, (z_t^n)_{t\in\mathbb{N}}$ auch schon die Vektoren $\underline{z}^1, \ldots, \underline{z}^n$ linear unabhängig sind, gilt im allgemeinen nicht, sondern nur dann, wenn es sich bei den

Folgen $(z_t^1)_{t\in\mathbb{N}}, \ldots, (z_t^n)_{t\in\mathbb{N}}$ um Lösungen einer homogenen linearen Differenzengleichung handelt. Dies ist gerade die Aussage von Satz 5.5.

Eine Basis $(z_t^1)_{t\in\mathbb{N}}, \ldots, (z_t^n)_{t\in\mathbb{N}}$ des Lösungsraums $\mathfrak{X}$ einer homogenen linearen Differenzengleichung der Ordnung k wird auch Fundamentalsystem der Differenzengleichung genannt. Die Linearkombination $(z_t)_{t\in\mathbb{N}} = \sum_{i=1}^{k} \lambda_i \cdot (z_t^i)_{t\in\mathbb{N}}$, also $z_t = \sum_{i=1}^{k} \lambda_i \cdot z_t^i$ für alle $t \in \mathbb{N}$, mit unspezifizierten Skalaren $\lambda_i \in \mathbb{R}$ heißt allgemeine Lösung der homogenen linearen Differenzengleichung. Durch Festlegung der Skalare $\lambda_1, \ldots, \lambda_k \in \mathbb{R}$ auf konkrete Werte $\lambda_1^0, \ldots, \lambda_k^0$ erhält man aus der allgemeinen eine spezielle oder partikuläre Lösung.

Beispiel:

* Die im vorhergehenden Beispiel erwähnte homogene lineare Differenzengleichung $y_{t+2} - 2\cdot y_{t+1} + y_t = 0$ besitzt das Fundamentalsystem $\left\{(z_t^1)_{t\in\mathbb{N}}, (z_t^2)_{t\in\mathbb{N}}\right\}$ mit $z_t^1 = 1$ und $z_t^2 = t$ $(t \in \mathbb{N})$. Die allgemeine Lösung dieser Differenzengleichung lautet somit $(z_t)_{t\in\mathbb{N}}$ mit $z_t = \lambda_1 + \lambda_2 \cdot t$.

  Eine spezielle oder partikuläre Lösung dieser Differenzengleichung mit Startwerten $z_0^*$ und $z_1^*$ ergibt sich, wenn man das lineare Gleichungssystem

  $z_0^* = \lambda_1 + \lambda_2 \cdot 0$

  $z_1^* = \lambda_1 + \lambda_2 \cdot 1$

  nach $\lambda_1$ und $\lambda_2$ auflöst: $\lambda_1 = z_0^*$, $\lambda_2 = z_1^* - z_0^*$.

Zwischen den Lösungen einer homogenen linearen Differenzengleichung und der zugehörigen inhomogenen linearen Differenzengleichung besteht ein Zusammenhang, der exakt der Beziehung zwischen der Lösungsmenge eines homogenen linearen Gleichungssystems und der Lösungsmenge des zugehörigen inhomogenen linearen Gleichungssystems entspricht:

Satz 5.6: Ist $(\tilde{z}_t^*)_{t\in\mathbb{N}}$ eine beliebige, aber feste (partikuläre) Lösung einer inhomogenen linearen Differenzengleichung und ist $(z_t)_{t\in\mathbb{N}}$ die allgemeine Lösung der zugehörigen homogenen linearen Differenzengleichung, so ist die allgemeine Lösung $(\tilde{z}_t)_{t\in\mathbb{N}}$ der inhomogenen Differenzengleichung von der Form $(\tilde{z}_t)_{t\in\mathbb{N}} = (\tilde{z}_t^*)_{t\in\mathbb{N}} + (z_t)_{t\in\mathbb{N}}$, also $\tilde{z}_t = \tilde{z}_t^* + z_t$ für alle $t \in \mathbb{N}$.

Jede Lösung der inhomogenen linearen Differenzengleichung läßt sich also darstellen als Summe einer festen (partikulären) Lösung der inhomogenen linearen Differenzengleichung und einer geeigneten Lösung der zugehörigen homogenen linearen Differenzengleichung.

Beispiel:

* Die Gleichung $y_{t+2} - 2 \cdot y_{t+1} + y_t = 2$ ist eine inhomogene lineare Differenzengleichung zweiter Ordnung, deren zugehörige homogene Gleichung in den Beispielen nach Satz 5.5 untersucht worden ist. Eine partikuläre Lösung dieser inhomogenen linearen Differenzengleichung erhält man, wenn man $(\tilde{z}^*_t)_{t \in \mathbb{N}}$ mit $\tilde{z}^*_t = t^2$ setzt:

  $$\tilde{z}^*_{t+2} - 2 \cdot \tilde{z}^*_{t+1} + \tilde{z}^*_t = (t+2)^2 - 2 \cdot (t+1)^2 + t^2 =$$
  $$= (t^2+4t+4) - (2t^2+4t+2) + t^2 = 2.$$

  Damit ergibt sich gemäß Satz 5.6 die allgemeine Lösung dieser inhomogenen linearen Differenzengleichung als $\tilde{z}_t = t^2 + \lambda_1 + \lambda_2 \cdot t$.

  Genauso wie im homogenen Fall kann die partikuläre Lösung mit Startwerten $\tilde{z}_0 = \tilde{z}^*_0$ und $\tilde{z}_1 = \tilde{z}^*_1$ bestimmt werden, wenn man das lineare Gleichungssystem

  $$\tilde{z}^*_0 = 0^2 + \lambda_1 + \lambda_2 \cdot 0$$
  $$\tilde{z}^*_1 = 1^2 + \lambda_1 + \lambda_2 \cdot 1$$

  nach $\lambda_1$ und $\lambda_2$ löst, also $\lambda_1 = \tilde{z}^*_0$ und $\lambda_2 = \tilde{z}^*_1 - \tilde{z}^*_0 - 1$.

Durch diese allgemeinen Sätze ist das Vorgehen für die Lösung linearer Differenzengleichungen vorgezeichnet:
Zur Lösung einer inhomogenen linearen Differenzengleichung der Ordnung k ist zunächst ein Fundamentalsystem für die zugehörige homogene lineare Differenzengleichung, also ein System aus k linear unabhängigen Lösungen der homogenen Differenzengleichung, zu bestimmen. Hieraus ergibt sich die allgemeine Lösung der homogenen Differenzengleichung. Als nächstes ist eine partikuläre Lösung der inhomogenen linearen Differenzengleichung zu berechnen. Die allgemeine Lösung der inhomogenen linearen Differenzengleichung ergibt sich dann als Summe der partikulären Lösung der inhomogenen und der allgemeinen Lösung der zugehörigen homogenen linearen Differenzengleichung.

Eine partikuläre Lösung mit bestimmten Startwerten $z^*_0, \ldots, z^*_{k-1}$ der homogenen oder inhomogenen linearen Differenzengleichung k-ter Ordnung ergibt sich aus der allgemeinen Lösung durch das Lösen eines geeigneten linearen Gleichungssystems.

Im nächsten Abschnitt werden die beiden noch offenen Probleme der Bestimmung von Fundamentalsystemen und der Berechnung einer partikulären Lösung einer inhomogenen linearen Differenzengleichung behandelt.

## 5.2.2 Bestimmung von Fundamentalsystemen homogener linearer Differenzengleichungen und partikulären Lösungen inhomogener linearer Differenzengleichungen

Die Ergebnisse dieses Abschnitts werden zunächst für lineare Differenzengleichungen erster und zweiter Ordnung ausführlich hergeleitet. Die allgemeinen Ergebnisse für lineare Differenzengleichungen k-ter Ordung ($k \geq 3$) sind naheliegende Verallgemeinerungen des Falls $k = 2$.

Der Fall $k = 1$:

Eine inhomogene lineare Differenzengleichung erster Ordnung ist von der Form $y_{t+1} + a_0 \cdot y_t = q_t$ ($a_0 \neq 0$).

Die zugehörige homogene lineare Differenzengleichung lautet: $y_{t+1} + a_0 \cdot y_t = 0$ ($a_0 \neq 0$).

Da nach Satz 5.4 der Lösungsraum dieser homogenen linearen Differenzengleichung eindimensional ist, besteht ein Fundamentalsystem in diesem Fall aus einer von der Nullfolge (Folge aus lauter Nullen) verschiedenen Folge $(z_t^1)_{t \in \mathbb{N}}$. Mit diesem Ansatz $z_t^1 = m^t$ ($m \neq 0$) erhält man $m^{t+1} + a_0 \cdot m^t = 0$ oder nach Division durch $m^t$: $m + a_0 = 0$ oder $m = -a_0$.

Wie man leicht sieht, ist die Folge $z_t^1 = (-a_0)^t$ tatsächlich eine linear unabhängige Lösung dieser homogenen Differenzengleichung (statt "$z_t^1 = (-a_0)^t$" müßte es genauer heißen "die Folge $(z_t^1)_{t \in \mathbb{N}}$ mit $z_t^1 = (-a_0)^t$ für alle $t \in \mathbb{N}$"; im Folgenden wird jedoch stets diese verkürzte Schreibweise benutzt). Die allgemeine Lösung der homogenen linearen Differenzengleichung lautet also: $z_t^1 = \lambda \cdot (-a_0)^t$.

Die Berechnung einer partikulären Lösung der zugehörigen inhomogenen Gleichung hängt wesentlich von der Gestalt der rechten Seite $q_t$ ab. Hier sollen nur rechte Seiten der Form $q_t = q \neq 0$ (konstant) und $q_t = \alpha \cdot q^t$ ($\alpha \neq 0$, $q \neq 0$) untersucht werden.

Im Fall $q_t = q$ wählt man als Ansatz für eine partikuläre Lösung der inhomogenen Gleichung die konstante Folge $\tilde{z}_t^* = \bar{z}$ (konstant).

Damit erhält man durch Einsetzen in die inhomogene Differenzengleichung: $\bar{z} + a_0 \cdot \bar{z} = q$ oder $\bar{z} = \frac{q}{1+a_0}$, falls $a_0 \neq -1$ ist.

Im Fall $a_0 = -1$ führt der Ansatz $\tilde{z}_t^* = \bar{z} \cdot t$ weiter: $\bar{z} \cdot (t+1) - \bar{z} \cdot t = q$ oder $\bar{z} = q$, so daß im Fall $a_0 = -1$ die Folge $\tilde{z}_t^* = q \cdot t$ eine partikuläre Lösung von $y_{t+1} - y_t = q$ ist.

Die allgemeine Lösung der Differenzengleichung $y_{t+1} + a_0 \cdot y_t = q$ lautet damit:

$$\tilde{z}_t = \frac{q}{1+a_0} + \lambda \cdot (-a_0)^t \ (a_0 \neq -1) \text{ oder } \tilde{z}_t = t \cdot q + \lambda \ (a_0 = -1).$$

Ist die rechte Seite von der Form $q_t = \alpha \cdot q^t$, so wählt man als Ansatz für die partikuläre Lösung der inhomogenen Gleichung $\tilde{z}_t^* = \bar{z} \cdot q^t$. Durch Einsetzen in die homogene lineare Differenzengleichung erhält man:

$\bar{z}\cdot q^{t+1} + a_0\cdot\bar{z}\cdot q^t = \alpha\cdot q^t$ oder $\bar{z}\cdot q + a_0\cdot\bar{z} = \alpha$ oder $\bar{z} = \frac{\alpha}{q+a_0}$ $(a_0 \neq -q)$. Im Fall $a_0 \neq -q$ ist also $\tilde{z}_t^* = \frac{\alpha}{q+a_0}\cdot q^t$ eine partikuläre Lösung der inhomogenen Differenzengleichung $y_{t+1} + a_0\cdot y_t = \alpha\cdot q^t$.

Im Fall $a_0 = -q$ wählt man den Ansatz $\tilde{z}_t^* = \bar{z}\cdot t\cdot q^t$ und erhält durch Einsetzen in die inhomogene Differenzengleichung:

$\bar{z}\cdot(t+1)\cdot q^{t+1} + a_0\cdot\bar{z}\cdot t\cdot q^t = \alpha\cdot q^t$ oder $\bar{z} = \frac{\alpha}{q}$,

so daß im Fall $a_0 = -q$ $\tilde{z}_t^* = \bar{z}\cdot t\cdot q^{t-1} = \alpha\cdot t\cdot(-a_0)^{t-1}$ eine Lösung der inhomogenen linearen Differenzengleichung $y_{t+1} + a_0\cdot y_t = \alpha\cdot q^t$ ist.

Damit gilt insgesamt für die Lösung linearer Differenzengleichungen erster Ordnung der folgende Satz:

<u>Satz 5.7:</u> Die homogene lineare Differenzengleichung $y_{t+1} + a_0\cdot y_t = 0$ $(a_0 \neq 0)$ besitzt Fundamentalsysteme aus genau einer Folge. Die Folge $z_t^1 = (-a_0)^t$ ist eine linear unabhängige (von der Folge aus lauter Nullen verschiedene) Lösung der homogenen Gleichung und bildet damit ein Fundamentalsystem.

Die inhomogene lineare Differenzengleichung $y_{t+1} + a_0\cdot y_t = q$ $(a_0 \neq 0)$ besitzt die partikulären Lösungen $\tilde{z}_t^* = \frac{q}{1+a_0}$, falls $a_0 \neq -1$ ist, und $\tilde{z}_t^* = t\cdot q$, falls $a_0 = -1$ ist.

Als allgemeine Lösung dieser inhomogenen Gleichung ergibt sich damit:

$\tilde{z}_t = \frac{q}{1+a_0} + \lambda\cdot(-a_0)^t$, falls $a_0 \neq -1$ ist,

und

$\tilde{z}_t = t\cdot q + \lambda$, falls $a_0 = -1$ ist ($\lambda \in \mathbb{R}$ beliebig).

Die inhomogene lineare Differenzengleichung $y_{t+1} + a_0\cdot y_t = \alpha\cdot q^t$ besitzt die partikulären Lösungen $\tilde{z}_t^* = \frac{\alpha}{q+a_0}\cdot q^t$, falls $a_0 \neq -q$ ist, und $\tilde{z}_t^* = \alpha\cdot t\cdot(-a_0)^{t-1}$, falls $q = -a_0$ $(\neq 0)$ ist.

Als allgemeine Lösung dieser inhomogenen Gleichung ergibt sich damit:

$\tilde{z}_t = \frac{\alpha}{q+a_0}\cdot q^t + \lambda\cdot(-a_0)^t$, falls $a_0 \neq -q$ ist

und

$\tilde{z}_t = (-\frac{\alpha\cdot t}{a_0}+\lambda)\cdot(-a_0)^t$, falls $a_0 = -q$ ist ($\lambda \in \mathbb{R}$ beliebig).

Beispiele:

* Die homogene lineare Differenzengleichung $y_{t+1} - 3y_t = 0$ besitzt das Fundamentalsystem $\left\{(z_t^1)_{t\in\mathbb{N}}\right\}$ mit $z_t^1 = 3^t$ und damit die allgemeine Lösung $z_t = \lambda\cdot 3^t$ ($\lambda \in \mathbb{R}$ beliebig).

* Die inhomogene lineare Differenzengleichung $y_{t+1} - 3y_t = 1$ besitzt die partikuläre Lösung $\tilde{z}_t^* = \bar{z} = -\frac{1}{2}$ ($a_0 \neq -1$) und damit die allgemeine Lösung $\tilde{z}_t = -\frac{1}{2} + \lambda \cdot 3^t$ ($\lambda \in \mathbb{R}$ beliebig).

* Die inhomogene Differenzengleichung $y_{t+1} - 3 \cdot y_t = 3^t$ besitzt die partikuläre Lösung $\tilde{z}_t^* = t \cdot 3^{t-1}$ ($a_0 = -q$) und damit die allgemeine Lösung $\tilde{z}_t = t \cdot 3^{t-1} + \lambda \cdot 3^t = (\frac{t}{3} + \lambda) \cdot 3^t$ ($\lambda \in \mathbb{R}$ beliebig).

Der Fall k = 2:

Eine inhomogene lineare Differenzengleichung zweiter Ordnung ist von der Form $y_{t+2} + a_1 \cdot y_{t+1} + a_0 \cdot y_t = q_t$ ($a_1, a_0 \in \mathbb{R}$, $a_0 \neq 0$). Die zugehörige homogene Gleichung lautet $y_{t+2} + a_1 \cdot y_{t+1} + a_0 \cdot y_t = 0$.

Nach Satz 5.4 ist der Lösungsraum dieser homogenen linearen Differenzengleichung zweidimensional, so daß in diesem Fall ein Fundamentalsystem aus zwei linear unabhängigen Lösungen $(z_t^1)_{t \in \mathbb{N}}$ und $(z_t^2)_{t \in \mathbb{N}}$ besteht.
Genauso wie im Fall k = 1 wählt man auch im Fall k = 2 als Lösungsansatz für die homogene lineare Differenzengleichung die Folge $z_t = m^t$. Einsetzen in die homogene Differenzengleichung ergibt die Gleichung $m^{t+2} + a_1 \cdot m^{t+1} + a_0 \cdot m^t = 0$. Division dieser Gleichung durch $m^t$ ergibt die sogenannte charakteristische Gleichung dieser Differenzengleichung: $m^2 + a_1 \cdot m + a_0 = 0$.
Die Division durch $m^t$ ist hier möglich, da sich für m = 0 die Folge aus lauter Nullen ergibt, die zwar eine Lösung darstellt, aber nicht zu einem Fundamentalsystem gehören kann.
Die charakteristische Gleichung kann man nach m auflösen und erhält die beiden Lösungen $m_1 = -\frac{a_1}{2} + \sqrt{\frac{a_1^2}{4} - a_0}$ und $m_2 = -\frac{a_1}{2} - \sqrt{\frac{a_1^2}{4} - a_0}$.

Aus diesen beiden Lösungen läßt sich das Fundamentalsystem der homogenen linearen Differenzengleichung ableiten. Dabei ist jedoch zu beachten, daß drei verschiedene Situationen auftreten können, die unterschiedlich zu behandeln sind:

(1) Die beiden Lösungen $m_1$ und $m_2$ sind reell und verschieden. Das ist genau dann der Fall, wenn $\frac{a_1^2}{4} - a_0 > 0$ ist.

(2) Die beiden Lösungen $m_1$ und $m_2$ sind reell und gleich. Das ist genau dann der Fall, wenn $\frac{a_1^2}{4} - a_0 = 0$ gilt, so daß dann $m_1 = m_2 = -\frac{a_1}{2}$ ($\neq 0$) ist (wegen $a_0 \neq 0$).

(3) Die beiden Lösungen $m_1$ und $m_2$ sind komplex und verschieden. Das ist genau dann der Fall, wenn $\frac{a_1^2}{4} - a_0 < 0$ ist, so daß dann $m_1 = -\frac{a_1}{2} + i\cdot\sqrt{a_0 - \frac{a_1^2}{4}}$ und $m_2 = -\frac{a_1}{2} - i\cdot\sqrt{a_0 - \frac{a_1^2}{4}}$ gilt.

Zu (1):

Ist $\frac{a_1^2}{4} - a_0 > 0$, so sind die beiden Lösungen $m_1$ und $m_2$ der charakteristischen Gleichungen reell und verschieden. Die beiden zugehörigen Lösungen der homogenen linearen Differenzengleichungen lauten $z_t^1 = m_1^t$ und $z_t^2 = m_2^t$ $(t = 0, 1, 2, \ldots)$. Diese beiden Lösungen sind linear unabhängig, da

$$\begin{vmatrix} z_0^1 & z_0^2 \\ z_1^1 & z_1^2 \end{vmatrix} = \begin{vmatrix} 1 & 1 \\ m_1 & m_2 \end{vmatrix} = m_2 - m_1 \neq 0 \text{ gilt (vgl. Satz 5.5).}$$

Also ist $\left\{(z_t^1)_{t\in\mathbb{N}}, (z_t^2)_{t\in\mathbb{N}}\right\} = \left\{(m_1^t)_{t\in\mathbb{N}}, (m_2^t)_{t\in\mathbb{N}}\right\}$ ein Fundamentalsystem.

Die allgemeine Lösung lautet damit

$$z_t = \lambda_1\cdot m_1^t + \lambda_2\cdot m_2^t \quad (\lambda_1, \lambda_2 \in \mathbb{R} \text{ beliebig}).$$

Beispiel:

* Die homogene Differenzengleichung $y_{t+2} - 2\cdot y_{t+1} - 8\cdot y_t = 0$ besitzt die charakteristische Gleichung $m^2 - 2\cdot m - 8 = 0$ mit den Lösungen $m_{1/2} = -\frac{-2}{2} \pm \sqrt{\frac{4}{4}+8} = 1 \pm 3$, also $m_1 = 4$ und $m_2 = -2$. Also besteht das Fundamentalsystem aus den beiden Folgen $z_t^1 = 4^t$ und $z_t^2 = (-2)^t$ und die allgemeine Lösung lautet $z_t = \lambda_1\cdot 4^t + \lambda_2\cdot(-2)^t$ $(\lambda_1, \lambda_2 \in \mathbb{R}$ beliebig$)$.

Zu (2):

Ist $\frac{a_1^2}{4} - a_0 = 0$, so besitzt die charakteristische Gleichung nur eine Lösung $m_1 = -\frac{a_1}{2}$ (mit der Vielfachheit 2). Die Folge $z_t^1 = m_1^t$ $(t = 0, 1, 2, \ldots)$ ist dann eine Lösung der homogenen Differenzengleichung. Eine zweite (linear unabhängige) Lösung erhält man, wenn man in diesem Fall $(\frac{a_1^2}{4} - a_0 = 0)$ $z_t^2 = t\cdot m_1^t$ setzt:

Einsetzen in die homogene Differenzengleichung $y_{t+2} + a_1\cdot y_{t+1} + a_0\cdot y_t = 0$

ergibt: $(t+2)\cdot m_1^{t+2} + a_1\cdot(t+1)\cdot m_1^{t+1} + a_0\cdot t\cdot m_1^t = 0$

oder (wegen $a_1 = -2\cdot m_1$ und $a_0 = \frac{a_1^2}{4} = m_1^2$)

$$(t+2)\cdot m_1^{t+2} - 2\cdot(t+1)\cdot m_1^{t+2} + t\cdot m_1^{t+2} = 0,$$

was offensichtlich für alle $t = 0, 1, 2, \ldots$ richtig ist.

Die beiden Lösungen $z_t^1 = m_1^t$ und $z_t^2 = t \cdot m_1^t$ sind wegen

$$\begin{vmatrix} z_0^1 & z_0^2 \\ z_1^1 & z_1^2 \end{vmatrix} = \begin{vmatrix} 1 & 0 \\ m_1 & m_1 \end{vmatrix} = m_1 \neq 0$$

linear unabhängig (vgl. Satz 5.5) und bilden daher ein Fundamentalsystem $\left\{(m_1^t)_{t \in \mathbb{N}}, (t \cdot m_1^t)_{t \in \mathbb{N}}\right\}$.

Die allgemeine Lösung lautet damit:

$$z_t = \lambda_1 \cdot m_1^t + \lambda_2 \cdot t \cdot m_1^t = (\lambda_1 + \lambda_2 \cdot t) \cdot m_1^t.$$

Beispiel:

* Die homogene lineare Differenzengleichung $y_{t+2} - 4 \cdot y_{t+1} + 4 \cdot y_t = 0$ besitzt die charakteristische Gleichung $m^2 - 4 \cdot m + 4 = 0$ mit der einzigen Lösung $m_1 = 2$ (Vielfachheit 2). Die beiden linear unabhängigen Lösungen lauten $z_t^1 = 2^t$ und $z_t^2 = t \cdot 2^t$. Durch Einsetzen dieser beiden Folgen in die Differenzengleichung überzeugt man sich davon, daß es sich tatsächlich um Lösungen handelt. Wegen

$$\begin{vmatrix} z_0^1 & z_0^2 \\ z_1^1 & z_1^2 \end{vmatrix} = \begin{vmatrix} 1 & 0 \\ 2 & 2 \end{vmatrix} = 2 \neq 0$$

sind diese Lösungen linear unabhängig und bilden daher ein Fundamentalsystem. Demnach lautet die allgemeine Lösung

$$z_t = \lambda_1 \cdot 2^t + \lambda_2 \cdot t \cdot 2^t = (\lambda_1 + \lambda_2 \cdot t) \cdot 2^t \quad (\lambda_1, \lambda_2 \in \mathbb{R} \text{ beliebig}).$$

Zu (3):

Ist $\frac{a_1^2}{4} - a_0 < 0$, so besitzt die charakteristische Gleichung keine reellen Lösungen, sondern zwei konjugiert komplexe Wurzeln $m_1 = -\frac{a_1}{2} + i \cdot \sqrt{a_0 - \frac{a_1^2}{4}}$ und $m_2 = -\frac{a_1}{2} - i \cdot \sqrt{a_0 - \frac{a_1^2}{4}}$. Läßt man als Lösungen der Differenzengleichung nicht nur reelle sondern auch komplexe Zahlenfolgen zu, so ist offensichtlich die Folge $z_t = m_1^t$ eine (komplexe) Lösung der homogenen Differenzengleichung. Als nächstes wird jetzt gezeigt, wie aus dieser komplexen Lösung zwei linear unabhängige reelle Lösungen abgeleitet werden können.

Dazu wird zunächst eine alternative Darstellung der komplexen Zahl $m_1 = -\frac{a_1}{2} + i \cdot \sqrt{a_0 - \frac{a_1^2}{4}}$ bestimmt, die eine einfache Berechnung der Potenzen $m_1^t$ erlaubt. Eine komplexe Zahl $\alpha + \beta \cdot i$ kann mit Hilfe von Polarkoordinaten als $\alpha + \beta \cdot i = r \cdot (\cos \varphi + i \cdot \sin \varphi)$ dargestellt werden, wobei $r = \sqrt{\alpha^2 + \beta^2}$ und $\varphi$ durch

$\cos\varphi = \frac{\alpha}{r}$ und $\sin\varphi = \frac{\beta}{r}$ definiert ist (Kap. 1.3.2), also $\varphi = \arctan(\frac{\beta}{\alpha})$ ($0 < \varphi < \pi$, $\varphi = \pi/2$ für $a = 0$). Die Potenzen $(\alpha+\beta\cdot i)^t = (r\cdot(\cos\varphi + i\cdot\sin\varphi))^t$ lassen sich dann darstellen als

$$(\alpha + \beta\cdot i)^t = r^t\cdot(\cos(t\cdot\varphi) + i\cdot\sin(t\cdot\varphi)) \text{ (vgl. Satz 1.57).}$$

Wählt man für $m_1 = -\frac{a_1}{2} + i\cdot\sqrt{a_0 - \frac{a_1^2}{4}}$ eine solche Darstellung, so ergibt sich

$$m_1 = r\cdot(\cos\varphi + i\cdot\sin\varphi) \text{ mit } r = \sqrt{\frac{a_1^2}{4} + a_0 - \frac{a_1^2}{4}} = \sqrt{a_0} \text{ und } \varphi = \arctan\left(\frac{\sqrt{a_0 - \frac{a_1^2}{4}}}{-\frac{a_1}{2}}\right),$$

also $\varphi = \arctan\left(-\frac{1}{a_1}\cdot\sqrt{4a_0 - a_1^2}\right)$ ($a_1 \neq 0$, $0 < \varphi < \pi$, $\varphi = \pi/2$ für $a_1 = 0$).

Da $m_1$ eine (komplexe) Lösung der Differenzengleichung ist, gilt:

$$m_1^{t+2} + a_1\cdot m_1^{t+1} + a_0\cdot m_1^t = 0 \text{ oder}$$

$$(r\cdot(\cos\varphi + i\cdot\sin\varphi))^{t+2} + a_1\cdot(r\cdot(\cos\varphi + i\cdot\sin\varphi))^{t+1} +$$
$$+ a_0\cdot(r\cdot(\cos\varphi + i\cdot\sin\varphi))^t = 0$$

oder

$$r^{t+2}\cdot(\cos((t+2)\cdot\varphi) + i\cdot\sin((t+2)\cdot\varphi)) + a_1\cdot r^{t+1}\cdot(\cos((t+1)\cdot\varphi) + i\cdot\sin((t+1)\cdot\varphi))$$
$$+ a_0\cdot r^t\cdot(\cos(t\cdot\varphi) + i\cdot\sin(t\cdot\varphi)) = 0.$$

Trennt man jetzt nach Real- und Imaginärteil, so erhält man

$$\left[r^{t+2}\cdot\cos((t+2)\cdot\varphi) + a_1\cdot r^{t+1}\cdot\cos((t+1)\cdot\varphi) + a_0\cdot r^t\cdot\cos(t\cdot\varphi)\right] +$$
$$+ i\cdot\left[r^{t+2}\cdot\sin((t+2)\cdot\varphi) + a_1\cdot r^{t+1}\cdot\sin((t+1)\cdot\varphi) + a_0\cdot r^t\cdot\sin(t\cdot\varphi)\right] = 0.$$

Da eine komplexe Zahl genau dann Null ist, wenn Real- und Imaginärteil Null sind, erhält man hieraus die beiden Gleichungen

$$r^{t+2}\cdot\cos((t+2)\cdot\varphi) + a_1\cdot r^{t+1}\cdot\cos((t+1)\cdot\varphi) + a_0\cdot r^t\cdot\cos(t\cdot\varphi) = 0$$

und

$$r^{t+2}\cdot\sin((t+2)\cdot\varphi) + a_1\cdot r^{t+1}\cdot\sin((t+1)\cdot\varphi) + a_0\cdot r^t\cdot\sin(t\cdot\varphi) = 0.$$

Also sind die beiden (reellen) Folgen $z_t^1 = r^t\cdot\cos(t\cdot\varphi)$ und $z_t^2 = r^t\cdot\sin(t\cdot\varphi)$ mit $r = \sqrt{a_0}$ und $\varphi = \arctan\left(-\frac{1}{a_1}\cdot\sqrt{4a_0 - a_1^2}\right)$ ($a_1 \neq 0$, $0 < \varphi < \pi$, $\varphi = \pi/2$ für $a_1 = 0$) Lösungen der homogenen Differenzengleichung. Diese beiden Lösungen sind linear unabhängig, da $\begin{vmatrix} z_0^1 & z_0^2 \\ z_1^1 & z_1^2 \end{vmatrix} = \begin{vmatrix} 1 & 0 \\ r\cdot\cos\varphi & r\cdot\sin\varphi \end{vmatrix} = r\cdot\sin\varphi \neq 0$ ist.

Die beiden Lösungen bilden also ein Fundamentalsystem
$\left\{(r^t \cdot \cos \cdot (t \cdot \varphi))_{t \in \mathbb{N}}, (r^t \cdot \sin \cdot (t \cdot \varphi))_{t \in \mathbb{N}}\right\}$.

Die allgemeine Lösung lautet also in diesem Fall:

$z_t = r^t \cdot (\lambda_1 \cdot \cos(t \cdot \varphi) + \lambda_2 \cdot \sin(t \cdot \varphi))$ ($\lambda_1, \lambda_2 \in \mathbb{R}$ beliebig).

Beispiel:

* Die homogene lineare Differenzengleichung $y_{t+2} - 2 \cdot y_{t+1} + 2 \cdot y_t = 0$ besitzt die charakteristische Gleichung $m^2 - 2 \cdot m + 2 = 0$ mit den Lösungen $m_1 = 1 + i$, $m_2 = 1 - i$ (i: Imaginäre Einheit). Mit $a_1 = -2$ und $a_0 = 2$ ist

  $\arctan\left(-\frac{1}{a_1} \cdot \sqrt{4a_0 - a_1^2}\right) = \arctan\left(\frac{1}{2} \cdot \sqrt{8-4}\right) = \arctan 1 = \pi/4$, weil

  $\tan \pi/4 = \tan 45° = 1$ ist. Die Folgen $z_t^1 = \sqrt{2}^t \cdot \cos(t \cdot \pi/4)$ und

  $z_t^2 = \sqrt{2}^t \cdot \sin(t \cdot \pi/4)$ bilden also ein Fundamentalsystem. Die allgemeine Lösung lautet demzufolge:

  $z_t = 2^{t/2} \cdot (\lambda_1 \cdot \cos \cdot (t \cdot \pi/4) + \lambda_2 \cdot \sin \cdot (t \cdot \pi/4))$ ($\lambda_1, \lambda_2 \in \mathbb{R}$).

Damit ist die Lösungsmenge einer homogenen linearen Differenzengleichung zweiter Ordnung für jeden der drei möglichen Fälle vollständig beschrieben.

Für die Lösung der zugehörigen inhomogenen Gleichung
$y_{t+2} + a_1 \cdot y_{t+1} + a_0 \cdot y_t = q_t$ reicht es jetzt (wegen Satz 5.6) aus, eine Lösung der inhomogenen Gleichung zu bestimmen. Wie im Fall k = 1 sollen auch hier nur rechte Seiten der Form $q_t = q \neq 0$ (konstant) und $q_t = \alpha \cdot q^t$ ($\alpha \neq 0$, $q \neq 0$, $q \neq 1$) studiert werden.

Im Fall $q_t = q \neq 0$ wählt man - genauso wie bei k = 1 - als Ansatz für eine partikuläre Lösung der inhomogenen Gleichung $\tilde{z}_t^* = \bar{z}$ (konstant). Einsetzen dieses Wertes in die Differenzengleichung führt zu $\bar{z} + a_1 \cdot \bar{z} + a_0 \cdot \bar{z} = q$ oder $\bar{z} = \frac{q}{1+a_1+a_0}$, falls $1+a_1+a_0 \neq 0$ ist, so daß in diesem Fall die konstante Folge

$\tilde{z}_t^* = \bar{z} = \frac{q}{1+a_1+a_0}$ eine partikuläre Lösung der inhomogenen Gleichung darstellt.

Ist $1+a_1+a_0 = 0$, so wählt man für die partikuläre Lösung der inhomogenen Gleichung den Ansatz $\tilde{z}_t^* = t \cdot \bar{z}$ und erhält damit durch Einsetzen:

$(t+2) \cdot \bar{z} + a_1 \cdot (t+1) \cdot \bar{z} + a_0 \cdot t \cdot \bar{z} = q$

oder

$t \cdot (1+a_1+a_0) \cdot \bar{z} + 2 \cdot \bar{z} + a_1 \cdot \bar{z} = q$

oder (wegen $1+a_1+a_0 = 0$)

$\bar{z} = \frac{q}{2+a_1}$, falls $a_1 \neq -2$ ist.

Also ist im Fall $1+a_1+a_0 = 0$ und $a_1 \neq -2$ die Folge $\tilde{z}_t^* = \frac{q}{2+a_1} \cdot t$ eine partikuläre Lösung der inhomogenen Gleichung.

Im noch offenen Fall $1+a_1+a_0 = 0$ und $a_1 = -2$ besitzt die Differenzengleichung die Form $y_{t+1} - 2 \cdot y_{t+1} + y_t = q$ und man kann sich durch Einsetzen davon überzeugen, daß $\tilde{z}_t^* = \frac{1}{2} \cdot t^2 \cdot q$ eine partikuläre Lösung ist.

Beispiele:

* Die inhomogene lineare Differenzengleichung zweiter Ordnung $y_{t+2} - 4 \cdot y_{t+1} + 4 \cdot y_t = 1$ besitzt wegen $1 + a_1 + a_0 = 1 - 4 + 4 = 1 \neq 0$ die partikuläre Lösung $\tilde{z}_t^* = \bar{z} = \frac{q}{1+a_1+a_0} = 1$. Mit dem Fundamentalsystem der zugehörigen homogenen Gleichung $\left\{(2^t)_{t \in \mathbb{N}}, (t \cdot 2^t)_{t \in \mathbb{N}}\right\}$ ergibt sich die allgemeine Lösung dieser inhomogenen Differenzengleichung als $\tilde{z}_t = 1 + (\lambda_1 + \lambda_2 \cdot t) \cdot 2^t$ ($\lambda_1, \lambda_2 \in \mathbb{R}$ beliebig).

* Die inhomogene lineare Differenzengleichung zweiter Ordnung $y_{t+2} + 2 \cdot y_{t+1} - 3 \cdot y_t = 1$ besitzt wegen $1 + a_1 + a_2 = 1 + 2 - 3 = 0$ und $a_1 \neq -2$ die partikuläre Lösung $\tilde{z}_t^* = \frac{q}{2+a_1} \cdot t = \frac{t}{4}$. Mit den Nullstellen $m_1 = 1$ und $m_2 = -3$ der charakteristischen Gleichung $m^2 + 2m - 3 = 0$ erhält man das Fundamentalsystem $\left\{(1)_{t \in \mathbb{N}}, (-3^t)_{t \in \mathbb{N}}\right\}$. Also lautet die allgemeine Lösung der inhomogenen Gleichung $\tilde{z}_t = \frac{t}{4} + \lambda_1 + \lambda_2 \cdot (-3)^t$ ($\lambda_1, \lambda_2 \in \mathbb{R}$ beliebig).

* Die inhomogene lineare Differenzengleichung zweiter Ordnung $y_{t+2} - 2 \cdot y_{t+1} + y_t = 1$ besitzt wegen $a_1 = -2$ und $a_0 = 1$ die partikuläre Lösung $\tilde{z}_t^* = \frac{1}{2} \cdot t^2$. Mit der (einzigen) Lösung $m_1 = m_2 = 1$ der charakteristischen Gleichung der zugehörigen homogenen Gleichung erhält man das Fundamentalsystem $\left\{(1)_{t \in \mathbb{N}}, (t)_{t \in \mathbb{N}}\right\}$, so daß die allgemeine Lösung der Differenzengleichung $y_{t+2} - 2 \cdot y_{t+1} + y_t = 1$ von der Form $\tilde{z}_t = \frac{1}{2} \cdot t^2 + \lambda_1 + \lambda_2 \cdot t$ ($\lambda_1, \lambda_2 \in \mathbb{R}$ beliebig) ist.

Ist die rechte Seite der inhomogenen linearen Differenzengleichung von der Form $q_t = \alpha \cdot q^t$, so wählt man als Ansatz für die partikuläre Lösung der inhomogenen Gleichung $\tilde{z}_t^* = \bar{z} \cdot q^t$. Durch Einsetzen erhält man:

$$\bar{z} \cdot q^{t+2} + a_1 \cdot \bar{z} \cdot q^{t+1} + a_0 \cdot \bar{z} \cdot q^t = \alpha \cdot q^t$$

oder (da $q \neq 0$ ist) $\bar{z} \cdot q^2 + a_1 \cdot \bar{z} \cdot q + a_0 \cdot \bar{z} = \alpha$

oder $\bar{z} = \dfrac{\alpha}{q^2 + a_1 \cdot q + a_0}$, falls $q^2 + a_1 \cdot q + a_0 \neq 0$ ist.

Also ist im Fall $q^2 + a_1 \cdot q + a_0 \neq 0$, also dann wenn q keine Lösung der charakteristischen Gleichung ist, die Folge $\tilde{z}_t^* = \frac{\alpha}{q^2+a_1\cdot q+a_0}\cdot q^t$ eine partikuläre Lösung der inhomogenen Gleichung.

Ist $q^2 + a_1\cdot q + a_0 = 0$, so wählt man als Ansatz für die partikuläre Lösung der inhomogenen Gleichung die Folge $\tilde{z}_t^* = \bar{z}\cdot t\cdot q^t$. Einsetzen in die inhomogene Gleichung ergibt:

$\bar{z}\cdot(t+2)\cdot q^{t+2} + a_1\cdot\bar{z}\cdot(t+1)\cdot q^{t+1} + a_0\cdot\bar{z}\cdot q^t = \alpha\cdot q^t$

oder (nach Division durch $q^t$ und Umsortieren)

$\bar{z}\cdot t\cdot(q^2+a_1\cdot q+a_0) + \bar{z}\cdot 2\cdot q^2 + a_1\cdot\bar{z}\cdot q = \alpha$

oder (wegen $q^2 + a_1\cdot q + a_0 = 0$) $\bar{z} = \frac{\alpha}{2\cdot q^2+a_1\cdot q}$, falls $a_1 \neq -2q$ ist.

Damit ist im Fall $q^2+ a_1\cdot q + a_0 = 0$ und $a_1 \neq -2\cdot q$ die Folge $\tilde{z}_t^* = \frac{\alpha}{2\cdot q+a_1}\cdot t\cdot q^{t-1}$ eine partikuläre Lösung der inhomogenen linearen Differenzengleichung $y_{t+2} + a_1\cdot y_{t+1} + a_0\cdot y_t = \alpha\cdot q^t$.

Im Fall $q^2 + a_1\cdot q + a_0 = 0$ und $a_1 = -2\cdot q$, also $a_1 = -2\cdot q$ und $a_0 = q^2$, wählt man den Ansatz $\tilde{z}_t^* = \bar{z}\cdot t^2\cdot q^t$. Durch Einsetzen in die inhomogene Gleichung erhält man $\bar{z}\cdot(t+2)^2\cdot q^{t+2} - 2\cdot q\cdot\bar{z}\cdot(t+1)^2\cdot q^{t+1} + q^2\cdot\bar{z}\cdot t^2\cdot q^t = \alpha\cdot q^t$

oder (nach Division durch $q^t$ und Umsortieren)

$\bar{z}\cdot q^2\cdot(t^2 + 4\cdot t + 4 - 2\cdot t^2 - 4\cdot t - 2 + t^2) = \alpha$

oder $\bar{z} = \frac{\alpha}{2\cdot q^2}$.

Also ist im Fall $a_1 = -2\cdot q$ und $a_0 = q^2$ die Folge $\tilde{z}_t^* = \frac{\alpha}{2}\cdot t^2\cdot q^{t-2}$ eine Lösung der inhomogenen linearen Differenzengleichung $y_{t+2} + a_1\cdot y_{t+1} + a_0\cdot y_t = \alpha\cdot q^t$.

Beispiele

* Die lineare Differenzengleichung zweiter Ordnung $y_{t+2} - 2\cdot y_{t+1} + 2\cdot y_t = 3^t$ besitzt wegen $q^2 + a_1\cdot q + a_0 = 3^2- 2\cdot 3 + 2 = 5 \neq 0$ die partikuläre Lösung $\tilde{z}_t^* = \bar{z}\cdot 3^t$ mit $\bar{z} = \frac{\alpha}{q^2+a_1\cdot q+a_0} = \frac{1}{5}$. Mit dem Fundamentalsystem der zugehörigen homogenen Gleichung $\left\{(2^{t/2}\cos(t\cdot\pi/4))_{t\in\mathbb{N}},\ (2^{t/2}\cdot\sin(t\cdot\pi/4))_{t\in\mathbb{N}}\right\}$ ergibt sich als allgemeine Lösung der Differenzengleichung:
  $\tilde{z}_t = \frac{1}{5}\cdot 3^t + 2^{t/2}\cdot(\lambda_1\cdot\cos(t\cdot\pi/4) + \lambda_2\cdot\sin(t\cdot\pi/4))$ ($\lambda_1, \lambda_2 \in \mathbb{R}$ beliebig).
* Die lineare Differenzengleichung zweiter Ordnung $y_{t+2} - 2\cdot y_{t+1} - 8\cdot y_t = 4^t$ besitzt wegen $q^2 + a_1\cdot q + a_0 = 4^2 - 2\cdot 4 - 8 = 0$ und $a_1 = -2 \neq -2\cdot q = -8$ die partikuläre Lösung $\tilde{z}_t^* = \frac{\alpha}{2\cdot q+a_1}\cdot t\cdot q^{t-1} = \frac{1}{6}\cdot t\cdot 4^{t-1}$. Mit dem Fundamental-

system der zugehörigen homogenen Gleichung $\left\{(4^t)_{t\in\mathbb{N}},\ ((-2)^t)_{t\in\mathbb{N}}\right\}$ ergibt sich die allgemeine Lösung der Differenzengleichung $y_{t+2} - 2\cdot y_{t+1} + 8\cdot y_t = 4^t$ als $\tilde{z}_t = \frac{1}{6}\cdot t\cdot 4^{t-1} + \lambda_1\cdot 4^t + \lambda_2\cdot(-2)^t$ ($\lambda_1, \lambda_2 \in \mathbb{R}$ beliebig).

- Die inhomogene lineare Differenzengleichung zweiter Ordnung $y_{t+2} - 6\cdot y_{t+1} + 9\cdot y_t = 2\cdot 3^t$ besitzt wegen $q^2 + a_1\cdot q + a_0 = 9 - 18 + 9 = 0$ und $a_1 = -6 = -2\cdot q$ die partikuläre Lösung $\tilde{z}_t^* = \frac{\alpha}{2}\cdot t^2\cdot q^{t-2} = t^2\cdot 3^{t-2}$. Mit der (einzigen) Lösung $m_1 = m_2 = 3$ der charakteristischen Gleichung von $y_{t+2} - 6\cdot y_{t+1} + 9\cdot y_t = 0$ ergibt sich das Fundamentalsystem der homogenen Differenzengleichung: $\left\{(3^t)_{t\in\mathbb{N}},\ (t\cdot 3^t)_{t\in\mathbb{N}}\right\}$. Die allgemeine Lösung der Differenzengleichung $y_{t+2} - 6\cdot y_{t+1} + 9\cdot y_t = 2\cdot 3^t$ lautet somit
$\tilde{z}_t = t^2\cdot 3^{t-2} + \lambda_1\cdot 3^t + \lambda_2\cdot t\cdot 3^t = (\frac{t^2}{9}+\lambda_1+\lambda_2\cdot t)\cdot 3^t$ ($\lambda_1, \lambda_2 \in \mathbb{R}$ beliebig).

Zusammenfassend gilt der folgende Satz für die Lösung linearer Differenzengleichungen zweiter Ordnung:

Satz 5.8: Die homogene lineare Differenzengleichung $y_{t+2} + a_1\cdot y_{t+1} + a_0\cdot y_t = 0$ besitzt Fundamentalsysteme $\left\{(z_t^1)_{t\in\mathbb{N}},\ (z_t^2)_{t\in\mathbb{N}}\right\}$ aus genau zwei Folgen.

Ist der Ausdruck $\frac{a_1^2}{4} - a_0$ positiv, so bilden die beiden Folgen
$z_t^1 = m_1^t$ mit $m_1 = -\frac{a_1}{2} + \sqrt{\frac{a_1^2}{4} - a_0}$ und $z_t^2 = m_2^t$ mit $m_2 = -\frac{a_1}{2} - \sqrt{\frac{a_1^2}{4} - a_0}$
ein Fundamentalsystem.

Ist $\frac{a_1^2}{4} - a_0 = 0$, so bilden die beiden Folgen $z_t^1 = m_1^t$ und $z_t^2 = t\cdot m_1^t$ mit $m_1 = -\frac{a_1}{2}$ ein Fundamentalsystem.

Ist $\frac{a_1^2}{4} - a_0$ negativ, so bilden die beiden Folgen $z_t^1 = r^t\cdot\sin(t\cdot\varphi)$ und $z_t^2 = r^t\cdot\cos(t\cdot\varphi)$ mit $r = \sqrt{a_0}$ und $\varphi = \arctan(-\frac{1}{a_1}\cdot\sqrt{4a_0 - a_1^2})$ ($a_1 \neq 0$, $0 < \varphi < \pi$, $\varphi = \pi/2$ für $a_1 = 0$) ein Fundamentalsystem.

Die inhomogene lineare Differenzengleichung zweiter Ordnung $y_{t+2} + a_1\cdot y_{t+1} + a_0\cdot y_t = q$ besitzt die partikuläre Lösung

- $\tilde{z}_t^* = \bar{z} = \frac{q}{1+a_1+a_0}$, falls $1 + a_1 + a_0 \neq 0$ ist,

- $\tilde{z}_t^* = \frac{q}{2+a_1}\cdot t$, falls $1 + a_1 + a_0 = 0$ und $a_0 \neq -2$ ist,
- $\tilde{z}_t^* = \frac{q}{2}\cdot t^2$, falls $a_1 = -2$ und $a_0 = 1$ ist.

Die inhomogene lineare Differenzengleichung zweiter Ordnung $y_{t+2} + a_1\cdot y_{t+1} + a_0\cdot y_t = \alpha\cdot q^t$ $(q \neq 0)$ besitzt die partikuläre Lösung

- $\tilde{z}_t^* = \frac{\alpha}{q^2+a_1\cdot q+a_0}\cdot q^t$, falls $q^2 + a_1\cdot q + a_0 \neq 0$ ist,
- $\tilde{z}_t^* = \frac{\alpha}{2\cdot q+a_1}\cdot t\cdot q^{t-1}$, falls $q^2 + a_1\cdot q + a_0 = 0$ und $a_1 \neq -2\cdot q$ ist,
- $\tilde{z}_t^* = \frac{\alpha}{2}\cdot t^2\cdot q^{t-2}$, falls $a_1 = -2\cdot q$ und $a_0 = q^2$ ist.

Mit dem Satz 5.6 ergibt sich hieraus die allgemeine Lösung inhomogener linearer Differenzengleichungen zweiter Ordnung. Durch geeignete Wahl der beiden freien Parameter in der allgemeinen Lösung kann man damit Anfangswertaufgaben für lineare Differenzengleichungen zweiter Ordnung lösen.

Beispiel:

* Man bestimme die Lösung $\tilde{z}_t^0$ der Differenzengleichung
$y_{t+2} - y_{t+1} + \frac{3}{16}\cdot y_t = \left(\frac{3}{4}\right)^t$ mit den Anfangswerten $\tilde{z}_0^0 = 1$ und $\tilde{z}_1^0 = 0{,}95$.
Mit den beiden Lösungen $m_1 = \frac{3}{4}$ und $m_2 = \frac{1}{4}$ der charakteristischen Gleichung $m^2 - m + \frac{3}{16} = 0$ ergibt sich die allgemeine Lösung der homogenen Differenzengleichung als $z_t = \lambda_1\cdot\left(\frac{3}{4}\right)^t + \lambda_2\cdot\left(\frac{1}{4}\right)^t$.
Wegen $q^2 + a_1\cdot q + a_0 = \left(\frac{3}{4}\right)^2 - \left(\frac{3}{4}\right) + \frac{3}{16} = 0$ und $1 = a_1 \neq -2q = -\frac{3}{2}$ ist
$\tilde{z}_t^* = \frac{1}{1{,}5+1}\cdot t\cdot\left(\frac{3}{4}\right)^{t-1} = \frac{2}{5}\cdot t\cdot\left(\frac{3}{4}\right)^{t-1}$ eine partikuläre Lösung. Damit lautet die allgemeine Lösung der inhomogenen Differenzengleichung:
$\tilde{z}_t = \frac{2}{5}\cdot t\cdot\left(\frac{3}{4}\right)^{t-1} + \lambda_1\cdot\left(\frac{3}{4}\right)^t + \lambda_2\cdot\left(\frac{1}{4}\right)^t$.
Für $t = 0$ und $t = 1$ ergibt sich:
$\tilde{z}_0 = \lambda_1 + \lambda_2$; $\tilde{z}_1 = \frac{2}{5} + \frac{3}{4}\cdot\lambda_1 + \frac{1}{4}\cdot\lambda_2$.
Setzt man jetzt für $\tilde{z}_0$ und $\tilde{z}_1$ die gegebenen Anfangswerte $\tilde{z}_0^0 = 1$ und $\tilde{z}_1^0 = 0{,}95$ ein, so ergibt sich ein lineares Gleichungssystem für $\lambda_1$ und $\lambda_2$:
$1 = \lambda_1 + \lambda_2$; $0{,}95 = 0{,}4 + 0{,}75\cdot\lambda_1 + 0{,}25\cdot\lambda_2$.
Die Lösung lautet $\lambda_1^0 = 0{,}6$ und $\lambda_2^0 = 0{,}4$.
Damit ist $\tilde{z}_t^* = \frac{2}{5}\cdot t\cdot\left(\frac{3}{4}\right)^{t-1} + 0{,}6\cdot\left(\frac{3}{4}\right)^t + 0{,}4\cdot\left(\frac{1}{4}\right)^t$ die Lösung der Differenzengleichung $y_{t+2} - y_{t+1} + \frac{3}{16}\cdot y_t = \left(\frac{3}{4}\right)^t$ mit den Anfangswerten $\tilde{z}_0^0 = 1$ und $\tilde{z}_1^0 = 0{,}95$.

Der allgemeine Fall:

Die Lösung einer homogenen linearen Differenzengleichung

$y_{t+k} + a_{k-1} \cdot y_{t+k-1} + \ldots + a_0 \cdot y_t = 0$ ($a_0 \neq 0$) der Ordnung k ergibt sich ähnlich wie im Fall $k = 2$:
Ein Fundamentalsystem einer homogenen linearen Differenzengleichung der Ordnung k besteht aus k linear unabhängigen Lösungen.
Zu diesen Lösungen gelangt man mit Hilfe der Nullstellen der charakteristischen Gleichung.

Der Ansatz $z_t = m^t$ für eine Lösung der homogenen Differenzengleichung führt zur charakteristischen Gleichung $m^k + a_{k-1} \cdot m^{k-1} + \ldots + a_0 = 0$.
Diese Gleichung (Nullstellen eines Polynoms vom Grade k) besitzt nach dem Fundamentalsatz der Algebra (Satz 1.56) k Lösungen (möglicherweise mit Vielfachheiten, möglicherweise komplex). Bezeichnet man die verschiedenen Lösungen (und ihre Vielfachheiten) mit $m_1$ (Vielfachheit $k_1 \geq 1$), $m_2$ (Vielfachheit mit $k_2 \geq 1$), ..., $m_l$ (Vielfachheit $k_l \geq 1$), so muß $\sum_{j=1}^{l} k_j = k$ sein. Dabei gehört zu jeder komplexen Lösung $m_j = \alpha_j + i \cdot \beta_j$ der Vielfachheit $k_j$ eine konjugiert komplexe Lösung $m_{j+1} = \alpha_j - i \cdot \beta_j$, die ebenfalls die Vielfachheit $k_j$ besitzt. Ist $m_j$ eine reelle Lösung der charakteristischen Gleichung, so ist $z_t^j = m_j^t$ eine Lösung der homogenen Differenzengleichung. Ist $m_j$ eine reelle Lösung der charakteristischen Gleichung mit der Vielfachheit $k_j \geq 2$, so sind neben $z_t^j = m_j^t$ auch die Folgen $t^\nu \cdot m_j^t$ ($\nu = 1, 2, \ldots, k_j-1$) Lösungen der homogenen linearen Differenzengleichung.
Sind $m_j = \alpha_j + i \cdot \beta_j$ und $m_{j+1} = \alpha_j - i \cdot \beta_j$ ein Paar konjugiert komplexer Lösungen der charakteristischen Gleichung, so sind die Folgen $z_t^j = r \cdot \sin(t \cdot \varphi)$ und $z_t^{j+1} = r \cdot \cos(t \cdot \varphi)$ ($r = \sqrt{\alpha_j^2 + \beta_j^2}$, $\varphi = \arctan\left(\frac{\beta_j}{\alpha_j}\right)$ ($\alpha_j \neq 0$, $0 < \varphi < \pi$, $\varphi = \pi/2$ für $a_j = 0$) Lösungen der homogenen linearen Differenzengleichung. Besitzen die Nullstellen $m_j = \alpha_j + i \cdot \beta_j$ und $m_j = \alpha_j - i \cdot \beta_j$ die Vielfachheit $k_j \geq 2$, so sind neben $z_t^j = r \cdot \sin(t \cdot \varphi)$ und $z_t^{j+1} = r \cdot \cos(t \cdot \varphi)$ auch die Folgen $r \cdot t^\nu \cdot \sin(t \cdot \varphi)$ und $r \cdot t^\nu \cdot \cos(t \cdot \varphi)$ ($\nu = 1, 2, \ldots, k_j-1$) Lösungen der homogenen linearen Differenzengleichung.

Insgesamt sind auf diese Art k verschiedene Lösungen der homogenen linearen Differenzengleichung definiert. Da man zeigen kann, daß diese Lösungen linear unabhängig sind, bilden sie ein Fundamentalsystem der homogenen linearen Differenzengleichung der Ordnung k. Also gilt der folgende Satz über die Lösung homogener linearer Differenzengleichungen:

Satz 5.9: Sei $y_{t+k} + a_{k-1} \cdot y_{t+k-1} + \ldots + a_0 \cdot y_k = 0$ eine homogene lineare Differenzengleichung der Ordnung k ($a_0 \neq 0$) mit charakteristischer Gleichung $m^k + a_{k-1} \cdot m^{k-1} + \ldots + a_0 = 0$. Bezeichnet man die Lösung dieser Gleichung mit $m_j$ und ihre Vielfachheiten mit $k_j$ ($j = 1, \ldots, l$), so ist $\sum_{j=1}^{l} k_j = k$, und es gilt:

Ist $m_j$ reell mit Vielfachheit $k_j$, so sind die Folgen $z_t^{j,\nu} = t^\nu \cdot m_j^t$ ($\nu = 0, \ldots, k_j-1$) Lösungen der homogenen Differenzengleichung. Ist $m_j$, $m_{j+1}$ ein Paar konjugiert komplexer Lösungen der charakteristischen Gleichung mit Vielfachheit $k_j = k_{j+1}$, so sind die Folgen

$z^{j,\nu} = t^\nu \cdot r^t \cdot \sin(t \cdot \varphi)$ und $z^{j+1,\nu} = t^\nu \cdot r^t \cdot \cos(t \cdot \varphi)$

($\nu = 0, \ldots, k_j-1$) Lösungen der homogenen Differenzengleichung.

Die k verschiedenen Lösungen der homogenen Differenzengleichung k-ter Ordnung, die man so erhält, sind linear unabhängig und bilden daher ein Fundamentalsystem: Jede Lösung der homogenen Differenzengleichung läßt sich eindeutig als Linearkombination dieser k Lösungen darstellen.

Beispiel:

* Die homogene lineare Differenzengleichung vierter Ordnung $y_{t+4} - 1{,}8 \cdot y_{t+3} + 1{,}3 \cdot y_{t+2} - 0{,}45 \cdot y_{t+1} + 0{,}0625 \cdot y_t = 0$ besitzt die charakteristische Gleichung $m^4 - 1{,}8m^3 + 1{,}3m^2 - 0{,}45m + 0{,}0625 = 0$.
  Die Lösungen dieser Gleichung sind $m_1 = 0{,}5$ (Vielfachheit 2), $m_2 = 0{,}4 + 0{,}3 \cdot i$ und $m_3 = 0{,}4 - 0{,}3 \cdot i$.
  Nach Satz 5.9 gehören zur Nullstelle $m_1$ die beiden Lösungen $z_t^1 = 0{,}5^t$ und $z_t^2 = t \cdot 0{,}5^t$. Zu dem Paar $m_2$ und $m_3$ konjugiert komplexer Nullstellen gehören die Lösungen $z_t^3 = r^t \cdot \sin(t \cdot \varphi)$ und $z_t^4 = r^t \cdot \cos(t \cdot \varphi)$ mit $r = \sqrt{0{,}4^2 + 0{,}3^2} = \sqrt{0{,}25} = 0{,}5$ und $\varphi = \arctan \frac{0{,}3}{0{,}4} = 0{,}6435$, also $z_t^3 = 0{,}5^t \cdot \sin(0{,}6435 \cdot t)$ und $z_t^4 = 0{,}5^t \cdot \cos(0{,}6435 \cdot t)$. Die allgemeine Lösung dieser homogenen Differenzengleichung lautet damit

  $$z_t = \lambda_1 \cdot 0{,}5^t + \lambda_2 \cdot t \cdot 0{,}5^t + 0{,}5^t \cdot (\lambda_3 \cdot \sin(0{,}6435 \cdot t) + \lambda_4 \cdot \cos(0{,}6435 \cdot t))$$

  ($\lambda_1, \lambda_2, \lambda_3, \lambda_4 \in \mathbb{R}$ beliebig).

Die Vorgehensweise bei der Lösung der inhomogenen linearen Differenzengleichung k-ter Ordnung soll hier - wie schon im Fall k = 1 und k = 2 - nur für rechte Seiten der Form $q_t = q$ ($q \neq 0$ konstant) und $q_t = \alpha \cdot q^t$ ($\alpha \neq 0$, $q \neq 0$) knapp beschrieben werden.

Ist die rechte Seite einer linearen Differenzengleichung von der Form $q_t = q \neq 0$ (konstant), so wählt man zunächst als Ansatz für eine partikuläre Lösung $z_t^*$ der inhomogenen Gleichung $\bar{z}_t^* = \bar{z}$ (konstant). Dieser Ansatz führt dann - ähnlich wie in den Fällen k = 1 und k = 2 - zu der Gleichung:

$\bar{z} + a_{k-1}\cdot\bar{z} + \ldots + a_0\cdot\bar{z} = q$ oder $\bar{z} = \frac{q}{1+a_{k-1}+\ldots+a_0}$.

Im Fall $1+a_{k-1}+\ldots+a_0 \neq 0$ ist also $\tilde{z}_t^* = \bar{z} = \frac{q}{1+a_{k-1}+\ldots+a_0}$ eine partikuläre Lösung der inhomogenen Differenzengleichung. Ist $1 + a_{k-1} + \ldots + a_0 = 0$, so wählt man den Ansatz $\tilde{z}_t^* = \bar{z}\cdot t$. Führt auch dieser Ansatz zu einer Division durch Null, so setzt man $\tilde{z}_t^* = \bar{z}\cdot t^2$, bis schließlich für ein $n \in \mathbb{N}$ der Ansatz $\tilde{z}_t^* = \bar{z}\cdot t^n$ zu einer partikulären Lösung der inhomogenen Differenzengleichung führt.

Ist die rechte Seite der inhomogenen Differenzengleichung n-ter Ordnung von der Form $q_t = \alpha\cdot q^t$ ($\alpha \neq 0$, $q \neq 0$), so wählt man - genauso wie in den Fällen $k = 1$ und $k = 2$ - zunächst den Ansatz $\tilde{z}_t^* = \bar{z}\cdot q^t$ für eine partikuläre Lösung der inhomogenen Differenzengleichung. Dieser Ansatz führt zu der Gleichung

$\bar{z}\cdot q^{t+k} + a_{k-1}\cdot\bar{z}\cdot q^{t+k-1} + \ldots + a_0\cdot\bar{z}\cdot q^t = \alpha\cdot q^t$ oder $\bar{z} = \frac{\alpha}{q^k+a_{k-1}\cdot q^{k-1}+\ldots+a_0}$.

Ist also $q^k + a_{k-1}\cdot q^{k-1} + \ldots + a_0 \neq 0$ (q ist dann keine Lösung der charakteristischen Gleichung), so ist $\tilde{z}_t^* = \bar{z}\cdot q^t$ mit $\bar{z} = \frac{\alpha}{q^k+a_{k-1}\cdot q^{k-1}+\ldots+a_0}$ eine partikuläre Lösung der inhomogenen Differenzengleichung. Ist dagegen $q^k + a_{k-1}\cdot q^{k-1} + \ldots + a_0 = 0$, so wählt man den Ansatz $\tilde{z}_t^* = \bar{z}\cdot t\cdot q^t$. Führt auch dieser Ansatz zu einer Division durch Null, so setzt man $\tilde{z}_t^* = \bar{z}\cdot t^2\cdot q^t$ an, bis schließlich für ein $k \in \mathbb{N}$ der Ansatz $\tilde{z}_t^* = \bar{z}\cdot t^k\cdot q^t$ zu einer partikulären Lösung der inhomogenen Differenzengleichung führt.

Mit dem Satz 5.4 und der allgemeinen Lösung der zugehörigen homogenen Differenzengleichung (Satz 5.9) ergibt sich hieraus die allgemeine Lösung einer inhomogenen linearen Differenzengleichung k-ter Ordnung.

Beispiele:

* Gegeben sei die inhomogene Differenzengleichung $y_{t+4} - 1{,}8\cdot y_{t+3} + 1{,}3\cdot y_{t+2} - 0{,}45\cdot y_{t+1} + 0{,}0625\cdot y_t = 1$. Mit dem Ansatz $\tilde{z}_t^* = \bar{z}$ für eine partikuläre Lösung dieser Gleichung ergibt sich daraus:

$$\bar{z} - 1{,}8\cdot\bar{z} + 1{,}3\cdot\bar{z} - 0{,}45\cdot\bar{z} + 0{,}0625\cdot\bar{z} = 1$$

oder $$\bar{z} = \frac{1}{1-1{,}8+1{,}3-0{,}45+0{,}0625} = \frac{1}{0{,}1125} \doteq 8{,}8889.$$

Mit der allgemeinen Lösung der zugehörigen homogenen Differenzengleichung (vgl. Beispiel zu Satz 5.9) ergibt sich die allgemeine Lösung dieser inhomogenen Differenzengleichung 4. Ordnung:

$$\tilde{z}_t = \frac{1}{0{,}1125} + 0{,}5^t \cdot [\lambda_1+\lambda_2\cdot t+(\lambda_3\cdot\sin(0{,}6435\cdot t)) + \lambda_4\cdot\cos(0{,}6435\cdot t)].$$

Man sieht, daß in diesem Beispiel unabhängig von den Werten der Skalare $\lambda_1$, $\lambda_2$, $\lambda_3$ und $\lambda_4$ die Lösung $\tilde{z}_t$ gegen $\bar{z} = \frac{1}{0{,}1125}$ konvergiert, da alle Lösungen der charakteristischen Gleichung dem Betrage nach kleiner als 1 sind.

* Gegeben sei die inhomogene lineare Differenzengleichung vierter Ordnung $y_{t+4} - 1,8 \cdot y_{t+3} + 1,3 \cdot y_{t+2} - 0,45 \cdot y_{t+1} + 0,0625 \cdot y_t = 0,5^t$. Mit dem Ansatz $\tilde{z}_t^* = \bar{z} \cdot 0,5^t$ erhält man

$$\bar{z} \cdot 0,5^{t+4} - 1,8 \cdot \bar{z} \cdot 0,5^{t+3} + 1,3 \cdot \bar{z} \cdot 0,5^{t+2} - 0,45 \cdot \bar{z} \cdot 0,5^{t+1} + 0,0625 \cdot \bar{z} \cdot 0,5^t = 0,5^t$$

oder $\bar{z} \cdot (0,5^4 - 1,8 \cdot 0,5^3 + 1,3 \cdot 0,5^2 - 0,45 \cdot 0,5 + 0,0625) = 1$.
Diese Gleichung besitzt keine Lösung für $\bar{z}$, da 0,5 eine Lösung der charakteristischen Gleichung ist und daher $\bar{z} \cdot 0,5^t$ eine Lösung der homogenen Differenzengleichung ist:

$$0,5^4 - 1,8 \cdot 0,5^3 + 1,3 \cdot 0,5^2 - 0,45 \cdot 0,5 + 0,0625 = 0.$$

Es ist also als nächstes der Ansatz $\tilde{z}_t^* = t \cdot 0,5^t$ zu wählen:

$$\bar{z} \cdot (t+4) \cdot 0,5^{t+4} - 1,8 \cdot \bar{z} \cdot (t+3) \cdot 0,5^{t+3} + 1,3 \cdot \bar{z} \cdot (t+2) \cdot 0,5^{t+2} - 0,45 \cdot \bar{z} \cdot (t+1) \cdot 0,5^{t+1} + 0,0625 \cdot t \cdot 0,5^t = 0,5^t$$

oder

$$\bar{z} \cdot t \cdot (0,5^4 - 1,8 \cdot 0,5^3 + 1,3 \cdot 0,5^2 - 0,45 \cdot 0,5 + 0,0625) + \bar{z} \cdot (4 \cdot 0,5^4 - 1,8 \cdot 3 \cdot 0,5^3 + 1,3 \cdot 2 \cdot 0,5^2 - 0,45 \cdot 0,5) = 1$$

oder (wegen $0,5^4 - 1,8 \cdot 0,5^3 + 1,3 \cdot 0,5^2 - 0,45 \cdot 0,5 + 0,0625 = 0$):

$$\bar{z} \cdot (0,25 - 0,675 + 0,65 - 0,225) = 1.$$

Die letzte Gleichung führt zu dem Widerspruch 0 = 1, so daß auch $\tilde{z}_t^* = \bar{z} \cdot t \cdot 0,5^t$ keine partikuläre Lösung der inhomogenen Differenzengleichung sein kann (die Lösung 0,5 der charakteristischen Gleichung besitzt die Vielfachheit 2, so daß auch $\bar{z} \cdot t \cdot 0,5^t$ eine Lösung der homogenen Gleichung ist).

Erst der Ansatz $\tilde{z}_t^* = \bar{z} \cdot t^2 \cdot 0,5^t$ liefert das gesuchte Ergebnis:

$$\bar{z} \cdot (t+4)^2 \cdot 0,5^{t+4} - 1,8 \cdot \bar{z} \cdot (t+3)^2 \cdot 0,5^{t+3} + 1,3 \cdot \bar{z} \cdot (t+2)^2 \cdot 0,5^{t+2} - 0,45 \cdot \bar{z} \cdot (t+1)^2 \cdot 0,5^{t+1} + 0,0625 \cdot t^2 \cdot 0,5^t = 0,5^t$$

oder

$$\bar{z} \cdot t^2 \cdot (0,5^4 - 1,8 \cdot 0,5^3 + 1,3 \cdot 0,5^2 - 0,45 \cdot 0,5 + 0,0625) + \bar{z} \cdot 2 \cdot t \cdot (4 \cdot 0,5^4 - 1,8 \cdot 3 \cdot 0,5^3 + 1,3 \cdot 2 \cdot 0,5^2 - 0,45 \cdot 0,5) + \bar{z} \cdot (16 \cdot 0,5^4 - 1,8 \cdot 9 \cdot 0,5^3 + 1,3 \cdot 4 \cdot 0,5^2 - 0,45 \cdot 0,5) = 1$$

oder (wegen $0,5^4 - 1,8 \cdot 0,5^3 + 1,3 \cdot 0,5^2 - 0,45 \cdot 0,5 + 0,0625 = 0$ und $4 \cdot 0,5^4 - 1,8 \cdot 3 \cdot 0,5^3 + 1,3 \cdot 2 \cdot 0,5^2 - 0,45 \cdot 0,5 = 0$):

$$\bar{z} \cdot (1 - 2,025 + 1,3 - 0,225) = 1$$

oder

$$\bar{z} = \frac{1}{1-2,025+1,3-0,225} = 20.$$

Also ist in diesem Fall $\tilde{z}_t^* = 20 \cdot t^2 \cdot 0,5^t$ eine partikuläre Lösung der inhomogenen linearen Differenzengleichung. Zusammen mit der allgemeinen Lösung der zugehörigen homogenen Gleichung (vgl. Beispiel zu Satz 5.9) erhält man als allgemeine Lösung der gegebenen inhomogenen Differenzengleichung:

$$\tilde{z}_t = 0,5^t \cdot [20 \cdot t^2 + \lambda_1 + \lambda_2 \cdot t + \lambda_3 \cdot \sin(0,6435 \cdot t) + \lambda_4 \cdot \cos(0,6435 \cdot t)]$$

$$(\lambda_1, \lambda_2, \lambda_3, \lambda_4 \in \mathbb{R} \text{ beliebig}).$$

### 5.2.3 Systeme linearer Differenzengleichungen erster Ordnung

In ökonomischen Anwendungen kommt es häufig vor, daß Variablen $y_1, \ldots, y_n$ nicht nur von ihren eigenen Vorperiodenwerten, sondern auch von den früheren Werten der anderen im Modell auftretenden Variablen abhängen. Im einfachsten Fall, wenn also nur Werte der letzten Periode in die Erklärung von $y_{i,t+1}$ eingehen und wenn der funktionale Zusammenhang linear ist, erhält man

$$\begin{array}{l} y_{1,t+1} = a_{11}\cdot y_{1,t} + a_{12}\cdot y_{2,t} + \ldots + a_{1n}\cdot y_{n,t} + q_{1,t} \\ \quad\vdots \\ y_{n,t+1} = a_{n1}\cdot y_{1,t} + a_{n2}\cdot y_{2,t} + \ldots + a_{nn}\cdot y_{n,t} + q_{n,t}. \end{array}$$

Mit den Notationen

$$\underline{y}_t = (y_{1,t}, \ldots, y_{n,t})^T,\ A = \begin{pmatrix} a_{11} & \cdots & a_{1n} \\ \vdots & & \vdots \\ a_{n1} & \cdots & a_{nn} \end{pmatrix} \text{ und } \underline{q}_t = (q_{1,t}, \ldots, q_{n,t})^T \text{ läßt}$$

sich dieses Gleichungssystem als $\underline{y}_{t+1} = A\cdot\underline{y}_t + \underline{q}_t$ darstellen.

<u>Definition 5.10:</u> Ist A eine n×n-Matrix und ist $(\underline{q}_t)_{t\in\mathbb{N}}$ eine Folge von Vektoren aus $\mathbb{R}^n$, so heißt die Gleichung $\underline{y}_{t+1} = A\cdot\underline{y}_t + \underline{q}_t$ für Folgen $(\underline{y}_t)_{t\in\mathbb{N}}$ von Vektoren aus $\mathbb{R}^n$ <u>System linearer Differenzengleichungen erster Ordnung</u>. Ist $\underline{q}_t = \underline{0}$ für alle $t \in \mathbb{N}$, so heißt das Differenzengleichungssystem <u>homogen</u>, sonst, wenn also $\underline{q}_t \neq \underline{0}$ für ein $t \in \mathbb{N}$ ist, <u>inhomogen</u>. Eine Folge $(\underline{z}_t)_{t\in\mathbb{N}}$ von konkreten Vektoren aus $\mathbb{R}^n$ heißt <u>Lösung</u> dieses Systems linearer Differenzengleichungen erster Ordnung, wenn für alle $t \in \mathbb{N}$ die Gleichung $\underline{z}_{t+1} = A\cdot\underline{z}_t + \underline{q}_t$ gilt.

Beispiel:

* Die Gleichungen $y_{1,t+1} = \frac{1}{2}\cdot y_{1,t} - \frac{1}{6}\cdot y_{2,t} + 1$ und $y_{2,t+1} = -\frac{1}{6}\cdot y_{1,t} + \frac{1}{2}\cdot y_{2,t} + 2$ bilden ein inhomogenes System aus zwei linearen Differenzengleichungen erster Ordnung, dessen Matrix-Notation lautet:

$$\underline{y}_{t+1} = \begin{pmatrix} 1/2 & -1/6 \\ -1/6 & 1/2 \end{pmatrix}\cdot\underline{y}_t + \begin{pmatrix} 1 \\ 2 \end{pmatrix}.$$

Die allgemeinen Aussagen über die Struktur der Lösungsmenge eines Systems aus linearen Differenzengleichungen erster Ordnung entsprechen den in dem Abschnitt 5.2.1 formulierten Sätzen 5.3 bis 5.6 über die Lösungsmenge von linearen Differenzengleichungen k-ter Ordnung:

Satz 5.11: Die Lösungsmenge eines homogenen Systems aus n linearen Differenzengleichungen erster Ordnung ist ein Untervektorraum der Dimension n des Vektorraums aller Zahlenfolgen in $\mathbb{R}^n$.

Sind die Folgen $\underline{z}_t^1, \ldots, \underline{z}_t^n$ Lösungen dieses homogenen Differenzengleichungssystems, so sind sie genau dann linear unabhängig und bilden ein Fundamentalsystem (Basis des Lösungsraums), wenn die

Vektoren $\begin{bmatrix} z_{1,0}^1 \\ z_{2,0}^1 \\ \vdots \\ z_{n,0}^1 \end{bmatrix}, \ldots, \begin{bmatrix} z_{1,0}^n \\ z_{2,0}^n \\ \vdots \\ z_{n,0}^n \end{bmatrix}$ linear unabhängig sind, wenn also die

Determinante der Matrix $\begin{bmatrix} z_{1,0}^1 & \cdots & z_{1,0}^n \\ \vdots & & \vdots \\ z_{n,0}^1 & \cdots & z_{n,0}^n \end{bmatrix}$ von Null verschieden ist.

In diesem Fall ist $\underline{z}_t = \sum_{j=1}^{n} \lambda_j \cdot \underline{z}_t^j$ die allgemeine Lösung des homogenen Differenzengleichungssystems erster Ordnung.

Ist $\underline{y}_{t+1} = A \cdot \underline{y}_t + \underline{q}_t$ ein inhomogenes System linearer Differenzengleichungen erster Ordnung und ist $\tilde{\underline{z}}_t^*$ eine partikuläre Lösung dieses inhomogenen Systems, so ergibt sich mit der allgemeinen Lösung $\underline{z}_t$ der zugehörigen homogenen Gleichung ($\underline{y}_{t+1} = A \cdot \underline{y}_t$) die allgemeine Lösung $\tilde{\underline{z}}_t$ des inhomogenen Gleichungssystems als Summe der partikulären Lösung $\tilde{z}_t^*$ der inhomogenen und der allgemeinen Lösung $\underline{z}_t$ des zugehörigen homogenen Differenzengleichungssystems:

$$\tilde{\underline{z}}_t = \tilde{\underline{z}}^* + \underline{z}_t .$$

Die Lösung von Systemen linearer Differenzengleichungen erster Ordnung besteht also aus zwei Schritten: Zum einen muß die allgemeine Lösung homogener Systeme bestimmt werden, zum anderen ist eine partikuläre Lösung des inhomogenen Systems zu berechnen.

Zunächst also zur Lösung des homogenen Systems $\underline{y}_{t+1} = A \cdot \underline{y}$ :

Durch Einsetzen erhält man aus $\underline{y}_{t+1} = A \cdot \underline{y}_t$ die Gleichung $\underline{y}_{t+1} = A^{t+1} \cdot \underline{y}_0$, so daß das Problem darin besteht, die Potenzen der Matrix A zu berechnen. Dieses Problem wird aber in der Linearen Algebra unter dem Stichwort Eigenwerte bzw. Eigenvektoren behandelt (vgl. etwa Dobbener, R.: Lineare Algebra, Oldenbourg, München, 1991, S. 199ff.). Kenntnisse dieses Gebiets werden im folgenden vorausgesetzt.

Besitzt $\mathbb{R}^n$ eine Basis aus Eigenvektoren $\underline{v}^1, \ldots, \underline{v}^n$ mit den zugehörigen Eigenwerten $m_1, \ldots, m_n$, so ist $A \cdot \underline{v}^j = m_j \cdot \underline{v}^j$. Setzt man jetzt $\underline{z}_0^1 = \underline{v}^1, \ldots,$ $\underline{z}_0^n = \underline{v}^n$, so erhält man mit diesen Startwerten Lösungen der homogenen Differenzengleichung, wenn man $\underline{z}_1^j = A\cdot\underline{z}_0^j = m_j\cdot\underline{z}_0^j$ (j = 1, ..., n) und allgemein $\underline{z}_t^j = A^t\cdot\underline{z}_0^j = m_j^t\cdot\underline{z}_0^j$ (j = 1, ..., n) setzt. Da die Vektoren $\left\{\underline{z}_0^1, \dots, \underline{z}_0^n\right\} = \left\{\underline{v}^1, \dots, \underline{v}^n\right\}$ linear unabhängig sind, bilden die Lösungen $\underline{z}_t^1, \dots, \underline{z}_t^n$ ein Fundamentalsystem.

Beispiel:

* Das homogene System linearer Differenzengleichungen erster Ordnung

$$y_{1,t+1} = \frac{1}{2}\cdot y_{1,t} - \frac{1}{6}\cdot y_{2,t}$$
$$y_{2,t+1} = -\frac{1}{6}\cdot y_{1,t} + \frac{1}{2}\cdot y_{2,t}$$

besitzt die Koeffizientenmatrix $A = \begin{pmatrix} 1/2 & -1/6 \\ -1/6 & 1/2 \end{pmatrix}$. Die Eigenwerte von A erhält man als Nullstellen des charakteristischen Polynoms von A:

$$\det(A-m\cdot E) = 0 \text{ oder } \begin{vmatrix} 1/2-m & -1/6 \\ -1/6 & 1/2-m \end{vmatrix} = (1/2-m)^2 - 1/36 \overset{!}{=} 0$$

oder $m_1 = \frac{1}{2} + \frac{1}{6} = \frac{2}{3}$ und $m_2 = \frac{1}{2} - \frac{1}{6} = \frac{1}{3}$.

Eigenwerte zu $m_1$ und $m_2$ ergeben sich als von $\underline{0}$ verschiedenen Lösungen $\underline{v}_1$ und $\underline{v}_2$ der homogenen linearen Gleichungssysteme $(A-m_1\cdot E)\cdot\underline{v}^1 = \underline{0}$ und $(A-m_2\cdot E)\cdot\underline{v}^2 = \underline{0}$:

$(A-m_1\cdot E)\cdot\underline{v}^1 = \begin{pmatrix} -1/6 & -1/6 \\ -1/6 & -1/6 \end{pmatrix}\cdot\underline{v}^1 = \underline{0}$ besitzt die (bis auf skalare Vielfache eindeutige) Lösung $\underline{v}^1 = \begin{pmatrix} 1 \\ -1 \end{pmatrix}$.

$(A-m_2\cdot E)\cdot\underline{v}^2 = \begin{pmatrix} 1/6 & -1/6 \\ -1/6 & 1/6 \end{pmatrix}\cdot\underline{v}^2 = \underline{0}$ besitzt die (bis auf skalare Vielfache eindeutige) Lösung $\underline{v}^2 = \begin{pmatrix} 1 \\ 1 \end{pmatrix}$.

Damit ist $A\cdot\underline{v}^1 = m_1\cdot\underline{v}^1$ und $A\cdot\underline{v}^2 = m_2\cdot\underline{v}^2$, also auch $A^t\cdot\underline{v}^1 = m_1^t\cdot\underline{v}^1$ und $A^t\cdot\underline{v}^2 = m_2^t\cdot\underline{v}^2$. Als Lösung des homogenen Differenzengleichungssystems ergeben sich damit $\underline{z}_t^1 = m_1^t\cdot\underline{v}^1 = \left(\frac{2}{3}\right)^t\cdot\begin{pmatrix} 1 \\ -1 \end{pmatrix}$ und $\underline{z}_t^2 = m_2^t\cdot\underline{v}^2 = \left(\frac{1}{3}\right)^t\cdot\begin{pmatrix} 1 \\ 1 \end{pmatrix}$. Da $\underline{v}^1$ und $\underline{v}^2$ linear unabhängig sind, bilden $\underline{z}_t^1$ und $\underline{z}_t^2$ ein Fundamentalsystem, so daß die allgemeine Lösung dieses Differenzengleichungssystems erster Ordnung lautet:

$$\underline{z}_t = \lambda_1\cdot\left(\frac{2}{3}\right)^t\cdot\begin{pmatrix} 1 \\ -1 \end{pmatrix} + \lambda_2\cdot\left(\frac{1}{3}\right)^t\cdot\begin{pmatrix} 1 \\ 1 \end{pmatrix} = \begin{pmatrix} \lambda_1\cdot\left(\frac{2}{3}\right)^t + \lambda_2\cdot\left(\frac{1}{3}\right)^t \\ -\lambda_1\cdot\left(\frac{2}{3}\right)^t + \lambda_2\cdot\left(\frac{1}{3}\right)^t \end{pmatrix} \quad (\lambda_1, \lambda_2 \in \mathbb{R} \text{ beliebig}).$$

Die im Beispiel gewählte Vorgehensweise läßt sich ohne weiteres auf homogene Systeme aus mehr als zwei linearen Differenzengleichungen erster Ordnung verallgemeinern, wenn sich in $\mathbb{R}^n$ eine Basis aus Eigenvektoren der Koeffizientenmatrix A finden läßt. Diese Situation ist beispielsweise dann stets gegeben, wenn A symmetrisch ist, wenn also $A = A^T$ gilt.

Die beiden problematischen Fälle, komplexe Eigenwerte und mehrfache Eigenwerte, sollen hier nur für den Fall n = 2 (Systeme aus zwei Differenzengleichungen) an Beispielen erörtert werden.

Der Fall komplexer Eigenwerte:

Das homogene System linearer Differenzengleichungen erster Ordnung

$$y_{1,t+1} = 0{,}4\cdot y_{1,t} + 0{,}3\cdot y_{2,t}$$

$$y_{2,t+1} = -0{,}3\cdot y_{1,t} + 0{,}4\cdot y_{2,t}$$

besitzt die Koeffizientenmatrix $A = \begin{pmatrix} 0{,}4 & 0{,}3 \\ -0{,}3 & 0{,}4 \end{pmatrix}$.

Das charakteristische Polynom lautet

$$|A - m\cdot E| = \begin{vmatrix} 0{,}4-m & 0{,}3 \\ -0{,}3 & 0{,}4-m \end{vmatrix} = (0{,}4-m)^2 + 0{,}09$$

und besitzt die beiden komplexen Nullstellen $m_1 = 0{,}4 + 0{,}3\cdot i$ und $m_2 = 0{,}4 - 0{,}3\cdot i$. Die zugehörigen (komplexen) Eigenvektoren sind $\underline{v}^1 = \begin{pmatrix} 1 \\ i \end{pmatrix}$ und $\underline{v}^2 = \begin{pmatrix} 1 \\ -i \end{pmatrix}$.

Also ist $\underline{z}_t = m_1^t\cdot\begin{pmatrix} 1 \\ i \end{pmatrix}$ (oder $\underline{z}_t = m_2^t\cdot\begin{pmatrix} 1 \\ -i \end{pmatrix}$) eine komplexe Lösung des Differenzengleichungssystems. Hieraus erhält man - ähnlich wie im Fall homogener linearer Differenzengleichungen k-ter Ordnung - zwei linear unabhängige reelle Lösungen:

Da $\underline{z}_t = m_1^t\cdot\begin{pmatrix} 1 \\ i \end{pmatrix}$ eine (komplexe) Lösung der Gleichung $\underline{y}_{t+1} = A\cdot\underline{y}_t$ ist, sind Real- und Imaginärteil von $\underline{z}_t$ reelle Lösungen dieser Gleichung:

Ist $\underline{a}_t$ der Real- und $\underline{b}_t$ der Imaginärteil von $\underline{y}_t$, $\underline{y}_t = \underline{a}_t + i\cdot\underline{b}_t$, so ist

$\underline{y}_{t+1} = \underline{a}_{t+1} + i\cdot\underline{b}_{t+1} = A\cdot\underline{y}_t = A\cdot(\underline{a}_t + i\cdot\underline{b}_t) = A\cdot\underline{a}_t + i\cdot A\cdot\underline{b}_t$.

Also ist $\underline{a}_{t+1} = A\cdot\underline{a}_t$ und $\underline{b}_{t+1} = A\cdot\underline{b}_t$. Für die komplexe Lösung $\underline{z}_t = m_1^t\cdot\begin{pmatrix} 1 \\ i \end{pmatrix}$ ist also noch die Trennung von Real- und Imaginärteil vorzunehmen:

Der Ausdruck $\underline{z}_t = m_1^t\cdot\begin{pmatrix} 1 \\ i \end{pmatrix}$ läßt sich gemäß Satz 1.56 zu

$\underline{z}_t = r^t\cdot(\cos(t\cdot\varphi) + i\cdot\sin(t\cdot\varphi))\cdot\begin{pmatrix} 1 \\ i \end{pmatrix}$ umformen, wobei wegen $m_1 = 0{,}4 + 0{,}3\cdot i$

$r = \sqrt{a^2+b^2} = \sqrt{0{,}16+0{,}09} = 0{,}5$ und $\varphi = \arctan\frac{0{,}3}{0{,}4} \doteq 0{,}6435$ ist.

Also ist

$$\underline{z}_t = 0{,}5^t\cdot\begin{bmatrix} \cos(0{,}6435\cdot t) + i\cdot\sin(0{,}6435\cdot t) \\ i\cdot[\cos(0{,}6435\cdot t) + i^2\cdot\sin(0{,}6435\cdot t)] \end{bmatrix}$$

$$= 0{,}5^t\cdot\left[\begin{pmatrix} \cos(0{,}6435\cdot t) \\ -\sin(0{,}6435\cdot t) \end{pmatrix} + i\cdot\begin{pmatrix} \sin(0{,}6435\cdot t) \\ \cos(0{,}6435\cdot t) \end{pmatrix}\right].$$

Damit erhält man die beiden reellen Lösungen

$$z_t^1 = 0{,}5^t \cdot \begin{bmatrix} \cos(0{,}6435 \cdot t) \\ -\sin(0{,}6435 \cdot t) \end{bmatrix} \text{ und } z_t^2 = 0{,}5^t \cdot \begin{bmatrix} \sin(0{,}6435 \cdot t) \\ \cos(0{,}6435 \cdot t) \end{bmatrix},$$

von deren linearer Unabhängigkeit man sich leicht überzeugen kann.

Der Fall mehrfacher Eigenwerte:

Ist der Eigenwert $m_1$ $k_1$-fache Nullstelle ($k_1 \geq 2$) des charakteristischen Polynoms der Koeffizientenmatrix A, so ist (zumindest dann, wenn A nicht symmetrisch ist) nicht garantiert, daß die Anzahl der linear unabhängigen Eigenvektoren zu $m_1$ die Vielfachheit $k_1$ der Nullstelle $m_1$ erreicht. Wie man auch in diesem Fall hinreichend viele linear unabhängige Lösungen des Differenzengleichungssystems bestimmen kann, soll jetzt an einem Beispiel mit n = 2 homogenen linearen Differenzengleichungen erster Ordnung gezeigt werden.

Das homogene lineare Differenzengleichungssystem

$$y_{1,t+1} = y_{1,t} + y_{2,t}$$

$$y_{2,t+1} = -y_{1,t} + 3 \cdot y_{2,t}$$

besitzt die Koeffizientenmatrix $A = \begin{bmatrix} 1 & 1 \\ -1 & 3 \end{bmatrix}$ mit dem charakteristischen

Polynom $\begin{vmatrix} 1-m & 1 \\ -1 & 3-m \end{vmatrix} = (1-m) \cdot (3-m) + 1 = m^2 - 4 \cdot m + 4.$

Die einzige Nullstelle dieses Polynoms ist $m_1 = 2$ mit der Vielfachheit 2.

Der Lösungsraum des homogenen linearen Gleichungssystems $(A - m_1 \cdot E) \cdot \underline{v} = \underline{0}$, also des Systems

$$-v_1 + v_2 = 0$$
$$-v_1 + v_2 = 0$$

ist eindimensional, so daß man nur einen linear unabhängigen Eigenvektor finden kann. In diesem Fall ist das etwa $\underline{v}^1 = \begin{bmatrix} 1 \\ 1 \end{bmatrix}$. Als Lösung des homogenen Differenzengleichungssystems ergibt sich damit $\underline{z}_t^1 = m_1^t \cdot \underline{v}^1 = 2^t \cdot \begin{bmatrix} 1 \\ 1 \end{bmatrix} = \begin{bmatrix} 2^t \\ 2^t \end{bmatrix}$.

Eine zweite Lösung kann man in diesem Fall, in dem $\mathbb{R}^2$ keine Basis aus Eigenvektoren von A besitzt, folgendermaßen gewinnen:

Man kann zeigen, daß für den Fall einer zweifachen Nullstelle $m_1$ des charakteristischen Polynoms von A, zu der nur ein linear unabhängiger Eigenvektor $\underline{v}^1$ existiert, ein Vektor $\underline{v}^2$ gefunden werden kann, der von $\underline{v}^1$ linear unabhängig ist und die Gleichung $A \cdot \underline{v}^2 = m_1 \cdot \underline{v}^2 + \underline{v}^1$ erfüllt (JORDANsche Normalform). Im Beispiel erhält man mit $A = \begin{bmatrix} 1 & 1 \\ -1 & 3 \end{bmatrix}$, $m_1 = 2$ und $\underline{v}^1 = \begin{bmatrix} 1 \\ 1 \end{bmatrix}$ das inhomogenen lineare Gleichungssystem für $\underline{v}^2 = (v_1^2, v_2^2)^T$:

$$v_1^2 + v_2^2 = 2 \cdot v_1^2 + 1$$
$$-v_1^2 + 3 \cdot v_2^2 = 2 \cdot v_2^2 + 1$$

mit der (nicht eindeutigen) Lösung $\underline{v}^2 = (0, 1)^T$.

Damit ergibt sich:

$$A\cdot\underline{v}^2 = m_1\cdot\underline{v}^2 + \underline{v}^1$$

$$A^2\cdot\underline{v}^2 = m_1\cdot A\cdot\underline{v}^2 + A\cdot\underline{v}^1 = m_1^2\cdot\underline{v}^2 + 2\cdot m_1\cdot\underline{v}^1$$

$$A^3\cdot\underline{v}^2 = m_1^2\cdot A\cdot\underline{v}^2 + 2\cdot m_1\cdot A\cdot\underline{v}^1 = m_1^3\cdot\underline{v}^2 + 3\cdot m_1^2\cdot\underline{v}^1$$

oder allgemein:

$$A^t\cdot\underline{v}^2 = m_1^t\cdot\underline{v}^2 + t\cdot m_1^{t-1}\cdot\underline{v}^1.$$

Hinweis:

Bezüglich der Basis $\{\underline{v}^1, \underline{v}^2\}$ von $\mathbb{R}^2$ besitzt die zu $A = \begin{pmatrix}1 & 1\\ -1 & 3\end{pmatrix}$ gehörige

lineare Transformation von $\mathbb{R}^2$ die Matrixdarstellung $A^* = \begin{pmatrix}m_1 & 1\\ 0 & m_1\end{pmatrix} = \begin{pmatrix}2 & 1\\ 0 & 2\end{pmatrix}$

(JORDANsche Normalform). Durch vollständige Induktion zeigt man, daß für alle

$t \in \mathbb{N}$ $A^{*t} = \begin{pmatrix}m_1^t & t\cdot m_1^{t-1}\\ 0 & m_1^t\end{pmatrix}$ gilt. Daraus folgt, daß $A^t\cdot\underline{v}^2 = t\cdot m_1^{t-1}\cdot\underline{v}^1 + m_1^t\cdot\underline{v}^2$ ist.

Als zweite Lösung der Differenzengleichung erhält man damit:

$$\underline{z}_t^2 = A^t\cdot\underline{v}^2 = t\cdot 2^{t-1}\cdot\begin{pmatrix}1\\1\end{pmatrix} + 2^t\cdot\begin{pmatrix}0\\1\end{pmatrix} = \begin{pmatrix}t\cdot 2^{t-1}\\ t\cdot 2^{t-1}+2^t\end{pmatrix}.$$

Damit ist eine zweite, von der ersten Lösung $\underline{z}_t^1 = \begin{pmatrix}2^t\\2^t\end{pmatrix}$ linear unabhängige Lösung gefunden, so daß $\underline{z}_t^1$ und $\underline{z}_t^2$ ein Fundamentalsystem für das gegebene System aus zwei homogenen linearen Differenzengleichungen erster Ordnung bilden.

Die allgemeine Lösung $\tilde{\underline{z}}_t$ eines inhomogenen Systems linearer Differenzengleichungen erster Ordnung setzt sich nach Satz 5.11 aus einer partikulären Lösung $\tilde{\underline{z}}_t^*$ des inhomogenen Systems und der allgemeinen Lösung $\underline{z}_t$ des zugehörigen homogenen linearen Differenzengleichungssystems zusammen: $\tilde{\underline{z}}_t = \tilde{\underline{z}}_t^* + \underline{z}_t$.
Nachdem oben die Verfahren zur Lösung homogener Systeme linearer Differenzengleichungen exemplarisch beschrieben wurden, sind jetzt noch Methoden zur Bestimmung einer partikulären Lösung inhomogener Differenzengleichungssysteme erster Ordnung anzugeben. Das soll an dieser Stelle nur beispielhaft für Systeme aus zwei Differenzengleichungen und für Störglieder $\underline{q}_t$ der Form $\underline{q}_t = \underline{q} = (q_1, q_2)^T$ (konstant) und $\underline{q}_t = (\alpha_1\cdot q_1^t, \alpha_2\cdot q_2^t)^T$ geschehen.

Ist das Störglied konstant, $\underline{q}_t = \underline{q}$, so ist die inhomogene lineare Differenzengleichung von der Form $\underline{y}_{t+1} = A\cdot\underline{y}_t + \underline{q}$. Als Ansatz für eine partikuläre Lösung $\tilde{\underline{z}}_t^*$ wählt man zunächst $\tilde{\underline{z}}_t^* = \bar{\underline{z}}$ (konstant). Mit diesem Ansatz erhält man durch

Einsetzen $\underline{\bar{z}} = A\cdot\underline{\bar{z}} + \underline{q}$ oder $(A-E)\cdot\underline{\bar{z}} = -\underline{q}$ (E ist die Einheitsmatrix).

Ist das lineare Gleichungssystem $(A-E)\cdot\underline{\bar{z}} = -\underline{q}$ lösbar, etwa wenn A - E invertierbar ist, so ist die Lösung $\tilde{z}^*_t = \underline{\bar{z}}$ eine partikuläre Lösung der inhomogenen Differenzengleichung.

Beispiel:

* $y_{1,t+1} = 1/2\cdot y_{1,t} - 1/6\cdot y_{2,t} + 1$

  $y_{2,t+1} = -1/6\cdot y_{1,t} + 1/2\cdot y_{2,t} + 2.$

  Es ist $A = \begin{pmatrix} 1/2 & -1/6 \\ -1/6 & 1/2 \end{pmatrix}$ und $\underline{q} = \begin{pmatrix} 1 \\ 2 \end{pmatrix}$. Damit erhält man das Gleichungssystem für die Bestimmung von der partikulären Lösung $\underline{\tilde{z}}^* = \underline{\bar{z}} = (a_0, b_0)^T$:

  $-1/2\cdot a_0 - 1/6\cdot b_0 = -1$

  $-1/6\cdot a_0 - 1/2\cdot b_0 = -2$

  mit der Lösung $\underline{\bar{z}} = \frac{3}{4}\cdot\begin{pmatrix} 1 \\ 5 \end{pmatrix}$.

  Also ist $z^*_t = \underline{\bar{z}} = \frac{3}{4}\cdot\begin{pmatrix} 1 \\ 5 \end{pmatrix}$ eine partikuläre Lösung dieses inhomogenen Differenzengleichungssystems.
  Zusammen mit der weiter oben bestimmten allgemeinen Lösung des zugehörigen homogenen Systems erhält man als allgemeine Lösung des gegebenen inhomogenen Systems:

$$\underline{\tilde{z}}_t = \begin{pmatrix} \frac{3}{4} + \lambda_1\cdot\left(\frac{2}{3}\right)^t + \lambda_2\cdot\left(\frac{1}{3}\right)^t \\ \frac{15}{4} - \lambda_1\cdot\left(\frac{2}{3}\right)^t + \lambda_2\cdot\left(\frac{1}{3}\right)^t \end{pmatrix} \quad (\lambda_1, \lambda_2 \in \mathbb{R} \text{ beliebig}).$$

Ist das Gleichungssystem $(A-E)\cdot\underline{\bar{z}} = -\underline{q}$ nicht lösbar, so wählt man als nächstes den Störgliedansatz $\underline{\tilde{z}}^*_t = t\cdot\underline{\bar{z}}^1 + \underline{\bar{z}}^0$, also im Fall n = 2 $\underline{\tilde{z}}^* = \begin{pmatrix} a_1\cdot t + a_0 \\ b_1\cdot t + b_0 \end{pmatrix}$.

Beispiel:

* $y_{1,t+1} = y_{2,t}$

  $y_{2,t+1} = 3\cdot y_{1,t} - 2\cdot y_{2,t} + 1$

  Es ist $A = \begin{pmatrix} 0 & 1 \\ 3 & -2 \end{pmatrix}$, $\underline{q} = \begin{pmatrix} 0 \\ 1 \end{pmatrix}$. Das lineare Gleichungssystem $(A-E)\cdot\underline{\bar{z}} = -\underline{q}$, also $-\bar{z}_1 + \bar{z}_2 = 0$ und $3\cdot\bar{z}_1 - 3\cdot\bar{z}_2 = -1$, ist nicht lösbar, so daß $\underline{\tilde{z}}^*_t = \underline{\bar{z}}$ keine partikuläre Lösung sein kann.

  Setzt man dagegen $\underline{\tilde{z}}^*_t = \begin{pmatrix} a_1\cdot t + a_0 \\ b_1\cdot t + b_0 \end{pmatrix}$, so erhält man, wenn für t = 0 und t = 1 eingesetzt wird, ein lineares Gleichungssystem, aus dem im Falle der Lösbarkeit die Werte für $a_1$, $a_0$, $b_1$, $b_0$ bestimmt werden können:

t = 0:

$$\begin{pmatrix} a_1+a_0 \\ b_1+b_0 \end{pmatrix} = \begin{pmatrix} 0 & 1 \\ 3 & -2 \end{pmatrix} \cdot \begin{pmatrix} a_0 \\ b_0 \end{pmatrix} + \begin{pmatrix} 0 \\ 1 \end{pmatrix};$$

t = 1:

$$\begin{pmatrix} 2\cdot a_1+a_0 \\ 2\cdot b_1+b_0 \end{pmatrix} = \begin{pmatrix} 0 & 1 \\ 3 & -2 \end{pmatrix} \cdot \begin{pmatrix} a_1+a_0 \\ b_1+b_0 \end{pmatrix} + \begin{pmatrix} 0 \\ 1 \end{pmatrix}$$

oder:

$$\begin{aligned} a_1 + a_0 - b_0 &= 0 \\ - 3\cdot a_0 + b_1 - 3\cdot b_0 &= 1 \\ 2\cdot a_1 + a_0 - b_1 - b_0 &= 0 \\ -3\cdot a_1 - 3\cdot a_0 + 4\cdot b_1 + 3\cdot b_0 &= 1. \end{aligned}$$

Dieses lineare Gleichungssystem ist lösbar mit $a_1 = 1/4$, $a_0 = 0$, $b_1 = 1/4$ und $b_0 = 1/4$. Damit ist $\tilde{\underline{z}}^*_t = \frac{1}{4}\cdot\begin{pmatrix} t \\ t+1 \end{pmatrix}$, und man kann leicht nachrechnen, daß $\tilde{\underline{z}}^*_t = \frac{1}{4}\cdot\begin{pmatrix} t \\ t+1 \end{pmatrix}$ eine partikuläre Lösung dieser inhomogenen Differenzengleichung ist.

Zusammen mit der allgemeinen Lösung der zugehörigen homogenen linearen Differenzengleichung ergibt sich die allgemeine Lösung des gegebenen inhomogenen Differenzengleichungssystems als

$$\tilde{\underline{z}}_t = \begin{pmatrix} \frac{t}{4} + \lambda_1 + \lambda_2\cdot(-3)^t \\ \frac{t+1}{4} + \lambda_1 + \lambda_2\cdot(-3)^{t+1} \end{pmatrix} \quad (\lambda_1, \lambda_2 \in \mathbb{R} \text{ beliebig}).$$

Führen die Ansätze $\tilde{\underline{z}}^*_t = \bar{\underline{z}}$ und $\tilde{\underline{z}}^*_t = t\cdot\bar{\underline{z}}^1 + \bar{\underline{z}}^0$ zu unlösbaren linearen Gleichungssystemen, so wählt man den Ansatz $\tilde{\underline{z}}^*_t = t^2\cdot\bar{\underline{z}}^2 + t\cdot\bar{\underline{z}}^1 + \bar{\underline{z}}^0$.

Beispiel:

* $$\begin{aligned} y_{1,t+1} &= y_{2,t} \\ y_{2,t+1} &= -y_{1,t} + 2\cdot y_{2,t} + 1 \end{aligned}$$

Es ist $A = \begin{pmatrix} 0 & 1 \\ -1 & 2 \end{pmatrix}$ und $\underline{q} = \begin{pmatrix} 0 \\ 1 \end{pmatrix}$. Die beiden Gleichungen des Systems $(A-E)\cdot\bar{\underline{z}} = -\underline{q}$ lauten in expliziter Form $-a_0 + b_0 = 0$ und $-a_0 + b_0 = -1$ ($\bar{\underline{z}} = (a_0, b_0)^T$) und sind offensichtlich nicht lösbar.

Der Ansatz $\tilde{\underline{z}}^*_t = \begin{pmatrix} a_1\cdot t+a_0 \\ b_1\cdot t+b_0 \end{pmatrix}$ führt zu dem linearen Gleichungssystem

$$\begin{aligned} a_1 + a_0 - b_0 &= 0 \\ a_0 + b_1 - b_0 &= 1 \\ 2\cdot a_1 + a_0 - b_1 - b_0 &= 0 \\ a_1 + a_0 - b_0 &= 1 \end{aligned}$$

Die erste und die letzte Gleichung dieses Systems führen zu dem Widerspruch 0 = 1, so daß dieses Gleichungssystem ebenfalls nicht lösbar ist.

Erst der Ansatz $\tilde{\underline{z}}_t^* = \begin{bmatrix} a_2 \cdot t^2 + a_1 \cdot t + a_0 \\ b_2 \cdot t^2 + b_1 \cdot t + b_0 \end{bmatrix}$ führt, wenn man für t = 0, 1, 2 in das inhomogene Differenzengleichungssystem einsetzt, zu einem lösbaren System aus sechs linearen Gleichungen, aus dem die Parameter $a_2$, $a_1$, $a_0$, $b_2$, $b_1$, $b_0$ berechnet werden können:

t = 0:

$$\begin{bmatrix} a_2 + a_1 + a_0 \\ b_2 + b_1 + b_0 \end{bmatrix} = \begin{pmatrix} 0 & 1 \\ -1 & 2 \end{pmatrix} \cdot \begin{bmatrix} a_0 \\ b_0 \end{bmatrix} + \begin{pmatrix} 0 \\ 1 \end{pmatrix};$$

t = 1:

$$\begin{bmatrix} 4a_2 + 2a_1 + a_0 \\ 4b_2 + 2b_1 + b_0 \end{bmatrix} = \begin{pmatrix} 0 & 1 \\ -1 & 2 \end{pmatrix} \cdot \begin{bmatrix} a_2 + a_1 + a_0 \\ b_2 + b_1 + b_0 \end{bmatrix} + \begin{pmatrix} 0 \\ 1 \end{pmatrix};$$

t = 2:

$$\begin{bmatrix} 9a_2 + 3a_1 + a_0 \\ 9b_2 + 3b_1 + b_0 \end{bmatrix} = \begin{pmatrix} 0 & 1 \\ -1 & 2 \end{pmatrix} \cdot \begin{bmatrix} 4a_2 + 2a_1 + a_0 \\ 4b_2 + 2b_1 + b_0 \end{bmatrix} + \begin{pmatrix} 0 \\ 1 \end{pmatrix}$$

oder

$$\begin{aligned}
a_2 + a_1 + a_0 - b_0 &= 0 \\
a_0 + b_1 &= 1 \\
4 \cdot a_2 + 2 \cdot a_1 + a_0 - b_2 - b_1 - b_0 &= 0 \\
a_2 + a_1 + a_0 + 2 \cdot b_2 - b_0 &= 1 \\
9 \cdot a_2 + 3 \cdot a_1 + a_0 - 4 \cdot b_2 - 2 \cdot b_1 - b_0 &= 0 \\
4 \cdot a_2 + 2 \cdot a_1 + a_0 + b_2 - b_1 - b_0 &= 1
\end{aligned}$$

Dieses lineare Gleichungssystem ist lösbar mit $a_2 = 1/2$, $a_1 = 0$, $a_0 = 0$, $b_2 = 1/2$, $b_1 = 1$, $b_0 = 1/2$. Damit ist $\tilde{\underline{z}}_t^* = \begin{bmatrix} \frac{t^2}{2} \\ \frac{t^2}{2} + t + \frac{1}{2} \end{bmatrix} = \frac{1}{2} \cdot \begin{bmatrix} t^2 \\ (t+1)^2 \end{bmatrix}$,

und man kann zeigen, daß $\tilde{\underline{z}}^*$ eine partikuläre Lösung des Differenzengleichungssystems ist.

Zusammen mit der allgemeinen Lösung des zugehörigen homogenen Systems erhält man die allgemeine Lösung des gegebenen inhomogenen linearen Differenzengleichungssystems:

$$\tilde{\underline{z}}_t = \begin{bmatrix} \frac{t^2}{2} + \lambda_1 + \lambda_2 \cdot t \\ \frac{(t+1)^2}{2} + \lambda_1 + \lambda_2 \cdot (t+1) \end{bmatrix} \quad (\lambda_1, \lambda_2 \in \mathbb{R} \text{ beliebig}).$$

Ist das Störglied des Systems $\underline{y}_{t+1} = A\cdot\underline{y}_t + \underline{q}_t$ aus zwei inhomogenen linearen Differenzengleichungen von der Form $\underline{q}_t = (\alpha_1\cdot q_1^t,\ \alpha_2\cdot q_2^t)^T$, so wählt man als Ansatz für eine partikuläre Lösung $\tilde{\underline{z}}_t^*$ die Form

$$\tilde{\underline{z}}_t^* = \begin{bmatrix} c_1\cdot q_1^t + c_2\cdot q_2^t \\ d_1\cdot q_1^t + d_2\cdot q_2^t \end{bmatrix}.$$

Dabei darf man annehmen, daß $q_1 \neq q_2$ ist, da im Fall $q_1 = q_2 = q$ schon der Ansatz $\tilde{\underline{z}}_t^* = \begin{bmatrix} c_1\cdot q^t \\ d_1\cdot q^t \end{bmatrix}$ zum Ziel führt (wenn $\begin{bmatrix} c_1\cdot q^t \\ d_1\cdot q^t \end{bmatrix}$ nicht Lösung des zugehörigen homogenen Systems ist).

Einsetzen von $\tilde{\underline{z}}_t^* = \begin{bmatrix} c_1\cdot q_1^t + c_2\cdot q_2^t \\ d_1\cdot q_1^t + d_2\cdot q_2^t \end{bmatrix}$ in die Differenzengleichung

$\begin{bmatrix} y_{1,t+1} \\ y_{2,t+1} \end{bmatrix} = \begin{bmatrix} a_{11} & a_{12} \\ a_{21} & a_{22} \end{bmatrix}\cdot\begin{bmatrix} y_{1t} \\ y_{2t} \end{bmatrix} + \begin{bmatrix} \alpha_1\cdot q_1^t \\ \alpha_2\cdot q_2^t \end{bmatrix}$ führt zu den beiden Gleichungen

$$c_1\cdot q_1^{t+1} + c_2\cdot q_2^{t+2} = a_{11}\cdot(c_1\cdot q_1^t + c_2\cdot q_2^t) + a_{12}\cdot(d_1\cdot q_1^t + d_2\cdot q_2^t) + \alpha_1\cdot q_2^t$$

und

$$d_1\cdot q_1^{t+1} + d_2\cdot q_2^{t+2} = a_{21}\cdot(c_1\cdot q_1^t + c_2\cdot q_2^t) + a_{22}\cdot(d_1\cdot q_1^t + d_2\cdot q_2^t) + \alpha_2\cdot q_2^t.$$

Da $q_1$ und $q_2$ verschieden sind, erhält man aus jeder der beiden Gleichungen zwei Gleichungen, wenn man nach Potenzen von $q_1$ und $q_2$ trennt:

$$c_1\cdot q_1^{t+1} + = a_{11}\cdot c_1\cdot q_1^t + a_{12}\cdot d_1\cdot q_1^t + \alpha_1\cdot q_1^t$$

$$c_2\cdot q_2^{t+2} = a_{11}\cdot c_2\cdot q_2^t + a_{12}\cdot d_2\cdot q_2^t$$

$$d_1\cdot q_1^{t+1} = a_{21}\cdot c_1\cdot q_1^t + a_{22}\cdot d_1\cdot q_1^t$$

$$d_2\cdot q_2^{t+2} = a_{21}\cdot c_2\cdot q_2^t + a_{22}\cdot d_2\cdot q_2^t + \alpha_2\cdot q_2^t.$$

Division durch $q_1^t$ bzw. $q_2^t$ und Umsortieren führen zu vier linearen Gleichungen für $c_1$, $c_2$, $d_1$ und $d_2$:

$$\begin{array}{lllll} (q_1-a_{11})\cdot c_1 - & & a_{12}\cdot d_1 & & = \alpha_1 \\ & (q_2-a_{11})\cdot c_2 - & & a_{12}\cdot d_2 & = 0 \\ a_{21}\cdot c_1 + & & (q_1-a_{22})\cdot d_1 & & = 0 \\ & - a_{21}\cdot c_2 + & & (q_2-a_{22})\cdot d_2 & = \alpha_2. \end{array}$$

Ist dieses lineare Gleichungssystem lösbar, so kann man sich durch Einsetzen davon überzeugen, daß $\tilde{\underline{z}}_t^* = \begin{bmatrix} c_1\cdot q_1^t + c_2\cdot q_2^t \\ d_1\cdot q_1^t + d_2\cdot q_2^t \end{bmatrix}$ tatsächlich eine partikuläre Lösung der inhomogenen linearen Differenzengleichung ist.

Ist das lineare Gleichungssystem nicht lösbar, so ist als nächster aber schon deutlich aufwendigerer Ansatz $\underline{\tilde{z}}_t^* = \begin{pmatrix} c_1 \cdot q_1^t + c_2 \cdot q_2^t + c_3 \cdot t \cdot q_1^t + c_4 \cdot t \cdot q_2^t \\ d_1 \cdot q_1^t + d_2 \cdot q_2^t + d_3 \cdot t \cdot q_1^t + d_4 \cdot t \cdot q_2^t \end{pmatrix}$ zu wählen.

Diese Überlegungen sollen jedoch an dieser Stelle nicht weiter verfolgt werden. Statt dessen soll der oben diskutierte Fall an einem konkreten Beispiel verdeutlicht werden.

Beispiel:

* $$y_{1,t+1} = 1/2 \cdot y_{1,t} - 1/6 \cdot y_{2,t} + (1/2)^t$$
$$y_{2,t+1} = -1/6 \cdot y_{1,t} + 1/2 \cdot y_{2,t} + (-1/2)^t$$

Der Ansatz für eine partikuläre Lösung $\underline{\tilde{z}}_t^*$ dieses inhomogenen linearen Differenzengleichungssystems lautet $\underline{\tilde{z}}_t^* = \begin{pmatrix} c_1 \cdot (\frac{1}{2})^t + c_2 \cdot (-\frac{1}{2})^t \\ d_1 \cdot (\frac{1}{2})^t + d_2 \cdot (-\frac{1}{2})^t \end{pmatrix}$.

Für die Bestimmung der Parameter $c_1$, $c_2$, $d_1$ und $d_2$ erhält man gemäß der obigen allgemeinen Überlegungen das folgende lineare Gleichungssystem ($q_1 = \frac{1}{2}$, $q_2 = -\frac{1}{2}$, $a_{11} = a_{22} = \frac{1}{2}$, $a_{12} = a_{21} = -\frac{1}{6}$, $\alpha_1 = \alpha_2 = 1$):

$$\begin{aligned} \tfrac{1}{6} \cdot d_1 &= 1 \\ -c_2 + \tfrac{1}{6} \cdot d_2 &= 0 \\ \tfrac{1}{6} \cdot c_1 &= 0 \\ \tfrac{1}{6} \cdot c_2 - d_2 &= 1. \end{aligned}$$

Als (eindeutige) Lösung dieses linearen Gleichungssystems erhält man:

$c_1 = 0$, $c_2 = -\frac{6}{35}$, $d_1 = 6$, $d_2 = -\frac{36}{35}$, so daß $\underline{\tilde{z}}_t^* = \begin{pmatrix} -\frac{6}{35} \cdot (-\frac{1}{2})^t \\ 6 \cdot (\frac{1}{2})^t - \frac{36}{35} \cdot (-\frac{1}{2})^t \end{pmatrix}$ eine

partikuläre Lösung des gegebenen inhomogenen Differenzengleichungssystems ist. Zusammen mit der schon weiter oben berechneten allgemeinen Lösung des zugehörigen homogenen Systems erhält man die allgemeine Lösung des inhomogenen Systems:

$$\underline{\tilde{z}}_t = \begin{pmatrix} -\frac{6}{35} \cdot (-\frac{1}{2})^t + \lambda_1 \cdot (\frac{2}{3})^t + \lambda_2 \cdot (\frac{1}{3})^t \\ 6 \cdot (\frac{1}{2})^t - \frac{36}{35} \cdot (-\frac{1}{2})^t - \lambda_1 \cdot (\frac{2}{3})^t + \lambda_2 \cdot (\frac{1}{3})^t \end{pmatrix} \quad (\lambda_1, \lambda_2 \in \mathbb{R} \text{ beliebig}).$$

Zum Schluß diese Abschnitts über Systeme linearer Differenzengleichungen soll noch die Möglichkeit beschrieben werden, wie lineare Differenzengleichungen höherer Ordnung in Systeme linearer Differenzengleichungen erster Ordnung transformiert werden können:

Es sei dazu $y_{t+k} + a_{k-1} \cdot y_{t+k-1} + \ldots + a_1 \cdot y_{t+1} + a_0 \cdot y_t = q_t$ eine lineare Differenzengleichung der Ordnung k ($a_0 \neq 0$). Setzt man nun $\underline{y}_t = \begin{pmatrix} y_t \\ \vdots \\ y_{t+k-1} \end{pmatrix} \in \mathbb{R}^k$

(t = 0, 1, 2, ...), so lassen sich die Komponenten des Vektors $\underline{y}_{t+1}$ als lineare Funktionen der Komponenten des Vektors $\underline{y}_t$ darstellen:
Die erste, zweite, ..., (k-1)-te Komponente von $\underline{y}_{t+1}$ ist gleich der zweiten, dritten, ..., k-ten Komponente von $\underline{y}_t$: $y_{i,t+1} = y_{i+1,t}$ (i = 1, ..., k-1), dabei ist $y_{i,t}$ (= $y_{t+i-1}$) die i-te Komponente von $\underline{y}_t$. Lediglich die letzte Komponente $y_{k,t+1}$ (= $y_{t+k}$) von $\underline{y}_{t+1}$ kommt nicht als Komponente des Vektors $\underline{y}_t$ vor, sie kann aber mit Hilfe der Differenzengleichung als lineare Funktion von $\underline{y}_t$ dargestellt werden:

$$\begin{aligned} y_{k,t+1} = y_{t+k} &= -a_{k-1}\cdot y_{t+k-1} - a_{k-2}\cdot y_{t+k-2} - \dots - a_1\cdot y_{t+1} - a_0\cdot y_t + q_t = \\ &= -a_0\cdot y_{1,t} - a_1\cdot y_{2,t} - \dots - a_{k-2}\cdot y_{k-1,t} - a_{k-1}\cdot y_{k,t} + q_t. \end{aligned}$$

Dieser Zusammenhang läßt sich auch in der Form $\underline{y}_{t+1} = A\cdot\underline{y}_t + \underline{q}_t$ darstellen, wenn man setzt:

$$\underline{y}_t = \begin{pmatrix} y_{1,t} \\ \vdots \\ y_{k,t} \end{pmatrix} = \begin{pmatrix} y_t \\ \vdots \\ y_{t+k-1} \end{pmatrix} \in \mathbb{R}^k, \quad A = A_{k,k} = \begin{pmatrix} 0 & 1 & 0 & \dots & 0 & 0 \\ 0 & 0 & 1 & \dots & 0 & 0 \\ & & \vdots & & & \vdots \\ 0 & 0 & 0 & \dots & 0 & 1 \\ -a_0 & -a_1 & -a_2 & \dots & -a_{k-2} & -a_{k-1} \end{pmatrix} \text{ und}$$

$$\underline{q}_t = \begin{pmatrix} 0 \\ 0 \\ \vdots \\ q_t \end{pmatrix} \in \mathbb{R}^k.$$

Damit ist aber die lineare Differenzenordnung k-ter Ordnung als System von k linearen Differenzengleichungen erster Ordnung dargestellt. Das charakteristische Polynom der Koeffizientenmatrix $A = A_{k,k}$ zur Bestimmung der Eigenwerte von A besitzt die gleiche Gestalt wie die charakteristische Gleichung der Differenzengleichung, so daß beide Ansätze natürlich zu denselben Lösungen führen.

Beispiel:

* Die lineare Differenzengleichung zweiter Ordnung $y_{t+2} + 2\cdot y_{t+1} - 3\cdot y_t = 1$ besitzt als System linearer Differenzengleichungen erster Ordnung die Darstellung $\underline{y}_{t+1} = \begin{pmatrix} 0 & 1 \\ 3 & -2 \end{pmatrix}\cdot\underline{y}_t + \begin{pmatrix} 0 \\ 1 \end{pmatrix}$ mit $\underline{y}_{t+1} = \begin{pmatrix} y_{1,t+1} \\ y_{2,t+1} \end{pmatrix} = \begin{pmatrix} y_{t+1} \\ y_{t+2} \end{pmatrix}$ und
$\underline{y}_t = \begin{pmatrix} y_{1t} \\ y_{2t} \end{pmatrix} = \begin{pmatrix} y_t \\ y_{t+1} \end{pmatrix}$.

  Die allgemeine Lösung dieses Systems $\tilde{\underline{z}}_t$ ist in einem Beispiel weiter oben (S. 293f.) bestimmt worden:

$$\tilde{\underline{z}}_t = \begin{pmatrix} \frac{t}{4} + \lambda_1 + \lambda_2\cdot(-3)^t \\ \frac{t+1}{4} + \lambda_1 + \lambda_2\cdot(-3)^{t+1} \end{pmatrix} \quad (\lambda_1, \lambda_2 \in \mathbb{R} \text{ beliebig}).$$

Für die gegebene Differenzengleichung zweiter Ordnung ergibt sich daraus die allgemeine Lösung $\tilde{z}_t = \frac{t}{4} + \lambda_1 + \lambda_2 \cdot (-3)^t$ ($\lambda_1, \lambda_2 \in \mathbb{R}$ beliebig).
Dieses Ergebnis stimmt mit dem Resultat überein, das die bekannten Verfahren zur Lösung linearer Differenzengleichungen liefern (vgl. S. 279).

* Die homogene lineare Differenzengleichung $y_{t+2} - 4 \cdot y_{t+1} + 4 \cdot y_t = 0$ führt zu dem System $\underline{y}_{t+1} = \begin{pmatrix} 0 & 1 \\ -4 & 4 \end{pmatrix} \cdot \underline{y}_t$ aus zwei linearen Differenzengleichungen erster Ordnung.
Das charakteristische Polynom $P(m) = m^2 - 4 \cdot m + 4$ der Koeffizientenmatrix A besitzt die einzige Nullstelle $m_1 = 2$ mit der Vielfachheit 2. Als einzigen Eigenvektor zu $m_1 = 2$ erhält man $\underline{v}^1 = \begin{pmatrix} 1 \\ 2 \end{pmatrix}$, so daß $\underline{z}_t^1 = 2^t \cdot \begin{pmatrix} 1 \\ 2 \end{pmatrix} = \begin{pmatrix} 2^t \\ 2^{t+1} \end{pmatrix}$ eine erste Lösung dieses Differenzengleichungssystems ist. Zu einer zweiten, linear unabhängige Lösung $\underline{z}_t^2$ gelangt man mit einer Lösung $\underline{v}^2$ der Gleichung $A \cdot \underline{v}^2 = m_1 \cdot \underline{v}^2 + \underline{v}^1$, etwa $\underline{v}^2 = \begin{pmatrix} 0 \\ 1 \end{pmatrix}$. Da $\underline{v}^2$ die Gleichung $A^t \cdot \underline{v}^2 =$
$= t \cdot m_1^{t-1} \cdot \underline{v}^1 + m_1^t \cdot \underline{v}^2$ erfüllt, ist $\underline{z}_t^2 = t \cdot 2^{t-1} \cdot \begin{pmatrix} 1 \\ 2 \end{pmatrix} + 2^t \cdot \begin{pmatrix} 0 \\ 1 \end{pmatrix} = \begin{pmatrix} t \cdot 2^{t-1} \\ (t+1) \cdot 2^t \end{pmatrix}$ die fehlende Lösung des Differenzengleichungssystems. Diese beiden linear unabhängigen Lösungen des homogenen linearen Differenzengleichungssystems führen zu dem Fundamentalsystem $\left\{ z_t^1, z_t^2 \right\} = \left\{ 2^t, t \cdot 2^{t-1} \right\}$ der gegebenen linearen Differenzengleichung zweiter Ordnung, das bis auf den Faktor 2 bei $z_t^2$ mit dem weiter oben bestimmten Ergebnis (vgl. S. 276) übereinstimmt.

Die Möglichkeit, lineare Differenzengleichungen k-ter Ordnung in Systeme linearer Differenzengleichung erster Ordnung zu transformieren, weist auch den Weg zur Lösung von Systemen aus linearen Differenzengleichungen höherer Ordnung. Es wird jede Differenzengleichung in ein System linearer Differenzengleichungen erster Ordnung transformiert. Die Zusammenfassung dieser Systeme zu einem einzigen großen System linearer Differenzengleichungen erster Ordnung ermöglicht die Lösung des ursprünglichen Differenzengleichungssystems mit den hier dargestellten Methoden.

### 5.2.4 Das Multiplikator-Akzelerator-Modell

In diesem Abschnitt soll die Bedeutung der bisherigen Überlegungen an einem ökonomischen Beispiel demonstriert werden. Dazu wird das zu Beginn dieses Kapitels diskutierte kleine Marktmodell in zweierlei Hinsicht erweitert:

- Die (Netto-) Investitionen $I_t$ in der Periode t, die bisher als autonome Größe nicht durch das Modell erklärt wurden, werden in dem erweiterten Modell durch die Veränderung der Konsumausgaben gegenüber der Vorperiode erklärt:
  $$I_t = a \cdot (C_t - C_{t-1})$$
  Der Parameter a muß dabei sinnvollerweise positiv sein, $a > 0$, und wird (Investitions-)Multiplikator genannt.
- Als neue autonome Größe werden die Staatsausgaben, $S_t$, in das Modell aufgenommen: $S_t = S_a$.

Damit ergibt sich insgesamt das folgende Modell, das in seinen wesentlichen Bestandteilen als erstes 1939 von Samuelson untersucht wurde und Multiplikator -Akzelerator-Modell genannt wird:

$$Y_t = C_t + I_t + S_t$$
$$C_t = C_a + c \cdot Y_{t-1}$$
$$I_t = a \cdot (C_t - C_{t-1})$$
$$S_t = S_a$$

Bezeichnungen:

Zeitindex: $t = 0, 1, 2, \ldots$

Variablen: Y: Einkommen, C: Konsum, I: Nettoinvestitionen, S: Staatsausgaben;

Parameter: $C_a$: autonomer Konsum, c: marginale Konsumquote (Multiplikator) $(0 < c < 1)$, a : Akzelerator $(a > 0)$, $S_a$: autonome Staatsausgaben.

Mit der Gleichgewichtsbedingung $Y_t = Y_{t-1} = \bar{Y}$ erhält man ein lineares Gleichungssystem zur Bestimmung der Gleichgewichtswerte der Modellvariablen:

$$\bar{Y} = \bar{C} + \bar{I} + \bar{S}$$
$$\bar{C} = C_a + c \cdot \bar{Y}$$
$$\bar{I} = a \cdot (\bar{C} - \bar{C}) = 0$$
$$\bar{S} = S_a$$

oder - in Matrix-Notation:

$$\begin{pmatrix} 1 & -1 & -1 & -1 \\ -c & 1 & 0 & 0 \\ 0 & 0 & 1 & 0 \\ 0 & 0 & 0 & 1 \end{pmatrix} \cdot \begin{pmatrix} \bar{Y} \\ \bar{C} \\ \bar{I} \\ \bar{S} \end{pmatrix} = \begin{pmatrix} 0 \\ C_a \\ 0 \\ S_a \end{pmatrix}$$

Dieses lineare Gleichungssystem besitzt genau dann eine eindeutige Lösung, wenn die Determinante der Koeffizientenmatrix A von Null verschieden ist. In diesem Fall ist $|A| = 1 - c \neq 0$, da für die marginale Konsumquote c die Restriktion $0 < c < 1$ gilt. Das Modell besitzt also eine eindeutige Gleichgewichtslösung, und man berechnet (etwa mit der CRAMERschen Regel):

$$\bar{Y} = \frac{C_a + S_a}{1-c}, \quad \bar{C} = \frac{C_a + c \cdot S_a}{1-c}, \quad \bar{I} = 0, \quad \bar{S} = S_a.$$

Die dynamische Analyse dieses Modells untersucht die zeitliche Entwicklung der Modellvariablen. Dabei interessiert insbesondere die Frage, ob $Y_t$ (und damit auch $C_t$ und $I_t$) bei gegebenen Modellparametern ($C_a$, c, a, $S_a$) unabhängig von möglicherweise ungleichgewichtigen Ausgangswerten gegen das Gleichgewichtseinkommen $\bar{Y}$ (und damit auch $C_t$ gegen $\bar{C}$ und $I_t$ gegen $\bar{I} = 0$) konvergiert.

Dazu ist es erforderlich, $Y_t$ durch Vorperiodenwerte zu erklären. Durch Einsetzen der Modellgleichungen $C_t = C_a + c\cdot Y_{t-1}$, $I_t = a\cdot(C_t - C_{t-1})$ und $S_t = S_a$ in die Gleichung $Y_t = C_t + I_t + S_t$ erhält man:

$$\begin{aligned} Y_t &= C_a + c\cdot Y_{t-1} + a\cdot(C_t - C_{t-1}) + S_a \\ &= C_a + c\cdot Y_{t-1} + a\cdot(C_a + c\cdot Y_{t-1} - (C_a + c\cdot Y_{t-2})) + S_a \end{aligned}$$

oder:

$$Y_t = C_a + S_a + c\cdot(1+a)\cdot Y_{t-1} - a\cdot c\cdot Y_{t-2}.$$

Die letzte Gleichung stellt eine inhomogene Differenzengleichung zweiter Ordnung dar, die in die gewohnte Gestalt umgeformt werden kann ($t \longrightarrow t+2$):

$$Y_{t+2} - c\cdot(1+a)\cdot Y_{t+1} + a\cdot c\cdot Y_t = C_a + S_a.$$

Für die dynamische Analyse des Multiplikator-Akzelerator-Modells sind die Lösungen dieser Differenzengleichung zu beschreiben, was im folgenden geschehen soll.

Die charakteristische Gleichung der zugehörigen homogenen Differenzengleichung lautet $m^2 - c\cdot(1+a)\cdot m + a\cdot c\cdot m = 0$ und besitzt die Lösungen:

$$m_1 = \frac{c\cdot(1+a)}{2} + \sqrt{\frac{c^2\cdot(1+a)^2}{4} - a\cdot c}$$

und

$$m_2 = \frac{c\cdot(1+a)}{2} - \sqrt{\frac{c^2\cdot(1+a)^2}{4} - a\cdot c}.$$

Bei den Lösungen sind drei Fälle zu unterscheiden:

- Die beiden Lösungen $m_1$ und $m_2$ sind reell und verschieden. Das ist der Fall, wenn $\frac{c^2\cdot(1+a)^2}{4} - a\cdot c > 0$ d. h. $c > \frac{4a}{(1+a)^2}$ ist, so daß dann gilt:

  $$m_1 = \frac{c\cdot(1+a)}{2} + \sqrt{\frac{c^2\cdot(1+a)^2}{4} - a\cdot c} \text{ und } m_2 = \frac{c\cdot(1+a)}{2} - \sqrt{\frac{c^2\cdot(1+a)^2}{4} - a\cdot c}.$$

- Die beiden Lösungen sind reell und gleich, $m_1 = m_2 \in \mathbb{R}$. Das ist der Fall, wenn $\frac{c^2\cdot(1+a)^2}{4} - a\cdot c = 0$ d. h. $c = \frac{4a}{(1+a)^2}$ ist, so daß dann gilt:

  $$m_1 = m_2 = \frac{2a}{1+a}.$$

- Die beiden Lösungen $m_1$ und $m_2$ sind komplex und verschieden. Das ist der Fall, wenn $\frac{c^2\cdot(1+a)^2}{4} - a\cdot c < 0$ d. h. $c < \frac{4a}{(1+a)^2}$ ist, so daß dann gilt:

  $$m_1 = \frac{c\cdot(1+a)}{2} + i\cdot\sqrt{a\cdot c - \frac{c^2\cdot(1+a)^2}{4}} \text{ und } m_2 = \frac{c\cdot(1+a)}{2} - i\cdot\sqrt{a\cdot c - \frac{c^2\cdot(1+a)^2}{4}}.$$

Im Fall $c > \frac{4a}{(1+a)^2}$ (zwei verschiedene reelle Lösungen) bilden die Folgen $z_t^1 = m_1^t$ und $z_t^2 = m_2^t$ ein Fundamentalsystem. Die allgemeine Lösung der homogenen Differenzengleichung lautet dann:

$$z_t = \lambda_1 \cdot m_1^t + \lambda_2 \cdot m_2^t \quad (\lambda_1, \lambda_2 \in \mathbb{R} \text{ beliebig}).$$

Im Fall $c = \frac{4a}{(1+a)^2}$ (zwei gleiche reelle Lösungen) bilden die Folgen $z_t^1 = m_1^t$ und $z_t^2 = t \cdot m_1^t$ ein Fundamentalsystem. Die allgemeine Lösung der homogenen Differenzengleichung lautet dann:

$$z_t = \lambda_1 \cdot m_1^t + \lambda_2 \cdot t \cdot m_1^t \quad (\lambda_1, \lambda_2 \in \mathbb{R} \text{ beliebig}).$$

Im Fall $c < \frac{4a}{(1+a)^2}$ (zwei verschiedene komplexe Lösungen) bilden die Folgen $z_t^1 = r^t \cdot \sin(t \cdot \varphi)$ und $z_t^2 = r^t \cdot \cos(t \cdot \varphi)$ mit $r = \sqrt{a \cdot c}$ und

$\varphi = \arctan\left(\frac{1}{c \cdot (1+a)} \cdot \sqrt{4a \cdot c - c^2 \cdot (1+a)^2}\right)$ ein Fundamentalsystem. Die allgemeine Lösung der homogenen Differenzengleichung lautet dann:

$$z_t = r^t \cdot (\lambda_1 \cdot \sin(t \cdot \varphi) + \lambda_2 \cdot \cos(t \cdot \varphi)) \quad (\lambda_1, \lambda_2 \in \mathbb{R} \text{ beliebig}).$$

Zur Bestimmung der allgemeinen Lösung der gegebenen inhomogenen Differenzengleichung ist noch die Berechnung einer partikulären Lösung $\tilde{z}_t^*$ der Gleichung $Y_{t-2} - c \cdot (1 + a) \cdot Y_{t+1} + a \cdot c \cdot Y_t = C_a + S_a$ erforderlich. Mit dem Ansatz $\tilde{z}_t^* = \bar{z}$ erhält man die Gleichung

$$\bar{z} - c \cdot (1+a) \cdot \bar{z} + a \cdot c \cdot \bar{z} = C_a + S_a \quad \text{oder} \quad (1-c-c \cdot a + a \cdot c) \cdot \bar{z} = C_a + S_a$$

oder:

$$\bar{z} = \frac{C_a + S_a}{1-c}.$$

Die partikuläre Lösung $\bar{z} = \frac{C_a+S_a}{1-c}$, die wegen $0 < c < 1$ stets definiert ist, stimmt also mit der Gleichgewichtslösung $\bar{Y}$ des Modells überein: $\tilde{z}_t^* = \bar{z} = \bar{Y}$.

Die allgemeine Lösung $\tilde{z}_t$ der inhomogenen Differenzengleichung lautet damit:

$$\tilde{z}_t = \bar{Y} + \lambda_1 \cdot z_t^1 + \lambda_2 \cdot z_t^2 \quad (\lambda_1, \lambda_2 \in \mathbb{R} \text{ beliebig}),$$

wobei $z_t^1$ und $z_t^2$ das oben beschriebene Fundamentalsystem der zugehörigen homogenen Differenzengleichung bilden.

Als nächstes ist die Frage der Stabilität zu erörtern:
Welche Bedingungen der Parameter a, c, $C_a$ und $S_a$ des Modells stellen sicher, daß die allgemeine Lösung $\tilde{z}_t$ der inhomogenen Differenzengleichung (für alle $\lambda_1, \lambda_2 \in \mathbb{R}$) gegen das Gleichgewichtseinkommen $\bar{Y}$ konvergiert?
Offensichtlich ist dies genau dann der Fall, wenn die beiden Lösungen $z_t^1$ und $z_t^2$ des Fundamentalsystems gegen 0 konvergieren. Das Kriterium hierfür ist nach den schon weiter oben unterschiedenen Fällen getrennt herzuleiten:

- Im Fall $c < \frac{4a}{(1+a)^2}$ (zwei verschiedene komplexe Lösungen der charakteristischen Gleichung) ist $z_t^1 = r^t \cdot \sin(t \cdot \varphi)$. Da $\sin(t \cdot \varphi)$ stets zwischen -1 und +1 schwankt, konvergiert $z_t$ genau dann gegen 0, wenn $\lim_{t \to \infty} r^t = 0$ ist, was genau dann der Fall ist, wenn $|r| = |m_1| = |m_2| < 1$ ist. Wegen $r = \sqrt{a \cdot c}$ besteht also die gewünschte Konvergenz genau dann, wenn $a \cdot c < 1$. Im Fall $a \cdot c = 1$ ist $r = 1$, und $z_t^1 = \sin(t \cdot \varphi)$ stellt eine Schwingung mit konstanter Amplitude dar. Für $z_t^2 = r^t \cdot \cos(t \cdot \varphi)$ erhält man ein entsprechendes Ergebnis, so daß in diesem Fall $c < \frac{4a}{(1+a)^2}$ Stabilität des Modells genau dann besteht, wenn $a \cdot c < 1$ ist.

- Im Fall $c = \frac{4a}{(1+a)^2}$ (eine reelle Lösung der charakteristischen Gleichung mit Vielfachheit 2) ist $z_t^1 = m_1^t = \left[\frac{2a}{1+a}\right]^t$. $z_t^1$ konvergiert als geometrische Folge genau dann gegen 0, wenn $|m_1| = \frac{2a}{1+a} < 1$ ist. Die zweite Folge $z_t^2 = t \cdot m_1^t$ des Fundamentalsystems konvergiert ebenfalls genau dann gegen 0, wenn $|m_1| < 1$, also $a < 1$ gilt. Wegen $c = \frac{4a}{(1+a)^2}$ ist in diesem Fall die Bedingung $a < 1$ gleichwertig zu der aus dem Fall $c < \frac{4a}{(1+a)^2}$ bekannten Bedingung $a \cdot c < 1$.

- Im Fall $c > \frac{4a}{(1+a)^2}$ (zwei verschiedene reelle Lösungen der charakteristischen Gleichung) ist $z_t^1 = m_1^t$ und $z_2^1 = m_2^t$, so daß auch in diesem Fall $z_t^1$ und $z_t^2$ genau dann gegen 0 konvergieren, wenn $|m_1| < 1$ und $|m_2| < 1$ gilt. Daß dies genau dann der Fall ist, wenn $a \cdot c < 1$ ist, läßt sich so zeigen: Zunächst überlegt man sich, daß stets $m_1 \cdot m_2 = c \cdot a$ und $m_1 + m_2 = c \cdot (1+a)$ sein muß (Satz von Vieta). Hieraus folgt sofort, daß $m_1$ und $m_2$ positiv sein müssen. Weiterhin folgt, daß
$(1-m_1) \cdot (1-m_2) = 1 - (m_1+m_2) + m_1 \cdot m_2 = 1 - (c-(1+a)) + c \cdot a = 1-c$
gilt. Aus dieser Formel folgt, daß weder $m_1$ noch $m_2$ den Wert 1 annehmen können, da dann $1-c = (1-m_1) \cdot (1-m_2) = 0$ und somit $c = 1$ im Widerspruch zur Restriktion $0 < c < 1$ wäre. Ebenso kann der Fall, daß eine der beiden Nullstellen $m_1$ oder $m_2$ zwischen 0 und 1 und die andere zwischen 1 und $\infty$ liegt nicht auftreten, da dann $1-c = (1-m_1) \cdot (1-m_2) < 0$ und somit $c > 1$ im Widerspruch zur Restiktion $0 < c < 1$ wäre. Insgesamt sind also nur der Fall $m_1 < 1$ und $m_2 < 1$, der genau dann auftritt, wenn $m_1 \cdot m_2 = a \cdot c < 1$ gilt, und der Fall $m_1 > 1$ und $m_2 > 1$, der genau dann auftritt, wenn $m_1 \cdot m_2 = a \cdot c > 1$ gilt, möglich.

Insgesamt sind also die Lösungen $m_1$ und $m_2$ in allen drei entschiedenen Fällen genau dann kleiner als 1, wenn $a \cdot c < 1$ ist. Für das Multiplikator-Akzelerator-Modell besteht also genau dann dynamische Stabilität, wenn das Produkt von Akzelerator a und Multiplikator c kleiner als 1 ist. Das unterschiedliche dynamische Verhalten dieses Modells in Abhängigkeit von den beiden relevanten Parametern a und c läßt sich graphisch zusammenfassen (siehe Abb. 5.1):

Abb. 5.1: Das dynamische Verhalten des Multiplikator-Akzelerator-Modells in Abhängigkeit von den Parametern a und c

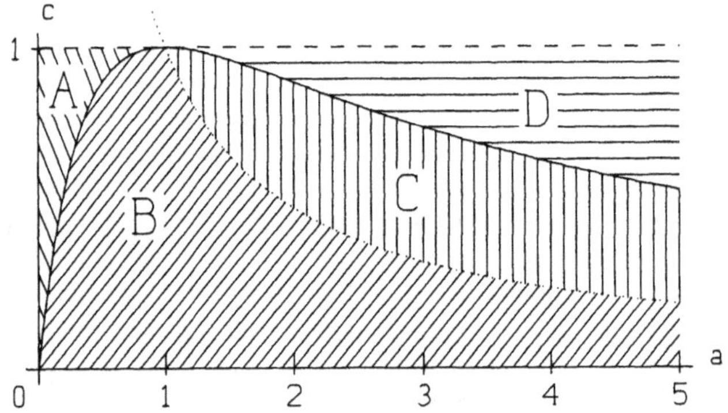


a-c-Kombinationen auf der Kurve $c = \frac{4a}{(1+a)^2}$ (durchgezogene Linie) führen zu allgemeinen Lösungen der Form $\tilde{z}_t = \bar{Y} + \lambda_1 \cdot m_1^t + \lambda_2 \cdot t \cdot m_2^t$. a-c-Kombinationen unterhalb dieser Kurve (Bereiche B und C) führen zu allgemeinen Lösungen der Form $\tilde{z}_t = \bar{Y} + r^t \cdot (\lambda_1 \cdot \sin(t \cdot \varphi) + \lambda_2 \cdot \cos(t \cdot \varphi)$, also zu Schwingungen um den Gleichgewichtswert $\bar{Y}$. a-c-Kombinationen oberhalb dieser Kurve (Bereiche A und D) führen zu allgemeinen Lösungen der Form $\tilde{z}_t = \bar{Y} + \lambda_1 \cdot m_1^t + \lambda_2 \cdot m_2^t$, also zu einer Mischung geometrischer Folgen.

a-c-Kombinationen unterhalb der Kurve $a \cdot c = 1$ oder $c = \frac{1}{a}$ (gepunktete Linie) haben die Stabilität des Modells zur Folge, also $\lim\limits_{t \to \infty} \tilde{z}_t = \bar{Y}$. Für a-c-Kombinationen, die auf oder oberhalb dieser Kurve liegen, besteht dagegen Instabilität, also Divergenz von $\tilde{z}_t$ (falls $\lambda_1$ oder $\lambda_2$ von Null verschieden sind).

Diese Überlegung führt zur Unterscheidung von vier Bereichen:

- Bereich A:
  Für a-c-Kombinationen im Bereich A besteht Stabilität bei einem geometrischen Anpassungsprozess.

- Bereich B:
  Im Bereich B besteht Stabilität bei einem schwingenden Anpassungsprozess.

- Bereich C:
  Im Bereich C besteht Instabilität bei Schwingungen mit wachsender oder (auf der Kurve $c = \frac{1}{a}$) konstanter Amplitude.
- Bereich D:
  Im Bereich D besteht Instabilität bei geometrisch wachsenden Abweichungen von $\bar{Y}$.
- Auf der Kurve $c = \frac{4a}{(1+a)^2}$ besteht im Bereich $0 < a < 1$ Stabilität und im Bereich $a > 1$ Instabilität.

Einer der wesentlichsten Aspekte der Überlegungen zu diesen Modell ist die Tatsache, daß Stabilität genau dann besteht, wenn die beiden Lösungen der charakteristischen Gleichung einen Betrag kleiner als 1 besitzen. Diese Aussage läßt sich natürlich verallgemeinern:

<u>Satz 5.12:</u> Die allgemeine Lösung $z_t = \sum_{i=1}^{k} \lambda_i \cdot z_t^i$ der homogenen linearen Differenzengleichung k-ter Ordnung konvergiert genau dann für alle $\lambda_1, \ldots, \lambda_k \in \mathbb{R}$ gegen 0, wenn alle Nullstellen der charakteristischen Gleichung einen Betrag kleiner als 1 besitzen.

## 5.3 Lineare Differentialgleichungen

### 5.3.1 Allgemeine Aussagen über lineare Differentialgleichungen mit konstanten Koeffizienten

In diesem Abschnitt sollen allgemeine Aussagen über die Struktur der Lösungsmenge linearer Differentialgleichungen zusammengestellt werden und die sich daraus ergebenden Konsequenzen für die Beschreibung von Lösungen linearer Differentialgleichungen erörtert werden.

Zunächst sei jedoch daran erinnert, daß eine <u>lineare Differentialgleichung</u> für Funktionen y(t) einer Variablen die Form
$y^{(k)}(t) + a_{k-1}\cdot y^{(k-1)}(t) + \ldots + a_1\cdot y^{(1)}(t) + a_0\cdot y(t) = q(t)$ besitzt, wobei $y^{(j)}(t)$ die j-te Ableitungsfunktion von y(t) bezeichnet ($j = 1, \ldots, k$). Die Funktion q(t) wird als <u>Störterm</u> bezeichnet. Da die Koeffizienten $a_0, \ldots, a_{k-1}$ nicht von der Variablen t abhängen, spricht man hier von einer linearen Differentialgleichung mit <u>konstanten Koeffizienten</u>. Ist $a_0 \neq 0$, so wird k <u>Ordnung</u> der Differentialgleichung genannt. Ist der Störterm $q(t) = 0$ für alle $t \in \mathbb{R}$, so wird die Differentialgleichung <u>homogen</u>, sonst <u>inhomogen</u> genannt. Eine konkrete Funktion z(t), die die Differentialgleichung für alle $t \in \mathbb{R}$ erfüllt, heißt <u>Lösung</u> der Differentialgleichung. Die Notationen in diesem Abschnitt unterscheiden sich nur insoweit von denen des vorhergehenden über lineare Differenzengleichungen, als daß hier die stetige (Zeit-) Variable t in Klammern gesetzt wird (y(t), q(t), z(t) ...), während die diskrete (Zeit-) Variable t im vorhergenden Abschnitt als Index auftrat ($y_t$, $q_t$, $z_t$, ...).

Im einführenden Abschnitt 5.1 wurde an einem Beispiel gezeigt, wie man durch einen Grenzübergang von einer linearen Differenzengleichung zu einer linearen Differentialgleichung gelangt. Es ist daher nicht weiter verwunderlich, wenn es zu allen Aussagen über lineare Differenzengleichungen entsprechende Aussagen über lineare Differentialgleichungen gibt. In diesem Abschnitt sollen zunächst die Ergebnisse des Abschnitts 5.2.1 auf lineare Differentialgleichungen (mit konstanten Koeffizienten) übertagen werden.

Genauso wie die Lösungsmenge einer homogenen linearen Differenzengleichung ein Untervektorraum des Vektorraums aller reellen Zahlenfolgen bildet (Satz 5.3), ist die Lösungsmenge einer homogenen linearen Differentialgleichung ein Untervektorraum des Vektorraums aller auf ganz $\mathbb{R}$ definierten reellwertigen Funktionen:

<u>Satz 5.13:</u> Die Lösungsmenge $\mathfrak{X} = \left\{z(t) \mid \sum_{i=0}^{k} a_i\cdot z^{(i)}(t) = 0\right\}$ der homogenen linearen Differentialgleichung $\sum_{i=0}^{k} a_i\cdot y^{(i)}(t) = 0$ ist ein Untervektorraum des Vektorraums V aller reellwertigen Funktionen mit Definitionsbereich $\mathbb{R}$. Damit ist für beliebige Lösungen $z_i(t) \in \mathfrak{X}$ und $\lambda_i \in \mathbb{R}$ ($i = 1, \ldots, n$) auch $z(t) = \sum_{i=0}^{n} \lambda_i\cdot z_i(t)$ eine Lösung der homogenen linearen Differentialgleichung.

Die in diesem Satz benutzte, knappe Notation von Lösungen "z(t) = ..." anstatt von "z: ℝ ⟶ ℝ mit z(t) = ... für alle t ∈ ℝ" wird im folgenden beibehalten, um den Schreibaufwand in Grenzen zu halten. Da sich später herausstellt, daß die Lösungen von linearen Differentialgleichungen stets auf ganz ℝ definiert sind, erübrigt sich sie ständige Angabe von Definitionsbereichen.

Die Dimension des Lösungsraums $\mathfrak{X}$ einer homogenen lineaern Differentialgleichung der Ordnung k beträgt genauso wie die Dimension einer linearen Differenzengleichung der Ordnung k (Satz 5.4) ebenfalls k:

Satz 5.14: Die Dimension des Lösungsraums $\mathfrak{X} = \left\{z(t) \mid \sum_{i=0}^{k} a_i \cdot z^{(i)}(t) = 0\right\}$ einer homogenen linearen Differentialgleichung der Ordnung k beträgt ebenfalls k.

So wie die Lösung einer homogenen linearen Differnzengleichung der Ordnung k durch die Festlegung von k Startwerten $z_0 = z_0^*$, $z_1 = z_1^*$, ..., $z_{k-1} = z_{k-1}^*$ eindeutig wird, wird die Lösung einer homogenen linearen Differentialgleichung eindeutig, wenn Werte für $z^{(0)}(0)$ $(= z(0))$ und die (k-1) ersten Ableitungen an der Stelle 0 vorgegeben werden: $z^{(0)}(0) = z_0^*$, $z^{(1)}(0) = z_1^*$, ..., $z^{(k-1)}(0) = z_{k-1}^*$. Die Werte $z_0^*$, ..., $z_{k-1}^*$ werden dann Anfangsbedingungen der homogenen Differentialgleichung genannt.

Als nächstes interessiert die Frage nach einer Basis des Lösungsraums $\mathfrak{X}$. Damit eng verbunden ist die Angabe eines operationalen Kriteriums zur Überprüfung der linearen Unabhängigkeit von Lösungen homogener linearer Differentialgleichungen. Allgemein nennt man bekanntlich Funktionen $z_1(t)$, ..., $z_n(t)$ linear unabhängig, wenn aus $\sum_{i=0}^{n} \lambda_i \cdot z_i(t) = 0$ für alle $t \in D_{z_i}$ $(= \mathbb{R})$ folgt, daß $\lambda_1 = \ldots = \lambda_n = 0$ sein muß. Für Funktionen $z_1(t)$, ..., $z_n(t)$, die Lösungen einer homogenen linearen Differentialgleichung sind (und daher ∞-oft differenzierbar sind), kann man ein numerisch einfach zu überprüfendes Kriterium angeben, das dem Ergebnis von Satz 5.5 für Differenzengleichungen entspricht:

Satz 5.15: Die Funktionen $z_1(t)$, ..., $z_n(t)$ seien Lösungen einer homogenen linearen Differenzengleichung. Die WRONSKI-Matrix W(t) ist dann definiert als

$$W(t) = \begin{bmatrix} z_1(t) & z_2(t) & \ldots & z_n(t) \\ z_1^{(1)}(t) & z_2^{(1)}(t) & \ldots & z_n^{(1)}(t) \\ \vdots & \vdots & & \vdots \\ z_1^{(n-1)}(t) & z_2^{(n-1)}(t) & \ldots & z_n^{(n-1)}(t) \end{bmatrix}.$$

Für W(t) gilt entweder $\det(W(t)) = |W(t)| \neq 0$ für alle $t \in \mathbb{R}$ oder $|W(t)| = 0$ für alle $t \in \mathbb{R}$. Ist $|W(t)| \neq 0$, so sind die Lösungen $z_1(t)$, ..., $z_n(t)$ linear unabhängig. Ist $|W(t)| = 0$ so sind die Lösungen $z_1(t)$, ..., $z_n(t)$ linear abhängig.

Beispiel:

* Die Gleichung $y''(t) - 2 \cdot y'(t) + y(t) = 0$ ist eine homogene lineare Differentialgleichung zweiter Ordnung. Nach Satz 5.14 beträgt die Dimension des Lösungsraums 2. Es gibt also zwei linear unabhängige Lösungen. Durch Einsetzen überzeugt man sich davon, daß $z_1(t) = e^t$ und $z_2(t) = t \cdot e^t$ Lösungen dieser Differentialgleichung sind. Zum Nachweis der linearen Unabhängigkeit dieser beiden Lösungen berechnet man die WRONSKI-Matrix und ihre Determinante (etwa für $t = 0$):
  Wegen $z_1'(t) = e^t$ und $z_2'(t) = (1+t) \cdot e^t$ ist $|W(0)| = \begin{vmatrix} 1 & 0 \\ 1 & 1 \end{vmatrix} = 1 \neq 0$, woraus die lineare Unabhängigkeit der beiden Lösungen $z_1(t) = e^t$ und $z_2(t) = t \cdot e^t$ folgt, so daß $\{z_1(t), z_2(t)\}$ eine Basis des Lösungsraums ist.

Eine Basis $\{z_1(t), \ldots, z_k(t)\}$ des Lösungsraums $\mathfrak{X}$ einer homogenen linearen Differentialgleichung der Ordnung k wird - genauso wie im Fall homogener linearer Differenzengleichungen - Fundamentalsystem genannt. Die Linearkombination $z(t) = \sum_{i=0}^{k} \lambda_i \cdot z_i(t)$ mit unspezifizierten Skalaren $\lambda_1, \ldots, \lambda_k$ heißt allgemeine Lösung. Durch Festlegung der Skalare $\lambda_1, \ldots, \lambda_k$ auf konkrete Werte $\lambda_1^0, \ldots, \lambda_k^0$ erhält man aus der allgemeinen eine spezielle oder partikuläre Lösung.

Beispiel:

* Die im vorhergehenden Beispiel untersuchte Differentialgleichung $y''(t) - 2 \cdot y'(t) + y(t) = 0$ besitzt das Fundamentalsystem $\{e^t, t \cdot e^t\}$ und damit die allgemeine Lösung $z(t) = \lambda_1 \cdot e^t + \lambda_2 \cdot t \cdot e^t$ ($\lambda_1, \lambda_2 \in \mathbb{R}$ beliebig).
  Eine partikuläre Lösung $z^*(t)$ ergibt sich, wenn man etwa $\lambda_1 = -1$ und $\lambda_2 = 3$ setzt: $z^*(t) = (3t-1) \cdot e^t$.
  Wird eine Lösung dieser Differentialgleichung mit den Anfangsbedingungen $z^*(0) = z_0 = 1$ und $z^{*\prime}(0) = z_1 = 0$ gesucht, so müssen $\lambda_1$ und $\lambda_2$ als Lösung des linearen Gleichungssystems

  $$z^*(0) = \lambda_1 \cdot e + \lambda_2 \cdot 0 \cdot e = 1 \quad \text{und} \quad z^{*\prime}(0) = \lambda_1 \cdot e + \lambda_2 \cdot (1+0) \cdot e = 0$$

  oder

  $$\lambda_1 = 1 \quad \text{und} \quad \lambda_1 + \lambda_2 = 0$$

  bestimmt werden ($\lambda_1 = 1$, $\lambda_2 = -1$). Die Lösung der Differentialgleichung mit den geforderten Anfangsbedinungen lautet also $z^*(t) = e^t - t \cdot e^t = (1-t) \cdot e^t$.

Zwischen der Lösungsmenge einer inhomogenen linearen Differentialgleichung und der Lösungsmenge der zugehörigen homogenen linearen Differentialgleichung besteht ein Zusammenhang, der schon von den linearen Differenzengleichungen her bekannt ist (Satz 5.6):

Satz 5.16: Ist $\tilde{z}^*(t)$ eine beliebige, aber feste Lösung einer inhomogenen linearen Differentialgleichung der Ordnung k und ist z(t) die allgemeine Lösung der zugehörigen homogenen linearen Differentialgleichung, so ist die allgemeine Lösung $\tilde{z}(t)$ der inhomogenen linearen Differentialgleichung von der Form

$$\tilde{z}(t) = \tilde{z}^*(t) + z(t) = \tilde{z}^*(t) + \sum_{i=1}^{k} \lambda_i \cdot z_i(t).$$

Zu jeder beliebigen Lösung $\tilde{z}^0(t)$ der inhomogenen Gleichung lassen sich also (eindeutige) Skalare $\lambda_1^0, \ldots, \lambda_k^0$ bestimmen, so daß

$$\tilde{z}^0(t) = \tilde{z}^*(t) + z^0(t) = \tilde{z}^*(t) + \sum_{i=1}^{k} \lambda_i^0 \cdot z_i(t) \text{ gilt.}$$

Beispiel:

* Die inhomogene lineare Differentialgleichung zweiter Ordnung $y''(t) - 2 \cdot y'(t) + y(t) = 2$ besitzt die partikuläre Lösung $z^*(t) = \bar{z} = 2$, so daß die allgemeine Lösung dieser Differentialgleichung die Form $\tilde{z}(t) = 2 + \lambda_1 \cdot e^t + \lambda_2 \cdot t \cdot e^t$ ($\lambda_1, \lambda_2 \in \mathbb{R}$ beliebig, vgl. vorhergehendes Beispiel) besitzt.

Genauso wie im homogenen Fall kann natürlich auch bei einer inhomogenen linearen Differentialgleichung durch geeignete Wahl der Skalare $\lambda_1, \ldots, \lambda_k$ eine Anpassung der Lösung an bestimmte Anfangsbedingungen erfolgen.

Durch diese allgemeinen Sätze ist die Vorgehensweise für die Behandlung linearer Differentialgleichungen vorgezeichnet:
Auch zur Lösung einer inhomogenen linearen Differentialgleichung ist zunächst ein Fundamentalsystem der zugehörigen homogenen Gleichung zu bestimmen. Hieraus ergibt sich die allgemeine Lösung z(t) der homogenen linearen Differentialgleichung.

Als nächstes ist dann (gegebenenfalls) eine partikuläre Lösung $\tilde{z}^*(t)$ der inhomogenen linearen Differentialgleichung zu berechnen. Die allgemeine Lösung der inhomogenen Gleichung ist dann $\tilde{z}(t) = \tilde{z}^*(t) + z(t)$.

Eine partikuläre Lösung, die bestimmten Anfangsbedingungen genügt, kann durch geeignete Wahl der Parameter $\lambda_1, \ldots, \lambda_k$ (Lösung eines linearen Gleichungssystems) gefunden werden.

Im nächsten Abschnitt werden die beiden noch offenen Probleme der Bestimmung eines Fundamentalsystems für eine homogene lineare Differentialgleichung und der Berechnung einer partikulären Lösung einer inhomogenen linearen Differentialgleichung behandelt.

## 5.3.2 Bestimmung von Fundamentalsystemen homogener linearer Differentialgleichungen und partikulärer Lösungen inhomogener linearer Differentialgleichungen

Der Aufbau dieses Abschnitts orientiert sich an der aus dem Abschnitt 5.2.2 bekannten Vorgehensweise. Es werden also zunächst Fundamentalsysteme homogener und partikuläre Lösungen inhomogener linearer Differentialgleichungen erster und zweiter Ordnung ausführlich studiert. Die Lösungsverfahren für lineare Differentialgleichungen k-ter Ordnung ($k \geq 3$) sind dann naheliegende Verallgemeinerungen des Falls $k = 2$.

Der Fall $k = 1$:

Eine homogene lineare Differentialgleichung erster Ordnung ist von der Form $y'(t) + a_0 \cdot y(t) = 0$.

Im einführenden Abschnitt 5.1 wurde an einem Beispiel gezeigt, wie eine solche lineare Differentialgleichung erster Ordnung durch einen Grenzübergang aus einer linearen Differenzengleichung erster Ordnung entstehen kann. Gleichzeitig zeigte sich, daß bei diesem Grenzübergang aus den geometrischen Folgen, die Lösungen der Differenzengleichung sind, Exponentialfunktionen werden, die die zugehörige Differentialgleichung lösen. Es ist demnach naheliegend, als Lösungsansatz für die lineare Differentialgleichung Funktionenen der Form $z(t) = e^{m \cdot t}$ mit einem noch zubestimmenden Wert m zu wählen.

Da nach Satz 5.14 der Lösungsraum dieser homogenen linearen Differentialgleichung eindimensional ist, besteht ein Fundamentalsystem in diesem Fall aus einer von der Nullfunktion verschiedenen Funktion $z_1(t)$. Mit dem Ansatz $z(t) = e^{m \cdot t}$ erhält man wegen $z'(t) = m \cdot e^{m \cdot t}$ durch Einsetzen in die Differentialgleichung: $m \cdot e^{m \cdot t} + a_0 \cdot e^{m \cdot t} = 0$. Division dieser Gleichung durch $e^{m \cdot t}$ (was wegen $e^{m \cdot t} \neq 0$ stets möglich ist) führt zur <u>charakteristischen Gleichung</u> dieser Differentialgleichung:

$$m_1 + a_0 = 0 \text{ oder } m_1 = -a_0.$$

Also ist $z_1(t) = e^{m_1 \cdot t}$ mit $m_1 = -a_0$ eine partikuläre, von der Nullfunktion verschiedene und damit linear unabhängige Lösung der homogenen linearen Differentialgleichung erster Ordnung. Folglich ist $\left\{e^{m_1 \cdot t}\right\}$ mit $m_1 = -a_0$ ein Fundamentalsystem dieser Gleichung, und die allgemeine Lösung lautet:

$$z(t) = \lambda_1 \cdot e^{m_1 \cdot t} \quad (m_1 = -a_0,\ \lambda_1 \in \mathbb{R} \text{ beliebig}).$$

Die Berechnung einer partikulären Lösung $\tilde{z}^*(t)$ der zugehörigen inhomogenen Gleichung hängt wesentlich von der Gestalt des Störterms $q(t)$ ab. Hier sollen nur Störterme der Form $q(t) = \sum_{i=0}^{n} q_i \cdot t^i$ ($q_n \neq 0$, Polynom) und $q_t = \alpha \cdot e^{\beta \cdot t}$ ($\alpha \neq 0$, $\beta \neq 0$, Exponentialfunktion) untersucht werden.

Ist der Störterm $q(t) = \sum_{j=0}^{n} q_j \cdot t^j$ ein Polynom n-ten Grades ($q_n \neq 0$), so wählt man als Ansatz für eine partikuläre Lösung $\tilde{z}^*(t)$ ebenfalls ein Polynom n-ten Grades: $\tilde{z}^*(t) = \sum_{j=0}^{n} \bar{z}_j \cdot t^j$. Einsetzen dieses Ansatzes in die Differentialgleichung ergibt wegen $\tilde{z}^{*\prime}(t) = \sum_{j=0}^{n} j \cdot \bar{z}_j \cdot t^{j-1}$:

$$\sum_{j=0}^{n} j \cdot \bar{z}_j \cdot t^{j-1} + a_0 \cdot \sum_{j=0}^{n} \bar{z}_j \cdot t^j = \sum_{j=0}^{n} q_j \cdot t^j$$

Die beiden Polynome auf der rechten und linken Seite des Gleichheitszeichens sind genau dann gleich, wenn alle n+1 einander entsprechenden Koeffizienten gleich sind.

Wegen $\sum_{j=0}^{n} j \cdot \bar{z}_j \cdot t^{j-1} + a_0 \cdot \sum_{j=0}^{n} \bar{z}_j \cdot t^j = \sum_{j=0}^{n-1} ((j+1) \cdot \bar{z}_{j+1} + a_0 \cdot \bar{z}_j) \cdot t^j + a_0 \cdot \bar{z}_n \cdot t^n$

erhält man die folgenden n+1 Gleichungen zur Bestimmung der (n+1) Parameter $\bar{z}_0, \ldots, \bar{z}_n$:

$$\begin{aligned}
\bar{z}_1 + a_0 \cdot \bar{z}_0 &= q_0 \\
2 \cdot \bar{z}_2 + a_0 \cdot \bar{z}_1 &= q_1 \\
3 \cdot \bar{z}_3 + a_0 \cdot \bar{z}_2 &= q_2 \\
&\vdots \\
n \cdot \bar{z}_n + a_0 \cdot \bar{z}_{n-1} &= q_{n-1} \\
a_0 \cdot \bar{z}_n &= q_n.
\end{aligned}$$

Dieses lineare Gleichungssystem ist stets lösbar, wenn $a_0 \neq 0$ ist, und mit den Lösungen $\bar{z}_0, \ldots, \bar{z}_n$ lautet dann die allgemeine Lösung der inhomogenen linearen Differenzengleichung $y'(t) + a_0 \cdot y(t) = \sum_{j=0}^{n} q_j \cdot t^j$:

$$\tilde{z}(t) = \tilde{z}^*(t) + \lambda_1 \cdot e^{m_1 \cdot t} = \sum_{j=0}^{n} \bar{z}_j \cdot t^j + \lambda_1 \cdot e^{m_1 \cdot t} \quad (\lambda_1 \in \mathbb{R} \text{ beliebig, } m_1 = -a_0).$$

Ist $a_0 = 0$, so lautet die Differentialgleichung $y'(t) = \sum_{j=0}^{n} q_j \cdot t^j$, so daß die Funktion $\tilde{z}^*(t) = \int \sum_{j=0}^{n} q_j \cdot t^j \, dt = \sum_{j=0}^{n} (j+1) \cdot q_j \cdot t^{j+1}$ eine partikuläre Lösung der Differentialgleichung darstellt.

Ist der Störterm q(t) von der Form $q(t) = \alpha \cdot e^{\beta \cdot t}$, so wählt man für die partikuläre Lösung $\tilde{z}^*(t)$ der inhomogenen Gleichung die Form $\tilde{z}^*(t) = \bar{z} \cdot e^{\beta \cdot t}$ mit einem noch zu bestimmenden Parameter $\bar{z}$. Einsetzen dieses Ansatzes in die Gleichung $y'(t) + a_0 \cdot y(t) = \alpha \cdot e^{\beta \cdot t}$ führt wegen $\tilde{z}^{*\prime}(t) = \bar{z} \cdot \beta \cdot e^{\beta \cdot t}$ zu der Gleichung $\bar{z} \cdot \beta \cdot e^{\beta \cdot t} + a_0 \cdot \bar{z} \cdot e^{\beta \cdot t} = \alpha \cdot e^{\beta \cdot t}$ oder $(\beta + a_0) \cdot \bar{z} = \alpha$.

Ist also $\beta \neq -a_0$ (das ist genau dann der Fall, wenn $q(t) = \alpha\cdot e^{\beta\cdot t}$ keine Lösung der zugehörigen homogenen Gleichung ist), so ist $\bar{z} = \frac{\alpha}{\beta+a_0}$. Folglich ist in diesem Fall $\tilde{z}^*(t) = \frac{\alpha}{\beta+a_0}\cdot e^{\beta\cdot t}$ eine partikuläre Lösung der inhomogenen linearen Differentialgleichung.

Ist dagegen $\beta = -a_0$, so wählt man $\tilde{z}^*(t) = \bar{z}\cdot t\cdot e^{\beta\cdot t}$ als Ansatz für eine partikuläre Lösung der inhomogenen Gleichung. Einsetzen dieses Ansatzes führt wegen
$\tilde{z}^{*\prime}(t) = \bar{z}\cdot(1+t\cdot\beta)\cdot e^{\beta\cdot t}$ zur Gleichung $\bar{z}\cdot(1+t\cdot\beta)\cdot e^{\beta\cdot t} + a_0\cdot\bar{z}\cdot t\cdot e^{\beta\cdot t} = \alpha\cdot e^{\beta\cdot t}$
oder

$$\bar{z} + \bar{z}\cdot t\cdot\beta + \bar{z}\cdot a_0\cdot t = \alpha,$$

woraus wegen $\beta = -a_0$ die Gleichung $\bar{z} = \alpha$ folgt.

Damit lautet im Fall $\beta = -a_0$ die partikuläre Lösung der inhomogenen Gleichung

$\tilde{z}^*(t) = \alpha\cdot t\cdot e^{\beta\cdot t}$.

Zusammenfassend gilt damit für lineare Differentialgleichungen erster Ordnung der folgende Satz:

Satz 5.17: Die homogene lineare Differentialgleichung $y'(t) + a_0\cdot y(t) = 0$ erster Ordnung besitzt Fundamentalsysteme aus genau einer Funktion. Die Funktion $z_1(t) = e^{m_1\cdot t}$ mit $m_1 = -a_0$ ist eine von der 0-Funktion verschiedene Lösung dieser Differentialgleichung und bildet daher ein Fundamentalsystem. Die allgemeine Lösung der homogenen Gleichung lautet also $z(t) = \lambda_1\cdot e^{m_1\cdot t}$ ($m_1 = -a_0$, $\lambda_1 \in \mathbb{R}$ beliebig).

Die inhomogene lineare Differenzengleichung erster Ordnung

$y'(t) + a_0\cdot y(t) = \sum_{j=0}^{n} q_j\cdot t^j$ ($q_j \in \mathbb{R}$, $q_n \neq 0$) besitzt im Fall $a_0 \neq 0$ die partikuläre Lösung $\tilde{z}^*(t) = \sum_{j=0}^{n} \bar{z}_j\cdot t^j$, wobei sich die Parameter $\bar{z}_i$ als Lösung des linearen Systems aus n+1 Gleichungen ergeben:

$$(i+1)\cdot\bar{z}_{j+1} + a_0\cdot\bar{z}_j = q_j \quad (j = 0, 1, \ldots, n-1)$$
$$a_0\cdot\bar{z}_n = q_n.$$

Die allgemeine Lösung der inhomogenen Gleichung lautet dann:

$$\tilde{z}(t) = \sum_{j=0}^{n} \bar{z}_j\cdot t^j + \lambda_1\cdot e^{m_1\cdot t} \quad (m_1 = -a_0,\ \lambda_1 \in \mathbb{R} \text{ beliebig}).$$

Im Fall $a_1 = 0$ ist $\tilde{z}^*(t) = \sum_{j=0}^{n} (j+1)\cdot q_j\cdot t^{j+1}$ eine partikuläre Lösung der inhomogenen Gleichung, und die allgemeine Lösung lautet wegen $m_1 = -a_0 = 0$ in diesem Fall:

$$\tilde{z}(t) = \sum_{j=0}^{n} (j+1)\cdot q_j\cdot t^{j+1} + \lambda_1 \quad (\lambda_1 \in \mathbb{R} \text{ beliebig}).$$

Die inhomogene lineare Differentialgleichung erster Ordnung $y'(t) + a_0 \cdot y(t) = \alpha \cdot e^{\beta \cdot t}$ ($\alpha \neq 0$, $\beta \neq 0$) besitzt die partikuläre Lösung $\tilde{z}^*(t) = \frac{\alpha}{\beta + a_0} \cdot e^{\beta \cdot t}$, falls $\beta \neq -a_0$ ist und $\tilde{z}^*(t) = \alpha \cdot t \cdot e^{\beta \cdot t}$, falls $\beta = -a_0$ ist. Die allgemeine Lösung lautet dann

$\tilde{z}(t) = \frac{\alpha}{\beta + a_0} \cdot e^{\beta \cdot t} + \lambda_1 \cdot e^{m_1 \cdot t}$, falls $\beta \neq -a_0$ ist ($m_1 = -a_0$, $\lambda_1 \in \mathbb{R}$ beliebig) und $\tilde{z}(t) = (\alpha \cdot t + \lambda_1) \cdot e^{m_1 \cdot t}$, falls $\beta = -a_0$ ist ($m_1 = -a_0 = \beta$, $\lambda_1 \in \mathbb{R}$ beliebig).

Beispiele:

- Die homogenen lineare Differentialgleichung erster Ordnung $y'(t) - 2 \cdot y(t) = 0$ besitzt das Fundamentalsystem $\left\{e^{2 \cdot t}\right\}$ und die allgemeine Lösung $z(t) = \lambda_1 \cdot e^{2 \cdot t}$ ($\lambda_1 \in \mathbb{R}$ beliebig).

- Zur Bestimmung einer partikulären Lösung $\tilde{z}^*(t)$ der Differentialgleichung $y'(t) - 2 \cdot y(t) = t^3 - 2 \cdot t^2 + 1$ wählt man den Ansatz $\tilde{z}^*(t) = \bar{z}_3 \cdot t^3 + \bar{z}_2 \cdot t^2 + \bar{z}_1 \cdot t + \bar{z}_0$. Die Parameter $\bar{z}_0, \ldots, \bar{z}_3$ ergeben sich als Lösungen des linearen Gleichungssystems:

$$\begin{aligned} \bar{z}_1 - 2 \cdot \bar{z}_0 &= 1 \\ 2 \cdot \bar{z}_2 - 2 \cdot \bar{z}_1 &= 0 \\ 3 \cdot \bar{z}_3 - 2 \cdot \bar{z}_2 &= -2 \\ - 2 \cdot \bar{z}_3 &= 1. \end{aligned}$$

  Also ist $\bar{z}_3 = -\frac{1}{2}$, $\bar{z}_2 = \frac{1}{4}$, $\bar{z}_1 = \frac{1}{4}$, $\bar{z}_0 = -\frac{3}{8}$. Folglich ist $\tilde{z}^*(t) = -\frac{1}{2} \cdot t^3 + \frac{1}{4} \cdot t^2 + \frac{1}{4} \cdot t - \frac{3}{8}$ eine partikuläre Lösung der inhomogenen Gleichung, und die allgemeine Lösung lautet:
  $\tilde{z}(t) = -\frac{1}{2} \cdot t^3 + \frac{1}{4} \cdot t^2 + \frac{1}{4} \cdot t - \frac{3}{8} + \lambda_1 \cdot e^{2 \cdot t}$ ($\lambda_1 \in \mathbb{R}$ beliebig).

- Zur Bestimmung einer partikulären Lösung der Differentialgleichung $y'(t) - 2 \cdot y(t) = e^t$ wählt man den Ansatz $\tilde{z}^*(t) = \bar{z} \cdot e^t$ und erhält die Gleichung $\bar{z} = \frac{\alpha}{\beta + a_0} = \frac{1}{1-2} = -1$, so daß $\tilde{z}^*(t) = -e^t$ eine partikuläre Lösung ist, und die allgemeine Lösung dieser inhomogenen Gleichung lautet:
  $\tilde{z}(t) = -e^t + \lambda_1 \cdot e^{2 \cdot t}$ ($\lambda_1 \in \mathbb{R}$ beliebig).

- Die Differentialgleichung $y'(t) - 2 \cdot y(t) = e^{2 \cdot t}$ erfordert (wegen $\beta = -a_0$) den Ansatz $\tilde{z}^*(t) = \bar{z} \cdot t \cdot e^{2 \cdot t}$. Mit $\bar{z} = \alpha = 1$ ist $\tilde{z}^*(t) = t \cdot e^{2 \cdot t}$ eine partikuläre Lösung, und die allgemeine Lösung der inhomogenen Gleichung lautet
  $\tilde{z}(t) = t \cdot e^{2 \cdot t} + \lambda_1 \cdot e^{2 \cdot t} = (t + \lambda_1) \cdot e^{2 \cdot t}$ ($\lambda_1 \in \mathbb{R}$ beliebig).

Offensichtlich kann sowohl im homogenen als auch im inhomogenen Fall durch geeignete Wahl des Parameters $\lambda_1$ die allgemeine Lösung so konkretisiert werden, daß die Anpassung an einen vorgegebenen Anfangswert $y(0) = \bar{y}$ möglich ist.

Der Fall k = 2:

Eine homogene lineare Differentialgleichung zweiter Ordnung ist von der Form
$y''(t) + a_1 \cdot y'(t) + a_0 \cdot y(t) = 0 \quad (a_1, a_0 \in \mathbb{R})$.

Nach Satz 5.14 ist der Lösungsraum dieser homogenen linearen Differentialgleichung zweidimensional, so daß in diesem Fall ein Fundamentalsystem aus zwei linear unabhängigen Lösungen $z_1(t)$ und $z_2(t)$ besteht.
Genauso wie im Fall k = 1 wählt man auch im Fall k = 2 als Lösungsansatz für die homogene lineare Differenzengleichung die Funktion $z(t) = e^{m \cdot t}$. Einsetzen in die homogene Differentialgleichung führt wegen $z'(t) = m \cdot e^{m \cdot t}$ und $z''(t) = m^2 \cdot e^{m \cdot t}$ zu der Gleichung:

$$m^2 \cdot e^{m \cdot t} + a_1 \cdot m \cdot e^{m \cdot t} + a_0 \cdot e^{m \cdot t} = 0$$

Division dieser Gleichung durch $e^{m \cdot t}$ (was wegen $e^{m \cdot t} \neq 0$ stets möglich ist) führt zur <u>charakteristische Gleichung</u> dieser Differentialgleichung:

$$m^2 + a_1 \cdot m + a_0 = 0.$$

Die charakteristische Gleichung kann man nach m auflösen und erhält die beiden Lösungen $m_1 = -\frac{a_1}{2} + \sqrt{\frac{a_1^2}{4} - a_0}$ und $m_2 = -\frac{a_1}{2} - \sqrt{\frac{a_1^2}{4} - a_0}$.

Aus diesen beiden Lösungen Gleichung läßt sich das Fundamentalsystem der homogenen linearen Differentialgleichung ableiten. Dabei ist jedoch zu beachten, daß drei verschiedene Situationen auftreten können, die unterschiedlich zu behandeln sind:

(1) Die beiden Lösungen $m_1$ und $m_2$ sind reell und verschieden. Das ist genau dann der Fall, wenn $\frac{a_1^2}{4} - a_0 > 0$ ist, so daß dann $m_1 = -\frac{a_1}{2} + \sqrt{\frac{a_1^2}{4} - a_0}$ und $m_2 = -\frac{a_1}{2} - \sqrt{\frac{a_1^2}{4} - a_0}$ gilt.

(2) Die beiden Lösungen $m_1$ und $m_2$ sind reell und gleich. Das ist genau dann der Fall, wenn $\frac{a_1^2}{4} - a_0 = 0$ gilt, so daß dann $m_1 = m_2 = -\frac{a_1}{2}$ ist.

(3) Die beiden Lösungen $m_1$ und $m_2$ sind komplex und verschieden. Das ist genau dann der Fall, wenn $\frac{a_1^2}{4} - a_0 < 0$ ist, so daß dann $m_1 = -\frac{a_1}{2} + i \cdot \sqrt{a_0 - \frac{a_1^2}{4}}$ und $m_2 = -\frac{a_1}{2} - i \cdot \sqrt{a_0 - \frac{a_1^2}{4}}$ gilt.

Zu (1):

Ist $\frac{a_1^2}{4} - a_0 > 0$, so sind die beiden Lösungen $m_1$ und $m_2$ der charakteristischen Gleichungen reell und verschieden. Die beiden zugehörigen Lösungen der homogenen linearen Differentialgleichungen lauten $z_1(t) = e^{m_1 \cdot t}$ und $z_2(t) = e^{m_2 \cdot t}$. Diese beiden Lösungen sind linear unabhängig, da

$$\begin{vmatrix} z_1(0) & z_2(0) \\ z_1'(0) & z_2'(0) \end{vmatrix} = \begin{vmatrix} 1 & 1 \\ m_1 & m_2 \end{vmatrix} = m_2 - m_1 \neq 0 \text{ gilt (vgl. Satz 5.15).}$$

Damit ist also $\{z_1(t),\ z_2(t)\}$, also $\{e^{m_1 \cdot t},\ e^{m_2 \cdot t}\}$ ein Fundamentalsystem.

Die allgemeine Lösung lautet folglich:

$$z_t = \lambda_1 \cdot e^{m_1 \cdot t} + \lambda_2 \cdot e^{m_2 \cdot t} \quad (\lambda_1,\ \lambda_2 \in \mathbb{R} \text{ beliebig}).$$

Beispiel:

* Die homogene Differentialgleichung $y''(t) - 2 \cdot y'(t) - 8 \cdot y(t) = 0$ besitzt die charakteristische Gleichung $m^2 - 2 \cdot m - 8 = 0$ mit den Lösungen $m_{1/2} = -\frac{-2}{2} \pm \sqrt{\frac{4}{4} + 8} = 1 \pm 3$, also $m_1 = 4$ und $m_2 = -2$. Also besteht das Fundamentalsystem aus den beiden Funktionen $z_1(t) = e^{4 \cdot t}$ und $z_2(t) = e^{-2 \cdot t}$ und die allgemeine Lösung lautet:

  $z(t) = \lambda_1 \cdot e^{4 \cdot t} + \lambda_2 \cdot e^{-2 \cdot t}$ $(\lambda_1,\ \lambda_2 \in \mathbb{R}$ beliebig$)$.

Zu (2):

Ist $\frac{a_1^2}{4} - a_0 = 0$, so besitzt die charakteristische Gleichung nur eine Lösung $m_1 = -\frac{a_1}{2}$ (mit der Vielfachheit 2). Die Funktion $z_1(t) = e^{m_1 \cdot t}$ ist dann eine Lösung der homogenen Differentialgleichung. Eine zweite (linear unabhängige) Lösung erhält man, wenn man in dieser Situation $(\frac{a_1^2}{4} - a_0 = 0)$ - ähnlich wie in der entsprechenden Situation bei Differenzengleichungen - $z_2(t) = t \cdot e^{m_1 \cdot t}$ setzt. Setzt man nämlich diese Funktion die Differentialgleichung ein, so ergibt sich wegen $z_2'(t) = (1 + t \cdot m_1) \cdot e^{m_1 \cdot t}$, $z_2''(t) = (2m_1 + t \cdot m_1) \cdot e^{m_1 \cdot t}$, $m_1 = -\frac{a_1}{2}$ und $a_0 = \frac{a_1^2}{4}$:

$$(2m_1 + t \cdot m_1) \cdot e^{m_1 \cdot t} + a_1 \cdot (1 + t \cdot m_1) \cdot e^{m_1 \cdot t} + a_0 \cdot t \cdot e^{m_1 \cdot t} =$$

$$= (-a_1 + t \cdot \frac{a_1^2}{4} + a_1 - t \cdot \frac{a_1^2}{2} + t \cdot \frac{a_1^2}{4}) \cdot e^{m_1 \cdot t} = 0.$$

Damit ist gezeigt daß auch $z_2(t) = t \cdot e^{m_1 \cdot t}$ eine Lösung ist.

Die beiden Lösungen $z_1(t) = e^{m_1 \cdot t}$ und $z_2(t) = t \cdot e^{m_1 \cdot t}$ sind wegen

$$\begin{vmatrix} z_1(0) & z_2(0) \\ z_1'(0) & z_2'(0) \end{vmatrix} = \begin{vmatrix} 1 & 0 \\ m_1 & 1 \end{vmatrix} = 1 \neq 0$$

linear unabhängig (vgl. Satz 5.15) und bilden daher das Fundamentalsystem $\left\{e^{m_1 \cdot t},\ t \cdot e^{m_1 \cdot t}\right\}$.

Die allgemeine Lösung lautet damit:

$$z(t) = \lambda_1 \cdot e^{m_1 \cdot t} + \lambda_2 \cdot t \cdot e^{m_1 \cdot t} \quad (\lambda_1, \lambda_2 \in \mathbb{R} \text{ beliebig}).$$

Beispiel:

* Die homogene lineare Differentialgleichung $y''(t) - 4 \cdot y'(t) + 4 \cdot y(t) = 0$ besitzt die charakteristische Gleichung $m^2 - 4 \cdot m + 4 = 0$ mit der einzigen Lösung $m_1 = 2$ (Vielfachheit 2). Die beiden linear unabhängigen Lösungen lauten $z_1(t) = e^{2 \cdot t}$ und $z_2(t) = t \cdot e^{2 \cdot t}$. Durch Einsetzen dieser beiden Funktionen in die Differentialgleichung überzeugt man sich davon, daß es sich sich tatsächlich um Lösungen handelt. Wegen

$$\begin{vmatrix} z_1(0) & z_2(0) \\ z_1'(0) & z_2'(0) \end{vmatrix} = \begin{vmatrix} 1 & 0 \\ 2 & 1 \end{vmatrix} = 1 \neq 0$$

sind diese Lösungen linear unabhängig und bilden daher ein Fundamentalsystem. Demnach lautet die allgemeine Lösung:

$$z(t) = \lambda_1 \cdot e^{2 \cdot t} + \lambda_2 \cdot t \cdot e^{2 \cdot t} \quad (\lambda_1, \lambda_2 \in \mathbb{R} \text{ beliebig}).$$

Zu (3):

Ist $\frac{a_1^2}{4} - a_0 < 0$, so besitzt die charakteristische Gleichung keine reellen Lösungen, sondern zwei konjugiert komplexe Wurzeln $m_1 = -\frac{a_1}{2} + i \cdot \sqrt{a_0 - \frac{a_1^2}{4}}$ und $m_2 = -\frac{a_1}{2} - i \cdot \sqrt{a_0 - \frac{a_1^2}{4}}$. Läßt man als Lösungen der Differentialgleichung nicht nur reelle sondern auch komplexe Funktionen zu, so ist die Funktion $\bar{z}(t) = e^{m_1 \cdot t}$ eine (komplexe) Lösung der homogenen Differentialgleichung. Als nächstes wird jetzt gezeigt, wie aus dieser komplexen Lösung zwei linear unabhängige reelle Lösungen abgeleitet werden können. Dazu muß man die komplexe Funktion $\bar{z}(t)$ in ihren Real- und Imaginärteil aufspalten: $\bar{z}(t) = z_1(t) + i \cdot z_2(t)$. Man kann dann zeigen, daß $z_1(t)$ und $z_2(t)$ das gesuchte Fundamentalsystem bilden.

Zur Herleitung der gesuchten Zerlegung setzt man zur Vereinfachung $m_1 = \alpha+\beta\cdot i$, also $\alpha = -\frac{a_1}{2}$ und $\beta = \sqrt{a_0 - \frac{a_1^2}{4}}$. Damit besitzt die komplexe Lösung $\bar{z}(t)$ die Darstellung $\bar{z}(t) = e^{m_1\cdot t} = e^{(\alpha+\beta\cdot i)\cdot t} = e^{\alpha\cdot t}\cdot e^{\beta\cdot t\cdot i}$. Es ist jetzt noch der Ausdruck $e^{\beta\cdot t\cdot i}$ zu zerlegen. Dazu benutzt man die Reihendarstellung der e-Funktion: $e^{\beta\cdot t\cdot i} = \sum_{n=0}^{\infty} \frac{(\beta\cdot t\cdot i)^n}{n!}$. Für die Summanden dieser Reihe gilt:

- $\frac{(\beta\cdot t\cdot i)^n}{n!} = \frac{(\beta\cdot t)^n}{n!}$ für $n = 0, 4, 8, \ldots$;
- $\frac{(\beta\cdot t\cdot i)^n}{n!} = i \cdot \frac{(\beta\cdot t)^n}{n!}$ für $n = 1, 5, 9, \ldots$;
- $\frac{(\beta\cdot t\cdot i)^n}{n!} = -\frac{(\beta\cdot t)^n}{n!}$ für $n = 2, 6, 10, \ldots$;
- $\frac{(\beta\cdot t\cdot i)^n}{n!} = -i\cdot\frac{(\beta\cdot t)^n}{n!}$ für $n = 3, 7, 11, \ldots$

Folglich erhält man die Zerlegung

$$\sum_{n=0}^{\infty} \frac{(\beta\cdot t\cdot i)^n}{n!} = \sum_{n=0}^{\infty} (-1)^n\cdot\frac{(\beta\cdot t)^{2n}}{(2n)!} + i\cdot\sum_{n=0}^{\infty} (-1)^n\cdot\frac{(\beta\cdot t)^{2n+1}}{(2n+1)!} = \cos(\beta\cdot t) + i\cdot\sin(\beta\cdot t)$$

(vgl. Satz 3.16). Damit ist für $\bar{z}(t) = e^{m_1\cdot t} = e^{(\alpha+\beta\cdot i)\cdot t}$ die gesuchte Zerlegung in Real- und Imaginärteil gefunden:

$\bar{z}(t) = e^{\alpha\cdot t}\cdot e^{\beta\cdot t\cdot i} = e^{\alpha\cdot t}\cdot(\cos(\beta\cdot t) + i\cdot\sin(\beta\cdot t))$, also $\bar{z}(t) = z_1(t) + i\cdot z_2(t)$ mit $z_1(t) = e^{\alpha\cdot t}\cdot\cos(\beta\cdot t)$ und $z_2(t) = e^{\alpha\cdot t}\cdot\sin(\beta\cdot t)$, wobei $\alpha = -\frac{a_1}{2}$ und $\beta = \sqrt{a_0 - \frac{a_1^2}{4}}$ ist.

Da $\bar{z}(t)$ eine komplexe Lösung der Differentialgleichung ist, gilt

$$\bar{z}''(t) + a_1\cdot\bar{z}(t)' + a_0\cdot\bar{z}(t) = 0$$

oder

$$(z_1+i\cdot z_2)''(t) + a_1\cdot(z_1+i\cdot z_2)'(t) + a_0\cdot(z_1+i\cdot z_2)(t) = 0$$

oder

$$(z_1''(t)+a_1\cdot z_1'(t)+a_0\cdot z_1(t)) + i\cdot(z_2''(t)+a_1\cdot z_2'(t)+a_0\cdot z_2(t)) = 0.$$

Da eine komplexe Funktion genau dann die Nullfunktion ist, wenn sowohl Real- als auch Imaginärteil (reelle) Nullfunktionen sind, muß $z_1''(t) + a_1\cdot z_1'(t) + a_0\cdot z_1(t) = 0$ und $z_2''(t) + a_1\cdot z_2'(t) + a_0\cdot z_2(t) = 0$ sein, so daß $z_1(t) = e^{\alpha\cdot t}\cdot\cos(\beta\cdot t)$ und $z_2(t) = e^{\alpha\cdot t}\cdot\sin(\beta\cdot t)$ reelle Lösungen der Differentialgleichung sind. Diese beiden Lösungen sind linear unabhängig, da $z_1'(t) = e^{\alpha\cdot t}\cdot(\alpha\cdot\cos(\beta\cdot t)-\beta\cdot\sin(\beta\cdot t))$ und $z_2'(t) = e^{\alpha\cdot t}\cdot(\alpha\cdot\sin(\beta\cdot t)+\beta\cdot\cos(\beta\cdot t))$ für $t = 0$ zu einer von 0 verschiedenen Determinante der WRONSKIschen Matrix führen (vgl. Satz 5.15):

$$\begin{vmatrix} z_1(0) & z_2(0) \\ z_1'(0) & z_2'(0) \end{vmatrix} = \begin{vmatrix} 1 & 0 \\ \alpha & \beta \end{vmatrix} = \beta \neq 0$$

Die beiden Lösungen bilden also das Fundamentalsystem

$\left\{e^{\alpha\cdot t}\cdot\cos(\beta\cdot t),\ e^{\alpha\cdot t}\cdot\sin(\beta\cdot t)\right\}$, wobei $\alpha = -\frac{a_1}{2}$ und $\beta = \sqrt{a_0 - \frac{a_1^2}{4}}$ ist.

Die allgemeine Lösung lautet demzufolge:

$z(t) = \lambda_1\cdot e^{\alpha\cdot t}\cdot\cos(\beta\cdot t) + \lambda_2\cdot e^{\alpha\cdot t}\cdot\sin(\beta\cdot t)$ ($\lambda_1, \lambda_2 \in \mathbb{R}$ beliebig).

Beispiel:

* Die homogene lineare Differentialgleichung $y''(t) - 2\cdot y'(t) + 2\cdot y(t) = 0$ besitzt die charakteristische Gleichung $m^2 - 2\cdot m + 2 = 0$ mit den Lösungen $m_1 = 1 + i$ und $m_2 = 1 - i$. Mit $\alpha = 1$ und $\beta = 1$ erhält man die beiden linear unabhängigen Lösungen $z_1(t) = e^{\alpha\cdot t}\cdot\cos(\beta\cdot t) = e^t\cdot\cos t$ und $z_2(t) = e^{\alpha\cdot t}\cdot\sin(\beta\cdot t) = e^t\cdot\sin t$, die ein Fundamentalsystem bilden.
  Die allgemeine Lösung lautet demnach:
  $z(t) = e^t\cdot(\lambda_1\cdot\cos t + \lambda_2\cdot\sin t)$ ($\lambda_1, \lambda_2 \in \mathbb{R}$ beliebig).

Damit ist die Lösungsmenge einer homogenen linearen Differenzengleichung zweiter Ordnung für jeden der drei möglichen Fälle vollständig beschrieben.

Zur Lösung der inhomogenen linearen Differentialgleichung zweiter Ordnung $y''(t) + a_1\cdot y'(t) + a_0\cdot y(t) = q(t)$ reicht es - nachdem die Lösung der zugehörigen homogenen Gleichung bekannt ist -, eine partikuläre Lösung der inhomogenen Gleichung zu bestimmen (vgl. Satz 5.16). Wie im Fall k = 1 sollen auch an dieser Stelle nur Störterme der Form $q(t) = \sum_{j=0}^{n} q_j\cdot t^j$ ($q_n \neq 0$, Polynom) und $q(t) = \alpha\cdot e^{\beta\cdot t}$ ($\alpha \neq 0$, $\beta \neq 0$, Exponentialfunktion) behandelt werden.

Ist der Störterm ein Polynom, so wählt man als Ansatz für eine partikuläre Lösung $\tilde{z}^*(t)$ die Form $\tilde{z}^*(t) = \sum_{j=0}^{n} \bar{z}_j\cdot t^j$. Einsetzen dieses Ansatzes in die Differentialgleichung ergibt wegen $\tilde{z}^{*\prime}(t) = \sum_{j=1}^{n} j\cdot\bar{z}_j\cdot t^{j-1}$ und

$\tilde{z}^{*\prime\prime}(t) = \sum_{j=2}^{n} j\cdot(j-1)\cdot\bar{z}_j\cdot t^{j-2}$:

$$\sum_{j=2}^{n} j\cdot(j-1)\cdot\bar{z}_j\cdot t^{j-2} + a_1\cdot\sum_{j=1}^{n} j\cdot\bar{z}_j\cdot t^{j-1} + a_0\cdot\sum_{j=0}^{n}\bar{z}_j\cdot t^j = \sum_{j=0}^{n} q_j\cdot t^j$$

oder (sortiert nach den Potenzen der Variablen t):

$$\sum_{j=0}^{n-2} [(j+2)\cdot(j+1)\cdot\bar{z}_{j+2} + (j+1)\cdot a_1\cdot\bar{z}_{j+1} + a_0\cdot\bar{z}_j]\cdot t^j +$$

$$+ [n\cdot a_1\cdot\bar{z}_n + a_0\cdot\bar{z}_{n-1}]\cdot t^{n-1} + a_0\cdot\bar{z}_n\cdot t^n = \sum_{j=0}^{n} q_j\cdot t^j.$$

Da zwei Polynome genau dann gleich sind, wenn einander entsprechende Koeffizienten gleich sind, erhält man hieraus ein System aus n+1 linearen Gleichungen aus denen (von "pathologischen" Ausnahmen abgesehen) die Werte $\bar{z}_0, \ldots, \bar{z}_n$ bestimmt werden können:

$$\begin{aligned}
2\cdot\bar{z}_2 + a_1\cdot\bar{z}_1 + a_0\cdot\bar{z}_0 &= q_0\\
6\cdot\bar{z}_3 + 2\cdot a_1\cdot\bar{z}_2 + a_0\cdot\bar{z}_1 &= q_1\\
&\vdots\\
n\cdot(n-1)\cdot\bar{z}_n + (n-1)\cdot a_1\cdot\bar{z}_{n-2} + a_0\cdot\bar{z}_{n-2} &= q_{n-2}\\
n\cdot a_1\cdot\bar{z}_n + a_0\cdot\bar{z}_{n-1} &= q_{n-1}\\
a_0\cdot\bar{z}_n &= q_n
\end{aligned}$$

Dieses lineare Gleichungssystem ist im Fall $a_0 \neq 0$ eindeutig lösbar, so daß die Lösungen $\bar{z}_0, \ldots, \bar{z}_n$ zu der partikulären Lösung $\tilde{z}^*(t) = \sum_{j=0}^{n} \bar{z}_j\cdot t^j$ führen.

Ist $a_0 = 0$, so wählt man den Ansatz $\tilde{z}^*(t) = \sum_{j=0}^{n} \bar{z}_j\cdot t^{j+1}$. Dieser Ansatz führt ähnlich wie im Fall $a_0 \neq 0$ zu einem linearen Gleichungssystem, das im Fall $a_1 \neq 0$ eine eindeutige Lösung für $\bar{z}_0, \ldots, \bar{z}_n$ besitzt:

$$(j+2)\cdot(j+1)\cdot\bar{z}_{j+1} + a_1\cdot(j+1)\cdot\bar{z}_j = q_j \quad (j = 0, \ldots, n-1)$$

$$a_1\cdot(n+1)\cdot\bar{z}_n = q_n.$$

Mit der sich daraus ergebenden partikulären Lösung $\tilde{z}^*(t) = \sum_{j=0}^{n} \bar{z}_j\cdot t^{j+1}$ lautet (wegen $m_1 = 0$ und $m_2 = -a_1$) die allgemeine Lösung:

$$\tilde{z}(t) = \sum_{j=0}^{n} \bar{z}_j\cdot t^{j+1} + \lambda_1 + \lambda_2\cdot e^{-a_1 t} \quad (\lambda_1, \lambda_2 \in \mathbb{R} \text{ beliebig}).$$

Im Fall $a_1 = a_0 = 0$, lautet die Differentialgleichung $y''(t) = \sum_{i=0}^{n} q_i\cdot t^i$, und man zeigt leicht, daß etwa $\tilde{z}^*(t) = \sum_{j=2}^{n} \frac{1}{(j+2)\cdot(j+1)}\cdot q_j\cdot t^{j+2}$ eine partikuläre Lösung der inhomogenen Gleichung darstellt. Die allgemeine Lösung lautet dann (wegen $m_1 = m_2 = 0$):

$$\tilde{z}(t) = \sum_{j=2}^{n} \frac{1}{(j+2)\cdot(j+1)}\cdot q_j\cdot t^{j+2} + \lambda_1 + \lambda_2\cdot t \quad (\lambda_1, \lambda_2 \in \mathbb{R} \text{ beliebig}).$$

Beispiele:

* Die inhomogene lineare Differentialgleichung
  $y''(t) - 2 \cdot y'(t) + 2 \cdot y(t) = t-1$
  besitzt eine partikuläre Lösung der Form $\tilde{z}^*(t) = \bar{z}_1 \cdot t + \bar{z}_0$. Die Werte $\bar{z}_1$ und $\bar{z}_0$ sind als Lösung des folgenden linearen Gleichungssystems zu bestimmen:
  $$1 \cdot (-2) \cdot \bar{z}_1 + 2 \cdot \bar{z}_0 = -1$$
  $$2 \cdot \bar{z}_1 = 1.$$
  Mit den Lösungen $\bar{z}_1 = \frac{1}{2}$ und $\bar{z}_0 = 0$ ergibt sich $\tilde{z}^*(t) = \frac{1}{2} \cdot t$. Zusammen mit der weiter oben bestimmten allgemeinen Lösung der zugehörigen homogenen Gleichung erhält man die allgemeine Lösung dieser Differentialgleichung:
  $\tilde{z}(t) = \frac{1}{2} \cdot t + e^t \cdot (\lambda_1 \cdot \cos t + \lambda_2 \cdot \sin t)$ $(\lambda_1, \lambda_2 \in \mathbb{R}$ beliebig$)$.

* Die inhomogene Differentialgleichung $y''(t) = t^4 - 3 \cdot t^2$ besitzt die partikuläre Lösung $\tilde{z}^*(t) = \frac{1}{30} \cdot t^6 - \frac{1}{4} \cdot t^4$ und die allgemeine Lösung $(m_1 = m_2 = 0)$
  $\tilde{z}(t) = \frac{1}{30} \cdot t^6 - \frac{1}{4} \cdot t^4 + \lambda_1 + \lambda_2 \cdot t$ $(\lambda_1, \lambda_2 \in \mathbb{R}$ beliebig$)$.

  Hinweis:
  Die allgemeine Lösung kann man in diesem Fall auch durch zweimalige Integration von $y''(t) = t^4 - 3 \cdot t^2$ erhalten:
  $$y'(t) = \int t^4 - 3 \cdot t^2 \, dt = \frac{1}{5} \cdot t^5 - t^3 + C_1,$$
  $$y(t) = \int y'(t) \, dt = \int \frac{1}{5} \cdot t^5 - t^3 + C_1 \, dt = \frac{1}{30} \cdot t^6 - \frac{1}{4} \cdot t^4 + C_1 \cdot t + C_2.$$
  Ersetzt man hier die Integrationskonstanten durch $\lambda_1$ und $\lambda_2$, so erhält man die oben bestimmte allgemeine Lösung.

Ist der Störterm von der Form $q(t) = \alpha \cdot e^{\beta \cdot t}$ $(\alpha \neq 0,\ \beta \neq 0)$, so wählt man für den Ansatz $\tilde{z}^*(t) = \bar{z} \cdot e^{\beta \cdot t}$ für eine partikuläre Lösung. Setzt man diese Funktion in die inhomogenen Differentialgleichung ein, so ergibt sich wegen $\tilde{z}^{*\prime}(t) = \bar{z} \cdot \beta \cdot e^{\beta \cdot t}$ und $\tilde{z}^{*\prime\prime}(t) = \bar{z} \cdot \beta^2 \cdot e^{\beta \cdot t}$:

$\bar{z} \cdot \beta^2 \cdot e^{\beta \cdot t} + a_1 \cdot \bar{z} \cdot \beta \cdot e^{\beta \cdot t} + a_0 \cdot \bar{z} \cdot e^{\beta \cdot t} = \alpha \cdot e^{\beta \cdot t}$ oder (nach Division durch $e^{\beta \cdot t}$):

$\bar{z} \cdot (\beta^2 + a_1 \cdot \beta + a_0) = \alpha.$

Ist $\beta$ keine Lösung der charakteristischen Gleichung (was genau dann der Fall ist, wenn $\alpha \cdot e^{\beta \cdot t}$ keine Lösung der zugehörigen homogenen Gleichung ist), so ist $\beta^2 + a_1 \cdot \beta + a_0 \neq 0$, so daß $\bar{z} = \frac{\alpha}{\beta^2 + a_1 \cdot \beta + a_0}$ gilt.

Als partikuläre Lösung der inhomogenen Gleichung erhält man dann

$$\tilde{z}^*(t) = \frac{\alpha}{\beta^2 + a_1 \cdot \beta + a_0} \cdot e^{\beta \cdot t}.$$

Ist $\beta^2 + a_1 \cdot \beta + a_0 = 0$, so wählt man den Ansatz $\tilde{z}^*(t) = \bar{z} \cdot t \cdot e^{\beta \cdot t}$.

Mit den Ableitungen $\tilde{z}^{*\prime}(t) = \bar{z} \cdot (1+\beta \cdot t) \cdot e^{\beta \cdot t}$ und $\tilde{z}^{*\prime\prime}(t) = \bar{z} \cdot (2 \cdot \beta + \beta^2 \cdot t) \cdot e^{\beta \cdot t}$ erhält man durch Einsetzen in die inhomogene Differentialgleichung:

$$\bar{z} \cdot (2 \cdot \beta + \beta^2 \cdot t) \cdot e^{\beta \cdot t} + a_1 \cdot \bar{z} \cdot (1+\beta \cdot t) \cdot e^{\beta \cdot t} + a_0 \cdot \bar{z} \cdot t \cdot e^{\beta \cdot t} = \alpha \cdot e^{\beta \cdot t}$$

oder (nach Division durch $e^{\beta \cdot t}$ und Ausmultiplizieren):

$$2 \cdot \beta \cdot \bar{z} + \beta^2 \cdot t \cdot \bar{z} + a_1 \cdot \bar{z} + a_1 \cdot \bar{z} \cdot \beta \cdot t + a_0 \cdot \bar{z} \cdot t = \alpha$$

oder

$$2 \cdot \beta \cdot \bar{z} + a_1 \cdot \bar{z} + \bar{z} \cdot t \cdot (\beta^2 + a_1 \cdot \beta + a_0) = \alpha$$

oder (wegen $\beta^2 + a_1 \cdot \beta + a_0 = 0$)

$$2 \cdot \beta \cdot \bar{z} + a_1 \cdot \bar{z} = \alpha$$

oder

$$\bar{z} = \frac{\alpha}{2 \cdot \beta + a_1} \text{ (falls } 2 \cdot \beta + a_1 \neq 0).$$

Also erhält im Fall $\beta^2 + a_1 \cdot \beta + a_0 = 0$ und $\beta \neq -\frac{a_1}{2}$ (das ist genau dann der Fall, wenn $\beta$ eine Lösung der charakteristischen Gleichung mit der Vielfachheit 1 ist, so daß in diesem Fall zwar $\bar{z} \cdot e^{\beta \cdot t}$ nicht aber $\bar{z} \cdot t \cdot e^{\beta \cdot t}$ eine Lösung der homogenen Differentialgleichung ist) die partikuläre Lösung

$\tilde{z}^*(t) = \frac{\alpha}{2 \cdot \beta + a_1} \cdot t \cdot e^{\beta \cdot t}$ der inhomogenen Gleichung.

Es bleibt also noch der Fall $\beta^2 + a_1 \cdot \beta + a_0 = 0$ und $\beta \neq -\frac{a_1}{2}$, also der Fall, daß $\beta$ eine Lösung der charakteristischen Gleichung mit der Vielfachheit 2 ist, zu diskutieren. In diesem Fall führt der Ansatz $\tilde{z}^*(t) = \bar{z} \cdot t^2 \cdot e^{\beta \cdot t}$ zum Ziel:

Setzt man $\tilde{z}^*(t) = \bar{z} \cdot t^2 \cdot e^{\beta \cdot t}$ mit den Ableitungen $\tilde{z}^{*\prime}(t) = \bar{z} \cdot (2 \cdot t + \beta \cdot t^2) \cdot e^{\beta \cdot t}$ und

$\tilde{z}^{*\prime\prime}(t) = \bar{z} \cdot (2 + 4 \cdot \beta \cdot t + \beta^2 \cdot t^2) \cdot e^{\beta \cdot t}$ in die inhomogene Differentialgleichung ein,

so erhält man eine Bestimmungsgleichung für $\bar{z}$:

$$\bar{z} \cdot (2 + 4 \cdot \beta \cdot t + \beta^2 \cdot t^2) \cdot e^{\beta \cdot t} + a_1 \cdot \bar{z} \cdot (2 \cdot t + \beta \cdot t^2) \cdot e^{\beta \cdot t} + a_0 \cdot \bar{z} \cdot t^2 \cdot e^{\beta \cdot t} = \alpha \cdot e^{\beta \cdot t}$$

oder (nach Division durch $e^{\beta \cdot t}$, Ausmultiplizieren und Umformen):

$$2 \cdot \bar{z} + 4 \cdot \beta \cdot \bar{z} \cdot t + 2 \cdot a_1 \cdot \bar{z} \cdot t + \bar{z} \cdot t^2 \cdot (\beta^2 + a_1 \cdot \beta + a_0) = \alpha$$

oder (wegen $\beta^2 + a_1 \cdot \beta + a_0 = 0$ und $\beta = -\frac{a_1}{2}$):

$2 \cdot \bar{z} - 2 \cdot a_1 \cdot \bar{z} \cdot t + 2 \cdot a_1 \cdot \bar{z} \cdot t = \alpha$ oder $\bar{z} = \frac{\alpha}{2}$.

Also ist für den Fall, daß $\beta$ eine zweifache Lösung der charakteristischen Gleichung der homogenen Differentialgleichung ist, die Funktion

$\tilde{z}^*(t) = \frac{\alpha}{2} \cdot t^2 \cdot e^{\beta \cdot t}$ eine partikuläre Lösung der inhomogenen Differentialgleichung $y''(t) + a_1 \cdot y'(t) + a_0 \cdot y(t) = \alpha \cdot e^{\beta \cdot t}$.

Beispiele:

* Die zur inhomogenen linearen Differentialgleichung
  $y''(t) - 2\cdot y'(t) - 8\cdot y(t) = e^{2\cdot t}$
  gehörige homogene Differentialgleichung besitzt das Fundamentalsystem $\left\{e^{4\cdot t}, e^{-2\cdot t}\right\}$, so daß der Störterm keine Lösung der homogenen Gleichung ist und daher $\tilde{z}^*(t) = \frac{\alpha}{\beta^2+a_1\cdot\beta+a_0}\cdot e^{\beta\cdot t} = -\frac{1}{8}\cdot e^{2\cdot t}$ eine partikuläre Lösung der inhomogenen Gleichung darstellt. Die allgemeine Lösung lautet daher:
  $\tilde{z}(t) = -\frac{1}{8}\cdot e^{2\cdot t} + \lambda_1\cdot e^{4\cdot t} + \lambda_2\cdot e^{-2\cdot t}$ ($\lambda_1$, $\lambda_2 \in \mathbb{R}$ beliebig).

* Die inhomogene linearen Differentialgleichung
  $y''(t) - 4\cdot y'(t) + 4\cdot y(t) = e^{2\cdot t}$ besitzt die partikuläre Lösung
  $\tilde{z}^*(t) = \frac{1}{2}\cdot t^2\cdot e^{2\cdot t}$, da $m_1 = m_2 = 2$ ist, so daß $e^{2\cdot t}$ und $t\cdot e^{2\cdot t}$ ein Fundamentalsystem für die zugehörige homogene Gleichung bilden. Die allgemeine Lösung der inhomogenen Gleichung lautet demnach:
  $\tilde{z}(t) = \frac{1}{2}\cdot t^2\cdot e^{2\cdot t} + \lambda_1\cdot e^{2\cdot t} + \lambda_2\cdot t\cdot e^{2\cdot t}$ ($\lambda_1$, $\lambda_2 \in \mathbb{R}$ beliebig).

Zusammenfassend gilt damit der folgende Satz über die Lösung linearer Differentialgleichungen zweiter Ordnung:

Satz 5.18: Die homogene lineare Differentialgleichung $y''(t) + a_1\cdot y'(t) + a_0\cdot y(t) = 0$ besitzt Fundamentalsysteme $\left\{z_1(t), z_2(t)\right\}$ aus genau zwei linear unabhängigen Lösungen.

Ist der Ausdruck $\frac{a_1^2}{4} - a_0$ positiv, so bilden die beiden Funktionen

$z_1(t) = e^{m_1\cdot t}$ mit $m_1 = -\frac{a_1}{2} + \sqrt{\frac{a_1^2}{4} - a_0}$ und $z_2(t) = e^{m_2\cdot t}$ mit

$m_2 = -\frac{a_1}{2} - \sqrt{\frac{a_1^2}{4} - a_0}$ ein Fundamentalsystem.

Ist $\frac{a_1^2}{4} - a_0 = 0$, so bilden die beiden Funktionen $z_1(t) = e^{m_1\cdot t}$ und

$z_2(t) = t\cdot e^{m_1\cdot t}$ mit $m_1 = -\frac{a_1}{2}$ ein Fundamentalsystem.

Ist $\frac{a_1^2}{4} - a_0$ negativ, so bilden die beiden Funktionen
$z_1(t) = e^{\alpha\cdot t}\cdot\cos(\beta\cdot t)$ und $z_2(t) = e^{\alpha\cdot t}\cdot\sin(\beta\cdot t)$

mit $\alpha = -\frac{a_1}{2}$ und $\beta = \sqrt{a_0 - \frac{a_1^2}{4}}$ ein Fundamentalsystem.

Die inhomogene lineare Differentialgleichung zweiter Ordnung $y''(t) + a_1 \cdot y'(t) + a_0 \cdot y(t) = \sum_{j=1}^{n} q_j \cdot t^j$ ($q_n \neq 0$) besitzt im Fall $a_0 \neq 0$ die partikuläre Lösung $\tilde{z}^*(t) = \sum_{j=0}^{n} \bar{z}_j \cdot t^j$, wobei die Werte $\bar{z}_j$ ($j = 0, 1, \ldots, n$) die eindeutige Lösung des folgenden Gleichungssystems sind:

$$\begin{aligned}
(j+2)\cdot(j+1)\cdot\bar{z}_{j+2} + (j+1)\cdot a_1\cdot\bar{z}_{j+1} + a_0\cdot\bar{z}_j &= q_j \quad (j = 0, \ldots, n-2)\\
n\cdot a_1\cdot\bar{z}_n + a_0\cdot\bar{z}_{n-1} &= q_{n-1}\\
a_0\cdot\bar{z}_n &= q_n.
\end{aligned}$$

Ist $a_0 = 0$ und $a_1 \neq 0$, so ist $\tilde{z}^*(t) = \sum_{j=0}^{n} \bar{z}_j \cdot t^{j+1}$ eine partikuläre Lösung der inhomogenen Gleichung. Dabei sind die Werte $\bar{z}_j$ ($j = 0, 1, \ldots, n$) die eindeutige Lösung des folgenden Gleichungssystems:

$$\begin{aligned}
(j+2)\cdot(j+1)\cdot\bar{z}_{j+1} + (j+1)\cdot a_1\cdot\bar{z}_j &= q_j \quad (j = 0, \ldots, n-1)\\
(n+1)\cdot a_1\cdot\bar{z}_n &= q_n.
\end{aligned}$$

Ist $a_0 = a_1 = 0$, so ist $\tilde{z}^*(t) = \sum_{j=0}^{n} \frac{1}{(j+2)\cdot(j+1)}\cdot q_j \cdot t^{j+2}$ eine partikuläre Lösung der inhomogenen Differentialgleichung.

Die inhomogene lineare Differentialgleichung zweiter Ordnung $y''(t) + a_1 \cdot y'(t) + a_0 \cdot y(t) = \alpha \cdot e^{\beta \cdot t}$ ($\alpha \neq 0$, $\beta \neq 0$) besitzt im Fall $\beta^2 + a_1 \cdot \beta + a_0 \neq 0$ die partikuläre Lösung $\tilde{z}^*(t) = \frac{\alpha}{\beta^2 + a_1 \cdot \beta + a_0} \cdot e^{\beta \cdot t}$.

Ist $\beta^2 + a_1 \cdot \beta + a_0 = 0$ und $\beta \neq -\frac{a_1}{2}$, so ist die Funktion $\tilde{z}^*(t) = \frac{\alpha}{2\cdot\beta + a_1} \cdot t \cdot e^{\beta \cdot t}$ eine partikuläre Lösung.

Ist $\beta^2 + a_1 \cdot \beta + a_0 = 0$ und $\beta = -\frac{a_1}{2}$, so ist die Funktion $\tilde{z}^*(t) = \frac{\alpha}{2} \cdot t^2 \cdot e^{\beta \cdot t}$ eine partikuläre Lösung.

Mit dem Satz 5.16 ergibt sich hieraus die allgemeine Lösung inhomogener linearer Differentialgleichungen zweiter Ordnung. Durch geeignete Wahl der beiden Skalare $\lambda_1$ und $\lambda_2$ in der allgemeinen Lösung ist die Anpassung an vorgegebene Anfangsbedingungen möglich.

Beispiel:

* Man bestimme die Lösung $\tilde{z}^0(t)$ der Differentialgleichung

  $y''(t) + 4\cdot y'(t) + 3\cdot y(t) = 3$ mit den Anfangsbedingungen $\tilde{z}^0(0) = 4$ und $\tilde{z}^{0,}(0) = 1$.

  Die charakteristische Gleichung lautet $m^2 + 4\cdot m + 3 = 0$ und besitzt die Lösungen $m_1 = -3$ und $m_2 = -1$, so daß $\tilde{z}(t) = \lambda_1\cdot e^{-3\cdot t} + \lambda_2\cdot e^{-t}$ die allgemeine Lösung der zugehörigen homogenen Differentialgleichung ist.Die inhomogene Differentialgleichung besitzt offensichtlich die partikuläre Lösung $\tilde{z}^*(t) = 1$. Damit lautet die allgemeine Lösung der gegebenen Differentialgleichung $\tilde{z}(t) = 1 + \lambda_1\cdot e^{-3\cdot t} + \lambda_2\cdot e^{-t}$. Für $t = 0$ ergibt sich:
  $\tilde{z}(0) = 1 + \lambda_1 + \lambda_2$ und $\tilde{z}'(0) = -3\cdot\lambda_1 - \lambda_2$.

  Setzt man jetzt $\tilde{z}^0(0) = 4$ und $\tilde{z}^{0,}(0) = 1$ ein, so ergibt sich ein lineares Gleichungssystem

  $$4 = 1 + \lambda_1^0 + \lambda_2^0$$
  $$1 = -3\cdot\lambda_1^0 - \lambda_2^0,$$

  das die eindeutige Lösung $\lambda_1^0 = -2$ und $\lambda_2^0 = 5$ besitzt. Also ist $\tilde{z}^0(t) = 1 - 2\cdot e^{-3\cdot t} + 5\cdot e^{-t}$ die eindeutig bestimmte Lösung der Differentialgleichung $y''(t) - 4\cdot y'(t) + 3\cdot y(t) = 3$, die den Anfangsbedingungen $\tilde{z}^0(0) = 4$ und $\tilde{z}^{0,}(0) = 1$ genügt.

Der allgemeine Fall:

Die Lösung einer homogenen linearen Differentialgleichung $y^{(k)}(t) + a_{k-1}\cdot y^{(k-1)}(t) + \ldots + a_0\cdot y(t) = 0$ der Ordnung k ergibt sich ähnlich wie im Fall $k = 2$:
Ein Fundamentalsystem einer homogenen linearen Differenzengleichung der Ordnung k besteht aus k linear unabhängigen Lösungen. Zu diesen Lösungen gelangt man mit Hilfe der Nullstellen der charakteristischen Gleichung.
Der Ansatz $z(t) = e^{m\cdot t}$ für eine Lösung der homogenen Differenzengleichung führt zur charakteristischen Gleichung $m^k + a_{k-1}\cdot m^{k-1} + \ldots + a_0 = 0$. Diese Gleichung (Nullstellen eines Polynoms vom Grade k) besitzt nach dem Fundamentalsatz der Algebra (Satz 1.56) k Lösungen (möglicherweise mit Vielfachheiten, möglicherweise komplex). Bezeichnet man die verschiedenen Lösungen (und ihre Vielfachheiten) mit $m_1$ (Vielfachheit $k_1 \geq 1$), $m_2$ (Vielfachheit $k_2 \geq 1$), ..., $m_l$ (Vielfachheit $k_l \geq 1$), so muß $\sum_{j=1}^{l} k_j = k$ sein. Dabei gehört zu jeder komplexen Lösung $m_j = \alpha_j + i\cdot\beta_j$ der Vielfachheit $k_j$ eine konjugiert komplexe Lösung $m_{j+1} = \alpha_j - i\cdot\beta_j$, die ebenfalls die Vielfachheit $k_j$ besitzt.

Ist $m_j$ eine reelle Lösung der charakteristischen Gleichung, so ist $z_j(t) = e^{m_j \cdot t}$ eine Lösung der homogenen Differenzengleichung. Ist $m_j$ eine reelle Lösung der charakteristischen Gleichung mit der Vielfachheit $k_j \geq 2$, so sind neben $z_j(t) = e^{m_j \cdot t}$ auch die Funktionen $t^\nu \cdot e^{m_j \cdot t}$ ($\nu = 1, \ldots, k_j-1$) Lösungen der homogenen linearen Differenzengleichung.

Sind $m_j = \alpha+i\cdot\beta$ und $m_{j+1} = \alpha-i\cdot\beta$ ein Paar konjugiert komplexer Lösungen der charakteristischen Gleichung, so sind die Funktionen $z_j(t) = e^{\alpha\cdot t}\cdot\cos(\beta\cdot t)$ und $z_{j+1}(t) = e^{\alpha\cdot t}\cdot\sin(\beta\cdot t)$ Lösungen der homogenen linearen Differentialgleichung. Besitzen die Nullstellen $m_j = \alpha+i\cdot\beta$ und $m_j = \alpha-i\cdot\beta$ die Vielfachheit $k_j \geq 2$, so sind neben $z_j(t) = e^{\alpha\cdot t}\cdot\cos(\beta\cdot t)$ und $z_j(t) = e^{\alpha\cdot t}\cdot\sin(\beta\cdot t)$ auch die Funktionen $t^\nu\cdot e^{\alpha\cdot t}\cdot\cos(\beta\cdot t)$ und $t^\nu\cdot e^{\alpha\cdot t}\cdot\sin(\beta\cdot t)$ ($\nu = 1, \ldots, k_j-1$) Lösungen der homogenen linearen Differentialgleichung.

Insgesamt sind auf diese Art k verschiedene Lösungen der homogenen linearen Differentialgleichung definiert. Da man zeigen kann, daß diese Lösungen linear unabhängig sind, bilden sie ein Fundamentalsystem der homogenen linearen Differentialgleichung der Ordnung k. Also gilt der folgende Satz über die Lösung homogener linearer Differentialgleichungen:

Satz 5.19: Sei $y^{(k)}(t) + a_{k-1}\cdot y^{(k-1)}(t) + \ldots + a_0\cdot y(t) = 0$ eine homogene lineare Differentialgleichung der Ordnung k mit charakteristischer Gleichung $m^k + a_{k-1}\cdot m^{k-1} + \ldots + a_0 = 0$. Bezeichnet man die Lösung dieser Gleichung mit $m_j$ und ihre Vielfachheiten mit $k_j$ ($j = 1, \ldots, l$), so ist $\sum_{j=1}^{l} k_j = k$, und es gilt:

Ist $m_j$ reell mit Vielfachheit $k_j$, so sind die Funktionen $z_{j,\nu}(t) = t^\nu\cdot e^{m_j\cdot t}$ ($\nu = 0, \ldots, k_j-1$) Lösungen der homogenen Differentialgleichung. Ist $m_j = \alpha+i\cdot\beta$ und $m_{j+1} = \alpha-i\cdot\beta$ ein Paar konjugiert komplexer Lösungen der charakteristischen Gleichung mit Vielfachheit $k_j$, so sind die Funktionen $z_{j,\nu}(t) = t^\nu\cdot e^{\alpha\cdot t}\cdot\cos(\beta\cdot t)$ und $z_{j+1,\nu}(t) = t^\nu\cdot e^{\alpha\cdot t}\cdot\sin(\beta\cdot t)$ ($\nu = 0, \ldots, k_j-1$) Lösungen der homogenen Differentialgleichung.

Die k verschiedenen Lösungen der homogenen Differentialgleichung k-ter Ordnung, die man so erhält, sind linear unabhängig und bilden daher ein Fundamentalsystem: Jede Lösung der homogenen Differentialgleichung läßt sich eindeutig als Linearkombination dieser k Lösungen darstellen.

Beispiel:

* Die homogene lineare Differentialgleichung vierter Ordnung $y^{(4)}(t) - 1{,}8\cdot y^{(3)}(t) + 1{,}3\cdot y''(t) - 0{,}45\cdot y'(t) + 0{,}0625\cdot y(t) = 0$ besitzt die charakteristische Gleichung $m^4 - 1{,}8m^3 + 1{,}3m^2 - 0{,}45m + 0{,}0625 = 0$. Die Lösungen dieser Gleichung sind $m_1 = 0{,}5$ (Vielfachheit 2), $m_2 = 0{,}4+0{,}3\cdot i$ und $m_3 = 0{,}4-0{,}3\cdot i$. Nach Satz 5.19 gehören zu $m_1$ die beiden Lösungen $z_1(t) = e^{0{,}5\cdot t}$ und $z_2(t) = t\cdot e^{0{,}5\cdot t}$. Zu dem Paar konjugiert komplexer Lösungen $m_2 = 0{,}4+0{,}3\cdot i$ und $m_3 = 0{,}4-0{,}3\cdot i$ gehören die Lösungen $z_3(t) = e^{0{,}4\cdot t}\cdot\cos(0{,}3\cdot t)$ und $z_4(t) = e^{0{,}4\cdot t}\cdot\sin(0{,}3\cdot t)$. Die allgemeine Lösung dieser homogenen Differentialgleichung lautet demnach
$$z(t) = \lambda_1\cdot e^{0{,}5\cdot t} + \lambda_2\cdot t\cdot e^{0{,}5\cdot t} + e^{0{,}4\cdot t}\cdot(\lambda_3\cdot\cos(0{,}3\cdot t) + \lambda_4\cdot\sin(0{,}3\cdot t)$$
$$(\lambda_1, \lambda_2, \lambda_3, \lambda_4 \in \mathbb{R} \text{ beliebig}).$$

Die Vorgehensweise bei der Lösung inhomogener linearer Differenzialgleichungen k-ter Ordnung soll an dieser Stelle - genauso wie in den Fällen k = 1 und k = 2 - nur für Störterme der Form $q(t) = \sum_{j=0}^{n} q_j\cdot t^j$ ($q_n \neq 0$, Polynom) und $q(t) = \alpha\cdot e^{\beta\cdot t}$ ($\alpha \neq 0$, $\beta \neq 0$, Exponentialfunktion) knapp beschrieben werden.

Ist der Störterm $q(t) = \sum_{j=0}^{n} q_j\cdot t^j$ ein Polynom, so wählt man - falls der Koeffizient $a_0$ der Differentialgleichung von 0 verschieden ist - den Ansatz $\tilde{z}^*(t) = \sum_{j=0}^{n} \bar{z}_j\cdot t^j$. Durch Einsetzen dieser Funktion und ihrer Ableitungen in die Differentialgleichung erhält man auf der linken Seite des Gleichheitszeichens ein Polyom vom Grade n (dessen Koeffizienten von den Werten $\bar{z}_j$ abhängen). Da dieses Polynom mit dem Störterm, der ja ebenfalls ein Polynom vom Grade n ist, identisch sein muß, müssen einander entsprechende Koeffizienten dieser beiden Polynome gleich sein. Hieraus resultiert ein System aus n+1 linearen Gleichungen aus dem wegen $a_0 \neq 0$ die Werte $\bar{z}_0, \ldots, \bar{z}_n$ eindeutig bestimmt werden können.

Beispiele:

* Für die inhomogene Differentialgleichung $y^{(4)}(t) - 1{,}8\cdot y^{(3)}(t) + 1{,}3\cdot y''(t) - 0{,}45\cdot y'(t) + 0{,}0625\cdot y(t) = t^3 - 2\cdot t^2$ wählt man den Ansatz $\tilde{z}^*(t) = \bar{z}_3\cdot t^3 + \bar{z}_2\cdot t^2 + \bar{z}_1\cdot t + \bar{z}_0$. Mit den Ableitungen $\tilde{z}^{*\prime}(t) = 3\cdot\bar{z}_3\cdot t^2 + 2\cdot\bar{z}_2\cdot t + \bar{z}_1$, $\tilde{z}^{*\prime\prime}(t) = 6\cdot\bar{z}_3\cdot t + 2\cdot\bar{z}_2$, $\tilde{z}^{*(3)}(t) = 6\cdot\bar{z}_3$ und $\tilde{z}^{*(4)}(t) = 0$ erhält man durch Einsetzen in die inhomogene Differentialgleichung den Ausdruck:

$$-1{,}8\cdot 6\cdot \bar{z}_3 + 1{,}3\cdot(6\cdot\bar{z}_3\cdot t+2\cdot\bar{z}_2) - 0{,}45\cdot(3\cdot\bar{z}_3\cdot t^2+2\cdot\bar{z}_2\cdot t+\bar{z}_1) +$$
$$0{,}0625\cdot(\bar{z}_3\cdot t^3+\bar{z}_2\cdot t^2+\bar{z}_1\cdot t+\bar{z}_0) = t^3 - 2\cdot t^2$$

oder (sortiert nach den Potenzen von t):

$$0{,}0625\cdot\bar{z}_3\cdot t^3 + (-1{,}35\cdot\bar{z}_3+0{,}0625\cdot\bar{z}_2)\cdot t^2 + (7{,}8\cdot\bar{z}_3-0{,}9\cdot\bar{z}_2\pm 0{,}0625\cdot\bar{z}_1)\cdot t +$$
$$+ (-10{,}8\cdot\bar{z}_3+2{,}6\cdot\bar{z}_2-0{,}45\cdot\bar{z}_1+0{,}0625\cdot\bar{z}_0) = t^3 - 2\cdot t^2.$$

Daraus ergibt das folgende lineare Gleichungssystem zur Berechnung von $\bar{z}_3$, $\bar{z}_2$, $\bar{z}_1$ und $\bar{z}_0$:

$$\begin{aligned}
0{,}0625\cdot\bar{z}_3 &&&& = 1\\
-1{,}35\cdot\bar{z}_3 &+ 0{,}0625\cdot\bar{z}_2 &&& = 2\\
7{,}8\cdot\bar{z}_3 &- 0{,}9\cdot\bar{z}_2 &+ 0{,}0625\cdot\bar{z}_1 && = 0\\
-10{,}8\cdot\bar{z}_3 &+ 2{,}6\cdot\bar{z}_2 &- 0{,}45\cdot\bar{z}_1 &+ 0{,}0625\cdot\bar{z}_0 & = 0.
\end{aligned}$$

Dieses lineare Gleichungssystem besitzt die Lösung $\bar{z}_3 = 16$; $\bar{z}_2 = 377{,}6$; $\bar{z}_1 = 3440{,}64$; $\bar{z}_0 = 11.829{,}248$. Also ist die Funktion $\tilde{z}^*(t) = 16\cdot t^3 + 377{,}6\cdot t^2 + 3440{,}64\cdot t + 11.829{,}248$ eine partikuläre Lösung der gegebenen inhomogenen linearen Differentialgleichung.
Zusammen mit der weiter oben bestimmten allgemeinen Lösung der zugehörigen homogenen Gleichung erhält man die allgemeine Lösung der gegebenen inhomogenen linearen Differentialgleichung:

$$\tilde{z}(t) = 16\cdot t^3 + 377{,}6\cdot t^2 + 3440{,}64\cdot t + 11.829{,}248 + \lambda_1\cdot e^{0,5\cdot t} +$$
$$+ \lambda_2\cdot t\cdot e^{0,5\cdot t} + \lambda_3\cdot e^{0,4\cdot t}\cdot\cos(0{,}3\cdot t) + \lambda_4\cdot e^{0,4\cdot t}\cdot\sin(0{,}3\cdot t)$$
$$(\lambda_1, \lambda_2, \lambda_3, \lambda_4 \in \mathbb{R} \text{ beliebig}).$$

Ist die inhomogene lineare Differentialgleichung von der Form

$$y^{(k)}(t) + a_{k-1}\cdot y^{(k-1)}(t) + \ldots + a_1\cdot y^{(1)}(t) = \sum_{j=0}^{n} q_j\cdot t^j \quad (l \geq 1,\ a_l \neq 0,\ q_n \neq 0),$$

so wählt man für eine partikuläre Lösung $\tilde{z}^*(t)$ den Ansatz $\tilde{z}^*(t) = \sum_{j=0}^{n} \bar{z}_j\cdot t^{j+1}$.

Einsetzen dieses Ansatzes in die Differentialgleichung führt ähnlich wie im gerade beschriebenen Fall zu einem eindeutig lösbaren linearen Gleichungssystem für die Werte $\bar{z}_0$, ..., $\bar{z}_n$, woraus sich die partikuläre Lösung ergibt (Beispiel siehe Übungsaufgabe 5.10).

Ist der Störterm q(t) einer inhomogenen linearen Differentialgleichung von der Form $q(t) = \alpha\cdot e^{\beta\cdot t}$, also $y^{(k)}(t) + a_{k-1}\cdot y^{(k-1)}(t) + \ldots + a_0\cdot y(t) = \alpha\cdot e^{\beta\cdot t}$, so führt der Ansatz $\tilde{z}^*(t) = \bar{z}\cdot e^{\beta\cdot t}$ zu einer partikulären Lösung der inhomogenen Gleichung, wenn $\beta$ keine Nullstelle der charakteristischen Gleichung ist (also stellt der Ansatz $\tilde{z}^*(t) = \bar{z}\cdot e^{\beta\cdot t}$ keine Lösung der zugehörigen homogenen linearen Differentialgleichung dar).

Ist dagegen $\beta$ eine Lösung der charakteristischen Gleichung (mit Vielfachheit k), so führt der Ansatz $\tilde{z}^*(t) = \bar{z}\cdot t^k\cdot e^{\beta\cdot t}$ zu einer partikulären Lösung der inhomogenen Gleichung. Einsetzen dieses Ansatzes für $\tilde{z}^*(t)$ und seine Ableileitungen in die inhomogene Differentialgleichung führt zu einer Bestimmungsgleichung für $\bar{z}$.

Beispiele:

* Zur Bestimmung einer partikulären Lösung $\tilde{z}^*(t)$ der inhomogene Differentialgleichung
  $y^{(4)}(t) - 1,8\cdot y^{(3)}(t) + 1,3\cdot y''(t) - 0,45\cdot y'(t) + 0,0625\cdot y(t) = e^t$
  wählt man den Ansatz $\tilde{z}^*(t) = \bar{z}\cdot e^t$, da $\beta = 1$ keine Lösung der charakteristischen Gleichung ist. Einsetzen dieses Ansatzes in die Differentialgleichung ergibt
  $\bar{z}\cdot e^t - 1,8\cdot\bar{z}\cdot e^t + 1,3\cdot\bar{z}\cdot e^t - 0,45\cdot\bar{z}\cdot e^t + 0,0625\cdot\bar{z}\cdot e^t = e^t$
  oder (nach Division durch $e^t$ und Ausklammern von $\bar{z}$)
  $\bar{z}\cdot(1 - 1,8 + 1,3 - 0,45 + 0,0625) = 1$ oder $\bar{z} = \frac{1}{0,1125}$.
  Damit ergibt sich $\tilde{z}^*(t) = \frac{1}{0,1125}\cdot e^t$ als partikuläre Lösung der gegebenen linearen Differentialgleichung.

* Zur Bestimmung einer partikulären Lösung $\tilde{z}^*(t)$ der inhomogenen Differentialgleichung
  $y^{(4)}(t) - 1,8\cdot y^{(3)}(t) + 1,3\cdot y''(t) - 0,45\cdot y'(t) + 0,0625\cdot y(t) = e^{0,5\cdot t}$ muß man den Ansatz $\tilde{z}^*(t) = \bar{z}\cdot t^2\cdot e^{0,5\cdot t}$ wählen, da $\beta = 0,5$ Nullstelle der charakteristischen Gleichung mit der Vielfachheit 2 ist. Durch Einsetzen von $\tilde{z}^*(t)$ und den Ableitungen
  $\tilde{z}^{*\prime}(t) = (2\cdot t+0,5\cdot t^2)\cdot\bar{z}\cdot e^{0,5\cdot t}$, $\tilde{z}^{*\prime\prime}(t) = (2+2\cdot t+0,25\cdot t^2)\cdot\bar{z}\cdot e^{0,5\cdot t}$,
  $\tilde{z}^{*(3)}(t) = (3+1,5\cdot t+0,125\cdot t^2)\cdot\bar{z}\cdot e^{0,5\cdot t}$, $\tilde{z}^{*(4)}(t) = (3+t+0,0625\cdot t^2)\cdot\bar{z}\cdot e^{0,5\cdot t}$
  in die Differentialgleichung erhält man:
  $(3+t+0,0625\cdot t^2)\cdot\bar{z}\cdot e^{0,5\cdot t} - 1,8\cdot(3+1,5\cdot t+0,125\cdot t^2)\cdot\bar{z}\cdot e^{0,5\cdot t} +$
  $+ 1,3\cdot(2+2\cdot t+0,25\cdot t^2)\cdot\bar{z}\cdot e^{0,5\cdot t} - 0,45\cdot(2\cdot t+0,5\cdot t^2)\cdot\bar{z}\cdot e^{0,5\cdot t} +$
  $+ 0,0625\cdot t^2\cdot\bar{z}\cdot e^{0,5\cdot t} = e^{0,5\cdot t}$.
  Division dieser Gleichung durch $e^{0,5\cdot t}$ und Sortieren nach den Potenzen von t ergibt:
  $\bar{z}\cdot[(3-5,4+2,6)+(1-2,7+2,6-0,9)\cdot t+(0,0625-0,225+0,325-0,225+0,0625)\cdot t^2] = 1$
  oder $\bar{z} = \frac{1}{-0,2} = -5$.
  Also ist die Funktion $\tilde{z}^*(t) = -5\cdot t^2\cdot e^{0,5\cdot t}$ eine partikuläre Lösung der gegebenen inhomogenen Differentialgleichung. Zusammen mit der weiter oben bestimmten allgemeinen Lösung der zugehörigen homogenen Gleichung erhält man die allgemeine Lösung:
  $$\tilde{z}(t) = -5\cdot t^2\cdot e^{0,5\cdot t} + \lambda_1\cdot e^{0,5\cdot t} + \lambda_2\cdot t\cdot e^{0,5\cdot t} + \lambda_3\cdot e^{0,4\cdot t}\cdot\cos(0,3\cdot t) +$$
  $$+ \lambda_4\cdot e^{0,4\cdot t}\cdot\sin(0,3\cdot t) \qquad (\lambda_1, \lambda_2, \lambda_3, \lambda_4 \in \mathbb{R} \text{ beliebig}).$$

## 5.3.3 Systeme linearer Differentialgleichungen erster Ordnung

Im Abschnitt 5.2.3 über Systeme linearer Differenzengleichungen erster Ordnung wurde gesagt, daß es in Modellen mit diskreter Zeit ($t = 0, 1, 2, \ldots$) sinnvoll sein kann, den Wert einer Variablen $y_j$ zum Zeitpunkt $t+1$ (also $y_{j,t+1}$) nicht nur durch Vorperiodenwerte von $y_j$ selbst, sondern auch durch frühere Werte anderer Variablen zu erklären.
Im einfachsten Fall führt eine solche Überlegung zu einem System aus Gleichungen der Form

$$y_{j,t+1} = a_{j1} \cdot y_{1,t} + a_{j2} \cdot y_{2,t} + \ldots + a_{jn} \cdot y_{n,t} + q_{j,t} \quad (j = 1, \ldots, n),$$

also zu einem System aus n linearen Differenzengleichungen erster Ordnung.
Überträgt man diese Überlegungen auf Modelle mit stetiger Zeit ($t \in \mathbb{R}$), so wird die Ableitungsfunktion $y_j'(t)$ nicht nur durch $y_j(t)$ sondern auch durch andere Funktionen $y_l(t)$ erklärt. Enthält ein Modell die Variablen $y_1(t), \ldots, y_n(t)$, so gehen also im einfachsten Fall die Funktionen $y_l(t)$ $(l = 1, \ldots, n)$ in linearer Form in die Erklärung von $y_j'(t)$ $(j = 1, \ldots, n)$ ein.
Damit ergibt sich das folgende System:

$$\begin{aligned}
y_1'(t) &= a_{11} \cdot y_1(t) + a_{12} \cdot y_2(t) + \ldots + a_{1n} \cdot y_n(t) + q_1(t) \\
y_2'(t) &= a_{21} \cdot y_1(t) + a_{22} \cdot y_2(t) + \ldots + a_{2n} \cdot y_n(t) + q_2(t) \\
&\vdots \\
y_n'(t) &= a_{n1} \cdot y_1(t) + a_{n2} \cdot y_2(t) + \ldots + a_{nn} \cdot y_n(t) + q_n(t).
\end{aligned}$$

Dieses Gleichungssystem läßt sich mit Hilfe von Vektoren und Matrizen darstellen:
Setzt man

$$\underline{y}'(t) = \begin{pmatrix} y_1'(t) \\ \vdots \\ y_n'(t) \end{pmatrix}, \quad \underline{y}(t) = \begin{pmatrix} y_1(t) \\ \vdots \\ y_n(t) \end{pmatrix}, \quad A = \begin{pmatrix} a_{11} & \cdots & a_{1n} \\ \vdots & & \vdots \\ a_{n1} & \cdots & a_{nn} \end{pmatrix} \text{ und } \underline{q}(t) = \begin{pmatrix} q_1(t) \\ \vdots \\ q_n(t) \end{pmatrix}, \text{ so läßt}$$

sich das obige System als $\underline{y}'(t) = A \cdot \underline{y}(t) + \underline{q}(t)$ darstellen. Mit dieser Notation gilt die folgende Definition:

<u>Definition 5.20:</u> Das System $\underline{y}'(t) = A \cdot \underline{y}(t) + \underline{q}(t)$ heißt <u>System linearer Differentialgleichungen erster Ordnung</u>. Ist $\underline{q}(t) = \underline{0}$, sind also alle Funktionen $q_j(t)$ Nullfunktionen, so heißt das Differentialgleichungssystem <u>homogen</u>, sonst <u>inhomogen</u>. Ein Vektor $\underline{z}(t) = (z_1(t), \ldots, z_n(t))^T$ von konkreten Funktionen heißt Lösung des Differenzialgleichungssystems, wenn $\underline{z}(t)$ und $\underline{z}'(t) = (z_1'(t), \ldots, z_n'(t))^T$ für alle $t \in \mathbb{R}$ die Gleichung $\underline{z}'(t) = A \cdot \underline{z}(t) + \underline{q}(t)$ erfüllen.

Beispiel:

* Die Gleichungen $y_1'(t) = y_1(t) + 2 \cdot y_2(t) + e^t$ und $y_2'(t) = 4 \cdot y_1(t) + 3 \cdot y_2(t) + e^{2t}$ bilden ein inhomogenes System aus zwei linearen Differenzialgleichungen erster Ordnung, dessen Matrix-Notation lautet:

$$\begin{pmatrix} y_1'(t) \\ y_2'(t) \end{pmatrix} = \begin{pmatrix} 1 & 2 \\ 4 & 3 \end{pmatrix} \cdot \begin{pmatrix} y_1(t) \\ y_2(t) \end{pmatrix} + \begin{pmatrix} e^t \\ e^{2t} \end{pmatrix}.$$

Die Lösung dieses Systems wird weiter unten hergeleitet.

Die allgemeinen Aussagen über die Struktur der Lösungsmenge eines linearen Differentialgleichungssystems entsprechen denen über lineare Differenzengleichungssysteme (vgl. Satz 5.11):

Satz 5.21: Die Lösungsmenge eines homogenen Systems aus n linearen Differentialgleichungen ist ein n-dimensionaler Untervektorraum des Vektorraums V aller Abbildungen $\underline{y}$, die auf $\mathbb{R}$ mit Werten in $\mathbb{R}^n$ definiert sind ($\underline{y}$: $\mathbb{R} \longrightarrow \mathbb{R}^n$).

Sind die Vektoren von Funktionen $\underline{z}_1(t), \ldots, \underline{z}_n(t)$ ($\underline{z}_j(t) = (z_{1j}(t), \ldots, z_{nj}(t))^T$) Lösungen des homogenen Systems linearer Differentialgleichung, so sind sie genau dann linear unabhängig, wenn die Vektoren

$$\underline{z}_1(0) = \begin{pmatrix} z_{11}(0) \\ z_{21}(0) \\ \vdots \\ z_{n1}(0) \end{pmatrix}, \ \underline{z}_2(0) = \begin{pmatrix} z_{12}(0) \\ z_{22}(0) \\ \\ z_{2n}(0) \end{pmatrix}, \ \ldots, \ \underline{z}_n = \begin{pmatrix} z_{1n}(0) \\ z_{2n}(0) \\ \vdots \\ z_{nn}(0) \end{pmatrix}$$

linear unabhängig sind, wenn also die Determinante

$$\det(W(0)) = \begin{vmatrix} z_{11}(0) & \ldots & z_{1n}(0) \\ \vdots & & \vdots \\ z_{n1}(0) & \ldots & z_{nn}(0) \end{vmatrix} \neq 0$$

ist. In diesem Fall ist $\underline{z}(t) = \sum_{j=1}^{n} \lambda_j \cdot \underline{z}_j(t)$ die allgemeine Lösung des homogenen Differentialgleichungssystems.

Stellen $\underline{\tilde{z}}^*(t)$ eine partikuläre Lösung eines inhomogenen Differentialgleichungssystems erster Ordnung und $\underline{z}(t)$ die allgemeine Lösung des zugehörigen homogenen Systems dar, so ist $\underline{\tilde{z}}(t) = \underline{\tilde{z}}^*(t) + \underline{z}(t)$ die allgemeine Lösung des inhomogenen Systems linearer Differentialgleichungen erster Ordnung.

Hinweis:

Die Matrix $W(t) = \begin{pmatrix} z_{11}(t) & \dots & z_{1n}(t) \\ \vdots & & \vdots \\ z_{n1}(t) & \dots & z_{nn}(t) \end{pmatrix}$ besitzt (unter der in Satz 5.21 genannten Voraussetzung) entweder für alle $t \in \mathbb{R}$ eine von 0 verschiedene Determinante (wenn die Lösungen $\underline{z}_1(t), \dots, \underline{z}_n(t)$ linear abhängig sind) oder $|W(t)| = 0$ gilt für alle $t \in \mathbb{R}$ (wenn die Lösungen $\underline{z}_1(t), \dots, \underline{z}_n(t)$ linear abhängig sind, vgl. Satz 5.15).

Die Lösung von Systemen linearer Differentialgleichungen erster Ordnung erfolgt also in zwei Schritten:
Zunächst sind n linear unabhängige Lösungen des homogenen Systems zu bestimmen. Im zweiten Schritt muß gegebenenfalls eine partikuläre Lösung des inhomogenen Systems berechnet werden. Aus beiden Teilen setzt sich dann gemäß Satz 5.21 die allgemeine Lösung des Differentialgleichungssystems zusammen.

Zunächst also zur Lösung des homogenen Systems $\underline{y}'(t) = A\cdot\underline{y}(t)$:
Als Ansatz für eine Lösung $\underline{z}(t)$ dieser homogenen Gleichung wählt man - ähnlich wie im Fall einer linearen Differentialgleichung -

$$\underline{z}(t) = \begin{pmatrix} z_1(t) \\ \vdots \\ z_n(t) \end{pmatrix} = \begin{pmatrix} b_1\cdot e^{m\cdot t} \\ \vdots \\ b_n\cdot e^{m\cdot t} \end{pmatrix} = e^{m\cdot t}\cdot\begin{pmatrix} b_1 \\ \vdots \\ b_n \end{pmatrix} = e^{m\cdot t}\cdot\underline{b}$$

(also $\underline{b} = (b_1, \dots, b_n)^T \in \mathbb{R}^n$). Mit der Ableitung

$$\underline{z}'(t) = \begin{pmatrix} z_1'(t) \\ \vdots \\ z_n'(t) \end{pmatrix} = \begin{pmatrix} m\cdot b_1\cdot e^{m\cdot t} \\ \vdots \\ m\cdot b_n\cdot e^{m\cdot t} \end{pmatrix} = m\cdot e^{m\cdot t}\cdot\underline{b}$$ erhält man durch Einsetzen in das

Differentialgleichungssystems $\underline{y}'(t) = A\cdot\underline{y}(t)$:

$$m\cdot e^{m\cdot t}\cdot\underline{b} = A\cdot e^{m\cdot t}\cdot\underline{b}$$

oder (nach Division durch $e^{m\cdot t} \neq 0$):

$$m\cdot\underline{b} = A\cdot\underline{b}$$

oder

$$(A-m\cdot E)\cdot\underline{b} = \underline{0}$$ (E ist die n×n-Einheitsmatrix).

Dies ist ein Gleichungssystem, aus dem Lösungen $m_j$ für m mit zugehöriger Lösung $\underline{b}^j$ für $\underline{b}$ berechnet werden können. Die Bestimmung von Skalaren $m_j$ und zugehörigen Vektoren $\underline{b}^j$ ist das aus der Linearen Algebra bekannte Problem der Bestimmung von Eigenwerten ($m_j$) und Eigenvektoren ($\underline{b}^j$) quadratischer Matrizen (vgl. etwa Dobbener, R.: Lineare Algebra, Oldenbourg, München 1991, S. 199 ff.). Kenntnisse dieses Gebiets werden im folgenden vorausgesetzt.

Die n×n-Matrix A besitzt n Eigenwerte $m_i$, die als Nullstellen des charakteristischen Polynoms $P(m) = \det(A-m\cdot E)$ berechnet werden. Dabei können Eigenwerte mehrfach auftreten und/oder komplex sein.

Der einfachste Fall ist der, daß alle n Eigenwerte reell sind und daß es n linear unabhängige Eigenvektoren $\underline{b}^j \in \mathbb{R}^n$ (zum Eigenwert $m_j \in \mathbb{R}$, $j = 1, \ldots, n$) gibt. In diesem Fall bilden die Lösungen $\underline{z}_j(t) = e^{m_j \cdot t} \cdot \underline{b}$ $(j = 1, \ldots, n)$ ein Fundamentalsystem, weil die n Vektoren $\underline{z}_j(0) = \underline{b}^j$ $(j = 1, \ldots, n)$ linear unabhängig sind.

Beispiel:

* Das homogene lineare Differenzengleichungssystem

$$y_1'(t) = y_1(t) + 2 \cdot y_2(t)$$
$$y_2'(t) = 4 \cdot y_1(t) + 3 \cdot y_2(t)$$

besitzt die Koeffizientenmatrix $A = \begin{pmatrix} 1 & 2 \\ 4 & 3 \end{pmatrix}$. Die Eigenwerte von A ergeben sich als Nullstellen von

$$P(m) = \det(A - m \cdot E) = \begin{vmatrix} 1-m & 2 \\ 4 & 3-m \end{vmatrix} = (1-m) \cdot (3-m) - 8 = m^2 - 4 \cdot m - 5.$$

Die Nullstellen von P(m) sind $m_1 = 5$ und $m_2 = -1$. Eigenvektoren $\underline{b}_1$ zu $m_1 = 5$ sind von $\underline{0}$ verschiedene Lösungen des homogenen linearen Gleichungssystems $(A - m_1 \cdot E) \cdot \underline{b}_1 = 0$ oder $\begin{pmatrix} -4 & 2 \\ 4 & -2 \end{pmatrix} \cdot \underline{b}^1 = \underline{0}$.

Der Vektor $\underline{b}^1 = \begin{pmatrix} 1 \\ 2 \end{pmatrix}$ ist eine von $\underline{0}$ verschiedene Lösung dieser Gleichung, so daß $\underline{z}_1(t) = e^{5 \cdot t} \cdot \begin{pmatrix} 1 \\ 2 \end{pmatrix} = \begin{pmatrix} e^{5 \cdot t} \\ 2 \cdot e^{5 \cdot t} \end{pmatrix}$ eine Lösung der gegebenen Differentialgleichung ist.

Ebenso errechnet man etwa $\underline{b}^2 = \begin{pmatrix} 1 \\ -1 \end{pmatrix}$ als Eigenvektor zu $m_2 = -1$. Damit ergibt sich als zweite Lösung der homogenen Differentialgleichung:

$$\underline{z}_2(t) = e^{-t} \cdot \begin{pmatrix} 1 \\ -1 \end{pmatrix} = \begin{pmatrix} e^{-t} \\ -e^{-t} \end{pmatrix}.$$

Da die beiden Lösungen $\underline{z}_1(t)$ und $\underline{z}_2(t)$ linear unabhängig sind, bilden sie ein Fundamentalsystem, und die allgemeine Lösung des gegebenen homogenen Differentialgleichungssystems lautet:

$$\underline{z}(t) = \begin{pmatrix} \lambda_1 \cdot e^{5 \cdot t} + \lambda_2 \cdot e^{-t} \\ 2 \cdot \lambda_1 \cdot e^{5 \cdot t} - \lambda_2 \cdot e^{-t} \end{pmatrix} \quad (\lambda_1, \lambda_2 \in \mathbb{R} \text{ beliebig}).$$

Sind die Eigenwerte $m_j = \alpha_j + \beta_j \cdot i$ und $m_{j+1} = \alpha_j - \beta_j \cdot i$ komplex, so erhält man durch Trennung von Real- und Imaginärteil der (komplexen) Lösung $\bar{\underline{z}}_j(t) = e^{(\alpha_j + \beta_j \cdot i) \cdot t} \cdot \underline{b}_j$ zwei linear unabhängige, reelle Lösungen $\underline{z}_j(t) = \mathrm{Re}(e^{(\alpha_j + \beta_j \cdot i) \cdot t} \cdot \underline{b}_j)$ und $\underline{z}_{j+1}(t) = \mathrm{Im}(e^{(\alpha_j + \beta_j \cdot i) \cdot t} \cdot \underline{b}_j)$.

Die Details der Vorgehensweise werden am folgenden Beispiel deutlich:

Beispiel:

* Das homogene lineare Differentialgleichungssystem

$$y_1'(t) = y_2(t)$$
$$y_2'(t) = -2\cdot y_1(t) + 2\cdot y_2(t)$$

besitzt die Koeffizientenmatrix $A = \begin{pmatrix} 0 & 1 \\ -2 & 2 \end{pmatrix}$ mit dem charakteristischen Polynom $P(m) = m^2 - 2\cdot m + 2$. Die Nullstellen von P(m) sind $m_1 = 1 + i$ und $m_2 = 1 - i$. Zu $m_1 = 1 + i$ ergibt der komplexe Eigenvektor als von $\underline{0}$ verschiedene Lösung des linearen Gleichungssystems

$$-(1+i)\cdot b_1 + b_2 = 0$$
$$-2\cdot b_1 + (1-i)\cdot b_2 = 0.$$

Mit Eigenvektor $\underline{b}^1 = \begin{pmatrix} 1 \\ 1+i \end{pmatrix}$ lautet die komplexe Lösung des Differentialgleichungssystems $\bar{\underline{z}}_1(t) = e^{(1+i)\cdot t}\cdot\begin{pmatrix} 1 \\ 1+i \end{pmatrix}$.

Diese komplexe Lösung ist in ihren Real- und Imaginärteil aufzuspalten: Wegen $e^{(1+i)\cdot t} = e^t\cdot e^{i\cdot t} = e^t\cdot(\cos t + i\cdot \sin t)$ (vgl. S. 313) und $\begin{pmatrix} 1 \\ 1+i \end{pmatrix} = \begin{pmatrix} 1 \\ 1 \end{pmatrix} + \begin{pmatrix} 0 \\ i \end{pmatrix}$ gilt:

$$\bar{\underline{z}}_1(t) = e^t\cdot(\cos t + i\cdot\sin t)\cdot\left[\begin{pmatrix} 1 \\ 1 \end{pmatrix} + \begin{pmatrix} 0 \\ i \end{pmatrix}\right]$$
$$= e^t\cdot\begin{pmatrix} \cos t \\ \cos t - \sin t \end{pmatrix} + i\cdot e^t\cdot\begin{pmatrix} \sin t \\ \sin t + \cos t \end{pmatrix}.$$

Damit sind die beiden Vektoren von Funktionen $\underline{z}_1(t) = e^t\cdot\begin{pmatrix} \cos t \\ \cos t - \sin t \end{pmatrix}$ und $\underline{z}_2(t) = e^t\cdot\begin{pmatrix} \sin t \\ \sin t + \cos t \end{pmatrix}$ reelle Lösungen des gegebenen Differentialgleichungssystems, die wegen ihrer linearen Unabhängigkeit ein Fundamentalsystem bilden. Folglich lautet die allgemeine Lösung

$$\underline{z}(t) = e^t\cdot\begin{pmatrix} \lambda_1\cdot\cos t + \lambda_2\cdot\sin t \\ \lambda_1\cdot(\cos t - \sin t) + \lambda_2\cdot(\sin t + \cos t) \end{pmatrix} \quad (\lambda_1, \lambda_2 \in \mathbb{R} \text{ beliebig}).$$

Der Fall eines mehrfachen Eigenwertes $m_j$ von A ist nur dann problematisch, wenn die Vielfachheit $k_j$ des Eigenwertes größer ist als die maximale Anzahl der zu $m_j$ gehörigen linear unabhängigen Eigenvektoren der Koeffizientenmatrix A. Wie man in einer solchen Situation zu den fehlenden Lösungen des Differentialgleichungssystems gelangen kann, soll hier nur an einem Beispiel gezeigt werden.

Beispiel:

* Zu dem homogenen linearen Differentialgleichungssystem

$$y_1'(t) = 2\cdot y_1(t) - y_3(t)$$
$$y_2'(t) = y_1(t) + y_2(t) - y_3(t)$$
$$y_3'(t) = y_1(t)$$

gehört die Koeffizientenmatrix $A = \begin{pmatrix} 2 & 0 & -1 \\ 1 & 1 & -1 \\ 1 & 0 & 0 \end{pmatrix}$ mit dem charakteristischen Polynom $P(m) = (1-m) \cdot [(2-m)\cdot(-m)+1] = (1-m)^3$. Also ist $m_1 = 1$ der einzige Eigenwert von A (mit Vielfachheit 3). Eigenvektoren zu $m_1$ sind von $\underline{0}$ verschiedene Lösungen $\underline{b}$ des linearen Gleichungssystems

$$b_1 - b_3 = 0$$
$$b_1 - b_3 = 0$$
$$b_1 - b_3 = 0$$

Dieses Gleichungssystem besitzt zwei linear unabhängige Lösungen, etwa $\underline{b}^1 = (0, 1, 0)^T$ und $\underline{b}^2 = (1, 1, 1)^T$. Damit ergeben sich zwei der gesuchten drei linear unabhängigen Lösungen:

$$z_1(t) = e^t \cdot \begin{pmatrix} 0 \\ 1 \\ 0 \end{pmatrix} \text{ und } z_2(t) = e^t \cdot \begin{pmatrix} 1 \\ 1 \\ 1 \end{pmatrix}.$$

Zur Bestimmung der fehlenden dritten linear unabhängigen Lösung muß man auf die schon im Zusammenhang mit Differenzengleichungen erwähnte JORDANsche Normalform zurückgreifen.
Danach gibt es in diesem Beispiel, in dem der Eigenwert $m_1$ die Vielfachheit 3 besitzt, aber nur zwei linear unabhängige Eigenvektoren existieren, eine Basis $\{\underline{b}^1, \underline{b}^2, \underline{b}^3\}$ von $\mathbb{R}^3$ mit der Eigenschaft, daß $\underline{b}^1$ und $\underline{b}^2$ Eigenvektoren zu $m_1$ sind und $\underline{b}^3$ die Gleichung $A\cdot\underline{b}^3 = m_1\cdot\underline{b}^3 + \underline{b}^2$ erfüllt. Setzt man nämlich dann $\underline{z}_3(t) = t\cdot e^{m_1\cdot t}\cdot\underline{b}^2 + e^{m_1\cdot t}\cdot\underline{b}^3$, so ist einerseits

$$A\cdot\underline{z}_3(t) = t\cdot e^{m_1\cdot t}\cdot A\cdot\underline{b}^2 + e^{m_1\cdot t}\cdot A\cdot\underline{b}^3$$
$$= t\cdot m_1\cdot e^{m_1\cdot t}\cdot\underline{b}^2 + m_1\cdot e^{m_1\cdot t}\cdot\underline{b}^3 + e^{m_1\cdot t}\cdot\underline{b}^2.$$

Andererseits ist

$$\underline{z}_3'(t) = e^{m_1\cdot t}\cdot\underline{b}^2 + t\cdot m_1\cdot e^{m_1\cdot t}\cdot\underline{b}^2 + m_1\cdot e^{m_1\cdot t}\cdot\underline{b}^3,$$

so daß $\underline{z}_3(t) = t\cdot e^{m_1\cdot t}\cdot\underline{b}^2 + e^{m_1\cdot t}\cdot\underline{b}^3$ eine Lösung der Differentialgleichung ist. Die drei Lösungen $\underline{z}_1(t)$, $\underline{z}_2(t)$ und $\underline{z}_3(t)$ sind wegen der linearen Unabhängigkeit der drei Vektoren $\underline{z}_1(0)$ (= $\underline{b}^1$), $\underline{z}_2(0)$ (= $\underline{b}^2$) und $\underline{z}_3(0)$ (= $\underline{b}^3$) ebenfalls linear unabhängig und bilden daher ein Fundamentalsystem. Für das gegebene Beispiel ist $\underline{b}^3 = (1, 0, 0)^T$ ein Vektor, der (zusammen mit $\underline{b}^1 = (0, 1, 0)^T$ und $\underline{b}^2 = (1, 1, 1)^T$) die gewünschte Eigenschaft ($m_1 = 1$) $A\cdot\underline{b}^3 = \underline{b}^3 + \underline{b}^2$ besitzt. Also ergibt sich als fehlende Lösung $\underline{z}_3(t)$ die Funktion

$$\underline{z}_3(t) = t\cdot e^t \cdot \begin{pmatrix} 1 \\ 1 \\ 1 \end{pmatrix} + e^t \cdot \begin{pmatrix} 1 \\ 0 \\ 0 \end{pmatrix}.$$

Damit ergibt sich im gegebenen Beispiel die allgemeine Lösung

$$\underline{z}(t) = e^t \cdot \begin{bmatrix} \lambda_2 & t\cdot\lambda_3 + \lambda_3 \\ \lambda_1 + \lambda_2 + t\cdot\lambda_3 & \\ \lambda_2 & t\cdot\lambda_3 \end{bmatrix} \quad (\lambda_1, \lambda_2, \lambda_3 \in \mathbb{R} \text{ beliebig}).$$

Die allgemeine Lösung $\tilde{\underline{z}}(t)$ eines inhomogenen Systems linearer Differentialgleichungen erster Ordnung setzt sich nach Satz 5.21 additiv aus einer partikulären Lösung $\tilde{\underline{z}}^*(t)$ des inhomogenen und der allgemeinen Lösung $\underline{z}(t)$ des zugehörigen homogenen Differentialgleichungssystems zusammen. Nachdem die Verfahren zur Bestimmung der allgemeinen Lösung homogener Systeme linearer Differentialgleichungen erster Ordnung - zumindest exemplarisch - beschrieben wurden, sollen an dieser Stelle Methoden zur Berechnung partikulärer Lösungen inhomogener Systeme - ebenfalls nur exemplarisch - beschrieben werden. Dabei sollen auch hier nur Störterme $\underline{q}(t)$ untersucht werden, die entweder aus Polynomen ($\underline{q}(t) = (q_1(t), \ldots, q_n(t))^T$, $q_j(t)$ Polynom) oder Exponentialfunktionen ($\underline{q}(t) = \left(\alpha_1\cdot e^{\beta_1\cdot t}, \ldots, \alpha_n\cdot e^{\beta_n\cdot t}\right)^T$) bestehen.

Besteht der Störterm aus Polynomen, $\underline{q}(t) = (q_1(t), \ldots, q_n(t))^T$, so wählt man als Ansatz für die partikuläre Lösung $\tilde{\underline{z}}^*(t) = (P_1(t), \ldots, P_n(t))^T$ mit $P_j(t) = \sum_{l=1}^{k} \bar{z}_{l,j}\cdot t^l$ (wobei k der höchste bei den Polynomen $q_1(t), \ldots, q_n(t)$ auftretende Polynomgrad ist). Durch Einsetzen dieses Ansatzes in das inhomogene Differentialgleichungssystem erhält man ein lineares Gleichungssystem aus dem die Werte $\bar{z}_{l,j}$ ($l = 1, \ldots k$; $j = 1, \ldots, n$) berechnet werden können.

Beispiel:

* Als Ansatz für eine partikuläre Lösung des inhomogenen Systems aus zwei linearen Differentialgleichungen

$$y_1'(t) = y_1(t) + 2\cdot y_2(t) + t$$
$$y_2'(t) = 4\cdot y_1(t) + 3\cdot y_2(t) - t + 1$$

wählt man $\tilde{\underline{z}}^*(t) = \begin{bmatrix} \tilde{z}_1^*(t) \\ \tilde{z}_2^*(t) \end{bmatrix} = \begin{bmatrix} a_1\cdot t+a_0 \\ b_1\cdot t+b_0 \end{bmatrix}$ (um doppelte Indizes zu vermeiden, wurde $z_{11} = a_1$, $z_{01} = a_0$, $z_{12} = b_1$ und $z_{02} = b_0$ gesetzt).

Durch Einsetzen dieses Ansatzes in das Differentialgleichungssystem erhält man wegen $\tilde{z}_1^{*\prime}(t) = a_1$ und $\tilde{z}_2^{*\prime}(t) = b_1$:

$$a_1 = a_1\cdot t + a_0 + 2\cdot(b_1\cdot t+b_0) + t$$
$$b_1 = 4\cdot(a_1\cdot t+a_0) + 3\cdot(b_1\cdot t+b_0) - t + 1$$

oder (nach Potenzen von t sortiert und geordnet)

$$(-a_1+a_0+2\cdot b_0) + (a_1+2\cdot b_1+1)\cdot t = 0$$
$$(4\cdot a_0-b_1+3\cdot b_0+1) + (4\cdot a_1+3\cdot b_1-1)\cdot t = 0.$$

Da Polynome genau dann gleich 0 sind, wenn alle Koeffizienten 0 sind, erhält man hieraus ein System aus vier linearen Gleichungen, aus denen $a_1$, $a_0$, $b_1$ und $b_0$ berechnet werden können:

$$\begin{aligned} -a_1 + a_0 \quad + 2\cdot b_0 &= 0 \\ a_1 \quad + 2\cdot b_1 \quad &= -1 \\ 4\cdot a_0 - b_1 + 3\cdot b_0 &= -1 \\ 4\cdot a_1 + \quad 3\cdot b_1 \quad &= 1. \end{aligned}$$

Mit den Lösungen $a_1 = 1$; $a_0 = -1{,}4$; $b_1 = -1$ und $b_0 = 1{,}2$ ist die partikuläre Lösung $\tilde{z}^*(t) = \begin{pmatrix} t-1{,}4 \\ -t+1{,}2 \end{pmatrix}$ gefunden. Mit der weiter oben bestimmten allgemeinen Lösung des zugehörigen homogenen Systems ergibt sich die allgemeine Lösung des gegebenen inhomogenen Differentialgleichungssystems:

$$\tilde{\underline{z}}(t) = \begin{pmatrix} t-1{,}4 + \lambda_1\cdot e^{5\cdot t} + \lambda_2\cdot e^{-t} \\ -t+1{,}2 + 2\cdot\lambda_1\cdot e^{5\cdot t} - \lambda_2\cdot e^{-t} \end{pmatrix} \quad (\lambda_1, \lambda_2 \in \mathbb{R} \text{ beliebig}).$$

Ist der Störterm $\underline{q}(t)$ von der Form $\underline{q}(t) = \left(\alpha_1\cdot e^{\beta_1\cdot t}, \ldots, \alpha_n\cdot e^{\beta_n\cdot t}\right)$, so wählt man als Ansatz für eine partikuläre Lösung

$$\tilde{\underline{z}}^*(t) = \left(\sum_{l=1}^{n} \bar{z}_{l1}\cdot e^{\beta_l\cdot t}, \ldots, \sum_{l=1}^{n} \bar{z}_{ln}\cdot e^{\beta_l\cdot t}\right)^T.$$

Einsetzen dieses Ansatzes in das gegebene Differentialgleichungssystem führt zu einem Gleichungssystem, aus dem sich die Werte für $\bar{z}_{l,j}$ $(l,j = 1, \ldots, n)$ - von "pathologischen" Ausnahmen abgesehen - ergeben.

Beispiele:

* Als Ansatz für eine partikuläre Lösung $\tilde{\underline{z}}^*(t)$ des inhomogenen Differentialgleichungssystems

$$\begin{aligned} y_1'(t) &= y_1(t) + 2\cdot y_2(t) + e^t \\ y_2'(t) &= 4\cdot y_1(t) + 3\cdot y_2(t) + e^{-2t} \end{aligned}$$

wählt man $\tilde{z}^*(t) = \begin{pmatrix} \tilde{z}_1^*(t) \\ \tilde{z}_2^*(t) \end{pmatrix} = \begin{pmatrix} a_1\cdot e^t + a_2\cdot e^{-2\cdot t} \\ b_1\cdot e^t + b_2\cdot e^{-2\cdot t} \end{pmatrix}$ (zur Vermeidung von Doppelindizes wird $\bar{z}_{11} = a_1$, $\bar{z}_{21} = a_2$, $\bar{z}_{12} = b_1$ und $\bar{z}_{22} = b_0$ gesetzt).

Einsetzen von $\tilde{\underline{z}}_1^*(t)$, $\tilde{\underline{z}}_2^*(t)$ und den Ableitungen $\tilde{\underline{z}}_1^{*\prime}(t) = a_1\cdot e^t - 2\cdot a_2\cdot e^{-2\cdot t}$ und $\tilde{z}_2^{*\prime}(t) = b_1\cdot e^t - 2\cdot b_2\cdot e^{-2\cdot t}$ in das Differentialgleichungssystem ergibt:

$$\begin{aligned} a_1\cdot e^t - 2\cdot a_2\cdot e^{-2\cdot t} &= a_1\cdot e^t + a_2\cdot e^{-2\cdot t} + 2\cdot b_1\cdot e^t + 2\cdot b_2\cdot e^{-2\cdot t} + e^t \\ b_1\cdot e^t - 2\cdot b_2\cdot e^{-2\cdot t} &= 4\cdot a_1\cdot e^t + 4\cdot a_2\cdot e^{-2\cdot t} + 3\cdot b_1\cdot e^t + 3\cdot b_2\cdot e^{-2\cdot t} + e^{-2\cdot t} \end{aligned}$$

oder (sortiert nach $e^t$ und $e^{-2\cdot t}$ und Umordnen):

$$\begin{aligned} (2\cdot b_1 + 1)\cdot e^t + \quad (3\cdot a_2 + 2\cdot b_2)\cdot e^{-2\cdot t} &= 0 \\ (4\cdot a_1 + 2\cdot b_1)\cdot e^t + (4\cdot a_2 + 5\cdot b_2 + 1)\cdot e^{-2\cdot t} &= 0. \end{aligned}$$

Genauso wie im letzten Beispiel ergibt sich hieraus ein System aus vier linearen Gleichungen, aus denen $a_1$, $a_2$, $b_1$ berechnet werden können:

$$\begin{aligned} 2\cdot b_1 \qquad\qquad &= -1 \\ 3\cdot a_2 + \qquad 2\cdot b_2 &= 0 \\ 4\cdot a_1 + \qquad 2\cdot b_1 \qquad\qquad &= 0 \\ 4\cdot a_2 + \qquad 5\cdot b_2 &= -1 \end{aligned}$$

Mit der (eindeutigen) Lösung $a_1 = \frac{1}{4}$, $a_2 = \frac{2}{7}$, $b_1 = -\frac{1}{2}$ und $b_2 = -\frac{3}{7}$ lautet die partikuläre Lösung des inhomogenen Systems:

$$\underline{\tilde{z}}^*(t) = \begin{bmatrix} \frac{1}{4}\cdot e^{t}+\frac{2}{7}\cdot e^{-2\cdot t} \\ -\frac{1}{2}\cdot e^{t}-\frac{3}{7}\cdot e^{-2\cdot t} \end{bmatrix}.$$

Zusammen mit der bekannten Lösung des zugehörigen homogenen Systems erhält man die allgemeine Lösung des gegebenen Systems aus zwei inhomogenen linearen Differentialgleichungen erster Ordnung:

$$\underline{\tilde{z}}(t) = \begin{bmatrix} \frac{1}{4}\cdot e^{t}+\frac{2}{7}\cdot e^{-2\cdot t}+ \lambda_1\cdot e^{5\cdot t}+\lambda_2\cdot e^{-t} \\ -\frac{1}{2}\cdot e^{t}-\frac{3}{7}\cdot e^{-2\cdot t}+2\cdot\lambda_1\cdot e^{5\cdot t}-\lambda_2\cdot e^{-t} \end{bmatrix} \quad (\lambda_1,\ \lambda_2 \in \mathbb{R} \text{ beliebig}).$$

* Das inhomogene System linearer Differentialgleichungen

$$\begin{aligned} y_1'(t) &= \qquad\qquad\qquad y_2(t) \\ y_2'(t) &= -4\cdot y_1(t) + 4\cdot y_2(t) + e^{2\cdot t} \end{aligned}$$

ist ein Beispiel für die oben erwähnte "pathologische" Ausnahmesituation. Zunächst bestimmt man die allgemeine Lösung des zugehörigen homogenen Systems:

Die Koeffizientenmatrix $A = \begin{bmatrix} 0 & 1 \\ -4 & 4 \end{bmatrix}$ mit dem charakteristischen Polynom $P(m) = m^2 - 4\cdot m + 4$ besitzt den Eigenwert $m_1$ mit der Vielfachheit 2.

Zu $m_1 = 2$ gibt es nur einen linear unabhängigen Eigenvektor, etwa $\underline{b}^1 = \begin{bmatrix} 1 \\ 2 \end{bmatrix}$, so daß $\underline{z}_1(t) = e^{2\cdot t}\cdot\begin{bmatrix} 1 \\ 2 \end{bmatrix}$ eine erste Lösung des homogenen Systems ist. Eine zweite Lösung ergibt sich mit Hilfe des Vektors $\underline{b}^2$, der die Gleichung $A\cdot\underline{b}^2 = 2\cdot\underline{b}^2+\underline{b}^1$ löst, etwa $\underline{b}^2 = \begin{bmatrix} 0 \\ 1 \end{bmatrix}$. Nach dem oben diskutierten Lösungsverfahren für homogene lineare Differentialgleichungen erster Ordnung bei mehrfachen Eigenwerten ergibt sich damit die zweite, linear unabhängige Lösung $\underline{z}_2(t) = t\cdot e^{2\cdot t}\cdot\begin{bmatrix} 1 \\ 2 \end{bmatrix} + e^{2\cdot t}\cdot\begin{bmatrix} 0 \\ 1 \end{bmatrix}$, so daß die allgemeine Lösung des homogenen Systems lautet:

$$\underline{z}(t) = \begin{bmatrix} \lambda_1\cdot e^{2\cdot t} \quad +\lambda_2\cdot t\cdot e^{2\cdot t} \\ \lambda_1\cdot 2\cdot e^{2\cdot t}+\lambda_2\cdot 2\cdot t\cdot e^{2\cdot t}+\lambda_2\cdot e^{2\cdot t} \end{bmatrix} \quad (\lambda_1,\ \lambda_2 \in \mathbb{R} \text{ beliebig}).$$

Zur Lösung des gegebenen inhomogenen Systems wird man zunächst $\underline{\tilde{z}}^*(t) = \left[a_1\cdot e^{2\cdot t},\ b_1\cdot e^{2\cdot t}\right]^T$ ansetzen. Damit erhält man durch Einsetzen in das Differenzengleichungssystem genauso wie im letzten Beispiel ein lineares Gleichungssystem zur Bestimmung von $a_1$ und $b_1$:

$$2\cdot a_1\cdot e^{2\cdot t} = b_1\cdot e^{2\cdot t}$$
$$2\cdot b_1\cdot e^{2\cdot t} = -4\cdot a_1\cdot e^{2\cdot t} + 4\cdot b_1\cdot e^{2\cdot t} + e^{2\cdot t}$$

oder (nach Division durch $e^{2\cdot t}$ und Umsortieren)

$$2\cdot a_1 - b_1 = 0$$
$$4\cdot a_1 - 2\cdot b_1 = 1.$$

Dieses lineare Gleichungssystem ist offensichtlich nicht lösbar (Funktionen $\underline{\tilde{z}}^*(t)$, die die erste Gleichung lösen, müssen Lösungen der homogenen Gleichung sein).

Als nächstes wird man daher den Ansatz $\underline{\tilde{z}}^*(t) = \begin{pmatrix} a_1\cdot e^{2\cdot t}+a_2\cdot t\cdot e^{2\cdot t} \\ b_1\cdot e^{2\cdot t}+b_2\cdot t\cdot e^{2\cdot t}\end{pmatrix}$ wählen, der aber ebenfalls zu einem nicht lösbaren Gleichungssystem führt:

$$2\cdot a_1\cdot e^{2\cdot t} + (a_2+2\cdot a_2\cdot t)\cdot e^{2\cdot t} = b_1\cdot e^{2\cdot t} + b_2\cdot t\cdot e^{2\cdot t}$$
$$2\cdot b_1\cdot e^{2\cdot t} + (b_2+2\cdot b_2\cdot t)\cdot e^{2\cdot t} =$$
$$= -4\cdot a_1\cdot e^{2\cdot t} - 4\cdot a_2\cdot t\cdot e^{2\cdot t} + 4\cdot b_1\cdot e^{2\cdot t} + 4\cdot b_2\cdot t\cdot e^{2\cdot t} + e^{2\cdot t}.$$

Nach Division durch $e^{2\cdot t}$, Umsortieren und Trennen nach Potenzen von t erhält man hieraus vier Gleichungen zur Bestimung von $a_1$, $a_2$, $b_1$, $b_2$:

$$\begin{aligned} 2\cdot a_1 + a_2 - b_1 \phantom{+ b_2} &= 0 \\ 2\cdot a_2 - b_2 &= 0 \\ 4\cdot a_1 - 2\cdot b_1 + b_2 &= 1 \\ 4\cdot a_2 - 2\cdot b_2 &= 0. \end{aligned}$$

Dieses lineare Gleichungssystem ist nicht lösbar, da (beispielsweise) die Differenz des Doppelten der ersten und der zweiten Gleichung zur Gleichung $4\cdot a_1 - 2\cdot b_1 + b_2 = 0$ führt, die im Widerspruch zur dritten Gleichung steht.

Der Grund hierfür wird offensichtlich, wenn man feststellt, daß durch die beiden ersten Gleichungen die allgemeine Lösung des zugehörigen homogenen Differentialgleichungssystems festgelegt wird (wenn man $a_1 = \lambda_1$ und $a_2 = \lambda_2$ setzt).

Erst der Ansatz $\underline{\tilde{z}}^*(t) = \begin{pmatrix} a_1\cdot e^{2\cdot t}+a_2\cdot t\cdot e^{2\cdot t}+a_3\cdot t^2\cdot e^{2\cdot t} \\ b_1\cdot e^{2\cdot t}+b_2\cdot t\cdot e^{2\cdot t}+b_3\cdot t^2\cdot e^{2\cdot t}\end{pmatrix}$ führt zur gesuchten Lösung des gegebenen inhomogenen Differentialgleichungssystems:

Einsetzen von $\underline{\tilde{z}}^*(t)$ in das inhomogene System führt zu

$$(2\cdot a_1+a_2+2\cdot a_2\cdot t+2\cdot a_3\cdot t+2\cdot a_3\cdot t^2)\cdot e^{2\cdot t} = (b_1+b_2\cdot t+b_3\cdot t^2)\cdot e^{2\cdot t}$$
$$(2\cdot b_1+b_2+2\cdot b_2\cdot t+2\cdot b_3\cdot t+2\cdot b_3\cdot t^2)\cdot e^{2\cdot t} =$$
$$= (-4\cdot a_1-4\cdot a_2\cdot t-4\cdot a_3\cdot t^2)\cdot e^{2\cdot t} + (4\cdot b_1+4\cdot b_2\cdot t+4\cdot b_3\cdot t^2)\cdot e^{2\cdot t} + e^{2\cdot t}.$$

Nach Division durch $e^{2\cdot t}$, Umsortieren und Trennen nach Potenzen von t erhält man hieraus 6 Gleichungen zur Bestimmung von $a_1$, $a_2$, $a_3$, $b_1$, $b_2$ und $b_3$:

$$\begin{array}{llllllll}
2\cdot a_1 + & a_2 - & & b_1 & & & = 0 \\
& 2\cdot a_2 + & 2\cdot a_3 - & & b_2 & & = 0 \\
& & 2\cdot a_3 - & & & b_3 & = 0 \\
4\cdot a_1 - & & & 2\cdot b_1 + & b_2 & & = 1 \\
& 4\cdot a_2 - & & & 2\cdot b_2 + & 2\cdot b_3 & = 0 \\
& & 4\cdot a_3 - & & & 2\cdot b_3 & = 0.
\end{array}$$

Dieses lineare Gleichungssystem ist äquivalent zu (Pivotisieren):

$$\begin{array}{lllll}
-2\cdot a_1 & - a_2 & + b_1 & & = 0 \\
& -2\cdot a_2 & & + b_2 & = 1 \\
& & & b_3 & = 1 \\
& & a_3 & & = \frac{1}{2}
\end{array}$$

Die Lösung für $a_3$ und $b_3$ ist eindeutig, $a_3 = \frac{1}{2}$, $b_3 = 1$; die Lösungen für $b_1$ und $b_2$ hängen von den beliebig wählbaren Parametern $a_1$ und $a_2$ ab, $b_1 = 2\cdot a_1 + a_2$, $b_2 = 1 + 2\cdot a_2$. Damit ergibt sich, wenn man $a_1 = a_2 = 0$ setzt:

$$\underline{\tilde{z}}^*(t) = \begin{bmatrix} 1/2\cdot t^2\cdot e^{2\cdot t} \\ t\cdot e^{2\cdot t} + t^2\cdot e^{2\cdot t} \end{bmatrix}.$$

Beläßt man dagegen $a_1$ und $a_2$ frei wählbar, so ergibt sich die allgemeine Lösung des gegebenen Differentialgleichungssystems:

$$\underline{\tilde{z}}(t) = \begin{bmatrix} a_1\cdot e^{2\cdot t} + a_2\cdot t\cdot e^{2\cdot t} + 1/2\cdot t^2\cdot e^{2\cdot t} \\ (2\cdot a_1 + a_2)\cdot e^{2\cdot t} + (1+2\cdot a_2)\cdot t\cdot e^{2\cdot t} + t^2\cdot e^{2\cdot t} \end{bmatrix}$$

$(a_1, a_2 \in \mathbb{R}$ beliebig).

Zur gleichen Darstellung der allgemeinen Lösung gelangt man auch, wenn man die angegebene partikuläre Lösung $\underline{\tilde{z}}^*(t)$ mit der weiter oben bestimmten allgemeinen Lösung $\underline{z}(t)$ des zugehörigen homogenen Systems verknüpft:

$$\underline{\tilde{z}}(t) = \underline{z}(t) + \underline{\tilde{z}}^*(t) = \begin{bmatrix} \lambda_1\cdot e^{2\cdot t} + \lambda_2\cdot t\cdot e^{2\cdot t} + 1/2\cdot t^2\cdot e^{2\cdot t} \\ (2\cdot\lambda_1 + \lambda_2)\cdot e^{2\cdot t} + (1 + 2\cdot\lambda_2)\cdot t\cdot e^{2\cdot t} + t^2\cdot e^{2\cdot t} \end{bmatrix}$$

$(\lambda_1, \lambda_2 \in \mathbb{R}$ beliebig).

Zum Abschluß soll noch erwähnt werden, daß lineare Differentialgleichungen höherer Ordnung als Systeme linearer Differentialgleichungen erster Ordnung dargestellt und gelöst werden können.

Dazu sei $y^{(k)}(t) + a_{k-1}\cdot y^{(k-1)}(t) + \ldots + a_0\cdot y(t) = q(t)$ eine lineare Differentialgleichung k-ter Ordnung.

Setzt man jetzt $\underline{y}(t) = (y(t), y'(t), \ldots, y^{(k-1)}(t))^T$ so kann der Vektor (genauer die vektorwertige Funktion) $\underline{y}'(t) = (y'(t), y''(t), \ldots, y^{(k)}(t))^T$ durch $\underline{y}(t)$ erklärt werden: Die erste (zweite, ..., (k-1)-ste) Komponente von $\underline{y}'(t)$, also $y'(t)$, $(y''(t), \ldots, y^{(k-1)}(t))$ stimmt mit der zweiten (dritten, ..., k-ten) Komponente von y(t) überein. Die letzte Komponente von $\underline{y}'(t)$, also $y^{(k)}(t)$, wird mit Hilfe der gegebenen Differentialgleichung durch die Komponenten von $\underline{y}(t)$ und $q(t)$ erklärt: $y^{(k)}(t) = \sum_{j=0}^{k-1} -a_j \cdot y^{(j)}(t) + q(t)$.

Dieser Zusammenhang kann natürlich auch in Matrix-Notation dargestellt werden:

Setzt man $A = \begin{bmatrix} 0 & 1 & 0 & \cdots & 0 \\ 0 & 0 & 1 & \cdots & 0 \\ \vdots & \vdots & \vdots & & \vdots \\ 0 & 0 & 0 & \cdots & 1 \\ -a_0 & -a_1 & -a_2 & \cdots & -a_{k-1} \end{bmatrix}$ und $\underline{q}(t) = \begin{bmatrix} 0 \\ 0 \\ \vdots \\ 0 \\ q(t) \end{bmatrix}$, so ist die gegebene lineare Differentialgleichung der Ordnung k äquivalent zu dem System $\underline{y}'(t) = A \cdot \underline{y}(t) + \underline{q}(t)$ aus k linearen Differentialgleichungen erster Ordnung.

Beispiel:

* Die lineare Differentialgleichung $y''(t) - 4 \cdot y'(t) + 4 \cdot y(t) = e^{2 \cdot t}$ besitzt die Matrix-Notation $\underline{y}'(t) = \begin{bmatrix} 0 & 1 \\ -4 & 4 \end{bmatrix} \cdot \underline{y}(t) + \begin{bmatrix} 0 \\ e^{2 \cdot t} \end{bmatrix}$.

  Dabei ist $\underline{y}(t) = \begin{bmatrix} y_1(t) \\ y_2(t) \end{bmatrix} = \begin{bmatrix} y\ (t) \\ y'(t) \end{bmatrix}$, also $\underline{y}'(t) = \begin{bmatrix} y_1'(t) \\ y_2'(t) \end{bmatrix} = \begin{bmatrix} y'\ (t) \\ y''(t) \end{bmatrix}$.

  Dieses Differentialgleichungssystem wurde weiter oben (S. 337) bereits behandelt und besitzt die allgemeine Lösung

$$\underline{\tilde{z}}(t) = \begin{bmatrix} \tilde{z}_1(t) \\ \tilde{z}_2(t) \end{bmatrix} = \begin{bmatrix} \lambda_1 \cdot e^{2 \cdot t} + \lambda_2 \cdot t \cdot e^{2 \cdot t} + \frac{1}{2} \cdot t^2 \cdot e^{2 \cdot t} \\ (2 \cdot \lambda_1 + \lambda_2) \cdot e^{2 \cdot t} + (1 + 2 \cdot \lambda_2) \cdot t \cdot e^{2 \cdot t} + t^2 \cdot e^{2 \cdot t} \end{bmatrix}.$$

  Wegen $y_1(t) = y(t)$ ist $\tilde{z}_1(t) = \tilde{z}(t)$ die allgemeine Lösung der gegebenen Differentialgleichung erster Ordnung:

$$\tilde{z}(t) = \lambda_1 \cdot e^{2 \cdot t} + \lambda_2 \cdot t \cdot e^{2 \cdot t} + \frac{1}{2} \cdot t^2 \cdot e^{2 \cdot t} \quad (\lambda_1, \lambda_2 \in \mathbb{R} \text{ beliebig}).$$

  Durch Differenzieren von $\tilde{z}_1(t) = \tilde{z}(t)$ kann man sich davon überzeugen, daß tatsächlich $\tilde{z}_2(t) = \tilde{z}_1'(t) = z'(t)$ gilt.

  Im übrigen stimmt die so gewonnene Lösung der gegebenen Differentialgleichung mit der oben (S. 322) direkt berechneten überein.

Die gerade beschriebene Transformation von linearen Differentialgleichungen höherer Ordnung in Systeme von linearen Differentialgleichungen erster Ordnung ermöglicht auch die Lösung von Systemen aus linearen Differentialgleichungen höherer Ordnung, indem zunächst jede einzelne Differentialgleichung in ein System von Differentialgleichungen erster Ordnung transformiert wird und dann diese (Teil-) Systeme zu einem "großen" System linearer Differentialgleichungen erster Ordnung zusammengefaßt werden.

## 5.4 Übungsaufgaben zu Kapitel 5

Übungsaufgabe 5.1:

Im Abschnitt 5.1 wurde für die lineare Differenzengleichung

$Y_{t+1} - c \cdot Y_t = I_a + C_a$ $(0<c<1)$ eines Gütermarktmodells die allgemeine Lösung

$$Y_t = (I_a + C_a) \cdot \frac{1-c^t}{1-c} + c^t \cdot Y_0$$ (Startwert $Y_0 \in \mathbb{R}$ beliebig) angegeben.

Aus Satz 5.7 ergibt sich in diesem Fall die allgemeine Lösung

$$\tilde{z}_t = \frac{I_a + C_a}{1-c} + \lambda \cdot c^t.$$

Zeigen Sie, daß diese Ergebnisse einander nicht widersprechen.

Übungsaufgabe 5.2:

Bestimmen Sie die Lösung $\tilde{z}_t^0$ der Differenzengleichung

$$y_{t+1} - 2 \cdot y_t = 2^t$$

mit dem Startwert $\tilde{z}_0^0 = 1$.

Übungsaufgabe 5.3:

Bestimmen Sie die allgemeine Lösungen der folgenden Differenzengleichungen

a) $y_{t+2} - y_{t+1} + 0,5 \cdot y_t = 1;$

b) $y_{t+2} - 8 \cdot y_{t+1} + 15 \cdot y_t = 3^t;$

c) $y_{t+2} - y_{t+1} + 0,25 \cdot y_t = 0,5^t.$

Übungsaufgabe 5.4:

a) Lösen Sie die Differenzengleichung

$$y_{t+3} - 2 \cdot y_{t+2} - y_{t+1} + 2 \cdot y_t = 3^t$$

mit den Anfangswerten $\tilde{z}_0^0 = 1$, $\tilde{z}_1^0 = 1$ und $\tilde{z}_2^0 = 1$.

Hinweis: Die Lösungen der charakteristischen Gleichung sind $m_1 = 1$, $m_2 = -1$ und $m_3 = 2$.

b) Bestimmen Sie die Lösung $\tilde{y}^0$ dieser Differenzengleichung mit den Startwerten $\tilde{y}_0^0 = 3\frac{1}{8}$, $\tilde{y}_1^0 = 2\frac{3}{8}$ und $\tilde{y}_2^0 = 7\frac{1}{8}$.

c) Berechnen Sie $\tilde{y}_{10}^0$ durch Einstzen in die Differenzengleichung, und überprüfen Sie das Ergebnis durch eine Sequenztabelle.

Übungsaufgabe 5.5:

Im Abschnitt über lineare Differentialgleichungen werden auch Störterme $q(t)$ studiert, die Polynome sind. Das Gleiche ist auch bei Differenzengleichungen möglich. Lautet das Störglied $q_t$ einer linearen Differenzengleichung

$q_t = \sum_{j=0}^{n} q_j \cdot t^j$ ($q_n \neq 0$), so wählt man als Ansatz für eine partikuläre Lösung

$$\tilde{z}_t^* = \sum_{j=0}^{n} \bar{z}_j \cdot t^j.$$

Bestimmen Sie mit diesem Hinweis die allgemeine Lösung der linearen Differenzengleichung $y_{t+2} - 4 \cdot y_{t+1} + 4 \cdot y_t = t^2 - 1$.

Übungsaufgabe 5.6:

Berechnen Sie die allgemeine Lösung des folgenden Systems aus zwei inhomogenen linearen Differenzengleichungen erster Ordnung:

$$y_{1,t+1} = 2{,}5 \cdot y_{1,t} - 0{,}5 \cdot y_{2,t} + 1$$
$$y_{2,t+1} = -0{,}5 \cdot y_{1,t} + 2{,}5 \cdot y_{2,t} + 2.$$

Übungsaufgabe 5.7:

Transformieren Sie die Differenzengleichung aus Übungsaufgabe 5.4 in ein System linearer Differenzengleichungen erster Ordnung, und lösen Sie die allgemeine Lösung. Vergleichen Sie das Ergebnis mit dem von Übungsaufgabe 5.4.

Übungsaufgabe 5.8:

Bestimmen Sie die Lösung $\tilde{z}^0(t)$ der Differentialgleichung

$$y'(t) + 2 \cdot y(t) = t + 1$$

mit dem Anfangswert $\tilde{z}^0(0) = 1$.

Übungsaufgabe 5.9:

Berechnen Sie die allgemeine Lösungen der folgenden Differentialgleichungen

a) $y''(t) + 3 \cdot y'(t) + 2 \cdot y(t) = e^{-t}$;

b) $y''(t) + 4 \cdot y'(t) + 4 \cdot y(t) = t + 1$;

c) $y''(t) + y'(t) + 25{,}25 \cdot y(t) = 252{,}5$.

d) Berechnen Sie die Lösung $\tilde{z}^0(t)$ der unter c) genannten Differentialgleichung mit den Anfangswerten $\tilde{z}^0(0) = 0$ und $\tilde{z}^{0\prime}(0) = 0$, und stellen Sie sie graphisch dar.

Übungsaufgabe 5.10:

a) Bestimmen Sie die allgemeine Lösung der Differentialgleichung

$$y'''(t) - y''(t) = t^2 - 1.$$

b) Berechnen Sie die Lösung $\tilde{z}^0(t)$ dieser Differentialgleichung, die den Anfangsbedinungen $\tilde{z}^0(0) = 4$, $\tilde{z}^{0\prime}(0) = 5$ und $\tilde{z}^{0\prime\prime}(0) = 2$ genügt.

Übungsaufgabe 5.11:

Berechnen Sie die allgemeine Lösung des folgenden Differentialgleichungssystems:

$$y_1'(t) = y_1(t) - y_2(t) + t$$
$$y_2'(t) = y_1(t) + y_2(t) - t.$$

Übungsaufgabe 5.12:

Transformieren Sie die Differentialgleichung

$$y'''(t) - 2 \cdot y''(t) - y'(t) + 2 \cdot y(t) = 4$$

in ein System linearer Differenzengleichungen erster Ordnung, und lösen Sie es. Wie lautet demzufolge die allgemeine Lösung der gegebenen Differentialgleichung dritter Ordnung?

# 6 Lösungen der Übungsaufgaben

## 6.1 Lösungen der Übungsaufgaben zu Kapitel 1

Übungsaufgabe 1.1

a) $A = \left\{x \in \mathbb{N} \mid 0 < x < 5\right\} =$

$= \left\{x \mid x \in \mathbb{N} \text{ und } 1 \le x \le 4\right\}.$

$B = \left\{x \mid \frac{x}{2} \in \mathbb{N}\right\} =$

= Menge der geraden natürlichen Zahlen.

$C = \left\{5,\ 6,\ 7,\ 8,\ 9,\ 10\right\}.$

$D = \left\{x \in \mathbb{N} \mid 1 \le x \le 3\right\} =$

$= \left\{1,\ 2,\ 3\right\}.$

b) $n(A) = 4$; $n(B) = \infty$ (abzählbar); $n(C) = 6$; $n(D) = 3$.

c) $\mathfrak{P}(A) = \Big\{\emptyset, \{1\}, \{2\}, \{3\}, \{4\},$

$\{1, 2\}, \{1, 3\}, \{1, 4\}, \{2, 3\}, \{2, 4\}, \{3, 4\},$

$\{1, 2, 3\}, \{1, 2, 4\}, \{1, 3, 4\}, \{2, 3, 4\},$

$\{1, 2, 3, 4\}\Big\};$

$n(\mathfrak{P}(A)) = 2^4 = 16.$

$\mathfrak{P}(C) = \Big\{\emptyset, \{5\}, \{6\}, \{7\}, \{8\}, \{9\}, \{10\},$

$\{5, 6\}, \{5, 7\}, \{5, 8\}, \{5, 9\}, \{5, 10\}, \{6, 7\}, \{6, 8\}, \{6, 9\},$

$\{6, 10\}, \{7, 8\}, \{7, 9\}, \{7, 10\}, \{8, 9\}, \{8, 10\}, \{9, 10\},$

$\{5, 6, 7\}, \{5, 6, 8\}, \{5, 6, 9\}, \{5, 6, 10\}, \{5, 7, 8\}, \{5, 7, 9\},$

$\{5, 7, 10\}, \{5, 8, 9\}, \{5, 8, 10\}, \{5, 9, 10\}, \{6, 7, 8\},$

$\{6, 7, 9\}, \{6, 7, 10\}, \{6, 8, 9\}, \{6, 8, 10\}, \{6, 9, 10\},$

$\{7, 8, 9\}, \{7, 8, 10\}, \{7, 9, 10\}, \{8, 9, 10\},$

$\{5, 6, 7, 8\}$, $\{5, 6, 7, 9\}$, $\{5, 6, 7, 10\}$, $\{5, 6, 8, 9\}$,

$\{5, 6, 8, 10\}$, $\{5, 6, 9, 10\}$, $\{5, 7, 8, 9\}$, $\{5, 7, 8, 10\}$,

$\{5, 7, 9, 10\}$, $\{5, 8, 9, 10\}$, $\{6, 7, 8, 9\}$, $\{6, 7, 8, 10\}$,

$\{6, 7, 9, 10\}$, $\{6, 8, 9, 10\}$, $\{7, 8, 9, 10\}$,

$\{5, 6, 7, 8, 9\}$, $\{5, 6, 7, 8, 10\}$, $\{5, 6, 7, 9, 10\}$,

$\{5, 6, 8, 9, 10\}$, $\{5, 7, 8, 9, 10\}$, $\{6, 7, 8, 9, 10\}$,

$\{5, 6, 7, 8, 9, 10\}\}$;

$n(\mathfrak{P}(C)) = 2^6 = 64$.

$\mathfrak{P}(D) = \{\emptyset, \{1\}, \{2\}, \{3\},$

$\{1, 2\}, \{1, 3\}, \{2, 3\},$

$\{1, 2, 3\}\}$;

$n(\mathfrak{P}(D)) = 2^3 = 8$.

d) Es gilt:
- $A \cap C = \emptyset$, d.h. A und C sind disjunkt;
- $D \subset A$, d.h. D ist eine Teilmenge von A;
- $C \cap D = \emptyset$, d.h. C und D sind disjunkt.

e)
- $A \cap B = \{2, 4\}$;
- $A \cup D = \{1, 2, 3, 4\} = A$, da $D \subset A$;
- $\bar{B} = \{x \in \mathbb{N} \mid x \notin B\} = \{1, 3, 5, \ldots\} =$

  $= \{x \in \mathbb{N} \mid \frac{x-1}{2} \in \mathbb{N}\}$;
- $C \cap \bar{D} = C$, da $C \cap D = \emptyset$, also $C \subset \bar{D}$, also $C \cap \bar{D} = C$:
- $(A \cup B) \cap (C \cup D) =$

  $= \{0, 1, 2, 3, 4, 6, 8, 10, \ldots\} \cap \{1, 2, 3, 5, 6, 7, 8, 9, 10\} =$

  $= \{1, 2, 3, 6, 8, 10\}$;
- $(A \cap B) \cup (C \cap D) = \{2, 4\} \cup \emptyset = \{2, 4\}$;

* $(A \cap D) \cup \overline{(B \cap C)} = \left\{1,\ 2,\ 3\right\} \cup \overline{\left\{6,\ 8,\ 10\right\}} =$

$$= \left\{0,\ 1,\ 2,\ 3,\ 4,\ 5,\ 7,\ 9,\ 11,\ 12,\ \ldots\right\} =$$

$$= \mathbb{N} \setminus \left\{6,\ 8,\ 10\right\} = \overline{\left\{6,\ 8,\ 10\right\}};$$

* $\overline{(A \cap \bar{B})} \cup C = \bar{A} \cup B \cup C =$

$$= \left\{5,\ 6,\ 7,\ \ldots\right\} \cup \left\{0,\ 2,\ 4,\ \ldots\right\} \cup \left\{5,\ 6,\ 7,\ 8,\ 9,\ 10\right\} =$$

$$= \mathbb{N} \setminus \left\{1,\ 3\right\} = \overline{\left\{1,\ 3\right\}}.$$

Übungsaufgabe 1.2

a)

| K \ A | $a_1$ | $a_2$ | $a_3$ | $a_4$ | $a_5$ |
|---|---|---|---|---|---|
| $k_1$ | • | • | • | • | • |
| $k_2$ | • | • | • | • | • |
| $k_3$ | • | • | • | • | • |
| $k_4$ | • | • | • | • | • |

b)

| K \ A | $a_1$ | $a_2$ | $a_3$ | $a_4$ | $a_5$ |
|---|---|---|---|---|---|
| $k_1$ | | • | | | |
| $k_2$ | • | • | | | |
| $k_3$ | | | | | |
| $k_4$ | | | • | | |

Übungsaufgabe 1.3

a) $R = \Big\{(\emptyset,\ \emptyset), (\emptyset,\ \{1\}),\ (\emptyset,\ \{2\}),\ (\emptyset,\ \{3\},\ (\emptyset,\ \{1,2\}),\ (\emptyset,\ \{1,3\}),$

$(\emptyset,\ \{2,3\},\ (\emptyset,\ \{1,2,3\}),\ (\{1\},\ \{1\}),\ (\{1\},\ \{1,2\}),\ (\{1\},\ \{1,3\}),$

$(\{1\},\ \{1,2,3\}),\ (\{2\},\ \{2\}),\ (\{2\},\ \{1,2\}),\ (\{2\},\ \{2,3\}),\ (\{2\},\ \{1,2,3\}),$

$(\{3\},\ \{3\}),\ (\{3\},\ \{1,3\}),\ (\{3\},\ \{2,3\},\ (\{3\},\ \{1,2,3\}),\ (\{1,2\},\ \{1,2\}),$

$(\{1,2\},\ \{1,2,3\}),\ (\{1,3\},\ \{1,3\}),\ (\{1,3\},\ \{1,2,3\}),\ (\{2,3\},\ \{2,3\}),$

$(\{2,3\},\ \{1,2,3\},\ (\{1,2,3\},\ \{1,2,3\})\Big\}.$

b1) Reflexivität: Für jede Teilmenge $B \subset \{1, 2, 3\}$ (oder $B \in \mathfrak{P}(\{1, 2, 3\})$) ist $B \subset B$ richtig, so daß $(B, B) \in R$ (für jede Teilmenge von B von $\{1, 2, 3\}$.

b2) Antisymmetrie: Gilt für zwei Teilmengen B und B' von $\{1, 2, 3\}$ $(B, B') \in R$ und $(B', B) \in R$, also $B \subset B'$ und $B' \subset B$, so muß $B = B'$ sein.

b3) Transitivität: Gilt für Teilmengen B, B' und B'' von $\{1, 2, 3\}$ $(B, B') \in R$ und $(B', B'') \in R$, also $B \subset B'$ und $B' \subset B''$, so muß auch $B \subset B''$ sein, so daß $(B, B'')$ ebenfalls zu R gehört.

Da also R reflexiv, antisymmetrisch und transitiv ist, ist R eine Ordnungsrelation auf $\mathfrak{P}(A)$.

c) Die Ordnungsrelation ist nicht vollständig, da etwa für die Menge $B = \{1\}$ und $B' = \{2, 3\}$ weder $B \subset B'$ noch $B' \subset B$ gilt, so daß $(B, B') \notin R$ und $(B', B) \notin R$ gilt.

d)

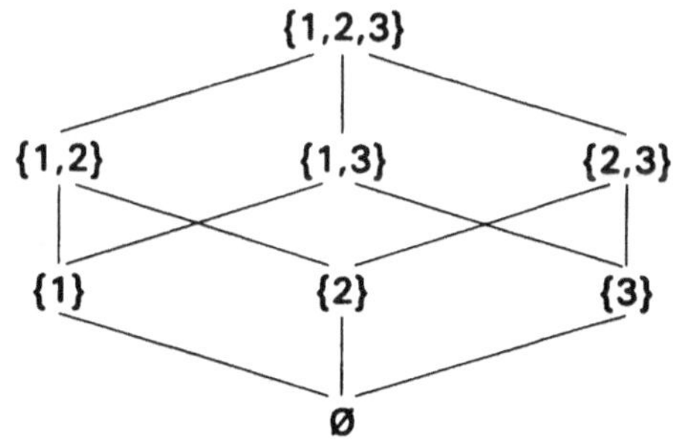


Die obige Abbildung stellt die angegebene Ordnungsrelation auf der Menge $\mathfrak{P}(\{1, 2, 3\})$ graphisch dar: Die Knoten (Ecken) des Graphen stellen die verschiedenen Elemente von $\mathfrak{P}(A)$ dar. Die Verbindungslinie zwischen zwei Knoten heißt Kante. Ein Paar von Knoten (oder Element von $\mathfrak{P}(A)$) (B, B') gehört zur Ordnungsrelation R, wenn es einen aufsteigenden Kantenzug vom Knoten B zum Knoten B' gibt.

Übungsaufgabe 1.4

Die Abstimmungen über die Alternativen A, B und C ergeben:

(I) A : B → 1 : 2;
(II) B : C → 1 : 2;
(III) A : C → 2 : 1.

Aus der Abstimmung I folgt, daß der Minister die Alternative B der Alternative A vorzieht: $A <_M B$. Aus der Abstimmung II folgt, daß der Minister die Alternative C der Alternative B vorzieht. $B <_M C$. Demnach sollte C auch A vorgezogen werden (Transitivität). Abstimmung III führt jedoch im Widerspruch dazu zu dem Ergebnis, daß Alternative A der Alternative C vorzuziehen ist. Das beschriebene Verfahren stellt also keine sinnvolle Möglichkeit dar, mehrere (individuelle) Ordnungsrelationen zu einer einzigen (gesellschaftlichen) Ordnungsrelation zu aggregieren (ARROWsches Paradoxon).

Übungsaufgabe 1.5

a) Es ist zu überprüfen, daß $R \subset A \times A$ die 3 Bedingungen Reflexivität, Symmetrie und Transitivität erfüllt.

- Für alle $a \in A$ gilt $a\ R\ a$, da der Rest von a:7 derselbe ist wie von a:7, also ist R reflexiv.
- R ist symmetrisch, da für $a_1, a_2 \in A$ mit $a_1 R\ a_2$ auch $a_2 R\ a_1$ gilt.
- R ist transitiv, da für $a_1, a_2, a_3 \in A$ mit $a_1 R\ a_2$ und $a_2 R\ a_3$ auch $a_1 R\ a_3$ gilt (Rest $a_1$:7 = Rest $a_2$:7 = Rest $a_3$:7 ⟶ Rest $a_1$:7 = Rest $a_3$:7).

b) A zerfällt in 7 Äquivalenzklassen, da bei der Division durch 7 sieben verschiedenen Reste (0. ..., 6) entstehen können. Beispielsweise ist $[1.1.90] = [1] = \{1, 8, 15, 22, \ldots, 365\}$. Dies ist aber offensichtlich die Menge aller Tage des Jahres, die auf denselben Wochentag fallen wie der 1.1.90 (ein Montag). Entsprechend bestehen die Äquivalenzklassen [2], ..., [7] aus allen Tagen des Jahres, die auf einen Dienstag, ..., Sonntag fallen.

Übungsaufgabe 1.6

a)
- f ist weder injektiv noch surjektiv;
- g ist injektiv und surjektiv also bijektiv;
- h ist surjektiv;
- i ist injektiv und surjekiv also bijektiv.

b) g und i sind invertierbar:

- $g^{-1}$: B ⟶ B mit $g^{-1}(x) = g(x)$ für alle $x \in B$, d.h.: $g^{-1} = g$!
- $i^{-1}$: D ⟶ C mit $i^{-1}(p) = 4$, $i^{-1}(q) = 8$, $i^{-1}(r) = 0$.

c)
- $g \circ f$: A ⟶ B mit

$$\left.\begin{array}{l} g(f(1)) = g(a) = a \\ g(f(2)) = g(a) = a \\ g(f(3)) = g(d) = d \end{array}\right\} \text{also ist } g \circ f = f;$$

- $i \circ (h \circ f): A \rightarrow D$ mit

  $i(h(f(1))) = i(h(a)) = i(0) = r$
  $i(h(f(2))) = i(h(a)) = i(0) = r$
  $i(h(f(3))) = i(h(d)) = i(8) = q$;

- $g \circ g = id_B: B \rightarrow B$, denn:

  $g(g(a)) = g(a) = a$
  $g(g(b)) = g(c) = b$
  $g(g(c)) = g(b) = c$
  $g(g(d)) = g(d) = d$;

- $(i \circ (h \circ g)) \circ (g^{-1} \circ f) : A \rightarrow D$

  Es gilt:

  $(i \circ (h \circ g)) \circ (g^{-1} \circ f) = i \circ h \circ g \circ g^{-1} \circ f = i \circ h \circ f$
  Die Abbildung $i \circ h \circ f$ wurde bereits weiter oben untersucht.

- $i \circ i^{-1} = id_D: D \rightarrow D$.

- $i^{-1} \circ i = id_C: C \rightarrow C$.

d) Die beiden Abbildungen $i \circ i^{-1} = id_D: D \rightarrow D$ und $i^{-1} \circ i = id_C: C \rightarrow C$ sind verschieden, da sie identische Abbildungen auf verschiedenen Mengen sind.

Übungsaufgabe 1.7

Die Menge $A = \bigcup_{i \in \mathbb{N}} A_i$ besitzt die größte Mächtigkeit, wenn alle Mengen $A_i$ abzählbar unendlich ($n(A_i) = n(\mathbb{N})$) und paarweise disjunkt sind ($A_i \cap A_{i'} = \emptyset$ für $i \neq i'$). Also ist die Behauptung bewiesen, wenn man zeigen kann, daß die disjunkte Vereinigung abzählbar unendlicher Mengen $A_i$ abzählbar unendlich ist. Sind also die Mengen $A_i$ abzählbar unendlich und disjunkt, so können die Mengen $A_i$ als $A_i = \{a_{ij} \mid j \in \mathbb{N}\}$ und A als $A = \{a_{ij} \mid i,j \in \mathbb{N}\}$ dargestellt werden, wobei wegen der Disjunktheit von $A_i$ und $A_{i'}$ die Elemente $a_{ij}$ und $a_{i'j'}$ von A für $i \neq i'$ oder $j \neq j'$ verschieden sind. Bezeichnet man jetzt mit $p_i \in \mathbb{N}$ ($i = 1, 2, 3, \ldots$) die (abzählbar unendlich vielen) Primzahlen, so ist durch $f: A \rightarrow \mathbb{N}$ mit $f(a_{ij}) = p_i^j$ eine injektive Abbildung von A nach $\mathbb{N}$ gegeben: Elemente verschiedener Mengen $A_i$ und $A_{i'}$ ($i \neq i'$) werden auf die Potenzen verschiedener Primzahlen ($p_i$ und $p_{i'}$) und damit auf verschiedene natürliche Zahlen abgebildet. Verschiedene Elemente $a_{ij}$ und $a_{ij'}$ ($j \neq j'$) einer Menge $A_i$ werden auf verschiedene Potenzen $p_i^j$ und $p_i^{j'}$ derselben Primzahl $p_i$ und damit ebenfalls auf verschiedene natürliche Zahlen abgebildet. Aus der Injektivität von $f: A \rightarrow \mathbb{N}$ folgt, daß $n(A) \leq n(\mathbb{N})$ ist. Da A aber auch Teilmengen enthält die abzählbar unendlich sind (z.B. $A_i$) ist $n(A) = n(\mathbb{N})$, so daß A auch (nur) abzählbar unendlich ist.

Übungsaufgabe 1.8

Die Menge $A = \bigtimes_{i=0}^{\infty} A_i$ besitzt (unter den Voraussetzungen der Aufgabenstellung) die geringste Mächtigkeit, wenn $n(A_i) = 2$, also etwa $A_i = \{0, 1\}$, für alle $i \in \mathbb{N}$ ist. Die Behauptung der Aufgabe ist also bewiesen, wenn man zeigen kann, daß $n(\bigtimes_{i=1}^{\infty} \{0, 1\}) = n(\mathbb{R})$ gilt. Die Menge $\bigtimes_{i=0}^{\infty} \{0, 1\}$ besteht aus allen (unendlich langen) Folgen der Ziffern 0 und 1. Jede dieser Folgen $a_0, a_1, a_2, \ldots$ kann mit einer Teilmenge $M_a$ von $\mathbb{N}$ identifiziert werden: Ist $a_i = 0$, so ist $i \notin M_a$; ist $a_i = 1$, so ist $i \in M_a$. Durch diese Vorschrift ist eine bijektive Abbildung zwischen dem kartesischen Produkt $\bigtimes_{i=0}^{\infty} \{0, 1\}$ und der Potenzmenge $\mathfrak{P}(\mathbb{N})$ definiert. Also ist $n(\bigtimes_{i=0}^{\infty} \{0, 1\}) = n(\mathfrak{P}(\mathbb{N}))$. Aus Satz 1.23 folgt dann $n(\bigtimes_{i=0}^{\infty} \{0, 1\}) > n(\mathbb{N})$, so daß $n(\bigtimes_{i=0}^{\infty} \{0, 1\})$ überabzählbar ist.

Übungsaufgabe 1.9

a) keine Aussage;

b) Aussage (Wahrheitswert hängt von hier und jetzt ab);

c) wahre tautologische Aussage (vgl. Satz 1.22);

d) falsche Aussage;

e) keine Aussage;

f) In der gegebenen Konstellation sind beide Sätze keine Aussagen, weil sie "fatale" Selbstbezüge enthalten:
Bezeichnet man die beiden Sätze mit S1 und S2 so führt sowohl die Annahme W(S1) = w als auch die Annahme W(S1) = f zu einem Widerspruch, so daß S1 keine Aussage sein kann:

Annahme: $W(S1) = w \longrightarrow W(S2) = w \longrightarrow W(S1) = f$ Widespruch!

Annahme: $W(S1) = f \longrightarrow W(\neg S1) = w \longrightarrow W(S2) = f \longrightarrow W(\neg S2) = w \longrightarrow W(S1) = w$ Widerspruch!

Entsprechend überlegt man sich, daß auch S2 (in Verbindung mit S1) keine Aussage sein kann.

Übungsaufgabe 1.10

a)

| A | B | C | A∧B | (A∧B)∧C | B∧C | A∧(B∧C) |
|---|---|---|---|---|---|---|
| w | w | w | w | w | w | w |
| w | w | f | w | f | f | f |
| w | f | w | f | f | f | f |
| w | f | f | f | f | f | f |
| f | w | w | f | f | w | f |
| f | w | f | f | f | f | f |
| f | f | w | f | f | f | f |
| f | f | f | f | f | f | f |

⇔

b)

| A | B | C | A∨B | (A∨B)∨C | B∨C | A∨(B∨C) |
|---|---|---|---|---|---|---|
| w | w | w | w | w | w | w |
| w | w | f | w | w | w | w |
| w | f | w | w | w | w | w |
| w | f | f | w | w | f | w |
| f | w | w | w | w | w | w |
| f | w | f | w | w | w | w |
| f | f | w | f | w | w | w |
| f | f | f | f | f | f | f |

⇔

c)

| A | B | C | B∧C | A∨(B∧C) | A∨B | A∨C | (A∨B)∧(A∨C) |
|---|---|---|---|---|---|---|---|
| w | w | w | w | w | w | w | w |
| w | w | f | f | w | w | w | w |
| w | f | w | f | w | w | w | w |
| w | f | f | f | w | w | w | w |
| f | w | w | w | w | w | w | w |
| f | w | f | f | f | w | f | f |
| f | f | w | f | f | f | w | f |
| f | f | f | f | f | f | f | f |

⇔

d)

| A | B | C | B∨C | A∧(B∨C) | A∧B | A∧C | (A∧B)∨(A∧C) |
|---|---|---|---|---|---|---|---|
| w | w | w | w | w | w | w | w |
| w | w | f | w | w | w | f | w |
| w | f | w | w | w | f | w | w |
| w | f | f | f | f | f | f | f |
| f | w | w | w | f | f | f | f |
| f | w | f | w | f | f | f | f |
| f | f | w | w | f | f | f | f |
| f | f | f | f | f | f | f | f |

⇔

e)

| A | B | A∧B | ¬(A∧B) | ¬A | ¬B | ¬A ∨ ¬B |
|---|---|---|---|---|---|---|
| w | w | w | f | f | f | f |
| w | f | f | w | f | w | w |
| f | w | f | w | w | f | w |
| f | f | f | w | w | w | w |

$\Leftrightarrow$

f)

| A | B | A∨B | ¬(A∨B) | ¬A | ¬B | ¬A ∧ ¬B |
|---|---|---|---|---|---|---|
| w | w | w | f | f | f | f |
| w | f | w | f | f | w | f |
| f | w | w | f | w | f | f |
| f | f | f | w | w | w | w |

$\Leftrightarrow$

g)

| A | B | A⇒B | ¬A | ¬A ∨ B |
|---|---|---|---|---|
| w | w | w | f | w |
| w | f | f | f | f |
| f | w | w | w | w |
| f | f | w | w | w |

$\Leftrightarrow$

Übungsaufgabe 1.11

a) Es sei $A \subset \mathbb{N}$ die Menge der natürliche Zahlen, für die die zu beweisende Aussage richtig ist: $A = \left\{ m \in \mathbb{N} \mid \sum_{i=0}^{m} i = \frac{m \cdot (m+1)}{2} \right\}$.

Dann gilt:

(i) Induktionsanfang:

$0 \in A$, da $\sum_{i=0}^{0} i = 0 = \frac{0 \cdot (0+1)}{2}$ gilt.

(ii) Induktionsschluß:

Ist $m \in A$, so ist auch $(m+1) \in A$, denn es gilt (unter der Annahme $m \in A$):

$$\sum_{i=0}^{m+1} i = \left( \sum_{i=1}^{m} i \right) + (m+1) = \frac{m \cdot (m+1)}{2} + (m+1) =$$

$$= \frac{m \cdot (m+1) + 2 \cdot (m+1)}{2} = \frac{(m+1)(m+2)}{2}.$$

Also ist auch $(m+1) \in A$.

Aus dem Prinzip der vollständigen Induktion (Def. 1.36 (ii)) folgt, daß $A = \mathbb{N}$ ist, so daß die Summationsformel für alle natürlichen Zahlen $m \in \mathbb{N}$ gilt.

b) Es sei $B \subset \mathbb{N}$ die Menge der natürlichen Zahlen, für die die angegebene Formel richtig ist: $B = \left\{m \mid n(A) = m \Rightarrow n(\mathfrak{P}(A)) = 2^m\right\}$.

Dann gilt:

(i) Induktionsanfang:

$0 \in B$, denn für $n(A) = 0$ ist $A = \emptyset$ und $\mathfrak{P}(A) = \left\{\emptyset\right\}$, so daß $n(\mathfrak{P}(A)) = 1 = 2^0$ gilt.

(ii) Induktionsschluß:

Aus $m \in B$ folgt $(m+1) \in B$, denn für jede $(m+1)$-elementige Menge $A = \left\{a_1, \ldots, a_m, a_{m+1}\right\}$ gilt (unter der Voraussetzung $n(\mathfrak{P}(\left\{a_1, \ldots, a_m\right\})) = 2^m$):

Die Potenzmenge $\mathfrak{P}(\left\{a_1, \ldots, a_m, a_{m+1}\right\})$ läßt sich in zwei Teile zerlegen:

1.) Teilmengen von $\left\{a_1, \ldots, a_m, a_{m+1}\right\}$, die $a_{m+1}$ <u>nicht</u> enthalten.

Dies sind die Teilmengen von $\left\{a_1, \ldots, a_m\right\}$. Die Anzahl solcher Teilmengen beträgt nach der Voraussetzung $2^m$.

2.) Teilmengen, die das Element $a_{m+1}$ enthalten. Diese Teilmengen lassen sich darstellen als $A' \cup \left\{a_{m+1}\right\}$, wobei $A'$ eine Teilmenge von $\left\{a_1, \ldots, a_m\right\}$ ist. Folglich besitzt $A = \left\{a_1, \ldots, a_m, a_{m+1}\right\}$ auch $2^m$ Teilmengen, die $a_{m+1}$ enthalten. Insgesamt besitzt die $(m+1)$-elementige Menge $A$ also $2^m + 2^m = 2^{m+1}$ Teilmengen. Damit ist die Implikation $m \in B \Rightarrow (m+1) \in B$ gezeigt.

Aus (i) und (ii) folgt nach dem Prinzip der vollständigen Induktion $B = \mathbb{N}$, so daß die angegebene Formel für alle endlichen Mengen gilt.

Übungsaufgabe 1.12

Die Behauptung $+\sqrt{2} \notin \mathbb{Q}$ ist dann bewiesen, wenn man ihre Negation, also $+\sqrt{2} \in \mathbb{Q}$, zu einem Widerspruch führen kann.

Nimmt man also an, daß $+\sqrt{2}$ eine rationale Zahl sei, so läßt sich $+\sqrt{2}$ als ausgekürzter Bruch darstellen: $+\sqrt{2} = \frac{p}{q}$ mit $p, q \in \mathbb{N}$ und $p$ und $q$ besitzen keine gemeinsamen Primfaktoren, d.h.: es gibt keine natürliche Zahl, die größer als 1 ist und sowohl $p$ als auch $q$ ohne Rest teilt. Mit dieser Darstellung gilt dann:

$+\sqrt{2} = \frac{p}{q}$ oder $2 = \frac{p^2}{q^2}$ oder $2 \cdot q^2 = p^2$. Folglich ist $p^2$ durch 2 teilbar (ohne Rest), so daß auch p durch 2 teilbar sein muß: $p = 2 \cdot p^*$ und $p^2 = 4 \cdot p^{*2}$. Damit läßt sich $2 \cdot q^2 = p^2$ umformen zu $2 \cdot q^2 = 4 \cdot p^{*2}$ oder $q^2 = 2 \cdot p^{*2}$. Das bedeutet aber, daß $q^2$ und damit auch q (wie schon p) ebenfalls durch 2 teilbar sein muß. Dies ist aber ein Widerspruch zur getroffenen Annahme, daß die Darstellung $+\sqrt{2} = \frac{p}{q}$ "ausgekürzt" sein soll. Also kann die getroffene Annahme $+\sqrt{2} \in \mathbb{Q}$ nicht wahr sein. Damit ist gezeigt, daß $+\sqrt{2} \in \mathbb{R}\setminus\mathbb{Q}$, also irrational sein muß.

Übungsaufgabe 1.13

a) $z_1 + z_2 = (3+2 \cdot i) + (1-i) = 4 + i;$

b) $z_1 - z_2 = (3+2 \cdot i) - (1-i) = 2 + 3 \cdot i;$

c) $z_1 \cdot z_2 = (3+2 \cdot i) \cdot (1-i) = (3+2) + (-3+2) \cdot i = 5 - i;$

d) $z_1^{-1} = (3+2 \cdot i)^{-1} = \frac{1}{3^2+2^2} \cdot (3-2 \cdot i) = \frac{3}{13} - \frac{2}{13} \cdot i;$

e) $z_1^{10} = (3+2 \cdot i)^{10} = ((3^2+2^2)^{1/2} \cdot (\cos \varphi + i \cdot \sin \varphi))^{10} =$

(mit $\cos \varphi = \frac{3}{\sqrt{13}}$ und $\sin \varphi = \frac{2}{\sqrt{13}}$, also $\varphi = 33{,}7° = 0{,}588$ (Bogenmaß))

$= 13^5 \cdot (\cos(10 \cdot 0{,}588) + i \cdot \sin(10 \cdot 0{,}588)) \doteq 371.293 \cdot (0{,}9198 - 0{,}3923 \cdot i).$

f) $|z_1| = (3^2 + 2^2)^{1/2} = \sqrt{13} \doteq 3{,}61$

Übungsaufgabe 1.14

a) $\sum_{i=1}^{5} 3i = 3 \cdot \sum_{i=1}^{5} i = 3 \cdot \frac{5 \cdot 6}{2} = 3 \cdot 15 = 45;$

b) $\sum_{i=1}^{5} (3 \cdot i+4) = 3 \cdot \sum_{i=1}^{5} i + \sum_{1}^{5} 4 = 45 + 20 = 65;$

c) $\sum_{i=1}^{4} (-1)^{i+1} \cdot (i-2) = 1 \cdot (-1) - 1 \cdot 0 + 1 \cdot 1 - 1 \cdot 2 = -1 - 0 + 1 - 2 = -2;$

d) $\sum_{j=2}^{5} \sum_{i=1}^{3} i \cdot j = \sum_{j=1}^{5} \sum_{i=1}^{3} i \cdot j - \sum_{i=1}^{3} i = (\sum_{1}^{5} j) \cdot (\sum_{1}^{3} i) - \sum_{i=1}^{3} i = 15 \cdot 6 - 6 = 84;$

e) $\sum_{i=0}^{100} (2 \cdot i-100) = 2 \cdot \sum_{i=0}^{100} i - 100 \cdot 101 = 2 \cdot \frac{100 \cdot 101}{2} - 100 \cdot 101 = 0;$

f) $\prod_{i=1}^{6} i = 6! = 1 \cdot 2 \cdot 3 \cdot 4 \cdot 5 \cdot 6 = 720;$

g) $\prod_{i=4}^{7} (i-4) = 0$, da der erste Faktor $4 - 4 = 0$ ist;

h) $\prod_{i=2}^{5} (i^2-i) = 2 \cdot 6 \cdot 12 \cdot 20 = 2.880.$

**Übungsaufgabe 1.15**

a) $1 + \ldots + 10 = \sum_{i=1}^{10} i = \frac{10 \cdot 11}{2} = 55;$

b) $\sum_{i=91}^{120} i = \sum_{i=1}^{120} i - \sum_{i=1}^{90} i = \frac{120 \cdot 121}{2} - \frac{90 \cdot 91}{2} = 7.260 - 4.095 = 3.165;$

c) $1 + 3 + \ldots + 101 = \sum_{i=0}^{50} (2 \cdot i + 1) = 2 \cdot \sum_{i=1}^{50} i + 51 = 2 \cdot \frac{50 \cdot 51}{2} + 51 =$

$= 2.550 + 51 = 2.601;$

d) $1 + 4 + \ldots + 25 = \sum_{i=1}^{5} i^2 = 55 \quad (\sum_{i=1}^{n} i^2 = \frac{n \cdot (n+1) \cdot (2n+1)}{6});$

e) $\sum_{i=1}^{5} (-1)^{i+1} i^2 = 1 - 4 + 9 - 16 + 25 = 15;$

f) $5 + \ldots + 10.000 = \sum_{i=1}^{2000} 5 \cdot i = 5 \cdot \sum_{i=1}^{2000} i = 5 \cdot \frac{2000 \cdot 2001}{2}$

$= 5 \cdot 2.001.000 = 10.005.000;$

g) $5 + 9 + \ldots + 205 = \sum_{i=0}^{50} (4 \cdot i + 5) = 4 \cdot \sum_{i=0}^{50} i + \sum_{i=0}^{50} 5 =$

$= 4 \cdot \frac{50 \cdot 51}{2} + 51 \cdot 5 = 5.100 + 255 = 5.355.$

**Übungsaufgabe 1.16**

a) $1.011_2 = 1 \cdot 2^3 + 0 \cdot 2^2 + 1 \cdot 2^1 + 1 \cdot 2^0 = 8 + 2 + 1 = 11_{10};$

b) $1.100.011_2 = 1 \cdot 2^6 + 1 \cdot 2^5 + 0 \cdot 2^4 + 0 \cdot 2^3 + 0 \cdot 2^2 + 1 \cdot 2^1 + 1 \cdot 2^0 =$

$= 1 \cdot 64 + 1 \cdot 32 + 0 \cdot 16 + 0 \cdot 8 + 0 \cdot 4 + 1 \cdot 2 + 1 \cdot 1 = 99_{10};$

c) $0,11_2 = 1 \cdot 2^{-1} + 1 \cdot 2^{-2} = 1/2 + 1/4 = 3/4 = 0,75_{10};$

d) $0,0011_2 = 0 \cdot 2^{-1} + 0 \cdot 2^{-2} + 1 \cdot 2^{-3} + 1 \cdot 2^{-4} =$

$= 1/8 + 1/16 = 3/16 = 0,1875_{10};$

e) $0,0\overline{1011} = 0,1 \cdot 0,\overline{1011} = 0,1 \cdot (1011 \cdot 0,\overline{0001}) =$

$= 101,1 \cdot 0,\overline{0001} = 5,5 \cdot \sum_{i=1}^{\infty} (1/16)^i =$

$= 5,5 \cdot (\frac{1}{15/16} - 1) = 5,5 \cdot 1/15 = 11/30_{10};$

oder: $0,0\overline{1011}_2 = \frac{1}{10} \cdot 0,\overline{1011} = \frac{1}{10} \cdot (\frac{1.011}{1.111})_2 = \frac{1}{2} \cdot (\frac{11}{15}) = \frac{11}{30} = 0,3\overline{6}_{10}.$

**Übungsaufgabe 1.17**

a)
$$\begin{array}{rcrcrl} 511 & : & 2 & = & 255 & R\ 1 \\ 255 & : & 2 & = & 127 & R\ 1 \\ 127 & : & 2 & = & 63 & R\ 1 \\ 63 & : & 2 & = & 31 & R\ 1 \\ 31 & : & 2 & = & 15 & R\ 1 \\ 15 & : & 2 & = & 7 & R\ 1 \\ 7 & : & 2 & = & 3 & R\ 1 \\ 3 & : & 2 & = & 1 & R\ 1 \\ 1 & : & 2 & = & 0 & R\ 1 \end{array}$$

also: $511_{10} = 111.111.111_2$;

b) $512_{10} = 511_{10} + 1 = 111.111.111_2 + 1_2 = 1.000.000.000_2$;

c) $0{,}5_{10} = 1/2 = 1 : 10_2 = 0{,}1_2$;

d) $0{,}2_{10} = 1/5 = 1 : 101 = 0{,}00110011... = 0{,}\overline{0011}$;

```
1000
 101
  110
  101
   1000
    101
     ...
```

e) $0{,}11... = 0{,}\overline{1} = 1/9_{10} = \dfrac{1}{1001_2}$

$1 : 1.001 = 0{,}0001110001... = 0{,}\overline{000111}_2$

```
10000
 1001
  1110
  1001
   1010
   1001
    010000
```

Probe: $0{,}\overline{000111} = \dfrac{111}{111.111_2} = \dfrac{7}{63_{10}} = 1/9.$

## 6.2 Lösungen der Übungsaufgaben zu Kapitel 2

Übungsaufgabe 2.1

a) $\left\{\frac{1}{2\cdot n+1}\right\}_{n\in\mathbb{N}}$ ist eine Teilfolge von $\left\{\frac{1}{n+1}\right\}_{n\in\mathbb{N}}$ (aus $\left\{\frac{1}{n+1}\right\}_{n\in\mathbb{N}}$ werden die Folgenglieder mit ungeradem Index entfernt). Da $\left\{\frac{1}{n+1}\right\}_{n\in\mathbb{N}}$ konvergent ist, mit $\lim\limits_{n\to\infty} \frac{1}{n+1} = 0$ (vgl. Beispiele zu Def. 2.6), muß auch die Teilfolge $\left\{\frac{1}{2\cdot n+1}\right\}_{n\in\mathbb{N}}$ konvergent sein und denselben Grenzwert besitzen (Satz 2.7):

$\lim\limits_{n\to\infty} \frac{1}{2\cdot n+1} = \lim\limits_{n\to\infty} \frac{1}{n+1} = 0.$

b) $\left\{\frac{(-1)^n\cdot n}{(n+3)\cdot 2^n}\right\}_{n\in\mathbb{N}}$ läßt sich als Produkt zweier Folgen $\left\{b_n\right\}_{n\in\mathbb{N}}$ und $\left\{c_n\right\}_{n\in\mathbb{N}}$ mit $b_n = \frac{(-1)^n\cdot n}{n+3}$ und $c_n = (1/2)^n$ darstellen. Die Folge $\left\{b_n\right\}_{n\in\mathbb{N}}$ ist beschränkt: $|b_n| < 1$. Die Folge $\left\{c_n\right\}_{n\in\mathbb{N}}$ ist eine Nullfolge (vgl. Beispiele zu Def. 2.6). Nach Satz 2.11 (v) ist dann auch das Produkt von $\left\{b_n\right\}_{n\in\mathbb{N}}$ und $\left\{c_n\right\}_{n\in\mathbb{N}}$, also $\left\{a_n\right\}_{n\in\mathbb{N}}$, eine Nullfolge: $\lim\limits_{n\to\infty} \frac{(-1)^n\cdot n}{(n+3)\cdot 2^n} = 0.$

c) Die Folge $\left\{(-1)^n\cdot\frac{n}{n+1}\right\}_{n\in\mathbb{N}}$ besitzt zwei Teilfolgen $\left\{b_m\right\}_{m\in\mathbb{N}}$ mit

$b_m = a_{2\cdot m} = (-1)^{2\cdot m}\cdot\frac{2\cdot m}{2\cdot m+1} = \frac{2\cdot m}{2\cdot m+1} = 1 - \frac{1}{2\cdot m+1}$ und

$\left\{c_m\right\}_{m\in\mathbb{N}}$ mit $c_m = a_{2\cdot m+1} = (-1)^{2\cdot m+1}\cdot\frac{2\cdot m+1}{2\cdot m+2} = -\frac{2\cdot m+1}{2\cdot m+2} = -1 + \frac{1}{2\cdot m+2}.$

Offensichtlich sind $\left\{b_m\right\}_{m\in\mathbb{N}}$ und $\left\{c_m\right\}_{m\in\mathbb{N}}$ konvergent mit $\lim\limits_{m\to\infty} b_m = 1$ und $\lim\limits_{m\to\infty} c_m = -1$. Aus Satz 2.7 folgt dann die Divergenz von $\left\{a_n\right\}_{n\in\mathbb{N}}$, da die beiden Teilfolgen verschiedene Grenzwerte besitzen.

d) Die Folgenglieder von $\left\{a_m\right\}_{m\in\mathbb{N}}$ lassen sich (für $n \geq 1$) umformen:

$a_n = \frac{4\cdot n^3-5\cdot n^2-14\cdot n}{7\cdot n^3+2\cdot n^2+6} = \frac{4-5\cdot\frac{1}{n}-14\cdot\frac{1}{n^2}}{7+2\cdot\frac{1}{n}+6\cdot\frac{1}{n^3}}$. Damit läßt sich $\left\{a_n\right\}_{n\in\mathbb{N}}$ als Quotient von Linearkombinationen konvergenter Folgen darstellen, und es gilt nach Satz 2.11:

$$\lim_{n\to\infty} a_n = \lim_{n\to\infty} \frac{4-5\cdot\frac{1}{n}-14\cdot\frac{1}{n^2}}{7+2\cdot\frac{1}{n}+6\cdot\frac{1}{n^3}} = \frac{4 - 5\cdot\lim\limits_{n\to\infty} 1/n - 14\cdot\lim\limits_{n\to\infty} 1/n^2}{7 + 2\cdot\lim\limits_{n\to\infty} 1/n + 6\cdot\lim\limits_{n\to\infty} 1/n^3} = \frac{4-0-0}{7+0+0} = 4/7.$$

e) $\left\{a_n\right\}_{n\in\mathbb{N}}$ ist divergent, da diese Folge nicht beschränkt ist. Diese Tatsache wird offensichtlich, wenn man $a_n$ (für $n \geq 1$) umformt:

$$a_n = \frac{n^3+4\cdot n^2-5}{n^2+17} = \frac{n+4-5/n^2}{1+17/n^2}.$$

Der Nenner des letzten Ausdrucks konvergiert gegen 1, während der Zähler gegen $+\infty$ strebt, so daß $\left\{a_n\right\}_{n\in\mathbb{N}}$ insgesamt ebenfalls gegen $+\infty$ strebt und daher divergent ist.

Übungsaufgabe 2.2

a) $1 + 1/3 + 1/9 + 1/27 + \ldots = \sum\limits_{i=0}^{\infty} (1/3)^i = \frac{1}{1-1/3} = 3/2;$

(geometrische Reihe mit $q = 1/3$)

b) $1 - 1/2 + 1/4 - 1/8 + 1/16 - \ldots = \sum\limits_{i=0}^{\infty} (-1/2)^i = \frac{1}{1+1/2} = 2/3;$

(geometrische Reihe mit $q = -1/2$)

c) $1 + 1/2 + 1/3 + \ldots = \sum\limits_{i=1}^{\infty} 1/i$ divergent (vgl. Beispiele zu Def. 2.13);

d) $1 + 2 + 3 + 4 + \ldots = \sum\limits_{i=1}^{\infty} i = \lim\limits_{n\to\infty} \sum\limits_{i=1}^{n} i = \lim\limits_{n\to\infty} \frac{n\cdot(n+1)}{2}$

Der letzte Grenzwert existiert offensichtlich nicht, so daß auch die angegebene Summe divergiert.

e) $1/3 + 1/6 + 1/12 + 1/24 + \ldots = \sum\limits_{i=0}^{\infty} \frac{1}{3}\cdot(\frac{1}{2})^i = \frac{1}{3}\cdot \sum\limits_{i=0}^{\infty} (\frac{1}{2})^i = \frac{1}{3}\cdot\frac{1}{1-1/2} = \frac{2}{3}.$

(skalares Vielfaches der geometrischen Reihe mit $q = 1/2$)

Übungsaufgabe 2.3

| | Einzahlung | Auszahlung | Zinstage (t) |
|---|---|---|---|
| a) | 01.01. | 01.07. | $6\cdot30 - 1 + 1 = 180;$ |
| b) | 13.01. | 19.03. | $2\cdot30 - 13 + 19 = 66;$ |
| c) | 28.02. | 31.07. | $5\cdot30 - 28 + 30 = 152;$ |
| d) | 03.12. | 31.12. | $0\cdot30 - 3 + 30 = 27$ |
| | 31.12. | 19.01. | $1\cdot30 - 30 + 19 = 19.$ |

| | Zinstage (t) | $K_0 \cdot (1+\frac{t \cdot p}{360 \cdot 100})$ |
|---|---|---|
| a) | 180 | 750 • 1,025 = 768,75; |
| b) | 66 | 750 • 1,009 = 756,88; |
| c) | 152 | 750 • 1,021 = 765,83; |
| d) | 27 | 750 • 1,00375 = 752,81 |
| | 19 | 752,81 • 1,0026 = 754,77. |

Übungsaufgabe 2.4

| i | a) $K_0 \cdot (1+\frac{p}{100})^i$ | b) $K_0 \cdot (1+\frac{p}{2 \cdot 100})^{2 \cdot i}$ | c) $K_0 \cdot e^{i \cdot \frac{p}{100}}$ |
|---|---|---|---|
| 1 | 1.060,00 | 1.060,90 | 1.061,84 |
| 2 | 1.123,60 | 1.125,51 | 1.127,50 |
| 3 | 1.191,02 | 1.194,05 | 1.197,22 |
| 4 | 1.262,48 | 1.266,77 | 1.271,25 |
| 5 | 1.338,23 | 1.343,92 | 1.349,86 |

Übungsaufgabe 2.5

Berechnung der Endwerte

- für Alternative 1: $K_n = K_0 \cdot (1+0,1)^3 = K_0 \cdot 1,331$,
- für Alternative 2: $K_n = K_0 \cdot (1+\frac{0,09}{4})^{3 \cdot 4} = K_0 \cdot 1,306$.

Alternative 1 ist günstiger, da hier $K_0$ auf den 1,331-fachen Wert steigt, während bei der zweiten Alternative im selben Zeitraum nur der 1,306-fache Wert erreicht wird.

Übungsaufgabe 2.6

a) Zerlegung des Zeitintervalls:

19.3.82 - 30.6.82 = 3•30 - 19 + 30 = 101 Zinstage,
30.6.82 - 30.6.85 = 6 Halbjahre,
30.6.85 - 25.10.85 = 4•30 - 30 + 25 = 115 Zinstage.

Damit ergibt sich für den Endwert:

$$K_n = K_0 \cdot (1+\frac{3 \cdot 101}{100 \cdot 180}) \cdot (1,03)^6 \cdot (1+\frac{3 \cdot 115}{18.000}) =$$
$$= 10.000 \cdot 1,016833 \cdot 1,1940523 \cdot 1,0191667 = 10.000 \cdot 1,23742 =$$
$$= 12.374,20 \text{ (DM)}.$$

b) Zerlegung des Zeitintervalls:

11.2.80 - 30.6.80 = 4•30 - 11 + 30 = 139 Zinstage,
30.6.80 - 30.6.85 = 10 Halbjahre.
30.6.85 - 14.8.85 = 2•30 - 30 + 14 = 44 Zinstage.

Damit ergibt sich für den Barwert $K_0$:

$20.000 = K_0 \cdot 1{,}0231667 \cdot 1{,}343916 \cdot 1{,}00733 = K_0 \cdot 1{,}38513$

oder

$K_0 = \frac{20.000}{1{,}38513} = 14.439{,}08$ (DM).

Übungsaufgabe 2.7

Für die erste Anlagemöglichkeit ergibt sich die Kapitalverzinsung so:

$K_n = q^4 \cdot K_0$ $(q = 1+\frac{p}{100})$, also $146.410 = q^4 \cdot 100.000$ oder

$q^4 = 1{,}4641$ oder $q = \sqrt[4]{1{,}4641} = 1{,}1$, also $p = 10\%$.

Für die Anlage als ewige Rente (Barwert: $R_0 = r \cdot \frac{1}{q-1}$) ergibt sich:

$100.000 = 10.000 \cdot \frac{1}{q-1}$ oder $q - 1 = \frac{10.000}{100.000} = 0{,}1$, also eine Kapitalverzinsung von $p = 10\%$.

Beide Anlagen unterscheiden sich also hinsichtlich ihrer Rentabilität nicht.

Übungsaufgabe 2.8

a) Der Barwert der Rente ergibt sich aus der entsprechenden Formel:

$$R_0 = \frac{r}{q^n} \cdot \frac{q^n-1}{q-1} = \frac{5.000}{1{,}05^8} \cdot \frac{1{,}05^8-1}{0{,}05} = 5.000 \cdot 6{,}463 = 32.316{,}06 \text{ (DM)}.$$

b) Der Endwert ergibt sich durch Aufzinsung des zugehörigen Barwertes:

$R_n = q^n \cdot R_0 = 1{,}05^8 \cdot 32.316{,}06 = 47.745{,}54$ (DM).

c) Der Wert am Ende des 5. Jahres ergibt sich durch Aufzinsung des zugehörigen Barwertes:

$R_5 = q^5 \cdot R_0 = 1{,}05^5 \cdot 32.316{,}06 = 41.244{,}39$ (DM).

Übungsaufgabe 2.9

a) Für $p = 5\%$ ergeben sich die Barwerte aus den entsprechenden Formeln:

1. Rente: $R_0^1 = \frac{r}{q^n} \cdot \frac{q^n-1}{q-1} = \frac{1.000}{1{,}2762816} \cdot \frac{0{,}2762816}{0{,}05} = 4.329{,}48$;

2. Rente: $R_0^2 = \frac{800}{1{,}05} + \frac{900}{1{,}05^2} + \frac{1.000}{1{,}05^3} + \frac{1.200}{1{,}05^4} + \frac{1.300}{1{,}05^5}$

$= 761{,}90 + 816{,}33 + 863{,}84 + 987{,}24 + 1.018{,}58 = 4.447{,}89.$

Der Barwert der zweiten Rente ist bei $p = 5\%$ größer, so daß sie der ersten Rente vorzuziehen ist.

b) Auch für $p = 20\%$ ergeben sich die Barwerte aus den entsprechenden Formeln:

1. Rente: $R_0^1 = \frac{1.000}{2{,}48832} \cdot \frac{1{,}48832}{0{,}2} = 2.990{,}61$;

2. Rente: $R_0^2 = \frac{800}{1{,}2} + \frac{900}{1{,}2^2} + \frac{1.000}{1{,}2^3} + \frac{1.200}{1{,}2^4} + \frac{1.300}{1.2^5}$

$= 666{,}67 + 625{,}- + 578{,}70 + 578{,}70 + 522{,}44.$

$= 2.971{,}51.$

Der Barwert der ersten Rente ist bei $p = 20\%$ größer, so daß in diesem Fall die erste Rente vorzuziehen ist.

Übungsaufgabe 2.10

a) Tilgungsplan für die gesamtfällige Schuld

Tilgungsplan

| Zeit (Jahr) $t$ | Zinsen $Z_t$ | Tilgung (Jahresende) $T_t$ | Restschuld (Jahresanfang) $R_t$ | Annuität $A_t$ |
|---|---|---|---|---|
| 1 | 700,00 | 0,00 | 10.000,00 | 700,00 |
| 2 | 700,00 | 0,00 | 10.000,00 | 700,00 |
| 3 | 700,00 | 0,00 | 10.000,00 | 700,00 |
| 4 | 700,00 | 0,00 | 10.000,00 | 700,00 |
| 5 | 700,00 | 0,00 | 10.000,00 | 700,00 |
| 6 | 700,00 | 0,00 | 10.000,00 | 700,00 |
| 7 | 700,00 | 0,00 | 10.000,00 | 700,00 |
| 8 | 700,00 | 10.000,00 | 10.000,00 | 10 700,00 |

b) Mit der konstanten Tilgungsrate $T = \frac{K_0}{n} = \frac{10.000}{8} = 1.250$ ergibt sich der Tilgungsplan für die Ratenschuld:

Tilgungsplan

| Zeit (Jahr) $t$ | Zinsen $Z_t$ | Tilgung (Jahresende) $T_t$ | Restschuld (Jahresanfang) $R_t$ | Annuität $A_t$ |
|---|---|---|---|---|
| 1 | 700,00 | 1.250,00 | 10.000,00 | 1.950,00 |
| 2 | 612,50 | 1.250,00 | 8.750,00 | 1.862,50 |
| 3 | 525,00 | 1.250,00 | 7.500,00 | 1.775,00 |
| 4 | 437,50 | 1.250,00 | 6.250,00 | 1.687,50 |
| 5 | 350,00 | 1.250,00 | 5.000,00 | 1.600,00 |
| 6 | 262,50 | 1.250,00 | 3.750,00 | 1.512,50 |
| 7 | 175,00 | 1.250,00 | 2.500,00 | 1.425,00 |
| 8 | 87,50 | 1.250,00 | 1.250,00 | 1.337,50 |

c) Mit der konstanten Annuität $A = K_0 \cdot \frac{q^n \cdot (q-1)}{q^n - 1} = 10.000 \cdot \frac{1,718 \cdot 0,07}{0,718} = 1.674,68$ ergibt sich der Tilgungsplan für die Annuitätenschuld (bis auf Rundungsfehler).

Tilgungsplan

| Zeit (Jahr) $t$ | Zinsen $Z_t$ | Tilgung (Jahresende) $T_t$ | Restschuld (Jahresanfang) $R_t$ | Annuität $A_t$ |
|---|---|---|---|---|
| 1 | 700,00 | 974,68 | 10.000,00 | 1.674,68 |
| 2 | 631,77 | 1.042,91 | 9.025,32 | 1.674,68 |
| 3 | 558,77 | 1.115,91 | 7.983,41 | 1.674,68 |
| 4 | 480,65 | 1.194,03 | 6.866,50 | 1.674,68 |
| 5 | 397,07 | 1.277,61 | 5.672,47 | 1.674,68 |
| 6 | 307,64 | 1.367,04 | 4.394,86 | 1.674,68 |
| 7 | 211,95 | 1.462,73 | 3.027,82 | 1.674,68 |
| 8 | 109,56 | 1.565,12 | 1.565,09 | 1.674,68 |

Übungsaufgabe 2.11

Zur Bestimmung der Laufzeit muß in der Formel für die Restschuld $R_t$ einer Annuitätenschuld für $R_t$ der Wert 0 eingesetzt und dann nach t aufgelöst werden (vgl. Abschnitt 2.3.4):

$R_t = K_0 - (A-i\cdot K_0)\cdot\frac{q^{t-1}-1}{q-1}$ mit $R_t = 0$ (Restschuld nach t Perioden).

Mit den Parametern $K_0 = 200.000$ (Anfangsschuld), A = 2.400 ("Annuität" (monatlich)), i = 0,007 (Zinssatz (monatlich)) und q = 1,007 (Zinsfaktor (monatlich)) erhält man:

Also: $0 = 200.000 - (2.400-0{,}007\cdot 200.000)\cdot\frac{1{,}007^{t-1}-1}{0{,}007}$

oder $1.000\cdot\frac{1{,}007^{t-1}-1}{0{,}007} = 200.000$ oder $1{,}007^{t-1} = \frac{200.000}{1.000}\cdot 0{,}007 + 1 = 2{,}4$

oder $(t-1)\cdot\log 1{,}007 = \log 2{,}4$ oder $t = \frac{\log 2{,}4}{\log 1{,}007} + 1 = 126{,}50$.

Die Laufzeit beträgt also 126 Monate oder 10 Jahre und 6 Monate, wobei die letzte Rate niedriger als 2.400,- DM ist. Sie kann berechnet werden, wenn man zunächst die Restschuld zu Beginn des 126. Monats bestimmt:

$$R_{126} = K_0 - (A-i\cdot K_0)\cdot\frac{q^{125}-1}{q-1}$$

$$= 200.000 - (2.400-0{,}007\cdot 200.000)\cdot\frac{1{,}007^{125}-1}{0{,}007} = 1.203{,}71.$$

Für diese Restschuld müssen noch 1.203,71 DM · 0,007 = 8,43 DM Zinsen gezahlt werden, so daß die Höhe der letzten Rate 1.212,14 DM beträgt.

Übungsaufgabe 2.12

p = 6% q = 1,06 (Zinsfaktor)

| Zeit (t) | Betrag | Barwert | |
|---|---|---|---|
| 1 | 1.000 | $\frac{1.000}{1{,}06}$ = | 943,40 |
| 2 | 1.500 | $\frac{1.500}{1{,}06^2}$ = | 1.334,99 |
| 3 | 3.000 | $\frac{3.000}{1{,}06^3}$ = | 2.518,86 |
| 4 | 4.000 | $\frac{4.000}{1{,}06^4}$ = | 3.168,37 |
| 5 | 2.500 | $\frac{2.500}{1{,}06^5}$ = | 1.868,15 |
| | Summe der Barwerte: | | 9.833,77 |

Der Barwert der erwarteten Zahlungen ist mit 9.833,76 DM kleiner als die Höhe der Investition von 10.000 DM, so daß die Investition nicht wirtschaftlich ist. Der interne Zinsfuß beträgt für diese Investition (etwa) 5,47%, so daß auch diese Methode die Investition als nicht lohnend erscheinen läßt.

Übungsaufgabe 2.13

| Zeit t | 1 | 2 | 3 | 4 | 5 |
|---|---|---|---|---|---|
| $e_t$ | 500.000 | 600.000 | 700.000 | 600.000 | 750.000 |
| $a_t$ | 300.000 | 200.000 | 300.000 | 200.000 | 400.000 |
| $e_t - a_t$ | 200.000 | 400.000 | 400.000 | 400.000 | 350.000 |
| $\frac{e_t - a_t}{q^t}$ | 167.000 | 278.000 | 231.000 | 193.000 | 141.000 |

Die Summe der Barwerte 167 + ... + 141 (TDM) = 1.010 (TDM) ist größer als $K_0$ = 1.000 (TDM), so daß die Investition lohnend ist (bei q = 1,2).

## 6.3 Lösungen der Übungsaufgaben zu Kapitel 3

Übungsaufgabe 3.1

a) Die Umformung des Differenzenquotienten an der Stelle $x_0 = 2$ ergibt:

$$\frac{\Delta f(x_0)}{\Delta x} = \frac{f(2+\Delta x) - f(2)}{\Delta x} = \frac{5\cdot(2+\Delta x) - 5\cdot 2}{\Delta x} = \frac{5\cdot\Delta x}{\Delta x} = 5,$$

also ist $f'(x_0) = \lim\limits_{\Delta x\to 0} \frac{\Delta f(x_0)}{\Delta x} = \lim\limits_{\Delta x\to 0} 5 = 5.$

b) Die Umformung des Differenzenquotienten an der Stelle $x_0 = 2$ ergibt:

$$\frac{\Delta f(x_0)}{\Delta x} = \frac{f(2+\Delta x) - f(2)}{\Delta x} = \frac{(2+\Delta x)^3 - 2^3}{\Delta x} =$$

$$= \frac{(8+3\cdot 2^2\cdot\Delta x+3\cdot 2\cdot\Delta x^2+\Delta x^3) - 2^3}{\Delta x} =$$

$$= \frac{3\cdot 2^2\cdot\Delta x}{\Delta x} + \frac{3\cdot 2\cdot\Delta x^2}{\Delta x} + \frac{\Delta x^3}{\Delta x} = 3\cdot 2^2 + 3\cdot 2\cdot\Delta x + \Delta x^2,$$

also ist $f'(x_0) = \lim\limits_{\Delta x\to 0} \frac{\Delta f(x_0)}{\Delta x} = \lim\limits_{\Delta x\to 0} 3\cdot 2^2 + \lim\limits_{\Delta x\to 0} 3\cdot 2\cdot\Delta x + \lim\limits_{\Delta x\to 0} \Delta x^2$

$$= 3\cdot 2^2 + 0 + 0 = 12.$$

c) Die Umformung des Differenzenquotienten an der Stelle $x_0 = 2$ ergibt:

$$\frac{\Delta f(x_0)}{\Delta x} = \frac{\sqrt{2+\Delta x} - \sqrt{2}}{\Delta x} = \qquad \text{(Erweitern mit } \sqrt{2+\Delta x} + \sqrt{2}\text{)}$$

$$= \frac{(\sqrt{2+\Delta x} - \sqrt{2})\cdot(\sqrt{2+\Delta x} + \sqrt{2})}{\Delta x\cdot(\sqrt{2+\Delta x} + \sqrt{2})} = \frac{1}{\sqrt{2+\Delta x} + \sqrt{2}},$$

also ist $f'(x_0) = \lim\limits_{\Delta x\to 0} \frac{\Delta f(x_0)}{\Delta x} = \lim\limits_{\Delta x\to 0} \frac{1}{\sqrt{2+\Delta x} + \sqrt{2}} = \frac{1}{2\cdot\sqrt{2}}.$

d) Die Umformung des Differenzenquotienten an der Stelle $x_0 = 2$ ergibt:

$$\frac{\Delta f(x_0)}{\Delta x} = \frac{((2+\Delta x)^3 + 5(2+\Delta x) + \sqrt{2+\Delta x}) - (2^3 + 5\cdot 2 + \sqrt{2})}{\Delta x} =$$

$$= \frac{(2+\Delta x)^3 - 2^3}{\Delta x} + \frac{5(2+\Delta x) - 5\cdot 2}{\Delta x} + \frac{\sqrt{2+\Delta x} - \sqrt{2}}{\Delta x} =$$

$$= (3\cdot 2^2+3\cdot 2\cdot\Delta x+\Delta x^2) + 5 + \frac{1}{\sqrt{2+\Delta x}+\sqrt{2}},$$

also ist

$$f'(x_0) = \lim_{\Delta x\to 0} \frac{\Delta f(x_0)}{\Delta x} = \lim_{\Delta x\to 0} (3\cdot 2^2+3\cdot 2\cdot\Delta x+\Delta x^2) + \lim_{\Delta x\to 0} 5 + \lim_{\Delta x\to 0} \frac{1}{\sqrt{2+\Delta x} +\sqrt{2}} =$$

$$= 12 + 5 + \frac{1}{2\cdot\sqrt{2}} = 17 + \frac{\sqrt{2}}{4} \doteq 17{,}3536.$$

Übungsaufgabe 3.2

a) $D_f = D_{f'} = \mathbb{R}$, $f'(x) = 20\cdot x^3 - 18\cdot x^2 + 4\cdot x$.

b) $D_f = D_{f'} = \mathbb{R}\setminus\{0\}$, $f'(x) = \frac{0\cdot x^3 - 1\cdot 3\cdot x^2}{(x^3)^2} = \frac{-3}{x^4}$ (Quotientenregel);

alternativ: $f(x) = \frac{1}{x^3} = x^{-3} \Rightarrow f'(x) = -3\cdot x^{-4} = \frac{-3}{x^4}$.

c) $D_f = \mathbb{R}^+$ (einschließlich 0), $D_{f'} = \mathbb{R}_+$ (ausschließlich 0)

$f(x) = \sqrt{x} = x^{\frac{1}{2}} \Rightarrow f'(x) = \frac{1}{2}\cdot x^{\frac{1}{2}-1} = \frac{1}{2\sqrt{x}}$;

alternativ: $f(x) \cdot f(x) = g(x) = x$, also $g'(x) = 1$
oder mit der Produktregel: $g'(x) = f'(x)\cdot f(x) + f(x)\cdot f'(x) = 2\cdot f'(x)\cdot f(x)$,
also: $f'(x) = \frac{g'(x)}{2\cdot f(x)} = \frac{1}{2\cdot\sqrt{x}}$ (wegen $g'(x) = 1$).

d) $D_f = D_{f'} = \mathbb{R}$, $f'(x) = 6\cdot(x+5)^5\cdot 1 = 6\cdot(x+5)^5$ (Kettenregel).

e) $D_f = D_{f'} = \mathbb{R}$, $f'(x) = e^{2\cdot x^2}\cdot 2\cdot 2\cdot x = 4\cdot x\cdot e^{2\cdot x^2}$ (Kettenregel).

f) $D_f = D_{f'} = \mathbb{R}_+$ (ausschließlich 0),
$f'(x) = (\cos x)\cdot \ln x + (\sin x)\cdot\frac{1}{x}$ (Produktregel).

g) $D_f = D_{f'} = \mathbb{R}\setminus\{\pm 1\}$,

$$f'(x) = \frac{3\cdot(x^2+3)^2\cdot 2\cdot x\cdot(x^2-1) - (x^2+3)^3\cdot 2\cdot x}{(x^2-1)^2} =$$

$$= \frac{2\cdot x\cdot(x^2+3)^2 \cdot (3\cdot(x^2-1)-(x^2+3))}{(x^2-1)^2} = \frac{4\cdot x\cdot(x^2+3)^2 \cdot (x^2-3)}{(x^2-1)^2} =$$

h) $D_f = D_{f'} = \mathbb{R}\setminus\left\{\ldots, -\frac{3}{2}\pi, -\frac{1}{2}\pi, \frac{1}{2}\pi, \frac{3}{2}\pi, \ldots\right\}$,

$$f'(x) = \frac{(\cos x)\cdot(\cos x) - (\sin x)\cdot(-\sin x)}{\cos^2 x} = \frac{1}{\cos^2 x} \quad \text{(da } \sin^2 x + \cos^2 x = 1\text{)}.$$

i) $D_f = \mathbb{R}$, $D_{f'} = \mathbb{R}\setminus\{0\}$.

Wegen $f(x) = \begin{cases} -x, & \text{falls } x \le 0 \\ x, & \text{falls } x \ge 0 \end{cases}$ ist $f'(x) = \begin{cases} -1, & \text{falls } x < 0 \\ +1, & \text{falls } x > 0. \end{cases}$

Übungsaufgabe 3.3

a) $f(x) = \frac{x^3}{x^2-1}$

a1) Der Definitionsbereich von f ist $\mathbb{R}$ mit Ausnahme der Nullstellen des Nenners: $x^2 - 1 = 0 \Leftrightarrow x^2 = 1 \Leftrightarrow x = \pm 1$, also $D_f = \mathbb{R}\setminus\{\pm 1\}$.

a2) f ist als gebrochen rationale Funktion auf ganz $D_f$ stetig und beliebig oft stetig differenzierbar: $D_f = D_{f^{(n)}}$.

a3) Mit Hilfe der Quotientenregel ergeben sich die ersten drei Ableitungen:

$$f'(x) = \frac{3\cdot x^2\cdot(x^2-1) - x^3\cdot 2\cdot x}{(x^2-1)^2} = \frac{x^4-3\cdot x^2}{(x^2-1)^2};$$

$$f''(x) = \frac{(4\cdot x^3-6\cdot x)\cdot(x^2-1)^2 - (x^4-3\cdot x^2)\cdot 2\cdot(x^2-1)\cdot 2\cdot x}{(x^2-1)^4} = \frac{2\cdot x^3+6\cdot x}{(x^2-1)^3};$$

$$f'''(x) = \frac{(6\cdot x^2+6)\cdot(x^2-1)^3 - (2\cdot x^3+6\cdot x)\cdot(x^2-1)^2\cdot 6\cdot x}{(x^2-1)^6} = \frac{-6\cdot x^4-36\cdot x^2-6}{(x^2-1)^4}.$$

a4) Wegen $f(x) = \dfrac{x^3}{x^2-1} = x + \dfrac{x}{x^2-1}$ ist $a(x) = x$ eine Asymptote für $x \to \pm\infty$,

weil $\dfrac{x}{x^2-1}$ für $x \to \pm\infty$ gegen 0 strebt.

$$\lim_{\substack{x\to -1\\ x<-1}} f(x) = \lim_{\substack{x\to -1\\ x<-1}} \frac{x^3}{x^2-1} = \frac{-1}{\lim\limits_{\substack{x\to -1\\ x<-1}} (x^2-1)} = \frac{-1}{+0} = -\infty;$$

$$\lim_{\substack{x\to -1\\ x>-1}} f(x) = \lim_{\substack{x\to -1\\ x>-1}} \frac{x^3}{x^2-1} = \frac{-1}{\lim\limits_{\substack{x\to -1\\ x>-1}} (x^2-1)} = \frac{-1}{-0} = +\infty;$$

$$\lim_{\substack{x\to +1\\ x<+1}} f(x) = \lim_{\substack{x\to +1\\ x<+1}} \frac{x^3}{x^2-1} = \frac{+1}{\lim\limits_{\substack{x\to +1\\ x<+1}} (x^2-1)} = \frac{+1}{-0} = -\infty;$$

$$\lim_{\substack{x\to +1\\ x>+1}} f(x) = \lim_{\substack{x\to +1\\ x>+1}} \frac{x^3}{x^2-1} = \frac{+1}{\lim\limits_{\substack{x\to +1\\ x>+1}} (x^2-1)} = \frac{+1}{+0} = +\infty.$$

a5) Nullstellen:

$$f(x) = \frac{x^3}{x^2-1} = 0 \Leftrightarrow x^3 = 0 \Leftrightarrow x = x_0 = 0,$$

also: Es gibt genau eine Nullstelle bei $x_0 = 0$.

a6) Extremstellen:

Erste Bedingung: $f'(x) = \dfrac{x^4-3\cdot x^2}{(x^2-1)^2} = 0 \Leftrightarrow x^4-3\cdot x^2 = x^2\cdot(x^2-3) = 0.$

Lösungen: $x_{e1} = 0$ (Vielfachheit 2), $x_{e2} = -\sqrt{3}$, $x_{e3} = +\sqrt{3}$.

Zweite Bedingung für Extremstellen $f''(x) = \dfrac{2\cdot x^3+6\cdot x}{(x^2-1)^3} \neq 0$ für $x = x_{ei}$:

$f''(-\sqrt{3}) = \frac{-12\cdot\sqrt{3}}{(x^2-1)^3} < 0 \Rightarrow$ lokales Maximum bei $x_{e2} = -\sqrt{3}$ $(f(-\sqrt{3}) \doteq -2,6)$;

$f''(+\sqrt{3}) = \frac{12\cdot\sqrt{3}}{(x^2-1)^3} > 0 \Rightarrow$ lokales Minimum bei $x_{e3} = +\sqrt{3}$ $(f(+\sqrt{3}) \doteq 2,6)$;

$f''(0) = 0$ und $f'''(0) = -6 \Rightarrow x_0^e = 0$ ist eine Wendestelle mit waagrechter Tangente $(f(0) = 0)$.

a7) Wendestellen:

Erste Bedingung: $f''(x) = \frac{x\cdot(2\cdot x^2+6)}{(x^2-1)^3} = 0 \Leftrightarrow x = 0$ oder $2\cdot x^2 = -6$ (besitzt keine reelle Lösung!). Es gibt also genau eine Wendestelle $x_{w1} = 0$ $(f'''(0) = -6$, vgl. Teilaufgabe a6)).

a8) Skizze: Vgl. Abb. 6.1.

Abb. 6.1: Graph der Funktion $f(x) = \frac{x^3}{x^2-1}$

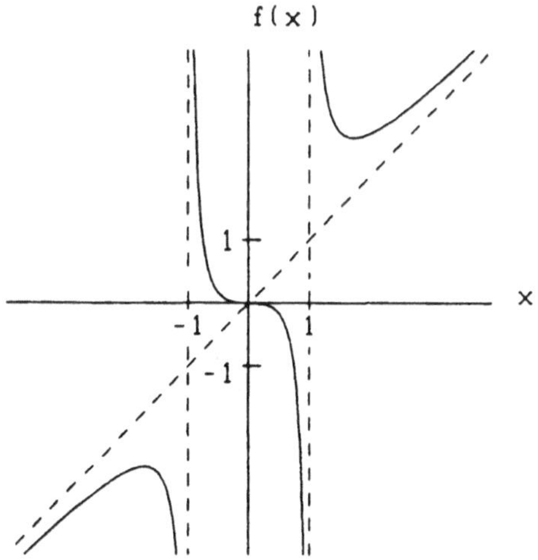


b) $f(x) = \frac{x^2}{x^2-1}$.

b1) $D_f = \mathbb{R}\setminus\{\pm 1\}$, da für $x = \pm 1$ der Nenner $x^2-1 = 0$ ist und f daher an diesen Stellen nicht definiert ist.

b2) f ist als gebrochen rationale Funktion auf ganz $D_f$ stetig und beliebig oft stetig differenzierbar: $D_f = D_{f^{(n)}}$.

b3) Ableitungsfunktionen (Quotientenregel):

$$f'(x) = \frac{2\cdot x\cdot(x^2-1) - x^2\cdot 2\cdot x}{(x^2-1)^2} = \frac{-2\cdot x}{(x^2-1)^2};$$

$$f''(x) = \frac{-2\cdot(x^2-1)^2 + 2\cdot x\cdot 2\cdot x\cdot 2\cdot(x^2-1)}{(x^2-1)^4} = \frac{6\cdot x^2+ 2}{(x^2-1)^3};$$

$$f'''(x) = \frac{12\cdot x\cdot(x^2-1)^3 - (6\cdot x^2+2)\cdot 3\cdot(x^2-1)^2\cdot 2\cdot x}{(x^2-1)^6} = -24\cdot x\cdot\frac{x^2+1}{(x^2-1)^4}.$$

b4) Verhalten an den Rändern des Definitionsbereiches:

$$\lim_{x\to\pm\infty} f(x) = 1$$

$$\lim_{\substack{x\to -1\\ x<-1}} f(x) = \frac{+1}{+0} = +\infty; \quad \lim_{\substack{x\to -1\\ x>-1}} f(x) = \frac{+1}{-0} = -\infty;$$

$$\lim_{\substack{x\to +1\\ x<+1}} f(x) = \frac{+1}{-0} = -\infty; \quad \lim_{\substack{x\to +1\\ x>+1}} f(x) = \frac{+1}{+0} = +\infty.$$

b5) Nullstellen:

$f(x) = 0 \Leftrightarrow x^2 = 0 \Leftrightarrow x = x_0 = 0.$

b6) Extremstellen:
Erste Bedingung: $f'(x) \overset{!}{=} 0 \Leftrightarrow -2\cdot x = 0 \Leftrightarrow x = x_{e1} = 0;$

Zweite Bedingung: $f''(x_{e1}) = f''(0) = -2 < 0 \Rightarrow x_{e1} = 0$ ist ein lokales Maximum.

b7) Wendestellen:

Erste Bedingung: $f''(x_w) = 0 \Leftrightarrow 6\cdot x_w^2 + 2 = 0 \rightarrow$ keine reellen Lösungen!

f besitzt keine Wendestellen.

b8) Skizze: Vgl. Abb.6.2.

Abb. 6.2: Graph der Funktion $f(x) = \frac{x^2}{x^2-1}$

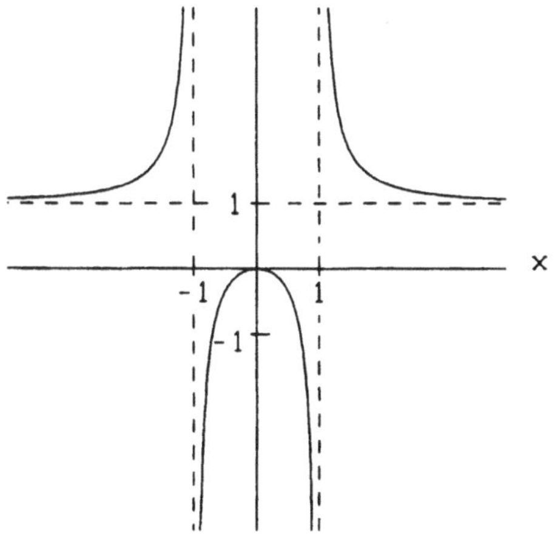


Übungsaufgabe 3.4

Es sind zunächst die drei ersten Ableitungsfunktionen von f zu bestimmen:
$f'(x) = 7 \cdot x^6 - 5 \cdot x^4$, $f''(x) = 42 \cdot x^5 - 20 \cdot x^3$, $f'''(x)\ 210 \cdot x^4 - 60 \cdot x^2$.

a) Da f auf ganz $\mathbb{R}$ unendlich oft stetig differenzierbar ist, ergibt sich die Lösung dieser Teilaufgabe aus der Berechnung der Wendestellen.
Erste Bedingung: $f''(x_W) = 0 \Leftrightarrow x_W^3 \cdot (42 \cdot x_W^2 - 20) = 0$ also:
$x_{W1} = 0$ mit $f'''(0) = 0$; $x_{W2,3} = \pm\sqrt{10/21}$ mit $f'''(x_{W2,3}) = \frac{400}{21} > 0$, also sind $x_{W2}$ und $x_{W3}$ Wendestellen (konkav-konvex).
Da $f'''(x) = x^2 \cdot (210 \cdot x^2 - 60) \leq 0$ für alle x aus einer hinreichend kleinen Umgebung von 0 ist, muß $x_{W1}$ ein Wendestelle (konvex-konkav) sein.

Damit ergibt sich:
Im Intervall $]\infty, -\sqrt{10/21}]$ ist f(x) konkav.
Im Intervall $[-\sqrt{10/21}, 0]$ ist f(x) konvex.
Im Intervall $[0, \sqrt{10/21}]$ ist f(x) konkav.
Im Intervall $[\sqrt{10/21}, +\infty[$ ist f(x) konvex.

b) Nullstellen:

$f(x) = x^5 \cdot (x^2-1) = 0 \Leftrightarrow x = x_{01} = 0$ oder $x = x_{02} = -1$ oder $x = x_{03} = +1$.

Extremstellen:
Erste Bedingung: $f'(x) = 7 \cdot x^6 - 5 \cdot x^4 = x^4 \cdot (7 \cdot x^2 - 5) \stackrel{!}{=} 0 \Leftrightarrow x = x_{e1} = 0$ oder $x = x_{e2} = -\sqrt{5/7}$ oder $x = x_{e3} = +\sqrt{5/7}$.

Zusammen mit Teilaufgabe a) folgt daraus, daß $x_{e1} = 0$ eine Wendestelle und keine Extremstelle ist, daß $x_{e2}$ ein lokales Maximum und daß $x_{e3}$ ein lokales Minimum ist.

c) Skizze:

Abb. 6.3: Graph der Funktion $f(x) = x^7 - x^5$

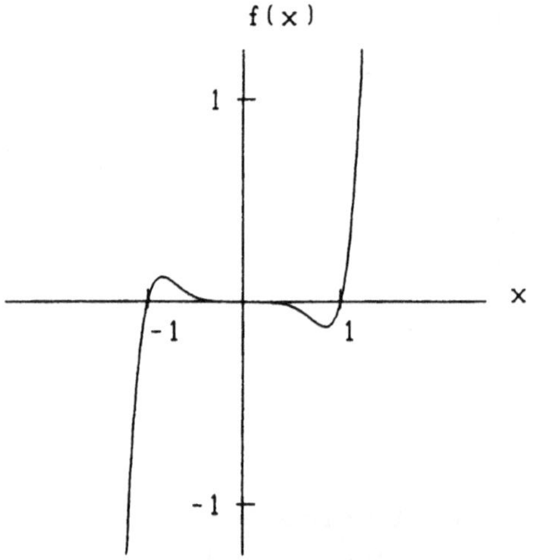


Übungsaufgabe 3.5

a) Durch Differenzieren und Anwendung von Satz 3.38 erhält man:

$$\lim_{x\to 0} \frac{e^x - e^{-x}}{x} = \lim_{x\to 0} \frac{e^x + e^{-x}}{1} = 1 + 1 = 2.$$

b) Durch Differenzieren und Anwendung von Satz 3.39 erhält man:

$$\lim_{x\to\infty} \frac{\ln x}{x} = \lim_{x\to\infty} \frac{1/x}{1} = \lim_{x\to\infty} \frac{1}{x} = 0.$$

c) Durch n-maliges Differenzieren und Anwendung von Satz 3.39 erhält man:

$$\lim_{x\to\infty} \frac{x^n}{e^x} = \lim_{x\to\infty} \frac{n!}{e^x} = 0.$$

d) Zunächst ist der Ausdruck $(1+x)^{1/x}$ umzuformen:

$(1+x)^{1/x} = \exp(\ln((1+x)^{1/x})) = \exp(\frac{1}{x}\cdot\ln(1+x))$.

Wegen der Stetigkeit der Exponentialfunktion ist dann

$$\lim_{x\to 0} \frac{\ln(1+x)}{x} = \lim_{x\to 0} \frac{\frac{1}{x+1}}{1} = 1, \text{ also ist } \lim_{x\to 0} (1+x)^{1/x} = e.$$

Übungsaufgabe 3.6

a) $f'(x) = 3$, also $dy = 3 \cdot dx = 3 \cdot 0{,}05 = 0{,}15$

$(\Delta y = f(x_0+dx) - f(x_0) = 3\cdot\Delta x = 0{,}15 = dy$, also $\left|\frac{dy-\Delta y}{dy}\right| = 0)$;

b) $f'(x) = -3\cdot x^2 + 10\cdot x - 4$, also $dy = (-3\cdot x_0^2+10\cdot x_0-4)\cdot dx = 4\cdot 0{,}05 = 0{,}2$

($\Delta y = f(x_0+dx) - f(x_0) = 0{,}197375$, also $\left|\frac{dy-\Delta y}{dy}\right| \doteq 0{,}012$);

c) $f'(x) = -6\cdot x^2\cdot e^{-2\cdot x^3}$, also $dy = -6\cdot x_0^2\cdot e^{-2\cdot x_0^3}\cdot dx = -2{,}7\cdot 10^{-6}\cdot 0{,}05 =$

$= -1{,}35\cdot 10^{-7}$ ($\Delta y = f(x_0+dx) - f(x_0) = -7{,}965\cdot 10^{-8}$, also $\left|\frac{dy-\Delta y}{dy}\right| = 0{,}41$);

d) $f'(x) = \frac{2\cdot x}{(1+x^2)^2}$, also $dy = \frac{2\cdot x}{(1+x^2)^2}\cdot dx = 0{,}16\cdot 0{,}05 = 0{,}008$

($\Delta y = f(x_0+dx) - f(x_0) = 0{,}00732$, also $\left|\frac{dy-\Delta y}{dy}\right| = 0{,}085$);

e) $f'(x) = \pi\cdot\cos(\pi\cdot x) - \pi/2\cdot\sin(\frac{\pi}{2}\cdot x)$, also $dy = (\pi\cdot\cos(2\cdot\pi) - \pi/2\cdot\sin\pi)\cdot dx =$

$= \pi\cdot 0{,}05 = 0{,}157$ ($\Delta y = f(x_0+dx) - f(x_0) = 0{,}1595$, also $\left|\frac{dy-\Delta y}{dy}\right| \doteq 0{,}0159$);

f) $f'(x) = \frac{2-2\cdot x^2}{(1+x^2)^2}$, also $dy = \frac{2-2\cdot x^2}{(1+x^2)^2}\cdot dx = \frac{-6}{25}\cdot 0{,}05 = -0{,}012$

($\Delta y = f(x_0+\Delta x) - f(x_0) = -0{,}0119173$, also $\left|\frac{dy-\Delta y}{dy}\right| \doteq 0{,}0069$);

Übungsaufgabe 3.7

a) Es sind die Ableitungen von $f(x) = \cos x$ an der Stelle $x_0 = 0$ zu bestimmen:
Wegen $f'(x) = -\sin x$, $f''(x) = -\cos x$, $f'''(x) = \sin x$, $f^{(4)}(x) = \cos x$ (usw.) gilt $f^{(2n+1)}(0) = 0$ und $f^{(2n)}(0) = (-1)^n$.
Setzt man diese Werte in die Taylor-Formel ein, so ergibt sich:

$$f(x) = \sum_{i=0}^{\infty}\frac{f^{(i)}(0)}{i!}\cdot x^i = \sum_{i=0}^{\infty}\frac{(-1)^i}{(2\cdot i)!}\cdot x^{2\cdot i} = \sum_{i=0}^{\infty}(-1)^i\cdot\frac{x^{2\cdot i}}{(2\cdot i)!}.$$

Die Konvergenz dieser Reihe gegen $f(x) = \cos x$ ist gesichert, da das Restglied $R_{n+1}(x) = \frac{f^{(n+1)}(\bar{x})}{(n+1)!}\cdot x^{n+1}$ (bei festem x) für $n \to \infty$ gegen 0 konvergiert: $|R_{n+1}(x)| \le \frac{|x|^{n+1}}{(n+1)!} \xrightarrow[n\to\infty]{} 0$.

Damit ist $\cos x = \sum_{i=0}^{\infty}(-1)^i\cdot\frac{x^{2\cdot i}}{(2\cdot i)!}$ (vgl. Def. 3.7).

b) Mit der gegebenen Formel für die Ableitungen von $f(x) = \ln x$ ergibt sich an der Stelle $x_0 = 1$: $f^{(0)}(1) = 0$, $f^{(i)}(1) = (-1)^{i-1}\cdot(i-1)!$ $(i\ge 1)$, so daß man durch Einsetzen in die Taylorformel den folgenden Ausdruck erhält:

$$f(x) = \sum_{i=0}^{n}\frac{f^{(i)}(1)}{i!}\cdot(x-1)^i + R_{n+1}(x) = \sum_{i=1}^{n}(-1)^{i-1}\cdot\frac{(i-1)!}{i!}\cdot(x-1)^i + R_{n+1}(x) =$$

$$= \sum_{i=1}^{n} (-1)^{i-1} \cdot \frac{(x-1)^i}{i} + R_{n+1}(x).$$

Dabei ist $R_{n+1}(x) = \frac{(-1)^n \cdot n! \cdot \bar{x}^{-(n+1)}}{(n+1)!} \cdot (x-1)^{n+1} = \frac{(-1)^n}{n+1} \cdot \left(\frac{x-1}{\bar{x}}\right)^n$, wobei $\bar{x}$ zwischen 1 und x liegt. Für $1 \leq x \leq 2$ ist $0 \leq x-1 \leq \bar{x}$, so daß $0 \leq \frac{x-1}{\bar{x}} \leq 1$ gilt. Also ist $\lim_{n\to\infty} R_{n+1}(x) = 0$ für $1 \leq x \leq 2$.

Auch für $0 < x \leq 1$, kan man (allerdings nicht mit der hier benutzten Darstellung des Restgliedes) zeigen, daß $R_{n+1}(x)$ gegen 0 konvergiert.

Insgesammt gilt also für $0 < x \leq 2$: $\ln(x) = \sum_{i=0}^{\infty} (-1)^{i+1} \cdot \frac{(x-1)^i}{i}$

(Für alle anderen Werte von x divergiert die Taylorreihe.).

c) Aus Teilaufgabe b) folgt für $x = 2$:

$$\ln 2 = \sum_{i=1}^{\infty} (-1)^{i-1} \cdot \frac{(2-1)^i}{i} = 1 - 1/2 + 1/3 - 1/4 + \ldots$$

Damit ist der Grenzwert der im zweiten Kapitel (vgl. Beispiele zu Def. 2.13) als konvergent erkannten alternierenden Reihe bestimmt.

Übungsaufgabe 3.8

a) $f'(x) = a$, also $\varepsilon_{f(x),\,x} = \frac{a \cdot x}{a \cdot x + b}$;

b) $f'(x) = n \cdot x^{n-1}$, also $\varepsilon_{f(x),\,x} = n \cdot x^{n-1} \cdot \frac{x}{x^n} = n$;

c) $f'(x) = 4 \cdot x^3 + 6 \cdot x^2$, also $\varepsilon_{f(x),\,x} = (4 \cdot x^3 + 6 \cdot x^2) \cdot \frac{x}{x^4 + 2 \cdot x^3} = 3 + \frac{x}{x+2}$;

Alternativ: $f(x) = g(x) \cdot h(x)$ mit $g(x) = x^3$ und $h(x) = x + 2$; also ist $\varepsilon_{f(x),\,x} = \varepsilon_{g(x) \cdot h(x),\,x} = \varepsilon_{g(x),\,x} + \varepsilon_{h(x),\,x} = 3 + \frac{x}{x+2}$;

d) $f'(x) = e^x$, also $\varepsilon_{f(x),\,x} = e^x \cdot \frac{x}{e^x} = x$;

e) $f'(x) = 1/x$, also $\varepsilon_{f(x),\,x} = \frac{1}{x} \cdot \frac{x}{\ln x} = \frac{1}{\ln x}$;

f) $f(x) = g(x) \cdot h(x)$ mit $g(x) = x^2$ und $h(x) = e^x$, also ist $\varepsilon_{f(x),\,x} = \varepsilon_{g(x),\,x} + \varepsilon_{h(x),\,x} = 2 + x = x + 2$ $(x \neq 0)$;

g) Mit $f(x) = x^x = (e^{\ln x})^x = e^{x \cdot \ln x}$ ist $f'(x) = e^{x \cdot \ln x} \cdot (\ln x + x \cdot \frac{1}{x}) = (\ln x + 1) \cdot e^{x \cdot \ln x}$, also $\varepsilon_{f(x),x} = (\ln x + 1) \cdot e^{x \cdot \ln x} \cdot \frac{x}{e^{x \cdot \ln x}} = x \cdot (\ln x + 1)$.

**Übungsaufgabe 3.9**

a) $\varepsilon$ ist nur für $y \neq 0$, also für $x^2 - 2 \cdot x + 1 \neq 0$, oder $(x-1)^2 \neq 0$ oder $x \neq 1$ definiert.

b) Mit $h(x) = x^2 - 2 \cdot x + 1$, also $\varepsilon_{h(x),\,x} = \frac{2 \cdot x^2 - 2 \cdot x}{x^2 - 2 \cdot x + 1}$ und $g(x) = e^x$, also $\varepsilon_{g(x),\,x} = x$ gilt für $y = f(x) = h(x) \cdot g(x)$:

$$\varepsilon_{y,\,x} = \varepsilon_{h(x),\,x} + \varepsilon_{g(x),\,x} = \frac{2 \cdot x^2 - 2 \cdot x}{x^2 - 2 \cdot x + 1} + x = \frac{x^3 - x}{x^2 - 2 \cdot x + 1} = \frac{x^2 + x}{x - 1}.$$

**Übungaufgabe 3.10**

Mit $f'(x) = k \cdot \lambda \cdot x^{\lambda - 1}$ ist $\varepsilon_{f(x),\,x} = \frac{x}{k \cdot x^{\lambda}} \cdot k \cdot \lambda \cdot x^{\lambda - 1} = \frac{k \cdot \lambda x^{\lambda}}{k \cdot x^{\lambda}} = \lambda.$

**Übungsaufgabe 3.11**

a) Mit $f'(x) = -3$ gilt: $\varepsilon_{f(x),\,x} = -3 \cdot \frac{x}{150 - 3 \cdot x} = \frac{x}{x - 50}.$

b) Es ist $\varepsilon(0) = 0$, $\lim\limits_{\substack{x \to 50 \\ x < 50}} \varepsilon = \frac{50}{-0} = -\infty$. Darüber hinaus ist $\varepsilon$ monoton fallend, da $\varepsilon' = \frac{-50}{(x-50)^2} < 0$ f.a. $x \in [0,\, 50[$ ist. Damit ergibt sich die folgende Skizze:

Abb. 6.4: Graph von $\varepsilon_{f(x),\,x} = \frac{x}{x-50}$

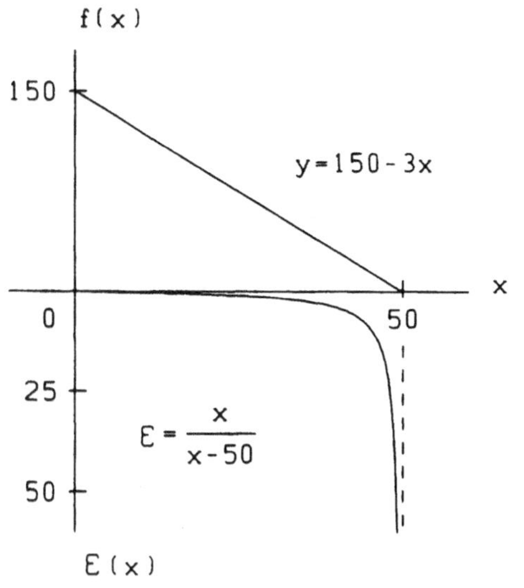

Übungsaufgabe 3.12

a) $D_f = \mathbb{R}^2$

$\frac{\partial f(x,\ y)}{\partial x} = 2\cdot x,$ $\frac{\partial f(x,\ y)}{\partial y} = 2\cdot y,$

$\frac{\partial^2 f(x,\ y)}{\partial x^2} = 2,$ $\frac{\partial^2 f(x,\ y)}{\partial y^2} = 2,$

$\frac{\partial^2 f(x,\ y)}{\partial x \partial y} = 0,$ $\frac{\partial^2 f(x,\ y)}{\partial y \partial x} = 0,$

Hesse-Matrix: $D_f^2 = \begin{pmatrix} 2 & 0 \\ 0 & 2 \end{pmatrix};$

b) $D_f = \mathbb{R}^2$

$\frac{\partial f(x,\ y)}{\partial x} = 15\cdot x^2 - 12\cdot x\cdot y + y^2,$ $\frac{\partial f(x,\ y)}{\partial y} = -6\cdot x^2 + 6\cdot x\cdot y + 3\cdot y^2,$

$\frac{\partial^2 f(x,\ y)}{\partial x^2} = 30\cdot x - 12\cdot y,$ $\frac{\partial^2 f(x,\ y)}{\partial y^2} = 6\cdot x + 6\cdot y,$

$\frac{\partial^2 f(x,\ y)}{\partial x \partial y} = -12\cdot x + 6\cdot y,$ $\frac{\partial^2 f(x,\ y)}{\partial y \partial x} = -12\cdot x + 6\cdot y,$

Hesse-Matrix: $D_f^2 = \begin{pmatrix} 30\cdot x-12\cdot y & -12\cdot x+6\cdot y \\ -12\cdot x+6\cdot y & 6\cdot x+6\cdot y \end{pmatrix};$

c) $D_f = \left\{(x,\ y)\ |\ x \geq 0,\ y \neq 0\right\}$

$\frac{\partial f(x,\ y)}{\partial x} = \frac{1}{2}\cdot x^{-1/2} + y^{-2},$ $\frac{\partial f(x,\ y)}{\partial y} = -2\cdot x\cdot y^{-3},$

$\frac{\partial^2 f(x,\ y)}{\partial x^2} = -\frac{1}{2}\cdot\frac{1}{2}\cdot x^{-3/2},$ $\frac{\partial^2 f(x,\ y)}{\partial y^2} = 6\cdot x\cdot y^{-4},$

$\frac{\partial^2 f(x,\ y)}{\partial x \partial y} = \frac{-2}{y^3},$ $\frac{\partial^2 f(x,\ y)}{\partial y \partial x} = \frac{-2}{y^3},$

Hesse-Matrix: $D_f^2 = \begin{pmatrix} -1/(4\cdot x\cdot\sqrt{x}) & -2/y^3 \\ -2/y^3 & 6\cdot x/y^4 \end{pmatrix};$

d) $D_f = \left\{(x,\ y) \in \mathbb{R}^2\ |\ x \neq \pm y\right\}$

$\frac{\partial f(x,\ y)}{\partial x} = \frac{-4\cdot x\cdot y^2}{(x^2-y^2)^2},$ $\frac{\partial f(x,\ y)}{\partial y} = \frac{4\cdot x^2\cdot y}{(x^2-y^2)^2},$

$\frac{\partial^2 f(x,\ y)}{\partial x^2} = \frac{4\cdot y^4+12\cdot x^2\cdot y^2}{(x^2-y^2)^3},$ $\frac{\partial^2 f(x,\ y)}{\partial y^2} = \frac{4\cdot x^4+12\cdot x^2\cdot y^2}{(x^2-y^2)^3},$

$\frac{\partial^2 f(x,\ y)}{\partial x \partial y} = -8\cdot x\cdot y\cdot\frac{y^2+x^2}{(x^2-y^2)^3},$ $\frac{\partial^2 f(x,\ y)}{\partial y \partial x} = -8\cdot x\cdot y\cdot\frac{y^2+x^2}{(x^2-y^2)^3},$

Hesse-Matrix: $D_f^2 = \frac{1}{(x^2-y^2)^3} \cdot \begin{bmatrix} 4 \cdot y^4+12 \cdot x^2 \cdot y^2 & -8 \cdot x^3 \cdot y-8 \cdot x \cdot y^3 \\ -8 \cdot x^3 \cdot y+8 \cdot x \cdot y^3 & 4 \cdot x^4+12 \cdot x^2 \cdot y^2 \end{bmatrix}$;

e) $D_f = \left\{(x,\ y) \in \mathbb{R}^2 \mid y \geq 1\right\}$

$\frac{\partial f(x,\ y)}{\partial x} = e^{\sqrt{y-1}}$, $\qquad \frac{\partial f(x,\ y)}{\partial y} = \frac{x}{2 \cdot \sqrt{y-1}} \cdot e^{\sqrt{y-1}}$,

$\frac{\partial^2 f(x,\ y)}{\partial x^2} = 0$, $\qquad \frac{\partial^2 f(x,y)}{\partial y^2} = (1-\frac{1}{\sqrt{y-1}}) \cdot \frac{x}{4 \cdot (y-1)} \cdot e^{\sqrt{y-1}}$,

$\frac{\partial^2 f(x,\ y)}{\partial x \partial y} = \frac{1}{2 \cdot \sqrt{y-1}} \cdot e^{\sqrt{y-1}}$, $\qquad \frac{\partial^2 f(x,\ y)}{\partial y \partial x} = \frac{1}{2 \cdot \sqrt{y-1}} \cdot e^{\sqrt{y-1}}$,

Hesse-Matrix: $D_f^2 = \begin{bmatrix} 0 & \frac{1}{2 \cdot \sqrt{y-1}} \cdot e^{\sqrt{y-1}} \\ \frac{1}{2\sqrt{y-1}} \cdot e^{\sqrt{y-1}} & (1-\frac{1}{\sqrt{y-1}}) \cdot \frac{x}{4 \cdot (y-1)}\ e^{\sqrt{y-1}} \end{bmatrix}$.

Übungsaufgabe 3.13

a) Mit den partiellen Ableitungen $f'_x(x,\ y) = (2 \cdot x+x^2 \cdot y) \cdot e^{x \cdot y}$ und

$f'_y(x,\ y) = x^3 \cdot e^{x \cdot y}$ erhält man:

$df_x = f'_x(x_0,\ y_0) \cdot dx = 4 \cdot e^2 \cdot 0,1$ und $df_y = f'_y(x_0,\ y_0) \cdot dy = 1 \cdot e^2 \cdot 0,1$, also

$df = 0,4 \cdot e^2 + 0,1 \cdot e^2 = \frac{e^2}{2} \doteq 3,69$;

b) Mit den partiellen Ableitungen $\frac{\partial f}{\partial x_1} = \frac{1}{x_1 \cdot x_2+x_1^2-x_2^2} \cdot (x_2+2 \cdot x_1)$, also

$f'_{x_1}(1,\ 1) = \frac{1}{1} \cdot 3 = 3$ und $\frac{\partial f}{\partial x_2} = \frac{1}{x_1 \cdot x_2+x_1^2-x_2^2} \cdot (x_1-2 \cdot x_2)$, also

$f'_{x_2}(1,1) = \frac{1}{1} \cdot (-1) = -1$ erhält man:

$df_{x_1} = f'_{x_1}(1,\ 1) \cdot dx_1 = 3 \cdot 0,1 = 0,3$,

$df_{x_2} = f'_{x_2}(1,\ 1) \cdot dx_2 = -1 \cdot 0,2 = -0,2$,

$df = df_{x_1} + df_{x_2} = 0,3 - 0,2 = 0,1$.

Übungsaufgabe 3.14

a) Mit den partiellen Ableitungen $f'_x(x, y) = -\frac{18\cdot x\cdot y^2}{(x^2-4y^2)^2}$, also $f'_x(3, 3) = -2/3$

und $f'_y(x, y) = \frac{18\cdot x^2\cdot y}{(x^2-4y^2)^2}$, also $f'_y(3, 3) = 2/3$ erhält man:

$df_x(3, 3) = f'_x(3, 3)\cdot dx = -2/3\cdot(-1) = 2/3,$

$df_y(3, 3) = f'_y(3, 3)\cdot dy = +2/3\cdot(+1) = 2/3,$

$df = df_x + df_y = 2/3 + 2/3 = 4/3.$

b) An der Stelle $(x_0, y_0) = (4, 2)$ kann kein Differential von $f(x, y)$ berechnet werden, da $f(x, y)$ an dieser Stelle nicht definiert ist (Nenner = 0).

Übungsaufgabe 3.15

a) Mit den partiellen Ableitungen $f'_x(x, y) = y\cdot e^{y^2}$, $f'(1, 1) = e$ und

$f'_y(x, y) = (1+2\cdot y^2)\cdot x\cdot e^{y^2}$, also $f'_y(1, 1) = 3\cdot e$ ergibt sich:

$df_x = e\cdot dx \doteq 0{,}2718,$

$df_y = 3\cdot e\cdot dy \doteq 0{,}8154,$

$df = 0{,}3\cdot e + 0{,}1\cdot e \doteq 1{,}0872$

b) Die angegebene Gleichheit besteht, weil f als Funktion von x linear ist.

Übungsaufgabe 3.16

Mit den partiellen Ableitungen $f'_{x_1}(x_1, x_2) = 3\cdot\frac{1}{3}\cdot x_1^{-2/3}\cdot x_2^{2/3} = \frac{x_2^{2/3}}{x_1^{2/3}}$ und

$f'_{x_2}(x_1, x_2) = 3\cdot\frac{2}{3}\cdot x_1^{1/3}\cdot x_2^{-1/3} = 2\cdot\frac{x_1^{1/3}}{x_2^{1/3}}$ gilt:

$$\varepsilon_{f(x_1, x_2), x_1} = f'_{x_1}(x_1, x_2)\cdot\frac{x_1}{f(x_1, x_2)} = \frac{x_2^{2/3}}{x_1^{2/3}}\cdot\frac{x_1}{3\cdot x_1^{1/3}\cdot x_2^{2/3}} = \frac{1}{3} \text{ und}$$

$$\varepsilon_{f(x_1, x_2), x_2} = f'_{x_2}(x_1, x_2)\cdot\frac{x_2}{f(x_1, x_2)} = 2\cdot\frac{x_1^{2/3}}{x_2^{1/3}}\cdot\frac{x_2}{3\cdot x_1^{1/3}\cdot x_2^{2/3}} = \frac{2}{3}.$$

Es ist also in diesem Fall $\varepsilon_{f(x_1, x_2), x_1} + \varepsilon_{f(x_1, x_2), x_2} = 1$, was nach Satz 3.52 (Euler-Theorem) zu erwarten ist.

Übungsaufgabe 3.17

a) Mit den partiellen Ableitungen $g'_x(x, y) = (x+1)\cdot e^{x+y}$ und $g'_y(x, y) = x\cdot e^{x+y}$ der Funktion $g(x, y) = x\cdot e^{x+y}$ erhält man an der Stelle $(x_0, y_0) = (e, -e)$ die partiellen Ableitungen $g'_x(e, -e) = e+1$ und $g'_y(e, -e) = e$.
Für die implizit durch $g(x, y) = e$ definierte Funktion $y = f(x)$ gilt dann an der Stelle $x_0 = e$ mit $f(x_0) = -e$:

$$f'(x_0) = -\frac{g'_x(x_0, y_0)}{g'_y(x_0, y_0)} = -\frac{e+1}{e} = -1 - \frac{1}{e}.$$

b) Durch Logarithmieren erhält man aus $x\cdot e^{x+y} = e$ die Gleichung $\ln x + x + y = 1$ oder $y = 1 - x - \ln x$ und damit die explizite Darstellung von f. Mit $f'(x) = y' = -1 - \frac{1}{x}$ ergibt sich an der Stelle $x_0 = e$:
$f'(e) = -1 - \frac{1}{e}$, also der oben bereits berechnete Wert.

Übungsaufgabe 3.18

a) Zur Überprüfung der Konvexität/Konkavität von $f(x, y)$ sind die zweiten partiellen Ableitungen von f zu untersuchen.

$f'_x(x, y) = 4\cdot x^3+2\cdot x,$ $\quad f'_y(x, y) = 4\cdot y^3+2\cdot y,$

$f''_{xx}(x, y) = 12\cdot x^2+2,$ $\quad f''_{yy}(x, y) = 12\cdot y^2+2,$

$f''_{xy}(x, y) = 0.$

Damit gilt:

$f''_{xx}(x, y)\cdot f''_{yy}(x, y) - (f''_{xy}(x, y))^2 = (12\cdot x^2+2)\cdot(12\cdot y^2+2) - 0^2 > 0$ und

$f''_{xx}(x, y) = 12\cdot x^2+2 > 0$ für alle $(x, y) \in \mathbb{R}^2$, so daß f auf ganz $\mathbb{R}^2$ konvex ist.

Da $f(x, y)$ auf ganz $\mathbb{R}^2$ konvex ist, besitzt $f(x, y)$ höchstens ein Minimum.

Nullsetzen der beiden ersten partiellen Ableitungen von f führt zu dem Gleichungssystem (I) $4\cdot x^3 + 2\cdot x \overset{!}{=} 0$ und (II) $4\cdot y^3 + 2\cdot y \overset{!}{=} 0$ mit der einzigen reellen Lösung $x_{e1} = 0$ und $y_{e1} = 0$.
Damit besitzt f sein einziges lokales Minimum an der Stelle $(x_0, y_0) =$
$= (0, 0)$ (gleichzeitig das globale Minimum von f).

b) Zur Überprüfung der Konvexität/Konkavität von $f(x, y)$ sind die zweiten partiellen Ableitungen von f zu untersuchen.

$f'_x(x, y) = -2\cdot x + y + 1,$ $\quad f'_y(x, y) = -2\cdot y + x - 8,$

$f''_{xx}(x,y) = -2,$ $\quad f''_{yy}(x,y) = -2,$

$f''_{xy}(x,y) = 1.$

Damit gilt:

$f''_{xx}(x, y)\cdot f''_{yy}(x, y) - (f''_{xy}(x, y))^2 = (-2)\cdot(-2) - 1^2 = 3 > 0$ und

$f''_{xx}(x, y) = -2 < 0$ für alle $(x, y) \in \mathbb{R}^2$, so daß f auf ganz $\mathbb{R}^2$ konkav ist.

Da f(x, y) auf ganz $\mathbb{R}^2$ konkav ist, besitzt f(x, y) höchstens ein Maximum.

Nullsetzen der beiden ersten partiellen Ableitungen von f führt zu dem Gleichungssystem (I) $-2\cdot x + y + 1 \overset{!}{=} 0$ und (II) $x - 2\cdot y - 8 \overset{!}{=} 0$ mit der einzigen Lösung $(x_0, y_0) = (-2, -5)$.

Wegen der Konkavität von f auf ganz $\mathbb{R}^2$ folgt, daß $(x_0, y_0) = (-2, -5)$ das globale Maximum von f ist.

Übungsaufgabe 3.19

a) Zur Beantwortung der gestellten Fragen müssen die zweiten partiellen Ableitungen von f(x, y) berechnet werden.
Es gilt:

$$f'_x(x, y) = 2\cdot(x-1)\cdot e^{(x-1)^2+(y-2)^2}, \quad f'_y(x, y) = 2\cdot(y-2)\cdot e^{(x-1)^2+(y-2)^2},$$

$$f''_{xx}(x, y) = 2\cdot e^{(x-1)^2+(y-2)^2} + 2\cdot(x-1)\cdot 2\cdot(x-1)\cdot e^{(x-1)^2+(y-2)^2} =$$

$$= (2+4\cdot(x-1)^2)\cdot e^{(x-1)^2+(y-2)^2},$$

$$f''_{yy}(x, y) = 2\cdot e^{(x-1)^2+(y-2)^2} + 2\cdot(y-2)\cdot 2\cdot(y-2)\cdot e^{(x-1)^2+(y-2)^2} =$$

$$= (2+4\cdot(y-2)^2) \cdot e^{(x-1)^2+(y-2)^2},$$

$$f''_{xy}(x, y) = 2\cdot(x-1)\cdot 2\cdot(y-2)\cdot e^{(x-1)^2+(y-2)^2}.$$

Damit ergibt sich:

$$f''_{xx}(x,y) \cdot f''_{yy}(x,y) - (f''_{xy}(x,y))^2 =$$

$$= ((2+4\cdot(x-1)^2)\cdot(2+4\cdot(y-2)^2)-16\cdot(x-1)^2\cdot(y-2)^2) \cdot e^{2\cdot((x-1)^2+(y-2)^2)} =$$

$$= (4+8\cdot(x-1)^2+8\cdot(y-2)^2) \cdot e^{2\cdot((x-1)^2+(y-2)^2)}.$$

Der letzte Ausdruck ist offensichtlich stets positiv, da sowohl der erste Faktor, $(4+8\cdot(x-1)^2+8\cdot(y-2)^2)$, als auch der zweite Faktor, $e^{2\cdot((x-1)^2+(y-2)^2)}$, stets positiv ist. Da zusätzlich

$f''_{xx}(x, y) = (2+4\cdot(x-1)^2) \cdot e^{(x-1)^2+(y-2)^2}$ stets positiv ist, muß f auf ganz $\mathbb{R}^2$ konvex sein.

b) Falls f auf $\mathbb{R}^2$ eine Stelle mit waagrechter Tangentialebene besitzt, so muß diese wegen der in Teilaufgabe a) nachgewiesenen Konvexität von f auf ganz $\mathbb{R}^2$ das globale Minimum von f sein. Zur Bestimmung kritischer Stellen müssen die beiden ersten partiellen Ableitungen = 0 gesetzt werden:

$f'_x(x_0, y_0) \overset{!}{=} 0$ und $f'_y(x_0, y_0) \overset{!}{=} 0$, also

$$2 \cdot (x_0 - 1) \cdot e^{(x_0-1)^2+(y_0-1)^2} = 0 \Leftrightarrow x_0 - 1 = 0 \Leftrightarrow x_0 = 1$$

und

$$2 \cdot (y_0 - 2) \cdot e^{(x_0-1)^2+(y_0-1)^2} = 0 \Leftrightarrow y_0 - 2 = 0 \Leftrightarrow y_0 = 2.$$

Damit besitzt die Funktion f an der Stelle $(x_0, y_0) = (1, 2)$ mit $f(1, 2) = e^0 = 1$ ihr globales Minimum.

## Übungsaufgabe 3.20

a) Substitution:

Löst man die Gleichung der impliziten Nebenbedingung nach einer Variablen auf, so erhält man (o.B.d.A.) $y = +\sqrt{1-x^2}$ und $y = -\sqrt{1-x^2}$ $(-1 \le x \le +1)$. Setzt man eine dieser beiden Funktionen in f(x, y) ein, so ergibt sich: $g(x) = f(x, \pm\sqrt{1-x^2}) = x^2 \cdot (1-x^2) = x^2 - x^4$ mit den Ableitungen $g'(x) = 2 \cdot x - 4 \cdot x^3$ und $g''(x) = 2 - 12 \cdot x^2$.

Kritische Stellen von g ergeben sich durch Nullsetzen:

$g'(x_e) \overset{!}{=} 0 \Leftrightarrow 2 \cdot x - 4 \cdot x^3 = 0 \Leftrightarrow x = x_{e1} = 0$ oder $x = x_{e2} = +1/\sqrt{2}$ oder $x = x_{e3} = -1/\sqrt{2}$. Wegen $g''(0) = 2 > 0$ besitzt g an der Stelle $x_{e1} = 0$ ein Minimum, so daß f unter der angegebenen Nebenbedingung an den Stellen $(x_{e1}, y_{e1}) = (0, 1)$ und $(x_{e2}, y_{e2}) = (0, -1)$ Minima besitzt. Wegen $g''(+1/\sqrt{2}) = -4 < 0$ besitzt g an der Stelle $x_{e2} = +1/\sqrt{2}$ ein Maximum, so daß f unter der angegebenen Nebenbedingung an den Stellen $(x_{e3}, y_{e3}) = (+1/\sqrt{2}, +1/\sqrt{2})$ und $(x_{e4}, y_{e4}) = (+1/\sqrt{2}, -1/\sqrt{2})$ Maxima besitzt. Wegen $g''(-1/\sqrt{2}) = -4 < 0$ besitzt g an der Stelle $x_{e3} = -1/\sqrt{2}$ ein Maximum, so daß f unter der angegebenen Nebenbedingung an den Stellen $(x_{e5}, y_{e5}) = (-1/\sqrt{2}, +1/\sqrt{2})$ und $(x_{e6}, y_{e6}) = (-1/\sqrt{2}, -1/\sqrt{2})$ Maxima besitzt.

Bei dieser Vorgehensweise bleiben häufig die beiden weiteren Minima von f, $(x_{e7}, y_{e7}) = (1, 0)$ und $(x_{e8}, y_{e8}) = (-1, 0)$, unentdeckt, weil sie bei g als Randminima auftreten.

b) Lagrange-Ansatz:

Die Lagrange-Funktion lautet $L(x, y, \lambda) = x^2 \cdot y^2 + \lambda \cdot (x^2 + y^2 - 1)$ und besitzt die partiellen Ableitungen:

(I) $\frac{\partial L(x, y, \lambda)}{\partial x} = 2 \cdot x \cdot y^2 + 2 \cdot \lambda \cdot x,$

(II) $\frac{\partial L(x, y, \lambda)}{\partial y} = 2 \cdot x^2 \cdot y + 2 \cdot \lambda \cdot y,$

(III) $\frac{\partial L(x, y, \lambda)}{\partial \lambda} = x^2 + y^2 - 1.$

Nullsetzen der partiellen Ableitungen und Lösen des resultierenden Gleichungssystems ergibt:

(I) $2 \cdot x_e \cdot y_e^2 + 2 \cdot \lambda_e \cdot x_e = 0 \Leftrightarrow x_e \cdot (y_e^2 + \lambda_e) = 0,$

(II) $2 \cdot x_e^2 \cdot y_e + 2 \cdot \lambda_e \cdot y_e = 0,$

(III) $x_e^2 + y_e^2 - 1 = 0$ (Nebenbedingung).

Gleichung (I) besitzt die erste Lösung: $x_e = 0$; in (III) eingesetzt erhält man $y_e^2 = 1$ oder $y_e = \pm 1$, also $(x_{e1}, y_{e1}) = (0, 1)$ und $(x_{e2}, y_{e2}) = (0, -1)$ (in (II) eingesetzt ergibt $\lambda_{e1/2} = 0$).

Betrachtet man als nächstes den Fall $x_e \neq 0$, so erhält man aus (I) die Gleichung $y_e^2 + \lambda_e = 0$ oder $\lambda_e = -y_e^2$. Einsetzen in (II) ergibt:

$2 \cdot x_e^2 \cdot y_e - 2 \cdot y_e^2 \cdot y_e = 0$ oder $y_e \cdot (x_e^2 - y_e^2) = 0.$

Die letzte Gleichung besitzt als erste Lösung den Wert $y_e = 0$; in (III) eingesetzt erhält man dazu $x_e = \pm 1$, also zwei weitere Lösungen: $(x_{e3}, y_{e3}) = (1, 0)$ und $(x_{e4}, y_{e4}) = (-1, 0)$ (mit $\lambda_{e3/4} = 0$).

Setzt man als nächstes den zweiten Faktor auf der linken Seite der Gleichung $y_e \cdot (x_e^2 - y_e^2) = 0$ auf den Wert 0, so folgt:

$x_e^2 - y_e^2 = 0 \Leftrightarrow x_e^2 = y_e^2$. Einsetzen in (III) ergibt $x_e^2 = 1/2$ und damit die vier restlichen Extremstellen:

$(x_{e5}, y_{e5}) = (+1/\sqrt{2}, +1/\sqrt{2})$ und $(x_{e6}, y_{e6}) = (+1/\sqrt{2}, -1/\sqrt{2})$ $(\lambda_{e5/6} = -1/2)$,

$(x_{e7}, y_{e7}) = (+1/\sqrt{2}, +1/\sqrt{2})$ und $(x_{e8}, y_{e8}) = (-1/\sqrt{2}, -1/\sqrt{2})$ $(\lambda_{e7/8} = -1/2)$.

Übungsaufgabe 3.21

Die Lagrange-Funktion lautet $L(x_1, x_2, \lambda) = x_1 - 2 \cdot x_2 + \lambda \cdot (x_1 - x_2^2)$ und besitzt die partiellen Ableitungen:

(I) $\frac{\partial L(x_1, x_2, \lambda)}{\partial x_1} = 1 + \lambda,$

(II) $\frac{\partial L(x_1, x_2, \lambda)}{\partial x_2} = -2 - 2 \cdot \lambda \cdot x_2,$

(III) $\frac{\partial L(x_1, x_2, \lambda)}{\partial \lambda} = x_1 - x_2^2.$

Nullsetzen der ersten Gleichung liefert $\lambda_e = -1$. Einsetzen dieses Wertes in in (II) und Nullsetzen ergibt $-2 + 2 \cdot x_{2e} = 0$ oder $x_{2e} = 1$. Hieraus folgt mit Nullsetzen von (III), daß $x_{1e} = x_{2e}^2 = 1$ ist.

Ergebnis: Die Funktion $f(x_1, x_2) = x_1 - 2 \cdot x_2$ nimmt unter der Nebenbedingung $x_1 = x_2^2$ an der Stelle (1, 1) ihr Minimum mit $f(1, 1) = -1$ an.

Übungsaufgabe 3.22

Die Lagrange-Funktion lautet $L(x, y, \lambda) = x^2 + y^2 + \lambda \cdot (x+y-1)$ und besitzt die partiellen Ableitungen:

(I) $\frac{\partial L(x, y, \lambda)}{\partial x} = 2 \cdot x + \lambda$,

(II) $\frac{\partial L(x, y, \lambda)}{\partial y} = 2 \cdot y + \lambda$,

(III) $\frac{\partial L(x, y, \lambda)}{\partial \lambda} = x + y - 1$.

Nullsetzen der partiellen Ableitungen und Lösen des resultierenden linearen Gleichungssystems ergibt: $\lambda_e = -1$, $x_e = \frac{1}{2}$, $y_e = \frac{1}{2}$.

Die Funktion $f(x, y) = x^2 + y^2$ besitzt an der Stelle $(x_e, y_e) = (1/2, 1/2)$ ihr Minimum. Die Stelle $(x_e, y_e) = (1/2, 1/2)$ ist also der Punkt auf der Geraden $y = g(x) = -x + 1$, der vom Koordinatenursprung (0, 0) den geringsten Abstand hat.

Hinweis: Mit Hilfe des Lagrange-Ansatzes selbst kann nicht entschieden werden, ob eine kritische Stelle der Lagrangefunktion eine Extremstelle von f unter der angegebenen Nebenbedingung darstellt.

## 6.4 Lösungen der Übungsaufgaben zu Kapitel 4

Übungsaufgabe 4.1

a) $\int 3\cdot x+2\ dx = 3\cdot\int x\ dx + 2\cdot\int 1\ dx = 3\cdot\frac{1}{2}\cdot x^2 + 2\cdot x + C = \frac{3}{2}\cdot x^2 + 2\cdot x + C;$

b) $\int x^7+3\cdot x^5\ dx = \int x^7\ dx + 3\cdot\int x^5\ dx = \frac{1}{8}\cdot x^8 + 3\cdot\frac{1}{6}\cdot x^6 + C = \frac{1}{8}\cdot x^8 + \frac{1}{2}\cdot x^6 + C;$

c) $\int \frac{1}{x^3}\ dx = \int x^{-3}\ dx = -\frac{1}{2}\cdot x^{-2} + C = -\frac{1}{2\cdot x^2} + C;$

d) Partielle Integration mit $g(x) = x$, also $g'(x) = 1$, $f'(x) = \cos x$, also $f(x) = \sin x$:

$\int x\cdot\cos x\ dx = x\cdot\sin x - \int \sin x\ dx = x\cdot\sin x + \cos x + C;$

e) Partielle Integration mit $g(x) = x$, also $g'(x) = 1$, $f'(x) = = e^x$, also $f(x) = e^x$:

$\int x\cdot e^x\ dx = x\cdot e^x - \int 1\cdot e^x\ dx = x\cdot e^x - e^x + C;$

f) Partielle Integration mit $g(x) = x^2$, also $g'(x) = 2\cdot x$, $f'(x) = e^x$, also $f(x) = e^x$:

$\int x^2\cdot e^x\ dx = x^2\cdot e^x - \int 2\cdot x\cdot e^x\ dx = x^2\cdot e^x - 2\cdot\int x\cdot e^x\ dx =$

$= x^2\cdot e^x - 2\cdot x\cdot e^x + 2\cdot e^x + C$ (vgl. Teilaufgabe e));

g) Substitution mit $z = g(x) = x^2 - 2\cdot x$, also $g'(x) = 2\cdot x - 2$, und $f(z) = e^z$:

$\int (x-1)\cdot e^{x^2-2\cdot x}\ dx = \frac{1}{2}\cdot\int(2\cdot x-2)\cdot e^{x^2-2\cdot x}\ dx = \frac{1}{2}\cdot\int e^z\ dz = \frac{1}{2}\cdot e^z + C =$

$= \frac{1}{2}\cdot e^{x^2-2\cdot x} + C;$

h) Substitution mit $z = g(x) = x^2$, also $g'(x) = 2\cdot x$, und $f(z) = \sin z$:

$\int x\cdot\sin(x^2)\ dx = \frac{1}{2}\cdot\int 2\cdot x\cdot\sin(x^2)\ dx = \frac{1}{2}\cdot\int \sin z\ dz = -\frac{1}{2}\cdot\cos z + C =$

$= -\frac{1}{2}\cdot\cos x^2 + C;$

i) Substitution mit $z = g(x) = x^2 + 2$, also $g'(x) = 2\cdot x$, und $f(z) = \frac{1}{z}$:

$\int \frac{2\cdot x}{x^2+2}\ dx = \int \frac{1}{z}\ dz = \ln z + C = \ln(x^2+2) + C.$

Übungsaufgabe 4.2

a) Unbestimmtes Integral: $\int 2\cdot x^2\,dx = 2\cdot\frac{1}{3}\cdot x^3 = \frac{2}{3}\cdot x^3 + C,$

Bestimmtes Integral: $\int_0^5 2\cdot x^2\,dx = \frac{2}{3}\cdot x^3\Big|_0^5 = \frac{2\cdot 5^3}{3} - \frac{2\cdot 0^3}{3} = \frac{250}{3} = 83\frac{1}{3};$

b) Unbestimmtes Integral: $\int 3\cdot x+1\,dx = \frac{3}{2}\cdot x^2 + x + C,$

Bestimmtes Integral: $\int_2^4 3\cdot x+1\,dx = \frac{3}{2}\cdot x^2+x\Big|_2^4 = (\frac{3}{2}\cdot 4^2+4) - (\frac{3}{2}\cdot 2^2+2) =$

$= 28 - 8 = 20;$

c) Unbestimmtes Integral: Substitution mit $z = g(x) = 2\cdot x + 10$, also $g'(x) = 2$ und $f(z) = \sqrt{z}$:

$$\int \sqrt{2\cdot x+10}\,dx = \frac{1}{2}\cdot\int 2\cdot\sqrt{2\cdot x+10}\,dx = \frac{1}{2}\cdot\int z^{1/2}\,dx = \frac{1}{2}\cdot\frac{2}{3}\cdot z^{3/2} + C =$$

$$= \frac{1}{3}\cdot\sqrt{z^3} + C = \frac{1}{3}\cdot\sqrt{(2\cdot x+10)^3} + C,$$

Bestimmtes Integral:

$$\int_0^2 \sqrt{2\cdot x+10}\,dx = \frac{1}{3}\cdot\sqrt{(2\cdot x+10)^3} = \frac{1}{3}\cdot\sqrt{14^3} - \frac{1}{3}\cdot\sqrt{10^3} \doteq 6{,}92;$$

d) Unbestimmtes Integral: Substitution mit $z = g(x) = 2\cdot x^2-3$, also $g'(x) = 4\cdot x$, und $f(z) = z^{-1/2}$:

$$\int \frac{x}{\sqrt{2\cdot x^2-3}}\,dx = \frac{1}{4}\cdot\int \frac{4\cdot x}{\sqrt{2\cdot x^2-3}}\,dx = \frac{1}{4}\cdot\int z^{-1/2}\,dx = \frac{1}{4}\cdot 2\cdot z^{1/2} + C =$$

$$= \frac{1}{2}\cdot\sqrt{2\cdot x^2-3} + C,$$

Bestimmtes Integral:

$$\int_2^3 \frac{x}{\sqrt{2\cdot x^2-3}}\,dx = \frac{1}{2}\cdot\sqrt{2\cdot x^2-3}\Big|_2^3 = \frac{1}{2}\cdot\sqrt{15} - \frac{1}{2}\cdot\sqrt{5} \doteq 0{,}8185;$$

e) Unbestimmtes Integral: Substitution mit $z = g(x) = -x^2$, also $g'(x) = -2\cdot x$, und $f(z) = e^z$ gilt:

$$\int \frac{4\cdot x}{e^{x^2}}\,dx = -2\cdot\int -2\cdot x\cdot e^{-x^2}\,dx = -2\cdot\int e^z\,dz = -2\cdot e^z + C = -2\cdot e^{-x^2} + C,$$

Bestimmtes Integral:

$$\int_{-1}^{+1} \frac{4\cdot x}{e^{x^2}}\, dx = -2\cdot e^{-x^2}\Big|_{-1}^{+1} = -2\cdot e^{-1} - (-2\cdot e^{-1}) = 0;$$

f) Unbestimmtes Integral: Partielle Integration mit $f'(x) = \sin x$, also $f(x) = -\cos x$, $g(x) = \sin x$, also $g'(x) = \cos x$:

$$\int \sin^2 x\, dx = -(\sin x)\cdot(\cos x) + \int \cos^2 x\, dx =$$

$$= (-\sin x)\cdot(\cos x) + \int 1-\sin^2 x\, dx =$$

$$= (-\sin x)\cdot(\cos x) + \int 1\, dx - \int \sin^2 x\, dx =$$

$$= -(\sin x)\cdot(\cos x) + x - \int \sin^2 x\, dx, \text{ also gilt:}$$

$$2\cdot\int \sin^2 x\, dx = -(\sin x)\cdot(\cos x) + x + C \text{ oder}$$

$$\int \sin^2 x\, dx = \frac{x-(\sin x)\cdot(\cos x)}{2} + C,$$

Bestimmtes Integral:

$$\int_0^{\pi} \sin^2 x\, dx = \frac{x-(\sin x)\cdot(\cos x)}{2}\Big|_0^{\pi} = \frac{\pi-0\cdot(-1)}{2} - \frac{0-0\cdot 1}{2} = \frac{\pi}{2};$$

g) Unbestimmtes Integral: $\int(1+\sin x)\, dx = x - \cos x + C,$

Bestimmtes Integral:

$$\int_0^{2\cdot\pi} (1+\sin x)\, dx = x-\cos x\Big|_0^{2\cdot\pi} = (2\cdot\pi-1) - (0-1) = 2\cdot\pi;$$

h) Mit den Nullstellen $x_1 = -1$ und $x_2 = 3$ des Polynoms $f(x) = x^2 - 2\cdot x - 3 = 0$ läßt sich das Integral zerlegen:

$$\int_{-2}^{+4} |x^2-2x-3|\, dx = \left|\int_{-2}^{-1} x^2-2\cdot x-3\, dx\right| + \left|\int_{-1}^{+3} x^2-2\cdot x-3\, dx\right| + \left|\int_{3}^{4} x^2-2\cdot x-3\, dx\right|.$$

Mit dem unbestimmten Integral $\int x^2-2x-3\, dx = \frac{1}{3}x^3-x^2-3x + C$ gilt:

$$\int_{-2}^{-1} x^2-2\cdot x-3\, dx = \frac{1}{3}\cdot x^3-x^2-3\cdot x\Big|_{-2}^{-1} = 1\frac{2}{3} + \frac{2}{3} = 2\frac{1}{3},$$

$$\int_{-1}^{+3} x^2-2\cdot x-3\, dx = \frac{1}{3}\cdot x^3-x^2-3\cdot x\Big|_{-1}^{+3} = -9 - \frac{5}{3} = -10\frac{2}{3},$$

$$\int_{+3}^{+4} x^2-2\cdot x-3\, dx = \frac{1}{3}\cdot x^3-x^2-3\cdot x\Big|_{+3}^{+4} = -\frac{20}{3} + \frac{27}{3} = 2\frac{1}{3}.$$

Insgesamt ist also $\int_{-2}^{+4} |x^2 - 2\cdot x - 3| \, dx = 2\frac{1}{3} + 10\frac{2}{3} + 2\frac{1}{3} = 15\frac{1}{3}$.

Übungsaufgabe 4.3

a) f ist auf dem halboffenen Intervall [0, 1[ definiert mit $\lim_{\substack{x\to 1\\ x<1}} f(x) = \infty$.

Also kann $\int_0^1 \frac{1}{\sqrt{1-x^2}} \, dx$ höchstens als uneigentliches Integral definiert sein.

Mit dem unbestimmten Integral $\int \frac{1}{\sqrt{1-x^2}} \, dx = \arcsin x + C$ ist

$$\int_0^{1-\varepsilon} \frac{1}{\sqrt{1-x^2}} \, dx = \arcsin x \Big|_0^{1-\varepsilon} = \arcsin(1-\varepsilon) - \arcsin 0 \qquad \text{und}$$

$$\int_0^1 \frac{1}{\sqrt{1-x^2}} \, dx = \lim_{\varepsilon\to 0} (\arcsin(1-\varepsilon) - \arcsin 0)$$

$$= \arcsin(\lim_{\varepsilon\to 0} 1-\varepsilon) - 0 = \frac{\pi}{2}.$$

Damit ist das uneigentliche Integral $\int_0^1 \frac{1}{\sqrt{1-x^2}} \, dx$ konvergent mit dem

(Grenz-) Wert $\pi/2$.

b) Mit $\int e^{-x} dx = -e^{-x} + C$ (Substitutionsregel) ist $\int_0^\infty e^{-x} \, dx = \lim_{B\to\infty} \int_0^B e^{-x} dx =$

$$= \lim_{B\to\infty} (-e^{-x}) \Big|_0^B = \lim_{B\to\infty} (-e^{-B} - (-e^{-0})) = 1.$$

Also existiert das gesuchte uneigentliche Integral und es ist $\int_0^\infty e^{-x} \, dx = 1$.

c) Da der Integrand eine ungerade Funktion ist (vgl. Def. 3.7: $f(x) = -f(-x)$), muß das gesuchte uneigentliche Integral - wenn es existiert - den Wert 0 annehmen. Zum Nachweis der Existenz kann das uneigentliche Integral $\int_0^\infty x\cdot e^{-\frac{x^2}{2}} \, dx$ untersucht werden. Für das zugehörige unbestimmte Integral

ergibt sich mit der Substitutionsregel ($z = g(x) = -\frac{x^2}{2}$, $g'(x) = -x$, $f(z) = e^z$):

$$\int x\cdot e^{-\frac{x^2}{2}} \, dx = -\int e^z \, dx = -e^{-\frac{x^2}{2}} + C.$$

Also ist $\int_0^\infty x\cdot e^{-\frac{x^2}{2}}\,dx = \lim_{B\to\infty}\int_0^B x\cdot e^{-\frac{x^2}{2}}\,dx = \lim_{B\to\infty} -e^{-\frac{x^2}{2}}\Big|_0^B$

$$= \lim_{B\to\infty}\left(-e^{-\frac{B^2}{2}}-(-e^{-0})\right) = 1.$$

Also existiert das uneigentliche Integral $\int_0^\infty x\cdot e^{-\frac{x^2}{2}}\,dx$ und damit ist auch

$\int_0^\infty \frac{1}{2\cdot\pi}\cdot x\cdot e^{-\frac{x^2}{2}}\,dx = 0$ als uneigentliches Integral definiert.

d) Setzt man $f'(x) = x\cdot e^{-\frac{x^2}{2}}$, so ist $f(x) = -e^{-\frac{x^2}{2}}$ (vgl. Teilaufgabe c)). Setzt man weiterhin $g(x) = x$, also $g'(x) = 1$, so läßt sich das gesuchte uneigentliche Integral gemäß der Formel aus Satz 4.10(i) umformen:

$$\int_{-\infty}^{+\infty} \frac{1}{\sqrt{2\cdot\pi}}\cdot x^2\cdot e^{-\frac{x^2}{2}}\,dx = \frac{1}{\sqrt{2\cdot\pi}}\cdot\int_{-\infty}^{+\infty} x\cdot x\cdot e^{-\frac{x^2}{2}}\,dx = \lim_{\substack{A\to-\infty\\B\to+\infty}} \frac{1}{\sqrt{2\cdot\pi}}\cdot\int_A^B x\cdot x\cdot e^{-\frac{x^2}{2}}\,dx$$

$$= \frac{1}{\sqrt{2\cdot\pi}}\cdot\left[\lim_{\substack{A\to-\infty\\B\to+\infty}}\left(-e^{-\frac{B^2}{2}}\cdot B - (-e^{-\frac{A^2}{2}}\cdot A)\right) - \int_{-\infty}^{+\infty} -e^{-\frac{x^2}{2}}\,dx\right] = \frac{1}{\sqrt{2\cdot\pi}}\cdot\left(0+\int_{-\infty}^{+\infty} e^{-\frac{x^2}{2}}\,dx\right).$$

Da - wie als Beispiele zu Satz 4.16 nachgerechnet - das uneigentliche

Integral $\int_{-\infty}^{+\infty} e^{-\frac{x^2}{2}}\,dx$ existiert und den Wert $+\sqrt{2\cdot\pi}$ besitzt, existiert

folglich auch das hier gesuchte uneigentliche Integral, und es gilt:

$$\int_{-\infty}^{+\infty} \frac{1}{\sqrt{2\cdot\pi}}\cdot x^2\cdot e^{-\frac{x^2}{2}}\,dx = \frac{1}{\sqrt{2\cdot\pi}}\cdot\int_{-\infty}^{+\infty} e^{-\frac{x^2}{2}}\,dx = \frac{1}{\sqrt{2\cdot\pi}}\cdot\sqrt{2\cdot\pi} = 1$$

Hinweis (für "Statistiker"): In den beiden letzten Teilaufgaben wurde nachgewiesen, daß die Standardnormalverteilung den Erwartungswert 0 (Teilaufgabe c) und die Varianz 1 (Teilaufgabe d) besitzt.

Übungsaufgabe 4.4

Das uneigentliche Integral $\int_0^\infty x^k\,dx$ kann in die zwei uneigentliche Integrale

zerlegt werden: $\int_0^\infty x^k\,dx = \int_0^1 x^k\,dx + \int_1^\infty x^k\,dx$.

Als Beispiel zu Definition 4.12 wurde gezeigt, daß das uneigentliche Integral

$\int_1^\infty x^k\,dx$ nur für $k < -1$ existiert und dann den Wert $\frac{-1}{1+\alpha}$ besitzt.

Es ist also nur noch der Ausdruck $\int_0^1 x^k\,dx$ zu untersuchen. Dazu sei zunächst

$k \neq -1$ angenommen. Mit dem unbestimmtes Integral $\int x^k\,dx = \frac{1}{k+1}\cdot x^{k+1} + C$ erhält

man als bestimmtes Integral:

$$\int_\varepsilon^1 x^k\,dx = \frac{1}{k+1}\cdot x^{k+1}\Big|_\varepsilon^1 = \frac{1}{k+1} - \varepsilon^{k+1};$$

Hieraus ergibt sich das uneigentliche Integral als Grenzwert:

$$\int_0^1 x^k\,dx = \lim_{\substack{\varepsilon\to 0\\ \varepsilon>0}} \left(\frac{1}{k+1} - \varepsilon^{k+1}\right) = \frac{1}{k+1} - \lim_{\substack{\varepsilon\to 0\\ \varepsilon>0}} \varepsilon^{k+1}.$$

Der Grenzwert $\lim_{\substack{\varepsilon\to 0\\ \varepsilon>0}} \varepsilon^{k+1}$ existiert für $k+1 > 0$, also $k > -1$, mit $\lim_{\substack{\varepsilon\to 0\\ \varepsilon>0}} \varepsilon^{k+1} = 0$.

Für $k < -1$ dagegen divergiert $\varepsilon^{k+1}$: $\lim_{\substack{\varepsilon\to 0\\ \varepsilon>0}} \varepsilon^{k+1} = +\infty$ für $k < -1$.

Im Fall $k = -1$ ist $\int x^{-1}\,dx = \int \frac{1}{x}\,dx = \ln|x|$, so daß $\int_\varepsilon^1 \frac{1}{x}\,dx = -\ln \varepsilon$ ist.

Also existiert der Grenzwert $\int_0^1 \frac{1}{x}\,dx = \lim_{\substack{\varepsilon\to 0\\ \varepsilon>0}} \int_\varepsilon^1 \frac{1}{x}\,dx = \lim_{\substack{\varepsilon\to 0\\ \varepsilon>0}} -\ln \varepsilon = +\infty$ nicht.

Da insgesamt also $\int_0^1 x^k\,dx$ nur für $k > -1$ und $\int_1^\infty x^k\,dx$ nur für $k < -1$ existieren, gibt es keinen reellen Parameter $k \in \mathbb{R}$, für den das uneigentliche

Integral $\int_0^\infty x^k\,dx$ existiert.

Übungsaufgabe 4.5

a) Zur Berechnung von $\int_0^2 \int_1^2 x \cdot y \, dx \, dy$ kann man zunächst $\int_1^2 x \cdot y \, dx$ berechnen:

Mit dem unbestimmten Integral $\int x \cdot y \, dx = y \cdot \frac{1}{2} \cdot x^2 + C$ ergibt sich das von y

abhängige bestimmte Integral: $\int_1^2 x \cdot y \, dx = y \cdot \frac{1}{2} \cdot x^2 \Big|_1^2 = 2 \cdot y - \frac{1}{2} \cdot y = \frac{3}{2} \cdot y.$

Damit erhält man weiter: $\int_0^2 \int_1^2 x \cdot y \, dx \, dy = \int_0^2 \frac{3}{2} \cdot y \, dy = \frac{3}{4} \cdot y^2 \Big|_0^2 = 3 - 0 = 3.$

b) Zur Berechnung von $\int_{-1}^{+1} \int_0^2 x^2 + y^2 \, dx \, dy$ kann man zunächst $\int_0^2 x^2 + y^2 \, dx$ berechnen:

Mit dem unbestimmten Integral $\int x^2 + y^2 \, dx = \frac{1}{3} \cdot x^3 + y^2 \cdot x + C$ ergibt sich das

von y abhängige bestimmte Integral: $\int_0^2 x^2 + y^2 \, dx = \frac{1}{3} \cdot x^3 + y^2 \cdot x \Big|_0^2 = \frac{8}{3} + 2 \cdot y^2.$

Damit erhält man weiter:

$$\int_{-1}^{+1} \int_0^2 x^2 + y^2 \, dx \, dy = \int_{-1}^{+1} \frac{8}{3} + 2 \cdot y^2 \, dy = \frac{8}{3} \cdot y + \frac{2}{3} \cdot y^3 \Big|_{-1}^{+1} = \frac{8}{3} + \frac{2}{3} - \left(\frac{-8}{3} + \frac{-2}{3}\right) = \frac{20}{3}.$$

Wegen der besonderen Gestalt der Integranden sind alternative Lösungswege möglich:

a) $\int_0^2 \left( \int_1^2 x \cdot y \, dx \right) dy = \int_0^2 y \cdot \left( \int_1^2 x \, dx \right) dy = \int_0^2 y \, dy \cdot \int_1^2 x \, dx = (2-0) \cdot (2-\frac{1}{2}) = 3;$

b) $$\int_{-1}^{+1} \int_0^2 x^2 + y^2 \, dx \, dy = \int_{-1}^{+1} \int_0^1 x^2 \, dx \, dy + \int_{-1}^{+1} \int_0^2 y^2 \, dx \, dy =$$

$$= \left( \int_{-1}^{+1} 1 \, dy \cdot \int_0^2 x^2 dx \right) + \left( \int_0^2 1 \, dx \cdot \int_{-1}^{+1} y^2 \, dy \right) =$$

$$= 2 \cdot \left(\frac{8}{3} - 0\right) + 2 \cdot \left(\frac{1}{3} - \frac{-1}{3}\right) = \frac{16}{3} + \frac{4}{3} = \frac{20}{3}.$$

## 6.5 Lösungen der Übungsaufgaben zu Kapitel 5

Übungsaufgabe 5.1

Legt man bei der allgemeinen Lösung $z_t = \frac{I_a+C_a}{1-c} + \lambda \cdot c^t$ $\lambda$ so fest, daß $z_0 = Y_0$ gilt, so erhält man $z_0 = Y_0 = \frac{I_a+C_a}{1-c} + \lambda \cdot 1$ oder $\lambda = Y_0 - \frac{I_a+C_a}{1-c}$.

Damit als spezielle Lösung $z_t^*$ mit $z_0^* = Y_0$:

$$z_t^* = \frac{I_a+C_a}{1-c} + (Y_0 - \frac{I_a+C_a}{1-c}) \cdot c^t = \frac{I_a+C_a}{1-c} - \frac{I_a+C_a}{1-c} \cdot c^t + Y_0 \cdot c^t = (I_a+C_a) \cdot \frac{1-c^t}{1-c} + Y_0 \cdot c^t.$$

Dies ist aber gerade die im Abschnitt 5.1 hergeleitete Lösung. Im übrigen sieht man, daß die im Satz 5.7 angegebene partikuläre Lösung der inhomogenen Differenzengleichung für dieses Marktmodell gerade mit der (statischen) Gleichgewichtslösung dieses Modells übereinstimmt.

Übungsaufgabe 5.2

Die allgemeine Lösung der homogenen Gleichung $y_{t+1} - 2 \cdot y_t = 0$ lautet $z_t = \lambda_1 \cdot 2^t$ (vgl. Satz 5.7, $a_0 = -2$). Eine partikuläre Lösung der inhomogenen Gleichung ist $\tilde{z}_t^* = t \cdot 2^{t-1}$ (vgl. Satz 5.7, $\alpha = 1$, $q = -a_0 = 2$), so daß die allgemeine Lösung $\tilde{z}_t$ der inhomogenen Differenzengleichung $\tilde{z}_t = t \cdot 2^{t-1} + \lambda_1 \cdot 2^t$ lautet ($\lambda \in \mathbb{R}$ beliebig). Setzt man für $\tilde{z}_0$ den Wert $\tilde{z}_0^0 = 1$ ein, so erhält man eine Bestimmungsgleichung für $\lambda_1$:

$0 \cdot 2^{-1} + \lambda_1 \cdot 2^0 = 1$ oder $\lambda_1 = 1$.

Als Lösung der gegebenen Differenzengleichung, die den angegebenen Startwert besitzt, erhält man also

$\tilde{z}^0(t) = t \cdot 2^{t-1} + 2^t$.

Übungsaufgabe 5.3

a) Zunächst ist die zugehörige homogene Gleichung zu lösen:

$$y_{t+2} - y_{t+1} + 0,5 \cdot y_t = 0$$

Die charakteristische Gleichung lautet $m^2 - m + 0,5 = 0$ und besitzt die beiden (komplexen) Nullstellen $m_1 = 0,5+0,5 \cdot i$ und $m_2 = 0,5-0,5 \cdot i$. Damit lautet die allgemeine Lösung der homogenen Gleichung (vgl. Satz 5.8, $a_1 = -1$, $a_0 = 0,5$, $r = \sqrt{0,5}$, $\varphi = \arctan 1 = \frac{\pi}{4}$):

$$z_t = 0,5^{t/2} \cdot \left[\lambda_1 \cdot \sin\left(\frac{t \cdot \pi}{4}\right) + \lambda_2 \cdot \cos\left(\frac{t \cdot \pi}{4}\right)\right].$$

Eine partikuläre Lösung der inhomogenen Gleichung ist $\tilde{z}_t^* = \bar{z} = \frac{1}{1-1+0,5} = 2$, da $1 + a_1 + a_0 \neq 0$ ist (vgl. Satz 5.8).

Insgesamt lautet die allgemeine Lösung der gegebenen inhomogenen Differenzengleichung:

$$\tilde{z}_t = 2 + 0,5^{t/2} \cdot \left[\lambda_1 \cdot \sin\left(\frac{t \cdot \pi}{4}\right) + \lambda_2 \cdot \cos\left(\frac{t \cdot \pi}{4}\right)\right] \quad (\lambda_1, \lambda_2 \in \mathbb{R} \text{ beliebig}).$$

b) Zunächst die Bestimmung der allgemeinen Lösung der zugehörigen homogenen Gleichung $y_{t+2} - 8 \cdot y_{t+1} + 15 \cdot y_t = 0$:

Die charakteristische Gleichung lautet $m^2 - 8 \cdot m + 15 = 0$ und besitzt die Nullstellen $m_1 = 3$ und $m_2 = 5$.

Damit ergibt sich die allgemeine Lösung dieser homogenen linearen Differenzengleichung (vgl. Satz 5.8):

$$z_t = \lambda_1 \cdot 3^t + \lambda_2 \cdot 5^t.$$

Die partikuläre Lösung der inhomogenen Differenzengleichung $y_{t+2} - 8 \cdot y_{t+1} + 15 \cdot y_t = 3^t$ ist wegen $q^2 + a_1 \cdot q + a_0 = 3^2 - 8 \cdot 3 + 15 = 0$ und $a_1 = -8 \neq -2 \cdot q = -6$:

$$\tilde{z}_t^* = \frac{\alpha}{2q+a_1} \cdot t \cdot q^{t-1} = -\frac{1}{2} \cdot t \cdot 3^{t-1} = -\frac{1}{6} \cdot t \cdot 3^t \quad \text{(vgl. Satz 5.8).}$$

Die allgemeine Lösung der gegebenen Gleichung lautet damit:

$$\tilde{z}_t = -\frac{1}{6} \cdot t \cdot 3^t + \lambda_1 \cdot 3^t + \lambda_2 \cdot 5^t.$$

c) Die zur gegebenen Differenzengleichung gehörige homogene Differenzengleichung $y_{t+2} - y_{t+1} + 0,25 \cdot y_t = 0$ besitzt die charakteristische Gleichung $m^2 - m + 0,25 = 0$ mit der Nullstelle $m_1 = m_2 = 0,5$ (Vielfachheit 2). Die allgemeine Lösung der homogenen Gleichung ist demnach

$$z_t = \lambda_1 \cdot 0,5^t + \lambda_2 \cdot t \cdot 0,5^t \quad \text{(vgl. Satz 5.8).}$$

Da sowohl $\bar{z} \cdot 0,5^t$ als auch $\bar{z} \cdot t \cdot 0,5^t$ Lösungen der homogenen Gleichung sind, ist für die partikuläre Lösung der inhomogenen Differenzengleichung $y_{t+2} - y_{t+1} + 0,25 \cdot y_t = 0,5^t$ der Ansatz $\tilde{z}_t^* = \bar{z} \cdot t^2 \cdot 0,5^t$ zu wählen. Mit $\bar{z} = 2$ (vgl. Satz 5.8, $a_1 = -2 \cdot q$, $a_0 = q^2$) ist $\tilde{z}_t^* = t^2 \cdot 0,5^{t-1}$, so daß die allgemeine Lösung folgende Darstellung besitzt:

$$\tilde{z}_t = t^2 \cdot 0,5^{t-1} + \lambda_1 \cdot 0,5^t + \lambda_2 \cdot t \cdot 0,5^t \quad (\lambda_1, \lambda_2 \in \mathbb{R} \text{ beliebig}).$$

Übungsaufgabe 5.4

a) Mit den Lösungen $m_1 = 1$, $m_2 = -1$ und $m_3 = 2$ der charakteristischen Gleichung $m^3 - 2 \cdot m^2 - m + 2 = 0$ der zugehörigen homogenen Differenzengleichung erhält man die allgemeine Lösung der homogenen Gleichung

$$\tilde{z}_t = \lambda_1 + \lambda_2 \cdot (-1)^t + \lambda_3 \cdot 2^t.$$

Eine partikuläre Lösung der inhomogenen Gleichung

$y_{t+3} - 2 \cdot y_{t+2} - y_{t+1} + 2 \cdot y_t = 3^t$ ergibt sich aus dem Ansatz $\tilde{z}_t^* = \bar{z} \cdot 3^t$:

$\bar{z} \cdot 3^{t+3} - \bar{z} \cdot 2 \cdot 3^{t+2} - \bar{z} \cdot 3^{t+1} + 2 \cdot \bar{z} \cdot 3^t = 3^t$

oder (nach Division durch $3^t$) $\bar{z} \cdot (3^3 - 2 \cdot 3^2 - 3 + 2) = 1$ oder $\bar{z} = 0,125$.

Die allgemeine Lösung der inhomogenen Gleichung lautet somit:

$\tilde{z}_t = \frac{1}{8} \cdot 3^t + \lambda_1 + \lambda_2 \cdot (-1)^t + \lambda_3 \cdot 2^t$ ($\lambda_1$, $\lambda_2$, $\lambda_3 \in \mathbb{R}$ beliebig).

b) Setzt man die Startwerte in die allgemeine Lösung ein, so erhält man ein lineares Gleichungssystem zur Bestimmung von $\lambda_1^0$, $\lambda_2^0$ und $\lambda_3^0$:

$$3,125 = 0,125 + \lambda_1 + \lambda_2 + \lambda_3$$
$$2,375 = 0,375 + \lambda_1 - \lambda_2 + 2 \cdot \lambda_3$$
$$7,125 = 1,125 + \lambda_1 + \lambda_2 + 4 \cdot \lambda_3.$$

Mit der Lösung $\lambda_1^0 = \lambda_2^0 = \lambda_3^0 = 1$ ist $\tilde{z}_t^0 = \frac{1}{8} \cdot 3^t + 1 + (-1)^t + 2^t$ die Lösung der inhomogenen Differenzengleichung, die die geforderte Startbedinung erfüllt.

c) Setzt man in die Lösung $\tilde{z}_t^0$ für t den Wert 10 ein, so erhält man:

$$\tilde{z}_{10}^0 = 0,125 \cdot 3^{10} + 1 + (-1)^{10} + 2^{10}$$
$$= 0,125 \cdot 59.049 + 1 + 1 + 1.024 = 8.407,125$$

Andererseits erhält man aus der Differenzengleichung

$y_{t+3} - 2 \cdot y_{t+2} - y_{t+1} + 2 \cdot y_t = 3^t$ die Gleichung

$y_{t+3} = -2 \cdot y_t + y_{t+1} + 2 \cdot y_{t+2} + 3^t$, aus der bei gegebenen Anfangswerten $\tilde{z}_0^0$, $\tilde{z}_1^0$ und $\tilde{z}_2^0$ die Werte $\tilde{z}_t^0$ für t = 3, 4 ... rekursiv berechnet werden können: Mit den gegebenen Startwerten ergibt sich

$$\tilde{z}_0^0 = 3,125$$
$$\tilde{z}_1^0 = 2,375$$
$$\tilde{z}_2^0 = 7,125$$
$$\tilde{z}_3^0 \; (= -2 \cdot \tilde{z}_0^0 + \tilde{z}_1^0 + 2 \cdot \tilde{z}_2^0 + 3^0) = 11,375$$
$$\tilde{z}_4^0 = 28,125$$
$$\tilde{z}_5^0 = 62,375$$
$$\tilde{z}_6^0 = 157,125$$
$$\tilde{z}_7^0 = 401,375$$
$$\tilde{z}_8^0 = 1.078,125$$
$$\tilde{z}_9^0 = 2.972,375$$
$$\tilde{z}_{10}^0 = 8.407,125.$$

Die Sequenztabelle bestätigt also die Lösung der Differenzengleichung.

Übungsaufgabe 5.5

Zunächst ist die allgemeine Lösung der homogenen Gleichung $y_{t+2} - 4 \cdot y_{t+1} + 4 \cdot y_t = 0$ zu bestimmen. Die charakteristische Gleichung $m^2 - 4 \cdot m + 4 = 0$ besitzt die Lösung $m_1 = m_2 = 2$ (Vielfachheit 2), so daß die beiden Folgen $z_t^1 = 2^t$ und $z_t^2 = t \cdot 2^t$ ein Fundamentalsystem bilden. Demnach lautet die allgemeine Lösung der homogenen Gleichung $z_t = \lambda_1 \cdot 2^t + \lambda_2 \cdot t \cdot 2^t$ ($\lambda_1$, $\lambda_2 \in \mathbb{R}$ beliebig).

Zur Berechnung einer partikulären Lösung der inhomogenen Gleichung wählt man den Ansatz $\tilde{z}_t^* = \bar{z}_0 + \bar{z}_1 \cdot t + \bar{z}_2 \cdot t^2$. Setzt man diesen Ansatz in die gegebene inhomogene Differentialgleichung ein, so erhält man:

$$\bar{z}_0 + \bar{z}_1 \cdot (t+2) + \bar{z}_2 (t+2)^2 - 4 \cdot (\bar{z}_0 + \bar{z}_1 \cdot (t+1) + \bar{z}_2 (t+1)^2) + 4 \cdot (\bar{z}_0 + \bar{z}_1 \cdot t + \bar{z}_2 \cdot t^2) = t^2 - 1$$

oder (nach Ausmultiplizieren und Sortieren nach Potenzen von t)

$$(\bar{z}_0 - 2 \cdot \bar{z}_1 + 1) + (\bar{z}_1 - 4 \cdot \bar{z}_2) \cdot t + (\bar{z}_2 - 1) \cdot t^2 = 0.$$

Da ein Polynom genau dann verschwindet, wenn alle Koeffizienten Null sind, erhält man hieraus ein System aus drei linearen Gleichungen:

$$\begin{aligned} \bar{z}_0 - 2 \cdot \bar{z}_1 \qquad &= -1 \\ \bar{z}_1 - 4 \cdot \bar{z}_2 &= 0 \\ \bar{z}_2 &= 1. \end{aligned}$$

Dieses System ist eindeutig lösbar mit $\bar{z}_0 = 7$, $\bar{z}_1 = 4$ und $\bar{z}_2 = 1$, so daß die Folge $\tilde{z}_t^* = t^2 + 4 \cdot t + t$ eine partikuläre Lösung der gegebenen inhomogenen Gleichung ist.

Also ist die allgemeine Lösung der gegebenen Differenzengleichung von der Form $\tilde{z}_t^* = t^2 + 4 \cdot t + 7 + \lambda_1 \cdot 2^t + \lambda_2 \cdot t \cdot 2^t$ ($\lambda_1$, $\lambda_2 \in \mathbb{R}$ beliebig).

Übungsaufgabe 5.6

Die Matrix-Notation des gegebenen Differenzengleichungssystems lautet:

$$\underline{y}_{t+1} = \begin{pmatrix} y_{1,t+1} \\ y_{2,t+1} \end{pmatrix} = \begin{pmatrix} 2{,}5 & -0{,}5 \\ -0{,}5 & 2{,}5 \end{pmatrix} \cdot \begin{pmatrix} y_{1,t} \\ y_{2,t} \end{pmatrix} + \begin{pmatrix} 1 \\ 2 \end{pmatrix}.$$

Das charakteristische Polynom der Koeffizientenmatrix lautet $P(m) = (2{,}5-m)^2 - 0{,}25$ und besitzt die beiden Nullstelllen $m_1 = 2$ und $m_2 = 3$ (Eigenwerte). Die zughörigen Eigenvektoren $\underline{v}^1$ bzw. $\underline{v}^2$ sind von $\underline{0}$ verschiedene Lösungen des linearen Gleichungssystems

$$\begin{aligned} (2{,}5-2) \cdot v_1^1 - 0{,}5 \cdot v_2^1 &= 0 \\ -0{,}5 \cdot v_1^1 + (2{,}5-2) \cdot v_2^1 &= 0 \end{aligned}$$

bzw.

$$\begin{aligned} (2{,}5-3) \cdot v_1^2 - 0{,}5 \cdot v_2^2 &= 0 \\ -0{,}5 \cdot v_2^2 - (2{,}5-3) \cdot v_2^2 &= 0. \end{aligned}$$

Also sind etwa $\underline{v}^1 = \begin{pmatrix}1\\1\end{pmatrix}$ Eigenvektor zu $m_1 = 2$ und $\underline{v}^2 = \begin{pmatrix}1\\-1\end{pmatrix}$ Eigenvektor zu $m_2 = 3$.

Damit lautet die allgemeine Lösung des homogenen Systems

$\underline{y}_{t+1} = \begin{pmatrix}2,5 & -0,5\\-0,5 & 2,5\end{pmatrix}\cdot\underline{y}_t$:

$$\underline{z}_t = \lambda_1\cdot 2^t\cdot\begin{pmatrix}1\\1\end{pmatrix} + \lambda_2\cdot 3^t\cdot\begin{pmatrix}1\\-1\end{pmatrix} = \begin{pmatrix}\lambda_1\cdot 2^t + \lambda_2\cdot 3^t\\ \lambda_1\cdot 2^t - \lambda_2\cdot 3^t\end{pmatrix}.$$

Zur Bestimmung einer partikulären Lösung des gegebenen inhomogenen Systems wählt man den Ansatz $\tilde{z}_t^* = (\bar{z}_1, \bar{z}_2)^T$. Einsetzen in die Differenzengleichung ergibt

$$\begin{pmatrix}\bar{z}_1\\ \bar{z}_2\end{pmatrix} = \begin{pmatrix}2,5 & -0,5\\-0,5 & 2,5\end{pmatrix}\cdot\begin{pmatrix}\bar{z}_1\\ \bar{z}_2\end{pmatrix} + \begin{pmatrix}1\\2\end{pmatrix} \quad\text{oder}\quad \begin{aligned}-1,5\cdot\bar{z}_1 + 0,5\cdot\bar{z}_2 &= 1\\ 0,5\cdot\bar{z}_1 - 1,5\cdot\bar{z}_2 &= 2.\end{aligned}$$

Dieses Gleichungssystem besitzt die eindeutige Lösung $\bar{z}_1 = -1,25$ und $\bar{z}_2 = -1,75$, so daß $\tilde{z}_t^* = \begin{pmatrix}-1,25\\-1,75\end{pmatrix}$ eine partikuläre und folglich

$$\tilde{z}_t = \begin{pmatrix}-1,25 + \lambda_1\cdot 2^t + \lambda_2\cdot 3^t\\ -1,75 + \lambda_1\cdot 2^t - \lambda_2\cdot 3^t\end{pmatrix}$$

($\lambda_1, \lambda_2 \in \mathbb{R}$ beliebig) die allgemeine Lösung des gegebenen inhomogenen Differenzengleichungssystems ist.

Übungsaufgabe 5.7

Setzt man $\underline{y}_t = (y_t, y_{t+1}, y_{t+2})^T \in \mathbb{R}^3$, also $\underline{y}_{t+1} = (y_{t+1}, y_{t+2}, y_{t+3})^T$, so läßt sich die Differenzengleichung $y_{t+3} - 2\cdot y_{t+2} - y_{t+1} + 2\cdot y_t = 3^t$ matriziell darstellen:

$$\underline{y}_{t+1} = \begin{pmatrix}0 & 1 & 0\\0 & 0 & 1\\-2 & 1 & 2\end{pmatrix}\cdot\underline{y} + \begin{pmatrix}0\\0\\3^t\end{pmatrix}.$$

Zur Bestimmung der allgemeinen Lösung dieses Systems linearer Differenzengleichungen sind die Eigenwerte und -vektoren der Koeffizientenmatrix A zu bestimmen:

- charakteristisches Polynom: $\det\begin{pmatrix}-m & 1 & 0\\0 & -m & 1\\-2 & 1 & 2-m\end{pmatrix} = -m^3 + 2\cdot m^2 + m - 2.$
- Nullstellen des charakteristischen Polynoms: $m_1 = 1$, $m_2 = -1$, $m_3 = 2$.
- Eigenvektoren zu $m_1$: $\underline{v}^1 = (1, 1, 1)^T$;

  zu $m_2$: $\underline{v}^2 = (1, -1, 1)^T$;

  zu $m_3$: $\underline{v}^3 = (1, 2, 4)^T$.

Damit lautet die allgemeine Lösung des homogenen Differenzengleichungssystems:

$$\underline{z}_t = \lambda_1 \cdot \begin{pmatrix} 1 \\ 1 \\ 1 \end{pmatrix} + \lambda_2 \cdot (-1)^t \cdot \begin{pmatrix} 1 \\ -1 \\ 1 \end{pmatrix} + \lambda_3 \cdot 2^t \cdot \begin{pmatrix} 1 \\ 2 \\ 4 \end{pmatrix}.$$

Eine partikuläre Lösung des inhomogenen Systems berechnet man mit dem Ansatz

$$\tilde{\underline{z}}_t^* = 3^t \cdot \begin{pmatrix} \bar{z}_1 \\ \bar{z}_2 \\ \bar{z}_3 \end{pmatrix}.$$

Einsetzen in das inhomogene System ergibt:

$$3^{t+1} \cdot \begin{pmatrix} \bar{z}_1 \\ \bar{z}_2 \\ \bar{z}_3 \end{pmatrix} = 3^t \cdot \begin{pmatrix} 0 & 1 & 0 \\ 0 & 0 & 1 \\ -2 & 1 & 2 \end{pmatrix} \cdot \begin{pmatrix} \bar{z}_1 \\ \bar{z}_2 \\ \bar{z}_3 \end{pmatrix} + 3^t \cdot \begin{pmatrix} 0 \\ 0 \\ 1 \end{pmatrix}$$

oder (nach Division durch $3^t$ und komponentenweiser Darstellung):

$$3 \cdot \bar{z}_1 = \bar{z}_2$$

$$3 \cdot \bar{z}_2 = \bar{z}_3$$

$$3 \cdot \bar{z}_3 = -2 \cdot \bar{z}_1 + \bar{z}_2 + 2 \cdot \bar{z}_3 + 1.$$

Dieses lineare Gleichungssystem ist eindeutig lösbar mit $\bar{z}_1 = 0{,}125$, $\bar{z}_2 = 0{,}375$ und $\bar{z}_3 = 1{,}125$, so daß sich die partikuläre Lösung $\tilde{\underline{z}}^* = 3^t \cdot \begin{pmatrix} 0{,}125 \\ 0{,}375 \\ 1{,}125 \end{pmatrix}$ ergibt.

Folglich lautet die allgemeine Lösung

$$\tilde{\underline{z}}_t = \begin{pmatrix} 0{,}125 \cdot 3^t + \lambda_1 + \lambda_2 \cdot (-1)^t + \lambda_3 \cdot 2^t \\ 0{,}375 \cdot 3^t + \lambda_1 - \lambda_2 \cdot (-1)^t + 2 \cdot \lambda_3 \cdot 2^t \\ 1{,}125 \cdot 3^t + \lambda_1 + \lambda_2 \cdot (-1)^t + 4 \cdot \lambda_3 \cdot 2^t \end{pmatrix} \quad (\lambda_1, \lambda_2, \lambda_3 \in \mathbb{R} \text{ beliebig}).$$

Die allgemeine Lösung läßt sich auch darstellen als

$$\tilde{\underline{z}}_t = \begin{pmatrix} 0{,}125 \cdot 3^t + \lambda_1 + \lambda_2 \cdot (-1)^t + \lambda_3 \cdot 2^t \\ 0{,}125 \cdot 3^{t+1} + \lambda_1 + \lambda_2 \cdot (-1)^{t+1} + \lambda_3 \cdot 2^{t+1} \\ 1{,}125 \cdot 3^{t+2} + \lambda_1 + \lambda_2 \cdot (-1)^{t+2} + \lambda_3 \cdot 2^{t+2} \end{pmatrix}.$$

Offensichtlich ist $\tilde{\underline{z}}_t = (\tilde{z}_t, \tilde{z}_{t+1}, \tilde{z}_{t+2})^T$, so daß $\tilde{\underline{z}}_t$ die aus Übungsaufgabe 5.4 bekannte Lösung $\tilde{z}_t$ der Differenzengleichung reproduziert.

Übungsaufgabe 5.8

Die Lösung der homogenen Differentialgleichung $y'(t) + 2 \cdot y(t) = 0$ lautet $z(t) = \lambda_1 \cdot e^{-2 \cdot t}$ (vgl. Satz 5.17, $a_0 = 2$). Eine partikuläre Lösung der inhomogenen Gleichung gewinnt man mit dem Ansatz $\tilde{z}^*(t) = \bar{z}_1 \cdot t + \bar{z}_0$. Setzt man diesen Ansatz in die inhomogene Differentialgleichung ein, so erhält man mit $\tilde{z}^{*\prime}(t) = \bar{z}_1$:

$\bar{z}_1 + 2\cdot(\bar{z}_1\cdot t + \bar{z}_0) = t + 1$ oder $\bar{z}_1 + 2\cdot\bar{z}_0 = 1$ und $2\cdot\bar{z}_1 = 1$.

Mit der Lösung $\bar{z}_1 = 0{,}5$ und $\bar{z}_0 = 0{,}25$ ist $\tilde{z}^*(t) = 0{,}5\cdot t + 0{,}25$, und die allgemeine Lösung der inhomogenen Differentialgleichung ist von der Form $\tilde{z}(t) = 0{,}5\cdot t + 0{,}25 + \lambda_1\cdot e^{-2\cdot t}$ ($\lambda_1 \in \mathbb{R}$ beliebig).

Soll nun $\tilde{z}(0) = \tilde{z}^0(0) = 1$ sein, so ergibt sich der passende Wert für $\lambda_1$ aus der Gleichung $\tilde{z}^0(0) = 1 = 0{,}5\cdot 0 + 0{,}25 + \lambda_1\cdot e^0 = 0{,}25 + \lambda_1$: $\lambda_1 = 0{,}75$.

Also ist $\tilde{z}^0(t) = 0{,}5\cdot t + 0{,}25 + 0{,}75\cdot e^{-2\cdot t}$ die Lösung der Differentialgleichung, die den geforderten Anfangswert $\tilde{z}^0(0) = 1$ besitzt.

Übungsaufgabe 5.9

a) Die zur gegebenen Differentialgleichung gehörige homogene Differentialgleichung besitzt die charakteristische Gleichung $m^2 + 3\cdot m + 2 = 0$ mit den Lösungen $m_1 = -1$ und $m_2 = -2$. Damit ergibt sich nach Satz 5.18 die allgemeine Lösung $z(t) = \lambda_1\cdot e^{-t} + \lambda_2\cdot e^{-2\cdot t}$.

Eine partikuläre Lösung $\tilde{z}^*(t)$ der gegebenen Differentialgleichung erhält man, wenn man $\tilde{z}^*(t) = \bar{z}\cdot t\cdot e^{-t}$ ansetzt (der Ansatz $\tilde{z}^*(t) = \bar{z}\cdot e^{-t}$ ist eine Lösung der homogenen Gleichung und führt daher nicht zum Ziel). Nach Satz 5.18 ist $\bar{z} = \frac{\alpha}{2\cdot\beta+a_1}$ ($\alpha = 1$, $\beta = -1$, $a_1 = 3$), also $\bar{z} = 1$, so daß $\tilde{z}^*(t) = t\cdot e^{-t}$ ist. Folglich lautet die allgemeine Lösung der gegebene Differentialgleichung $\tilde{z}(t) = t\cdot e^{-t} + \lambda_1\cdot e^{-t} + \lambda_2\cdot e^{-2\cdot t}$ ($\lambda_1$, $\lambda_2 \in \mathbb{R}$ beliebig).

b) Die zur gegebenen Differentialgleichung gehörige homogene Differentialgleichung besitzt die charakteristische Gleichung $m^2 + 4\cdot m + 4 = 0$ mit der doppelten Nullstelle $m_1 = m_2 = -2$. Nach Satz 5.18 lautet demnach die allgemeine Lösung der homogenen Gleichung $z(t) = \lambda_1\cdot e^{-2\cdot t} + \lambda_2\cdot t\cdot e^{-2\cdot t}$.

Eine partikuläre Lösung der inhomogenen Gleichung ergibt sich mit dem Ansatz $\tilde{z}^*(t) = \bar{z}_1\cdot t\cdot\bar{z}_0$. Einsetzen von $\tilde{z}^*(t)$, $\tilde{z}^{*\prime}(t) = \bar{z}_1$ und $\tilde{z}^{*\prime\prime}(t) = 0$ in die inhomogene Gleichung führt zu den beiden Gleichungen

$4\cdot\bar{z}_1 + 4\cdot\bar{z}_0 = 1$ und $4\cdot\bar{z}_1 = 1$ mit der Lösung $\bar{z}_1 = 0{,}25$ und $\bar{z}_0 = 0$.

Damit ist $\tilde{z}^*(t) = 0{,}25\cdot t$ die gesuchte partikuläre Lösung der inhomogenen Gleichung, und die allgemeine Lösung der gegebenen Differentialgleichung besitzt die folgende Form:

$\tilde{z}(t) = 0{,}25\cdot t + \lambda_1\cdot e^{-2\cdot t} + \lambda_2\cdot t\cdot e^{-2\cdot t}$ ($\lambda_1$, $\lambda_2 \in \mathbb{R}$ beliebig).

c) Die zur gegebenen Differentialgleichung gehörige homogene Differentialgleichung besitzt die charakteristische Gleichung $m^2 + m + 25{,}25 = 0$ mit den Lösungen $m_1 = -0{,}5+5\cdot i$ und $m_2 = -0{,}5-5\cdot i$.

Nach Satz 5.18 lautet die allgemeine Lösung der homogenen Gleichung in diesem Fall:

$z(t) = \lambda_1 \cdot e^{-0,5\cdot t} \cdot \cos(5\cdot t) + \lambda_2 \cdot e^{-0,5\cdot t} \cdot \sin(5\cdot t)$ ($\lambda_1$, $\lambda_2 \in \mathbb{R}$ beliebig).

Eine partikuläre Lösung der gegebenen inhomogenen Gleichung liefert der Ansatz $\tilde{z}^*(t) = \bar{z}$, woraus durch Einsetzen $\bar{z} = 10$ folgt. Damit ist

$\tilde{z}(t) = 10 + e^{-0,5\cdot t} \cdot [\lambda_1 \cdot \cos(5\cdot t) + \lambda_2 \cdot \sin(5\cdot t)]$ ($\lambda_1$, $\lambda_2 \in \mathbb{R}$ beliebig)

die allgemeine Lösung der gegebenen Differentialgleichung.

d) Setzt man in die allgemeine Lösung $\tilde{z}(t)$ aus der Teilaufgabe c) den Wert $\tilde{z}(0) = \tilde{z}'(0) = 0$ ein, so erhält man eine Bestimmungsgleichung für $\lambda_1$ und $\lambda_2$

$0 = 10 + \lambda_1 \cdot e^{-0,5\cdot 0} \cdot \cos(5\cdot 0) + \lambda_2 \cdot e^{-0,5\cdot 0} \cdot \sin(5\cdot 0)$ oder $0 = 10 + \lambda_1 \cdot 1$.

Einsetzen von $\tilde{z}'(0) = \tilde{z}^0(0) = 0$ in die Ableitung

$$\tilde{z}'(t) = \lambda_1 \cdot (-0,5 \cdot e^{-0,5\cdot t} \cdot \cos(5\cdot t) - e^{-0,5\cdot t} \cdot 5 \cdot \sin(5\cdot t)) +$$
$$+ \lambda_2 \cdot (-0,5 \cdot e^{-0,5\cdot t} \cdot \sin(5\cdot t) + e^{-0,5\cdot t} \cdot 5 \cdot \cos(5\cdot t))$$

führt zur zweiten Bestimmungsgleichung für $\lambda_1$ und $\lambda_2$: $0 = -\lambda_1 \cdot 0,5 + \lambda_2 \cdot 5$.

Mit den Lösungen $\lambda_1 = -10$ und $\lambda_2 = -1$ ist

$\tilde{z}^0(t) = 10 + e^{-0,5\cdot t} \cdot (10 \cdot \cos(5\cdot t) - \sin(5\cdot t))$

die Lösung mit den geforderten Anfangswerten $\tilde{z}(0) = \tilde{z}^{0\prime}(0) = 0$.

Abb. 6.5: Graphische Darstellung der Lösung

$\tilde{z}^0(t) = 10 + e^{-0,5\cdot t} \cdot (-10 \cdot \cos(5\cdot t) - \sin(5\cdot t))$

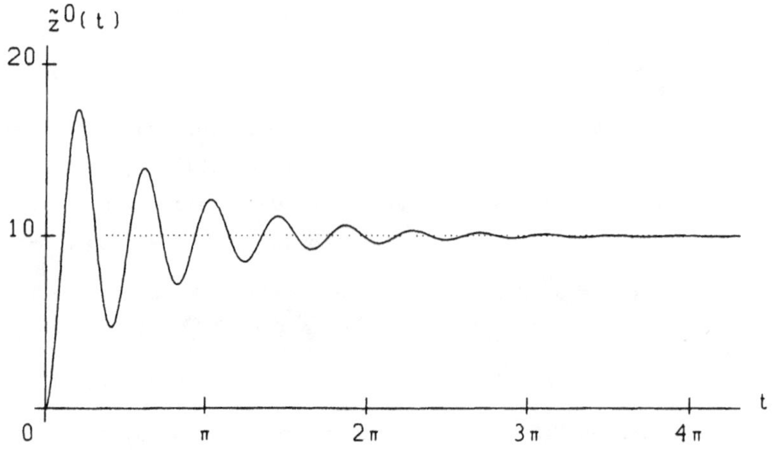

Übungsaufgabe 5.10

a) Die charakteristische Gleichung der homogenen linearen Differentialgleichung $y'''(t) - y''(t) = 0$ lautet $m^3 - m^2 = 0$ und besitzt die Lösungen $m_1 = m_2 = 0$ (Vielfacheit 2) und $m_3 = 1$.
Demnach lautet die allgemeine Lösung der homogenen Differentialgleichung
$z(t) = \lambda_1 + \lambda_2 \cdot t + \lambda_3 \cdot e^t$ ($\lambda_1, \lambda_2, \lambda_3 \in \mathbb{R}$ beliebig).
Als Ansatz für eine partikuläre Lösung der inhomogenen Gleichung wählt man (wegen $a_1 = a_0 = 0$) $\tilde{z}^*(t) = \bar{z}_2 \cdot t^4 + \bar{z}_1 \cdot t^3 + \bar{z}_0 \cdot t^2$.
Einsetzen dieses Ansatzes in die inhomogene Gleichung führt wegen
$\tilde{z}^{*''}(t) = 12 \cdot \bar{z}_2 \cdot t^2 + 6 \cdot \bar{z}_1 \cdot t + 2 \cdot \bar{z}_0$ und $\tilde{z}^{*'''}(t) = 24 \cdot \bar{z}_2 \cdot t + 6 \cdot \bar{z}_1$
zu dem Gleichungssystem

$$(24 \cdot \bar{z}_2 \cdot t + 6 \cdot \bar{z}_1) - (12 \cdot \bar{z}_2 \cdot t^2 + 6 \cdot \bar{z}_1 \cdot t + 2 \cdot \bar{z}_0) = t^2 - 1$$

$$(-12 \cdot \bar{z}_2 - 1) \cdot t^2 + (24 \cdot \bar{z}_2 - 6 \cdot \bar{z}_1) \cdot t + (6 \cdot \bar{z}_1 - 2 \cdot \bar{z}_0 + 1) = 0.$$

Da ein Polynom genau dann verschwindet, wenn alle Koeffizienten Null sind, ergibt sich hieraus ein System aus drei linearen Gleichungen, aus dem $\bar{z}_1$, $\bar{z}_2$ und $\bar{z}_3$ bestimmt werden können:

$$\begin{aligned} 12 \cdot \bar{z}_2 \qquad\qquad\qquad &= -1 \\ 24 \cdot \bar{z}_2 - 6 \cdot \bar{z}_1 \qquad\quad &= 0 \\ 6 \cdot \bar{z}_1 - 2 \cdot \bar{z}_0 &= -1. \end{aligned}$$

Mit den Lösungen $\bar{z}_2 = -\frac{1}{12}$, $\bar{z}_1 = -\frac{1}{3}$ und $\bar{z}_0 = -\frac{1}{2}$ ergibt sich

$$\tilde{z}^*(t) = -\frac{1}{12} \cdot t^4 - \frac{1}{3} \cdot t^3 - \frac{1}{2} \cdot t^2.$$

Die allgemeine Lösung der gegebenen inhomogenen Differentialgleichung lautet folglich:

$$\tilde{z}(t) = -\frac{1}{12} \cdot t^4 - \frac{1}{3} \cdot t^3 - \frac{1}{2} \cdot t^2 + \lambda_1 + \lambda_2 \cdot t + \lambda_3 \cdot e^t \quad (\lambda_1, \lambda_2, \lambda_3 \in \mathbb{R} \text{ beliebig}).$$

b) Aus der unter a) bestimmten allgemeinen Lösung $\tilde{z}(t)$ und den Ableitungen
$\tilde{z}'(t) = -\frac{1}{3} \cdot t^3 - t^2 - t + \lambda_2 + \lambda_3 \cdot e^t$ und $\tilde{z}''(t) = -t^2 - 2 \cdot t - 1 + \lambda_3 \cdot e^t$
ergibt sich an der Stelle $t = 0$ durch Einsetzen von $\tilde{z}^0(0) = 4$, $\tilde{z}^{0\prime}(0) = 5$ und $\tilde{z}^{0\prime\prime}(0) = 2$ ein lineares Gleichungssystem zur Bestimmung von $\lambda_1^0$, $\lambda_2^0$ und $\lambda_3^0$:

$$\begin{aligned} \lambda_1^0 \qquad + \lambda_3^0 \qquad &= 4 \\ \lambda_2^0 + \lambda_3^0 \qquad &= 5 \\ \lambda_3^0 - 1 &= 2. \end{aligned}$$

Mit der Lösung $\lambda_1^0 = 1$, $\lambda_2^0 = 2$ und $\lambda_3^0 = 3$ ergibt sich die Lösung

$$\tilde{z}^0(t) = -\frac{1}{12}\cdot t^4 - \frac{1}{3}\cdot t^3 - \frac{1}{2}\cdot t^2 + 2\cdot t + 1 + 3\cdot e^t$$

der gegebenen inhomogenen Differentialgleichung, die die gegebenen Anfangsbedingungen erfüllt.

Übungsaufgabe 5.11

Die Koeffizientenmatrix des gegebenen Differentialgleichungssystems lautet $A = \begin{pmatrix} 1 & -1 \\ 1 & 1 \end{pmatrix}$ und besitzt das charakteristische Polynom $P(m) = (1-m)^2 + 1$. Die (komplexen) Nullstellen $m_1 = 1+i$ und $m_2 = 1-i$ von $P(m)$ sind Eigenwerte der Matrix A. Die Eigenvektoren lauten $\underline{v}^1 = \begin{pmatrix} 1 \\ -i \end{pmatrix}$ (zu $m_1 = 1+i$) und $\underline{v}^2 = \begin{pmatrix} 1 \\ i \end{pmatrix}$ (zu $m_2 = 1-i$). Damit ergibt sich als komplexe Lösung des homogenen Differentialgleichungssystems (vgl. Kap. 5.3.3) $\bar{\underline{z}}_1(t) = e^{(1+i)\cdot t}\cdot\begin{pmatrix} 1 \\ -i \end{pmatrix}$.

Trennen von Real- und Imaginärteil führt wegen $e^{(1+i)\cdot t} = e^t\cdot e^{i\cdot t} =$ $= e^t\cdot(\cos t + i\cdot\sin t)$ zu

$$\bar{\underline{z}}_1(t) = e^t\cdot(\cos t + i\cdot\sin t)\cdot\begin{pmatrix} 1 \\ -i \end{pmatrix} = e^t\cdot\begin{pmatrix} \cos t \\ \sin t \end{pmatrix} + i\cdot e^t\cdot\begin{pmatrix} \sin t \\ -\cos t \end{pmatrix}.$$

Damit erhält man die beiden linear unabhängigen Lösungen $\underline{z}_1(t) = e^t\cdot\begin{pmatrix} \cos t \\ \sin t \end{pmatrix}$ und $\underline{z}_2(t) = e^t\cdot\begin{pmatrix} \sin t \\ -\cos t \end{pmatrix}$. Folglich lautet die allgemeine Lösung des homogenen Systems:

$$\underline{z}(t) = e^t\cdot\begin{pmatrix} \lambda_1\cdot\cos t + \lambda_2\cdot\sin t \\ \lambda_1\cdot\sin t - \lambda_2\cdot\cos t \end{pmatrix}.$$

Eine partikuläre Lösung $\tilde{\underline{z}}^*(t)$ des inhomogenen Systems ergibt sich mit dem Ansatz $\tilde{\underline{z}}^*(t) = \begin{pmatrix} \tilde{z}_1^*(t) \\ \tilde{z}_2^*(t) \end{pmatrix} = \begin{pmatrix} a_1\cdot t + a_0 \\ b_1\cdot t + b_0 \end{pmatrix}$:

Einsetzen von $\tilde{\underline{z}}^*(t)$ und $\tilde{\underline{z}}^{*\prime}(t) = \begin{pmatrix} a_1 \\ b_1 \end{pmatrix}$ in das Differentialgleichungssystem ergibt:

$$a_1 = a_1\cdot t + a_0 - b_1\cdot t - b_0 + t$$
$$b_1 = a_1\cdot t + a_0 + b_1\cdot t + b_0 - t$$

oder

$$\begin{aligned} a_1 - a_0 + \phantom{b_1 -{}} b_0 &= 0 \\ -a_1 + \phantom{a_0 +{}} b_1 \phantom{{}- b_0} &= 1 \\ -a_0 + b_1 - b_0 &= 0 \\ -a_1 - \phantom{a_0 +{}} b_1 \phantom{{}- b_0} &= -1. \end{aligned}$$

Mit der (eindeutigen) Lösung $a_1 = 0$, $a_0 = 0{,}5$, $b_1 = 1$, $b_0 = 0{,}5$ lautet die partikuläre Lösung des inhomogenen Systems:

$$\underline{\tilde{z}}^*(t) = \begin{pmatrix} 0{,}5 \\ t+0{,}5 \end{pmatrix}.$$

Insgesamt ist also $\underline{\tilde{z}}(t) = \begin{pmatrix} 0{,}5 \\ t+0{,}5 \end{pmatrix} + e^t \cdot \begin{pmatrix} \lambda_1 \cdot \cos t + \lambda_2 \cdot \sin t \\ \lambda_1 \cdot \sin t - \lambda_2 \cdot \cos t \end{pmatrix}$

($\lambda_1, \lambda_2 \in \mathbb{R}$ beliebig) die allgemeine Lösung des gegebenen inhomogenen Differentialgleichungssystems.

Übungsaufgabe 5.12

Mit der Notation $\underline{y}(t) = (y(t), y'(t), y''(t))^T$, also $\underline{y}'(t) = (y'(t), y''(t), y'''(t))^T$ ist die gegebene Differentialgleichung zu dem folgenden System aus drei linearen Differentialgleichungen erster Ordnung äquivalent:

$$\underline{y}'(t) = \begin{pmatrix} 0 & 1 & 0 \\ 0 & 0 & 1 \\ -2 & 1 & 2 \end{pmatrix} \cdot \underline{y}(t) + \begin{pmatrix} 0 \\ 0 \\ 5 \end{pmatrix}.$$

Die Koeffizientenmatrix A dieses Systems besitzt die Eigenwerte $m_1 = 1$, $m_2 = -1$ und $m_3 = 2$. Die zugehörigen Eigenvektoren sind $\underline{v}^1 = \begin{pmatrix} 1 \\ 1 \\ 1 \end{pmatrix}$ (zu $m_1 = 1$), $\underline{v}^2 = \begin{pmatrix} 1 \\ -1 \\ 1 \end{pmatrix}$ (zu $m_2 = -1$) und $\underline{v}^3 = \begin{pmatrix} 1 \\ 2 \\ 4 \end{pmatrix}$ (zu $m_3 = 2$) (vgl. Übungsaufgabe 5.7).

Damit lautet die allgemeine Lösung des homogenen Differentialgleichungssystems

$$z(t) = \begin{pmatrix} \lambda_1 \cdot e^t + \lambda_2 \cdot e^{-t} + \lambda_3 \cdot e^{2 \cdot t} \\ \lambda_1 \cdot e^t - \lambda_2 \cdot e^{-t} + \lambda_3 \cdot 2 \cdot e^{2 \cdot t} \\ \lambda_1 \cdot e^t + \lambda_2 \cdot e^t + \lambda_3 \cdot 4 \cdot e^{2 \cdot t} \end{pmatrix}.$$

Eine partikuläre Lösung des inhomogenen Systems erhält man mit dem Ansatz $\underline{\tilde{z}}^*(t) = (\bar{z}_1, \bar{z}_2, \bar{z}_3)^T$:

Einsetzen von $\underline{\bar{z}}^*(t)$ und $\underline{\bar{z}}^{*\prime}(t) = (0, 0, 0)^T$ in das inhomogene Differentialgleichungssystem führt zu dem linearen Gleichungssystem:

$$0 = \bar{z}_2 + 0$$

$$0 = \bar{z}_3 + 0$$

$$0 = -2 \cdot \bar{z}_1 + \bar{z}_2 + 2 \cdot \bar{z}_3 + 4.$$

Mit der Lösung $\bar{z}_1 = 2$, $\bar{z}_2 = 0$, $\bar{z}_3 = 0$ ergibt sich die allgemeine Lösung des Differentialgleichungssystems:

$$\underline{\tilde{z}}(t) = \begin{bmatrix} 2 + \lambda_1 \cdot e^{t} + \lambda_2 \cdot e^{-t} + \lambda_3 \cdot e^{2 \cdot t} \\ \lambda_1 \cdot e^{t} - \lambda_2 \cdot e^{-t} + \lambda_3 \cdot 2 \cdot e^{2 \cdot t} \\ \lambda_1 \cdot e^{t} + \lambda_2 \cdot e^{t} + \lambda_3 \cdot 4 \cdot e^{2 \cdot t} \end{bmatrix} \quad (\lambda_1, \lambda_2, \lambda_3 \in \mathbb{R} \text{ beliebig}).$$

Die erste Komponente dieses Lösungsvektors ist die allgemeine Lösung $\tilde{z}(t)$ der gegebenen linearen Differentialgleichung dritter Ordnung, also

$\tilde{z}(t) = 2 + \lambda_1 \cdot e^{t} + \lambda_2 \cdot e^{-t} + \lambda_3 \cdot e^{2 \cdot t}$ $(\lambda_1, \lambda_2, \lambda_3 \in \mathbb{R}$ beliebig).

Die zweite und dritte Komponente von $\underline{\tilde{z}}(t)$ sind die erste und zweite Ableitung von $\tilde{z}(t)$.

# Literatur

Allen, R.G.D.:
Mathematik für Volks- und Betriebswirte
Duncker & Humblot, Berlin, 1972

Bosch, K.:
Mathematik für Wirtschaftswissenschaftler
Oldenbourg, München, Wien, 1988

Bosch, K.:
Mathematik-Taschenbuch
Oldenbourg, München, Wien, 1990

Bronstein, I.N.; Semendjajew, K.A.:
Taschenbuch der Mathematik
Harri Deutsch, Thun, Frankfurt/Main, 1980

Courant, R.:
Vorlesungen über Differential- und Integralrechnung Bd. I+II
Springer, Berlin, 1927

Chiang, A.C.:
Fundamental Methods of Mathematical Economics
McGraw-Hill, New York, 1967

Dobbener, R.:
Lineare Algebra
Oldenbourg, München, Wien, 1998

Erwe, F.:
Differential- und Integralrechnung, Bd. I+II
Bibliographisches Institut, Mannheim, Wien, Zürich, 1962

Gal, T.:
Mathematik für Wirtschaftswissenschaftler, Bd. I-III
Springer, Berlin, Heidelberg, New York, 1983

Hass, O.:
Finanzmathematik
Oldenbourg, München, Wien, 1986

Kall, P.:
Analysis für Ökonomen
Teubner, Stuttgart, 1982

Körth, H.; Otto, C.; Runge, W.; Schoch, M. (Hrsg.):
Lehrbuch der Mathematik für Wirtschaftswissenschaften
Westdeutscher Verlag, Oplanden, 1972

Ohse, D.:
Mathematik für Wirtschaftswissenschaftler I
Vahlen, München, 1989

Opitz, O.:
Mathematik
Oldenbourg, München, Wien, 1989

Opitz, O.:
Mathematik. Übungsbuch für Ökonomen
Oldenbourg, München, Wien, 1990

Schwarze, J.:
Mathematik für Wirtschaftswissenschaftler Bd. I-III
Neue Wirtschafts-Briefe, Herne, Berlin, 1974

Schwarze, J.:
Aufgabensammlung zur Mathematik für Wirtschaftswissenschaftler
Verlag Neue Wirtschafts-Briefe, Herne, Berlin, 1990

Storch, U.; Wiebe, H.:
Lehrbuch der Mathematik
Wissenschaftsverlag, Mannheim, Wien, Zürich, 1989

Yamane, T.:
Mathematics for Economists
Prentice Hall, London, 1962

# Stichwortverzeichnis

H



I



J



K

www.ingramcontent.com/pod-product-compliance
Lightning Source LLC
Chambersburg PA
CBHW072009230326
41598CB00082B/6922
* 9 7 8 3 4 8 6 5 7 9 9 9 4 *